예수운동 역사와 신학

예수운동 역사와 신학

초판 발행 2024년 5월 25일
2쇄 발행 2024년 7월 5일

지 은 이 김 근 수
펴 낸 이 소 재 두
편 집 심 재 진

펴 낸 곳 논형
주 소 경기도 부천시 성주로 66, 2동 806호
전 화 02-887-3561
팩 스 02-887-6690
이 메 일 jdso6313@naver.com
등 록 제386-3200000251002003000019호

ISBN 978-89-6357-988-7 93300

* 책값은 뒤표지에 있습니다.

예수운동

역사와 신학

JESUS MOVEMENT HISTORY AND THEOLOGY

김근수 신학인문

윤순자 선생님께

감사의 마음으로 이 책을 바칩니다.

■ ■ ■

서문 _ 예수운동 매력은 무엇인가

이 책은 예수 죽음과 부활 이후 요한복음 탄생까지, 즉 공통년 30년부터 100년까지 예수운동 70년에 걸친 역사와 신학을 다룬다. 1세기 예수운동 역사는 유대독립전쟁(공통년 66년-70년)을 중심으로 앞뒤로 둘로 나눌 수 있다. 예수 죽음과 부활 이후 유대독립전쟁까지 시대를 예수운동 1세대, 유대독립전쟁 이후 요한복음 탄생까지 시대를 예수운동 2세대라고 부르자.

예수운동 1세대는 유대교 내부의 한 그룹으로서 존재했다. 베드로, 야고보, 바울 등 1세대는 주로 유대인에게 예수를 알리기 위해 애썼다. 바울 편지는 예수운동 1세대의 업적에 속한다. 유대독립전쟁 이후 예수운동 1세대는 거의 세상을 떠났다. 유대독립전쟁 이후 예수운동 2세대는 유대교와 분리하여 독립적인 종교로서 모습을 갖추기 시작했다. 네 복음서 저자 등 2세대는 로마제국에 사는 유다인 아닌 사람에게 예수를 알리려 애썼다. 예수 역사를 기록하는 복음서 탄생은 예수운동 2세대의 업적에 속한다.

예수운동 1세대에 신학적으로 크게 3 그룹이 있었다. 야고보와 예루살렘 공동체를 중심으로 예수운동을 유대교 내부의 개혁 세력의 하나로 정착시키려는 보수적인 움직임이 있었다. 바울은 주로 유대인 아닌 사람들에게 예수를 전파하여 예수운동을 유대교 밖으로 이끌어내려 애썼다. 두 그룹 중간에 베드로가 있었다.

시대적으로 유대독립전쟁을 기점으로 예수운동 1세대와 2세대가 있었다. 신학적으로 예수운동과 유대교의 관계를 주제로 보수파, 진보파, 중도파 세 그룹이 있었다. 두 시대와 세 그룹 사이 차이가 칼로 두부 자르듯 분명하게 구분되지는 않는다. 두 시대와 세 그룹은 서로 갈등도 겪고 영향도 주고받으면서 다양성 속에 일치를 모색해 나갔다. 그 놀라운 결과중 하나가 네 복음서의 탄생이다. 두 시대와 세 그룹이 서로 교류하고 교차하는 1세기 예수운동 70년 역사는 인류 정신의 역사에서 아마도 가장 짧고도 긴박했던 시대를 웅장한 대하 드라마처럼 펼치고 있다.

사실 예수가 로마군대에게 처형된 후 예수운동은 끝난 것처럼 여겨졌다. 그러나 예수 죽음이 예수운동의 종말은 아니었다. 예수운동은 예수 행동과 말씀이라는 역사적인 바탕 위에 십자가 죽음, 부활, 부활한 예수 나타남을 스스로 이해하고 다른 사람들에게 설명했다. 부활한 예수의 나타남과 성령 체험은 예수 사건을 이해하는 열쇠로서 구약성서를 새롭게 읽는 계기가 되었다.

십자가에서 처형되고 부활한 예수 그리스도를 하느님처럼 존중하는 행위는 유대교가 허용할 수 있는 범위를 벌써 넘어서고 있었다. 예수는 누구인가 해석하는 과정에서 예수운동은 신학적으로 유대교와 충돌할 수밖에 없었지만, 사회학적으로 유대교와 처음부터 즉각 결별한 것은 아니었다. 사정은 그리 단순하지 않았다.

예수운동은 당시 사회에 놀라움과 충격을 동시에 선사했다. 1세기 로마제국의 종교 상황도 예수운동의 선교에 또한 불리하지 않았다. 당시 종교나 철학 사상에서 어떤 흐름도 예수운동처럼 자기 생각을 널리 전하고 자기 사람을 만들기 위해 목숨 걸고 나서지는 않았다. 유대교에 본격적인 선교 전략이 사실 없기도 했다. 그런데, 예수운동은 일찍부터 모든 민족을 향해 예수를 당당하게 선포하기 시작했다. 예수운동이 전한 하느님 사상에는 두 가지 매력이 있었다. 하느님은 역사의 주님이실 뿐 아니라 개인에게도 주님이시다. 역사의 무게에 짓눌린 사람들이 자기 삶의 고통과 불안을 털어놓고 기댈 분이 있다는 자신감이었다.

바울은 선교사이자 신학자였다. 우리 시대에 흔한 선교사와 신학자의 분열은 1세기 예수운동에서는 찾아볼 수 없는 풍경이었다. 역사의 예수가 아니라 예수운동 공동체 현안을 다룬 바울 편지들은 마가복음, 마태복음, 누가복음과 차원이 다른 문헌이다. 바울이 읽어본 적도 없는 마가복음, 마태복음, 누가복음은 공동년 70년 이후 예수운동 공동체에서 예수 역사에 대한 공인 문헌처럼 존중받기 시작했다. 복음서 저자들의 생각과 공동체 현안에 따라 예수 역사를 서술하는 방식과 내용이 각각 다르긴 했지만, 예수 역사가 예수운동의 본문임에는 모두 일치했다.

예수운동이 예수에 대한 문헌을 낳고 후대 공동체가 신약성서를 결집할 때, 두 가지 놀라운 현상이 나타났다. 첫째, 예수운동은 유대인의 성서인 구약성서를 거절하지 않고 받아들였다. 둘째, 예수운동은 구약성서를 모델로 삼아 신약성서를 분류하고 모았다. 예수운동과 유대교와 서로 갈등하고 분열하여 서로 다른 특징을 강조하던 당시 상황을 참고한다면, 정말 놀라운 일이 아닐 수 없다. 유대교가 인류에게 하느님을 선사했다면, 예수운동은 인류에게 예수 그리스도를 선사했다. 유대교가 하느님이 존재하신다는 사실을 전했다면, 예수운동은 하느님이 예수그리스도 안에서 가장 잘 드러난다는 사실을 전해주었다. 유대교와 예수운동은 하느님의 쌍둥이 자녀 같았다.

바울 편지가 십자가 이후 예수를 알려주었다면, 네 복음서는 십자가 이전 예수부터 십자가 이후 예수까지 알려주었다. 갈릴래아 공동체가 전해준 십자가 이전 예수와 예루살렘 공동체가 전해준 예수 수난 역사를 연결하고 합쳐서 하나의 이야기를 네 복음서는 만들어냈다. 바울이 십자가 이후 부활까지 3일 신학을 말한다면, 네 복음서는 3일 신학을 넘어 예수 생애 전체를 소개하고 있다. 마가복음은 7주 신학을, 마태오복음과 누가복음은 30년 신학을, 요한복음은 태초부터 영원의 신학을 제안했다고 비유해도 좋을까.

예수운동은 성공했는가

1세기 예수운동은 성공한 종교운동이었을까. 시작한지 겨우 70여년도 안된 예수운동은 1세기 말 지중해 60여개 도시에서 100여개 공동체에서 1만 명 정도 사람들이 참가한 소수 종교에 지나지 않았다. 그렇다면, 1세기 예수운동은 성공했을까. 1세기 예수운동 성공 여부를 가르는 기준은 무엇인가. 그런 평가보다 예수운동의 매력을 알아보는 것이 오히려 더 적절하지 않을까.

철학과 종교에 관심이 많고 토론을 즐기던 그리스 로마 사람들에게 예수운동은 가까이 다가갔다. 예수운동은 어떤 형식의 토론과 대화에도 꺼리지 않고 참여했다. 그리스 로마 종교들에게 선교 개념이나 활동도, 형제자매라는 공동체 의식도 없었다. 유대교의 유일신 사상은 그리스 로마 종교의 다신론과 운명론에 비해 사람들에게 상대적으로 큰 매력을 주었다. 유대교 윤리와 비슷한 예수운동 윤리도 사람들에게 거부감 없이 다가섰다.

예수운동은 의사소통 수단을 잘 이용했다. 편지를 주고받고, 여행하여 방문하고, 선교사에게 친절한 모습은 선교에 유리한 환경이었다. 예수운동 여러 공동체는 서로 형제자매라고 생각하고 교류하고 일치하려 애썼다. 사람들은 인종, 신분, 직업, 성별을 가리지 않고 예수운동에 참여할 수 있었다. 이웃사랑과 원수사랑을 가르치는 예수운동에 참여하는 조건이 까다로울 리 없었다. 상인, 군인, 노예, 여성들이 예수운동에 가담했다. 특히 가난한 하층민들이 대거 예수운동에 들어왔다. 예수도 그랬지만, 예수운동은 가난한 사람들과 함께 시작한 운동이었다.

돈 없어 예수운동에 들어오지 못하거나, 돈 없어 예수운동에 다니기 어렵다는 말은 없었다. 예수운동처럼 부자를 비판하고 훈계하는 종교가 인류 역사에 또 있을까. 부자들이 전혀 행세하지 못하는 종교가 예수운동이었다. 사제 계급이 아직 나타나지 않았던 1세기 예수운동 공동체는 민주적으로 운영되었다. 공동체에서 여성의 목소리도 그리스로마 사회의 사교 모임에서보다 훨씬 컸다.

공동체에서 누구도 차별당하지 않았고, 누구도 지도층으로 거만하게 처신하지 못했다. 특별한 임무나 은사를 부탁받은 사람들이 공동체에서 지도층 행세를 하지 못했다. 공동체가 지배층과 피지배층으로 나뉘거나, 사람들을 위아래로 나누고 가르는 권력 구조가 예수운동 공동체에서 만들어지지 않았다. 그리스도교 이천년 역사에서 공동체가 민주적으로 운영되고 평등이 실천된 유일한 시기는 예수운동 1세기였다.

예수운동처럼 사람들이 자주 모이고 만나고 대화하는 종교는 유대교 말고 없었다. 은혜 넘치는 예배, 은사 체험과 성령 체험, 공동체에서 생기는 기적과 치유는 사람들을 새로운 믿음과 일치의 세계로 이끌었다. 구약성서뿐 아니라 바울 편지들과 네 복음서를 사람들은 듣고 토론하고 연구하였다. 종교 창시자의 삶과 말씀에 대한 문헌이 그렇게 빨리 나타나고 사용된 경우는 예수운동이 고대 사회에서 유일했다. 예수운동은 책 운동이자 교육 운동이자 의식화 운동이었다.

예수운동에서 나자렛 예수라는 인물이 가장 큰 매력이었다. 사람이 되신 하느님, 확실한 구원을 제공한다는 예수는 운명론에 실망한 그리스 로마사람들에게 큰 관심을 주기에 충분했다. 죽음 이후 세상이 아니라 지금 세상이 중요하다는 가르침, 우리 가까이 계신 하느님, 죽음 이후 세계까지도 설명하고 보장하는 부활 사상도 큰 매력이었다. 1세기 예수운동 신학에서 절대 1강은 없었다. 1세기 예수운동은 다양성이 제1 특징이었다. 다양성이 있었기 때문에 일치하려 애썼다. 개방, 다양성, 평등이 1세기 예수운동을 나타내는 주요 단어였다.

21세기 한국 그리스도교와 1세기 예수운동

나는 1세기 예수운동을 왜 자세히 주목하려 했을까. 21세기 한국 그리스도교에 도움을 주려는 의도에서 이 책을 쓰기 시작했다. 1세기 예수운동 또는 초대교회를 본받고 따르자는 사람들이 지금 한국에 적지 않다. 그렇다면, 우선 1세기 예수운동이 어땠는지 우리가 잘 알아보아야 하지 않을까. 1세기 예수운동을 잘 모르고 1세기 예수운동을 언급하는 경우가 가장 위험한 듯하다.

공통년 70년 이전 예수운동 1세대의 현안과 그후 예수운동 2세대의 현안이 상당히 달랐다. 예수운동 2세대에서 어떻게 예수 가르침을 온전히 보존하고 전달하며, 예수운동 조직을 관리하고 지도할 것인가. 예수운동에서 누가 무엇을 어떻게 할 것인가. 예수의 관심사인 하느님나라를 어떻게 실천하느냐 뿐만 아니라 예수운동 공동체를 어떻게 유지하느냐 문제가 새로 생겼다. 하느님 나라라는 목적과 예수운동 공동체라는 수단 사이에 거리와 갈등이, 심지어 모순이 생길 위험도 없지 않았다.

21세기 한국 그리스도교 또한 예수운동 2세대가 부닥친 문제와 과제 앞에 똑같이 서 있다. 21세기 한국 그리스도교는 개방, 다양성, 평등을 잘 실천하고 있는가. 21세기 한국 그리스도교는 민주적으로 운영되고 평등이 실천되고 있는가. 공동체를 지배층과 피지배층으로 나누는 권력 구조는 없는가. 공동체에서 부자들이 행세하거나 가난한 사람들이 차별당하지 않는가. 공동체에서 여성들이 평등하게 존중되고 있는가. 가난한 사람들을 우선적으로 선택하고 있는가. 자유와 해방을 외치고 실천하고 있는가. 신학의 다양성이 존중되고 활발하게 토론되고 있는가.

21세기 한국 그리스도교는 1세기 예수운동과 너무나 멀리 떨어진 것은 아닐까. 지금 한국 그리스도교는 예수운동과 가까이 있는가 멀리 있는가. 한반도에서 예수를 믿고 따르거나 전하는 사람들은 스스로 거울 앞에 서서 고뇌해야 할 것이다. 우리 잘못이 아주 크다.

새 책을 낼 때마다, 저와 제 가족을 돌보아주신 은인들의 얼굴과 이름이 저절로 떠오른다. 촛불집회에서 뜻과 우정을 나누는 〈민주사회를 위한 지식인 종교인 네트워크〉 고문 이만열 교수님, 공동대표 박충구 교수님과 김영 교수님, 이명재 고문님, 조성민 교수님, 백승종 교수님, 정종훈 교수님, 유정현 목사님, 김규돈 신부님을 비롯한 모든 선생님께 감사드린다. 시민언론 뉴탐사, 시민언론 민들레 모든 선생님들, 양희삼TV, 김근수 - 해방신약 모든 시청자 여러분께 감사드린다. 진심으로 존경하는 최동석 교수님, 김동완 교수님, 양희삼 목사님, 황준하 목사님, 오미선 선생님, 노선희 선생님, 미국의 박진오 오옥경 부부께 감사드린다. 좋은 책을 만들어주신 논형 출판사 소재두 대표님과 심재진 국장님께 감사드린다.

언제나 기도로 동행하는 제주 성글라라 수녀원, 남양주 성요셉수도원 가족들께 감사드린다. 큰 처형 김지혜(미리암) 수녀, 둘째 처형 김지연(로사) 수녀님께 감사드린다. 사랑하는 어머님, 사랑하는 딸 김호수, 아들 김준한, 아내 김지숙에게 감사드린다.

이 책을 제주 귀한 농부 대표 윤순자 선생님께 기쁘게 헌정하고 싶다. 윤순자 선생님의 도움 없었으면 이 책은 세상에 나올 수 없었다.

하느님 감사합니다.

2024년 5월

제주에서 김근수

차 례

제3부 2세대 예수운동(공통년 70년~100년)

제1부

1세대 예수운동 (공통년 30년 ~ 66년)

1장 그리스도론 탄생

예수 십자가 처형

나자렛 예수는 공통년 30년 4월 7일 금요일에 로마 군대에 의해 정치범으로 처형된 듯하다. 유대 역사에서 메시아를 자칭하던 인물들이 십자가에서 처형된 후 그 추종자들은 로마 군대에 의해 박해받거나 처형되곤 했다. 그러나 예수를 따르던 사람들은 박해받거나 처형되진 않았다. 예수가 처형된 후 예수운동은 끝난 것처럼 여겨졌다. 그러나 예수의 죽음이 예수운동의 끝은 아니었다. 처음에 그들은 유대교 개혁운동으로서 출발하였다. 유대교 내부에서 눈에 띄지 않는 작은 그룹에 불과했던 그들은 곧 유대교의 주요 세력들과 갈등을 빚게 될 만큼 빠르게 성장했다. 예수를 존경하고 따르던 그들은 후대 사람들에 의해 그리스도교라는 새로운 종교 탄생 역사와 연결되었다.

나자렛 예수가 십자가에서 처형된 후 그 추종자들은 어떻게 행동했을까. 예수 부활과 추종자들의 활동을 알려주는 여러 자료가 남겨졌다. 마가복음, 마태복음, 누가복음, 사도행전, 테살로니카전서, 고린토전서와 후서, 갈라디아서, 로마서, 필립보서와 필레몬서가 그것이다. 많은 예수 추종자들은 예수가 로마 군대에 의해 체포된 후 도망쳤다(마가 14, 50; 14, 27.28). 그들은 예루살렘을 떠나 늦어도 예수가 처형된 후 갈릴래아로 도망갔다(마가 14,

28; 16,7). 유대인들이 두려워 예수의 제자들이 예루살렘 어디에 숨어 있었다는 이야기(누가 24, 36-49)는 후대에 끼어든 구절이다.[1]

죽기 이전 예수는 어떤 인물인가. 그는 어떤 행동과 말로써 무슨 메시지를 남겼는가.[2] 생전 예수의 행동과 말씀이라는 역사적 바탕 위에 예수 제자들은 십자가 죽음, 부활, 부활한 예수의 나타남을 스스로 이해하고 다른 사람들에게 설명하려고 했다. 나자렛 예수라는 인물의 삶과 죽음이 이스라엘과 모든 민족에게 어떤 의미가 있는지 설명하는 노력을 그리스도론이라고 부를 수 있다. 부활은 예수를 이해하고 믿고 따르는 예수운동 역사에서 그리스도론의 새로운 기초 사건이 되었다.[3]

예수는 하느님 뜻은 종교 의식(儀式)보다는 사랑을 실천하는 행동에 있다고 했다. 인간과 하느님 사이에 뒤틀린 관계, 사람 사이 뒤틀린 관계는 종교의식(儀式)에 참여하기보다 하느님 사랑과 이웃 사랑을 삶에서 실천하는 행동에서 회복하자는 생각에서였다. 예수는 유대교 종교의식 자체를 거절하지는 않았지만, 종교의식의 비중을 크게 줄였다. 예수에게는 예루살렘 성전보다 평범한 일상이 종교의 주요한 무대였다. 예수는 자신이 우선 이스라엘에 보내진 인물임을 알았지만, 그 행동과 말씀에서 이스라엘을 넘어서 모든 민족을 향하는 메시지를 뚜렷하게 드러냈다. 종교의식의 비중이 줄어들고, 모든 민족을 향하는 예수의 삶은 유대교에 근거하지만, 유대교를 뛰어넘는 의미를 보여주었다.

---

1 Schenke, Ludger, Die Urgemeinde. Geschichtliche und theologische Entwicklung, Stuttgart 1990, p. 13

2 Schnelle, Udo, Theologie des Neuen Testaments, Göttingen 2016, 3판, pp.47-114

3 Von Bendemann, Reinhard, "Die Auferstehung von den Toten als 'basic story'", GuL 15 (2000), pp.148-162

예수 장례

예수 장례를 알면 예수 부활을 좀 더 가까이 이해할 수 있다. 아리마태아 사람 요셉이 로마 총독 빌라도에게 예수 시신을 요청하고 받아내어 인계받아 장례를 치렀다(마가 15, 42-47; 요한 19, 38-42). 유대인들이 안식일에 예수 시신을 십자가에 두지 않으려고 빌라도에게 다리를 꺾어 치워달라고 청하였고, 로마 군인들은 이미 숨을 거둔 예수의 다리를 꺾는 대신 창으로 옆구리를 찔렀다는 이야기(요한 19, 31-37)가 실제 역사에 가깝다는 의견[4]도 있다. 그 의견 또한 예수 장례는 아리마태아 사람 요셉이 치른 것으로 보고 있다.

십자가에 처형된 사람은 아예 장례를 치르지 못하거나[5], 이름 없는 집단 매장지에 묻히거나 친척이 치렀다.[6] 개인 무덤에 모셔진 경우도 있었다.[7] 예수는 아마도 어느 개인 무덤에 안치된 것 같다.[8] 예수 무덤은 어디인지 우리가 분명히 말할 수는 없다. 예수의 무덤이 어디에 있었는지 예루살렘 공동체에 알려진 듯하지만(마가 15, 47), 예수운동 사람들은 예수 무덤 장소를 몰랐으리라는 의견[9]도 있다. 예수의 예루살렘 진출, 재판, 십자가 처형 사건이 예루살렘에서 큰 관심을 일으킨 것으로 보아 예수 장례가 소문 없이 조용히 치러졌을 리 없다.[10]

4 Lüdemann, Gerd, Die Auferstehung Jesu, Göttingen 1994, p. 63

5 Tacitus, Annalen 6,29

6 Philo, In Flaccum 83

7 Kuhn, Heinz-Wolfgang, "Der Gekreuzigte von Giv'at ha-Mivtar", in: Andresen, C/ Klein, G (Hg.), Theologia crucis- signum crucis (FS Dinkler, E), Tübingen 1979, pp. 303-334

8 Schnelle, Udo, Die ersten 100 Jahre des Christentums 30-130 n. Chr. Die Entstehungsgeschichte einer Weltreligion, Göttingen 2016, 2판, p. 96

9 Lüdemann, Gerd, Die Auferstehung Jesu, Göttingen 1994, p. 67

10 Schnelle, Udo, Die ersten 100 Jahre des Christentums 30-130 n. Chr. Die Entstehungsgeschichte einer Weltreligion, Göttingen 2016, 2판, p. 97

부활한 예수 나타남

예수의 십자가 죽음은 부활 사건으로 인해 새로운 단계로 접어들었다. "나무에 달린 시체는 하느님께 저주받은 것이니, 그 시체를 나무에 단 채 밤을 보내지 말고 그날로 묻어라. 그렇게 두어서 너희 하느님 야훼께 유산으로 받은 너희 땅을 더럽히면 안 된다"(신명 21, 23). 그렇게 하느님과 멀리 떨어져 있던 십자가는 하느님 사랑이 드러나는 자리가 되었다. 예수 부활 사건을 가장 먼저 기록으로 남긴 책은 로마서다. "하느님께서 예수를 죽은 자들 가운데서 다시 살리셨습니다"(로마 10, 9; 고린토전서 15, 15; 갈라디아 1, 1). 하느님은 예수를 부활시키셨고, 예수는 하느님에 의해 부활하였다. "우리는 예수께서 돌아가셨다가 다시 살아나신 것을 믿습니다"(데살로니카전서 4, 14; 고린토후서 5, 15; 로마 4, 25).

예수 부활 사건은 부활한 예수의 나타남을 목격한 제자들에 의해 증언되기 시작했다. 예수는 부활하여 하느님 편에 계신다는 것이다. 십자가에서 맞이한 예수의 죽음은 결코 수치스러운 사건이 아니다. 부활한 예수는 베드로에게 맨 처음 나타났고(고린토전서 15, 5a; 누가 24, 34), 그 사실은 예수운동에서 베드로 위상을 탄탄하게 해주었다.[11] 요한복음은 부활한 예수가 막달라 마리아에게 맨 처음 나타났고(요한 20, 11-18), 그다음 제자들에게 나타났다(요한 20, 19-23)고 기록했다. 부활한 예수는 베드로와 막달라 마리아, 여러 여성 제자에게 최초로 나타난 듯하다. 처음에 베드로에게(고린토전서 15, 5a), 그다음 열두 제자들에게(고린토전서 15, 5b), 500명이 넘는 사람들에게(고린토전서 15, 6), 야고보에게(고린토전서 15, 7a), 모든 사도에게(고린토전서 15, 7b), 마지막으로 바울에게 나타났다는 기록도 있다(고린토전서 15,

11 Von Campenhausen, Hans, Der Ablauf der Osterereignisse und das leere Grab, SHAW.PH 1952, Heidelberg 1977, 4판, p. 15

3-8). 그 밖에도 다른 사람들에게 나타났다는 기록이 있다(로마 16, 7).

부활한 예수가 나타날 장소는 마가복음에서 갈릴래아로 예고되었다(마가 14, 28; 16, 7). 마태복음은 마가복음을 기초로, 부활한 예수는 갈릴래아에서(마태 26, 32; 28,7), 그 뒤 예루살렘에서 막달라 마리아와 다른 마리아에게 나타났다(마태 28, 9.10)고 소개했다. 누가복음 저자는 부활한 예수의 나타남을 오직 예루살렘으로 제한했다. 처음에 엠마우스로 가는 제자들에게 나타났고(누가 24, 13-35), 그다음 모든 제자에게 나타났으며(누가 24, 36-49) 요한복음도 부활한 예수가 예루살렘에서 나타났음을 기록했다(요한 20, 11-18). 요한 21, 1-14는 부활한 예수가 갈릴래아에서 일곱 제자에게 나타났다고 말했다. 부활한 예수의 나타남은 예수가 십자가에서 처형되고 공통년 32~33년에 부르심 받은 바울까지 약 2~3년 동안 계속된 것 같다.[12]

하느님은 십자가에서 처형당하고 부활한 예수와 일치하신다. 예수는 저주받고 버림받은 실패한 인생이 아니다. "그리스도께서는 죽은 자의 주님도 되시고 산 자의 주님도 되시기 위해서 돌아가셨다가 다시 살아나셨습니다"(로마 14, 9). 특히 바울은 부활을 새로운 믿음의 기초로 해설했다. "그리스도께서 다시 살아나지 않으셨다면 우리가 전한 것도 헛된 것이요 여러분의 믿음도 헛된 것일 수밖에 없을 것입니다"(고린토전서 15, 14). 예수 부활 믿음의 모든 내용을 포함하는 최초의 기록은 "그리스도께서 성서에 기록된 대로 우리의 죄 때문에 돌아가셨다는 것과 무덤에 묻히셨다는 것과 성서에 기록된 대로 사흘 만에 다시 살아나셨다는 것과 그 후 여러 사람에게 나타나셨다는 사실입니다. 그리스도께서는 먼저 베드로에게 나타나신 뒤에 다시

12 Schnelle, Udo, Die ersten 100 Jahre des Christentums 30-130 n. Chr. Die Entstehungsgeschichte einer Weltreligion, Göttingen 2016, 2판, p.99

열두 사도에게 나타나셨습니다"(고린토전서 15, 3-5)이다.

빈 무덤

막달라 마리아 등 여성 제자 셋은 안식일 다음 날, 즉 일요일 아침 해가 뜨자 무덤으로 달려갔지만, 거기에서 예수 시신을 발견하지 못했다(마가 16, 1-5; 요한 20, 1.11-13; 마태 28, 1-6; 누가 24, 1-6). 그녀들은 남자 제자들에게 그 소식을 전했다(마가 16, 7; 요한 20, 18; 마태 28, 8; 누가 24, 9). 바울은 빈 무덤을 뚜렷하게 언급하진 않았지만, 빈 무덤을 사실로 전제하고 있다(고린토전서 15, 4; 로마 6, 4). 유대교 인간학은 몸의 부활에서 출발[13]하기 때문에, 빈 무덤 전승은 바울이 몰랐던 전설이라고 불트만Bultmann은 주장한다.[14] 빈 무덤이 발견되었다는 사실을 증언할 믿을 만한 사람들이 예수운동 사람들 사이에서 있었을 것이다.[15] 예수의 시신이 집단 매장지에 매장되었거나 개인 무덤에 안치되어 남아있었다면, 예수의 부활 증언이 예루살렘에서 널리 선포되기 어려웠을 것이다.[16]

부활한 예수의 나타남은 예수의 빈 무덤과 연결될 수밖에 없었다. 예수가 부활했다면, 논리적으로 예수 시신이 남아있어서는 안 되었다. 빈 무덤에서 부활을 논리적으로 이끌어낼 수는 없다. 부활 사건은 빈 무덤을 요청했다. 빈 무덤 자체는 예수의 시신을 누군가 탈취했다는 근거로도 악용될 수 있었

13 Hengel, Martin, "Das Begräbnis Jesu bei Paulus und die leibliche Auferstehung aus dem Grabe", in: Avemarie, Friedrich., Lichtenberger, Hermann (Hg.), Auferstehung, WUNT 135, Tübingen 2001, pp.119-183, p.139

14 Bultmann, Rudolf, Theologie des Neuen Testaments, Tübingen 1977, 7판, p.48

15 Althaus, Paul, Die Wahrheit des christlichen Osterglaubens, Gütersloh 1940, p.25

16 Schnelle, Udo, Die ersten 100 Jahre des Christentums 30-130 n. Chr. Die Entstehungsgeschichte einer Weltreligion, Göttingen 2016, 2판, p.99

다. 나자렛 예수를 따르던 사람들이 예수가 십자가에서 처형되고 죽은 뒤 부활하여 그들에게 나타났다고 주장하고 다녔다는 사실은 역사적으로 분명하다.

성령 체험

부활한 예수의 나타남뿐 아니라 성령 체험은 그리스도론이 생기는 데 결정적 자극을 주었다. 부활한 예수의 나타남이 일부 제자들에게 제한된 사건이었다면, 성령 체험은 제자들을 훨씬 뛰어넘어 생긴 사건이었다. 마지막 시대에 하느님의 영이 쏟아져 내릴 것이라는 말은 유대교에 이미 있었다(이사야 32, 15-18; 에제키엘 36, 25-29; 요엘 3, 1-5). 성령은 하느님께서 예수에게 약속하신 '위에서 오는 능력'(누가 24, 49)으로서 제자들에게 가득 찰 것이다(사도행전 2, 4). 예수 그리스도의 이름으로 사도들에게 세례받는 사람은 누구나 성령을 선물로 받게 될 것이다(사도행전 2, 38). 예수 활동도 세례받을 때부터 성령이 함께 하셨고(마가 1, 9-11; 사도행전 10, 37), 예수 부활을 일으킨 분도 하느님의 성령이시다(로마 1, 3-4; 6, 4; 8, 11; 베드로전서 3, 18)라고 전해진다.

구약성서 다시 읽기

부활한 예수의 나타남뿐 아니라 성령 체험은 예수 제자들에게 예수 사건을 이해하는 열쇠로서 구약성서를 새롭게 다시 읽는(Relecture) 계기가 되었다. 예수 제자들은 유대교 성서 안에서 유대교 성서로 숨 쉬며 이해하며 살았다. 예수 제자들은 구약성서 그리스어 번역본을 사용했다. 구약성서 다시 읽기는 두 방향으로 이루어졌다. 구약성서를 빌어 예수 사건을 해석하고, 또 예수 사건의 눈으로 구약성서를 새롭게 보았다.[17] 나자렛 예수의 삶과 죽음과 부활을 통한 하느님의 구원 행위는 이스라엘 백성을 향한 하느님의 구원 행위와 연결되어야 한다고 예수 제자들은 생각했다.

구약성서 다시 읽기에 여러 문학적 기교와 방법이 동원되었다. 약속과 성취 유형론(마태 2, 17; 고린토전서 10, 1-6), 비유(Allegorie, 갈라디아 4, 21-31), 미드라쉬(Midrasch, 사도행전 7장; 고린토후서 3장), 여러 인용을 섞음(로마 9, 25-29), 바꾸어 인용(로마 11, 3)이 즐겨 사용되었다.

특히 몇 구약성서 구절은 예수운동의 처음 역사에서 특별한 의미를 가지게 되었다. 바울은 창세기 15, 6과 하바국 2, 4b를 이용하여 구약성서 전체의 효력을 사실상 없애 버렸다.[18] 바울은 "의로운 사람은 그의 신실함으로써 살리라"(하바국 2, 4)를 인용하여 율법을 따라 사는 의로운 사람이 아니라 예수 그리스도를 믿는 사람들에게 하느님의 진실함을 연결된다고 주장했다(갈라디아 3, 11; 로마 1, 17). 바울은 창세기 15, 6과 창세기 17장의 시간적 차이에 착안하여 할례와 구원을 분리해 버렸다. 하느님에 대한 무조건적 믿음으로 받은 아브라함의 구원은 시간상으로 할례보다 앞서있다는 해석이었다.

"야훼께서 내 주께 선언하셨다. 내 오른편에 앉아 있어라. 내가 네 원수를 네 발판으로 삼을 때"(시편 110, 1)는 예수운동에서 예수 지위를 이해하는 데 결정적 역할을 했다. 예수는 하느님 오른편으로 들어 높여졌고, 하느님의 권능과 영광에 참여하고 있고, 하느님 곁에서 주권을 행사하리라는 해석이었

17 Schnelle, Udo, Die ersten 100 Jahre des Christentums 30-130 n. Chr. Die Entstehungsgeschichte einer Weltreligion, Göttingen 2016, 2판, p.103

18 Schnelle, Udo, Die ersten 100 Jahre des Christentums 30-130 n. Chr. Die Entstehungsgeschichte einer Weltreligion, Göttingen 2016, 2판, p.103

다(고린토전서 15, 25; 로마 8, 34; 마가 12, 36; 사도행전 2, 34). 이 맥락에서 예수운동은 하느님께 바치는 주님 칭호를 일찌감치 예수에게 사용하기 시작했다(고린토전서 1, 31; 고린토후서 10, 17; 로마 10, 12)[19]. "너는 내 아들, 나 오늘 너를 낳았노라"(시편 2,7; 사무엘하 7,11) 구절은 예수를 하느님의 아들로 과감히 선언하는 데 크게 도움을 주었다(데살로니카전서 1, 9; 로마 1, 3-4; 마가 1, 11).

예수운동은 구약성서를 빌어 예수를 해설했기 때문에 자연스럽게 구약성서를 성서의 일부로 받아들이게 되었다. 구약성서 덕분에 예수를 해설할 수 있었고, 예수 덕분에 구약성서를 새롭게 보면서 받아들이게 되었다.

그리스도론 탄생

예수는 이스라엘 개념을 확장했고 성전을 상대화(相對化)했기 때문에 유대교와 예수운동이 갈등하는 원인을 제공하기도 했다. 예수운동은 특별한 유대인 예수[20]탓에 예수의 행동과 말씀, 죽음과 부활을 중심으로 그가 어떤 인물인지 설명해야 했다. 예수 제자들에게 나자렛 예수는 행동과 말씀, 역사뿐 아니라 죽음과 부활로써 새롭게 이해되어야 할 인물이 되었다. 예수 제자들은 죽기 이전 예수의 행동과 말씀을 비로소 죽음, 부활과 연결하여 이해하기 시작했다.[21] 십자가 죽음, 부활, 부활한 예수의 나타남은 예수 제자들에게

19 Jonge, De Marinus, Christologie im Kontext: die Jesusrezeption des Urchristentums, Neukirchen 1995, p.177

20 Luz, Ulrich, "Das 'Auseinandergehen der Wege'. Über die Trennung des Christentums vom Judentum", in: Dietrich, Walter/ George, Martin/Luz, Ulrich (Hg.), Antijudaismus-christliche Erblast, Stuttgart 1999, pp.56-73, p.63

21 Konradt, Matthias, "Stellt der Vollmachtanspruch des historischen Jesus eine Gestalt 'vorösterlicher Christologie' dar?", ZThK 107 (2010), pp.139-166

예수가 누구인지 새롭고 넓게 이해하는 계기를 제공했다.

특히 예수와 하느님의 관계는 가장 중요한 주제가 될 수밖에 없었다. 예수와 하느님의 관계를 이해하기 전에 예수운동은 하느님을 어떤 분으로 생각했는지 우리가 먼저 알아야 한다.

하느님은 하나이시고 창조주이시고 세상을 주관하는 분이라는 유대교 전통은 예수운동의 기초가 되었다.[22] 유일한 하느님은 여러 전달자가 있었다. 지혜(잠언 2, 1-6; 8, 22-31), 에녹(창세기 5, 18-24), 대천사 미카엘(다니엘 10, 13-21) 같은 중재자들이 하느님 명령을 전하고 수행했다. 창조된 그들은 창조주 하느님과 경쟁하는 존재는 아니었다. 한(einer) 분이신 하느님은 혼자인(allein) 분은 아니다.[23]

유대교는 죽은 자들의 부활을 믿었다. 부활의 희망(다니엘 12, 2; 이사야 25, 6-8; 26, 19; 호세아 6, 1-3; 에제키엘 37, 1-14; 마카베오하 7, 9)은 특히 공통년 이전 3/2세기에 완세론(完世論=종말론) 배경에서 유행했다.[24] 꿈란 문헌도 부활의 희망을 노래했다.[25] 예수운동은 유일한 창조주이시며 죽은 자를 부활시키시는 하느님 사상을 유대교에서 받아들였다. 그런데, 하느님께서 사람이 되셨다는 육화(肉化) 사상은 분명히 그리스 사상에서 왔다.[26] 신성과 인성을 모두 가진 중재자 예수 그리스도의 존재는 그리스인들과 로마

---

22 Hurtado, Larry W, One God, One Lord, Edinburgh 1998, 2판, pp 17-92

23 Schnelle, Udo, Die ersten 100 Jahre des Christentums 30-130 n. Chr. Die Entstehungsgeschichte einer Weltreligion, Göttingen 2016, 2판. p.104

24 Schwankl, Otto, Die Sadduzäerfrage (Mk 12,18-27par), BBB 66, Bonn 1987, pp.173-274

25 4Q521 2 II,12; Zimmermann, Johannes, Messianische Texte aus Qumran, WUNT 104, Tübingen 1998, p.345

26 Zeller, Dieter, "New testament Christology in its hellenistic Reception", NTS 46 (2001), pp.312-333

인들 문화에서 받아들일 수 있었다. 유대교 입장에서는 육화(肉化) 사상은 당연히 받아들이기 어려웠다.

유대교에서 유일한 창조주 하느님과 부활의 믿음을, 그리스 철학에서 육화 사상을 빌려온 예수운동은, 유대교와 그리스 철학에서 결코 받아들일 수 없는 십자가에서 처형된 예수가 구세주라는 전혀 새로운 주장을 내세우기 시작했다. "나무에 달린 시체는 하느님께 저주받은 것"(신명기 21, 23)이라 배워온 유대교에, 십자가에서 처형된 예수가 구세주라는 주장은 저주받을(갈라디아 3, 13) 말이다. 그리스인이 보기에도 십자가에서 처형된 예수가 구세주라는 주장은 어리석게 보이는 일(고린토전서 1, 23)이다. 십자가에서 처형된 예수가 구세주라는 예수운동의 주장은 유대교에 신학적 도발이었고[27], 그리스로마 사람에게는 정신 나간 생각[28]에 불과했다. 십자가에서 처형된 예수를 어떻게 보는가의 문제는 당시 종교와 사회에 분란의 여지가 될 참이었다.

그 뿐 아니라 심각한 차이가 드러났다.[29] 예수운동은 처음부터, 예수는 하느님과 본질이 같은 분(ὅς ἐν μορφῇ θεοῦ ὑπάρχων; 필립비 2, 6), 하느님의 형상이신 그리스도(τοῦ Χριστοῦ, ὅς ἐστιν εἰκὼν τοῦ θεοῦ; 고린토후서 4,4), 그리스도의 얼굴에 하느님의 영광이 드러난다(τῆς γνώσεως τῆς δόξης τοῦ θεοῦ ἐν προσώπῳ [Ἰησοῦ] Χριστοῦ; 고린토후서 4,6; 필립비 3,21)라고 주장하기 시작했다. 그리스도는 만물 위에 계시는 하느님(ὁ ὢν ἐπὶ πάντ

27 Kuhn, Heinz Wolfgang, "Jesus als Gekreuzigter in der frühchristlichen Verkündigung bis zur Mitte des 2. Jahrhunderts", ZThK 72 (1975), pp.1-46, p.36

28 Cicero, Pro C. Rabirio Postumo 5,16; Plinius, Episulae X 96,8

29 Hurtado, Larry W, One God, One Lord, Edinburgh 1998, 2판, pp.93-124

ων θεὸς; 로마 9, 5)이라고 바울은 대담하게 표현했다.

주님이신 예수 그리스도를 통해 만물이 존재하고(εἷς κύριος Ἰησοῦς Χριστὸςδι' οὗ `τὰ πάντα; 고린토전서 8, 6), 그분은 하늘에서(τὸν υἱὸν αὐτοῦ ἐκ τῶν οὐρανῶν; 데살로니카전서 1, 10; 필립비 3, 20), 하느님 오른편에 계시며(ὃς καί ἐστιν ἐν δεξιᾷ τοῦ θεοῦ; 로마 8, 34), 만물을 다스리신다(ὑποτάξαι αὐτῷ τὰ πάντα; 필립비 3, 21; 고린토전서 15, 27). 빵나눔에서 그분은 주님이시며(Κύριος Ἰησοῦς; 고린토전서 12, 3), 주여, 어서 오소서(μ αράνα θά; 고린토전서 16, 22)라고 하느님처럼 불리게 되었다. 우리 주 예수 그리스도의 아버지 하느님을 찬미(δοξάζητε τὸν θεὸν καὶ πατέρα τοῦ κυρίου ἡμῶν Ἰησοῦ Χριστοῦ; 로마 15, 6)하였으며, 세례와 빵나눔과 기도를 예수 이름으로 하게 되었다.

십자가에서 처형되고 부활한 예수 그리스도를 하느님처럼 존중하는 행위는 유대교가 허용할 수 있는 범위를 분명히 넘어서고 있었다. 예수 죽음 이후 곧바로 예수운동과 유대교는 분열의 길을 걷게 되었다는 의견[30]까지 있다. 예수는 누구인가 해석에서 예수운동은 신학적으로는 유대교와 충돌할 수밖에 없었지만, 사회학적으로 유대교와 처음부터 즉각 결별하게 되었던가. 역사 자료를 살펴보면, 사정은 그리 단순하진 않았다.

30 Luz, Ulrich, "Das 'Auseinandergehen der Wege'. Über die Trennung des Christentums vom Judentum", in: Dietrich, Walter/ George, Martin/Luz, Ulrich (Hg.), Antijudaismus-christliche Erblast, Stuttgart 1999, pp.56-73, p.64

2장 예수운동 공동체

예루살렘 공동체 시작

예수운동은 이념의 역사일 뿐 아니라 그보다 먼저 사람들의 모임이었다. 예수를 따르던 사람들은 언제 어디서 어떻게 모이고 스스로를 정의했는가.

예수운동은 스스로 유대교 내부의 모임으로 이해했었다. 특히 예루살렘 공동체는 예수운동 초기에 그 중요성을 인정하고 강조하기 위해 원시공동체(Urgemeinde)로 불리어왔다. 여러 이유가 있다.[1] 첫째, 유대교의 중심지는 예루살렘이었다. 유대교에서 예루살렘은 거룩한 도시(이사야 48, 2; 52, 1), 하느님의 거처(시편 46, 5), 하느님 통치가 실현될 곳(이사야 33, 20-22; 54, 10-14; 60, 1)이다. 예수의 십자가 처형과 부활이 일어난 곳도 예루살렘이었다. 부활한 예수가 나타난 곳에 예루살렘이 포함되었다(누가 24, 34; 요한 20, 11-18). 유대교 전통에서 메시아가 오시거나 다시 오시리라 여기던 곳도 예루살렘이었다.[2] 유대인 아닌 민족에 대한 복음 선포 문제로 예루살렘 공동

1 Schnelle, Udo, Die ersten 100 Jahre des Christentums 30-130 n. Chr. Die Entstehungsgeschichte einer Weltreligion, Göttingen 2016, 2판, p.109

2 Schenke, Ludger, Die Urgemeinde. Geschichtliche und theologische Entwicklung,

체와 안티오키아 공동체 대표들이 모인 사도회의도 예루살렘에서 열렸다(갈라디아 2, 1; 사도행전 15, 4). 예루살렘 공동체가 예수운동 초기에 별다른 역할을 하지 않았다는 의견[3]은 사실과 거리가 멀다.

예루살렘이 예수운동이 활발했던 주요한 공동체가 있던 곳이긴 하지만, 유일한 곳은 아니었다. 예루살렘이 예수운동이 있었던 유일한 곳[4]이라거나 갈릴래아 공동체를 예수운동 공동체 역사에서 제외하는 의견[5]을 나는 찬성하기 어렵다. 갈릴래아 지방에도 처음부터 예수 추종자들이 있었다.[6] 예수운동이 퍼져나가고 새로운 사상을 소개하는 데 다마스쿠스와 안티오키아가 중요한 역할을 맡았다.[7] 로마에도 예루살렘 공동체와 관계없이 독자적으로 공동체가 생겼다. 예수운동의 모든 것이 예루살렘 공동체에서 출발했다는 생각은 지나치다.

예루살렘 공동체의 시작은 어느 정도 알려져 있다.[8] 초대 공동체 역사는 알려지지 않은 상태라는 의견[9]도 있긴 하다. 예루살렘에서 예수의 등장, 성전

Stuttgart 1990, p. 22

3 Smith, Dennis E, "What do we really know about the Jerusalem Church?", in: Cameron, Ron/ Miller, Merrill P (Hg.), Redescribing Christian origins, SBL.SS 28, Atlanta 2004, pp.237-252, p.243

4 Dunn, James D. G, Beginning from Jerusalem. Christianity in the Making, Volume 2, Grand Rapids 2009, pp. 133-137

5 Koch, Dietrich-Alex, Geschichte des Urchristentums, Göttingen 2014, 2판, pp.164-168

6 Schnelle, Udo, Die ersten 100 Jahre des Christentums 30-130 n. Chr. Die Entstehungsgeschichte einer Weltreligion, Göttingen 2016, 2판, pp.180-182

7 Schnelle, Udo, Die ersten 100 Jahre des Christentums 30-130 n. Chr. Die Entstehungsgeschichte einer Weltreligion, Göttingen 2016, 2판, pp.184-187

8 Colpe, Carsten, "Die erste urchristliche Generation", in: Becker, Jürgen (Hg.), Die Anfänge des Christentums. Alte Welt und neue Hoffnung, Stuttgart 1987, pp.59-79, p.62

항쟁, 체포, 재판, 처형을 둘러싼 소동은 짧은 시간에 진행된 듯하다. 마가복음은 예수의 마지막 예루살렘 체류를 신학 프로그램에 따라 일주일로 소개했다. 예수를 제거하는 데 성공한 로마 군대와 유대교 지배층은 예수가 처형됨으로써 예수 사건은 끝난 것으로 생각했다. 세례자 요한과 나자렛 예수라는 두 인물을 중심으로 메시아 예언 운동은 결국 사라진 것처럼 보였다.

그것은 끝이 아니라 새로운 시작이었다. 예수가 처형될 때 도망쳤던 갈릴래아 출신 예수 제자들이(마가 15, 47; 16, 1) 다시 예루살렘으로 돌아왔다. 생전 예수의 행동과 말씀에 감동받았던 갈릴래아의 예수 제자들은 예수가 부활하여 나타났다는 증언(고린토전서 15, 5; 마가 16, 7)과 성령 체험(사도행전 1, 11; 2, 7)에 힘입어 베드로와 함께 예루살렘에 돌아왔다(사도행전 1, 12-13). 부활한 예수가 예루살렘에 나타났다는 소식(누가 24, 34; 요한 20, 11-18)과 성령 체험 증언(사도행전 1, 16; 2, 1-36; 4, 31)이 이어졌다. 예수의 어머니 마리아와 예수의 동생 야고보 등 예수의 가족들이 새롭게 예수운동에 가담(사도행전 1, 14)하여 예루살렘에 왔다.

예루살렘 공동체는 처음에 어느 집 이층 방에 모였다(사도행전 1, 13). 베드로, 요한, 야고보, 안드레아, 필립보, 도마, 바르톨로메오, 마태, 알패오의 아들 야고보, 혁명당원 시몬, 야고보의 아들 유다 등 사도들, 예수의 어머니 마리아를 비롯하여 여러 여자와 예수의 형제들 등 갈릴래아 출신 제자들(사도행전 1, 11.13; 2, 7), 막달라 마리아, 작은 야고보와 요셉의 어머니 마리아, 살로메 등 여성 제자들(마가 15, 40.47; 16, 1)이 예루살렘 공동체에 있었다. 아리마태아 사람 요셉(마가 15, 43), 요셉과 마티아(사도행전 1, 23), 마가라

9 Lüdemann, Gerd, Die ersten drei Jahre Christentum, Lüneburg 2009, p.11

고도 불리는 요한의 어머니 마리아와 그녀의 어린 여종 로데(사도행전 12, 12-15), 키레네 사람 시몬의 두 아들 알렉산더와 루포(마가 15, 21), 엠마우스로 가던 글레오파와 이름없는 제자(누가 24, 18), 바르나바(사도행전 4, 36), 키프로스 사람 므나손(사도행전 21, 16), 실바노(데살로니카전서 1, 1; 사도행전 15, 22.27), 바르사빠스라는 유다(사도행전 15, 22.27), 바울 이전에 믿음을 가졌던 안드로니고와 유니아(로마 16, 7), 로마에서 나그네로 온 유대인들(사도행전 2, 10), 아나니아와 그의 아내 삽피라(사도행전 5, 1-11), 그리스 말을 쓰는 해외에서 온 유대인들(사도행전 6, 1), 예언자 하가보(사도행전 11, 28; 21, 10), 수많은 유대교 사제들(사도행전 6, 7), 이름이 알려지지 않았던 추종자들도 예루살렘에 있었다.[10]

공동체는 빵나눔을 위해 매일 어느 집에서 모였다(사도행전 2, 46). 베다니아의 시몬 집(마가 14, 3), 엠마오의 제자 집(누가 24, 13.29), 예루살렘의 이층 방(사도행전 1, 13), 마가라고도 불리는 요한의 어머니 마리아 집(사도행전 12, 12), 키프로스 사람 므나손 집(사도행전 21, 16), 베드로가 바울과 함께 지냈던 예루살렘의 어느 집(갈라디아 1, 18)을 참고하면, 빵나눔에 온 사람은 많으면 20~30명 정도 되었다.[11] 예루살렘 공동체의 규모는 추측만 가능하다. 공동체 참여자가 빨리 늘어나고, 주님을 믿는 남녀의 숫자는 날로 늘어났다(사도행전 5,14). 백이십 명가량 모여 있었거나(사도행전 1, 15), 그날에 새로 신도가 된 사람은 삼천 명이나 되었다(사도행전 2, 41)는 기록은 예수운동의 처음을 이상적으로 묘사한 것이다.

10 Roloff, Jürgen, Die Apostelgeschichte, NTD 5, Göttingen 1981, pp.34-36

11 Schnelle, Udo, Die ersten 100 Jahre des Christentums 30-130 n. Chr. Die Entstehungsgeschichte einer Weltreligion, Göttingen 2016, 2판, p.112

예루살렘 공동체에서 강렬한 성령 체험이 있었다(사도행전 1, 6-8; 2, 1-36). "하느님께서는 이 예수를 높이 올려 당신의 오른편에 앉히시고 약속하신 성령을 주셨습니다. 예수께서는 아버지로부터 받은 성령을 지금 여러분이 보고 듣는 대로 우리에게 부어주셨습니다"(사도행전 2, 33). 오순절에 사도들과 각국에서 온 경건한 유대인들은 성령에 사로잡혀 하느님께서 하신 큰일을 전하게 되었다(사도행전 2, 1-13; 누가 3, 16). 성령 체험은 공동체가 생기고 여러 나라로 복음을 전파하는 기초가 되었다.[12] 역사적으로 유대계 그리스도교는 예수 죽음 이후 성령 체험으로 시작되었다.[13] 성령이 주어짐은 마지막 시대가 시작된 뜻으로 이해되었다(에제키엘 36장; 요엘 3장).[14] 성령으로 가득 찬 메시아(이사야 11, 2; 28, 6; 솔로몬 시편 17, 37), 성령으로 가득한 온 백성(에제키엘 36, 26; 이사야 32, 15; 요엘 3, 1-4)은 하느님께서 현재에 계시며 구원의 마지막 시대가 시작된 징표로 여겨졌다.

조직과 직분

예루살렘 공동체의 조직과 직분에 대해 알려진 것은 적다. 예루살렘 공동체에서 여러 모임이 생겼을 것으로 추측할 수 있다. 아람어를 쓰는 본토 유대인과 그리스어를 쓰는 해외에서 온 유대인이 언어 때문에 따로 모였을 것이기 때문이다. 각 모임에 역할과 직분이 생겼다고 짐작할 수 있다. 그 주제는 예루살렘 공동체에서 큰 역할을 한 것 같지는 않다.[15] 사람들이 모여

---

12 Kremer, Jacob, "Weltweites Zeugnis für Christus in der kraft des Geistes" ,in: Kertelge, Karl (Hg.), Mission im Neuen Testament, QD 93, Freiburg 1982, pp.145-163

13 Colpe, Carsten, "Die erste urchristliche Generation", in: Becker, Jürgen (Hg.), Die Anfänge des Christentums. Alte Welt und neue Hoffnung, Stuttgart 1987, pp.59-79, p.59

14 Horn, Friedrich Wilhelm, Das Angeld des Geistes, FRLANT 154, Göttingen 1992, pp.26-60

15 Schnelle, Udo, Die ersten 100 Jahre des Christentums 30-130 n. Chr. Die Entstehungsge-

들면서 인물들이 드러나고 조직이 갖추어지기 시작했다.[16] 예루살렘 공동체 초기에 열두 제자(사도행전 1, 15-26)와 사도들(사도행전 1, 2)이라는 두 그룹이 주도적인 역할을 한 것 같다. 예루살렘 공동체에서 중요한 인물들은 떠올랐지만, 공동체의 구조와 직분이 처음부터 나타났다고 말하기는 어렵다.[17]

열두 제자단

열두 제자단은 나자렛 예수가 직접 뽑은 것 같다.[18] 예수 부활 이후 예수 운동에서 예수를 배신했던 유다를 열두 제자 중 하나로 뽑았을 리 없다. 열두 제자단은 바울 이전 전승에도 언급되어 있다. "그리스도께서는 먼저 베드로에게 나타나신 뒤에 다시 열두 사도에게 나타나셨습니다"(고린토전서 15, 5). 열두 제자와 사도들을 분명히 구분했던(고린토전서 15, 5.7) 바울은 열두 제자단이 이미 있었음을 알았다. 열두 제자단은 예수 부활 이후 별다른 역할이 없었고 오히려 사도들이 더 중요한 역할을 했던 것 같다. 열두 제자단과 사도들을 동일시하는 경향은 바울이 아니라 후대의 마가복음, 마태복음, 누가복음과 요한 계시록 21.14였다. 예수 부활 이전 열두 제자단은 이스라엘 열두 부족과 이스라엘 전체의 구원을 상징하고 하느님나라의 현존을 나타낸다. "여러분은 내 나라에서 내 식탁에 앉아 먹고 마시며 옥좌에 앉아 이스라엘의 열두 지파를 심판하게 될 것입니다"(누가 22, 30).

예수 부활 이후 열두 제자단의 존재와 중요성은 부활한 예수의 나타남으

schichte einer Weltreligion, Göttingen 2016, 2판, p.112

16 Dunn, James D. G, Beginning from Jerusalem. Christianity in the Making, Volume 2, Grand Rapids 2009, pp.206-212

17 Schnelle, Udo, Die ersten 100 Jahre des Christentums 30-130 n. Chr. Die Entstehungsgeschichte einer Weltreligion, Göttingen 2016, 2판, p.126

18 Koch, Dietrich-Alex, Geschichte des Urchristentums, Göttingen 2014, 2판, pp.149-151

로 더욱 드러났다. “그리스도께서는 먼저 베드로에게 나타나신 뒤에 다시 열두 사도에게 나타나셨습니다”(고린토전서 15, 5). 베드로가 부활한 예수를 갈릴래아에서 만난 것(마가 16, 7)으로 보면, 부활한 예수는 갈릴래아에서 베드로와 열두 제자에게 나타났다. 부활한 예수는 베드로와 열두 제자를 가까이 연결했다.[19]

그 이후 열두 제자단은 거의 언급되지 않았다. 예루살렘 공동체에서 열두 제자단은 딱 두 번 언급되었다. 열두 제자 명단(사도행전 1, 13)과 유다의 자리를 채운 마티아를 선발할 때(사도행전 1, 15-26), 그리고 일곱 보조자를 선택할 때(사도행전 6, 2-7)였다. 열두 제자단이 예수 시대와 교회 시대를 연결한다는 누가복음 저자의 생각에 따른 구절이다. 누가복음 저자의 생각과는 다르게 열두 제자단과 사도들이 꼭 일치하는 것은 아니었다.

열두 제자단과 사도들은 구분되었다(고린토전서 15, 5.7). 바울은 고린토전서를 공통년 55년 봄에 쓴 것 같고[20], 누가복음 저자는 사도행전을 80년과 90년 사이[21], 또는 90년과 100년 사이에 쓴 것 같다.[22] 겨우 30여 년 사이에 바울과 누가복음 저자는 열두 제자단과 사도들에 대해 왜 다른 말을 하고 있을까.

19 Lüdemann, Gerd, Die ersten drei Jahre Christentum, Lüneburg 2009, p.112

20 Schnelle, Udo, Einleitung in das Neue Testament, Göttingen 2017, 9판, p.77; Schmeller, Thomas, “Der Erste Korintherbrief”, in: Ebner, Martin/Schreiber, Stefan (Hg.), Einleitung in das Neue Testament, Stuttgart 2013, 2판, pp.308-327, p.319

21 Rusam, Dietrich, “Die Apostelgeschichte”, in: Ebner, Martin/Schreiber, Stefan (Hg.), Einleitung in das Neue Testament, Stuttgart 2013, 2판, pp. 232-253, p.243

22 Schnelle, Udo, Einleitung in das Neue Testament, Göttingen 2017, 9판, p.335

베드로와 제베데오의 아들 요한은 열두 제자단에서 비중있는 역할을 맡았다. 공통년 35년 무렵 바울은 예루살렘에서 열두 제자단이 아니라 베드로와 예수 동생 야고보만 만났다(갈라디아 1, 18-19). 열두 제자단은 예수 부활 직후 잠시 그 존재 의미가 있었다. 이후 열두 제자단보다 사도들이 더 중요하게 되었다.[23]

사도(使徒)

구약성서 그리스어 번역본(Septuaginta)에서 가난한 사람들에게 기쁜 소식(福音)을 전하는(εὐαγγελίσασθαι; 이사야 61, 1) 예언자가 부름을 받고 보내짐은, 동사 보내다(ἀποστέλλειν; 이사야 6, 8)와 연결되었다. 명사 보내진 사람(ἀπόστολος)은 전쟁터에서 소식을 전하는 사람을 가리키기도 했다.[24] 예수운동은 그 단어를 받아들여 역사의 예수가 보낸 제자들(마가 6, 7.30; 누가 10, 1.3.16), 마지막 시대에 보내진 예수(누가 13, 34), 보내진 지혜(누가 11,49), 하느님이 보낸 증인으로서 세례자 요한(누가 7,27; 요한 1,6)을 가리키는 데 사용했다.[25] 여러 사도 개념이 예수운동에서 있었다.

누가복음 저자에게 열두 제자는 이스라엘의 대표(누가 22, 30)로서 이스라엘에 파견되었고(누가 24,47), 예수운동의 모범적인 인물이었다. 예수 사건의 증인이요, 예수 전통의 계승자요(사도행전 2, 22; 4, 10; 6, 4) 열두 제자는 예루살렘 공동체의 기초(사도행전 2,42)가 되었다. "예수는 제자들을 불러 그중에서 열둘을 뽑아 사도로 삼았다"(누가 6, 13). 누가복음 저자가 보기에

23 Schnelle, Udo, Die ersten 100 Jahre des Christentums 30-130 n. Chr. Die Entstehungsgeschichte einer Weltreligion, Göttingen 2016, 2판, p.116

24 Lohmeyer, Monika, Der Apostelbegriff im Neuen Testament, Stuttgart 1995, pp.131-141

25 Lohmeyer, Monika, Der Apostelbegriff im Neuen Testament, Stuttgart 1995, pp.160-343

바울은 사도가 아니다. 바울은 역사의 예수가 부른 사람이 아니어서 예수 전통의 원천 계승자가 될 수 없기 때문이다. 예외로 보이는 사도행전 14, 4.14는 누가복음 이전 전승으로 여겨진다.[26] 누가복음 저자가 보기에 바울은 열두 제자보다 아래에 있지만, 예수 사건의 증인(사도행전 20,24; 22,15; 23,11)이긴 하다.

누가복음 저자에게 사도 개념이 역사의 예수와 부활한 예수 그리스도와 연결된다면, 바울에게 사도 개념은 부활한 예수의 나타남과 부르심이 결정적이다(고린토전서 9, 1; 15, 8-11; 갈라디아 1, 16).[27] "마지막으로 팔삭둥이 같은 나에게도 나타나셨습니다"(고린토전서 15, 8). 바울은 자신을 하느님과 그리스도에게 부름을 받은 사도요(고린토전서 1, 1; 고린토후서 1,1 ; 갈라디아 1, 1), 특히 이방인의 사도로(로마 11, 13) 이해했다. 바울이 기적을 행한 사실(고린토후서 12, 12)도 바울이 사도임을 입증한다.[28]

누가복음 저자와 바울이 제안한 사도 개념 말고도 다른 제안이 있었다. 바울은 본인 이전에도(갈라디아 1, 17), 다른 사도가 있었다고(고린토전서 9, 5; 15, 7; 갈라디아 1, 19) 기록했다. 그중에서도 안드로니고와 유니아 부부(로마 16, 7)가 돋보인다.[29] 그들은 바울보다 먼저 사도가 된 듯하다. 여성 사도가 바울 이전에 있었다는 뜻이다. 그 부부가 어떻게 사도가 되었는

26 Roloff, Jürgen, Die Apostelgeschichte, NTD 5, Göttingen 1981, p.211

27 Frey, Jörg, "Apostelbegriff, Apostelamt und Apostolizität: neutestamentliche Perspektiven zur Frage nach der "Apostolizität" der Kirche", in: Schneider, Theodor/ Wenz, Gunther (Hg.), Das kirchliche Amt in apostolischer Nachfolge: I. Grundlagen und Grundfragen, Freiburg/Göttingen 2004, pp.91-188, p. 126-133

28 Kollmann, Bernd, "Paulus als Wundertäter", in: Schnelle, Udo/Söding, Thomas/Labahn, Michael (Hg.), Paulinische Christologie (FS. Hübner, Hans), Göttingen 2000, pp.76-96

29 Jewett, Robert, Romans: A Commentary, Minneapolis 2007, 2판, pp.961-964

지 설명하기는 어렵다. 또 다른 사도 개념이 예수어록 Q 문헌[30]의 파견설교(누가 10, 2-16)와 고린토후서에도 보인다. 그들은 유랑 선교사(누가 10, 5-8; 고린토후서 11, 4)였고, 공동체에서 경제적 지원을 받았다(누가 10, 4.7.8; 고린토전서 9, 4.14; 고린토후서 11, 7-9; 12, 16-18).

베드로

누가복음 저자와 바울의 사도 개념에 걸맞은 인물이 곧 베드로다. 베드로는 부활한 예수의 첫 번째 증인으로서 다른 제자들과 구분되었다(고린토전서 15, 5). 예루살렘 공동체 초기에 베드로의 중요성이 드러나는 구절이 있었다. "시몬아, 시몬아, 들어라. 사탄이 이제는 키로 밀을 까부르듯이 너희를 제멋대로 다루게 되었다. 그러나 나는 네가 믿음을 잃지 않도록 기도하였다. 그러니 네가 나에게 다시 돌아오거든 형제들에게 힘이 되어다오"(누가 22, 31). 베드로는 생전의 예수를 따르던 동지요 또한 부활한 예수를 증언한 인물이다. "가서 제자들과 베드로에게 이렇게 일러라 '예수께서는 전에 말씀하신 대로 그들보다 먼저 갈릴래아로 가실 것이니 거기서 그분을 만나게 될 것이다'라고 전하여라"(마가 16, 7). 바울이 예루살렘 공동체를 방문했을 때 베드로를 주로 만났다(갈라디아 1, 18).

마태복음에 유일하게 나오는 다음 구절도 베드로의 지위를 드러내고 있다. "시몬 바르요나, 당신에게 그것을 알려주신 분은 사람이 아니라 하늘에 계신 내 아버지시니 당신은 복이 있습니다. 잘 들으시오. 당신은 베드로입니다. 내가 이 바위 위에 내 교회를 세울 터인즉 죽음의 힘도 감히 그것을 누르지 못할 것입니다. 또 나는 당신에게 하늘나라의 열쇠를 주겠습니다.

30 Hoffmann, Paul/Heil, Christoph, Die Spruchquelle Q, Darmstadt 2002, 4판, pp.52-57

당신이 무엇이든지 땅에서 매면 하늘에도 매여 있을 것이며 땅에서 풀면 하늘에도 풀려 있을 것입니다"(마태 16, 17-19).[31] 이 구절을 역사의 예수가 실제로 말한 것은 아니다. 내 교회(μου τὴν ἐκκλησίαν) 표현은 부활 이후 상황을 전제하기 때문이다. 베드로(Πέτρος)와 바위(πέτρᾳ) 단어는 뿌리가 같다.[32]

야고보

예수의 동생 야고보는 예루살렘 공동체에서 처음부터 돋보이는 인물로 떠올랐다(마가 6, 3; 고린토전서 15, 7; 갈라디아 1, 19; 2, 9; 사도행전 12, 17).[33] 야고보가 생전의 예수를 따라다닌 것은 아니었다(마가 3, 21.31; 요한 7, 3-5). 예수의 죽음과 부활 이후 야고보는 예루살렘 공동체에 참가했다. 베드로, 막달라 마리아, 바울 외에 야고보는 부활한 예수가 나타난 인물로 기록되었고(고린토전서 15, 7), 사도로 여겨졌다(갈라디아 1, 19; 고린토전서 15, 7). 바울이 35년 무렵 예루살렘을 방문했을 때 베드로가 예루살렘 공동체를 이끌었는데(갈라디아 1, 18), 48년 무렵 예루살렘 사도회의에서는 상황이 달라졌다. 야고보, 게파(베드로), 요한 순서로 예루살렘 공동체의 중심 인물이 언급되었다. 베드로가 아니라 야고보가 맨 앞에 등장한 것이다.

41년에 로마 황제 칼리구아(Caligua)가 죽고 클라우디우스(Claudius)가

---

31 Hahn, Ferdinand, "Die Petrusverheissung Mt 16,18f", in: Ders., Exegetische Beiträge zum ökumenischen Gespräch, Göttingen 1986, pp.185-200; Hoffmann, Paul, "Der Petrus-Primat im Matthäusevangelium", in: Merklein, Helmut u.a., (Hg.), Neues Testament und Kirche (FS Schnackenburg, Rudolf), Freiburg 1974, pp.94-114

32 Lampe, Peter, "Das Spiel mit dem Petrusnamen - Matt. XVI.18", NTS 25 (1979), pp.227-245; Hengel, Martin, Der unterschätzte Petrus, Tübingen 2007, 2판, pp.21-44

33 Pratscher, Wilhelm, Der Herrenbruder Jakobus und die Jakobustradition, Göttingen 1987, pp.13-102

황제 자리를 이을 무렵 헤로데 아그리파 1세는 로마에 있었다. 새 로마 황제 클라우디우스는 41년에 헤로데 아그리파 1세에게 그의 할아버지 헤로데 대왕이 통치하던 영토와 거의 비슷한 크기 땅을 다스리도록 허락했다. 헤로데 아그리파 1세는 정치적 종교적 이유로 예수운동을 탄압하기 시작했다.[34] 예수운동을 탄압하던 여러 이유가 있었다.[35] 그 박해에서 제베데오의 아들 야고보가 살해되었고(사도행전 12, 2) 베드로는 해외로 탈출하였다(사도행전 12, 17). 베드로가 이방인 선교에 앞장섰던(사도행전 10장; 갈라디아 2,12; 고린토전서 9,5) 반면에, 야고보는 예수운동을 유대교 내부에 정착시키려고 생각했다(갈라디아 2, 12).[36]

예수 가족

야고보뿐 아니라 예수의 다른 가족도 예수 부활 이후 예수운동에 참여하기 시작했다.[37] 예수 가족들에 대한 자료는 드물다. "저 사람은 그 목수가 아닌가? 그 어머니는 마리아요, 그 형제들은 야고보, 요셉, 유다, 시몬이 아닌가? 그의 누이들도 다 우리와 같이 여기 살고 있지 않은가?"(마가 6, 3) 예수와 가족들은 예수 생전에는 갈등 관계에 있었다. 이 소식을 들은 예수의 가족들

34 Theissen, Gerd, "Die Verfolgung unter Agrippa dem I. und die Autoritätsstruktur der Urgemeinde", in: Mell, Ulrich u.a. (Hg.), Das Urchristentum in seiner literarischen Geschichte, BZNW, Berlin 1999, pp.263-285; Schwemer, Anna Maria, "Verfolger und Verfolgte bei Paulus. Die Auswirkungen der Verfolgung durch Agrippa I. auf die paulinische Mission", in: Becker, Eve-Marie/ Pilhofer, Peter (Hg.), Biographie und Persönlichkeit des Paulus, WUNT 187, Tübingen 2005, pp. 169-191

35 Schnelle, Udo, Die ersten 100 Jahre des Christentums 30-130 n. Chr. Die Entstehungsgeschichte einer Weltreligion, Göttingen 2016, 2판, p.193; Theissen, Gerd, Die Jesusbewegung: Sozialgeschichte einer Revolution der Werte, Gütersloh 2004, pp. 290-293

36 Schnelle, Udo, Die ersten 100 Jahre des Christentums 30-130 n. Chr. Die Entstehungsgeschichte einer Weltreligion, Göttingen 2016, 2판, p.124

37 Reiprich, Torsten, Das Mariageheimnis, FRLANT 223, Göttingen 2008, pp.119-149

은 예수를 붙잡으러 나섰다. 예수가 미쳤다는 소문이 돌고 있었기 때문이다(마가 3, 21). 예수도 가족들과 거리를 둔 것 같다. 둘러앉았던 군중이 예수에게 "선생님, 선생님의 어머님과 형제분들이 밖에서 찾으십니다"라고 말하였다. 예수는 "누가 내 어머니이고 내 형제들입니까?"하고 반문하고 둘러앉은 사람들을 돌아보며 말하였다. "바로 이 사람들이 내 어머니이고 내 형제들입니다. 하느님의 뜻을 행하는 사람이 곧 내 형제요, 자매요, 어머니입니다"(마가 3, 32-35)라는 말까지 나왔다. "예수의 형제들도 예수를 믿지 않았다"(요한 7, 5).

예수 제자뿐 아니라 예수 자신에게도 예수와 가족 사이 냉랭한 관계는 적잖이 곤혹스러웠을 것이다. 가족에게도 믿음을 주지 못하는 예수 같은 사람을 믿고 따르자고 누가 선뜻 나설 수 있겠는가. 그러나, 예수의 부활 이후 사정은 급히 달라진 듯하다. 야고보뿐 아니라 예수의 다른 형제들도 예수운동에 가담했다(사도행전 1, 14). 예수의 형제들은 선교하러 돌아다닐 때 아내와 동행한 것 같다. "우리라고 해서 다른 사도들이나 주님의 형제들이나 베드로처럼 그리스도를 믿는 아내를 데리고 다닐 권리가 없단 말입니까?"(고린토전서 9, 5) 예수의 어머니 마리아는 예수의 역사에도 과감히 참여한 것으로 소개되었다(마태 2; 누가 1-2; 요한 2, 4; 19, 25).

야고보와 요한

제베데오의 두 아들 야고보와 요한도 베드로와 안드레아 형제처럼 예수 활동 처음부터 예수를 따라다녔고(마가 1, 19; 3, 17; 누가 5, 10), 열두 제자에 속했다. 예수는 처음에 두 쌍의 형제들을 부른 것이다(마가 1, 16-20). 야고보와 요한 형제는 베드로처럼(누가 5, 9-11) 어부였다. 그들은 베드로처럼 예루살렘 공동체에서 큰 역할을 맡았다(사도행전 1, 13; 12, 2). 그들은 천둥의 아들이라는 뜻으로 보아네르게스(Βοανηργές; 마가 3, 17)라는 별명을 얻었다. 그들의 행동에서 하느님의 뜻이 드러났다는 의미 같다.[38] 제베데오의 두 아들 중 야고보는 공통년 42/43년 무렵 아그리파 1세의 박해 때 처형되었다(사도행전 12, 2; 마가 10, 35-41). 제베데오의 두 아들 야고보와 요한가 어떤 신학 사상을 펼쳤는지 알 수 있는 자료는 아쉽게도 남아있지 않다.

야고보의 형제 요한은 예루살렘 공동체의 세 기둥(στῦλος; 디모테오전서 3, 15; 요한 계시록 3, 12; 10, 1) 중 하나라고 48년 예루살렘 사도회의에서 바울이 언급했다(갈라디아 2, 9). 요한은 형제 야고보와 달리 42~43년 아그리파 1세의 박해에서 살아남았다.

바르나바

키프로스 태생의 레위족 사람 바르나바는(사도행전 4, 36) 그리스어를 쓰는 유대인으로서 예루살렘 공동체에서 또 다른 주요한 인물로 꼽힌다. 그는 예루살렘 근처에 소유하던 부동산을 팔아 사도들에게 헌금하였다(사도행전 4, 37). 바르나바의 헌금을 사도행전 4, 37이 돋보이게 기록한 것은 "믿는 사람은 모두 함께 지내며 그들의 모든 것을 공동 소유로 내어놓고 재산과 물건을 팔아서 모든 사람에게 필요한 만큼 나누어주었다"(사도행전 2, 45) 구절과 썩 어울리지는 않는다. 헌금보다는 예루살렘 공동체와 안티오키아 공동체를 오가며 중재하던 그의 역할이(사도행전 11, 22-30) 더 중요한 것 같다. 안티오키아 공동체는 바르나바와 바울이 함께 1차 선교여행에 파견했다(사도행전 13, 1-14, 28). 안티오키아 공동체를 대표하여 바르나바와 바울은 48년 예루살렘 사도회의에 참여하였다(사도행전 15, 1-4).

38 Collins, Adela Yarbro, Mark, Minneapolis 2007, p.220

예루살렘 성전

예수운동이 갈릴래아에서 시작되었지만 예루살렘을 중심으로 펼쳐진 여러 이유가 있다. 그중에도 예루살렘 성전의 존재는 결정적이다. 솔로몬(공통년 이전 965~926/925) 시절 처음 지어진 예루살렘 성전은 공통년 이전 587/586년 바빌로니아에 의해 파괴되었다(열왕기하 25, 9).[39] 일부 유대인들이 바빌론으로 유배된 후 예루살렘 성전은 다시 지어졌다. 공통년 4세기 이후 예루살렘 성전은 유대의 종교, 정치, 문화의 중심지로 의미가 더 커졌다. 공통년 이전 20/19년 헤로데 대왕 시절, 무려 44,000평 가까운 터에 옛 웅장함에 가깝게 복구되었다.

예루살렘 성전의 중요성은 하느님께서 계신다는 사상 덕분이었다(열왕기상 8, 12). 예루살렘 성전에 하느님이 나타나시고(레위 16, 2) 뵐 수 있다(탈출기 29, 43-45). 성전은 하느님의 궤(Lade; 사무엘하 6장; 열왕기상 8, 1-6), 그리고 하느님 왕국이 있는 곳이다(시편 24장; 68장). 바빌론 유배 이후 예루살렘 성전은 거룩한 장소라는 뜻이 더 강해졌다. 오직 대사제만 홀로 지성소(Allerheiligste)에 들어갈 수 있다(레위 16장). 유대인이 아닌 사람이 성전 구역을 침범하면, 그것은 사형죄에 해당한다(사도행전 21, 27-29)라는 구절이 있다.

예루살렘 성전은 경제와 행정의 중심지였다. 제사와 종교의식에 필요한 도구들과(역대기상 26, 20; 28, 12) 외국에서 받은 선물과 전쟁 약탈품(사무엘하 8, 11; 열왕기상 7, 51), 성전 세금과 십일조 물품이 성전에 보관되었다. 성전세는 20세 이상 모든 유대인 남자에게 요구되었고, 해외에 사는 유대인

39 Zwickel, Wolfgang, Art. "Tempel", NBL III, Düsseldorf/Zürich 2001, pp.799-810

남자에게도 마찬가지였다. 십일조는 농산물에만 해당하였고 해외에 사는 유대인에게는 면제되었다.[40] 짐승 새끼에 대한 십일조는 다른 법에 의해 규정되었다. 십일조는 성전에서 일하는 사제, 성전 예배를 돕는 레위인, 성전 경비원, 합창단원, 성전 직원을 부양하는 데 쓰였다(느헤미야 10, 38). 해외에 사는 유대인들도 유대인의 의무인 과월절, 무교절, 추수절 축제 때(신명기 16, 1-17) 예루살렘 성전으로 순례를 왔다. 이 축제에 예루살렘 시내는 사람들로 가득 찬다. 숙식과 제사 예물로 바치는 동물 판매 등 경제활동이 벌어지는 예루살렘에서 성전은 엄청난 경제적 수익을 누렸다.[41] 개인과 국가 소유의 돈도 예루살렘 성전에 보관되기도 했다.

예수 생존 당시 이스라엘에는 약 7,200명의 사제, 약 9,600명의 레위인이 있었다.[42] 24주 간격으로 3대 축제마다 약 300명 사제와 약 400명 레위인이 예루살렘 성전에서 일하였다. 약 300명 사제와 약 400명 레위인의 경제적 수입은 겨우 2주간과 세 축제 때에만 해당했다. 나머지 기간에는 고향에서 알아서 살아야 했다. 유대교 사제의 대부분은 수공업에 종사하였다. 3대 축제 때에 예루살렘 거주 인구의 몇 배 되는 사람들이 예루살렘 시내와 근처에 몰려들었다. 예루살렘 거주 인구는 약 25,000~30,000명[43], 약 40,000명[44], 약 60,000명 등 여러 추측이 있다.

---

40 Sanders, E.P, Paul. The Apostle's Life, Letters and Thought, Minneapolis 2015, p 35

41 Philo, De Specialibus Legibus I 69

42 Jeremias, Joachim, Jerusalem zur Zeit Jesu, Göttingen 1963, 3판, pp.224-251

43 Jeremias, Joachim, Jerusalem zur Zeit Jesu, Göttingen 1963, 3판, pp.90-98

44 Söllner, Peter, "Jerusalem", in: Erlemann, Kurt u.a. (Hg.), Neues testament und antike Kultur II, Göttingen 2005, p.155

예루살렘 공동체는 예루살렘 성전을 무대로 벌어진 예수 저항과 고난, 죽음과 부활에 아무래도 더 집중했을 것 같다. 예루살렘 해외파 공동체와 바울은 부활 이후 드높여진 주님이요 그리스도를 강조했다. 갈릴래아 또는 갈릴래아 지역에서 예수의 행동과 말씀을 전한 사람들은 나자렛 예수가 남긴 말씀과 행동에 더 집중했을 것이다. 그들은 유대교 내부 개혁운동을 펼쳤던 부활 이전 역사의 예수를 더 강조했다.

예루살렘 공동체에 대한 박해

예수를 따르던 예루살렘 공동체는 처음부터 상당한 선교 효과를 얻은 듯하다. 예수의 비극적인 죽음으로 예수운동이 끝난 줄 알았던 로마 군대와 유대교 지배층의 예상과는 다른 상황이 벌어진 것이다. 당연히 갈등은 시작되었고, 로마 군대와 유대교 지배층은 예수운동을 탄압하기 시작했다. 예루살렘 공동체는 종교적으로 받아들일 수 없는 집단으로 여겨졌고, 정치적으로 안정을 해치는 무리로 취급되었다.[45]

사두가이파

사두가이파가 유대교 내부에서 언제부터 생겼는지 뚜렷하지 않다. 다윗왕의 후계자를 놓고 생겼던 분열에서 유대교 사제 사독(Sadok)은 솔로몬 편에서 솔로몬에게 기름을 부어 왕으로 추대하였다(열왕기상 1, 32-39). 솔로몬왕은 곧 에비아달을 야훼의 사제직에서 쫓아내고 그 자리에 사독을 임명하였다(열왕기상 2, 35). 바빌론 유배 이후 공통년 이전 520년 무렵부터 생긴 유대교 대사제 자리를 사독 가문이 대대로 넘겨받았다(하깨 1, 1; 역대기상 5, 40; 에제키엘 40, 46). 공통년 이전 2세기 후반에 셀레우키드 왕조의 안티

45 Schnelle, Udo, Die ersten 100 Jahre des Christentums 30-130 n. Chr. Die Entstehungsgeschichte einer Weltreligion, Göttingen 2016, 2판, p.128

오쿠스 4세는 점령지였던 팔레스타인에서 강력한 그리스화 정책을 펼치기 시작했다. 그는 예루살렘 성전을 침범하여 지성소를 짓밟고 사실상 유대교를 금지하기 시작했다(마카베오상 1, 21-23; 마카베오하 5, 15.21).

그때 용감하게 저항했던 마카베오 항쟁(마카베오상 2, 15-28)에서 사두가이 가문의 분열이 일어났다. 일부 사두가이 사람들은 예루살렘 성전을 반대하여 예루살렘에서 도망쳤다.[46] 그러나, 대부분 사두가이 사람들은 예루살렘을 떠나지 않았다. 그들은 종교적 경제적 정치적으로 지배층이던 사제 가문에 속했다.[47] 꿈란(Qumran) 문헌(CD IV 2-4)에도 사두가이파에게 영향받은 구절이 발견되었다.

사두가이파는 예수를 체포하고 정치범으로 십자가에 처형시킨 사건에서 유대교 지배층 중에 가장 큰 역할을 했다. 예수를 죽이려는 음모와 현장에는 당시 유대교에서 최고권력자였던 대사제가 언제나 맨 앞에 있었다(마가 11, 18; 14, 1; 15, 31). 대사제는 최고 기득권이던 사두가이파에서 주로 나왔다. 대사제의 뒤를 율법학자들(유대교 신학자들, 마가 11, 18; 14, 1; 15, 1))과 원로들이(마태 26, 3; 사도행전 4, 23; 23, 14; 25, 15) 따랐다. 역사의 예수를 탄압하는 데 앞장섰던 사두가이파 사람들은 예수의 죽음 이후에도 예수운동을 탄압하였다. 베드로와 요한이 사람들에게 설교하고 있을 때 사제들과 성전 수위 대장, 사두가이파 사람들이 나타났고(사도행전 4,1), 사도들을 시기하여 사도들을 잡아다가 감옥에 넣었다(사도행전 5, 17).[48] 사도들은 두

46 Stegemann, Hartmut, Die Essener, Qumran, Johannes der Täufer und Jesus, Freiburg 2007, p.205

47 Josephus, Antiquitates 18,17; 13,298

48 Schürer, Emil, Geschichte des jüdischen Volkes im Zeitalter Jesu Christi I-III, Leipzig 1901-1911 (Nachdrucke), 4판, II, pp.475-489

번이나 유대 의회에 출두해야 했고(사도행전 4, 1-22; 5, 17-42), 두들겨 맞았다. 사두가이파는 사도들에게 다시는 예수 이름으로 말하지 말라고 명령했다(사도행전 5, 40).

사두가이파는 왜 예수뿐 아니라 예수운동까지 탄압했을까. 그들은 로마 군대와 사두가이파의 동맹 체제를 심각하게 깨뜨리고 방해할 위험과 가능성을 예수에게서 보았기 때문에 예수를 제거했다. 사두가이파가 예수운동을 막으려는 이유는 종교적 사상 차이에 있었다. "두 사도가 사람들을 가르치며 예수께서 부활하신 사실을 들어, 죽은 사람들이 다시 살아난다고 선전하는 데 격분하여 그들을 붙잡았다"(사도행전 4, 2). 바리사이파와 달리 사두가이파는 죽은 사람의 부활을 믿지 않았다.[49] 예수가 유대교에서 부활을 말하고 믿은 최초의 인물은 아니었다. 사도행전에서 사두가이파가 나타난 곳은 언제나 부활 믿음과 연관된다. 사두가이파는 사도들이 백성을 가르치면서 예수를 내세워 죽은 이들의 부활을 선포하는 것을 불쾌히 여기고 있었다(사도행전 4,1-22; 5,17-42; 23,6-9). 로마 군대와 사두가이파가 힘을 합쳐 처형시킨 예수가 부활했다면, 예수를 죽인 로마 군대와 사두가이파는 당시 유대인들에게 어떻게 보였겠는가. 사두가이파는 로마 군대와 협력하여 예수운동을 박해하려 나섰다(사도행전 5, 28). 사두가이파였던 유대교 대사제의 선동으로 예수운동의 주요 인물 중 하나였던 예수의 동생 야고보는 공통년 62년에 돌에 맞아 처형되었다.[50]

바리사이파의 예수운동 박해

사두가이파만 예수운동을 탄압했던 것은 아니다. 바울이 속했던 바리사

---

49 Josephus, Bellum 2,164

50 Josephus, Antiquitates 20,197-203

이파도 예수운동을 못마땅하게 여겼다. 예수와 바리사이파의 친근한 만남도 있었지만, 갈등도 없지 않았다(마가 2, 13-17.23-28; 3, 1-6). 예수 죽음 이후에도 바리사이파 중에 과격한 노선을 걸었던 사람들은 예수운동을 적대적으로 보았다. 바울이 그랬다. 전에 예수운동을 박해하고 그들을 없애버리려고 하던 사람이 이제는 예수운동을 전파하고 있다는 소문(갈라디아 1, 28)의 인물은 바울을 가리킨다. 바울이 예수운동을 탄압하고 다녔다는 증언이 여러 곳에서 있었다(고린토전서 15, 9; 갈라디아 1, 13; 필립비 3, 6). 바울은 반대자들과 논쟁에서 자신이 과거에 예수운동을 박해했던 사실을 고백하였다.[51]

바울 자신이 박해했던 장소와 방식을 전해주지 않았지만, 누가복음 저자는 바울이 예루살렘 공동체를 괴롭혔던 사실을(사도행전 8, 3; 9, 2; 22, 4.19; 26, 10) 자세히 소개했다.[52] 그러나, 바울은 "유다에 있는 그리스도의 교회들은 나를 직접 대할 기회가 없었습니다"(갈라디아 1,23)라고 누가복음 저자의 말과 엇갈리는 고백을 하였다. 바울에게 유다는 언제나 예루살렘을 포함한다(고린토후서 1, 16; 로마 15, 31). 바울이 박해했던 장소는 예루살렘이 아니라는 의견[53], 예루살렘이라는 의견[54], 다마스쿠스라는 의견이[55] 있다.

51 Dietzfelbinger, Christian, Die Berufung des Paulus als Ursprung seiner Theologie, WMANT 58, Neukirchen 1985, p.6

52 Löning, Karl, Die Saulustradition in der Apostelgeschichte, NTA 9, Münster 1973, pp12-25.93-95

53 Conzelmann, Hans, Geschichte des Urchristentums, GNT 5, Göttingen 1971, 2판, p.65; Schenke, Ludger, Die Urgemeinde. Geschichtliche und theologische Entwicklung, Stuttgart 1990, p.186; Theissen, Gerd, Lokalkolorit und Zeitgeschichte in den Evangelien, NTOA 8, Freiburg/Göttingen 1989, p.166

54 Hengel, Martin/Schwemer, Anna Maria, Paulus zwischen Damaskus und Anthiochien, WUNT 108, Tübingen 1998, pp.60-63

55 Haenchen, Ernst, Die Apostelgeschichte, KEK III, Göttingen 1977, 7판, p.289; Lüdemann, Gerd, Die ersten drei Jahre Christentum, Lüneburg 2009, p.11; Becker, Jürgen, Paulus, Tübingen 1989, p.63

바울이 다마스쿠스에 있는 유대교 회당에서 그리스도교를 믿는 사람을 붙잡아 예루살렘으로 끌어올 수 있는 권한을, 대사제에게 받았다는 부분(사도행전 9, 1-2)은 역사적으로 사실이 아닌 듯하다.[56] 유대교 대사제는 그런 법적 권한을 갖고 있지 못했다. 공통년 32/33년에 다마스쿠스에서 예수 그리스도를 따르던 사람들은 여전히 유대교 회당에 출석했기 때문에, 회당에서 매를 맞았거나 쫓겨났을 가능성은 있다.[57] 바울이 예루살렘에서 그리스어를 쓰는 예수운동 모임은 탄압했지만, 아람어를 쓰는 예수운동 모임은 탄압하지 않았다는 의견이[58] 있고, 그 의견에 의문을 품는 학자도 있다.[59] 예루살렘에서 그리스어를 쓰는 예수운동 모임과 아람어를 쓰는 예수운동 모임이 서로 교류는 했을 것이다.[60]

바울은 예수운동에 대한 자신의 박해 활동을 조상들의 전통에 대한 충성심에서 나왔다(갈라디아 1, 13-14; 필립비 3, 5-6)라고 설명했다. 토라(Torah)를 유대인의 모든 삶을 결정하는 기준(마카베오상 2, 54-58)으로 삼은 엘리야(열왕기상 18, 40; 19, 10.14)와 비느하스(민수기 25, 7-11)를 따르는 전통에 서 있었다. 토라에 대한 열정은 급진적인 젤로데파 뿐 아니라 은둔 공동체 에세네파(1QS 4,5.17)와 바울이 속한 바리사이파에서도 공통적으로 나타난다.

56 Schnelle, Udo, Die ersten 100 Jahre des Christentums 30-130 n. Chr. Die Entstehungsgeschichte einer Weltreligion, Göttingen 2016, 2판, p.131. 주 104

57 Hengel, Martin/Schwemer, Anna Maria, Paulus zwischen Damaskus und Anthiochien, WUNT 108, Tübingen 1998, p.80

58 Hengel, Martin, "Der vorchristliche Paulus", in: Hengel, Martin/Heckel, Ulrich (Hg.), Paulus und das antike Judentum, WUNT 58, Tübingen 1991, pp.177-293, pp.276-283; Kraus, Wolfgang, Zwischen Jerusalem und Anthiochia, SBS 179, Stuttgart 1999, p.40

59 Schnelle, Udo, Die ersten 100 Jahre des Christentums 30-130 n. Chr. Die Entstehungsgeschichte einer Weltreligion, Göttingen 2016, 2판, p.131

60 Dietzfelbinger, Christian, Die Berufung des Paulus als Ursprung seiner Theologie, WMANT 58, Neukirchen 1985, p.21

바울은 처음에 예수운동을 어떻게 생각했을까. 십자가에 달린 예수를 메시아로 소개하는 예수운동을 충격으로 여겼을 것이다. "나무에 달린 시체는 하느님께 저주를 받은 것이다"(신명기 21, 23)라고 에세네파의 꿈란 문헌에도 비슷한 구절이 있다.[61] 그러나, 십자가에 달린 모든 사람이 하느님께 버림받았다고 유대교가 해석하지는 않았다. 많은 유대교 순교자들도 십자가에 못 박혀 처형되었기 때문이다.[62] 그렇다 하더라도, 십자가에 못 박힌 메시아라는 주장은 하느님의 거룩함을 모독하는 행위이고 유대교 믿음을 기본적으로 뒤흔드는 것이기 때문에 유대교 관점에서 허용할 수 있는 범위를 벗어난다. 그래서 예수운동 사람들은 유대교 회당에 있을 가치가 없다고 바울은 생각했을 것 같다. 더구나 예수운동 사람들이 세례를 주고 빵나눔을 하는 행동은 유대교를 넘어서는 행위로 여겨졌다.[63]

예루살렘 공동체의 특징

예루살렘 공동체의 최초 특징(Identity Marker)에 세례와 빵나눔이 있었다. 예루살렘 공동체의 빵나눔을 후대 그리스도교의 미사나 예배와 동일시하기는 이르다. 당시 예루살렘 공동체에 사제 직분이나 계급은 없었다. 세례와 빵나눔에서 예수운동은 자신이 어떤 모임인지 신학적으로 사회학적으로 설명하고 표현하기 시작했다.[64] 예루살렘에서 시작된 세례와 빵나눔 의식은 다른 공동체로 곧장 퍼져나갔다.

---

61 11QTa 64,17.19; Steudel, Annette, Die Texte aus Qumran II, Hebräisch/Aramäisch und Deutsch, Darmstadt 2001, p.147

62 Philo, In Flaccum 72,83-85; Friedrich, Gerhard, Die Verkündigung des Todes Jesu im Neuen Testament, BThSt 6, Neukirchen 1982, pp.122-130

63 Koch, Dietrich-Alex, Geschichte des Urchristentums, Göttingen 2014, 2판, p.211

64 Theissen, Gerd, "Die urrchristliche Taufe und die soziale Konstruktion des neuen Menschen", in: Assmann, Jan/Stroumsa, Guy G. (Hg.), Transformation of the Inner Self in Ancient Religions, SHR 83, Leiden 1999, pp.87-114, p.107

세례

세례가 예수운동 초기부터 왜 예수운동의 특징 중 하나가 되었을까. 꿈란 공동체의 목욕(1QS 2,25-3,12; 1QS 5,13; 6,16), 일부 신비종교에서 하던 세례는 예수운동의 세례와 직접 연결된다고 보기는 어렵다. 예수운동은 세례자 요한에게 세례받았던 예수를 떠올렸다. 예수운동의 세례와 세례자 요한의 세례운동에 공통점이 있다. 스스로 세례받지 않고 세례주는 사람이 따로 있었다(고린토전서 1, 14.16; 사도행전 8, 38; 10, 48). 세례는 평생 딱 한번 받는다. 흐르는 물속에 담겼다 나오는 방식으로 진행된 듯하다(사도행전 8,38; 디다케 7, 1). 이는 죄 사함과 연결되는 것을 의미한다(고린토전서 6,11; 사도행전 2, 38).

예수운동의 세례와 세례자 요한의 세례운동에 다른 점도 있었다. 예수운동의 세례는 예수 이름으로 행해지는 구원 사건으로 이해되었다. 그래서 예수 이름이 중요하게 되었다. 주 예수의 이름으로(εἰς τὸ ὄνομα τοῦ κυρίου Ἰησοῦ; 고린토전서 1, 13; 갈라디아 3, 25; 로마 6, 3; 마태 28, 19; 사도행전 8, 16; 19, 5), 예수 그리스도의 이름으로(ἐν τῷ ὀνόματι Ἰησοῦ Χριστοῦ; 고린토전서 6, 11; 사도행전 10, 48), 세례가 행해졌다. 예수의 이름으로 행해지는 세례는 당시 그리스 문화나 구약성서에서 예를 찾아볼 수 없는 독특한 모습이었다.[65]

당시 예수운동의 세례는 성령과 연결되었다. 세례 거행에서 성령의 존재

65 Schnelle, Udo, Gerechtigkeit und Christusgegenwart: Vorpaulinische und paulinische Tauftheologie, GTA 24, Göttingen 1986, 2판, pp.37-46.178-183; Hartmann, Lars, Auf den Namen des Herrn Jesus : Die Taufe in den neutestamentlichen Schriften, Stuttgart 1992, pp.39-52

는 세례자 요한의 세례운동과 다를 뿐만 아니라 예수운동의 세례에서 핵심이 되었다(고린토전서 12, 13; 로마 5, 5; 마가 1, 8; 사도행전 1, 5). 성령은 죄의 힘과 분리하고 의로움을 보존하며(고린토전서 1, 30; 6, 11; 로마 3, 25) 새로운 삶을 가능하게 한다(로마 8, 1-11). 또한 세례받은 사람은 세례를 통해 구원 공동체에 참가하게 되고, 그리스도와 일치 안에서 살게 된다(고린토전서 12, 13; 고린토후서 1, 22; 5, 5; 로마 8, 23).

누가복음 저자는 물로 하는 세례자 요한의 세례와 성령을 받는 예수운동의 세례를 비교하고(사도행전 1, 5; 11, 16; 18, 25; 19, 3-6), 예수운동의 세례가 구원역사에서 더 뛰어나다고 해설했다. 예수를 믿는 사람은 곧바로 세례를 받은 듯하다(사도행전 2, 41; 8, 12; 9, 18; 10, 47). 예수운동의 세례에서 성령을 받는 행동으로써 손을 얹는 자세가 일찍부터 있었다(사도행전 8, 4-25; 9, 17-19; 10, 44-48; 19, 1-7).

세례는 빵나눔 이전이나 중간에 행해졌다. 유대교에서 할례는 남자들에게만 행해졌지만, 예수운동에서 세례는 여성도 참가할 수 있었다. 당시 어린이들은 법적으로나 종교적으로 사람 취급을 받지 못했기 때문에 어린이 세례는 없었던 듯하다.[66] 마가 10, 13-16; 고린토전서 1, 16; 에페소 6, 4를 참고하여, 갓난아이 세례는 없었지만, 어린이 세례는 가능했을 것이라는 의견이 최근에 나왔다.[67]

---

66 Schnelle, Udo, Die ersten 100 Jahre des Christentums 30-130 n. Chr. Die Entstehungsgeschichte einer Weltreligion, Göttingen 2016, 2판, p.135, 주 116

67 Lindemann, Andreas, "...ἐκτρέφετε αὐτὰ ἐν παιδείᾳ καὶ νουθεσίᾳ κυρίου (Eph 6,4): Kinder in der Welt des frühen Christentums", NTS 56 (2010), pp.169-190

빵나눔

바울은 예수의 최후 만찬을 주님의 식사(κυριακὸν δεῖπνον; 고린토전서 11, 20)로, 누가복음 저자는 빵나눔(κλάσει τοῦ ἄρτου; 사도행전 2, 42.46; 20, 7-12)으로 불렀다. 역사의 예수는 체포되기 직전 예루살렘에서 제자들과 마지막 저녁 식사를 나누었다(고린토전서 11, 23; 마가 14, 12-25). 예수는 자신의 다가온 죽음을 하느님나라가 곧 오리라는 희망과 연결하여 생각한 것 같다. "하느님나라에서 새 포도주를 마실 그날까지 나는 결코 포도로 빚은 것을 마시지 않겠습니다"(마가 14, 25). 예수의 그 말은 자신이나 자신의 운명이 아니라 하느님나라가 중심에 있는 것으로 보아, 예수가 실제로 한 말 같다.[68]

예수의 최후 만찬에서 마가 14, 25는 예수 죽음에 대한 해석에서 중요한 열쇠다.[69] 예수는 자신의 죽음을 어떻게 이해했을까. 예수는 자신이 그토록 선포했던 하느님나라와 자신의 죽음을 연결하여 해설해야 했다.[70] 예수는 이사야 예언서 53장을 떠올리면서 자신의 죽음을 많은 사람을 위해 목숨을 바치는(마가 10, 45c)[71] 것으로 이해한 듯하다. 예수 죽음은 예수 삶과 동떨어지지 않고 연결되어 해석되었다.

---

68 Schnelle, Udo, Die ersten 100 Jahre des Christentums 30-130 n. Chr. Die Entstehungsgeschichte einer Weltreligion, Göttingen 2016, 2판, p.136, 주 119

69 Merklein, Helmut, "Erwägungen zur Überlieferungsgeschichte der neutestamentlichen Abendmahlstraditionen", in: Ders., Studien zu Jesus und Paulus, WUNT 43, Tübingen 1987, pp.157-180, pp.170-174

70 Schürmann, Heinz, "Jesu Tod im Licht seines Basileia-Verständnisses", in: Ders., Gottes Reich - Jesu Geschick, Freiburg 1983, pp.185-245

71 Roloff, Jürgen, "Anfänge der soteriologischen Deutung des Todes Jesu (Mk. X. 45 und Lk. XXII. 27)", in: Ders., Exegetische Verantwortung in der Kirche, Göttingen 1990, pp.117-143, pp.129-141

빵나눔은 행동뿐 아니라 그 의미도 중요하다. 하나의 잔에 담긴 포도주를 함께 나누어 마시는 행동은 예수가 결성한 공동체는 죽음 이후에도 계속될 것을 뜻한다. 예수는 자신의 죽음과 함께 하느님나라가 다가오고 심판도 시작될 것이라는 생각에서 최후의 만찬을 맞이한 듯하다. 그 심판에서 사람들을 구출하기 위해 자신의 목숨을 내어주는 것으로 여긴 것 같다.

최후의 만찬은 예수 부활 이후 감사와 찬미(고린토전서 11, 11-24; 마가 14, 22-23)뿐 아니라 많은 사람을 위하여 피 흘린(누가 22, 20) 예수의 고통(마가 14, 24)을 기억하는 상징(고린토전서 11, 24-25; 누가 22, 19)이 되었다. 부활한 예수는 성령의 힘으로 새로운 계약을 만드는 분(고린토전서 11, 25; 누가 22, 20)이다. 주님이신 예수(고린토전서 11, 23)는 인류와 세상에 오시는 주님으로 선포되어야 한다(마가 14, 25). 그것은 모든 최후 만찬 전승에 깔린 기본적인 생각이었다.

세례와 빵나눔은 예수운동이 유대교 내부에서 독특한 모임으로 자신을 규정하는 특징(identity marker)이 되었다. 유대교 내부에서 사두가이파와 바리사이파가 각기 자기 특징을 드러냈듯이, 예수운동은 세례와 빵나눔을 통해 다른 유대교 파벌과 차이가 나게 된 것이다. 세례와 빵나눔은 예수를 중심으로 이루어졌다는 점에서 다른 유대교 식사나 정결 규정과 다르다. 세례와 빵나눔은 예수운동이 후에 유대교를 이탈하고 독자적인 모임으로 독립하는 과정에서 큰 역할을 하게 된다. 하지만 예수운동이 예수 부활 이후 곧바로 유대교에서 벗어난 모임이었던 것은 아니다.

재산 나누기

예수운동이 처음부터 일치된 모임이었던 것처럼 누가복음 저자는 소개했다. "그들은 사도들의 가르침을 듣고 서로 도와주며 빵을 나누어 먹고 기도하는 일에 전념하였다"(사도행전 2, 42). 예수운동 사람들이 사회적 경제적으로도 서로 일치하며 살았던 것처럼 강조되기도 했다(사도행전 2, 42-46; 4, 32-35). "믿는 사람은 모두 함께 지내며 그들의 모든 것을 공동 소유로 내어놓고 재산과 물건을 팔아서 모든 사람에게 필요한 만큼 나누어주었다"(사도행전 2,44-45). "많은 신도들이 모두 한마음 한뜻이 되어 아무도 자기 소유를 자기 것이라고 하지 않고 모든 것을 공동으로 사용하였다"(사도행전 4, 34). 재산과 물건을 팔고 나누는 과정에서 사도들의 개입과 역할이 기록되기도 했다(사도행전 2, 45). 자기 밭을 팔아 그 돈을 사도들 앞에 가져다 바쳤다는 바르나바 이야기도 있다(사도행전 4, 36-37).

예수운동 사람들은 정말로 재산을 모두 바치고 공유하고 나누며 살았을까. 사랑의 공산주의(Liebeskommunismus)는 예루살렘 공동체의 개혁 이념이 될 수 있었다.[72] 그런데, 누가복음 저자의 보도에 대해 의문이 생길 수 있다. 집집마다 돌아가며 같이 빵을 나눈다는(사도행전 2, 46) 구절은 예루살렘 공동체 사람들이 여전히 주택 소유자라는 사실을 전제하고 있다. 자기 소유의 집을 공동체가 모이는 장소로 제공하기도 했다. "베드로는 마가라고도 불리는 요한의 어머니 마리아의 집으로 갔다. 거기에는 많은 사람이 모여 기도를 드리고 있었다"(사도행전 12, 12). 재산과 물건을 팔아서 모든 사람에게 필요한 만큼 나누어주었다(사도행전 2, 45; 4, 35)고 하지만, 그날그날의 식량을 배급받을 때마다 푸대접받았던 과부들이 있었다(사도행전 6, 1). 예

72 Theissen, Gerd, "Urchristlicher Liebeskommunismus", in: Fornberg, Tord/Hellholm, David (Hg.), Texts und Contexts (FS L. Hartmann), Oslo 1995, pp.689-712, p.707; Horn, Friedrich Wilhelm, "Die Gütergemeinschaft der Urgemeinde", EvTh 58 (1998), pp.370-383, p.378

루살렘에 있는 가난한 성도들에게 보내기 위해 헌금을 모으기도 했다(로마 15, 26). 자기 재산을 팔지 않고 여전히 소유한 사람도 예루살렘 공동체에 있었다(사도행전 4, 32). 아나니아와 삽피라 이야기(사도행전 5, 1-110)를 보면, 모든 사람이 모든 것을 공동으로 소유하지는 않았고 또 그것을 바라지도 않았다는 사실이 드러난다. 재산을 팔아 예루살렘 공동체에 내놓았던 몇 사례를 누가복음 저자는 마치 모든 공동체 사람들이 그렇게 했던 것처럼 일반화하여 기록한 듯하다.[73] 누가복음 저자가 소개한 재산 나눔의 사례는 유대교 에세네파의 기록에도 있었다.[74]

국내파 성도와 해외파 성도

예수운동 예루살렘 공동체는 사도행전 1~5장에서 조화롭고 긍정적인 모습으로 소개되었다. 예수를 믿는 사람들이 엄청나게 늘어나고(사도행전 2,41; 4,4; 5,14), 그들은 모든 것을 공동 소유로 내어놓고(사도행전 2,44), 한마음이 되었으며(사도행전 2,46), 그들 가운데 가난한 사람은 하나도 없었고(사도행전 4,34), 백성들에게 칭찬받았다(사도행전 5,13).

그런데, 갑자기 예루살렘 공동체는 갈등과 박해에 시달리게 되었고(사도행전 8,1), 모든 신도들은 유다와 사마리아 여러 지방으로 흩어지고(사도행전 8,1), 스테파노는 살해되고 말았다(사도행전 6,11-14; 7,57-58). 예루살렘 공동체의 내부 갈등, 예루살렘 유대교와 예루살렘 공동체 사이의 갈등을 사도행전 6-8장은 알려주고 있다.[75]

---

73 Schnelle, Udo, Die ersten 100 Jahre des Christentums 30-130 n. Chr. Die Entstehungsgeschichte einer Weltreligion, Göttingen 2016, 2판, p.140

74 Riesner, Rainer, Essener und Urgemeinde in Jerusalem, Giessen 1998, 2판, pp.100-104

75 Zugmann, Michael, "Hellenisten" in der Apostelgeschichte, WUNT 2.264, Tübingen 2009, pp.300-309

언어 갈등

예루살렘 공동체에 일찍부터 국내파 성도 공동체와 해외파 성도 공동체가 있었다고 볼 수 있다. 예루살렘에는 세계 각국에서 온 경건한 유대인들이 살고 있었다(사도행전 2,5). 국내파 공동체는 아람어를 쓰는 유대인 공동체를, 해외파 공동체는 예루살렘에 이민 와서 사는 그리스어를 쓰는 유대인 공동체를 가리킨다.[76] 그리스 말을 쓰는 유대인들이('Ελληνισται) 본토 유대인들에게('Εβραίοι) 불평을 터뜨리게 되었다(사도행전 6, 1). 예수를 믿게 된 국내파 유대인 공동체와 해외파 유대인 공동체 사이 갈등이 언어 차이 때문에 생길 수 있었다. 해외파 유대인 공동체는 아람어를 못하거나 조금 하였고, 반대로 국내파 유대인 공동체는 그리스를 못하거나 조금 하였다.

경제력 차이 갈등

국내파 공동체와 해외파 공동체 사이의 경제력 차이도 갈등에 한몫을 하였다. 해외파 공동체 유대인들은 대부분 재산이 있었던 듯하다. 그들은 메시아가 나타나고 부활이 이루어질 땅 예루살렘에서 살고 죽기 위해 왔다.[77] 그러나, 갈릴래아 지방에서 예루살렘으로 온 국내파 공동체 유대인들은 경제적으로 풍족하지 않았던 것 같다.

예루살렘 공동체에 처음부터 국내파 공동체와 해외파 공동체가 생겼다고 추측된다. 언어 차이 때문에 빵나눔 의식을 따로 해야 하지 않았을까. 국내파 공동체와 해외파 공동체가 따로 모임을 가졌다면, 가난한 사람들을 돕는

76 Hengel, Martin, "Zwischen Jesus und Paulus", ZThK 72 (1975), pp.151-206, p.161; Zugmann, Michael, "Hellenisten" in der Apostelgeschichte, WUNT 2.264, Tübingen 2009, pp.300-309, p.11-88

77 Zugmann, Michael, "Hellenisten" in der Apostelgeschichte, WUNT 2.264, Tübingen 2009, pp.271-294

일도 따로 했을 수 있다. 대부분 재산이 있었던 해외파 공동체에서도 어느 때부터 경제적 도움을 받아야 할 과부가 생겼을 것이다.[78]

열두 제자와 일곱 남자

예루살렘 공동체에 열두 제자와 일곱 남자들이라는 두 지도 그룹이 등장했다(사도행전 6,1-7). 열두 제자라는 단어는 사도행전에서 6, 2에만 나타난다. 일곱 남자들은 예수운동 초기에 새로 생겼다(사도행전 21,8). "너희는 너희 하느님 야훼께서 너희 각 지파에게 주시는 성읍마다 재판관과 관리를 세워 백성을 공평무사하게 다스리도록 해야 한다"(신명기 16,18)를 해석하면서 일곱 숫자는 나온 듯하다. 모든 유대인 동네에는 마을을 다스리는 일곱 명의 유대인이 있어야 했다(Josephus, Antiquitates 4,214.287). 누가복음 저자는 일곱 남자들의 유래를 예루살렘 공동체의 내부 갈등과 연결하였다(사도행전 6,1-3). 해외파 공동체의 과부들이 식량 배급에서 푸대접을 받았고, 그것은 국내파 공동체와 해외파 공동체 사이 갈등으로 이어졌다. 열두 사도는 하느님 말씀을 전하는 일을 맡고, 일곱 남자들은 가난한 사람들을 돕는 일을 맡게 되었다.

이 사건을 소개하는 사도행전 6,1-7에 대해 의문이 생길 수 있다.[79] 해외파 공동체의 과부들이 언제부터 푸대접을 받았는지 분명하지 않다. 왜 해외파 공동체의 과부들만 푸대접을 받았을까. 가난한 사람들을 돕는 일을 맡은 일곱 남자들은 모두 그리스 이름을 가지고 있다(사도행전 6,5). 가난한 사람들을 돕는 일을 왜 해외파 공동체의 남자 중에서만 뽑았는가. 또 뽑힌 일곱

78 Roloff, Jürgen, Die Apostelgeschichte, NTD 5, Göttingen 1981, p.109

79 Schnelle, Udo, Die ersten 100 Jahre des Christentums 30-130 n. Chr. Die Entstehungsgeschichte einer Weltreligion, Göttingen 2016, 2판, pp.142-143

남자 중에 스테파노와 필립보는 가난한 사람들을 돕는 일만 한 것도 아니었다(사도행전 6,8-15). 오직 기도와 전도하는 일에만 힘쓰겠다는(사도행전 6,4) 열두 제자는 곧 사도들에 의해 대체되었다(사도행전 6,6). 일곱 남자는 지역 공동체에서 권위를 가졌고 열두 제자는 지역을 넘어 모든 공동체에서 권위를 인정받았다고 추측[80]할 수 있는가. 그렇게 보기는 어렵다.[81] 해외파 공동체의 과부들이 식량 배급에서 푸대접을 받았다(사도행전 6,1)라는 말과 그들 가운데 가난한 사람은 하나도 없었다(사도행전 4,34)라는 말은 모순된다.

스테파노 순교

믿음과 성령이 충만한 사람 스테파노(사도행전 6, 5)는 가난한 사람들을 돕는 일을 맡을 일곱 남자 중 하나로 신도들에 의해 뽑혔고, 일곱 남자 중 첫 번째로 이름이 기록되었다(사도행전 6, 5). 그런데, 스테파노는 예루살렘의 해외파 공동체에서 신학적 입장을 대표하는 역할까지 하였다(사도행전 6, 8-15). 그는 기적들을 행하고(사도행전 6, 8) 지혜와 성령을 받아 말하였다(사도행전 6,10). 해외파 유대인들은 스테파노가 예루살렘 성전과 율법을 모독했다며 유대교 의회에 고발하였다(사도행전 6, 9-14). 스테파노의 신학적 입장(사도행전 6, 8-15)이 역사의 스테파노와 얼마나 연관이 있었는지 정확히 말하기는 사실 어렵다.[82] 사도행전 6,8-15에 누가복음 저자의 의도가 깊숙이 개입되었기 때문이다.

---

80 Theissen, Gerd, "Hellenisten und Hebräer (Apg 6,1-6). Gab es eine Spaltung in der Urgemeinde?", in: Lichtenberger, Hermann (Hg.), Geschichte - Tradition - Reflexion (FS Hengel, Martin), Bd.III, Tübingen 1996, pp.323-343, p.328

81 Schnelle, Udo, Die ersten 100 Jahre des Christentums 30-130 n. Chr. Die Entstehungsgeschichte einer Weltreligion, Göttingen 2016, 2판, p.143, 주 130

82 Schnelle, Udo, Die ersten 100 Jahre des Christentums 30-130 n. Chr. Die Entstehungsgeschichte einer Weltreligion, Göttingen 2016, 2판, p.145

누가복음 저자는 스테파노(사도행전 6, 13-53)와 바울(사도행전 21, 28-36)을 연결하려는 생각을 가졌다.[83] 스테파노는 바울 입장을 먼저 밝힌 셈이다.[84] 스테파노의 율법 비판은 바울의 할례 없는 선교에 논리적 도움을 주고 있다.[85] 그러나, 예루살렘 공동체나 스테파노가 예수운동 처음부터 율법 비판을 시작했다고 보기는 어렵다.[86] 만일 그랬다면, 예수운동 전체가 유대교에서 엄청난 박해를 초래했을 것이다.

예수의 십자가 죽음과 부활을 마지막 시대에 하느님의 구원 행위로 해석했던 스테파노와 해외파 공동체는 하느님께 바치는 속죄가 이루어지는 예루살렘 성전의 신학적 가치와 중요성을 크게 약화시켰다.[87] 예루살렘 성전에 비판적인 그 입장이 율법 비판보다는 박해받는 원인이 되었을 것이다.[88] 예루살렘 성전을 존중하고 사랑했던 유대인들에게 스테파노와 해외파 공동체의 태도는 분노를 일으켰다(사도행전 6, 11). 그들은 스테파노를 하느님 모독이라는 이유로 돌로 쳐 죽이고 자신들의 행위를 정당화했다(레위 24,10-16;

---

83 Löning, Karl, "Der Stephanuskreis und seine Mission", in: Becker, Jürgen (Hg.), Die Anfänge des Chrstentums. Alte Welt und neue Hoffnung, Stuttgart 1987, pp.80-101, p.86

84 Weiser, Alfons, Die Apostelgeschichte, ÖTK 5.1, Gütersloh 1981, p.173

85 Zugmann, Michael, "Hellenisten" in der Apostelgeschichte, WUNT 2.264, Tübingen 2009, p.331

86 Schnelle, Udo, Die ersten 100 Jahre des Christentums 30-130 n. Chr. Die Entstehungsgeschichte einer Weltreligion, Göttingen 2016, 2판, p.145

87 Löning, Karl, "Der Stephanuskreis und seine Mission", in: Becker, Jürgen (Hg.), Die Anfänge des Chrstentums. Alte Welt und neue Hoffnung, Stuttgart 1987, pp.80-101, p.86; Kraus, Wolfgang, Zwischen Jerusalem und Anthiochia, SBS 179, Stuttgart 1999, p.55

88 Rau, Eckhard, Von Jesus zu Paulus. Entwicklung und Rezeption der antiochenischen Theologie im Urchristentum, Stuttgart 1994, pp.15-77; Haacker, Klaus, Stephanus, BG 28, Leipzig 2014, pp.31-40; Zugmann, Michael, "Hellenisten" in der Apostelgeschichte, WUNT 2.264, Tübingen 2009, p.333

민수기 15, 30).[89] "나는 사람의 손으로 지은 이 성전을 헐어버리고 사람의 손으로 짓지 않은 새 성전을 사흘 안에 세우겠습니다"(마가 14, 58)라는 예수의 성전 발언을 스테파노와 해외파 공동체는 들었고, 예수와 예루살렘 성전을 비교하여 평가한 것 같다(사도행전 7, 48-50).[90] 유대인들이 왜 스테파노와 해외파 공동체는 박해하고 사도들을 전혀 탄압하지 않았는지 설명될 수 있다. 갈릴래아 출신으로 아람어를 썼던 예수운동 국내파 공동체는 예루살렘 성전과 애착을 가졌지만(사도행전 1-5장), 그리스어를 썼던 스테파노와 예수운동 해외파 공동체는 예루살렘 성전에 비판적인 입장을 가졌다. 예수운동에 대해 관망하던 바리사이파는(사도행전 5, 34-39) 사두가이파처럼 예수운동을 탄압하는 쪽으로 방향을 바꾼 듯하다.[91]

스테파노가 살해된 사건이 언제 일어났는지 정확히 알기는 어렵다. 32/33년 또는 36년이 추측되고 있다. 빌라도 총독이 물러나고 마르셀루스(Marcellus) 총독이 취임한 36년은 유대교 대사제 요나단이 예수운동 해외파 공동체를 탄압하기 적절했던 권력 교체기였다.[92] 스테파노의 피살과 바울의 관계(사도행전 7,60; 8,3)를 보면 32/33년이 좀 더 유력하겠다.[93] 바울은 늦어

89 Haacker, Klaus, "Die Stellung des Stephanus in der Geschichte des Urchristentums", in: Haase, Wolfgang (Hg.), Aufstieg und Niedergang der römischen Welt, Berlin 1995, pp.1515-1553, p.1522

90 Zugmann, Michael, "Hellenisten" in der Apostelgeschichte, WUNT 2.264, Tübingen 2009, pp.333-357

91 Schnelle, Udo, Die ersten 100 Jahre des Christentums 30-130 n. Chr. Die Entstehungsgeschichte einer Weltreligion, Göttingen 2016, 2판, p.146

92 Löning, Karl, "Der Stephanuskreis und seine Mission", in: Becker, Jürgen (Hg.), Die Anfänge des Chrstentums. Alte Welt und neue Hoffnung, Stuttgart 1987, pp.80-101, p.89

93 Schnelle, Udo, Die ersten 100 Jahre des Christentums 30-130 n. Chr. Die Entstehungsgeschichte einer Weltreligion, Göttingen 2016, 2판, p.147

도 33년에 이방인의 사도로 부르심 받았기 때문이다.[94]

스테파노가 속한 해외파 공동체는 해외에서 살다가 예루살렘에서 죽기 위해 돌아올 정도로 종교심이 강한 사람들이었다. 그들은 예루살렘에서 예수를 받아들인 후 다마스쿠스(사도행전 9,2)와 안티오키아(사도행전 11,19)에 그들의 믿음을 전하였다. 예수 전승을 그리스어로 옮기고 그리스 지역에 전파했다. 해외파 공동체의 수고와 희생이 없었다면, 바울의 이방인 선교도 생각할 수 없었을 것이다.

예수 수난 역사와 전승

예수운동 예루살렘 공동체를 대표하는 신학 작품은 무엇일까. 국내파 공동체는 예루살렘 성전에 우호적인 자세를 가졌고, 해외파 공동체는 예루살렘 성전에 비판적인 태도를 보였다. 그러나, 국내파 공동체와 해외파 공동체 모두 예수 수난(Passion) 역사를 공유하고 있었다. 갈릴래아 공동체를 대표하는 신학 작품이 예수 어록(Q문헌)이라면, 예루살렘 공동체를 대표하는 신학 작품은 예수 수난(Passion) 역사다.

예수 수난 역사

예수 수난(Passion) 역사는 예수가 생애 마지막 일주일 동안 예루살렘에서 행하고 겪었던 모든 행동과 말씀을 포함한다. 좀 더 정확히 말하면, 예수 수난 역사보다는 예수 저항과 수난 역사가 더 어울린다. 예수가 저항하지 않았다면 예수 수난은 없었을 것이다. 그런데도, 예수 저항은 빼놓고 예수 수난만 보거나 강조하는 사람이 많다. 예수 역사에서 갈릴래아에서 하느님나

94 Schnelle, Udo, Einleitung in das Neue Testament, Göttingen 2017, 9판, pp.32-46

라 메시지는 빼놓고 예루살렘에서 십자가와 부활만 보는 사람도 많다. 그런 생각은 균형 잡히지 않았을 뿐 아니라 역사적 사실과 거리가 멀기도 하다.

예루살렘 공동체는 예수가 마지막 일주일 동안 예루살렘에서 행하고 겪었던 행동과 사건과 말씀을 직접 보고 듣고 또 여기저기서 전해 들었을 것이다. 갈릴래아에서 하느님나라 메시지보다는 예루살렘에서 행동과 사건과 말씀이 더 생생하고 감동적이었을 것이다. 예루살렘에 사는 유대인과 이방인 시민들도 예수가 갈릴래아에서 전한 하느님나라 메시지보다는 예루살렘에서 일어난 사건을 더 많이 듣고 이야기하며, 갈릴래아의 하느님나라 메시지와 예루살렘의 예수 수난과 저항 역사를 연결하여 보는 사람보다는 예루살렘에서 일어난 사건에 집중한 사람이 더 많았을 것이다. 예루살렘 공동체에 갈릴래아에서 온 제자들과 여인들이 많았지만, 그들 역시 갈릴래아의 하느님나라 메시지에서 받은 감동보다는 예루살렘의 십자가와 부활에서 받은 충격과 감격이 더 컸을 것이다.

네 복음서에 기록된 예수 저항과 수난 역사는 마가복음 이전에 존재했음이 틀림없다. 예수의 사망일에 대한 엇갈리는 기록들이 그 사실을 입증한다.[95] 마가복음의 예수 저항과 수난 역사는 글로 남겨진 기록 중에서 가장 오래된 것이다. 바울도 자기 이전에 이미 예수 저항과 수난 역사 소식이 있었다고 말한다. "나는 주님으로부터 전해 받은 것을 여러분에게 전해주었습니다. 곧 주 예수께서는 당신이 잡히시던 날 밤에 빵을 드시고 감사기도를 드리신 다음 빵을 떼시며 말씀하셨습니다"(고린토전서 11, 23).

95 Theissen, Gerd, Lokalkolorit und Zeitgeschichte in den Evangelien, NTOA 8, Freiburg/Göttingen 1989, pp.177-179

가장 오래된 예수 저항과 수난 역사에 어떤 내용이 있었을까.[96] 예수를 죽일 음모(마가 14, 1-2), 배신을 약속한 유다(마가 14, 10-11), 마지막 식사(마가 14, 22-25), 예수 체포됨(마가 14, 43-46), 대사제의 질문(마가 14, 53-65), 예수를 세 번 부인한 베드로(마가 14, 66-72), 빌라도의 예수 심문(마가 15, 1-5), 로마군대에게 모욕당한 예수(마가 15, 16-20a), 십자가 처형(마가 15, 20b-27), 무덤에 안치된 예수(마가 15, 42-47) 이야기가 있다.

나중에 덧붙여진 전승도 있다. 예수 머리에 기름 부은 여인(마가 14, 3-9), 최후의 식사 준비(마가 14, 12-17), 배신하는 제자를 예고하는 예수(마가 14, 18-21), 베드로의 배신을 예고하는 예수(마가 14, 26-31), 게쎄마니 언덕에서 기도하는 예수(마가 14, 32-42), 예수 체포될 때 혼란(마가 14, 47-52), 빌라도에게 사형 판결을 받는 예수(마가 15, 6-15), 십자가에 달린 예수를 모독하는 사람들, 예수 죽음, 로마군인의 고백, 지켜보는 여인들(마가 15, 29-41) 이야기가 있다.

수난 역사 전승

가장 오래된 예수 저항과 수난 역사 전승과 나중에 덧붙여진 전승은 아주 일찍부터 결합하여 마가복음 이전 전승이 된 듯하다. 마가복음 저자는 마가복음 이전 전승을 받아들이고 편집하여 복음에 기록하였다.

가장 오래된 예수 저항과 수난 역사 전승은 예루살렘을 중심으로 생기고 글로 옮겨지고 그리스어로 번역된 듯하다. 그 시기는 35년에서 40년 사이[97]

---

96 Schnelle, Udo, Die ersten 100 Jahre des Christentums 30-130 n. Chr. Die Entstehungsgeschichte einer Weltreligion, Göttingen 2016, 2판, p.148

97 Schnelle, Udo, Die ersten 100 Jahre des Christentums 30-130 n. Chr. Die Entstehungsge-

37년[98], 40년 이후[99]등 여러 의견이 있다. 40년 이후 다마스쿠스, 안티오키아, 로마 등 대도시의 예수운동 공동체에서 빵나눔 때 낭독되기 시작한 것 같다.[100]

예수는 어느 금요일 처형되었다는 의견은 네 복음서 모두 일치한다(마가 15, 42; 마태 27, 62; 누가 23, 54; 요한 19, 14). 이 금요일은 유대교 달력으로 파스카 축제 첫날인 니산(Nisan)달 15일(마가 14, 12), 또는 파스카 축제 준비날인 니산(Nisan)달 14일(요한 18, 28; 19, 14.21)에 해당한다는 두 의견이 맞서고 있지만[101] 요한복음 기록이 더 설득력 있다. 예수는 축제 이전에 체포되고 처형되어야 했고(마가 14, 1-2), 니산(Nisan)달 13일에서 14일 사이 밤에 체포되어야 했다.[102]

예수 호칭

예수 저항과 수난 역사 전승뿐 아니라 예수 역사에 대한 다른 전승도 예루살렘 공동체에서 말과 글로써 전해졌음에 틀림없다. 예수를 존중하고 믿어서 생긴 전승에서 예수에 대한 호칭을 먼저 생각하지 않을 수 없다. 예수 호칭들은 빵나눔과 대화에서 즐겨 언급되었을 것이다. 예수 호칭들은

---

schichte einer Weltreligion, Göttingen 2016, 2판, p.149

98 Pesch, R., Das Markusevangelium, HThK Ⅱ/1, Freiburg, 1984, 3판, p.21

99 Theissen, Gerd, Lokalkolorit und Zeitgeschichte in den Evangelien, NTOA 8, Freiburg/Göttingen 1989, p201, 210

100 Schnelle, Udo, Die ersten 100 Jahre des Christentums 30-130 n. Chr. Die Entstehungsgeschichte einer Weltreligion, Göttingen 2016, 2판, p.149

101 Billerbeck, P., Kommentar zum Neuen Testament aus Talmud und Midrasch II, München, 2010, 2판, pp.812-853

102 Riesner, Rainer, Die Frühzeit des Apostels Paulus, WUNT 71, Tübingen 1994, pp.31-52; Bond, Helen K, "Dating the Death of Jesus: Memory and the Religious Imagination", NTS 59 (2013), pp.461-475

예수가 누구인지, 예수는 예수운동에 어떤 의미와 중요성을 지녔는지 해설하고 이해하는데 도움이 되는 단어였다.[103]

예수 그리스도

예수 이름에 덧붙인 예수 그리스도(Ἰησοῦς Χριστὸς), 또는 예수 이름을 빼고 대명사처럼 단독으로 부르는 그리스도(Χριστὸς)는 바울 이전에 생겼다(고린토전서 15, 3b-5; 고린토후서 5, 14). 이는 예수의 삶과 죽음과 부활에 걸친 구원역사를 한마디로 가리키고 요약한 호칭이요 별명이다.[104] 십자가(고린토전서 1 ,23; 2,2; 갈라디아 3, 1.13), 죽음(고린토전서 8, 11; 로마 5, 6; 14, 15; 갈라디아 2, 19), 부활(고린토전서 15, 12-17.20.23; 로마 6, 9; 8, 11; 10, 7), 창조 이전 존재(고린토전서 10, 4; 11,3), 역사의 예수(고린토후서 5, 16; 로마 9, 5)가 그리스도 호칭과 연결되었다.

예수 그리스도 호칭은 복음서에서 중요한 위치를 차지하였다(마가 1, 1; 8, 29; 14, 61; 마태 16, 16). 그리스로마 지역 공동체에서도 예수 그리스도 호칭은 폭넓게 환영받았다. 지중해 지역 전체에 이미 널리 퍼져있던 기름붓는 의식과 관행도 마침 있었다. 기름 부어진 사람은 거룩하고 신에게 가까이 있다는 사상이 있었다.[105] 예수는 거룩한 분이고 하느님과 가까이 있는

103 Hurtado, Larry W., Lord Jesus Christus: Devotion to Jesus in Earliest Christianity, Grand Rapids/Cambridge, 2003, pp.98-118

104 Hahn, Ferdinand, Christologische Hoheitstitel. Ihre Geschichte im frühen Christentum, FRLANT 83, Göttingen 1995, 5판, pp.133-225.466-472; Hengel, Martin, "Jesus der Messias Israels", in: Hengel, Martin, Schwemer, A. M., Der Messianische Anspruch Jesu und die Anfänge der Christologie, WUNT 138, Tübingen, 2001, pp.1-80; Frey, Jörg, "Der historische Jesus und der Christus der Evangelien", in: Schröter, Jens/ Brucker, Ralph (Hg.), Der historische Jesus, BZNW 114, Berlin 2002, pp.273-336

105 Karrer, Martin, Der Gesalbte. Die Grundlagen des Christustitels, FRLANT 151, Göttingen 1990, p.211

분이라는 말을 설득하고 선교하기에 좋은 호칭이었다.

주님

주님(Κύριος; 70인역 시편 110,1) 호칭은 그리스도 호칭과 조금 다르다. 주님 호칭은 예루살렘 공동체에서 중요하게 쓰였다. 주님, 어서 오소서!(μαρ άνα θά; 고린토전서 16,22)처럼 그리스어로 번역되기 전에 아람어로 이미 쓰였다. 주님 호칭은 하느님나라 메시지를 전하고 십자가에서 처형되고 부활한 나자렛 예수가 지금은 하느님 곁으로 드높여졌고, 하느님의 힘과 거룩함에 참여하며 세상을 다스리신다는 의미이다. 빵나눔에서 하느님 곁에 계신 예수가 지금 공동체에 존재한다는 확신(고린토전서 12, 3; 필립비 2, 6-11)을 주님 호칭은 드러내고 있다. 즉, 주님 호칭은 부활 이후 예수가 공동체에 존재한다는 사실과 예수의 힘을 가리키고 있다.

주님 호칭은 빵나눔 전승에서 자주 보인다(고린토전서 11, 20-23.26.32; 16,22). 공동체는 빵나눔 모임에 예수가 함께 있다고 생각했다. 빵나눔 전승뿐 아니라 바울의 윤리적 지침에서도 주님 호칭은 보인다. "우리는 살아도 주님을 위해서 살고, 죽더라도 주님을 위해서 죽습니다. 그러므로 우리는 살아도 주님의 것이고, 죽어도 주님의 것입니다"(로마 14,8). 즉, 빵나눔의 모임뿐 아니라 우리가 윤리적인 삶을 사는 순간마다 예수가 우리 곁에 존재한다는 것이다. 빵나눔도 윤리적인 삶도 무시하지 말고 존중하자는 뜻이다.

하느님의 아들

하느님의 아들 호칭은 주님 호칭(시편 110,11)처럼 공동성서(구약성서) 전승과 이어진다(시편 2, 7; 사무엘하 7, 11.14).[106] 하느님의 아들 호칭은 예수와 하느님의 독특한 가까움뿐 아니라 하느님과 인간 사이를 중재하는 구원자로서 예수 역할을 드러낸다(고린토후서 1, 19; 갈라디아 1, 16; 로마 8, 3). 바울은 하느님의 아들 호칭을 전통에서 전해 받았다(데살로니카전서 1,9; 로마 1,3b-4a). 마가복음에서 하느님의 아들 호칭은 예수의 지상 품위와 천상 품위를 동시에 나타내는 중요한 개념이 되었다(마가 1, 1.9-11; 9, 2-8; 12, 6; 15, 39). 마태복음에서도 자주 나타나는 호칭이다(마태 1, 22.25; 3, 17; 4, 8-10).

다윗의 아들

다윗의 아들 호칭은 예루살렘 공동체에서 특별한 역할을 하였다.[107] 메시아는 다윗 후손에서 나온다는 말이 있기 때문이다(솔로몬 시편 17,21). 하느님의 아들은 "다윗의 후손으로 태어나신 분"(로마 1, 3)이다. 바울이 전하는 복음은 그분이 "다윗의 후손이며 죽은 자들 가운데서 다시 살아나신 분"(디모테오후서 2, 8)이라는 사실이다. 다윗의 아들 호칭은 복음서에서 앞 못 보는 사람들을 치유하는 장면에서 특히 나타난다(마가 10, 46-52; 마태 9, 27; 12,23). 예수는 하느님의 선택으로 다윗 가문에서 태어나고 유대교 전통에 걸맞게 메시아로 소개되었다(마태 1,1-17). 그러나, 치유하는 다윗의 후손인 예수를 이스라엘의 지배층은 깨닫지 못하였다(마태 9,27; 12,23; 21,14-16).

사람의 아들

예루살렘 공동체의 예수 소개에서 중심은 사람의 아들 호칭이다.[108] 유대

106 Labahn, Antje/Labahn Michael, "Jesus als Sohn Gottes bei Paulus", in: Schnelle, Udo/Söding, Thomas/Labahn Michael (Hg.), Paulinische Christologie (FS Hübner, H.), Göttingen 2000, pp.97-120; Fitzmyer, Joseph. A, "The "Son of God" Document from Qumran", Bib 74 (1993), pp.153-174

107 Schnelle, Udo, Die ersten 100 Jahre des Christentums 30-130 n. Chr. Die Entstehungsgeschichte einer Weltreligion, Göttingen 2016, 2판, p.151

교 전승(다니엘 7,9-14; äthHen 48,6)에 따르면, 천상의 존재인 '사람의 아들'은 사람 모습과 같다. '사람의 아들'은 정의를 가져오는 분이고 마지막 시대에 심판자로 나타날 것이다(äthHen 48,7). 나자렛 예수는 아마도 '사람의 아들' 호칭을 자신에게 적용한 듯하다.[109] 예루살렘 공동체는 이 소중한 전승을 간직하고 전해주었다(마가 2,10.28; 누가 7,31-34; 9,58; 12,8). 이 호칭은 고통받는 야훼의 종(마가 8,31) 전승으로 발전된 것 같다.

지혜 사상

지혜(Weisheit) 사상과 창조 이전 존재(Prä-existenz) 사상도 예루살렘 공동체에 있었다. 사람의 아들 호칭[110]에 지혜(Weisheit) 사상과 창조 이전 존재(Prä-existenz) 사상이 연결되어 특히 스테파노와 해외파 공동체에 영향을 주었다(사도행전 6,3.10). 로고스(Logos)뿐 아니라 지혜도 하늘의 중재자에 속한다(잠언 2,1-6;8,22-31). 지혜는 하느님 가까이에 고향이 있다.[111] 경건한 사람들은 하느님께서 지혜를 보내주시도록 간청한다(지혜서 9,9-11). 그런데, 지혜는 지상에서 사람들에게 거절당해 머물 곳을 찾지 못하고 다시 하늘로 돌아간다(äthHen 42,1-2). 거절당한 지혜라는 사상이 일찍부터 예수에게 적용(누가 7,34-35) 된 것 같다.

---

108 Hahn, Ferdinand, Christologische Hoheitstitel. Ihre Geschichte im frühen Christentum, FRLANT 83, Göttingen 1995, 5판, pp.13-53; Kreplin, Matthias, Das Selbstverständnis Jesu, WUNT 2.141, Tübingen 2001, pp.88-133

109 Schnelle, Udo, Theologie des Neuen Testaments, Göttingen 2016, 3판, pp.130-134

110 Hoffmann, Paul, "Markus 8,31. Zur Herkunft und markinischen Rezeption einer alten Überlieferung", in: Ders., Tradition und Situation, NTA 28, Münster 1995, pp.281-312

111 Von Lips, Hermann, Weisheitliche Traditionen im Neuen Testament, WMANT 64, Neukirchen 1990, pp.267-280

예루살렘 공동체를 전체적으로 보면, 예수를 따르는 다양한 부류의 사람들과 생각이 드러나고 있다. 갈릴래아에서 온 열두 제자뿐 아니라 많은 여성 제자들, 예수의 어머니 마리아와 형제 야고보 등 가족들이 우선 있었다. 예수의 십자가 사건과 부활 소식에 매력과 감동을 느낀 많은 추종자를 빼놓을 수 없다. 해외에서 예루살렘으로 살기 위해 이주해온 유대인 중에 공동체에 참여한 사람들도 있었다. 그들은 성령의 인도 아래 공동체로 모여 빵나눔, 세례, 기도와 나눔을 통해 형제자매의 사랑을 실천하였다. 예수 이야기를 전하고 보존하고 글로 옮기면서, 다양한 호칭을 쓰고 받아들였다. 예루살렘 공동체에서 예수는 그리스도, 주님, 하느님의 아들, 사람의 아들, 다윗의 후손, 지혜로 존중되었다.

3장 예루살렘 사도회의

갈릴래아 공동체라는 용어보다 갈릴래아 지역의 예수운동이라는 단어가 더 적절할지 모르겠다. 갈릴래아 지역의 예수운동에 어떤 인물이 있었는지 확인할 자료가 부족한 탓에, 필자가 갈릴래아 공동체라는 용어를 쓰기가 머뭇거리기도 한다. 하지만, 갈릴래아 지역의 예수운동에서 활약했던 사람 이름을 우리가 모르고 있다는 사실이 갈릴래아 지역의 예수운동에 사람이 없었다는 것을 뜻하진 않는다. 갈릴래아 지역의 예수운동의 자료는 남았지만 갈릴래아 지역의 예수운동에서 활약했던 사람 이름을 우리가 알 수 없을 뿐이다.

갈릴래아 지역의 예수운동을 예수운동이라고 부르는 것은 다른 지역의 예수운동과 혼동될 여지가 있다. 그래서 나는 크게는 갈릴래아 지역의 예수운동, 작게는 갈릴래아 공동체라는 단어를 예루살렘 공동체와 안티오키아 공동체와 비교하는 의미에서 쓰고 싶다.

갈릴래아 공동체

1세기 갈릴래아 지역에 약 20만 명의 인구가 살고 있었다.[1] 인구 100명에서 2,000명이 사는 마을과 소도시에 대부분 살았다. 갈릴래아 지역의 대도시였던 세포리스와 티베리아스에 약 8,000에서 12,000명이, 가파르나움에 약 1,000에서 1,500명이 살았다.[2] 갈릴래아 지역의 예수운동 또는 갈릴래아 공동체는 팔레스타인 북부 지역, 특히 갈릴래아 지역을 중심으로 생긴 듯하다. 나중에는 시리아 남부 지역을 포함한 주변 지역도 갈릴래아 공동체의 활동 영역에 포함되었을 것이다.[3]

예수어록

갈릴래아 지역에서 나자렛 예수가 남긴 행동과 말씀을 기억하고 전달하는 사람이나 공동체가 전혀 없었을까. 나자렛 예수가 돌아다니며 남긴 감동과 일화가 많았던 그곳에서 아무도 예수 이야기를 전하지 않았다고 단정하기는 어렵다. 만일 있다면, 그들은 누구이고 무엇을 전했을까. 예수어록(Q문헌)과 마가복음에 영향을 준 사람들과 자료들이 우선 떠오른다.

예수어록의 존재와 편집, 내용에 대해서는 계속 논의되고 있다.[4] 예수어록은 예수운동의 주요한 문헌으로서 유대 독립전쟁 이전인 40년에서 50년 사이로 추측된다.[5]

갈릴래아 공동체가 남긴 예수어록은 누가복음과 마태복음에 인용되었다. 성서학계는 예수어록을 누가복음에 나온 순서에 따라 인용하고 있다. 예수어

1 Ben-David, Arye, Talmudische Ökonomie, Hildesheim 1974, p.48

2 Crossan, J. D., Reed, J. L, Excavating Jesus. Beneath the Stones, Behind the Texts, San Francisco, 2001, p.104

3 Freyne, Sean, The Jesus-Movement and Its Expansion: Meaning and Mission, Grand Rapids 2014, p.257

4 Schnelle, Udo, Einleitung in das Neue Testament, Göttingen 2017, 9판, pp.242-264

5 Schnelle, Udo, Die ersten 100 Jahre des Christentums 30-130 n. Chr. Die Entstehungsgeschichte einer Weltreligion, Göttingen 2016, 2판, p.171, 주 63

록은 이스라엘을 심판 대상으로 본다(누가 3,7-9Q; 22,28-30Q). 갈릴래아 공동체의 시작은 부활 이전부터 해당한다.[6]

갈릴래아 공동체에서 예수 전승을 전한 사람들은 나자렛 예수를 따르던 남자 제자들(누가 10,1)과 여자 제자들(마가 15,40; 누가 8,1-3)이다. 예수에게 치유받은 사람들도 예수 이야기를 전파했음이 틀림없다(마가 5,25-34; 10,46-52; 14,3-9; 누가 8,1-3). 예수 부활 이후 갈릴래아 공동체에 참여한 갈릴래아 사람들이 있었을 것이다. 날품팔이(누가 15,11-32; 마태 20,1-16), 노예(누가 12,35-48Q), 사회에서 버림받은 여성(누가 7,36-38), 가난한 사람들(누가 14,22-24; 16,19-31; 마태 22,9), 농부(마태 13,44), 상인(마태 13,45), 어부(마가 6,45-56; 마태 13,47-52), 세리(누가 18,9-14; 19,1-10)를 복음서에서 찾을 수 있다. "추수할 것은 많은데 일꾼이 적으니"(누가 10,2Q)라는 구절을 보면, 갈릴래아 공동체 사람들이 많았던 것 같지는 않다.

복음을 전한 사람들

갈릴래아 공동체에는 돌아다니며 복음을 전한 사람들(누가 9,57-62; 10,1-12.16; 12,22-31.33-34Q)과 정착해서 복음을 전한 사람들(누가 13,18-21; 16,18Q; 13,39Q)이 있었다.[7]

돌아다니며 복음을 전한 사람들은 정착해서 복음을 전한 사람들에게서 잠잘 곳(누가 9,58Q)과 먹을 것(누가 10,5-7Q) 등 경제적 도움을 받기도 했다.[8] 겨자씨와 누룩의 비유(누가 13,18-21Q), 집주인과 도둑 비유(누가

6 Sato, Migaku, Q und Prophetie, WUNT 2.29, Tübingen 1988, pp.375-379

7 Sato, Migaku, Q und Prophetie, WUNT 2.29, Tübingen 1988, p.375

8 Theissen, Gerd, Die Jesusbewegung: Sozialgeschichte einer Revolution der Werte,

12,39Q), 이혼 금지(마가 10,1-12; 누가 16,18Q), 홍수 만난 집 비유(누가 6,47-49) 등을 보면, 정착생활을 한 예수 추종자들을 전제하는 이야기들이 있다. 갈릴래아 공동체에서 가난을 전제한 이야기가 많다(누가 6,20; 7,22; 11,3Q).

달라는 사람에게 주라는 요구(누가 6,30Q), 가진 것을 팔아 가난한 사람들에게 주라는 요구(누가 12,33Q), 하느님나라 잔치의 비유(누가 14, 15-24Q), 하느님과 재물 중 하나를 택하라는 요구(누가 16,13Q)를 보면, 갈릴래아 공동체에 부자들도 없지 않았던 듯하다.

돌아다니며 복음을 전한 사람들과 정착해서 복음을 전한 사람들은 서로 임무를 교대하기도 했던 것 같다.[9] 돌아다니며 복음을 전한 사람들은 예수어록을 낳은 갈릴래아 공동체가 파견한 선교사라는 의견도 있다.[10] 갈릴래아 공동체는 도시와 농촌 지역과 여러 계층 사람을 포함하였다.[11] 부활하고 하늘로 드높여진 그리스도(누가 6,22Q; 10,21Q, 마태 12,31Q; 19,28Q)를 전하는 예언자들도 갈릴래아 공동체에 있었다.[12]

예수 말씀은 갈릴래아 공동체에서 교육과 선교에 사용되었다. 대표적으로

Gütersloh 2004, pp.55-90

9 Schnelle, Udo, Die ersten 100 Jahre des Christentums 30-130 n. Chr. Die Entstehungsgeschichte einer Weltreligion, Göttingen 2016, 2판, p.173

10 Schmeller, Thomas, Brechungen. Urchristliche Wandercharismatiker im Prisma soziologisch orientierter Exegese, SBS 136, Stuttgart 1989, pp.93-98

11 Dulling, Dennis C, "Die Jesusbewegung und die Netzwerkanalyse", in: Stegemann, Wolfgang/Malina, Bruce J/Theissen, Gerd (Hg.), Jesus in neuen Kontexten, Stuttgart 2002, pp.135-157

12 Boring, M. Eugene, The Continuing Voice of Jesus, Louisville 1991, pp.15-234

파견 말씀(누가 10,2-12Q)을 꼽을 수 있다.[13] "추수할 것은 많은데 일꾼이 적으니 주인에게 추수할 일꾼들을 보내달라고 청하시오. 떠나시오. 이제 내가 여러분을 보내는 것이 마치 어린 양을 이리떼 가운데 보내는 것과 같습니다", "다닐 때 돈주머니도 식량 자루도 신도 지니지 말 것"(누가 10,2-4)에서 예수는 돈뿐 아니라 유랑에 필요한 최소한의 물건조차 지니지 말라고 제자들에게 당부했다. "여러분은 남에게서 바라는 대로 남에게 해주시오"(누가 6,31Q) 정도를 훨씬 넘어 "여러분이 만일 자기를 사랑하는 사람만 사랑한다면 칭찬받을 것이 무엇이겠습니까?"(누가 6,32Q)라는 말까지 나왔다. 정당방위까지 금지될 정도로 박해자를 위한 기도와 원수에 대한 사랑이 윤리의 기본 덕목이 되었다(누가 6,27-29Q).

고향과 재산도 포기한 제자들의 삶은 예수가 선포한 하느님나라 메시지를 실천하기 위한 조건이 되었다.[14] "부자가 하느님나라에 들어가는 것보다는 낙타가 바늘귀로 빠져 나가는 것이 더 쉬울 것입니다"(마가 10,25), "하느님과 재물을 함께 섬길 수는 없습니다"(누가 16,13). 갈릴래아 공동체에서 부자를 비판하는 것이 예수의 제자가 되기 위한 기초 윤리가 되었다.

정치적 종교적으로 폭력과 미움이 가득한 사회에서 예수 제자들은 재산과 자기방어를 포기한 채 하느님나라를 전하는 데 전념하였다.[15]

---

13 Tiwald, Markus, "Der Wanderradikalismus als Brücke zum historischen Jesus", in: Lindemann, A. (Hg.), The Sayings Source Q and the Historical Jesus, BEThL 158, Leuven 2001, pp.523-534

14 Kristen, Peter, Familie, Kreuz, und Leben: Nachfolge Jesu nach Q und dem Markusevangelium, MThSt 42, Marburg 1995, pp.55-155

15 Theissen, Gerd, Die Jesusbewegung: Sozialgeschichte einer Revolution der Werte, Gütersloh 2004, pp.131-241

갈등과 박해

갈릴래아 공동체의 예수운동은 세례자 요한의 세례운동처럼 30년에서 유대 독립전쟁이 시작된 66년까지 정치적 종교적 흐름에 휘말리고 영향을 받았다. 45년에서 48년 사이에 젤로데파를 만들었던 갈릴래아의 유다의 두 아들 시몬과 야고보가 로마 총독 티베리우스 알렉산더에 의해 십자가에 처형된 사실을 유대 역사가 요세푸스는 기록하였다.[16]

유대인과 비유대인 사이에 민족 갈등을 포함한 크고 작은 갈등과 사건들이 갈릴래아 지방에 있었다. 유대인이 많이 살던 농촌 지역과 비유대인이 많이 살던 도시 지역 사이에 갈등이 있었다. 유대 독립전쟁 초기에 티베리아스 지역과 근처 도시 지역에 살던 소수파 비유대인이 유대인에 의해 살해되었다. 갈릴래아 농촌 사람들은 갈릴래아의 대도시였던 세포리스와 티베리아스 사람들을 미워했다. 부자들과 가난한 사람들의 갈등, 특히 대토지 소유자들과 소작인 사이에 갈등도 있었다(마가 12,1-12; 마태 20,1-16).

예수와 갈릴래아 공동체는 그리스 문화가 유행하던 세포리스와 티베리아스에서 성공적으로 복음을 전파할 수는 없었다. 갈릴래아 지방 농촌에 살던 유대인들이 일상에서 비유대인을 만나는 일이 흔하다 보니 율법을 엄격히 지키지 못할 경우가 많았다.

갈릴래아에 바리사이파 사람들이 많지도 않았다. 그래서 갈릴래아 유대인들은 예루살렘 유대인이나 다른 지역 유대인에게 자주 무시당했다(요한 1,45; 7,49.52).

---

16 Josephus, Antiquitates 20,102

또한 유대교 내부에서 정치적으로 보수적인 사두가이파, 종교적 영향력을 지닌 바리사이파, 정치에 신경 쓰지 않은 에세네파, 정치적으로 무장 독립을 지향한 젤로데파가 사람들의 매력과 관심을 끌기 위해 서로 경쟁하였다. 유대교 내부의 개혁운동인 예수운동과 세례자 요한의 세례운동은 유대교 내부의 다른 그룹에게서 견제와 미움을 받았다. 세례자 요한과 예수는 그들이 살던 지역을 통치하던 헤로데 안티파스에게 협박 받았다(마가 6,14-20; 누가 3,19-20; 13,31-32).

세례자 요한은 헤로데 안티파스에게, 예수는 로마총독 빌라도에게 결국 살해된다. 예수어록은 갈릴래아 공동체가 팔레스타인의 일부 유대인에게 박해받은 역사를 증언하고 있다(누가 6,23; 11,49-51; 12,4; 12,11Q). 갈릴래아 공동체는 박해받는 중에도 예수에 대한 믿음을 충실하게 고백하였다(누가 12,8Q; 42-46Q). 유대 지방에서 일어난 박해를 바울은 50년에 회고하며 언급하였다(데살로니카전서 2,14-16). 갈릴래아 공동체가 받은 박해의 역사가 포함된 것으로 추측된다.

예수운동이 유다 사회에 미친 영향

이러한 인종적 사회적 정치적 긴장 속에서 태어난 예수운동은 당시 사회에 놀라움과 충격을 동시에 선사했다. 예수가 당시 사회적 갈등 관계 때문에 나타난 것은 아니지만, 사회적 갈등에 영향을 받았던 사실을 외면할 수 없다.[17] 갈릴래아 지방 나자렛 예수가 사람의 아들이며 다시 올 사람의 아들이라는 고백과 선언(누가 12,8Q), 그리고 예수 메시지를 받아들이는 결단(누가 11,23.33Q)에서 구원은 결정된다(누가 14,16-23Q)라는 말은 당시 유대인들

17 Ostmeyer, Karl-Heinrich, "Armenhaus und Räuberhöhle? Galiläa zur Zeit Jesu", ZNW 96 (2005), pp.147-170

에게 평범한 사건이 아니었다.[18] 갈릴래아 도시들에 대한 저주(누가 10,13-15Q), 이 세대에 대한 심판의 말(누가 11,31.49-51Q), 바리사이파(누가 11,42-44Q)와 율법학자들(누가 11,46-48Q)에 대한 저주, 이스라엘의 위기에 대한 경고(누가 13,24-35Q)는 예수가 사람의 아들로서 세상 끝 날에 심판자로 나타날 것이라는 사실을 뒷받침했다. 폭력과 갈등이 심했던 당시 사회에서 폭력을 삼가고 사랑과 봉사를 내세운 예수의 하느님나라 메시지에 사람들은 매력을 느끼거나 당황하거나 의심했을 수도 있었다.

기적을 행하는 예수

갈릴래아 공동체는 예수를 심판자인 사람의 아들뿐 아니라 기적을 행한 분으로도 전했다(누가 7,1-10Q; 7,22Q; 10,9Q; 11.20Q). 갈릴래아 공동체가 낳은 기록인 예수문헌과 마태복음은 기적 이야기를 예수전승의 핵심에 놓지는 않았다. 신약성서에서 예수의 기적 전승을 주로 전한 주체는 마가복음으로 여겨진다.

마가복음의 전승

마가복음 저자가 전해준 기적 이야기는 다양한 문학 장르에 담겼다. 마가복음 저자는 마귀를 쫓아낸 사건(마가 1,21-28; 5,1-20; 9,14-27), 치유 사건(마가 1,29-31; 1,40-45; 5,21-43; 7,31-37; 8,22-26; 10,46-52), 풍랑에서 구해준 사건(마가 4,35-41), 물 위를 걸은 사건(마가 6,45-52), 수천 명에게 주신 빵 사건(마가 6,30-44; 8,1-9), 여러 장르가 섞인 사건(마가 2,1-12; 3,1-6; 7,24-30), 예수의 기적 사건을 모아놓은 이야기(마가 1,32-34; 3,7-12; 6,53-56) 등 전승을 받아들여 여러 장르에 표현했다. 마가복음 이전 전승에서 기적 사건의

18 Labahn Michael, Der Gekommene als Wiederkommender. Die Logienquelle als erzählte Geschichte, ABG 32, Leipzig 2010, pp.271-292

핵심은 기적 자체가 아니라 기적을 행한 예수였다.[19] 기적 자체만 보고 기적을 행한 예수를 보지 않는 실수를 하지 않기 위해서였다. 기적 사건은 기적이 일어났던 갈릴래아 지방을 중심으로 여기저기 퍼져나갔음은 당연한 일이다.

기적을 행한 예수를 보며 사람들이 감탄하고 이해한 배경에 공동성서(구약성서)에 나오는 엘리아(마가 5,7; 열왕기상 17,18)와 모세(마가 6,32; 민수기 27,17) 이야기가 있었다. 마침 그리스 문화에는 놀라운 기적을 일으키는 신적(神的) 인간(θεῖος ἀνήρ) 설화가 있었다. 그리스 문화에 익숙한 사람들은 미리 아는 지혜(마가 2,8; 3,3; 4,39; 5,30; 6,37; 8,4), 기적을 행한 사람에 대한 두려움과 경외심(마가 4,41; 5,34.36), 자연을 다스리는 힘(마가 4,41; 6,48050), 기적을 일으키는 말씀과 행위(마가 7,33) 등 예수의 기적 이야기를 이해하고 받아들이는 데 어렵지 않았다. 예수가 제자들에게 기적을 행하는 힘을 주었기 때문에(마가 3,15; 6,7; 9,28.38), 기적 이야기는 갈릴래아 공동체와 마가복음 공동체에서 기적을 행한 예수[20]를 알고 전하는 데 큰 역할을 할 수 있었다.

갈릴래아 공동체를 하나의 단일한 모임으로 규정할 필요는 없다. 사람의 아들 신학을 예수어록에 담아 전해준 공동체, 예수의 기적 사건을 마가복음 이전 전승으로 전해준 사람들도 있다. 논쟁(마가 2,1-3,6), 비유(마가 4,1-34), 결혼과 이혼(마가 10,1-12), 재산(마가 10,17-31) 권력 다툼(마가 10,35-45)등 교리교육에 쓰인 주제를 담은 이야기가 하나의 공동체에서 전부

19 Schnelle, Udo, Die ersten 100 Jahre des Christentums 30-130 n. Chr. Die Entstehungsgeschichte einer Weltreligion, Göttingen 2016, 2판, p.177

20 Theissen, Gerd, Merz, Annette, Der historische Jesus, Göttingen 2011, pp.256-283; Schenke, Ludger, "Jesus als Wundertäter", in: Ders., Jesus von Nazaret — Spuren und Konturen, Stuttgart, 2004, pp.148-163

나왔다고 단정하기는 어렵다. 갈릴래아 지방 여기저기서 예수에 대한 각종 이야기가 돌아다녔을 것이다.

성전 파괴 예언, 재난의 시작, 사람의 아들이 오는 날을 담은 마가복음 13장은 다른 전승과 섞이지는 않았다.[21] 큰 재난을 보거든 유다에 있는 사람들은 산으로 도망가라(마가 13,14)라는 구절을 보아 마가복음 13장은 유다 지방에서 생긴 듯하다. 황폐의 상징인 흉측한 우상이 있어서는 안 될 곳에 있는 것(마가 13,14)을 39/40년에 로마황제 칼리굴라가 예루살렘 성전을 모독한 사건과 연결하는 의견이 있다.[22] 만일 그 의견이 맞는다면, 마가복음 13장은 나자렛 예수가 실제로 한 말은 아닐 것이다. 로마황제 칼리굴라는 황제숭배 문화를 장려하면서 유대인의 특별한 종교적 권리를 더 이상 인정하지 않았다.[23] 38/39년 이집트 알렉산드리아에서 황제숭배 의식에 불참한 유대인을 집단 학살하는 사건이 벌어졌다. 칼리굴라는 시리아 총독 페트로니우스에게 예루살렘 성전에 로마황제의 황금 동상을 세우라고 지시했지만[24] 유대인들은 크게 반발했다. 하지만, 칼리굴라가 살해되어 예루살렘 성전에 로마황제의 동상은 세워지지 않았다.

말씀 전승들

예수어록이나 마가복음에는 없지만 누가복음에만 있는 전승(누가 10,29-

21 Schnelle, Udo, Die ersten 100 Jahre des Christentums 30-130 n. Chr. Die Entstehungsgeschichte einer Weltreligion, Göttingen 2016, 2판, p.178

22 Theissen, Gerd, Lokalkolorit und Zeitgeschichte in den Evangelien, NTOA 8, Freiburg/Göttingen 1989, pp.133-176

23 Bernett, Monika, Der Kaiserkult in Judäa unter den Heroden und Römern, WUNT 203, Tübingen 2007, pp.264-287

24 Josephus, Antiquitates 18,261-288

37; 10,38-42; 13,10-17)과 마태복음에만 있는 전승(마태 13,47-50; 18,23-35; 20,1-16)에도 예수 역사와 삶에 대한 여러 이야기가 있다. 갈릴래아 공동체를 비롯하여 여러 모임과 사람들이 갈릴래아 지방을 두루 돌아다니며 예수를 전했다. 그러나 예수와 제자들의 활동으로 생긴 이스라엘의 위기(누가 13,24-27; 13,34; 14,16-18; 22,28.30Q), 이 세대 사람들을 둘러싼 논쟁들(누가 7,31; 11,29; 30.50Q) 보면, 그들이 큰 성과를 거둔 것 같지는 않다. 팔레스타인 변방 지역으로 유대인이 드물게 살던 페니키아 도시들(누가 10,13Q)과 체사레아 필립비(마가 8,27)지역에서 유대인에게 예수를 전했던 사람들이 있었다. 일부 비유대인들이 예수운동에 호의적이었음을 언급한 기록(누가 10,13-15; 11,29-31Q; 마태 8,5-13; 22,1-10Q) 보면, 예수운동이 일찍부터 비유대인 선교에 나선 것 같다.[25]

예수 부활 이후 60년 정도까지 약 30년간 갈릴래아 지역과 근처 지역에서 갈릴래아 공동체와 여러 개인의 모임이 유대인과 비유대인에게 역사의 예수를 입에서 입으로 전하고 다녔다. 그 전승을 바탕으로 글로는 최초로 예수어록이 생기고, 두 번째로 마가복음이 생겼다. 마가복음에 없던 예수어록 자료를 마태복음 저자와 누가복음 저자는 참고하고 자신의 전승을 덧붙여 각각 복음서를 썼다. 그 다음 요한복음이 탄생했다.[26] 네 복음서에 포함되지 못한 전승도 있었을 것임은 당연하게 추측할 수 있다.

유대 독립전쟁이 갈릴래아에서 시작된 66년 무렵에 갈릴래아 지역과 근처

25 Horn, Friedrich Wilhelm, "Christentum und Judentum in der Logienquelle", EvTh 51 (1991), pp.344-364

26 Theissen, Gerd, Die Entstehung des Neuen Testaments als literarisches Problem, Heidelberg 2007, pp.42-90

지역에서 있었던 예수운동은 점점 위축된 듯하다.[27] 유대인 대부분은 예수운동이 전한 메시지를 받아들이기 거부했다. 그 이유는 무엇이었을까.

27 Schnelle, Udo, Die ersten 100 Jahre des Christentums 30-130 n. Chr. Die Entstehungsgeschichte einer Weltreligion, Göttingen 2016, 2판, p.179

4장 안티오키아 공동체와 바울

안티오키아 공동체는 32/33년에 이미 있었던 듯하다. 예루살렘 공동체보다 겨우 2년 정도 뒤의 일이다. 예수운동이 이처럼 빠르게 이스라엘 밖으로 퍼져나갈 수 있었던 이유는 무엇일까. 안티오키아 공동체와 바울과 그 협조자들의 활약을 보기 전에 안티오키아 공동체가 예수운동 전파에 유리했던 역사와 상황부터 살펴보는 것이 순서에 맞겠다.

예수운동의 전파

예수운동은 이스라엘과 지중해 지역을 지배했던 로마제국 영토 내에서 벌어진 운동이다. 예수운동이 시작되고 전파된 30년에서 100년은 로마제국이 정치와 경제에서 비교적 안정과 성장을 누리던 시기였다. 로마제국은 그리스어가 마치 공용어처럼 소통되었다. 상인, 군인, 여행객, 종교 순례자 등이 여행과 이동을 자유롭게 할 수 있었다.[1] 로마제국의 도로는 무려 30만 킬로미터에 달했고, 그중에 8만 킬로미터 길이의 도로는 비교적 잘 닦여진 상태였다.[2] 바울과 협조자들은 걷거나 배를 이용해서 이동할 수 있었다. 보통

---

1 Riesner, Rainer, Die Frühzeit des Apostels Paulus, WUNT 71, Tübingen 1994, pp.273-282; Giebel, Marion, Reisen in der Antike, Darmstadt 1999, pp.131-214

하루에 약 20~30킬로미터는 걸어 이동할 수 있었다.[3] 바울 일행이 마차나 동물을 이용하여 이동했다는 기록은 없다. 배가 순풍을 만날 경우, 평균 시속 7~9킬로미터 속도로 갈 수 있었다. 그리스 고린토에서 로마 푸테올리(Puteoli) 항구까지 4~5일이면 배로 가기에 충분했다.

유대인 공동체

로마제국 전역에 퍼져있던 유대인 공동체(Diaspora)는 예수운동 전파에 결정적으로 유리했다. 대도시에는 유대인 거주지역이나 유대인 거리에 유대교 회당이 있었다. 회당은 이스라엘 밖에 살던 유대인에게 삶의 중심지였다. 기도, 성경연구, 강연, 축복이 포함된 예배[4]를 위해 유대인은 안식일마다 회당에 모였다. 공동체 회의와 여러 문화 행사도 회당에서 열렸다. 회당은 도서관, 학교뿐 아니라 유대인 여행자를 위한 숙소 역할도 맡았다. 팔레스타인과 해외에 사는 유대인들이 서로 소식과 의견을 주고받는 장소이기도 했다. 유대교 내부 개혁세력으로 출발한 예수운동은 처음부터 주로 유대인 공동체(Diaspora)에서 선교를 시작했다. 바울은 새 도시에 가면 언제나 회당을 먼저 방문했다(사도행전 9,20; 13,5; 14,1; 16,13; 17,1-3).

이스라엘 밖의 유대인 공동체에서 예수운동 메시지에 귀를 기울였던 청취자로서 "유대교로 들어온 비유대인"과 유대교에 매력을 느낀 비유대인

2 Höcker, Christoph, Art. "Strassen- und Brückenbau", DNP 11, Stuttgart/Weimar 2001, pp.1030-1036

3 Reck, Reinhold, Kommunikation und Gemeindeaufbau, SBB 22, Stuttgart 1991, p.86; Weeber, Karl-Wilhelm, Art. "Reisen", DNP 10, Stuttgart/Weimar 2001, pp.856-866, p.858

4 Schäfer, Peter, "Der Synagogale Gottesdienst", in: Maier, Johann/Schreiner, Josef (Hg.), Literatur und Religion des Frühjudentums, Würzburg/Gütersloh 1973, pp.391-413

(Proselyten)들인 "하느님을 경외하는 사람들(Gottesfürchtige)"이 있었다. "유대교로 들어온 비유대인들(προσήλυτοι=들어온 사람들; 마태 23,15)"은 유대인으로 태어나지 않았지만 제물을 바치고 할례를 받아 완전히 유대교로 들어온 사람들[5]을 가리킨다. "하느님을 경외하는 사람들"은 유대교의 유일신 믿음과 안식일 예배와 음식 규정 등 중요한 율법을 받아들이고 실천하지만, 할례는 받지 않았던 비유대인을 가리킨다. 숫자로는 유대교로 들어온 비유대인(Proselyten)보다 하느님을 경외하는 사람들이 훨씬 많았다.[6] 그러나, 하느님을 경외하는 사람들은 유대교에서 완전한 유대교 사람으로 인정받지는 못했다.[7] 유대교에서 차별받던 하느님을 경외하는 사람들을 예수운동은 예수운동 내부에서 차별하지 않았다. 그런 때문일까. 예수운동은 하느님을 경외하는 사람들에서 큰 성과를 얻었다(사도행전 10,2; 13,16; 16,14; 17,4; 18,7).[8]

1세기 로마제국의 상황

1세기 로마제국의 종교 상황도 예수운동의 선교에 불리하지는 않았다. 그리스로마 사람들은 신의 존재를 의심하지 않았다. 종교 간 갈등보다 대화와 통합을 선호했던 그리스로마 종교들은 선교 노력을 하지 않았다. 로마 사람들은 종교 문제에서 인내와 관용을 가졌다. 그리스와 동방에서 온 여러 종교가 노예, 상인, 여행객, 군인들에 의해 로마에 널리 전파되었다.[9] 매력

5 Kuhn, Karl Georg/Stegemann, Hartmut, Art. "Proselyten", PRE.S IX, Stuttgart 1962, pp.1248-1283

6 Schnelle, Udo, Die ersten 100 Jahre des Christentums 30-130 n. Chr. Die Entstehungsgeschichte einer Weltreligion, Göttingen 2016, 2판, p.156

7 Koch, Dietrich-Alex, "The God-fearers between facts and fiction", in: Ders., Hellenistisches Christentum, NTOA 65, Göttingen 2008, pp.272-298

8 Siegert, Folker, Gottesfürchtige und Sympathisanten, JSJ 4 (1973), pp.109-164

9 Kolb, Frank, Rom. Die Geschichte des Stadt in der Antike, München 2002, 2판,

넘치는 새로운 종교에 대한 문은 로마제국에서 닫혀있지 않았다. 종교에 관심 없는 사람들이 아니라 어떤 종교에 소속되어 있거나 종교에 마음을 열고 있는 사람들에게 예수운동은 예수를 전한 것이다.

로마제국에서 예수운동 말고도 종교나 철학 사상을 전하러 돌아다니는 사람들은 많았다. 스토아(Stoa)학파, 견유학파(Kynismus), 에피쿠로스(Epikureer)학파, 플라톤학파(Platoniker) 등 여러 그룹이 관심을 끌었다.[10] 철학은 개인의 삶과 교육뿐 아니라 정치에서도 큰 영향을 주었다.[11] 고린토, 에페소, 로마, 아테네는 철학이 유행하던 도시였다. 철학자들은 긴 머리와 긴 수염에 지팡이를 짚고 소박한 옷차림으로 돌아다녔다. 겉모습으로도 그가 어느 학파 소속인지, 얼마나 뛰어난 인물인지 사람들은 알아차릴 수 있었다.[12] 철학자들은 돈이나 보상을 요구하지 않았다. 소크라테스는 "누구에게도 돈이나 보상을 요구하지 않는 나처럼 자유로운 인간이 누가 있느냐?"라고 말하였다(Xenophon, Apologia 16). 철학자들은 정치인과 정치 체제에 대한 비판도 삼가지 않아서 로마황제들에 의해 여러 번 추방되기도 했다.[13]

예수운동 사람들이 그리스로마 지역에서 예수를 전할 때 당시 철학 사상을

pp.607-620

10 Ebner, Martin, Die Stadt als Lebensraum der ersten Christen. Das Urchristentum in seiner Umwelt I, Göttingen 2012, pp.274-286

11 Hahn, Johannes, Der Philosoph und die Gesellschaft. Selbstverständnis, öffentliches Auftreten und populäre Erwartungen in der hohen Kaiserzeit, Stuttgart 1989, p.55

12 Hahn, Johannes, Der Philosoph und die Gesellschaft. Selbstverständnis, öffentliches Auftreten und populäre Erwartungen in der hohen Kaiserzeit, Stuttgart 1989, pp.33-45; Malherbe, Abraham J, Paul and the Popular Philosophers, Minneapolis 1989, p.103

13 Malitz, Jürgen, "Philosophie und Politik im frühen Prinzipat", in; Schmidt, Hans-Werner/Wülfing (Hg.), Antikes Denken - Moderne Schule, Heidelberg 1988, pp.151-179

모르지 않았다. 예수운동도 여러 철학도 결국 윤리를 말하기 때문에, 서로 몰랐을 리 없었다. 바울도 철학의 주제를 알고 또 응용하기도 했고(데살로니카전서 2,1-12), 철학의 중심지였던 아테네에서 철학 논쟁을 벌인 적도 있었고(사도행전 17,16-34), 고린토(고린토후서 10-13장)에서 철학과 연관된 문제가 생기는 모습도 보았다.

예수운동 내부 상황

예수운동의 전파를 유리하게 했던 점은 이러한 외부 상황뿐 아니라 예수운동 내부에서도 찾아볼 수 있었다. 당시 종교나 철학 사상에서 그 어떤 흐름도 예수운동처럼 간절하게 자기 생각을 널리 전하고 자기 사람을 만들기 위해 목숨 걸고 나서지는 않았다.[14] 세상 끝 날에 모든 민족이 야훼께 오리라는 믿음은 유대교 여러 문헌에 있었다.[15] 그러나, 유대교에는 본격적인 선교 전략이라는 것이 사실상 없었다.[16] 그런데, 예수운동은 아주 일찍부터 온 세상 모든 민족을 향해 예수를 전하기 시작했다. 예수운동은 사람들에게 또 하나의 추가적인 종교를 전한 것이 아니라 전에 가졌던 종교를 버리고 예수운동에 참여하라고 개종(Konversion)을 촉구했다(데살로니카전서 1,10).

유대교 내부 개혁 그룹에 불과했던 예수운동이 유대교 주류와 달리 선교에

14 Zangenberg, Jürgen, "Mission in der Antike und im antiken Christentum', ZNT 15 (2005), pp.12-21; Schmeller, Thomas, "Mission im Urchristentum. Definition - Motivation - Konkretion", ZNT 15 (2005), pp.2-11; Schnabel, Eckhard-J, Urchristliche Mission, Leipzig 2002, p.11

15 Kraus, Wolfgang, Das Volk Gottes, WUNT 85, Tübingen 1996, pp.12-110

16 Riesner, Rainer, "A Pre-Christian Jewish Mission?", in: Adna, Jostein/Kvalbein, Hans (Hg.), The Mission of the Early Church to Jews and Gentiles, WUNT 127, Tübingen 2000, pp.211-250

앞장서게 된 동기는 대체 무엇이었을까.[17] 비유대인에 대한 예수의 개방적인 자세가 있었다. 띠로 동네에서 시로페니키아 여인과 만남(마가 7,24-30), 가파르나움에서 로마군대 장교와 만남(마태 8,5-10.13), 하느님나라에서 잔치 비유(누가 14,16-24)에서 드러난 비유대인에 대한 예수의 열린 자세를 제자들은 알고 있었다. 유대인의 종교적 교만에 대한 예수의 경고 또한 비유대인에 대한 예수의 열린 마음을 보여주고 있다. "사방에서 많은 사람이 모여들어 하느님나라의 잔치에 참석할 것입니다. 지금은 꼴찌지만 첫째가 되고 지금은 첫째지만 꼴찌가 될 사람들이 있을 것입니다"(누가 13,28-29). 부활한 예수의 나타남(마태 28,18-20; 누가 24,47)과 성령 체험(사도행전 1,8; 2,1-13; 10,44)에서 예수운동은 역사의 예수가 보여준 비유대인에 대한 예수의 열린 마음을 다시 확인했다.

다른 종교들의 허술한 사정

당시 종교들의 허약한 내부 실정이 또한 예수운동 자체의 선교 의지와 동력을 상대적으로 돋보이게 만들었다. 그리스로마 문화의 퇴조, 윤리에 대한 관심, 유일신 사상의 매력은 예수운동의 선교에 유리한 환경이 되었다.[18] 다신론에 대한 신뢰가 줄어들고 유일신 사상에 대한 매력과 의존이 커진 상태이기도 했다. 사람들이 여러 신들에게 인격적 관계를 친밀하게 만들기는 사실상 어려웠다.

---

17 Hengel, Martin, "Die Ursprünge der christlichen Mission", NTS 18 (1971/1972), pp.15-38

18 Speyer, Wolfgang, "Hellenistisch-römische Voraussetzungen der Verbreitung des Christentums", in: Beutler, Johannes (Hg.), Der neue Mensch in Christus, QD 190, Freiburg 2001, pp.25-35

하느님 사상

예수운동이 전한 하느님 사상에는 적어도 두 가지 매력이 있었다. 하느님은 역사의 주님이실 뿐 아니라 개인 하나하나에게도 주님이시다.[19] 사람들은 하느님에게 역사의 운명을 의지할 수 있고, 자신의 삶도 의탁할 수 있다. 역사의 무게에 짓눌린 사람들이 자기 삶의 고통과 불안을 털어놓고 기댈 분이 있다는 말이다. 예수운동이 전한 하느님은 그리스로마 철학이 던져준 어두운 운명론[20]에서 벗어나게 하고 개인과 역사에 생명과 자유를 주시는 분이시다.

하느님이라는 존재에 대한 새로운 희망뿐 아니라 예수운동이 실천으로 보여준 공동체가 사람들에게 매력을 주었다. 모든 신분, 민족, 성별, 직업의 사람들에게 문을 활짝 열어놓은 예수운동은 당시 사회에서 예수운동과 비슷했던 사교 모임(Verein)들과 전혀 다른 모습을 보였다.[21] 사교 모임(Verein)은 입회비가 있고, 앉는 자리도 사회적 지위에 따라 정해졌고, 가부장주의가 실행되었다.[22] 하지만 예수운동에 참여하는 데는 아무런 장애물이 없어서, 특히 여성과 노예 등 가난한 계급 사람들이 예수운동에서 큰 비율을 차지하게 되었다.[23] 모든 계층에서, 개인이 아니라 가족 전체가 예수운동에 가담한

---

19 Schnelle, Udo, Die ersten 100 Jahre des Christentums 30-130 n. Chr. Die Entstehungsgeschichte einer Weltreligion, Göttingen 2016, 2판, p.160

20 Peres, Imre, Griechische Grabinschriften, WUNT 157, Tübingen 2003, pp.34-41

21 Theissen, Gerd, "Urchristliche Gemeinden und antike Vereine. Sozialdynamik im Urchristentum durch Widersprüche zwischen Selbstverständnis und Sozialstruktur", in: Hagedorn, Anselm C/Crook, Zeba A./Stewart, Eric (Hg.), In Other Words. Essays on Social Science Methods and the New Testament (FS Neyrey, J. H), SWBAS II/I, Sheffield 2007, pp.221-247

22 Ebner, Martin, Die Stadt als Lebensraum der ersten Christen. Das Urchristentum in seiner Umwelt I, Göttingen 2012, pp.190-230

23 Ebel, Eva, Die Attraktivität früher christlicher Gemeinde, WUNT 2. 178, Tübingen

경우도 있었다(고린토전서 1,16; 사도행전 16,15; 18,8).

안티오키아 공동체의 해외 선교

예루살렘 공동체에 주요 인물이 있었던 것처럼, 안티오키아 공동체에도 해외 선교에 나선 사람들이 있었다. 처음에 필립보, 베드로, 바르나바 세 사람이 주로 활약했다. 바울이 처음부터 해외 선교에서 두드러진 인물이었던 것은 아니었다. 바울, 아폴로, 프리스카 아퀼라 부부 등이 뒤이어 해외 선교에 참여했다.

필립보

박해를 피해 흩어진 신도들은 돌아다니며 하느님의 말씀을 전하였다(사도행전 8,4)는 기록에서 필립보만 언급되었다. 필립보는 해외파 예루살렘 공동체에서 스테파노 다음으로 중요한 인물이었다. 7인 모임 명단에 필립보는 스테파노 다음으로 이름이 올라갔다(사도행전 6,5). 일곱 보조자 가운데 하나인 선교사 필립보(사도행전 21,8)는 사도 필립보(사도행전 1,13)와 동일 인물은 아닌 듯하다.

33년 무렵 필립보의 선교는 사마리아(사도행전 8,5-13)에서 시작하여 지중해 해안에 있는 그리스 도시들에서 예수를 전하였다.(사도행전 8, 26.40) 필립보는 처음으로 이방인에게 선교했던 선교사였다. 에티오피아 여왕의 경제부 장관에게 복음을 전하고 세례를 주었다(사도행전 8,26-40). 기적을 행한 필립보(사도행전 8, 7)는 마술로 사마리아 사람들을 매혹시켜온 시몬(사도행전 8, 10)과 경쟁하게 되었다.[24] 예수운동은 선교 초기부터 각 지역의

2004, pp.214-221

24 Theissen, Gerd, "Simon Magus - die Entwicklung seines Bildes vom Charismatiker

마술사들과 갈등하기 시작했다(사도행전 13,4-12; 14,8-20; 16,16-24; 19,11-20). 마술은 고대 지중해 세계에서 대부분 사람들이 받아들인 세계관에 속했다.[25]

베드로

베드로는 예루살렘 공동체를 이끌었을 뿐 아니라 일찍부터 이방인 선교에 앞장섰다(사도행전 9,32). 베드로는 리따(사도행전 9,32-35)와 요빠(사도행전 9,36-43)에서 기적을 행하고, 유대교에 호감을 가졌던 로마군대 고위장교 고르넬리오(사도행전 10,2.22.35)에게 가이사리아에서 세례를 주었다(사도행전 10,1-48). 베드로는 예루살렘 공동체를 설득하여 이방인 선교에 동참하는 데 공헌을 세웠다(사도행전 11,1-18). 베드로가 리따, 요빠, 가이사리아 등 예루살렘 밖에서 공동체를 세웠는지 여부는 판단하기 어렵다.[26] 베드로의 삶은 안티오키아, 고린토를 거쳐 로마에서 순교함로써 예수의 뒤를 따랐다.

바르나바

키프로스 태생의 레위 사람으로 사도들에게 "위로의 아들"이라는 뜻인 바르나바라고 불리는 요셉(사도행전 4,36) 바르나바는 예루살렘에서 안티오

zum gnostischen Erlöser", in; Von Dobbeler, Axel/Erlemann, Kurt/Heiligenthal, Roman (Hg.), Religionsgeschichte des Neuen Testaments (FS Berger, K), Tübingen 2000, pp.407-432; Zangenberg, Jürgen, "Dynamis tou theou. Das religionsgeschichtliche Profil des Simon Magus aus Sebaste", in; Von Dobbeler, Axel/Erlemann, Kurt/Heiligenthal, Roman (Hg.), Religionsgeschichte des Neuen Testaments (FS Berger, K), Tübingen 2000, pp.519-540

25 Ebner, Martin, Die Stadt als Lebensraum der ersten Christen. Das Urchristentum in seiner Umwelt I, Göttingen 2012, pp.347-357

26 Böttrich, Christfried, Petrus, BG 2, Leipzig 2001, pp.161-182; Hengel, Martin, Der unterschätzte Petrus, Tübingen 2007, 2판, pp.145-148; Reinbold, Wolfgang, Propaganda und Mission im ältesten Christentum, FRLANT 188, Göttingen 2000, pp.43-79

키아까지 예수운동 초기 선교역사를 이끈 지도적 인물 중 하나였다. 당시 아주 흔한 유대인 이름 요셉을 두 번째 이름처럼 원래 이름 바르나바에 덧붙였다.[27] 이름 바르나바가 놉(Nob/나바)의 아들인지 예언자의 아들인지 우리가 판단하기는 어렵다. 놉/나바는 지명(사무엘상 21,2)이고, 예언자 단어는 Nabi다.[28] 바르나바가 순례자로서 키프로스에서 예루살렘에 이주했는지 또는 키프로스 태생의 레위 사람의 후손으로 예루살렘에서 태어났는지 알기는 어렵다. 바르나바는 그리스어를 하고 그리스 문화에 익숙했던 것 같다. 바르나바가 예루살렘 또는 근처에 소유한 부동산을 팔아 사도들에게 내놓았다는 기록(사도행전 4,36-37)을 보면, 바르나바는 오래 전부터 예루살렘에 살던 부자였던 듯하다.

바르나바는 바울의 질문에서도 나타난다. "우리라고 해서 다른 사도들이나 주님의 형제들이나 베드로처럼 그리스도를 믿는 아내를 데리고 다닐 권리가 없단 말입니까? 혹은 나와 바르나바에게만 노동하지 않고 먹을 권리가 없단 말입니까?"(고린토전서 9,5-6). 바울은 자신뿐 아니라 바르나바를 사도 그룹에 포함시켰다. 바르나바도 바울처럼 부활한 그리스도를 보았으며 예수 그리스도를 정당하게 전할 자격이 있다는 뜻이다.

바울이 다마스쿠스 가는 길에서 주님을 뵙고 음성을 들은 일과 다마스쿠스에서 선교한 일들을 바르나바가 사도들에게 소개하였다(사도행전 9,27)는 기록이 있지만, 바울은 다마스쿠스 가는 길에서 주님 음성을 들은 후 3년 후(=35년) 예루살렘으로 왔다고 사도행전과 다르게 말하고 있다(갈라디아

---

27 Schnelle, Udo, Die ersten 100 Jahre des Christentums 30-130 n. Chr. Die Entstehungsgeschichte einer Weltreligion, Göttingen 2016, 2판, p.164

28 Öhler, Markus, Barnabas. Der Mann in der Mitte, BG 12, Leipzig 2005, pp.21-28

1,16-18).[29] 키프로스와 키레네에서 온 사람들이 안티오키아로 가서 이방인들에게도 예수의 복음을 선포하였고(사도행전 11,20), 예루살렘 공동체는 그 소식을 듣고 바르나바를 안티오키아로 보냈다(사도행전 11,22)는 다른 기록도 있다. 그러나, 이상하게도 바르나바가 그 후 예루살렘으로 돌아왔다는 기록은 없다.

바르나바는 스티파노의 죽음 얼마 후 35년 무렵 안티오키아로 가서 안티오키아 공동체에 합류했거나 다른 사람들과 함께 안티오키아 공동체를 세운 듯하다.[30] 바르나바는 안티오키아 공동체에서 처음부터 중요한 인물이었다. 바르나바는 바울을 안티오키아 공동체에 소개했고(사도행전 11,25-26), 제1차 선교여행를 이끌었다(사도행전 13,1). 바울보다 먼저 비유대인에게 체계적인 선교를 시작한 사람이었다. 48년 여름 또는 가을에 안티오키아 공동체 식사에서 베드로와 바울이 충돌한 사건(갈라디아 2,11-14)을 보면, 바르나바는 유대교 관습을 고집하던 보수파 유대계 그리스도인들과 완전히 결별한 것 같지는 않다.(갈라디아 2,13) 바르나바는 성령과 믿음이 충만한 훌륭한 사람이었다.(사도행전 11,24)

바울

바울이 예수운동 역사에서 처음부터 중요한 인물이었던 것은 아니다. 32/33년에 바울이 회심한 이후, 바울은 다른 사람들과 상의하거나 예루살렘 공동체로 사도들을 찾아가지는 않았다. 바울은 곧바로 아라비아로 갔다가 다시 다마스쿠스로 돌아갔다(갈라디아 1,17b)고 회고했다. 바울은 왜 아라비

---

29 Öhler, Markus, Barnabas. Der Mann in der Mitte, BG 12, Leipzig 2005, p.54

30 Schnelle, Udo, Die ersten 100 Jahre des Christentums 30-130 n. Chr. Die Entstehungsgeschichte einer Weltreligion, Göttingen 2016, 2판, p.165

아로 갔을까.

바울의 아라비아 방문

이스마엘의 후손인 아랍인은 지역이나 족보로 보아 비유대인 중에 유대인과 가장 가까운 핏줄이다. 바울이 말한 아라비아는 요르단강 건너편에 그리스 사람들이 살던 열 개 도시 데카폴리스를 포함하여 이스라엘 남동쪽에 위치했던 나바테아(Nabatäer) 국가의 에레츠(Eretz) 지역이나[31] 다마스쿠스 남동쪽에 돌이 많은 사막지역인 듯하다. 다마스쿠스는 나바테아 국가의 경제활동이 활발했던 곳이다(고린토후서 11,32). 율법을 잘 지키는 경건한 유대인 아나니아가 다마스쿠스 공동체에 바울을 소개했다(사도행전 22,12). 다마스쿠스에서 예수운동이 처음에 유대인 사이에서 퍼져나간 듯하다. 다마스쿠스에서 아레다 왕의 총독[32]이 바울을 잡으려 성문을 지키고 있었다(고린토후서 11,32)는 기록은 바울의 선교 활동 때문에 다마스쿠스에 살던 나바테어 사람들 사이에 생긴 문제를 보여주는 것 같다.[33] 나바테어 사람들과 유대인들은 전쟁과 국경 충돌과 로마제국의 간섭으로 한동안 사이가 좋지 않았다.[34]

바울의 예루살렘 방문

사도로 부르심 받은 후 3년째인 35년에 바울이 예루살렘 공동체를 방문했다(갈라디아 1,18-20)라는 기록과 다마스쿠스에서 도망쳐 예루살렘으로

31 Hengel, Martin, "Die Stellung des Apostels Paulus zum Gesetz in den unbekannten Jahres zwischen Damaskus und Antiochia", in: Dunn, James. D. G (Hg.), Paul and the Mosaic Law, WUNT 89, Tübingen 1996, pp.25-51, p.37-38

32 Knauf, Ernst Axel, "Zum Ethnarchen des Aretas 2Kor 11,21", ZNW 74 (1983), pp.145-147

33 Schnelle, Udo, Die ersten 100 Jahre des Christentums 30-130 n. Chr. Die Entstehungsgeschichte einer Weltreligion, Göttingen 2016, 2판, p.166

34 Josephus, Antiquitates 18,109

가서 제자들과 함께 지내며 예루살렘에서 전도하였다(사도행전 9,26-30)는 두 기록은 서로 모순이고, 이 모순을 조화롭게 설명하려는 시도는 불가능하다.[35] 바울은 예루살렘에 15일 머물면서 베드로와 예수의 동생 야고보만 만났다. 바울과 베드로가 나눈 이야기 내용은 이상하게도 바울의 편지에는 전혀 언급되지 않았다. 부활한 주님이 자신을 사도로 직접 부르셨다고 확신한 바울은 주님의 제자들에게 따로 인정받거나 정당화할 필요는 없다고 여긴 듯하다. "나는 사도들 중에서 가장 보잘것없는 사람이요, 하느님의 교회까지 박해한 사람이니 실상 사도라고 불릴 자격도 없습니다"(고린토전서 15,3b-8) 라고 바울은 고백하기도 했다.

시리아와 길리기아 방문

바울은 37년부터 시리아와 길리기아 지방으로 갔다(갈라디아 1,21).[36] 시리아는 오늘날 레바논 영토의 오롱테(Orontes) 강변 안티오키아를, 길리기아는 오늘날 터키 남부의 타르소(Tarsus) 지역을 가리키는 듯하다(갈라디아 1,21; 사도행전 9,30). 시리아와 길리기아 지방에서 바울의 활동은 사도행전이나 바울의 편지들에서 언급되지 않았다. 바울의 고향이자 길리기아 지방의 대도시 타르소에는 유대인 공동체가 있었기 때문에 바울이 예수를 전하기 좋았다(사도행전 15,23.41).

그곳에서 3~4년[37] 또는 약 6년[38]동안의 바울의 활동은 커다란 성과를 거둔

35 Hengel, Martin/Schwemer, Anna Maria, Paulus zwischen Damaskus und Antiochien, WUNT 108, Tübingen 1998, pp.214-226

36 Betz, Hans Dieter, Der Galaterbrief, München 1988, p.157; Riesner, Rainer, Die Frühzeit des Apostels Paulus, WUNT 71, Tübingen 1994, pp.234-243

37 Hengel, Martin/Schwemer, Anna Maria, Paulus zwischen Damaskus und Antiochien, WUNT 108, Tübingen 1998, pp.267-275

것 같지는 않다. 바울은 39/40년[39] 또는 42년[40]에 바르나바의 협력자로서 안티오키아 선교에 참여했다(사도행전 12,1). 헤로데 안티파스 1세가 요한의 형 야고보를 살해한 사건은 42년에 있었던 것 같다.(사도행전 12,1-2)[41] 온 세상에 큰 굶주림이 있어서 안티오키아 성도들이 유다에 사는 성도들에게 헌금을 보낸 일(사도행전 11,28-29)은 42년에서 44년 사이에 있었다.[42]

아폴로

구약성서에 정통한 지식인 아폴로는 이집트 알렉산드리아 출신이었다. 공통년 이전 331년 세워진 알렉산드리아는 로마제국에서 로마 다음으로 손꼽히는 학문과 문화의 중심지로서 해외 유대인들이 몇 만명 사는 도시였다. 이 도시에서 히브리어 구약성서가 그리스어로 번역되었고 유대교 지혜문학이 활발하게 나타났다. 그리스철학과 유대교 사상을 연결한 유대교 철학자 필로(Philo)도 여기서 활약했다. 로마처럼 알렉산드리아에서도 일찌감치 예수운동이 퍼지기 시작했다.[43] 38년 알렉산드리아에서 강력한 반유대주의가 있었기 때문에 예수운동이 일찍 전파되기는 어려웠을 것이라는 의견도 있다.[44]

38 Schnelle, Udo, Die ersten 100 Jahre des Christentums 30-130 n. Chr. Die Entstehungsgeschichte einer Weltreligion, Göttingen 2016, 2판, p.167

39 Hengel, Martin/Schwemer, Anna Maria, Paulus zwischen Damaskus und Antiochien, WUNT 108, Tübingen 1998, pp.267-275

40 Schnelle, Udo, Die ersten 100 Jahre des Christentums 30-130 n. Chr. Die Entstehungsgeschichte einer Weltreligion, Göttingen 2016, 2판, p.167

41 Riesner, Rainer, Die Frühzeit des Apostels Paulus, WUNT 71, Tübingen 1994, pp.105-110

42 Riesner, Rainer, Die Frühzeit des Apostels Paulus, WUNT 71, Tübingen 1994, pp.111-121

43 Schnelle, Udo, Die ersten 100 Jahre des Christentums 30-130 n. Chr. Die Entstehungsgeschichte einer Weltreligion, Göttingen 2016, 2판, p.168

44 Koch, Dietrich-Alex, Geschichte des Urchristentums, Göttingen 2014, 2판, p.434

"에페소에 아폴로라는 유대인이 와 있었는데 그는 알렉산드리아 출신으로 말을 잘 하고 성서에 정통한 사람이었다. 그는 요한의 세례밖에 알지 못했으나 이미 주님의 가르침을 배워 잘 알고 있을 뿐 아니라 열성을 다하여 전도하며, 예수에 관한 일들을 정확하게 가르치고 있었다."(사도행전 18,24-25) 아폴로는 50년대 초 에페소에서는 바울보다 먼저(사도행전 18,24), 고린토에서는 바울 다음에 바울 곁에서(사도행전 18,27; 19,1; 고린토전서 3,4-6.22) 예수를 전했다. 아폴로는 다른 공동체에서도 이미 활동하여 널리 알려진 선교사로 에페소 공동체를 세웠다(사도행전 18,24-28; 19,1-8).[45] 고린토에서 아폴로는 큰 선교 성과를 얻었다(사도행전 18,27-28).

아폴로는 예수운동에서 지혜신학을 대표한 인물이다. 아폴로를 따르던 사람들은 지혜신학을 주장하면서 다른 성도들보다 자신들이 우월하다고 자랑했던 듯하다. 지금 여기서 이루어지는 구원(고린토전서 4,8)을 강조하는 그들의 개인적 현재적 믿음에는 세상의 악과 인간의 고통에 대한 고뇌가 드물게 다루어졌다.

바울은 아폴로파(고린토전서 1,12)를 언급하면서 하느님의 지혜와 인간의 지혜를 동일시하는 의견을 반대하였다(고린토전서 1,18-4,21).[46] 바울이 아폴로 추종자들의 태도를 비판하긴 했지만 아폴로를 반대하지는 않았다. 바울은 아폴로의 입장을 인정하고[47] 공동체에 받아들였다(고린토전서 1,10-17). 자신이 세운 공동체에 온 다른 선교사들을 거칠게 비판(고린토후서 10-13; 갈라디아 1,6-10; 필립비 3,2-11)하던 바울은 자신이 고린토 공동체를 세웠고 길렀

45 Witetschek, Stephan, Ephesische Enthüllungen I, BTS 6, Leuven 2008, pp.350-358

46 Merklein, Helmut, Der erste Brief an die Korinther, ÖTK 7/1, Gütersloh 1992, pp.134-145

47 Wolter, Michael, "Apollos und die ephesinischen Johannesjünger (Act 18,24-19,7)", ZNW 78 (1987), pp.49-73

다고 분명히 말했다(고린토전서 3,8.10; 4,14-16). 그러나 바울은 아폴로를 독립적이고 동등한 선교사로 존중하였다. 아폴로는 바울에게 충분히 존중받을 만한 인물이었다.

프리스킬라와 아퀼라 부부

바울 이전에 프리스킬라(Πρίσκιλλα)와 아퀼라(Ἀκύλα) 부부는 이미 선교사로 활동하였다. 49년 로마황제 클라우디우스 칙령에 의해 로마에서 일부 유대인들이 추방되었다. 그 때 프리스킬라와 아퀼라 부부는 고린토로 이주하여 일년 반 동안 일하면서 예수를 전하였다(사도행전 18,18). 그들은 50년 무렵 바울을 알게 되었다.[48] 바울이 그들을 찾아갔는데 천막을 만드는 직업이 같았기 때문에 그 집에서 함께 살면서 일하였다(사도행전 18,2-3).[49] 지중해 지역에 유행하던 천막은 더위를 피하기 위해 사용되었다. 천이나 가죽으로 만든 천막은 개인이나 군대에 빌려주곤 했다.[50] 프리스킬라와 아퀼라 부부의 천막 대여 사업은 크게 성공한 것 같진 않다. 마케도니아에서 온 성도들이 바울의 생계를 도와주었다(고린토후서 11,9). 프리스킬라와 아퀼라 부부의 천막 공장에 20여명의 성도들이 모여 공동체를 이루었던 듯하다.[51]

고린토에서 에페소로 이사한 프리스킬라와 아퀼라 부부는 바울과 함께 다시 일하면서 공동체를 만들었다(고린토전서 16,19). 클라우디우스 칙령이 취소된 후 그들은 55/56년 로마로 돌아가 공동체를 이끌었다(로마 16,3-5).

48 Lampe, Peter, Die stadtrömischen Christen in den ersten beiden Jahrhunderten, WUNT II/18, Tübingen 1989, 2판, pp.156-164

49 Lampe, Peter, "Paulus - Zeltmacher", BZ 31 (1987), pp.256-261

50 Hock, Ranald. F, The Social Context of Paul's Ministry, Minneapolis 1980, p.33

51 Lampe, Peter, Die stadtrömischen Christen in den ersten beiden Jahrhunderten, WUNT II/18, Tübingen 1989, 2판, p.161

그 부부는 선교 활동과 생계뿐 아니라 위험했던 정치적 곤경에서도 바울을 돕고 편들었다(로마 16,4). 프리스킬라는 당시 사회 관행과 정반대로 남편보다 이름이 자주 먼저 언급되었다(사도행전 18, 18.26; 로마 16,3). 그녀가 남편보다 더 공동체에서 맹활약한 듯하다. 프리스킬라와 아퀼라 부부는 로마, 고린토, 에페소 세 공동체와 연결되고 있다. 프리스킬라와 아퀼라 부부의 활동을 그저 바울을 돕는 역할로 축소하는 것은 완전히 잘못이다.[52]

안티오키아 공동체의 활동

예수운동 처음 70년을 공통년 30년부터 100년까지로 본다면, 66~70년 유대 독립전쟁을 중요한 전환기로 보고 그 앞뒤로 예수운동 처음 70년을 구분해도 좋겠다. 유대 독립전쟁을 계기로 예수운동과 유대교가 본격적으로 분열하기 시작했다는 외부 요인을 좀 더 주목하는 방법이다. 베드로, 바울, 야고보 등 예수 제자들과 사도들의 제1세대가 이미 세상을 떠난 뒤였다. 30년 예수 부활 사건, 48년 비유대인에 대한 할례 없는 선교 문제를 토의하던 예수살렘 사도회의, 64년 베드로와 바울이 처형된 일이 66~70년 유대 독립전쟁 이전에 있었던 큰 사건에 속했다.

예수운동 처음 70년 역사를 예수운동 내부 요인을 좀 더 주목하는 방법은 어떨까. 예를 들어, 예수 부활 이후 예수는 누구인가 논하는 그리스도론 탄생을 첫 번째 변화로 보는 것이다.[53] 슈넬레(Schnelle)는 할례 없는 선교 초기를 두 번째 전환점으로 본다.[54] 예수운동이 자체 위기를 극복하기 위해 쓰기

52 Schnelle, Udo, Die ersten 100 Jahre des Christentums 30-130 n. Chr. Die Entstehungsgeschichte einer Weltreligion, Göttingen 2016, 2판, p.170

53 Schnelle, Udo, Theologie des Neuen Testaments, Göttingen 2016, 3판, pp.153-181

54 Schnelle, Udo, Theologie des Neuen Testaments, Göttingen 2016, 3판, pp.182-351

시작한 복음서가 세 번째 전환점에 해당한다.[55] 요한복음 탄생으로 그리스도교 시대가 본격적으로 시작된 시기는 예수운동 역사에서 네 번째 전환기로 볼 수 있다. 슈넬레는 예수운동 처음 70년 역사보다 30년에서 130년까지 역사를 그리스도교 처음 100년이라는 제목으로 서술하고 있다.

안티오키아 공동체

유대 독립전쟁 이전 예수운동은 어디서 활발했는가. 누가복음 저자가 쓴 사도행전을 보면, 예수운동은 처음부터 예루살렘을 중심으로 시작하여 세계 각지로 체계적으로 퍼져나간(사도행전 1~6장) 인상을 받을 수도 있다. 사도행전의 보도를 그대로 받아들여 마치 갈릴래아에는 사실상 예수운동 공동체가 없었던 것으로 보기도 한다.[56] 그러나, 역사적으로 꼭 그렇지는 않은 것 같다. 예루살렘뿐 아니라 갈릴래아에서도 예수운동은 처음부터 있었다.[57]

최초의 복음서인 마가복음은 부활한 예수는 갈릴래아에만 나타났다고 기록했다(마가 14,28; 16,7). 마태복음은 부활한 예수가 예루살렘에 잠시 나타난(마태 28,9) 후 갈릴래아에서 제자들에게 나타났다(마태 28,16-20)고 말한다. 부활한 예수가 500명도 넘는 형제들 앞에 나타났다(고린토전서 15,6)는 바울의 기록은 갈릴래아의 넓은 들판을 상상하게 한다. 이와 다르게 누가복음 저자는 부활한 예수가 제자들에게 오직 예루살렘에서만 나타났다고 말한다(누가 24,13-35; 36-49). 누가복음 저자는 마가 14,28을 삭제하고 "가서 제자

55 Schnelle, Udo, Theologie des Neuen Testaments, Göttingen 2016, 3판, pp.352-508

56 Dunn, James D. G, Beginning from Jerusalem. Christianity in the Making, Volume 2, Grand Rapids 2009, p.27.135

57 Schnelle, Udo, Die ersten 100 Jahre des Christentums 30-130 n. Chr. Die Entstehungsgeschichte einer Weltreligion, Göttingen 2016, 2판, p.180

들과 베드로에게 예수는 전에 말한 대로 그들보다 먼저 갈릴래아로 갈 것이니 거기서 그분을 만나게 될 것이라고 전하시오"(마가 16,7)를 "그분은 여기 있지 않고 다시 살아났습니다. 그분이 전에 갈릴래아에 있을 때 무어라고 말하였습니까?"(누가 24,6)라고 바꾸어 버렸다. 누가복음 저자는 예수운동이 예루살렘에서 시작하여 온 세상으로 퍼져나갔다는 자신의 신학을 알리기 위해 그렇게 했다. 요한복음 저자는 부활한 예수가 막달라 마리아에게(요한 20,11-18), 도마를 제외한 제자들에게(요한 20,19-23), 도마를 포함한 제자들에게((요한 20,24-29) 예루살렘에서 세 번 나타났다고 기록했다. 요한복음이 작성된 후 누군가에 의해 추가된 요한 21,1-14는 부활한 예수가 갈릴래아에도 나타났다고 기록했다.

부활한 예수는 대체 어디에 나타난 것일까. 네 복음서의 서로 다른 주장 앞에 독자들은 당황할 수 있다. 가장 오래된 기록들(고린토전서 15,6; 마가 16,7)에 따르면, 부활한 예수는 갈릴래아에 나타났다. 마태복음 저자는 예루살렘에서도 나타났다는 입장이다. 누가복음 저자는 갈릴래아에 나타났다는 전승을 빼버렸고, 요한복음 저자는 예루살렘 중심으로 서술했다. 나는 부활한 예수가 갈릴래아에 나타났다는 보도(마가 14,28; 16,7)를 마가복음 저자의 신학 탓으로 돌리고 사실상 무시하는 의견[58]을 찬성하기 어렵다. 예루살렘에 나타난 부활한 예수는 공동체를 만들었지만 갈릴래아에 나타난 부활한 예수는 그렇지 않았다는 의견[59]은 설득력이 적다.[60] 갈릴래아 공동체를 언급하는 초기 자료가 적다고 주장하면서 갈릴래아 공동체의 존재를 사실상 거절하는

58 Koch, Dietrich-Alex, Geschichte des Urchristentums, Göttingen 2014, 2판, p.186

59 Dunn, James D. G, Beginning from Jerusalem. Christianity in the Making, Volume 2, Grand Rapids 2009, p.27.135

60 Schnelle, Udo, Die ersten 100 Jahre des Christentums 30-130 n. Chr. Die Entstehungsgeschichte einer Weltreligion, Göttingen 2016, 2판, p.181

의견[61]도 있긴 하다.

베드로를 비롯한 일부 제자들이 부활한 예수를 갈릴래아에서 만난 다음 곧 예루살렘으로 갔지만, 예수의 모든 제자들과 추종자들이 갈릴래아를 떠난 것은 아니다. 그들은 예전처럼 갈릴래아에서 노동하고 생활하면서 예수에 대한 추억을 잊지 못했을 것이다. 그래서 모든 기록과 상황을 보면, 부활한 예수는 갈릴래아에도 예루살렘에도 나타났다고 볼 수밖에 없다.

예수어록과 마가복음은 예수뿐 아니라 예수운동도 갈릴래아에 있었다고 전제한다. 갈릴래아에서 활동한 예수의 말씀을 모은 예수어록이 예루살렘에서 작성되었다[62]고 말하기는 어렵다.[63] 겟네사렛 호수(마가 1,16-20; 2,1-12; 4,35-41; 5,1-11), 가파르나움(마가 1,29-32; 누가 7,1-10Q0, 베싸이다(마가 8,22-26), 체사레아 필립비(마가 8,27-29), 가나(요한 2,1-11; 4,46; 21,2)등을 본다면, 예수와 예수운동의 영향이 큰 땅에서 예수에 대한 추억이 더 이상 계속되지 않고 사라져버렸다고 볼 수는 없다.[64] 갈릴래아는 나자렛 예수의 활동 장소, 제자들의 거주 지역, 많은 전승이 돌아다닌 곳으로 가두어놓고

61 Zangenberg, Jürgen, "From the Galilean Jesus to the Galilean Silence", in: Rothschild, Clare K/Schröter, Jens (Hg.), The Rise and Expansion of Christianity in the First Three Centuries of the Common Era, WUNT 301, Tübingen 2013, pp.75-108, p.108

62 Frenschkowski, Marco, "Galilea oder Jerusalem? Die topographischen und politischen Hintergründe der Logionquelle", in: Lindemann, Andreas (Hg.), The Sayings Source Q and the Historical Jesus, BEThL 158, Leuven 2001, pp.535-559

63 Labahn Michael, Der Gekommene als Wiederkommender. Die Logienquelle als erzählte Geschichte, ABG 32, Leipzig 2010, pp.94-98

64 Schenke, Ludger, Die Urgemeinde. Geschichtliche und theologische Entwicklung, Stuttgart 1990, pp.198-216; Schnabel, Eckhard J, Urchrsitliche Mission, Wuppertal 2002, pp.728-745; Reed, Jonathan L, Archaeology and the Galilean Jesus, Harrisburg 2002, pp.170-196

공동체는 전혀 생기지 않았다고 단정할 수 있을까. 예수에 대한 이야기가 입과 글로 탄생한 배경에 갈릴래아에 예수운동 공동체가 있었다고 말할 수밖에 없다.[65]

누가복음 저자는 갈릴래아에서 예수운동의 선교 활동을 전혀 보도하지 않았다. 그렇지만 누가복음 저자도 바울이 부르심 받던 32/33년 무렵, 갈릴래아에 예수운동 공동체가 있었다는 사실을 알고 있었던 것 같다. "그러는 동안 유다와 갈릴래아와 사마리아의 온 지방에 들어선 교회는 안정이 되어 터전을 튼튼히 잡았고 주를 두려워하며 성령의 격려를 받아 그 수효가 차츰 늘어났다"(사도행전 9,31). 예루살렘에서부터 온 세상에 예수 복음이 체계적으로 퍼져나간 구도를 선호했던 누가복음 저자는 예수운동 공동체가 예루살렘 이전에 갈릴래아에 있었다는 사실은 굳이 밝히고 싶지 않았을 것이다. 그뿐 아니다. 예루살렘 공동체의 내부 갈등(사도행전 6,1-7), 사도들의 선교와 관계없이 비유대인에게 성령이 내리는 모습 (사도행전 15,44-48)은 누가복음 저자의 그림에 썩 어울리지는 않았을 것이다. 누가복음 저자는 사도행전 이전에 쓴 누가복음에서 갈릴래아 공동체를 전제했기 때문에 사도행전에서 갈릴래아 공동체를 또 쓸 필요가 없었을 수도 있다.

갈릴래아와 예수살렘 외 지역 공동체

갈릴래아와 예루살렘 말고도 예수운동 공동체가 또 있었을까. 갈릴래아 호수 건너편에 그리스인이 많이 살던 도시들에도 있었다. 예수가 쫓아낸

65 Labahn Michael, Der Gekommene als Wiederkommender. Die Logienquelle als erzählte Geschichte, ABG 32, Leipzig 2010, pp.83-88; Schnelle, Udo, Die ersten 100 Jahre des Christentums 30-130 n. Chr. Die Entstehungsgeschichte einer Weltreligion, Göttingen 2016, 2판, p.181

악령이 유대인이 싫어하는 돼지떼로 들어가 갈릴래아 호수에 빠져 죽은 통쾌한 이야기가 있다(마가 5,1-20). 악령의 이름은 6,000명 규모의 로마군대 단위를 가리키며 로마군대의 언어인 라틴어로 표기된 군대(λεγιών; 마가 5,9)였다.[66] 유대인들은 자기 땅을 점령하고 식민지로 다스리던 로마제국이 얼마나 미웠을까. 예수는 악령을 돼지떼에 넣고 갈릴래아 호수에 빠뜨려 죽인 사건에서 로마제국의 식민통치를 분명히 비판하고 있다. 예수를 따라다니게 해달라고 애원했던 마귀 들렸던 사람에게 예수는, 악령이 돼지떼로 들어가 갈릴래아 호수에 빠져죽은 사건을 가족에게 알리라고 말한다. 그는 그 사건을 데카폴리스 지방에 두루 알렸다(마가 5,18-20).[67] 띠로 지방 시로페니키아 여자의 이야기(마가 7,24-30), 나인 동네의 다시 살아난 과부의 아들 이야기(누가 7,11-16)도 갈릴래아 지역에서 예수운동 공동체의 존재를 알려준다.

갈릴래아 지역이나 예루살렘 말고도 예루살렘을 둘러싼 유다 지역에도 예수운동 공동체가 있었다는 흔적이 있다. 예리고의 앞 못 보는 사람 이야기(마가 10,46-52), 베다니아에 연결되는 여러 이야기(마가 11,1; 14,3-9; 누가 24,50; 10,38-42; 요한 12,1), 엠마오에서 부활한 예수를 만난 제자들 이야기(누가 24,13-35)를 꼽을 수 있다. 지중해 해안가의 그리스인 도시들에서 필립보의 선교(사도행전 8,26.40), 리따(사도행전 9,32-35)와 요빠(사도행전 9,36-43)와 체사레아(사도행전 10,1-48)에서 베드로의 선교 이야기가 그렇다.

---

66 Gnilka, Joachim, Das Evangelium nach Markus, EKK I/1, Zürich/Neukirchen-Vluyn, 2015(=1978). p.205, 주 30

67 Gnilka, Joachim, Das Evangelium nach Markus, EKK I/1, Zürich/Neukirchen-Vluyn, 2015(=1978). p.207, 주 41

사마리아

갈릴래아 지역이나 예루살렘 말고도 두 지역 사이에 끼어 있는 사마리아 지역에도 예수운동 공동체가 있었다고 추측된다. 사마리아 사람들[68]은 공통년 이전 8/7세기에 사마리아 지역에 살면서 혼합종교 흐름의 야훼 신앙을 가졌다(열왕기하 17,29). 공통년 이전 4세기 말에 비유대인과 결혼 문제를 두고 논쟁하던 예루살렘 사제들 중 일부가 예루살렘 성전에서 떨어져 나와 사마리아 지역 가리짐(Garizim)에 성전을 새로 짓고 살기 시작했다.[69] 유대교에서 성전이 두 개가 생긴 셈이다. 그들 또한 사마리아 사람들이라고 흔히 불렸지만 두 그룹은 구분되어야 한다.

사마리아 사람들은 사두가이파처럼 모세오경만 경전으로 받아들였고 모세를 유일한 예언자로 여겼으며 가리짐 성전을 정통성 있는 장소로 생각했다.[70] 안티오쿠스 4세가 그리스 동화정책을 유대인에게 강요할 때 사마리아 사람들은 이를 지지했다. 그 사건으로 인해 유대인과 사마리아 사람은 서로 원수가 되었다[71](마카베오하 6,1-3). 사마리아 사람들이 세웠던 가리짐 성전은 공통년 이전 110년에 유다 왕조 요한 히르카누스에 의해 파괴되었다.

유대교 랍비 전통에서 유대인이 사마리아 사람과 접촉하면 불결한 행위로 취급되었다. 공통년 90년 랍비 엘리에젤(Elieser)은 사마리아 사람의 빵을

68 Dexinger, Ferdinand/Pummer, Reinhard (Hg.), Die Samaritaner, Darmstadt 1992; Lindemann, Andreas, "Samaria und Samaritaner im Neuen Testament", WuD 22 (1993), pp.51-76

69 Josephus, Antiquitates 11.306-312

70 Kippenberg Hans G./Wewers, Gerd A. (Hg.), Textbuch zur neutestamentlichen Zeitgeschichte, GNT 8, Göttingen 1979, p.97

71 Josephus, Antiquitates 12.257-264;

먹는 사람은 돼지고기를 먹는 사람과 같다[72]고 말했다. 그런데, 사마리아 사람들에 대한 예수의 태도는 누가 9,51-56; 마태 10,5를 제외하면 긍정적이었다. 선한 사마리아 사람의 비유(누가 10,25-37)와 나환자 열 사람을 만난 사건(누가 17,11-19)에서 예수는 사마리아 사람을 유대인과 동등하게 대우했다. 예수는 사마리아 지역에서 사마리아 여인에게 기쁜 소식을 전했다(요한 8,4-25). 예수와 대화를 통해 믿음을 얻게 된 사마리아 여인은 스스로 선교사가 되어 많은 사마리아 사람들에게 예수 이야기를 전했다(요한 4,29). 그들은 예수를 구세주(요한 4,42)로 고백하게 되었다. 예수운동에게 사마리아 지역은 선교 지역에 포함되었고(사도행전 1,8), 필립보는 선교 지역에서 예수를 전했다(사도행전 8,4-25).

다마스쿠스

예수운동 초기에 예수 추종자들이 다마스쿠스에서 어떻게 활동했는지 알기 어렵다.[73] 공통년 30년 무렵 다마스쿠스는 나바테어 왕국 영향 아래(고린토후서 11,32)에서 여러 회당(사도행전 9,2.20)이 있고 유대인이 많이 살던 도시였다. 공통년 1세기에 다마스쿠스에 약 45,000명이 살았다.[74] 예루살렘에서 다마스쿠스까지 거리는 서울에서 대구보다 조금 짧은 약 210킬로미터다. 예루살렘과 다마스쿠스는 오래 전부터 교역이 활발했는데, 그 길을 통해 예수운동이 다마스쿠스에 전해진 듯하다.[75]

---

72 Kippenberg Hans G./Wewers, Gerd A. (Hg.), Textbuch zur neutestamentlichen Zeitgeschichte, GNT 8, Göttingen 1979, p.106

73 Freyberger, Klaus S, "Damaskus", in: Erlemann, Kurt u.a. (Hg.), Neues Testament und Antike Kultur II. Familie - Gesellschaft - Wirtschaft, Göttingen 2005, pp.142-145; Hengel, Martin/Schwemer, Anna Maria, Paulus zwischen Damaskus und Antiochien, WUNT 108, Tübingen 1998, pp.60-101.139-152

74 Stark, Rodney, Der Aufstieg des Christentums, Weinheim 1997, p.153

75 Schnelle, Udo, Die ersten 100 Jahre des Christentums 30-130 n. Chr. Die Entstehungsge-

다마스쿠스 근처에서 부활한 예수는 바울에게 나타난 듯하다(사도행전 9,1-25).[76] 그 길에 들어선 사람들(사도행전 9,2)을 잡아서 예루살렘으로 끌어올 권한을 바울이 예루살렘 대사제에게서 받았다는 기록(사도행전 9,1-2)은 사실로 보기 어렵다. 다마스쿠스는 예루살렘 대사제의 권한이 미치지 못하는 지역이었다.[77] 바울은 그 길에 들어선 사람들(사도행전 19,23; 24,14.22), 즉 예수운동 사람들을 체포하려 했다. 완강한 바리사이파 사람으로서 예수운동을 탄압하던 바울(갈라디아 1,13-14; 필립비 3,6)의 삶은 그때부터 크게 바뀌었다. 아나니아(사도행전 9,10), 곧은 거리(사도행전 9,11), 유다의 집(사도행전 9,11)은 다마스쿠스 중심가에 예수운동 가정 공동체가 있었음을 가리킨다. 다마스쿠스는 예수운동 초기에 하나의 핵심 지역이었지만 역사에서 곧 자취를 감추고 말았다. 예수운동 초기에 두 중심 지역은 예루살렘과 안티오키아가 아니라 예루살렘과 다마스쿠스라는 의견[78]이 있지만, 그에 찬성하기 어렵다. 신약성서 어디에도 다마스쿠스를 그렇게 강조한 곳은 없었고, 예수운동이 유대교 범위를 계획적으로 넘어선 움직임은 안티오키아에서 생겼다(사도행전 11,19-30).[79]

안티오키아 공동체의 영역

시리아의 오롱테(Orontes) 강을 둘러싼 도시 안티오키아는 로마제국에서 세 번째로 큰 도시였다. 공통년 1세기 말 약 30만에서 60만 인구가 살았던 곳으로 추측된다.[80] 유대인 인구는 2만에서 3만 사이로 여겨진다.(Josephus,

schichte einer Weltreligion, Göttingen 2016, 2판, p.185

76 Schnelle, Udo, Paulus. Leben und Denken, Berlin 2014, 2판, pp.78-94

77 Koch, Dietrich-Alex, Geschichte des Urchristentums, Göttingen 2014, 2판, p.203

78 Lüdemann, Gerd, Die ersten drei Jahre Christentum, Lüneburg 2009, pp.159-161

79 Schnelle, Udo, Die ersten 100 Jahre des Christentums 30-130 n. Chr. Die Entstehungsgeschichte einer Weltreligion, Göttingen 2016, 2판, p.185, 주 114

Bellum, 7,43-45) 유대교에 호감을 가진 그리스인이 여기에 많이 살았기 때문에, 예수운동 사람들이 활동하기에는 꽤 유리한 곳이었다.[81] 스테파노 등 7인 모임에 포함된 니콜라스는 안티오키아 출신이다(사도행전 6,5). 예수운동 안티오키아 공동체는 예루살렘 해외파 공동체에 의해(사도행전 11,19) 공통년 32/33년[82], 또는 34/35년[83], 또는 36년 무렵[84] 세워진 것으로 추측된다. 키프로스와 키레네 출신 사람들도 안티오키아 공동체에 참가하여 유대인 아닌 사람에게도 복음을 전하였다(사도행전 11,20).

안티오키아 공동체의 특징

예수운동 안티오키아 공동체는 유대인 아닌 사람에게도 할례 없이 복음을 믿으라고 계획적으로 전하기 시작한 공동체였다. 할례는 고대 세계 모든 곳에서 야만인의 행동이라고 멸시당했던, 평판이 나빴던 관습이었다(마카베오상 1,15).[85] 그래서 고대 해외 유대인 공동체에서 할례 금지를 유대교 내부에서 하나의 입장으로 보는 흐름이 실제로 있었다.[86] 할례는 남성에게 어려움을 주었기 때문에, 예수운동 안티오키아 공동체가 선교하는 과정에서 할례 금지는 자연스럽게 생긴 의견이었던 것 같다.[87] 유대교의 유일신 가르침과

80 Norris, Frederick W, "Antiochien I", TRE 3, Berlin 1978, p.99

81 Josephus, Bellum, 7,45; Haensch Rudolf/Zangenberg, Jürgen, Antiochia, in: Erlemann, Kurt u.a. (Hg.), Neues Testament und Antike Kultur II. Familie - Gesellschaft - Wirtschaft, Göttingen 2005, pp.133-139; Hengel, Martin/Schwemer, Anna Maria, Paulus zwischen Damaskus und Antiochien, WUNT 108, Tübingen 1998, pp.274-299

82 Koch, Dietrich-Alex, Geschichte des Urchristentums, Göttingen 2014, 2판, p.195

83 Schnelle, Udo, Die ersten 100 Jahre des Christentums 30-130 n. Chr. Die Entstehungsgeschichte einer Weltreligion, Göttingen 2016, 2판, p.186

84 Hengel, Martin/Schwemer, Anna Maria, Paulus zwischen Damaskus und Antiochien, WUNT 108, Tübingen 1998, p.268

85 Josephus, Antiquitates 12,241

86 Philo, De Migratione Abrahami 89-93

윤리와 창조주의 약속에 매혹되었지만 할례 받기 거절한 유대인 아닌 사람들, 즉 하느님을 경외하는 사람들이 유대교 회당 예배에 참여했었다.

그들은 유대인과 동등한 대우를 받지 못했다. 그런데, 공동체 내부에서 차별도 전혀 없고 더구나 할례도 요구하지 않는 예수운동이 그들에게 얼마나 고맙고 매력이 있었을까. 수치스러운 할례를 요구하지 않고 물과 성령으로 세례 받으면 평등한 존재로 대우해준 예수운동이 그들에게 감동으로 다가왔을 것이다. "할례를 받았거나 안 받았거나 그것은 문제가 되지 않습니다. 오직 하느님의 계명을 지키는 것만이 중요합니다"(고린토전서 7,19)라는 말은 그들에게 자유와 해방을 주는 기쁜 소식으로 들렸을 것이다.[88]

바르나바와 바울이 예수운동 안티오키아 공동체에 처음부터 있었던 것은 아니었다. 유대인 아닌 사람들에게 안티오키아 공동체가 할례 없이 복음을 믿으라고 전하기 시작한 후 비로소 바르나바와 바울은 안티오키아 공동체에 참여했다.(사도행전 11,22.25) 안티오키아 공동체는 유대인 아닌 사람들에게 선교하면서 큰 성과를 거두었음이 틀림없다. 대부분 유대인 아닌 사람들로서 새 길을 걷는 사람들을 가리키는 용어 '그리스도인(Χριστιανούς)'(사도행전 11,26; 로마 3,2; Ignatius, Eph 11,2)이 안티오키아 공동체가 아닌 사람들에 의해 안티오키아에서 생겼기 때문이다. 그리스도인 호칭은 예수운동이 스스로를 칭하기 위해 개발한 용어가 아니라 예수운동 아닌 사람들이 만들어 예수운동 사람들을 부르기 시작한 새로운 단어다.

87 Schnelle, Udo, Die ersten 100 Jahre des Christentums 30-130 n. Chr. Die Entstehungsgeschichte einer Weltreligion, Göttingen 2016, 2판, p.186

88 Horn, Friedrich Wilhelm, Der Verzicht auf die Beschneidung im Frühen Christentum, NTS 42 (1996), pp.479-505

공통년 40년대 초에 예수운동은 벌써 독자적인 모임으로 불리기 시작했지만, 예수운동이 유대교와 이미 결별했다는 뜻은 전혀 아니다. 라틴어식 단어인 그리스도인(Χριστιανούς) 호칭은 로마제국 관청 사람들이 행정적 필요에 의해 만들었던 것 같다.[89]

예수운동이 안티오키아에서 큰 성과를 거둔 이유는 무엇일까. 유대교에 매력을 가진 비유대인이 많이 있었던 대도시라는 점을 꼽아야 하겠다.[90] 예수운동에 참여한 사람들이 늘어나면서 지역사회에 대한 예수운동의 영향도 커져가면서, 할례를 받지 않고 세례받은 유대인 아닌 사람들에게 율법의 역할이 무엇인지 설명하는 문제가 피할 수 없이 다가오고 있었다.[91]

로마 공동체

예수운동 안티오키아 공동체뿐 아니라 예수운동 로마 공동체도 바울이 세운 것은 아니다. 공통년 1세기 로마는 약 백만 명이 사는 로마제국의 수도요 세계적인 도시였다.[92] 로마의 예수운동 공동체의 역사를 알려면 로마의 유대인 공동체 역사를 먼저 알아야 하겠다. 공통년 이전 139년 처음으로 로마의 유대인 공동체 역사[93]가 언급되었다. 로마황제 아우구스투스는 유대

89 Koch, Dietrich-Alex, Geschichte des Urchristentums, Göttingen 2014, 2판, p.199

90 Schnelle, Udo, Die ersten 100 Jahre des Christentums 30-130 n. Chr. Die Entstehungsgeschichte einer Weltreligion, Göttingen 2016, 2판, p.187

91 Hengel, Martin/Schwemer, Anna Maria, Paulus zwischen Damaskus und Antiochien, WUNT 108, Tübingen 1998, p.307

92 Kolb, Frank, Rom. Die Geschichte der Stadt in der Antike, München 2002, 2판, p.457

93 Lichtenberger, Hermann, "Josephus und Paulus in Rom", in: Koch, Dietrich-Alex/Lichtenberger, Hermann (Hg.), Begegnungen zwischen Christentum und Judentum in Antike und Mittelalter (FS Schreckenberg, H), Göttingen 1993, pp.245-261; Williams, Margaret H, "The Shaping of the Identity of the Jewish Community in Rome in

인의 종교와 문화를 존중하는 태도를 보였다.[94] 로마 지배층은 유대인들과 자주 갈등을 겪기도 했지만, 대체로 유대교를 용인하고 인정해주었다. 공통년으로 접어들 무렵 로마에는 유대인 3~4만 명이 살고 있었다.[95] 유대인들은 여러 개 회당을 세우고 함께 모일 독자적인 공간을 마련하고 자치 활동을 했다.[96] 공통년 19년 티베리우스 황제의 유대인 추방령과 공통년 49년 클라우디우스 황제의 유대인 추방령은 로마에 살던 유대인들에게 심각한 타격을 주었다.

공통년 40년대 초 예수운동은 무역로를 따라 로마에 도착한 듯하다. 로마제국 동쪽 지역에서 로마로 가는 무역길은 푸테올리를 거쳐 로마로 이어졌다. 푸테올리와 로마에는 큰 규모의 유대인 공동체가 있었다. 예수운동 공동체는 항구 도시 푸테올리(Puteoli; 사도행전 28,13)와 로마(로마 1,7; 사도행전 28,14)에 바울 선교 이전부터 있었다. 노예, 노예에서 해방된 자유인, 상인 등 이름을 남기지 않은 선교사들이 예수운동을 로마에 처음으로 소개한 듯하다.[97] 로마의 예수운동 공동체에 처음에는 유대인이 유대인 아닌 사람들보다 많았지만, 공통년 49년 클라우디우스 황제의 유대인 추방령 이후 유대인

Antiquity", in: Zangenberg, Jürgen/Labahn Michael (Hg.), Christians as a Religious Minority in a multicultural City, JSNT.SS 243, London 2004, pp.33-46

94 Philo, Legatio ad Gaium 156

95 Kolb, Frank, Rom. Die Geschichte der Stadt in der Antike, München 2002, 2판, p.621

96 Lampe, Peter, Die stadtrömischen Christen in den ersten beiden Jahrhunderten, WUNT II/18, Tübingen 1989, 2판, p.367; Lichtenberger, Hermann, "Josephus und Paulus in Rom", in: Koch, Dietrich-Alex/Lichtenberger, Hermann (Hg.), Begegnungen zwischen Christentum und Judentum in Antike und Mittelalter (FS Schreckenberg, H), Göttingen 1993, pp.245-261, p.247

97 Lampe, Peter, "Urchristliche Missionswege nach Rom: Haushalte paganer Herrschaft als jüdisch-christliche Keimzellen", ZNW 92 (2001), pp.123-127

아닌 사람들이 유대인보다 더 많게 되었다(로마 1,13-15; 10,1-3; 11,17-32; 15,15-16).

공통년 49년 클라우디우스 황제의 유대인 추방령으로 프리스킬라와 아퀼라 부부 같은 유대인 부부가 로마를 떠난 것은 분명하다(사도행전 18,29). 그러나 유대인 추방령 때문에 모든 유대계 예수운동 사람들이 로마를 떠나고 유대인 아닌 예수운동 사람들만 로마에 남았던 것은 아니다. 유대인 추방령 때문에 예수운동 사람들이 유대교와 결별했다는 의견[98]은 지나치다. 유대인 추방령을 계기로 로마의 예수운동 공동체가 유대교에서 이탈하는 과정이 막 시작되었을 뿐이다.[99]

바울은 프리스킬라와 아퀼라 부부가 이끌었던 가정 공동체(로마 16,5)뿐 아니라 여러 가정 공동체(로마 16,14-15)를 언급하였다.[100] 공통년 50년대에 로마에 예수운동 공동체가 일곱 개 있었고, 그들은 집에 모여 빵나눔과 모임을 가졌다[101]는 추측이 있다. 로마에 처음부터 여러 예수운동 공동체가 있었다. 그들이 넓은 장소에 한데 모여 집회를 가졌다고 보기는 어렵다.[102] 당시 로마제국에서 하층민들이 먹고 살 길을 찾기 위해 멀리 동쪽 지역에서부터

98 Schnelle, Udo, Einleitung in das Neue Testament, Göttingen 2017, 9판, p.133; Theobald, Michael, Der Römerbrief, SKK 6/1, Darmstadt 1998, 2판, p.31.35

99 Schreiber, Stefan, "Der Römerbrief", in: Ebner, Martin, Schreiber, Stefan (Hg.), Einleitung in das Neue Testament, Stuttgart 2008, 2판, pp.281-307, p.293

100 Lampe, Peter, Die stadtrömischen Christen in den ersten beiden Jahrhunderten, WUNT II/18, Tübingen 1989, 2판, p.301

101 Lampe, Peter, "Urchristliche Missionswege nach Rom: Haushalte paganer Herrschaft als jüdisch-christliche Keimzellen", ZNW 92 (2001), pp.123-127, p.126

102 Schnelle, Udo, Die ersten 100 Jahre des Christentums 30-130 n. Chr. Die Entstehungsgeschichte einer Weltreligion, Göttingen 2016, 2판, p.189

대도시 로마로 몰려들었다. 그들 덕분에 예수운동이 로마에서 빠르게 커진 듯하다. 56년 바울이 쓴 로마서에서 예수운동 로마 공동체들에게 스페인 선교에 경제적 도움을 요청한 사실(로마 15,23)과 64년 네로가 예수운동을 박해하기 시작한 사실은 로마에서 예수운동이 상당히 커졌고 활발했음을 알려준다.

예수운동 공동체에 어떤 사람들이 있었는지 로마 16,3-16을 보면서 조심스럽게 추측할 수 있다. 바울이 로마 16,3-16에서 소개한 28명중에 이름을 밝힌 사람은 26명이다. 26명 중 12명은 로마제국 동쪽 지역 출신이고, 신분을 알아차릴 수 있는 13명 중에 4명은 자유인이고 9명은 노예로 여겨진다.[103] 26명중 9명이 여성이며, 그 중 6명의 여성들이 공동체에서 많은 일을 하느라 애쓴다(κοπιάω)고 언급되었다(로마 16,6.12).[104] 공동체를 위해 애쓴다는 말을 들은 남성은 17명중 5명에 불과했다.[105] 가난한 사람들, 여성, 하층민이 예수운동 공동체에서 큰 비율을 차지하고 있다. 예수운동은 예루살렘, 안티오키아, 로마, 조선시대 천주교 초기에도 모두 하층민을 중심으로 시작한 운동이었다.

알렉산드리아

예루살렘 예수운동 해외파 사람들이 이집트 알렉산드리아에서 활동했을 가능성이 있다. 팔레스타인 밖에서 유대인이 가장 많이 살던 곳은 알렉산드리아였고[106], 예루살렘과 알렉산드리아 사이에 수백 년 동안 교류가 활발했

103 Lampe, Peter, Die stadtrömischen Christen in den ersten beiden Jahrhunderten, WUNT II/18, Tübingen 1989, 2판, pp.141-153

104 Schnelle, Udo, Einleitung in das Neue Testament, Göttingen 2017, 9판, p.140

105 Schreiber, Stefan, "Der Römerbrief", in: Ebner, Martin, Schreiber, Stefan (Hg.), Einleitung in das Neue Testament, Stuttgart 2008, 2판, pp.281-307, p.294

다. 50년대 초 알렉산드리아 출신 아폴로(Apollos)가 고린토에 나타났고(고린토전서[107] 1,12; 3,4; 16,12), 그 후 에페소 공동체를 세웠다(사도행전 18,24-28). 아폴로가 예수를 믿게 되었는지, 그리고 아폴로가 알렉산드리아, 또는 예루살렘(사도행전 2,10; 6,9), 소아시아 지역 사람인지 우리가 알 수는 없다. 바울이 아폴로를 높이 평가하고 고린토 공동체에 받아들였던 사실(고린토전서 1,10-17)을 보면, 아폴로는 상당히 오래 전에 예수 이야기를 전해들은 것 같다. 알렉산드리아는 유대교 지혜문학의 중심지중 하나인 도시였기 때문에, 아폴로가 지혜신학을 대표하는 인물로 소개된 것(사도행전 18,25)이 그리 이상하지는 않다.

*예수운동 외부 상황과 내부 문제

예수운동 초기인 공통년 30년에서 50년은 예수운동은 자신이 어떤 모임인지 그리고 자신의 모태인 유대교와 어떤 관계인지 설명해야 했다. 예수운동이 안팎으로 많은 갈등과 혼란에 시달린 시기였다. 세례자 요한의 세례운동과 예수운동은 민심을 얻기 위해 서로 경쟁해야 했다.

세례자 운동

유대인 출신 세례자 요한(마가 1,2-8; 6,17-29; 누가 3,16Q; 16,16Q; Josephus, Antiquitates 18,116-119)은 이스라엘에게 회개를 선포하며 가까운 종말과 심판(마태 3,7-12)을 예고한 예언자였다.[108] 공통년 28/29년에(누가

---

106 Schimanowski, Gottfried, Art. "Alexsandria", in: Erlemann, Kurt u.a. (Hg.), Neues Testament und Antike Kultur II. Familie - Gesellschaft - Wirtschaft, Göttingen 2005, pp.127-132

107 Schreiber, Stefan, "Der Römerbrief", in: Ebner, Martin, Schreiber, Stefan (Hg.), Einleitung in das Neue Testament, Stuttgart 2008, 2판, pp.281-307, p.294

108 Meier, John P., A Marginal Jew: Rethinking the Historical Jesus, Vol.Ⅱ: Mentor,

3,1) 세례자 요한은 세상에 등장했다. 사람들이 예수를 다시 살아 돌아온 세례자 요한으로 여겼던 사실(마가 6,14-16; 8,28)을 보면, 세례자 요한의 활동은 오래 가진 않은 듯하다. 세례자 요한은 광야에서(마가 11,7) 살았고 요르단강으로 찾아오는 사람들에게 세례를 주었다. 세례는 세례자 요한이 창시한 것으로 여겨진다.[109]

세례자 요한은 갈릴래아 지역을 다스리던 영주 헤로데 안티파스가 동생 필립보의 아내 헤로디아와 결혼을 반대하였기 때문에 처형되었다(마가 6,17-28). 그러나 세례자 요한에게 몰려든 군중을 국가 질서에 위협으로 여긴 헤로데 안티파스가 세례자 요한을 처형하라고 지시했다는 기록(Josephus, Antiquitates 18,118)이 마가복음 보도보다 사실에 가까운 듯하다. 세례자 요한이 생전에 제자들을 모았다는 의견[110]이 있지만, 실제로 그랬는지 여부는 우리가 판단하기는 어렵다.

예수가 세례자 요한에게 세례 받았음은 분명하다. 예수 역사를 최초로 쓴 마가복음은 예수가 세례자 요한에게 세례 받은 사실을 숨기지 않고 복음서 1장에 공개했다(마가 1,9-11). 예수가 세례자 요한의 회개 메시지에 찬성했으며, 다른 유대교 그룹에 가담하지 않았다는 내용이 중요하다. 예수는 세례받은 후 한동안 세례자 요한의 문하생으로 있었던 것 같다.[111] 세례자 요한을 이스라엘이 기다리던 메시아로 보는 세례자 요한운동이 세례자 요한

Message, and Miracles, New York u.a., 2007, pp.19-233; Stegemann, H., Die Essener, Qumran, Johannes der Täufer und Jesus, Freiburg 1998, 8판, pp.292-313;

109 Schnelle, Udo, Die ersten 100 Jahre des Christentums 30-130 n. Chr. Die Entstehungsgeschichte einer Weltreligion, Göttingen 2016, p.191

110 Ernst, Josef, Johannes der Täufer, BZNW 53, Berlin 1989, pp.349-352

111 Schnelle, Udo, Theologie des Neuen Testaments, Göttingen 2016, 3판, pp.64-66

이 처형된 뒤에 생겼다(요한 1,20). 단식(마가 2,18)과 기도(누가 5,33; 11,1)가 세례자 요한운동의 특징에 속했다. 예수운동과 세례자 요한운동이 비슷한 시기에 활동했고 또 서로 비슷한 메시지가 있어서, 사람들이 두 운동을 비교하기도 했다(누가 7,33-34).

예수 부활 이후 예수운동과 세례자 요한운동 사이에 여러 차원에서 경쟁이 벌어지기도 했다. 세례자 요한운동에 참여했던 사람 중 일부가 예수운동으로 건너오기도 했다(요한 1,35-51; 3,22-30; 4,1). 이스라엘을 해방시켜줄 메시아를 애타게 기다려오던 유대인들은 스승 세례자 요한과 제자 예수 둘 중에 누가 더 중요한 인물인가 질문하지 않을 수 없었다. 예수운동 입장에서 세례자 요한은 자신보다 더 훌륭한 예수를 소개하는 역할(마가 1,2-8)에 불과하다고 정리했다. 세례자 요한운동의 입장이 네 복음서에 소개되거나 인용되지는 않았다. 요한복음 저자는 세례자 요한의 역할을, 예수가 세례자 요한에게 세례 받은 사실을 빼버리고, 예수를 하느님의 아들로 소개하는 단순한 증인(요한1,23.27-34.36; 3,27-30)으로 크게 줄였다.

예수운동이 예수를 세례자 요한보다 뛰어난 분이라고 주장한 이유가 있었다. 예수가 일으킨 기적은 예수가 세례자 요한을 압도하는 근거 중 하나로 즐겨 기록되었다(마가 6,14; 누가 7,18-23Q; 요한 10,40-42). 세례자 요한운동의 금욕주의 입장도 예수운동은 받아들이지 않았다(마가 2,18-22; 누가 7,33Q). 금욕주의는 예수의 하느님나라 메시지와 거리가 멀기 때문이다. 세례자 요한이 예고했던 메시아는 예수를 가리킨다고 예수운동은 생각했고, 세례자 요한이 주던 세례를 예수운동은 거부감 없이 받아들였다. 그러나 물과 성령으로 베푸는 예수운동의 세례는 물로만 주던 세례자 요한운동의 세례와 다르기도 하다(마가 1,8; 사도행전 18,25; 19,1-7). 세례자 요한운동은 팔레스타인-시리아 지역을 넘어 소아시아에서도 상당 기간 존재(사도행전 18,24-19,7)했던 것 같다.[112]

예루살렘 성전과 관계없는 세례자 요한의 세례운동은 유대교 핵심 세력인 사제 계급에 큰 도전이요 충격이었다. 예수운동 역시 마찬가지였다. 예루살렘 성전과 사제들의 지도편달을 거절한 세례자 요한의 세례운동이나 예수의 하느님나라 메시지는 유대교 종교 권력층인 사제 계급의 권위와 영향력에, 특히 경제적 이익에 큰 손해를 주었다. 요르단강가 세례자 요한과 갈릴래아 농촌을 돌아다니는 예수에 의해 예루살렘 성전을 중심으로 사제 계급이 독점하던 수도권 종교권력의 초라한 모습이 드러나고 말았다. 예루살렘 성전과 사제 계급의 가르침과 행동이 신뢰받고 만족스러웠다면, 그렇게 많은 사람들, 특히 가난한 사람들이 세례자 요한이나 예수에게 열광하고 몰려들었을 리 있겠는가.

박해 받는 예수운동

유대인에 적대적 태도를 보이던 로마황제 칼리구아[113]가 41년 살해되었다. 뒤를 이은 클라우디우스는 유대인과 관계를 이전처럼 돌리려고 애썼다. 그는 41년에 유대인들 사이에 사회질서를 어지럽히는 소동을 금지한다는 조건을 담은 칙령을 41년 반포하여, 선임 황제 아우구스투스가 유대인에게 배려했던 특별 권리를 다시 인정해 주었다.[114] 그 칙령은 안식일 집회에서 가끔 말썽이 일어났음을 전제하였다. 유대인은 집회, 안식일과 음식 규정,

112 Ernst, Josef, Johannes der Täufer, BZNW 53, Berlin 1989, pp.363-383

113 Theissen, Gerd, Lokalkolorit und Zeitgeschichte in den Evangelien, NTOA 8, Freiburg/Göttingen 1989, pp.146-161

114 Josephus, Antiquitates 19,280-285; 20, 10-14

예루살렘 성전에 내는 성전세를 바칠 권리가 있고 다른 신들에게 제사 지낼 의무가 없다는 내용이 포함되었다.[115]

헤로데 아그리파 1세의 박해

로마황제 칼리구아가 살해되고 클라우디우스가 뒤를 이을 무렵 그의 친구 헤로데 아그리파 1세는 로마에 있었다. 클라우디우스는 41년 헤로데 아그리파 1세에게 그의 할아버지 헤로데 대왕이 다스리던 영토와 거의 맞먹는 크기의 땅을 통치할 권한을 선사했다.

예수가 살해되고 부활한지 겨우 11년 지난 시점이었다. 헤로데 아그리파 1세는 로마황제가 유대인에게서 무엇을 두려워하는지 알고 있었다. 로마제국의 종교정책 핵심은 종교가 로마제국의 공공질서를 어지럽히지 않는 한도에서 종교의 자율성을 존중받다는 것이었다.[116] 그는 정치적으로 로마제국에 위협이 될 만한 인물이나 사건을 미리 제거하고 방지하면 되었다. 그런 이유로 43/44년 헤로데 아그리파 1세는 요한의 형 야고보를 죽이고 베드로를 잡아 감옥에 가두었다(사도행전 12,1-4).

베드로는 감옥을 탈출하여 예루살렘에서 도망칠 수 있었다(사도행전 12,6-11). 요한과 야고보 형제의 순교를 전제한 성서 구절(마가 10,35-40)도 있지만, 요한도 베드로처럼 박해를 피할 수 있었다.[117]

---

115 Alvarez Cineira, David, Die Religionspolitik des Kaisers Claudius und die paulinische Mission, HBS 19, Freiburg 1999, pp.165-170

116 Berner, Ulrich, "Religio und Superstitio", in: Sundermeier, Theo (Hg.), Den Fremden wahrnehmen. Bausteine für eine Xenologie, SVR 5, Gütersloh 1992, pp.45-64

117 Theissen, Gerd, "Die Verfolgung unter Agrippa dem I. und die Autoritätsstruktur der Urgemeinde", in: Mell, Ulrich u.a. (Hg.), Das Urchristentum in seiner literarischen

헤로데 아그리파 1세는 왜 예수운동을 탄압했을까. 예루살렘 성전에 거리를 둔 예수운동의 처신(마가 14,56-58; 사도행전 6,13-14)이 유대 사회의 공공질서를 뒤흔드는 행동으로 여겼을 수 있다.[118] 헤로데 아그리파 1세가 예수 부활을 말하는 예수운동을 탄압하면, 부활 사상을 거부하는 유대교 주류 세력인 사두가이파 마음을 얻을 수도 있었다(사도행전 12,3). 예수운동의 성공은 로마제국과 유대 통치세력 사이에 힘들게 회복했던 좋은 관계를 다시 어려움에 빠뜨릴 수도 있었다. 11년 전 빌라도 총독이 예수를 정치적 이유로 제거했던 것처럼, 헤로데 아그리파 1세도 정치적 이유로 예수운동을 탄압했을 수 있다. 헤로데 아그리파 1세가 예수운동을 박해했기 때문에 그는 갑작스런 죽음을 맞이했다고 예수운동은 해석했다(사도행전 12,18-25). 바울은 일부 유대 세력이 헤로데 아그리파 1세의 예수운동 탄압에 가담했다고 사건 몇 년 뒤인 50년에 기록했다(데살로니카전서 2,14-16).

스테파노 죽음은 정치권력에 관계없이 일부 유대인들이 행한 보복이라면, 헤로데 아그리파 1세의 예수운동 탄압은 정치권력에 의한 박해로 볼 수 있다. 그 박해로 예수운동 예루살렘 공동체는 큰 피해를 입었다. 예루살렘 공동체를 이끌었던 베드로는 박해를 피해 해외로 도망쳤고(사도행전 12,7), 그 자리를 예수 형제 야고보가 43/44년에 이어받았다(사도행전 12,7; 갈라디아 1,18-19; 2,9). 35년에 바울이 처음으로 예루살렘을 방문했을 때 베드로가 예루살렘 공동체를 이끌었는데, 48년에는 예수 형제 야고보가 예루살렘 회의

Geschichte (FS Jürgen Becker), BNZW 100, Berlin 1999, pp.263-285; Schwemer, Anna Maria, "Verfolger und Verfolgte bei Paulus. Die Auswirkungen der Verfolgung durch Agrippa I. auf die paulinische Mission", in: Becker, Eve-Marie/Pilhofer, Peter (Hg.), Biographie und Persönlichkeit des Paulus, WUNT 187, Tübingen 2005, pp.169-191

118 Theissen, Gerd, Die Jesusbewegung: Sozialgeschichte einer Revolution der Werte, Gütersloh 2004, pp.290-293

에서 공동체를 대표했다. 안티오키아 사건에서 야고보는 베드로에게 지시할 정도로 사정이 바뀌었다(갈라디아 2,11-12). 야고보는 예루살렘 공동체를 이끄는 동안 유대교 흐름에서 벗어나지 않으면서 유대교 주류와 좋은 관계를 유지하려 애썼다. 예루살렘 공동체는 유대인 아닌 사람에게 할례 없는 선교를 강조한 바울과 점점 거리를 두게 되었다.

클라우디우스 칙령

49년 로마황제 클라우디우스 칙령은 공통년 이전 139년 로마황제 발레리우스(Valerius)가 로마에서 유대인을 추방한 사건과 같은 선에 있다.[119] 오랜 동안 로마제국 권력층은 유대인과 거리를 두고 경계하고 있었다. 클라우디우스 칙령[120]은 43/44년 헤로데 아그리파 1세의 탄압에 이어 예수운동에 큰 피해를 입혔다. 예수운동 예루살렘 공동체뿐 아니라 로마 공동체도 영향을 받았다. 예수운동과 유대교의 관계는 점점 더 악화되어 갔다. 클라우디우스 황제는 그리스도 때문에 소동을 일으킨(impulsore Chresto) 유대인을 로마에서 추방하라고 명령했다.[121] 그리스도(Chresto)가 당시 흔하던 노예 이름 중 하나를 가진 이름 없는 유대인을 가리키는지 또는 나자렛 예수를 뜻하는지 논의되었다.[122] 클라우디우스 칙령으로 인해 프리스킬라와 아퀼라 유대인 부부가 로마에서 고린토로 피신 오게 되었다.(사도행전 18,2) 프리스킬라와

119 Conzelmann, Hans, Heiden - Juden - Christen, BHTh 62, Tübingen 1981, p.101; Hengel, Martin, Judentum und Hellenismus, Studien zu ihrer Begegnung unter besonderer Berücksichtigung Palästinas bis zur Mitte des 2. Jahrhunderts vor Christus, WUNT 10, Tübingen 1988, 3판, p.478

120 Alvarez Cineira, David, Die Religionspolitik des Kaisers Claudius und die paulinische Mission, HBS 19, Freiburg 1999, pp.187-216

121 Sueton, Claudius 25,4

122 Botermann, Helga, Das Judenedikt des Kaisers Claudius: römischer Staat und Christiani im 1. Jahrhundert, Wien 1996, pp.57-71; Cook, John G, Roman Attitudes Toward the Christians, WUNT 261, Tübingen 2010, pp.15-22

아퀼라 부부를 비롯한 예수 추종자들이 로마와 로마 근처의 여러 유대교 회당에서 예수운동에 가담하는 사람들을 빼오면서 유대인들이 예수운동 사람들에게 크게 반발하는 소동이 생겼던 것 같다.[123]

예수운동의 선교 전략 1순위는 유대교 회당에서 예수 믿는 유대인을 포섭하는 것이었다. 이 때문에 유대교 회당에서 예수를 받아들인 유대인과 받아들이지 않은 유대인 사이에 로마황제가 개입해야 할 정도로 상당한 소동이 일어났음이 틀림없다. 클라우디우스 칙령이 로마에 사는 3~4만 명의 유대인 모두에게 적용된 것은 아니지만 유대교 회당과 예수운동 양측에서 지도적인 인물 상당수가 로마를 떠나야 했다.[124] 로마제국은 로마 유대인 공동체를 더 감시하고 통제할 근거를 확보한 셈이어서, 로마 유대인 공동체는 내부에 있던 예수운동 추종자들을 더 못마땅하게 생각했다.[125]

클라우디우스 칙령은 로마에 있던 예수운동 공동체뿐 아니라 다른 지역에 있던 예수운동 공동체에게도 큰 영향을 주었다. 한참 커가는 예수운동 공동체들은 유대교 회당에서 더 미움을 받게 되었다. 로마 예수운동 공동체들에서 유대인 그리스도인이 클라우디우스 칙령 전까지 다수를 차지했는데, 클라우디우스 칙령 후 소수가 되었다. 그때부터 유대인 아닌 그리스도인이 공동체에서 다수를 차지하게 되었다. 64년 로마황제 네로의 박해 때 로마제국 관리들은 유대인과 예수운동 사람들을 구분할 줄 알았다.[126] 예수운동은 종

123 Schnelle, Udo, Die ersten 100 Jahre des Christentums 30-130 n. Chr. Die Entstehungsgeschichte einer Weltreligion, Göttingen 2016, p.195

124 Riesner, Rainer, Die Frühzeit des Apostels Paulus, WUNT 71, Tübingen 1994, p.177-179

125 Alvarez Cineira, David, Die Religionspolitik des Kaisers Claudius und die paulinische Mission, HBS 19, Freiburg 1999, pp.39-54; Riesner, Rainer, Die Frühzeit des Apostels Paulus, WUNT 71, Tübingen 1994, p.93-95

교적으로는 유대교와 갈등을 빚었고, 정치적으로는 로마제국의 감시를 받게 되었다. 클라우디우스 칙령 때문에 바울은 일찍 로마에 올 생각을 포기했다(로마 1,13; 15,22).

클라우디우스 칙령으로 예수운동은 로마뿐 아니라 다른 곳에서도 어려운 상황을 만났다. 49년 말과 50년 초 그리스 항구도시 데살로니카에 있던 바울은[127] 유대교 회당에서 큰 선교 성과를 거두었다(사도행전 17,4). 그런데, 일부 유대인들은 바울 일행이 세상을 어지럽히고(사도행전 17,6) 로마황제의 법령을(δογμάτων; 사도행전 17,6) 어기고 있다며, 종교적 이유가 아니라 정치적 이유로 로마제국 관리들에게 고발했다(사도행전 17,1-9; 데살로니카 전서 2,14-16). 로마황제의 법령은 클라우디우스 칙령을 가리킨 듯하다.[128]

클라우디우스 칙령은 로마뿐 아니라 다른 지역에서도 적용된 듯하다. 예수운동 때문에 로마제국 관리들에게 탄압받을 상황을 두려워하던 유대교 사람들은 예수운동과 거리를 멀리 하려 했다. 곧 다시 오실 그리스도를 하느님께서 진짜 왕으로 세울 것이라는 예수운동 주장은 로마제국 관리들에게 정치적으로 위험하고 민감한 메시지였다. 유대교 내부 그룹으로 인정받아 종교 자유를 보호받던 예수운동은 종교적으로 유대교 주류와, 정치적으로 로마제국과 갈등이 있을 수밖에 없었다. 더구나 예수운동 예루살렘 공동체 사람들은 유대인 아닌 사람들에게 할례 없는 선교를 펼치던 바울을 계속 의심하고 있었다.

---

126 Tacitus, Annalen 15,44

127 Riesner, Rainer, Die Frühzeit des Apostels Paulus, WUNT 71, Tübingen 1994, p.323

128 Alvarez Cineira, David, Die Religionspolitik des Kaisers Claudius und die paulinische Mission, HBS 19, Freiburg 1999, p.268

예수운동은 무엇인가

로마제국과 유대교가 예수운동을 어떻게 보았느냐는 둘째 치고, 예수운동은 자신을 어떻게 생각했을까. 공통년 40~50년은 유대인 아닌 사람에게 할례 없는 선교를 시작했을 뿐 아니라 예수운동 내부에서 자신을 설명하고 확인하는 여러 가르침과 종교 의식이 생긴 때였다.[129] 이스라엘에서 예수운동은 유대교에서 출발했고 유대교에 계속 머무르고 있었지만, 점점 독자적인 의식과 가르침을 만들어가던 중이었다. 예수 행동과 말씀에서 바리사이파 중심의 유대교와 다른 특징을 찾아내고 정당화하는 움직임이 시작되었다.[130] 팔레스타인 밖의 예수운동은 유대인 아닌 사람들에게도 선교하기 시작하면서 점차 그리스로마 철학과 문화와 대화하게 되었다. 예수운동과 유대교는 무엇이 공통이고 무엇이 다른가. 예수운동은 그리스로마 철학과 문화에서 무엇을 받아들이게 되었는가. 바리사이뿐 아니라 당시 유대교 내부의 다양성을 기억해야 하겠다.

예수운동의 특징_안식일

안식일의 주인은 누구인가. 이 질문에 예수는 "안식일이 사람을 위하여 있는 것이지, 사람이 안식일을 위하여 있는 것은 아닙니다"(마가 2,27)라고 답했다고 마가복음 이전 전승은 기록한다. 안식일에 물웅덩이에 빠진 사람에게 사다리나 막대기나 다른 물건을 주어 구출하지 못하도록 꿈란(Qumran) 공동체 문헌은 주장했지만(CD X 16), "안식일에 착한 일을 하는 것이 옳습니까? 악한 일을 하는 것이 옳습니까? 사람을 살리는 것이 옳습니까? 죽이는

129 Schnelle, Udo, Die ersten 100 Jahre des Christentums 30-130 n. Chr. Die Entstehungsgeschichte einer Weltreligion, Göttingen 2016, p.198

130 Schnelle, Udo, Die ersten 100 Jahre des Christentums 30-130 n. Chr. Die Entstehungsgeschichte einer Weltreligion, Göttingen 2016, p.199-201

것이 옳습니까?"(마가 3,4) 하고 예수는 사람들에게 물었다. 물론 유대교나 바리사이파가 안식일에 악한 일을 하고 사람을 죽이라고 가르치지는 않았다. 예수운동은 바리사이파 중심의 엄격한 율법 해석에서 벗어나 독자적인 해석을 하려고 노력(누가 13,14-16)[131]한 것은 분명하다.

예수운동의 특징_죄의 용서

예수운동은 세례와 빵나눔에서 죄를 용서해주는 새로운 관행을 만들었다(마가 1,4; 14,22-24; 고린토전서 6,11). "용서하심이 당신께 있사오니 이에 당신을 경외하리이다"(시편 130,4)를 예수가 기억하여 중풍병자에게 "당신은 죄를 용서받았습니다"(마가 2,5)라고 말했던 사건을 예수운동은 잊지 않았다. 이런 예수를 보고 바리사이파 사람들은 "이 사람이 어떻게 감히 이런 말을 하여 하느님을 모독하는가? 하느님 말고 누가 죄를 용서할 수 있단 말인가?" 하며 비난하였다(마가 2,4). 하느님의 아들로서 예수가 예루살렘 성전 대신에 죄를 사해주는 역할을 했기 때문이다. 사두가이파나 바리사이파 등 유대교 주류 세력은 예루살렘 성전의 가치와 중요성을 약화시킨 예수를 반대하지 않을 수 없었다.

예수운동의 특징_음식 규정

안식일과 예루살렘 성전의 역할뿐 아니라 음식 규정이 유대인에게 일상에서 또한 중요했다. 음식 규정(신명기 14,3-21)은 예수 시대 유대교에서 율법 이해의 핵심에 속했다. 음식 규정을 지키느냐 여부에서 율법을 존중하느냐 여부가 결정적으로 판단되곤 했다.[132] 유대교의 정결 규정과 음식 규정

131 Schnelle, Udo, Die ersten 100 Jahre des Christentums 30-130 n. Chr. Die Entstehungsgeschichte einer Weltreligion, Göttingen 2016, p.199

132 Heil, Christoph, Die Ablehnung der Speisegebote durch Paulus, BBB 96, Weinheim,

은 예수와 예수운동에게 그 종교적 가치는 크지 않았다. "무엇이든지 밖에서 몸 안으로 들어가는 것은 사람을 더럽히지 않습니다. 더럽히는 것은 도리어 사람에게서 나오는 것입니다"(마가 7,15)[133] 깨끗하지 않은 사람들과 자주 어울린 예수의 행동(마가 1,40-45; 누가 7,1-10Q; 누가 7,36-50; 18,9-14)과 바리사이파 비판(누가 11,39-41; 마태 23,25)은 유대교 규정을 사실상 무력화 시킨, 몸으로 보여준 시위였다. 제자들을 선교에 보내면서 예수는 "주인이 주는 음식을 먹고 마시면서"(누가 10,7Q)라고 말하였다. 음식을 깨끗한지 아닌지 가리지 말고 주는 대로 받아먹으라는 뜻이다. 예수운동은 유대인과 유대인 아닌 사람들을 구분하는 장치로서 음식 규정의 역할을 무너뜨렸을 뿐 아니라 참된 깨끗함이 무엇인지 밝혔다. 예수운동은 음식 규정의 역할에 대한 의견이 바리사이파[134], 사두가이파[135], 꿈란 공동체[136]와 분명히 다르다.

예수운동의 특징_악령 추방

예수의 악령 추방(마가 3,22-30; 마태 12,22-37Q)을 어떻게 해석하느냐를 두고 유대교 주류 세력과 예수운동 사이에 갈등이 빚어졌다. 예수가 하느님과 연결된 권능을 지녔느냐 아니면 예수는 악마와 한편이냐는 논란도 있었다. 예수의 속을 떠보려고 하늘에서 오는 기적을 보여 달라고 하는 사람도 있었고(누가 11,16), 사람의 아들이 기적의 표징(누가 11,30)라는 예수의 답

1994, p. 299

133 Kümmel, Werner Georg, "Äussere und innere Reinheit des Menschen bei Jesus", in: Ders., Heilsgeschen und Geschichte II, Marburg 1978, pp.117-129

134 Neusner, Jacob, "Die Pharisäischen rechtlichen Überlieferungen", in: Ders., Das pharisäische und Talmudische Judentum, TSAJ 4, Tübingen 1984, pp.43-51

135 Schürer, Emil, Geschichte des jüdischen Volkes im Zeitalter Jesu Christi I-IIII, Leipzig 1901-1911, 4판 (Nachdrucke), II, p.482

136 Kuhn, Heinz-Wolfgang, "Jesus vor dem Hintergrund der Qumrangemeinde", in: Siegert, Folker (Hg.), Grenzgänge (FS Aschoff, D), Münster 2002, pp.50-60

변도 있었다. 예수는 누구인가를 둘러싸고 벌어진 논쟁들이다. 유대교 주류 세력과 예수운동 사이에 벌어진 갈등은 결국 예수를 해석하는 문제로 생긴 갈등이었다.

예수운동의 특징_사랑의 계명

예수를 해석하는 핵심 중 하나는 예수가 최고 계명으로 하느님을 사랑하고, 이웃을 사랑해야 한다(마가 12,28-34)[137]라는 사랑의 두 계명이다(마가 12,28-34).[138] 율법학자 한 사람이 예수에게 모든 계명 중에 어느 것이 첫째가는 계명입니까 물었다는 장면(마가 12,28)은 마가복음 저자가 설정했다. 율법학자들은 어느 것이 첫째 계명인지 묻지 않는다. 신명기 6,5와 레위기 19,18을 한데 묶은 기록이 유대교 문헌에도 있었지만[139], 계명에 번호를 매기는 경우는 보기 어렵다.[140] 사랑의 이중 계명이 예수운동 전승에 폭넓게 자리 잡은 사실(마가 12,28-34; 요한 13,34; 갈라디아 5,14; 로마 13,8-10)을 보면, 사랑의 이중 계명을 유대교 영역 밖으로까지 확장한 예수운동의 선교 전략은

137 Theissen, Gerd, "Das Doppelgebot der Liebe. Jüdische Ethik bei Jesus", in: Ders., Jesus als historische Gestalt, FRLANT 202, Göttingen 2003, pp.57-72; Burchard, Christoph, "Das doppelte Liebesgebot in der frühchrsitlichen Überlieferung", in: Ders., Studien zur Theologie, Sprache und Umwelt des neuen Testament, WUNT 107, Tübingen 1998, pp.3-26

138 Theissen, Gerd, "Das Doppelgebot der Liebe. Jüdische Ethik bei Jesus", in: Ders., Jesus als historische Gestalt, FRLANT 202, Göttingen 2003, pp.57-72; Burchard, Christoph, "Das doppelte Liebesgebot in der frühchrsitlichen Überlieferung", in: Ders., Studien zur Theologie, Sprache und Umwelt des neuen Testament, WUNT 107, Tübingen 1998, pp.3-26

139 Berger, Klaus, Die Gesetzesauslegung Jesu, WMANT 40, Neukirchen 1972, pp.99-136; Nissen, Andreas, Gott und der Nächste im antiken Judentum, WUNT 15, Tübingen 1974, pp.224-246.389-416; Wischmeyer, Oda, "Das Gebot der Nächstenliebe bei Paulus", BZ 30 (1986), pp.152-172, p. 170

140 Hengel, Martin, "Jesus und die Tora," ThBeitr 9 (1978), pp.152-172, p.170

큰 성과를 거두었던 요인 중 하나였다.[141]

예수운동의 특징_단식

예수운동은 바리사이파뿐 아니라 세례자 요한운동과 다르게 단식하지 않았다. 다가오는 하느님나라를 맞이하는 지금은 단식할 시간은 아니라는 뜻이었다(마가 2,18-19; 마태 11,18). 손씻기(마가 7,1-6), 맹세(마가 7,7-13)에서도 예수운동은 달랐다. 이혼 서류를 쓰라는 규정(신명기 24,1)을 예수운동은 거절하고 바울(고린토전서 7,10-12), 마가복음 이전 전승(마가 10,1-12), 예수어록(누가 16,18Q), 마태복음(마태 5,32)에서 새로운 규정을 만들었다. 유대교나 로마제국 법률 규정과는 다른 예수운동 내부의 새로운 독자적인 법률 규정(고린토전서 6,1-11; 마태 18,15-18)이 생기기도 했다.[142]

유대교 내부 모임으로서 예수운동은 안식일 규정, 죄사함, 정결 규정, 단식, 계명 등의 주제에서 새로운 해석을 모태인 유대교와 접촉에서 얻어냈다. 또한 예수운동은 유대교뿐 아니라 그리스로마 사상, 문화와 접촉에서 풍부함을 새롭게 보충할 수 있었다. 공통년 40~50년에 안티오키아와 소아시아 남동쪽 지역 공동체에서 여러 문학 양식을 통한 전승이 생겼다. 바울은 인용구절(고린토전서 11,23a; 15,3a), 분사 구문(로마 1,3a-4b; 3,35), 비교문(로마 3,25; 4,25), 평행 구문(로마 1,3b-4a), 드문 단어(로마 3,25; 4,250) 등에서 찾아볼 수 있는 전승을 받아들여 전하였다.[143] 그 전승은 빵나눔 모임에서

---

141 Schnelle, Udo, Die ersten 100 Jahre des Christentums 30-130 n. Chr. Die Entstehungsgeschichte einer Weltreligion, Göttingen 2016, p.201

142 Goldhahn-Müller, Ingrid, Grenze der Gemeinde, GTA 39, Göttingen 1989, pp.164-195; Koch, Stefan, Rechtliche Regelung von Konflikten im frühen Chrsitentum, WUNT 174, Tübingen 2004, pp.66-83

143 Schnelle, Udo, Einführung in die neutestamentliche Exegese, Göttingen 2014, 8판,

탄생한 것 같다.[144] 이스라엘 밖 지역에서 전개된 예수운동은 일찍부터 보편적인 노선을 나타냈다.

예수운동의 특징_유일신 사상

다신론이 지배하던 그리스문화에서 예수운동은 유대교의 핵심 중 하나인 유일신 사상을 강조하지 않을 수 없었다. "우리가 여러분에게 갔을 때 여러분이 우리를 어떻게 받아들였으며 또 어떻게 우상을 버리고 하느님께로 마음을 돌려서 살아 계신 참 하느님을 섬기게 되었는지는 오히려 그들이 말하고 있습니다"(데살로니카전서 1,9).[145] 개인에게 주어진 운명에서 어떻게 탈출하느냐가 그리스로마 문화에서 큰 주제 중 하나였다. 예수운동은 인간이 운명론이라는 절망에 빠지지 않고 구원될 수 있다는 희망을 제안했다. 그 희망은 예수 그리스도 안에서 인간 구원을 알려준 하느님 사상(로마 1,6)이었다. 절망을 이겨내려면 예수 이름으로 세례를 받아 죄에서 벗어나야 한다(고린토전서 6,11; 로마 6,3). 하느님의 존재와 힘으로서 성령은 세례에서(고린토전서 12,13; 고린토후서 1,21), 빵나눔에서(데살로니카전서 5,19; 고린토전서 12,12; 14) 함께 하신다.

예수운동의 특징_평등 사상

엄격한 신분 차별 사회에 살던 그리스로마 사람들에게 혁명적인 개념이 예수운동의 세례 전승에서 제안되었다. "여러분은 모두 믿음으로 그리스도

---

pp.134-136

144 Hahn, Ferdinand, Art. "Gottesdienst III: Neues Testament", TRE 14, Berlin 1985, pp.28-39

145 Bussmann, Claus, Themen der paulinischen Missionspredigt auf dem Hintergrund der spätjüdisch-hellenistischen Missionsliteratur, EHS.T 3, Bern/Frankfurt 1971, pp.38-56

예수와 함께 삶으로써 하느님의 자녀가 되었습니다. 세례를 받아 그리스도 안으로 들어간 여러분은 모두 그리스도를 옷 입듯이 입었습니다. 유대인이나 그리스인이나 종이나 자유인이나 남자나 여자나 아무런 차별이 없습니다. 그리스도 예수 안에서 여러분은 모두 한 몸을 이루었기 때문입니다"(갈리디아 3,26-28).[146] 노예에 대한 유대교 율법 규정은 당시 다른 사회와 비교하면 상당히 인간적(탈출기 21,2-6; 신명기 15,12-18; 레위기 25,8.39)[147]이라고 볼 수도 있지만, 노예 제도 자체는 유대교에서 당연한 것으로 여겨졌다. 그리스 철학에서 플라톤(Platon, Leges 7,806de)이나 아리스토텔레스(Aristoteles, Politica 1253b)도 노예 제도는 필요하다고 주장했다. 유대인과 유대인 아닌 사람이라는 유대교식 차별, 그리스인과 야만인이라는 그리스식 차별이 예수운동의 세례에서 부정되었다.

종과 자유인 사이의 차별은 고대 사회에서 경제적 정치적 기초로서 시행되었고, 유대인이나 그리스인 사회에서도 당연한 일로 여겨졌다. 그런데, 그런 신분 차별은 예수운동에 없다는 것이다. 남녀 차별은 유대인이나 그리스인 사회에서도 당연한 일로 여겨졌다. 유대교는 종교적으로 여성이 남자보다 무능하다고 생각했고, 그리스 철학은 남자가 여자보다 우월하다고 가르쳤다.[148] "그리스도를 옷 입듯이 입었다"(갈리디아 3,27)는 하얀 옷을 입은 로마

146 Schnelle, Udo, Gerechtigkeit und Christusgegenwart: Vorpaulinische und paulinische Tauftheologie, GTA 24, Göttingen 1986, 2판, pp.57-62; Strecker, Christian, Die liminale Theologie des Paulus, FRLANT 185, Göttingen 1999, pp.351-359; Hansen, Bruce, 'All of You are One'. The Social Vision of Gal 3,28; 1Cor 12,13 and Col 3,11, LNTS 409, London 2010, pp.67-106

147 Gülzow, Henneke, Christentum und Sklaverei, Münster 1999(=1969), pp.9-21

148 Stegemann, Ekkehard/Stegemann, Wolfgang, Urchristliche Sozialgeschichte. Die Anfänge im Judentum und die Christusgemeinden in der mediterranen Welt, Stuttgart 1995, pp.311-346

시민과 검은색 옷을 입은 노예를 서로 구분하는 모습을 부정하는 것이다. 인종 차별, 신분 차별, 남녀 차별을 부정하는 예수운동의 선언이 얼마나 혁명적인지를 소크라테스 말과 비교해보자. “짐승이 아니라 인간으로 태어난 것, 여자가 아니라 남자로 태어난 것, 야만인이 아니라 그리스인으로 태어난 것” 세 가지 운명에 소크라테스는 감사했다고 한다.[149] 예수운동의 차별 반대 선언과 그래도 가까운 흐름은 그리스 견유학파(Kyniker) 같다.[150] 그들은 노예 제도와 자유 개념을 새롭게 해석하고, “여성이 남성과 동등하다”[151]라고 주장했다.

예수운동의 특징_빵나눔

세례뿐 아니라 빵나눔에서도 예수운동은 그리스 문화의 관행과 거리를 두었다. 50년대 초에 바울이 빵나눔에서 칭찬할 수 없는 행동을 지적했지만(고린토전서 11,17-34), 50년대 이전에 빵나눔에서 생긴 전승을 전하기도 했다.(고린토전서 11,23b-25)[152] 예수운동 모임에서 빵과 포도주를 나누는 시간은 공동식사 시간 앞뒤에 있었다(고린토전서 11,25). 그러다가 공동식사 시간이 빵나눔 앞으로 바뀌었다. 예수운동 모임에서 공동식사는 당시 문화에서 하던 대로 부자 중심의 식사 자리로 변질되기도 했다. 가난한 사람들은 공동식사에서 중심에 있지 못하고 소외되는 일이 생겼다(고린토전서 11,21.33). 예수운동의 적지 않을 사람들이 공동식사뿐 아니라 다른 종교 행사에도 참여하고 식사도 함께했다(고린토전서 10,21). 예수운동에서 공동식사는 다른

149 Diogenes, Laertius 1,33

150 Downing, F. Gerald, "A Cynic Preparation for Paul's Gospel for Jew and Greek, Slave and Free, Male and Female", NTS 42 (1996), pp.454-462

151 De Cynicorum Epistulis, Krates 28

152 Klauck, Hans-Josef, Herrenmahl und hellenistischer Kult, NTA 15, Münster 1987, 2판, pp.135-138

종교나 사회의 모임보다 훨씬 자주 있었다. 적어도 고린토 공동체는 매주 모였던 듯하다(고린토전서 16,2). 예수운동처럼 정기적으로 자주 만나고 식사하는 모임은 다른 사교 모임이나 종교에서 찾아볼 수 없었다.[153]

예수운동의 식사모임에서 완세론(完世論=종말론)은 중요했다. "여러분은 나를 기억하여 이를 행하시오"(고린토전서 11,24.25)처럼 구원을 가져다준 예수 죽음을 기억할 뿐 아니라, "주님께서 오실 때까지 주님의 돌아가심을 전하시오"(고린토전서 11,26)처럼 부활한 예수가 곧 다시 올 것을 기다렸다. 구원을 가져다준 예수를 기억하고 다시 올 예수를 기다리는 열정(고린토전서 11,30)이 예수운동과 다른 종교나 사교 모임을 확실히 구분해 주었다.

예수운동의 빵나눔 참석자들은 구원을 가져다주는 믿음을 다짐했다. "예수는 주님이라고 입으로 고백하고 또 하느님께서 예수를 죽은 자들 가운데서 다시 살리셨다는 것을 마음으로 믿는 사람은 구원을 받을 것입니다"(로마 10,9).[154] 하느님은 예수 그리스도를 통해 우리를 구원하시기로 작정한 분(데살로니카전서 5,10)이시다. 부활한 예수의 날인 주일(고린토전서 16,2; 마가 16,2)마다 모여 빵을 나누는(사도행전 20,7; 계시록 1,10) 예수운동 사람들이 전하는 말은 다신론이 주는 운명론에 절망하던 외부 사람들에게 상당한 매력을 주었다.

---

153 Ebel, Eva, Die Attraktivität früher christlicher Gemeinde, WUNT 2. 178, Tübingen 2004, p.217

154 Conzelmann, Hans, "Was glaubte die frühe Christenheit?", in: Ders., Theologie als Schriftauslegung, BEvTh 65, München 1974, pp.106-119

예수운동의 특징_십자가 해석

유대교나 그리스로마 문화, 그 어떤 것보다 예수운동이 가진 가장 큰 새로움은 십자가 해석이었다. 십자가 해석에서 예수운동은 유대교나 그리스로마 문화에서의 이해와 완전히 달랐다. 예수의 십자가 죽음은 유대교와 기타 종교의 반복되는 제사와는 전혀 다른, 유일하고 최종적이며 반복될 수 없는 제물(로마 3,25)이라고 예수운동은 해석했다.

예수운동에 참여한 유대인이나 그리스로마 사람은 생전 처음으로 종교를 가지는 사람들은 아니었다. 이미 참여했고 익숙하게 지내던 종교에서 예수운동으로 갈아탄 것이다. 유대교 회당이나 다신교 신전은 그들에게 생활 터전이요 만남의 광장이었다. 그들은 이전 종교와 문화에서 터득했던 여러 가치들이 예수운동에서 어떻게 해석되고 받아들여지기도 하고 거절되기도 하는지 생생하게 체험했을 것이다. 예수운동은 그들에게 건물이 아니라 예수를 믿는 사람들의 공동체가 하느님의 성전(고린토전서 3,16; 6,19)임을 가르쳐 주었다. 신전 제사에 참여하지 말고 예수운동의 세례를 받으라고 권유했다. 예수가 제물이니(로마 3,25) 더 이상 제사 예물도 필요 없었다.

예수운동에 참여한 유대인은 더 이상 음식 규정을 지키거나 예루살렘 성전 예배에 참석할 필요가 없어졌다. 유대교 달력에 따른 축제에 참가할 의무도 사라졌다. 예수운동에 참여한 그리스로마 사람은 신전 제사에 가지 않아도 되었다. 여러 신을 기리는 모임이나 거리 행렬이나 축제에 참석하지 않아도 되었다. 예수운동에 참여한 그리스로마 사람이나 유대인은 이전 종교의 가르침이나 관행에서만 결별한 것은 아니었다. 예수운동에 참여한다는 것은 그들에게 성 문제(고린토전서 6,12-21), 법률(고린토전서 6,1-11), 결혼과 비혼(고린토전서 7,1-16.25-40), 노예와 과부 등 신분(고린토전서 7,17-24.39-40), 가족과 지인들과의 인간 관계와 사회 생활까지 영향을 미치는 결단이었다. 안티오키아와 로마에서 예수운동 내부 갈등과 충돌(고린토전서 8장; 로마 14,1-15,13)은 예수운동에 가담한 사람들 사이에서 공통점을 찾고 만들고 일치하는 일이 오랜 시간 동안 논란이 되었음을 보여준다.

바울은 십자가에 대한 신명기 21, 31을 받아들이면서도 십자가를 새롭게 해석하여 중심에 내세웠다(고린토전서 1,17; 2,2; 갈라디아 5,11; 로마서 6,6; 필립비 2,8). "'나무에 달린 자는 누구나 저주받을 자다'라고 성서에 기록되어 있듯이, 그리스도께서는 우리를 위하여 십자가에 달려 저주받은 자가 되셔서 우리를 율법의 저주에서 구원해 내셨습니다"(갈라디아 3,13). 하느님이 예수를 버린 것이 아니고 죄 없는 예수가 우리 죄를 대신 짊어지기 위해 스스로 율법의 멍에를 뒤집어썼다는 것이다. 바울은 공동성서 그리스어 번역본 70인역(Septuaginta) 신명기 21, 31을 있는 그대로 인용한 것이 아니라 두 군데를 의도적으로 손대었다. 바울은 나무에 달린 시체는 '하느님께 저주를 받은 것'(신명기 21, 31b)이라는 구절에서 하느님께(ὑπὸ θεοῦ)를 빼버렸다. 완료 수동태 동사 저주받았던(κεκατηραμένος)을 수동태 형용사 저주받은(ἐπικατάρατος)으로 바꾸었다.[155]

예수운동 전승과 문헌

예수운동이 자신의 정체성과 특징을 찾아가는 과정에서 예수에 대한 많은 구전 전승과 문헌이 생겼다. 예수 전승과 문헌이 없었다면, 예수를 직접 목격하고 대화했던 제자들이 없었다면, 예수운동이 무슨 수로 자기 자신을 이해하고 소개할 수 있겠는가. 세계 여러 곳에서 생긴 종교운동에서 예수운

155 Schnelle, Udo, Die ersten 100 Jahre des Christentums 30-130 n. Chr. Die Entstehungsgeschichte einer Weltreligion, Göttingen 2016, 2판, p.133, 주 110

동처럼 짧은 시간에 많은 문헌이 생긴 사례는 아주 드물다. 예수운동이 문헌을 낳았지만, 문헌이 예수운동을 낳았다고 말할 수 있겠다. 많은 구전 전승과 문헌이 예수운동에서 모두 받아들여진 것은 물론 아니다. 예수운동이 받아들인 전승과 문헌을 살펴보는 것이 그래서 예수운동을 정확히 이해하는 데 필요하고 도움이 된다.

예수 행동과 말에 대한 이야기는 예수 생전에도 예수 죽음과 부활 이후에도 입으로 계속 전해졌다. 그러다가 어느 때부터 글로 쓰여졌다. 제자들이 예수를 따라다니면서 기록을 즉시 남겼다는 증거는 없다. 35~40년 사이에 예루살렘에서 예수 저항과 수난 역사가, 40~50년 사이에 바울 편지들에 언급된 전승들이 생긴 듯하다(고린토전서 11,23; 15,1-3a; 로마 6,3).[156] 70년 이후 글로 쓰인 마가복음, 누가복음, 마태복음 세 복음서에 공통으로 등장하는 전승이 적어도 40년부터 생긴 것으로 추측된다.[157] 세 복음서를 함께 보면 좋다는 뜻에서 그 공통 자료를 성서 학계에서는 보통 공관(共觀 synoptisch)이라 부른다. 요즘 성서학계에서는 구전 전승의 가치를 다시 높게 평가하는 흐름이 있다.[158]

바울 이전 전승

2천 년 전 예수운동은 우리 한반도와는 너무도 다른 시대와 땅과 문화에서 시작했다. 2천 년 전 예수운동의 역사와 배경을 지금 우리가 잘 알지 못한다면, 예수운동은 쉽게 이해되는 종교운동이 아닐 수도 있다. 예수운동

156 Schnelle, Udo, Die ersten 100 Jahre des Christentums 30-130 n. Chr. Die Entstehungsgeschichte einer Weltreligion, Göttingen 2016, p.207

157 Riesner, Rainer, "Die Rückkehr des Augenzeugen", TheolBeitr 38 (2007), pp.337-352

158 Schnelle, Udo, Die ersten 100 Jahre des Christentums 30-130 n. Chr. Die Entstehungsgeschichte einer Weltreligion, Göttingen 2016, p.207, 주 205

은 당시 사람들이 쓰던 언어와 문학 양식을 이용하고 그들의 지식 수준을 존중하여 나자렛 예수를 전하기 시작했다. 예수운동은 유대교에서 유일신 사상을 받아들였고, 그리스로마 문화에서 신이 인간이 되었다는 사상을 받아들였다. 예수운동은 두 사상을 기초로 예수는 하느님의 아들이라는 믿음을 스스로 이해하고 널리 전파하기 위해 역사와 신화를 넘나드는 언어와 표현을 채택했다. 신과 인간이 역사를 무대로 펼치는 사건이요 해석이었기 때문이었다. 예수운동이 신화를 이용하여 예수를 그려낸 가장 오래된 구절들이 바울 이전에 이미 생겼다.

"그리스도 예수는 하느님과 본질이 같은 분이셨지만 굳이 하느님과 동등한 존재가 되려 하지 않으시고 오히려 당신의 것을 다 내어놓고 종의 신분을 취하셔서 우리와 똑같은 인간이 되셨습니다. 이렇게 인간의 모습으로 나타나 당신 자신을 낮추어 죽기까지, 아니, 십자가에 매달려 죽기까지 순종하셨습니다. 그러므로 하느님께서도 그분을 높이 올리시고 모든 이름 위에 뛰어난 이름을 주셨습니다. 그래서 하늘과 땅 위와 땅 아래에 있는 모든 것이 예수의 이름을 받들어 무릎을 꿇고 모두가 입을 모아 예수 그리스도가 주님이시라 찬미하며 하느님 아버지를 찬양하게 되었습니다"(필립비 2,6-11).[159]

"그리스도께서 성서에 기록된 대로 우리의 죄 때문에 돌아가셨다는 것과 무덤에 묻히셨다는 것과 성서에 기록된 대로 사흘 만에 다시 살아나시고 여러 사람에게 나타나셨다는 것은 사실입니다. 그리스도께서는 먼저 베드로에게 나타나신 뒤에 다시 열두 사도에게 나타나셨습니다"(고린토전서 3b-5).[160]

---

159 Hofius, Otfried, Der Christushymnus Philipper 2,6-11, WUNT 17, Tübingen 1976; Vollenweider, Samuel, "Der 'Raub' der Gottgleichheit: Ein religionsgeschichtlicher Vorschlag zu Phil 2,6-11", NTS 45 (1999), pp.413-433

예수의 죽음과 부활을 표현한 전승도 일찍 생겼다. "우리는 예수께서 돌아가셨다가 다시 살아나신 것을 믿습니다"(데살로니카전서 4,14), "하느님께서 예수를 죽은 자들 가운데서 다시 살리셨다"(로마 10,9b).

예수 죽음을 '우리를 위한 죽음'(데살로니카전서 5,9; 고린토전서 1,13; 로마 5,6.8)으로 표현한 '죽음 양식(Sterbeformel)'이 생겼다.[161] 예수에게서 드러난 하느님의 행동을 표현한 '우리를 위한 양식(Dahingabeformel)'(갈라디아 1,4; 로마 4,25; 디모테오전서 2,5),[162] '아들 양식(Sohnesformel)'도 생겼다(로마 1,3b-4a).[163]

예수운동의 빵나눔 모임에서 생긴 '하나(εἷς) 전승'(고린토전서 8,6)도 있다. "우리에게는 아버지가 되시는 하느님 한 분이 계실 뿐입니다. 그분은 만물을 창조하신 분이며 우리는 그분을 위해서 있습니다. 또 주님은 예수 그리스도 한 분이 계실 뿐이고 그분을 통해서 만물이 존재하고 우리도 그분으로 말미암아 살아갑니다."[164] 형용사 하나(εἷς)는 아버지 하느님뿐 아니라 주님인 예수 그리스도를 수식한다. 두 신을 말하는 것이 아니라 예수 그리스

160 Wolff, Christian, Der erste Brief des Paulus an die Korinther, ThHK 7, Leipzig 2000, 2판, pp.354-370; Schrage, Wolfgang, Der erste Brief an die Korinther, EKK VII/4, Neukirchen 2001, pp.31-53; Merklein, Helmut, Der erste Brief an die Korinther, ÖTK 7/3, Gütersloh 2005, pp.247-283

161 Wengst, Klaus, Christologische Formeln und Lieder des Urchristentums, StNT 7, Gütersloh 1973, 2판, pp.78-86

162 Eschner, Christina, Gestorben und hingegeben "für" die Sünder I, Neukirchen 2010, p.511

163 Schweizer, Eduard, Röm 1,3f und der Gegensatz von Fleisch und Geist bei Paulus, in: Ders., Neotestamentica, Zürich 1963, pp.180-189

164 Schrage, Wolfgang, Der erste Brief an die Korinther, EKK VII/4, Neukirchen 2001, pp. 216-225; Zeller, Dieter, "Der eine Gott und der eine Herr Jesus Christus", in: Söding, Thomas (Hg.), Der lebendige Gott (FS Thüsing, W), Münster 1996, pp.34-49

도의 역사를 하나인 하느님의 역사 안에 잘 연결하고 포함시켰다. 유일신 양식(Einzigkeitsformel)은 공통년 이전 7/6세기 유대교(신명기 6,4)와 그리스 철학[165]에서 서로 관련없이 비슷한 시기에 생긴 듯하다. 공통년 1세기에 유일신 양식이 다시 활발했는데, 예수운동이 그 혜택을 본 것 같다.[166] 바울이 전해준 전승에 예수 말씀(Herrenworte)도 포함되었다(데살로니카전서 4,15; 고린토전서 7,10; 9,14; 11,23).[167] 바울의 권고와 교훈(고린토전서 5,10; 6,9; 고린토후서 12,20; 갈라디아 5,19-23; 로마 1,29-31; 13,13) 이야기도 있었다.

나중에 복음서에 포함될 여러 문학 양식이 이미 있었다. "우리들 사이에서 일어난 그 일들을 글로 엮는 데 손을 댄 사람들이 여럿 있었습니다"(누가 1,1). 논쟁 이야기(마가 2,1-3,6), 비유(마가 4,1-34), 결혼(마가 10,1-120, 재산(마가 10,17-31), 제자들의 권력 다툼(마가 10,35-45)등 나중에 마가복음에 채택될 전승들이 이미 있었다. 예수운동의 초기 전승에서 기적 이야기(마가 1,21-28; 4,35-41; 5,1-20; 6,30-44)도 마가복음에 포함될 참이다. 예수가 세상 끝 날에 대해 했던 말이라고 알려진 전승들이 글로 입으로 마가복음에 나중에 포함되었다(마가 13장).[168] 이런 전승들이 모여 나중에 네 복음서를 이루는 자료가 되었다.

---

165 Xenophanes, Fra 23

166 Schnelle, Udo, Die ersten 100 Jahre des Christentums 30-130 n. Chr. Die Entstehungsgeschichte einer Weltreligion, Göttingen 2016, p.207, 주 210, 주 214

167 Neirynck, Frans, "Paul and the Sayings of Jesus", in: Ders., Evangelica II, BETL 99, Leuven 1991, pp.511-568

168 Theissen, Gerd, Lokalkolorit und Zeitgeschichte in den Evangelien, NTOA 8, Freiburg/Göttingen 1989, pp.133-176

예수어록

예수어록 (Q문헌)은 나자렛 예수의 말씀을 최초로 기록한 모음집으로서 원(原)복음(Proto-Evangelium)이라고 불려도 좋겠다. 독자들이 구할 수 있는 예수어록은 성서학자들이 누가복음과 마태복음을 참고하여 조심스레 엮어 펴낸 자료다.[169] 예수어록은 세 가지 점에서 예수운동 역사에 결정적으로 중요했다.[170] 첫째, 예수어록은 예수 역사를 최초로 종합적으로 기억할 수 있는 근거를 제공했다. 둘째, 예수어록은 예수에 대한 개인의 태도가 인간 구원에 관계된다는 사실을 알려주었다. 셋째, 예수어록은 예루살렘에서 예수 저항과 고난의 역사를 기록하지 않았지만, 예수 죽음과 부활을 전제하고 있다(누가 11,49-51; 13,34; 14,27Q).

예수 행동과 말씀을 잘 모른다 하더라도 예수 십자가와 부활만 안다면 예수를 충분히 알 수 있다고 바울이 주장했다면, 예수어록은 예수 십자가와 부활을 잘 모른다 하더라도 예수 행동과 말씀만 안다면 예수를 충분히 알 수 있다고 주장한 셈이다. 예수어록은 누가복음과 마태복음에 포함되어 복음서의 중요한 부분이 되었다.

바르나바와 바울의 선교활동_제1차 선교여행

예루살렘 밖에서 예수운동의 선교는 공통년 45~47년 무렵에 이른바 제1차 선교여행에서 절정에 달한 듯하다. 공통년 44년에 헤로데 아그리파 1세가 죽고(사도행전 12,18-23) 48년 초 예루살렘에서 예수운동 예루살렘 공동체

169 Labahn Michael, Der Gekommene als Wiederkommender. Die Logienquelle als erzählte Geschichte, ABG 32, Leipzig 2010, pp.169-190

170 Schnelle, Udo, Die ersten 100 Jahre des Christentums 30-130 n. Chr. Die Entstehungsgeschichte einer Weltreligion, Göttingen 2016, p.212

대표와 예수운동 안티오키아 공동체 대표들이 모인 예루살렘 사도회의를 누가복음 저자는 제1차 선교여행 시기로 생각하고 있다.[171] 안티오키아 공동체가 제1차 선교여행을 주도한 것 같다. 바울은 "예루살렘 사도회의 이전에 시리아와 길리기아 지방에서 선교 활동이 있었다"(갈라디아 1,21)라고 언급하였다. 그런데, 누가복음 저자는 키프로스, 밤필리아, 비시디아, 이고니온 등 소아시아 지역에서도 선교한 역사를 기록했다(사도행전 13,1-14,28). 안티오키아 공동체의 주요 인물 이름 목록(사도행전 13,1)에서 바르나바는 맨처음에, 바울은 마지막에 나온다. 선교에서 두 인물을 강조하기 위해 사도행전을 쓴 누가복음 저자가 일부러 그렇게 배치한 듯하다.[172] 안티오키아 공동체에는 정해진 직분이 아직 없었다.

키프로스에서 선교(사도행전 13,4-12)는 로마총독 세루기오 바울이 키프로스를 통치할 때 사도 바울이 예수운동에 참여하게 된 사건을 중심으로 엮었다. 자기 고향인 키프로스(사도행전 4,36)에서 바르나바는 바울과 심한 언쟁 끝에 헤어졌다. 바울은 실라를 데리고 안티오키아를 떠난다(사도행전 15,39-40). 바르나바와 바울은 그 후 소아시아 지역에서 선교한 것 같다(디모테오후서 3,11). 바울과 바르나바는 이고니온에서 유대인의 회당에서 설교했고, 많은 유대인들과 이방인들이 신도가 되었다(사도행전 14,1). 리스트라에서 바르나바는 제우스 신으로, 주로 설교를 맡았던 바울은 헤르메스 신이라고 불렀다(사도행전 14,12). 이고니온과 리스트라에서 바르나바와 바울의 선교 활동은 누가복음 저자의 구상에 따라 기록되었다.[173]

171 Schnelle, Udo, Die ersten 100 Jahre des Christentums 30-130 n. Chr. Die Entstehungsgeschichte einer Weltreligion, Göttingen 2016, p.212, 주 221

172 Lüdemann, Gerd, Die ersten drei Jahre Christentum, Lüneburg 2009, p.153

173 Breytenbach, Cilliers, Paulus und Barnabas in der Provinz Galatien, AGJU 38, Leiden 1996, p.29; Dunn, James D. G, Beginning from Jerusalem. Christianity in the Making,

그동안 설교의 대상이 유대인과 하느님을 경외하는 사람들이었다면(사도행전 13,43.50; 14,1), 바르나바와 바울은 리스트라에서 처음으로 유대인 아닌 사람들 앞에서 설교하게 되었다(사도행전 14,11-13). 바울의 설교 내용(사도행전 14,15-17)에 청중들이 흥분하여 바울을 돌로 쳤던 사건(사도행전 14,19)이 기록되었다(고린토후서 11,25; 디모테오후서 3,11).[174] 바울을 돌로 쳤던 사람들이 현지 주민들인지 유대인들인지 분명하지는 않다.[175]

바울은 여러 번 죽을 위험을 만났다. "유대인들에게 사십에서 하나를 감한 매를 다섯 번이나 맞았고, 몽둥이로 맞은 것이 세 번, 돌에 맞아 죽을 뻔한 것이 한 번, 파선을 당한 것이 세 번이고 밤낮 하루를 꼬박 바다에서 표류한 일도 있습니다. 여행을 자주 하면서 강물의 위험, 강도의 위험, 동족의 위험, 이방인의 위험, 도시의 위험, 광야의 위험, 바다의 위험, 가짜 교우의 위험 등 온갖 위험을 다 겪었습니다. 그리고 노동과 고역에 시달렸고 수없는 밤을 뜬눈으로 새웠고 주리고 목말랐으며 여러 번 굶고 추위에 떨며 헐벗은 일도 있었습니다"(고린토후서 11,24-27).

바울의 유대인이 아닌 사람들 앞에서 설교는, 고향 나자렛의 유대인 회당에서 한 예수의 첫 설교(누가 4,16-30)와 대비되도록 누가복음 저자가 설계했다.[176] 바울은 유대인 아닌 사람 중에 하느님을 경외하는 사람들에게만 선교했지, 그렇지 않은 비유대인에게는 선교한 적이 없다는 주장이 있었다.[177]

Volume 2, Grand Rapids 2009, pp.427-438

174 Lüdemann, Gerd, Die ersten drei Jahre Christentum, Lüneburg 2009, p.170

175 Schnelle, Udo, Die ersten 100 Jahre des Christentums 30-130 n. Chr. Die Entstehungsgeschichte einer Weltreligion, Göttingen 2016, p.215

176 Radl, Walter, Paulus und Jesus im lukanischen Doppelwerk, EHS 49, Bern/Frankfurt 1975, pp.82-100

그러나, 바울 선교의 목표는 유대인 아닌 사람들이었다(데살로니카전서 1,9; 고린토전서 12,2; 로마 1,13-15; 10,1-3).[178]

제1차 선교여행(사도행전 13,1-14,28) 보도가 사실이냐 허구냐(history or story) 질문은 적절하지는 않은 것 같다. 네 복음서의 예수 이야기가 사실이냐 허구냐 묻는 것이 적절하지 않은 것처럼 말이다. 복음서 저자들은 여러 전승을 듣고 받아들이고 고르고 또 만들고 편집하여 예수의 역사와 메시지를 전했다. 누가복음 저자도 바울과 여러 선교사들에 대한 전승을 듣고 받아들이고 고르고 또 만들고 편집하여 성령과 선교사들의 노력으로 유대인과 유대인 아닌 사람들에게 전해지는 예수의 역사와 메시지를 소개하고 있다. 제1차 선교여행이 누구에게나 환영받은 것은 아니다. 선교사 내부에서 여러 갈등이 생기기도 했다. 예루살렘 사도회의가 열릴 수밖에 없던 상황으로 점점 흘러갔다.

바르나바와 바울의 선교활동_제1차 선교여행의 의미

제1차 선교여행이 예수운동 역사에서 어떤 의미를 지닐까. 신학적으로 세 가지 발전이 눈에 띈다.[179] 제1차 선교여행은 더 이상 예수운동 초기 역사에서 벌어진 우연한 성격의 선교가 아니라 계획된 선교로 더 넓은 지역에서 온 세상을 향해 펼쳐지는 선교 역사의 시작이 되었다.[180] 또한 예수운동은 유대교 내부의 여러 모임 중 하나가 아니라 더욱 독자적이고 독립적인 방향

177 Reiser, Marius, "Hat Paulus Heiden bekehrt?", BZ 39 (1995), pp.78-91

178 Reinbold, Wolfgang, Propaganda und Mission im ältesten Christentum, FRLANT 188, Göttingen 2000, pp.164-182

179 Schnelle, Udo, Die ersten 100 Jahre des Christentums 30-130 n. Chr. Die Entstehungsgeschichte einer Weltreligion, Göttingen 2016, p.215-216

180 Burfeind, Carsten, "Paulus muss nach Rom", NTS 46 (2000), pp.75-91

으로 자기 자신을 이해하게 되었다. 예수운동이 점점 더 유대교에서 벗어나게 되는 과정에 접어든 것이다. 예수운동의 빠른 전파에는 유대인 아닌 사람들에게, 남성들에게 할례를 요구하지 않았다는 사실이 큰 도움이 되었다. 할례가 아니라 세례를 줌으로써 여성에 대한 선교에도 큰 성과를 얻게 되었다. "그리스도 예수를 믿는 사람에게는 할례를 받았다든지 받지 않았다든지 하는 것이 중요하지 않고 오직 사랑으로 표현되는 믿음만이 중요합니다"(갈라디아 5,6).

나는 이 책에서 지금까지 공통년 약 35~50년 정도의 시대를 예수운동이 어떻게 거쳐왔는지 큰 흐름을 서술하였다. 공통년 30년 4월 7일 나자렛 예수는 십자가에서 정치범으로 처형되었다. 예수는 곧 부활하여 여러 사람들 앞에 약 32/33년까지 나타난 듯하다. 바울이 예루살렘을 방문했던 35년(갈라디아 1,18), 예수운동 예루살렘 공동체의 인물과 선포 내용이 어느 정도 자리 잡았다. 유대교 내부 모임 중 하나인 예수운동은 유대교의 다른 그룹과 자신이 어떻게 같고 또 다른지 돌아보게 되었다. 이 시기 예수운동에서 크게 세 방향이 있었다. 예루살렘 공동체, 갈릴래아 공동체, 안티오키아 공동체라는 세 흐름은 1세기 예수운동에 결정적 영향을 미치게 된다.

예루살렘 공동체는 예수운동의 시작과 중심은 마땅히 자신이라고 생각했다. 그렇다고 예루살렘 공동체가 처음부터 완벽한 일치를 이룬 것은 아니다. 베드로는 예루살렘 해외파 공동체와 더불어 유대인 아닌 사람들에게 예수를 전하는데 처음부터 힘썼다. 그러나, 예루살렘 공동체 내부에 다른 노선도 있었다. 예수 형제 야고보를 비롯한 예수 가족은 예수운동이 유대교의 희망을 함께 나누며, 유대교 내부에 머물고, 유대교와 좋은 관계를 유지하는데 더 힘썼다. 그들은 예수운동을 유대인에게 주로 전하려 했고, 유대인 아닌 사람이 예수를 받아들일 때 할례를 당연히 요구했다.

갈릴래아 공동체는 예수운동의 시작에서 예루살렘 공동체 다음으로 중요한 공동체였다. 예루살렘 공동체는 예루살렘에서 예수의 죽음과 부활이라는 마지막 일주간에 집중했다면, 갈릴래아 공동체는 예수 행동과 말씀에 더 관심을 가졌다. 갈릴래아 공동체가 예수의 죽음과 구원 의미를 제외한 것은 아니지만, 예수의 죽음을 그 삶과 연결시켜 이해했다. 예루살렘 공동체가 예수의 죽음을 부활과 곧 연결하여 생각했다면, 갈릴래아 공동체는 예수의 죽음을 예수 행동과 말씀, 즉 예수 삶과 곧 연결하여 생각했다. 예수 역사를 기록한 복음서의 기초가 되는 예수어록과 여러 전승을 남긴 것이 갈릴래아 공동체가 인류에게 준 큰 선물이다.

예루살렘 공동체나 갈릴래아 공동체는 예수 삶과 복음을 유대교 내부에서 유대인에게 전하는데 중점을 두었다. 이러한 노력은 40년 이후 사정이 달라졌다. 예루살렘에서 쫓겨나거나 이주한 유대인들, 그리고 팔레스타인 밖에서 살아온 해외파 유대인(디아스포라)중에 예수를 받아들인 사람들은 예수를 전파하는데 좀 더 열린 자세를 가졌다. 특히 안티오키아 공동체는 예루살렘 공동체나 갈릴래아 공동체와 다르게 모든 민족에게 예수를 전하는 새로운 흐름을 예수운동에게 선사했다. 예수의 죽음과 부활이 유대인에게만 의미있는 사건은 아니라는 것이다.

예수운동은 처음에 예루살렘 공동체와 갈릴래아 공동체로 출발했고, 공통년 약 40년 정도부터 안티오키아 공동체가 추가되었다. 예루살렘 공동체, 갈릴래아 공동체, 안티오키아 공동체 세 흐름이 예수운동 처음 역사에 있었던 것이다. 이러한 모습은 예수운동의 역사를 마치 예수와 바울의 양자 구도로 좁혀 보는 관점이 얼마나 초라한지 알려준다. 바울은 흔히 그리스도교에서 예수 다음으로 2인자[181]로 언급되곤 한다. 예수와 바울의 선포 내용이 상당히 다르다는 생각이 예수와 바울을 비교 또는 대결 구도로 놓기도 하다. 예수는 가난한 사람들에게 기쁜 소식을 전했지만, 바울은 "하늘에서 내려온 하느님의 아들인 예수가 자신의 죽음과 부활을 통해 죄와 죽음과 마귀에게서 구원해주고 하느님의 영원한 구원 신비를 실현시켰다"[182]라는 것이다.

그런 의견은 예수운동 처음에 예수를 이해하는 세 가지 흐름이 있었다는 사실을 외면하고 있다. 바울-안티오키아 노선은 예수운동 처음에 있었던 세 흐름 중 하나에 불과하다. 바울-안티오키아 노선이 예수운동 처음 세 흐름 중 최고로 치고 다른 두 흐름을 바울-안티오키아 노선의 아래 정도로 취급하는 것은 오해를 일으킬 수 있다.[183] 예수와 바울의 관계를 예수운동 초기 역사라는 좀 더 넓은 맥락에서 다루어야 하겠다. 예수운동 처음에 예수의 순수한 복음이 있었고, 다음으로 바울이 예수의 순수한 복음을 엉뚱하게 훼손하고 변질시킨 것으로 간단히 규정할 수도 없다. 예수의 순수한 복음이 예수운동 처음에 있었던 것도 아니다. 처음부터 예수의 삶과 의미에 대해 여러 해석이 있었다. 예수운동이 처음부터 하나에서 출발한 것도 아니고 여러 흐름이 처음부터 완벽하게 일치한 적도 없었다. 예수운동에 처음부터 다양성이 있었다.[184]

---

181 Wrede, William, "Paulus", in: Rengstorf, Karl Heinrich (Hg.), Das Paulusbild in der neueren deutschen Forschung, Darmstadt 1969(=1904), 2판, pp.1-97, p.96; Dunn, James D. G, Beginning from Jerusalem. Christianity in the Making, Volume 2, Grand Rapids 2009, p.519

182 Von Harnack, Adolf, "Das doppelte Evangelium im Neuen Testament", in: Ders., Aus Wissenschaft und Leben II, Giessen 1911, pp.211-224, p.215

183 Schnelle, Udo, Die ersten 100 Jahre des Christentums 30-130 n. Chr. Die Entstehungsgeschichte einer Weltreligion, Göttingen 2016, p.218

바울이 유대인 아닌 사람에게 할례 없는 선교를 내세워 예수운동 선교에 큰 공헌을 한 점은 부인할 수 없다. 예수의 죽음과 부활을 연결시켜 예수를 이해하는데 큰 도움을 준 사실도 부인할 수 없다. 그러나, 예수의 죽음과 부활 전승을 만들고 간직하고 바울에게 전해준 것은 예루살렘 공동체다. 갈릴래아 공동체는 예수어록과 복음서 전승을 만들고 간직하여 네 복음서 탄생에 크게 공헌했다. 예수운동 역사는 예수와 바울이 양자 구도로 이루어진 것이 아니다. 바울 편지들만 남아있고 네 복음서가 없었다면, 그리스도교 역사는 어떻게 되었겠는가, 예수가 누구인지 지금 우리가 어떻게 잘 알 수 있겠는가.

184 Schnelle, Udo, Die ersten 100 Jahre des Christentums 30-130 n. Chr. Die Entstehungsgeschichte einer Weltreligion, Göttingen 2016, p.219

5장 예루살렘 사도회의

48년 초 예루살렘에서 열린 회의는 예수운동 초기 역사에서 가장 중요한 역사적 사건이다.[1] 회의 명칭에 대해 여러 의견이 있다. 그동안 성서학계에서 널리 쓰이던 공의회(Konzil) 명칭은 적절하지는 않다. 공의회는 모든 지역 공동체의 대표들이 모여 회의하고, 지킬 의무가 있는 문헌을 발표하는, 중세 가톨릭교회에서 쓰던 모델에 해당한다. 예루살렘 사도회의는 두 경우 모두 해당하지 않는다.

예루살렘 사도회의에는 갈릴래아 공동체, 로마 공동체, 다마스쿠스 공동체가 참여하지 않았다. 모든 예수운동 공동체가 지켜야 할 문헌이 작성되지도 않았다. 예루살렘 사도회의는 예루살렘 공동체와 안티오키아 두 공동체의 대표들이 모인 회의였다. 예루살렘 공의회라고 부른다고 해서 예루살렘 회의의 중요성이 더 커지는 것은 아니고, 예루살렘 사도회의라고 부른다고 해서 그 중요성이 줄어드는 것도 아니다. 명칭에 대해 예루살렘 회담(Jerusalemer Konvent)[2], 예

1 Schnelle, Udo, Die ersten 100 Jahre des Christentums 30-130 n. Chr. Die Entstehungsgeschichte einer Weltreligion, Göttingen 2016, p.223

2 Betz, Hans Dieter, Der Galaterbrief, München 1988, p.160

루살렘 회의(Jerusalemer Konferenz)[3] 사도회의(Apostelkonferenz)[4] 등 여러 제안이 있다. 나는 예루살렘 사도회의(Jerusalemer Apostelkonferenz) 명칭을 쓰려고 한다.

예수운동 여러 공동체에는 "유대인 아닌 사람 중에 예수를 믿고 따르겠다는 사람에게 유대교 할례를 요구해야 하는가?"라는 공통의 문제가 있었다. 당시 예수운동은 시작된 지 20년도 채 안 되었고, 여전히 유대교 내부 모임 중 하나에 불과했다. 예수를 따르겠다는 유대인 아닌 사람에게 할례를 요구한다면, 예수운동은 바리사이파 같은 유대교 내부의 다른 모임처럼 유대교 안에서 머물게 된다. 그 사람은 예수운동뿐 아니라 유대교에 들어오는 격이다. 예수를 따르겠다는 유대인 아닌 사람에게 할례를 요구하지 않는다면, 그 사람은 예수운동에는 참여하지만 유대교에 들어오는 것은 아니다. 그러면, 예수운동은 유대교 내부에 더 이상 머무를 수 없고 사실상 새로운 종교를 시작하겠다고 선언하는 것과 다를 바 없다.

바르나바와 바울의 회의참석

바르나바와 바울은 제1차 선교여행을 마치고 안티오키아로 돌아왔다. 그들은 유다에서 온 사람들이 모세의 율법이 명하는 할례를 받지 않으면 구원받지 못한다(사도행전 15,1)고 말하는 것을 들었다. 그래서 유다에서 온 사람들이 한편에, 바르나바와 바울이 다른 편에 서서 심한 논쟁이 벌어졌다. 안티오키아 공동체는 이 문제를 예루살렘 공동체와 협의하기 위해 바르

3 Reinbold, Wolfgang, Propaganda und Mission im ältesten Christentum, FRLANT 188, Göttingen 2000, p.62

4 Wolter, Michael, Paulus. Ein Grundriss seiner Theologie, Neukirchen 2015, 2판, p.38

나바와 바울과 다른 협조자를 예루살렘으로 파견했다(사도행전 15,2; 갈라디아 2,1). 바울은 누가복음 저자의 기록과 조금 다르게 증언하였다. “나는 하느님의 계시를 받고 올라갔던 것입니다”(갈라디아 2,2a). 바울은 자신의 예루살렘 방문이 안티오키아 공동체의 결정에 따른 파견이 아니라 자신의 독자적인 결단에 따른 행동임을 강조하려는 것일까. 바울은 안티오키아 공동체나 예루살렘 공동체에 속해 있지 않은 자신의 독립과 자유를 강조하려는 듯하다.

바울은 왜 예루살렘 사도회의에 참석했을까. “내가 지금 하는 일이나 지금까지 해놓은 일이 허사가 되지 않게 하려는 것이었습니다”(갈라디아 2,2c)라는 이유였다. 유다에서 온 사람들이 할례를 받지 않으면 구원받지 못한다고 가르치는 모습은 바울 고향과 안티오키아 공동체에서 이미 일어났고(갈라디아 2,4), 그 소식이 예루살렘 공동체에도 벌써 알려진 것으로 바울은 생각했다.[5] 유다에서 온 사람들은 예루살렘 사도회의에도 참석하여 유대인 아닌 사람들에게 할례를 요구할 참이었다. 그들의 활동과 설득으로 예루살렘 사도회의에서 유대인 아닌 사람들을 위한 바울의 사도직(갈라디아 2,8)이 인정받지 못할 것을 바울은 두려워했다. 만일 그렇게 된다면, “내가 달음질치며 수고한 것이 헛되지 않아 그리스도의 날에 자랑할 수 있을 것”(필립비 2,16)이라는 바울의 희망은 이루어질 수 없을 것이다.[6]

자세히 따져보면, 바울이 유대인 아닌 사람들에게 율법 없는 선교를 한

5 Wehnert, Jürgen, Die Reinheit des "christlichen Gottesvolkes" aus Juden und Heiden: Studien zum historischen und theologischen Hintergrund des sogenannten Aposteldekrets, FRLANT 173, Göttingen 1997, p.115

6 Holtz, Traugott, "Die Bedeutung des Apostelkonzils für Paulus", in: Ders., Geschichte und Theologie des Urchristentums, WUNT 57, Tübingen 1991, pp.140-170, p.149

적은 사실 없었다. 바울은 그들에게 할례만 요구하지 않았을 뿐이다. 율법의 중요한 윤리에 해당하는 십계명은 예수운동에 참여한 유대인에게나 유대인 아닌 사람들에게나 똑같이 요구되었다. 유대교 사람들이나 예수운동에 가담한 유대인들이 보기에, 할례를 받지 않고도 하느님의 선택된 백성에 속하게 되었다고 주장하는 유대인 아닌 사람들은 사실상 율법을 무시한 사람들과 다름없이 보였을 것이다. 할례 없이 완전히 유대교로 개종한 경우는 없었다.[7] 예수운동에 가담한 유대인 눈에, 유대인 아닌 사람들에게 할례만 요구하지 않았다고 우기는 바울이 사실상 율법 없는 선교를 하고 있다고 보였을 수 있다. 예수운동에 가담한 유대인 중에, 유대인 아닌 사람들에게 예수를 전하는 방법과 조건에서 바울과 다른 생각을 하는 유대인이 있을 수 있었다. 유대인 아닌 사람들이 예수운동에 참여하려면 유대인처럼 되고, 살아야 한다고 생각하는 유대인이 있고, 꼭 유대인처럼 되어야 하고 유대인처럼 살 필요는 없다고 생각하는 유대인이 있었다.

예루살렘 사도회의 토론

유대인 아닌 사람이 예수운동에 참여하고 동시에 유대교와 연결을 유지하려면 어떤 조건을 갖추어야 하는가. 예루살렘 사도회의에서 논의된 주제는 바로 이것이었다. 출발한 지 채 20년도 안 되는 예수운동은 자기 자신이 누구인지(identity markers) 그리고 예수운동의 생활 방식(way of life)은 무엇인지 아직 확정하지 못했었다.

유대교 특징인 할례, 안식일, 음식 규정을 예수운동에 가담하는 유대인 아닌 사람은 모두 지켜야 하는가. 예수운동에 가담한 유대인이나 유대인

7 Kraus, Wolfgang, Das Volk Gottes, WUNT 85, Tübingen 1996, pp.96-107

아닌 사람에게 세례와 할례를 똑같이 요구해야 하는가. 예수운동에 가담하는 유대인 아닌 사람은 예수운동에 가담했지만 여전히 유대교 회당에도 출입하는 유대인과 같은 대우를 받아야 하는가.

토라(Tora)에는 유대인과 유대인 아닌 사람이 어떻게 어울려 살아야 하는지에 대한 뚜렷한 규정이 없기도 했다. 유대인 아닌 사람도 야훼 하느님을 공경해야 한다는 거대 담론만 있었다(이사야 19,16-25; 말라기 1,11). 토라는 유대인을 위한 내용이지 유대인 아닌 사람을 위한 지혜는 아니었다(탈출기 34,10-17; 레위 20,2-7). 유대인 아닌 사람에게 할례를 요구하거나 안식일을 지키라고 말한 곳은 토라에 없었다. 유대인과 유대인 아닌 사람이 같이 모인 예수운동 공동체에서 유대인과 유대인 아닌 사람이 어떻게 어울려 살아야 하는지 도움받을 참고문헌도 선례도 없었다. 이스라엘 백성들과 이스라엘에 사는 유대인 아닌 사람들의 관계에 비추어 예수운동에 가담한 유대인이나 유대인 아닌 사람이 살아가도록 합의한 예루살렘 사도회의 결정은 최종 해답이 될 수는 없었다. 이스라엘 백성들과 이스라엘에 사는 유대인 아닌 사람들의 관계는 지배와 종속 관계에 근거한 것인데, 예수운동에 가담한 유대인이나 유대인 아닌 사람에게 그런 불평등한 관계를 요구할 수는 없었다.

예루살렘 사도회의의 진행

예루살렘 사도회의의 진행은 사도행전 15,1-34와 갈라디아서 2,1-10이 알려주고 있다. 바르나바와 바울은 안티오키아 공동체의 대표로 예루살렘 사도회의에 참석했다(사도행전 15,2.4; 갈라디아서 2,1.9). 대표단은 바르나바가 이끈 듯하다.[8] 유대인 아닌 사람에게 할례 없는 선교가 정당한지 토론했다(사도

8 Koch, Dietrich-Alex, Geschichte des Urchristentums, Göttingen 2014, 2판, p.229

행전 15,12; 갈라디아서 2,2.9). 회의에서 거짓 형제들(갈라디아 2,4)과 바리사이파에 속했다가 신도가 된 몇 사람(사도행전 15,5)은 유대인 아닌 사람에게 할례를 요구해야 한다고 주장했다. 회의는 공동체 차원에서(사도행전 15,12; 갈라디아서 2,2a) 진행되었지만, 사도들과 원로들이 참석하기도 했고(사도행전 15,6) 야고보와 게파와 요한 등 예루살렘 공동체의 기둥 같은 존재들을 바울이 따로 만나기도 했다(갈라디아서 2,9).

사도행전 보도와 바울의 기록 사이에 다른 점들이 있다. 바울에 따르면, 사도회의 결정이 예루살렘 공동체의 기둥들과 바울 사이에서 나왔다(갈라디아서 2,6-10)고 한다.[9] 그러나 누가복음 저자에 따르면, 사도회의 결정은 베드로(사도행전 15,7-11)와 야고보(사도행전 15,13-21) 사이에서 있었다. 바울은 예루살렘으로 데리고 올라간 유대인 아닌 디도에게, 예루살렘 공동체는 할례를 요구하지 않았다(갈라디아 2,1-3)라고 주장했다. "그리고 그 곳의 주요 따로 만나 이방인들에게 전하는 복음을 설명했다"(갈라디아 2,2)라는 바울의 설명을 누가복음 저자는 말하지 않았다. 할례 받은 사람들에게 복음을 전하는 일을 베드로가 위임받았고, 할례 받지 않은 사람들에게 복음을 전하는 일을 바울이 위임받았다는 증언(갈라디아 2,7.8)도 누가복음 저자는 말하지 않았다. 가난한 사람들을 위한 모금을 예루살렘 사도회의와 연결한 바울(갈라디아 2,10)과 달리 누가복음 저자는 사도회의와 가난한 사람들을 위한 모금을 연결하지는 않았다(사도행전 11,29; 12,25; 24,17).

누가복음 저자는 예루살렘 공동체를 대표하여 야고보가 유대인 아닌 사람에게 세례를 받을 뿐만 아니라 "우상에게 바쳐서 더러워진 것을 먹지 말고,

---

9 Jürgens, Burkhard, Zweierlei Anfang. Konstruktionen heidenchristlicher Identität in Gal 2 und Apg 15, BBB 120, Bodenheim 1999, p.214

음란한 행동을 하지 말고, 목 졸라 죽인 짐승의 고기와 피를 먹지 말라"(사도행전 15,19-21.28-29; 21,25)라는 요구를 했다고 기록했다. 레위기 17-26장이 유대인과 유대인 아닌 사람에게 요구했던 네 금지 규정(레위 17,10-14; 18,6-18.26; 탈출기 12,43-49; 민수가 19,1-11)은 예수운동에 참여한 유대인과 유대인 아닌 사람들이 함께 살아가는 모델로 이해되었다.[10]

예루살렘 공동체의 사도들과 원로들은 모든 신도들과 의논하여 대표들을 뽑아 바울과 바르나바와 함께 안티오키아 지역으로 보내기로 결정했다(사도행전 15,22). 그들 편에 보낸 편지는 안티오키아와 시리아와 길리기아에 있는 유대인 아닌 형제자매들을 향하고 있다(사도행전 15,23). 당시 그리스로마 문화에서 유행했던 사교 모임들의 내부 규칙과 비교하면, 상당히 부족한 내용이 담겨 있어서 답변보다 질문이 나올 수밖에 없는 편지였다.[11] 그래서 실제로 문제 해결을 할 수 있는 문헌으로 보이지는 않는다.[12]

예루살렘 사도회의 해석_바울의 해석

예루살렘 사도회의 결과는 무엇인가. 결과가 있기는 있었는가. 바울에

10 Avemarie, Friedrich, "Die jüdischen Wurzeln des Aposteldekrets", in: Öhler, Markus (Hg.), Aposteldekret und antikes Vereinswesen, WUNT 280, Tübingen 2011, pp. 5-32; Pratscher, Wilhelm, "Der Beitrag des Herrenbruders Jakobus zur Entstehung des Aposteldekrets", in: Öhler, Markus (Hg.), Aposteldekret und antikes Vereinswesen, WUNT 280, Tübingen 2011, pp. 33-48; Wehnert, Jürgen, Die Reinheit des "christlichen Gottesvolkes" aus Juden und Heiden: Studien zum historischen und theologischen Hintergrund des sogenannten Aposteldekrets, FRLANT 173, Göttingen 1997, pp.213-238

11 Ebel, Eva, "Regeln von der Gemeinschaft für die Gemeinschaft? Das Aposteldekret und antike Vereinssatzungen im Vergleich", in: Öhler, Markus (Hg.), Aposteldekret und antikes Vereinswesen, WUNT 280, Tübingen 2011, pp.317-339

12 Schnelle, Udo, Die ersten 100 Jahre des Christentums 30-130 n. Chr. Die Entstehungsgeschichte einer Weltreligion, Göttingen 2016, p.227

따르면, 유대인 아닌 사람에게 할례 없는 선교가 인정되었고(갈라디아서 2,9) 가난한 사람들에게 줄 돈을 모으기로 약속했다(갈라디아 2,10)고 한다. 바르나바와 바울은 유대인 아닌 사람에게 선교를, 예루살렘 공동체는 유대인에게 선교하기로 했다(갈라디아서 2,9c).

그 구분이 진정한 해답일 수 있었을까. 민족을 대상으로 구분한 것인지, 지역을 대상으로 한 것인지 우선 뚜렷하지 않다. 민족을 대상으로 했다면, 모든 공동체에 유대인 아닌 사람이 모이는 공동체와 유대인이 모이는 공동체를 각각 따로 만들어야 한다. 그런 사례를 실제로 당시 어디에서도 찾을 수 없다. 지역을 대상으로 구분했다 하더라도 문제는 해결되지 않는다. 예루살렘 공동체가 이스라엘에 사는 모든 유대인에게 선교를 다 맡을 수는 없다. 안티오키아 공동체가 유대인 아닌 사람뿐 아니라, 온 세상에 흩어져 사는 유대인(디아스포라)를 상대로 선교할 수도 없다.

베드로가 할례받은 사람들에게 전하는 복음과 바울이 할례받지 않은 사람들에게 전하는 복음 내용이 같은가? 우선 공통점이 눈에 띈다. "그리스도께서 성서에 기록된 대로 우리의 죄 때문에 돌아가셨다는 것과 무덤에 묻히셨다는 것과 성서에 기록된 대로 사흘 만에 다시 살아나셨다는 것과 그 후 여러 사람에게 나타나셨다는 것은 사실입니다. 그리스도께서는 먼저 베드로에게 나타나신 뒤에 다시 열두 사도에게 나타나셨습니다"(고린토전서 15,3b-5).

다른 점을 외면하고 지나칠 수는 없다. 결정적인 차이는 할례가 지니는 구원 역사적 의미와 토라를 존중하는 범위를 어떻게 보느냐에 있다.[13] 사람

13 Schnelle, Udo, Die ersten 100 Jahre des Christentums 30-130 n. Chr. Die Entstehungsgeschichte einer Weltreligion, Göttingen 2016, p.229

을 겉모양으로 보지 않으시는 하느님(갈라디아 2,6)을 생각하는 바울에게, 세례와 성령을 받는 유대인 아닌 사람은 이미 충분하고 동등하게 하느님 백성의 구성원이다(갈라디아 3,1-5.26-28). "소위 지도자라는 사람들이 과거에 어떤 사람들이었든 간에 나에게는 아무 상관도 없지만"(갈라디아 2,6)하고 바울은 예루살렘 공동체의 기둥들과 거리를 두는 말까지 했다.[14] 그렇게 단호한 바울이 보기에, 세례와 성령 말고도 또 다른 것을 요구한다면, 그것은 유대인 아닌 사람들에게 베푸시는 하느님의 활동을 의심하는 일이다.

더구나 바울은 자신이 전하는 복음을 그리스도의 복음(εὐαγγέλιον τοῦ Χριστοῦ; 데살로니카전서 3,2; 고린토전서 4,15; 갈라디아 1,6; 로마 1,9) 또는 하느님의 복음(εὐαγγέλιον τοῦ θεοῦ; 데살로니카전서 2,2; 고린토후서 11,7; 로마 1,1; 15,16)이라고 표현했다. 바울이 전하는 방식과 다르게 전해지는, 즉 유대인 아닌 사람에게 할례를 요구하는 사람이 전하는 복음은 그리스도의 복음 또는 하느님의 복음이 아니라는 뜻을 담고 있다. 그런데, 예수를 받아들인 유대인 중에 완고한 사람들은, 할례와 토라 존중은 나자렛 예수를 믿는 메시아 신앙과 당연히 연결된다고 생각했다. 세례는 할례를 대체할 수 없고 구원은 율법 너머에 있지 않다는 것이다. 그들은 바울을 불쾌하게 생각할 수 있다.

누가복음 저자의 예루살렘 사도회의 해석

누가복음 저자에 따르면, 유대인 아닌 사람에게 할례 없는 선교가 인정되었다(사도행전 15,7-11.19.28)라는 바울 증언(갈라디아서 2,9)과 일치한다. 바울은 "유대인 아닌 사람은 우상에게 바쳐 더러워진 것을 먹지 말고, 음란한

---

14 Jürgens, Burkhard, Zweierlei Anfang. Konstruktionen heidenchristlicher Identität in Gal 2 und Apg 15, BBB 120, Bodenheim 1999, p.215

행동을 하지 말고, 목 졸라 죽인 짐승의 고기와 피를 먹지 말아야한다"(사도행전 15,20.29; 21,25)라는 누가복음 저자의 말을 전하지는 않았다. 바르나바와 바울은 유대인 아닌 사람에게, 예루살렘 공동체는 유대인에게 선교하기로 했고, 바르나바와 바울이 가난한 사람들에게 줄 돈을 모으기로 약속했다는 말을 누가복음 저자는 하지 않았다.

누가복음 저자와 바울의 서로 다른 보도는 성서학자뿐 아니라 독자들을 당황하게 만들기에 충분하다. 유대인 아닌 사람에게 할례를 요구하지 않는 선교의 인정(사도행전 15,10-12.19; 갈라디아서 2,9), 가난한 사람들에게 줄 돈을 모으기로 했다는 약속, 유대인 아닌 사람에게 요구된 네 가지 규정(사도행전 15,20.29; 21,25)이 실제로 예루살렘 사도회의에서 다루어졌는지, 만일 결정되었다면 어떻게 논의되었는지 누가복음 저자와 바울의 보도로는 우리가 알 방법은 없다.

누가복음 저자는 가난한 사람들에게 줄 돈을 모으기로 했다는 약속을 모르지 않았다(사도행전 24,17). "그래서 신도들은 각각 힘닿는 대로 헌금하여 유다에 있는 교우들을 돕기로 하였다. 이렇게 헌금한 것을 그들은 바르나바와 사울의 손을 거쳐 교회 원로들에게 보냈다"(사도행전 11,29-30), "바르나바와 사울은 예루살렘에서 그들의 사명을 다 마치고 마르라 하는 요한을 데리고 다시 돌아갔다"(사도행전 12,25)라는 두 기록이 예루살렘 사도회의에서 가난한 사람들에게 줄 돈을 모으기로 했다는 약속에 연결하여 해석할 수 있다고 분명히 말하기는 어렵다.

누가복음 저자는 바울이 모금한 돈을 예루살렘 공동체가 받아들이지 않았던 사실이 예수운동 공동체의 일치라는 자신의 신학에 위배되는 것으로 생각

했기 때문에 헌금 약속에 대한 주제를 빼버리지 않았을까.[15]

유일하신 하느님께서 할례 있는 선교와 할례 없는 선교라는 방식으로써 사람들을 복음에 초대하셨다고 예루살렘 공동체와 안티오키아 공동체는 생각하였다. 사람들은 이제 여러 방식으로 하느님을 모실 수 있게 되었다. 똑같지 않지만 동등한 효력을 가진 여러 선교 개념이 예수운동에 등장하였다. 이 다양성을 두고 결별 선언[16]이라고 평가하는 의견도 있다. 유대인 아닌 사람에게 할례 없는 선교가 인정되었고, 바울은 유대인 아닌 사람에게 할례 없는 선교를 하는 사도로서 예루살렘 공동체의 기둥들과 동등한 지위를 인정받았다고 바울 입장에서 생각할 수 있었다.

안티오키아에서 베드로와 바울의 충돌, 누가복음 저자가 전하는 예루살렘 사도회의 소식, 바울이 세운 여러 공동체에 들어온 일부 선교사들이 바울과 다른 말을 하는 모습들을 종합해보면, 예루살렘 사도회의 결과에 대해 여러 해석이 있을 수 있겠다.

바울이 쓴 편지들은 누가복음 저자가 전하는 예루살렘 사도회의 소식을 모르고 있다. 바울이 처형되고 20여 년 후 쓰인 것으로 추측되는 사도행전에 실린 내용을 생전의 바울은 전혀 몰랐을까. 사도행전 내용은 바울 생전에 이미 여러 이야기로 돌아다녔기 때문이다. 역사의 바울은 알고 있었다[17]라는

15 Schnelle, Udo, Die ersten 100 Jahre des Christentums 30-130 n. Chr. Die Entstehungsgeschichte einer Weltreligion, Göttingen 2016, p.230, 주 21

16 Wehnert, Jürgen, Die Reinheit des "christlichen Gottesvolkes" aus Juden und Heiden: Studien zum historischen und theologischen Hintergrund des sogenannten Aposteldekrets, FRLANT 173, Göttingen 1997, p.120

17 Roloff, Jürgen, Die Apostelgeschichte, NTD 5, Göttingen 1981, p.227

의견과 알지 못했다[18]는 의견이 맞서 있다.

예루살렘 사도회의의 효력

예루살렘 사도회의 합의 내용은 지킬 의무가 있다고 생각한 바울과는 다르게 해석을 하는 흐름도 있었고 예루살렘 사도회의에 큰 의미를 두지 않는 흐름이 있을 수도 있었다. 예루살렘 사도회의 효력에 대한 문제다. 유대인 아닌 사람이 토라를 지킬 의무에 대해 예루살렘 사도회의 후에 예수운동에 적어도 세 가지 노선이 있었다.[19]

1. 할례로부터 자유, 십계명에 담긴 몇 윤리 규정을 제외한, 사실상 토라로부터 자유(바울, 일부 안티오키아 공동체 사람들?, 아폴로?)
2. 할례로부터 자유, 일부 토라 존중(예루살렘 사도회의 합의)
3. 할례 의무와 토라 전부 존중(갈라디아와 필립비에서 바울을 비판한, 유대인 출신 예수운동 참여한 선교사, 일부 예루살렘 공동체 사람들)

안티오키아 충돌 사건

안티오키아에서 베드로와 바울이 의견 충돌하는 사건(갈라디아 2,14)을 바울은 증언했지만, 누가복음 저자는 전혀 언급하지 않았다. 안티오키아 충돌은 이미 예수운동 공동체에 참여한 유대인 아닌 사람과 유대인이 함께 살아가는 방식에서 생긴 사건이다. 예루살렘 사도회의는 유대인 아닌 사람에

18 Lüdemann, Gerd, Paulus, der Heidenapostel II: Antipaulinismus im frühen Chrstentum, FRLANT 130, Göttingen 1983, pp.95-101

19 Schnelle, Udo, Die ersten 100 Jahre des Christentums 30-130 n. Chr. Die Entstehungsgeschichte einer Weltreligion, Göttingen 2016, pp.231-232

게 할례 없는 선교를 논의하였다. 혹시, 예루살렘 사도회의와 안티오키아 충돌 사건 사이에 어떤 관계가 있지는 않았을까. 유대인 아닌 사람이 예수운동 공동체에 참여하는 조건, 이미 예수운동 공동체에 참여한 유대인 아닌 사람과 유대인이 함께 살아가는 방식, 즉, 원래 따로 떨어진 두 주제를 누가복음 저자가 한데 뒤섞은 것은 아닐까.[20]

48년 초 예루살렘에서 보았던 베드로와 바울이 몇 달 후 안티오키아에서 다시 만났다. 48년 초 예루살렘에서 열린 사도회의와 48년 여름/가을에 생긴 안티오키아 충돌은 시간상으로(갈라디아 2,11) 아주 가까운 시기의 사건이다.[21] "바울은 가이사리아에 내려 예루살렘으로 올라가서 교회에 인사를 한 다음, 안티오키아로 내려갔다"(사도행전 18,22)를 근거로 안티오키아 충돌은 52년에 있었다는 의견이 있다.[22] 그러나 갈라디아 1,10-2,14의 내용으로는, 예루살렘 사도회의와 안티오키아 충돌 사이에 4년의 시차를 두기는 곤란하다.[23]

예수운동에 참여한 유대인 아닌 사람과 유대인이 어떻게 같은 공동체 안에서 지내야 하는가라는 문제는 예루살렘 사도회의에서 논의되지 않았거나 지나쳤거나 해결되지 못했다. 그 문제가 드디어 안티오키아 공동체에서 터졌다. 예수운동에 참여한 유대인 아닌 사람과 유대인이 빵나눔 모임에 함께

---

20 Weiser, Alfons, Die Apostelgeschichte, ÖTK 5.2, Gütersloh 1985, pp.375-377

21 Wehnert, Jürgen, Die Reinheit des "christlichen Gottesvolkes" aus Juden und Heiden: Studien zum historischen und theologischen Hintergrund des sogenannten Aposteldekrets, FRLANT 173, Göttingen 1997, pp.120-123; Wechsler, Andreas, Geschichtsbild und Apostelstreit, BZNW 62, Berlin 1992, 2판, pp.297-305

22 Konradt, Matthias, "Zur Datierung des sogenannten antiochenischen Zwischenfalls", ZNW 102 (2011), pp.19-39

23 Schnelle, Udo, Einleitung in das Neue Testament, Göttingen 2017, 9판, p.37

자리한 것은 안티오키아 공동체에서 자연스러운 일이었다. 베드로가 예수운동에 참여한 유대인 아닌 사람들과 한자리에서 음식을 먹고 있었는데, 야고보가 보낸 사람들이 들어오자 할례를 주장하는 그 사람들이 두려워서 그 자리에서 나갔다(갈라디아 2,12). 베드로가 책망 받을 일을 했기 때문에 바울은 베드로에게 면박을 주었다(갈라디아 2,11).

바울은 일방적으로 자기 생각만 기록했을 뿐 베드로 입장을 전혀 전해주지 않았다. 야고보가 보낸 사람들이 두려워 그 자리에서 베드로가 나간 일과 베드로가 나간 행동이 책망받을 일이었다는 바울의 주장에 어떤 근거가 있는지, 우리는 자세히 따져보자.

"야고보가 보낸 사람들이 들어오자 그는 할례를 주장하는 그 사람들이 두려워서"(갈라디아 2,12)[24]라는 부분은 조금 의아하다. 야고보는 유대인 아닌 사람에게 할례를 강요하지 않았기 때문이다. 그들은 할례가 아니라 음식 규정을 문제 삼은 것 같다. 가짜 신도들은 유대인 아닌 사람에게 할례를 강요했기 때문에, 야고보가 보낸 사람들(갈라디아 2,12)과 가짜 신도들(갈라디아 2,4)이 같은 사람들은 아닌 듯하다.[25]

"나머지 유대인들도 안 먹은 체하며 게파와 함께 물러 나갔고 심지어 바르나바까지도 그들과 함께 휩쓸려서 가식적인 행동을 하였다"(갈라디아 2,13). 여기서 나머지 유대인들(οἱ λοιποὶ Ἰουδαῖοι; 2,13)은 안티오키아에서 예수운동에 참여한 유대인을 가리킨다.

---

24 Klein, Günter, Die Verleugnung des Petrus, in: Ders., Rekonstruktion und Interpretation, BEvTh 50, München 1969, pp.49-98

25 Betz, Hans Dieter, Der Galaterbrief, München 1988, p.203

그런데, 베드로는 왜 나갔을까. 음식 규정(신명기 14,3-21)은 당시 유대인뿐 아니라 예수운동에 참여한 유대인에게도 율법 이해의 핵심에 속했다. 하느님께서 음식 규정을 계시하셨기 때문에, 어떤 방식으로든 음식 규정을 어기는 행동은 사실상(ipso facto) 하느님을 거절함을 의미한다.[26] 유대인 아닌 사람이 식사 자리에 있는 것만으로도 야고보가 보낸 사람들은 공동식사를 거절했을 것이다. 음식의 십일조 규정을 제대로 지키지 않은 것 때문에 야고보가 보낸 사람들이 쳐들어왔을 것이라는 추측[27]은 만족스럽지 않다.[28] 베드로처럼 식사 모임에서 나가버리는 사람이 생긴다면, 공동체에 들어온 유대인 아닌 사람은 유대인에게 열등감을 느낄 수밖에 없고, 또 공동체에서 유대인 아닌 사람과 유대인이 함께 빵나눔에 참여하기는 어려웠을 것이다.

야고보가 보낸 사람들이 식사 모임에 들어온 단호한 행동이 베드로의 태도를 돌변하게 만들었다. 예수운동이 유대교 내부에 머무르려면 예수운동에 참여한 유대인 아닌 사람들도 토라를 준수해야 한다는 예루살렘 공동체의 입장을 실력 행사로써 밝힌 셈이다. "왜 당신은 할례받지 않은 사람들의 집에 들어가서 그들과 함께 음식까지 나누었습니까?"(사도행전 11,3) 라고 할례를 주장하는 파에게 비난까지 받았던 베드로는 야고보 사람들이 두려워 다시 예전 태도로 돌아가 버렸다. 그렇기 때문에 바울은 베드로를 비판했다(갈라디아 2,11b). 베드로 탓에 안티오키아 공동체의 다른 유대인들과 심지어 바르나바까지 식사 자리에서 나가버렸다(갈라디아 2,13).

26 Heil, Christoph, Die Ablehnung der Speisegebote durch Paulus, BBB 96, Weinheim, 1994, p.299

27 Dunn, James D. G, "The Incident at Antioch (Gal 2,11-18)", JSNT 18 (1983), pp.3-57, p.15

28 Schnelle, Udo, Die ersten 100 Jahre des Christentums 30-130 n. Chr. Die Entstehungsgeschichte einer Weltreligion, Göttingen 2016, pp.233, 주 29

바울은 이 사건을 단순한 돌발 행동으로 여기지 않았다. 예수운동에 참여한 유대인 아닌 사람들과 유대인 사이에 일치를 깨뜨린 처사로 해석했다. 예루살렘 사도회의에서 예수운동에 참여하려는 유대인 아닌 사람에게 할례를 요구한 가짜 신도들(갈라디아 2,4)처럼, 식사 자리에서 나가버린 베드로와 바르나바와 다른 유대인들의 처신도 복음의 진리에 맞지 않는다(갈라디아 2,14)라고 바울은 생각했다. 그들이 "복음의 진리에 맞추어 바른 길을 걷지 않고 있다(οὐκ ὀρθοποδοῦσιν πρὸς τὴν ἀλήθειαν τοῦ εὐαγγελίου)"(갈라디아 2,14)라는 말은 바울과 반대자들이 신학적으로 생각이 다르다는 것을 보여준다.

예루살렘 사도회의에서 음식 규정에 대한 분명한 언급이 없던 바울과 달리, 누가복음 저자는 안티오키아 충돌 사건을 예루살렘 사도회의를 사도행전에 기록한 부분(사도행전 15,19-21.28-29; 21,25)에 끼워 넣었다. 안티오키아 충돌 사건은 예수운동 역사에서 야고보가 지닌 영향력과 존재 의미를 보여주었다. 예루살렘 공동체는 확실히 야고보가 장악했다. 즉, 야고보는 예루살렘 사도회의에서 예수운동에 참여한 유대인 아닌 사람에게 할례를 요구하진 않았지만, 토라의 최소한 네 가지 규정, 즉, 우상에게 바쳐 더러워진 것을 먹지 말고, 음란한 행동을 하지 말고, 목 졸라 죽인 짐승의 고기와 피를 먹지 말라고 요구했다. 야고보는 예루살렘 공동체뿐 아니라 안티오키아와 시리아와 길리기아 공동체까지(사도행전 15,23) 자신의 관리 지역으로 본 것 같다.

공통년 48년 예루살렘 사도회의를 계기로 예수운동 예루살렘 공동체와 안티오키아 공동체 사이의 신학적 입장 차이와 공통점이 둘 다 드러났다. 예수운동을 유대교 내부 개혁 그룹으로 이해하는 야고보를 비롯한 예루살렘 공동체는 예수운동에 참여하려는 유대인 아닌 사람을 유대교 범위 안에 묶어놓으려 애썼다. 하지만 바울을 비롯한 안티오키아 공동체는 예수운동에 참여하려는 유대인 아닌 사람을 유대교 범위 안에 묶어놓으려 하지 않았다. 예수운동에 참여하려는 유대인 아닌 사람은 유대인처럼 살아야 한다는 입장의 예루살렘 공동체와 유대인처럼 살 필요는 없다는 안티오키아 공동체의 갈등은 갈라디아 사건에 이르기까지 계속된다. 한편, 바울과 안티오키아 공동체의 결별이 곧 다가오고 있었다.

6장 바울의 선교여행

바울은 하느님께서 택하시고 불러주셨으며(갈라디아 1,15; 로마 1,1), 하느님의 복음을 전하는 특별한 사명을 띤 사도(로마 1,1)이며 그리스도의 사절(고린토후서 5,20)로 스스로 생각했다. 문명인에게나 미개인에게나 유식한 사람에게나 무식한 사람에게나 똑같이(로마 1,14), 모든 유대인 아닌 사람들에게 하느님을 믿고 존중할 것(로마 1,5)을 가르치려 했다.

바울의 독자적 선교활동

예루살렘 사도회의와 안티오키아 충돌에서 예루살렘 공동체와 안티오키아 공동체의 갈등만 나타난 것은 아니었다. 바울은 안티오키아 공동체에서 바르나바와 헤어지고, 안티오키아 공동체를 벗어나 독자 활동에 나서게 되었다. 이 상황을 둘러싼 사도행전의 두 기록은 논란되고 있다. 바울 요한 마르라는 협조자에 대한 바르나바와 바울의 의견 차이(사도행전 15,36-39)가 바르나바와 바울이 결별한 결정적 이유는 아닌 듯하다. 진짜 이유는 안티오키아 충돌에서 바르나바와 바울이 보인 의견 차이였다.[1]

1 Schnelle, Udo, Die ersten 100 Jahre des Christentums 30-130 n. Chr. Die Entstehungsgeschichte einer Weltreligion, Göttingen 2016, p.236

바울이 유대인 아닌 사람에게 예수를 처음으로 전했던 사람은 아니고, 유대인 아닌 사람에게 할례 없는 선교를 처음으로 했던 사람도 아니다. 45년에서 47년 사이에 바르나바와 바울은 처음으로 선교 여행(사도행전 13,1-14,28)을 했다. 바르나바와 결별한 바울은 48년 말부터 52년 초까지 독자적인 선교 여행(사도행전 15,36-18,22)[2]을 한다.

유대인 아닌 사람에게 선교하러 천하를 누비고 다녔던 사람이 바울 혼자뿐이었을까. 바울이 유대인 아닌 사람들에게 예수를 전했던 유일한 인물은 물론 아니었다. 바울이 세우지 않았던 로마 공동체에 들어온 유대인 아닌 사람들을 생각해 보자. 그들은 바울 아닌 누군가에 의해 예수 소식을 듣고 예수운동에 참여했다. 그리스어는 영어의 a 또는 an 같은 부정관사를 쓰지 않는다. 예를 들어, 유대인 아닌 사람들을 위한 사도(εἰμι ἐγὼ ἐθνῶν ἀπόστολος; 로마 11,13)에서 부정관사를 덧붙여 해석하느냐 아니냐는 개인의 선택에 달려 있다. 바울이 자신 아닌 다른 사람들도 유대인 아닌 사람들에게 예수를 전하고 다닌다는 사실을 모를 리 없었지만, 하느님께서 직접 그 임무를 주신 사람은 자신 혼자뿐이라고 생각했다는 의견[3]이 있긴 하다. 우리가 바울의 선교 여행을 추적하면서, 선교에 온 삶을 바쳤지만 이름과 기록을 남기지 못한 수많은 사람들을 잊지 말아야 하겠다.

바울 일행은 여러 도시를 다니면서 예루살렘에 있는 사도들과 원로들이 정한 규정들을 전하며 지키라고 하였다(사도행전 16,4)라는 누가복음 저자의 보도는 사실이 아닌 듯하다.[4] 바울이 그 규정을 알고 있었는지도 의문이지만,

2 Koch, Dietrich-Alex, Geschichte des Urchristentums, Göttingen 2014, 2판, pp.562-569

3 Sanders, E. P, Paul. The Apostle's Life, Letters, and Thought, Minneapolis 2015, p.618, 주 1

바울은 야고보가 요구한 규정을 안티오키아 충돌 사건에서 완강히 반대했었다. 야고보가 요구한 규정을 바울이 받아들일 수 없었기 때문에, 바울은 바르나바와 안티오키아 공동체와 헤어진 것 같다. 그들이 헤어진 정황을 보도한 누가복음 저자의 말이 맞는다는 의견[5]이 있다.

바울의 선교활동 영역

바울은 48년 말 서쪽으로 이동하여 독자적인 선교 활동을 시작한 것 같다. 바울은 왜 서쪽으로 갔을까. 안티오키아 공동체의 선교 지역이었던 시리아와 남동쪽 소아시아를 넘어서 서아시아와 그리스 지역으로 선교 무대를 바울은 넓혔다. 회심한 후 곧바로 아라비아와 다마스쿠스(갈라디아 1,17), 그 후 고향 길리기아(갈라디아 1,21)에서 선교하다가 안티오키아 공동체에 참가(사도행전 11,25)했던 바울은 예루살렘에서 일리리쿰(로마 15,19), 마케도니아와 아카이아(로마 15,26)[6], 심지어 로마제국 전체를 바라보며 로마와 스페인까지 선교를 꿈꾸었다(로마 15,22-23). 예루살렘에서 일리리쿰(로마 15,19) 표현에서 바울은 이사야 66,19를 떠올렸는지[7], 지상에 퍼진 노아의 아들 셈과 함과 야벳의 족보(창세기 10장)를 생각했는지[8] 분명하지는 않다. 예루살렘에서 일리리쿰이 바울의 선교 영역을 가리키는 듯하다.[9]

---

4 Von Lips, Hermann, Timotheus und Titus. Unterwegs für Paulus, Leipzig 2008, pp.123-127

5 Öhler, Markus, Barnabas. Der Mann in der Mitte, BG 12, Leipzig 2005, p.124

6 Wischmeyer, Oda, "Die paulinische Mission als religiöse und literarische Kommunikation", in: Graf, Friedrich Wilhelm/Wiegandt, Klaus (Hg.), Die Anfänge des Christentums, Frankfurt 2009, pp.90-121, p.105

7 Riesner, Rainer, Die Frühzeit des Apostels Paulus, WUNT 71, Tübingen 1994, pp.216-225

8 Scott, James M, Paul and the Nations, WUNT 84, Tübingen 1995, pp.135-149

9 Käsemann, Ernst, An die Römer, HNT 8a, Tübingen 1973, 4판, p.380

바울은 실라(사도행전 15,40)와 함께 안티오키아를 떠나 시리아와 길리기아(사도행전 15,41)에 있다가, 리스트라에서 디모테오(사도행전 16,1)를 동반자로 택하고, 프리기아와 갈라디아(사도행전 16,4), 트로아스(사도행전 16,8)를 거쳐 마케도니아 지역에 도착하여 처음으로 유럽 땅을 밟는다. 바울이 그리스인을 아버지로 두었던 그리스 사람 디모테오에게 할례를 행했다는 누가복음 저자의 보도(사도행전 16,3)는 사실이 아닌 듯하다.

필립비

49년 초 바울은 필립비[10]에서 선교 활동을 펼쳤다. 공통년 이전 356년 마케도니아의 필립 2세 때 건설되고, 공통년 이전 32년 로마제국 식민지로 편입된 필립비에 로마군대 퇴역군인들이 집단 이주해왔다. 필립비 주민 대부분 로마인이었지만, 그리스인과 티아디라 사람들도 언어와 종교에서 꽤 영향이 있었다.[11] 유대교 회당은 없었지만, 유대인이 기도하러 모인 장소(προσευχή; 사도행전 16,13.16)는 있었던 듯하다.[12] 필립비는 로마황제 숭배, 이집트 신화, 땅과 출산을 보호하는 신들을 모시는, 말하자면 1세기 종교혼합주의 또는 종교시장의 좋은 사례를 보여주는 도시였다(사도행전 16,16-22).

필립비에서 바울의 선교는 아주 성공적이었다. 강가에 앉아 바울의 설교를 듣던 여자 중(사도행전 16,13)에 티아디라 출신의 옷감 상인으로 하느님을 공경하는 리디아(사도행전 16,14)[13]가 있었다. 그녀는 온 집안 식구와 함께

10 Elliger, Winfried, Paulus in Griechenland, Stuttgart 1990, 2판, pp.23-77

11 Bormann, Lukas, Philippi. Stadt und Christengemeinde zur Zeit des Paulus, NT.S 78, Leiden 1995, pp.11-84; Pilhofer, Peter, Philippi I. Die erste christliche Gemeinde Europas, WUNT 87, Tübingen 1995, pp.85-92

12 Pilhofer, Peter, Philippi I. Die erste christliche Gemeinde Europas, WUNT 87, Tübingen 1995, pp.165-274

세례를 받고 나서 바울 일행을 그녀 집에 모셨다(사도행전 16,15). 유대인이 사는 도시에는 유대교의 유일신 사상과 윤리에 매혹되어 유대교 예배와 모임에 참여하는 유대인 아닌 사람들이 적지 않았다. 대부분 중상층에 속했던 그들은 유대교와 지역사회를 연결하는 끈이 되었고, 유대교 회당을 경제적으로도 후원했다.[14] 바울의 선교에서 유대교 예배와 모임에 참여하는 유대인 아닌 사람들을 유대교 모임에서 빼내오는 활동이 적지 않은 부분을 차지했다. 그러니, 바울의 예수운동 공동체와 유대교 사이에 갈등은 예정되어 있었고 더 커질 판이었다. 가르침뿐 아니라 사회적 경제적 이해관계까지 포함된 갈등이다.

바르나바와 바울의 1차 선교여행에서 예수운동을 둘러싼 갈등이 없지는 않았다. 바르나바와 바울이 키프로스 섬의 바포에서 총독 세루기오 바울로의 시종이던 유대인 마술사 엘리마를 만났을 때, 바울이 엘리마를 악마의 자식에 악당이라 욕하면서 앞을 못보게 만든 사건이 있었다(사도행전 13,6-12). 2차 선교 여행에서 바울은 필립비에서 점귀신 들린 여종에게서 악령을 몰아낸 일이 있었다(사도행전 16,16-18). 바울의 행동 탓에 돈벌이 길이 막힌 여종의 주인들은 바울과 실라를 잡아 광장 법정으로 끌고 가서 큰 소란을 일으키고 잘못된 풍속을 선전하고 있다고 로마제국 관리들에게 고발하였다(사도행전 16,19-21). 관리들은 바울과 실라를 매질하게 하고 감옥에 넣게 하였다(사도행전 16,22-23). 그 사건 기록에는 역사적 사실이 담긴 듯하다(데살로니카 2,2).

13 Ebel, Eva, Lydia und Berenike. Zwei selbständige Frauen bei Lukas, BG 20, Leipzig 2009, pp.21-76

14 Schnelle, Udo, Die ersten 100 Jahre des Christentums 30-130 n. Chr. Die Entstehungsgeschichte einer Weltreligion, Göttingen 2016, p.239

데살로니카

바울과 실라는 필립비를 떠나 암피볼리스와 아폴로니아를 거쳐 데살로니카에 이르렀다(사도행전 17,1). 공통년 이전 315년에 재건된 데살로니카는 교통과 상업이 활발한 항구도시였다.[15] 데살로니카도 필립비처럼 문화적으로 종교적으로 다양한 모습을 가졌다. 문헌과 유적 발굴을 보면, 세라피스(Serapis), 이시스(Isis), 디오니수스(Dionysus), 카리벤(Kariben) 등 여러 신들을 숭배한 흔적이 있다.[16] 바울은 데살로니카에서 겨우 몇 달(사도행전 17,2) 머물렀지만, 그래도 큰 성과를 얻었다.(데살로니카전서 1,6-10) 바울은 유대교 회당과 근처에서 유대인, 하느님을 공경하는 유대인 아닌 사람들, 중산층 여인들 사이에서 주로 선교하였다(사도행전 17,4).

일부 유대인들이 정치적 이유를 들어 바울 일행이 황제의 법령을 어기고 있다고 로마제국 관리들에게 고발했다(사도행전 17,5-7). 예수운동 데살로니카 공동체는 지역 주민에게서 박해를 받기도 했다(데살로니카전서 2,14). 바울 일행은 데살로니카에서 공동체 누구에게도 민폐 끼치지 않으려고 밤낮으로 노동했다(데살로니카전서 2,9). 필립비 공동체가 데살로니카에 있던 바울에게 두어 번 경제적 도움을 주었다는 기록(필립비 4,15-16)도 있다. 바울은 49년 중반 약 3달 정도 데살로니카에 있었다는 의견[17]이 있다. 데살로니카를 떠난 뒤 바울은 다시 데살로니카를 방문하고 싶어했지만, 뜻을 이루

---

15 Elliger, Winfried, Paulus in Griechenland, Stuttgart 1990, 2판, pp.78-116; Riesner, Rainer, Die Frühzeit des Apostels Paulus, WUNT 71, Tübingen 1994, pp.297-301; Von Brocke, Christoph, Thessaloniki - Stadt des Kassander und Gemeinde des Paulus, WUNT 2.125, Tübingen 2001, pp.12-101

16 Donfried, Karl P, "The Cults of Thessalonica and the Thessalonian Correspondence", NTS 31 (1985), pp.336-356; Von Brocke, Christoph, Thessaloniki - Stadt des Kassander und Gemeinde des Paulus, WUNT 2.125, Tübingen 2001, pp.115-138

17 Riesner, Rainer, Die Frühzeit des Apostels Paulus, WUNT 71, Tübingen 1994, p.313

지는 못했다(데살로니카전서 2,17-18).

베레아

바울은 그 후 베레아에서도 성공적으로 활동했다. "그곳 유대인들은 데살로니카 유대인들보다 마음이 트인 사람들이어서 말씀을 열심히 받아들이고 바울의 말이 사실인지 알아보려고 날마다 성서를 연구하였다. 이리하여 그들 중 많은 사람이 예수를 믿게 되었다. 또 그리스 귀부인들과 남자들 가운데서도 믿는 사람이 적지 않았다"(사도행전 17,11-12). 가난한 사람들을 위한 헌금을 가지고 예루살렘까지 바울과 동행했던 인물 중 하나인 소바드로는 베레아 출신이었다(사도행전 20,4; 로마 16,21).

아테네

바울은 일행과 함께 베레아를 떠나 아테네로 갔다(데살로니카전서 3,1). 공통년 49년 말 바울은 아테네에서 오래 머물렀지만, 아테네에서 자신의 활동에 대해 아무 기록도 남기지 않았다. 아테네가 우상으로 가득 차 있는 것을 보고 격분하였고(사도행전 17,16), 회당에서 유대인들과 하느님을 공경하는 유대인 아닌 유다 교도들과 토론하였고, 날마다 광장에서 사람들과 토론(사도행전 17,17)하였다는 보도는 바울이 아니라 누가복음 저자의 말이다. 바울이 아레오파고 법정에 연설한 것(사도행전 17,22-31)처럼 실제로 그렇게 연설한 것 같지는 않다.[18] 아레오파고 법정에 바울 연설은 사도행전에서 하나의 절정[19]으로 볼 수 있다. 죄로 인해 하느님과 멀어진 인간 현실에

---

18 Dibelius, Martin, "Paulus auf dem Areopag", in: Ders., Aufsätze zur Apostelgeschichte, FRLANT 60, Göttingen 1951, pp.29-70; Lüdemann, Gerd, Das frühe Christentum nach den Traditionen der Apostelgeschichte, Göttingen 1987, pp.196-202; Lang, Manfred, Die Kunst des christlichen Lebens, ABG 29, Leipzig 2008, pp.251-314

19 Dibelius, Martin, "Paulus auf dem Areopag", in: Ders., Aufsätze zur Apostelgeschichte,

서 출발하는 바울 신학의, "'우리는 그분 안에서 숨쉬고 움직이며 살아간다'라는 말도 있지 않습니까? 또 여러분의 어떤 시인은 '우리도 그의 자녀다'라고 말하지 않았습니까?"(사도행전 17, 28)는 사실 좀 의아하다.

아테네에서 바울 선교는 큰 성과를 얻은 것 같지는 않다.[20] 디오니시오, 다마리스, 그 밖에 몇 사람만 바울의 아테네 활동에서 언급되었을 뿐이다(사도행전 17, 32-34). 디오니시오가 아레오파고 법정의 판사였다(사도행전 17, 34)는 의견[21]은 조금 의심스럽다.[22] 바울이 아테네에서 예수운동 공동체를 세웠다는 기록은 없었다. 공통년 170년에야 비로소 아테네에 예수운동 공동체가 있다는 언급이 있다.[23] 예수운동 초기 역사에서 아테네는 역할이 없었다.

고린토

50년 초 바울은 혼자 고린토에 들어섰다. 공통년 이전 146년에 파괴된 고린토[24]는 공통년 이전 44년에 로마제국 퇴역군인들의 식민지로 다시 건설되었다. 공통년 이전 27년에 고린토는 로마제국 의회가 관할하는 아카이아 속주의 수도로 지정되었다. 로마인 말고도 그리스인과 로마제국 동쪽에서 온 사람들도 많았다. 규모가 큰 유대인 거주지역[25]과 유대교 회당(사도행전 18, 4)[26]이 있었다. 양쪽 바다를 접하는 위치 덕분에 고린토는 아시아와 그리

FRLANT 60, Göttingen 1951, pp. 29-70, p.9

20 Schnelle, Udo, Die ersten 100 Jahre des Christentums 30-130 n. Chr. Die Entstehungsgeschichte einer Weltreligion, Göttingen 2016, p.241

21 Weiss, Alexander, Soziale Elite und Christentum. Studien zu ordo-Angehörigen unter den frühen Christen, Berlin 2015, p.100

22 Koch, Dietrich-Alex, Geschichte des Urchristentums, Göttingen 2014, 2판, p.256

23 Eusebius, Historia Ecclesiastica IV 23,2

24 Elliger, Winfried, Paulus in Griechenland, Stuttgart 1990, 2판, pp.200-251

25 Philo, Legatio ad Gaium 281

스로마 지역을 잇는 중요한 상업 도시로 발전했다. 동방에서 온 여러 종류의 종교와 신전[27]이 많았고 그리스철학의 견유학파(Kyniker)의 중심지중 하나였다. 유명한 철학자 디오게네스(Diogenes)와 데메트리우스(Demetrius)가 고린토에서 활약했다. 고대 지중해 지역에서 올림픽 종목 다음으로 중요했던 달리기 경주(고린토전서 9,24-27)가 열렸다.

고린토에서 바울은 로마에서 추방된 프리스킬라와 아퀼라 유대인 부부를 알게 되었고(사도행전 18, 2), 마케도니아에서 온 실라와 디모테오를 만났다(사도행전 18, 5). 하느님을 공경하는 유대인 아닌 사람들, 회당장 그리스보와 식구 등 유대인, 많은 고린토 사람들이 바울 설교를 듣고 예수를 믿어 세례를 받았다(사도행전 18,7-8). 고린토 공동체는 규모가 크고 특히 빵나눔 모임이 활발했다(고린토전서 11-14장). 가이오(고린토전서 1,14; 로마 16,23), 스테파나(고린토전서 16,15), 디디오 유스도(사도행전 18,7), 그리스보(사도행전 18,8), 에라스도(로마 16,23) 집에서 공동체가 모인 듯하다. 바울은 약 1년 반 동안 고린토에 살면서(사도행전 18,11) 잃어버린 편지(고린토전서 5,9), 고린토전서, 고린토후서등 적어도 세 편의 편지를 쓴 것 같다. 고린토는 에페소와 함께 바울에게 중요한 선교 중심지 중 하나가 되었다.

일부 유대인들이 바울을 체포하여 로마 법정으로 끌고 가서 “바울이 하느님을 예배하라고 사람들을 충동하며 법을 어기고 있다”라고 고발하였다(사도행전 18,12-13). 아카이아 지방 총독 갈리오는 말과 명칭과 유대인 내부의

26 Klauck, Hans-Josef, Herrenmahl und hellenistischer Kult, NTA 15, Münster 1987, 2판, p.234, 주 3

27 Murphy-O'Connor, James, St. Paul's Corinth. Texts and Archaeology, Collegeville 2002, 3판, pp.186-191

율법에 관련된 것(사도행전 18,15)이라며 사건에 개입하지 않았다. 바울이 쓴 고린토전서와 고린토후서를 보면, 고린토 공동체와 바울 사이에 여러 종류의 복잡한 갈등이 많이 있었다.

고린토 시절 이후 행적

고린토 시절 이후 바울의 이어지는 여행 기록(사도행전 18,18-22,23)에서 몇 가지 질문이 생긴다.[28] 바울은 고린토에서 며칠 더 머물다가 시리아로 떠났다(사도행전 18,18). 바울이 유대교 회당에 들러 유대인들과 이야기를 나누었을 때, 그들은 바울에게 좀 더 에페소에 오래 머물러 달라고 요청했지만, 바울은 동행했던 프리스킬라와 아퀼라 부부를 에페소에 남겨놓고 에페소를 떠나버렸다.

바울의 원래 목적지는 시리아였는데, 엉뚱하게 체사레아에 도착한다. 거기서 예루살렘으로 올라간 후 바울은 안티오키아로 갔다. 체사레아 도착과 예루살렘 방문에 대한 설명도 없다. 이 여행 경로는 바울 편지에서 확인되지도 않는다. 바울의 여행 과정과 동기도 해설되지 않았다. 사도행전이 기록한 바울의 이 네 번째 예루살렘 방문은 사실이 아닌 듯하다.[29]

고린토 시절 이후 바울의 여행(사도행전 18,18-22)은 51년 여름에서 52년 초 기간에 해당한다. 그 후 바울은 52년 여름부터 55년 초까지 에페소에서 3년 가까이 머물렀다. 45~47년 바르나바와 바울의 1차 선교여행(사도행전 13,1-14,28), 48년 초부터 52년 봄까지 바울의 2차 선교여행(사도행전

28 Weiser, Alfons, Die Apostelgeschichte, ÖTK 5.2, Gütersloh 1985, p.496

29 Weiser, Alfons, Die Apostelgeschichte, ÖTK 5.2, Gütersloh 1985, p.502; Roloff, Jürgen, Die Apostelgeschichte, NTD 5, Göttingen 1981, p.277

15,36-18,22)에 이어 52년부터 55/56년까지 바울의 3차 선교여행이 있었다. 누가복음 저자는 바울이 안티오키아로 돌아온 시점(사도행전 18,22)을 3차 선교여행의 시작으로 본다. 1차 선교여행과 2차 선교여행은 기간이 분명하게 구분되지만, 2차 선교여행에서 3차 선교여행으로 건너가는 기간은 뚜렷하게 나누어지지는 않는다.[30]

에페소

52년부터 55/56년까지 바울의 3차 선교여행에서도 에페소는 소아시아 지역에서 중심지 중 하나다. 로마제국 아시아주 수도인 에페소에 10만 명이 살았고, 대형극장에 25,000명이 들어갈 수 있었다. 도서관, 신전 등이 많이 있던 에페소는 여러 종교와 마술사들의 활동이 활발했다.[31]

에페소 공동체는 바울(사도행전 19,1)이 아니라 아폴로(사도행전 18, 24-28)가 처음 만들었다. 프리스킬라와 아퀼라 부부가 자기 집(고린토전서 16,19)에 바울을 초대하여 에페소에서 활동하도록 도왔다. 당시 철학자들이 여러 곳을 돌아다니며 사상을 전파한 것처럼, 바울은 공간을 빌어 2년 동안 디란노 학원에서 예수 메시지를 전파했다(사도행전 19,9). 유랑 철학자가 있었다면, 바울 같은 유랑 신학자도 있었다. 바울이 행한 기적(사도행전 19,11-12)으로 인해, 마귀를 쫓아낸다고 돌아다니는 몇 유대인들(사도행전 19,13-16)과 갈등이 있었다. 바울의 기적을 보고 많은 마술사들이 자기 책을 불살라버리기도 했다(사도행전 19,19).

---

30 Schnelle, Udo, Die ersten 100 Jahre des Christentums 30-130 n. Chr. Die Entstehungsgeschichte einer Weltreligion, Göttingen 2016, p.244, 주 24

31 Witetschek, Stephan, Ephesische Enthüllungen I, BTS 6, Leuven 2008, pp.66-139

종교 활동은 가르침뿐 아니라 돈에 관계되기도 한다. 세계 7대 불가사의 중 하나에 속하는 에페소의 아르테미스(Artemis) 신전은 은행 역할도 했다. 예루살렘 성전도 마찬가지였다. 신전과 연결되어 경제 활동을 하는 사람들도 많았다. 그들이 바울의 활동에 반발하여 소동(사도행전 19,23-40)을 일으켰다.[32] 예루살렘 성전에서 장사하는 사람들도 성전 사제들에게 선동되고 합세하여 예수를 십자가에 못 박아 죽이라고 소리 높여 외쳤었다(마가 15,11-13). 예수운동의 선교 활동이 선교 지역 사회의 경제 이익과 사회 질서를 어지럽힌다는 이유로 박해받기도 했다.

에페소는 바울의 선교 역사에서 고린토 다음으로 중요하고 예수운동 전체 역사에서도 손꼽히는 도시다. 로마황제 숭배 문화가 널리 퍼졌고 의회가 있는 에페소에서 바울 선교가 주민들과 갈등을 빚지 않을 리 없었다. 로마제국 관리들의 현명한 대처로 바울은 봉변을 면하고 에페소를 떠날 수 있었다(사도행전 19,31.35-40). 바울은 사형 선고를 받은 사람들(고린토전서 4,9), 짐승들과 싸우는 위험(고린토전서 15,32), 적대하는 사람들이 많다(고린토전서 16,9)고 에페소에서 자신의 삶을 증언했다. 바울이 아시아에서 당한 환난과 사형 선고(고린토후서 1,8-10), 몸에 가시로 찌르는 것 같은 병(고린토후서 12,7) 증언은 에페소에서 바울에게 일어난 사건을 가리키는가. 분명하지는 않다.

바울이 에페소에 있었을 때, 예루살렘 공동체의 가난한 사람들을 위한 모금을 하러 마케도니아와 아카이아를 다녀오기도 했다. 바울은 마케도니아

---

32 Lampe, Peter, "Acta 19 im Spiegel der ephesischen Inschriften", BZ 16 (1992), pp.59-76; Weiss, Alexander, "Der Aufruhr der Silberschnide (Apg 19,23-40) und das Edikt des Paullus Fabius Persicus (I. Ephesos 17-19)", BZ 53 (2009), pp.69-81

를 거쳐 고린토로 가려고 했다(고린토전서 16,6; 사도행전 19,21). 바울은 고린토에서 56년 초 약 석 달 머물렀던 듯하다(사도행전 20,3). 처음에는 고린토에서 배를 타고 곧바로 시리아로 더 가려 했지만, 일부 유대인의 방해 때문에 마케도니아를 거쳐야 했다. 바울은 예루살렘으로 가서 모금을 전달할 계획을 밝혔었다(로마 15,25). 바울은 고린토에서 필립비를 거쳐 토로아스에 갔고, 거기서 아쏘를 거쳐 밀레도스에 닿았다. 그 후 배로 지중해 해안 도시 가이사리아에 도착하고(사도행전 20,6), 56년 오순절에(사도행전 20,16) 드디어 예루살렘에 돌아왔다.

바울의 선교 전략

바울의 선교 전략은 어떠했는지 바울 편지들과 사도행전은 잘 말하고 있다. 어디서든 사람 하나하나를 만나는 행동을 선교 전략의 특징으로 꼽을 수 있다.[33] 항구 옆에 여러 가게가 모인 곳보다 사람들이 자주 오가는 곳은 없었다. 그런 좋은 장소를 바울은 놓치지 않았다.[34] 바울은 유대교 회당뿐 아니라 개인의 집(사도행전 18,7; 20,7-11; 28,30-31)[35], 공터와 광장(사도행전 17,16-34) 심지어 감옥(사도행전 28,30; 필립비 1,12; 필레몬서)에서도 복음을 전했다. 공공건물을 빌려 노동하고(사도행전 19,9) 빈 시간을 선교에 쓰기도 했다(데살로니카전서 2,9).[36] 거래처, 손님, 동료, 함께 일하는 사람들, 노예 등을 바울은 자주 접촉할 수 있었다.[37] 노동은 바울에게 경제적 독립(고린토

33 Reinbold, Wolfgang, Propaganda und Mission im ältesten Christentum, FRLANT 188, Göttingen 2000, pp.182-225, p.195

34 Von Brocke, Christoph, Thessaloniki - Stadt des Kassander und Gemeinde des Paulus, WUNT 2.125, Tübingen 2001, p.151, 주 37

35 Gehring, Roger W, Hausgemeinde und Mission, Giessen 2000, pp.311-328

36 Hock, Ronald. F, The Social Context of Paul's Ministry, Minneapolis 1980, pp.37-42

37 Arzt-Grabner, Peter, Gott als verlässlicher Käufer, Philadelphia 1980, p.412

전서 9,18)과 정신적 자유를 제공했다.[38]

복음을 전하려는 바울의 열정(갈라디아 4,8)은 십자가에 달린 그리스도를 먼저 설교하게 했다(고린토전서 1,17; 고린토후서 13,4). 바울은 간교한 행동을 하거나 하느님의 말씀을 비뚤어지게 전하지 않았고(고린토후서 4,2) 아무에게도 해 끼치거나 망쳐놓은 일이 없으며 아무도 착취한 일이 없었다(고린토후서 7,2). 바울은 자기 자녀를 돌보는 어머니처럼(데살로니카전서 2,7; 고린토전서 4,14) 모든 공동체(고린토후서 11,28)를 염려했고, 해산의 고통을 겪어야 했다(갈라디아 4,19).

공동체가 진리에서 벗어날 위험이 있을 때, 바울은 그에 맞서 싸웠다(고린토후서 11,4.29; 갈라디아 3,1-5). 바울은 사람의 환심을 사려는 것이 아니라 하느님을 기쁘게 해드리려고 복음을 전할 뿐이었다(데살로니카전서 2,4.6; 갈라디아 1,10). 바울은 매 맞고(고린토후서 6,5; 11,23; 필립비 1,7) 돌 맞고(고린토전서 15,32; 고린토후서 4,11; 필립비 1,20-23), 감옥에 갇히고(고린토후서 11,25), 죽음의 위험(데살로니카전서 2,13)에 있기도 했다. 바울 말고도 당대에 얼마나 많은 선교사들이 예수운동을 전파하면서 여기저기서 고난을 겪었을까.

바울의 선교여행을 정리해보자. 바울이 돌아다닌 곳, 만난 사람들, 세운 공동체를 보면, 바울의 예수운동에 참여한 사람 대부분 그리스로마 문화에서 살던 유대인 아닌 사람들이었다.[39]

38 Ebner, Martin, Leidenslisten und Apostelbrief, fzb 66, Würzburg 1991, p.70

39 Löhr, Hermut, "Speisenfrage und Tora im Judentum des Zweiten Tempels und im entstehenden Chrsitentum," ZNW 94 (2003), pp.17-37

바울의 협조자

안타오키아 공동체와 결별하면서 바울이 독자적인 선교 활동을 시작했지만, 혼자 선교한 것은 아니다. 바울을 도왔던 많은 협조자들이 있었다.[40] 그 협조자들이 없었다면, 바울 선교의 선교는 생각할 수 없다. 바울만 기억하고 협조자들을 잊으면 안 된다. 바울 편지에서 협조자들의 이름을 세어보면 40명쯤 된다. 그들 대부분 바울이 시작한 공동체 출신이었고, 바울과 함께 다른 선교 지역에 파견되었다. 그들은 출신 공동체와 접촉을 유지하고 여러 방법으로 바울의 선교를 도왔다. 그들이 단순히 바울의 협조자였던 것은 아니다. 바울처럼 그들 또한 하느님을 위해서 함께 일하는 일꾼들이었다(고린토전서 3,9). 바울처럼 그들 역시 유대인 아닌 사람들에게 복음을 전하는 일을 했다(데살로니카전서 3,2; 고린토전서 3,5-9; 16,10.15-18; 고린토후서 8,16-13; 필립비 2,22).

바울 학파

현대적 의미에서 바울 학파 또는 바울 그룹이라고 부를 만한 조직이 있었을까. 바울 생각에 찬성하고 전파하는 사람들의 모임이 있었는가. 여러 연구가 있었다. 바울 학파가 있었다는 의견이 있고,[41] 없었다는 의견도 있다.[42]

40 Ollrog, Wolf-Henning, Paulus und seine Mitarbeiter, WMANT 50, Neukirchen 1979, pp.14-62

41 Conzelmann, Hans, "Die Schule des Paulus", in; Andresen, Carl/Klein, Günter (Hg.), Theologia Crucis - Signum Crucis (FS Dinkler, E), Tübingen 1979, pp.85-96; Schnelle, Udo, "Denkender Glaube. Schulen im Neuen Testament", in; Engberg-Pedersen, Troels (Hg.), Paul in His Hellenistic Context, Minneapolis 1995, pp.60-83; Schnelle, Udo, Die ersten 100 Jahre des Christentums 30-130 n. Chr. Die Entstehungsgeschichte einer Weltreligion, Göttingen 2016, p.250-252

42 Schmeller, Thomas, Schulen im Neuen Testament?, HBS 30, Freiburg 2001, p.182

바울은 “몹쓸 전염병 같은 놈으로서 온 천하에 있는 모든 유대인을 선동하여 반란을 일으키려는 자이며, 나자렛 무리의 괴수”라고 로마총독 펠릭스 앞에서 고발당했다(사도행전 24,5). 나자렛 학파의 창시자는 예수요, 바울은 그 추종자 중 하나라는 말이다. 나자렛 무리(αἱρέσεως)에서 αἱρέσεως는 무리, 학파, 그룹의 뜻을 가진 단어다. 누가복음 저자는 예수운동을 길(τῆς ὁδοῦ)(사도행전 19,23)이라 표현하고 바울을 그 지도자 중 하나로 소개했다.[43] 그런데, 바울을 둘러싸고 하나의 학파가 생겼다는 암시가 있다. 바울 자신이 바리사이파라는 유대교 내부의 특정 학파 출신이다(갈라디아 1,14). 그리스철학의 중심지 중 하나인 타르소에서 태어나고 자란 바울이 그리스철학 그룹들을 전혀 모를 리는 없었다. 바울 편지들에도 편지 공저자(데살로니카 1,1; 고린토전서 1,1; 고린토후서 1,1; 갈라디아 1,2), 비서(로마 16,22), 받아쓰는 사람(고린토전서 16,21; 갈라디아 6,11; 필레몬 1,19)이 있었다.

바울 편지 제1 저자는 물론 바울이지만, 바울 편지는 공동 작품의 성격도 지녔다. 바울의 편지들은 적어도 며칠에 걸쳐 쓰였을 것이다. 글쓰기에 필요한 재료와 받아쓰는 사람이 필요했다. 바울의 이름으로 쓰였지만 바울 제자들이 쓴 것이 확실한 편지들[44]은 바울 죽음 이후 바울 학파가 존재했다는 증거중 하나다. 바울 생전에 바울 학파가 존재했던 사실이 바울 죽음 이후 바울 학파 존재의 전제가 된다.[45]

43 Heininger, Bernhard, "Einmal Tarsus und zurück (Apg 9,30; 11,25-26). Paulus als Lehrer nach der Apostelgeschichte", MThZ 49(1998), pp.125-143

44 Müller, Peter, Anfänge der Paulusschule, AThANT 74, Zürich 1988, pp.270-320; Frenschkowski, Marco, "Pseudepigraphie und Paulusschule", in: Horn, Friedrich Wilhelm (Hg.), Das Ende des Paulus, BZNW 106, Berlin 2001, pp.239-272

45 Schnelle, Udo, Die ersten 100 Jahre des Christentums 30-130 n. Chr. Die Entstehungsgeschichte einer Weltreligion, Göttingen 2016, p.252

사도행전 자체가 바울 학파의 존재를 증언하는 자료 중 하나다. 사도행전이 바울이 직접 쓴 자서전은 아니지만, 바울에 대해 쓰인 최초의 전기라고 볼 수 있다.[46] 바울 학파는 에페소에 있었던 듯하다.[47] 창시자, 동조자, 제자들이 생기고, 토론과 해석, 식사와 친교, 다른 그룹과 차별, 여러 장소에서 강의, 공동 여행 등 그리스철학 학파와 바울 학파 사이에는 여러 비슷한 특징이 있다.[48]

바울 공동체 특징

바울이 세운 공동체를 우리가 이해하기 쉽게 바울 공동체라고 표현하자. 바울이 세웠으니 바울 소유의 공동체라는 뜻이 전혀 아니다. 누가 세운 공동체든 그것은 사람 소유가 아니라 하느님 소유다. 바울 공동체의 숫자가 적지 않고 협조자들이 많았던 것은 바울 선교에서 나온 결과였다. 다른 선교사들이 이곳저곳을 옮겨다니며 예수를 전했다면, 바울은 자신도 그렇게 했던 처음 전략을 차차 바꾸어 나갔다. 바울은 큰 도시에 공동체를 세우고 그곳에서 공동체가 자립할 때까지 상당 기간 머물며 선교했다. 그 공동체는 다른 공동체나 가정 공동체를 새로 만들고 확장한다. 바울이 그곳에 더 이상 머물 필요가 없을 때, 바울은 다른 도시로 훌쩍 떠났다(데살로니카전서 1,6-8).

가정은 고대의 종교 생활에서 중심 공간으로서 오랜 전통을 지니고 있었다. 가정은 종교 생활이 일상에서 실천(religio domestica)되는 장소였다.[49]

---

46 Alexander, Loveday, "Acts and Ancient Intellectual Biography", in: Winter, Bruce W/Clarke, Andrew D (Hg.), The Book of Acts in its Ancient Literary Setting, Grand Rapids 1993, pp.31-63, p.34

47 Conzelmann, Hans, "Paulus und die Weisheit", in: Ders., Theologie als Schriftauslegung. Aufsätze zum Neuen Testament, München 1974, pp.177-190, p.179

48 Schmeller, Thomas, Schulen im Neuen Testament?, HBS 30, Freiburg 2001, pp.46-92

그리스로마 문화에서 사람들은 집안에 신을 모시고 신상, 동상, 조각 등 종교 물품을 전시하는 공간을 따로 만들었다. 남자 가장(pater familias)이 종교의식을 주관하여 거행했다. 노예를 포함하여 한 집안의 모든 식구들이 같은 종교에 귀의하는 것이 보통이었다(고린토전서 1,11.16; 사도행전 16,13-15; 16,25-34). 어느 가정이 예수운동에 참여한다는 말은 그 가정이 가졌던 종교를 포기하고 집안에 있던 종교 물품을 없애는 행동을 포함했다(사도행전 19,19.26). 사교 모임, 철학 모임, 각종 종교 모임이 진행되는 장소가 곧 가정이었다.[50] 유대교에서도 가정은 회당 말고도 종교 생활에서 중심이었다.[51]

바울 편지에서 가정 공동체가 자주 등장하는 것은 당연하다. 데살로니카, 필립비, 고린토, 에페소, 로마에 예수운동 가정 공동체가 있었다.[52] 그 지역을 대표하는 가정 공동체(사도행전 16,14; 17,6; 로마 16,1; 필레몬)도 있었고, 여러 가정 공동체로 이루어진 좀 더 큰 지역 공동체(사도행전 18,2.7;.8; 고린토전서 1,16; 16,15; 로마 16,23)가 있었다. 지역 공동체에서 어느 가정 공동체가 지도적인 역할을 한 것(고린토전서 16,15-16) 같다.[53] 자기 집에 모이는 교회(τῇ κατ᾽ οἶκον αὐτῶν ἐκκλησίᾳ; 고린토전서 16,19; 로마 16,5; 사도행전 12,12; 18,7) 표현은 예수운동에 참여하지 않은 집들 가운데 위치한 예수운

49 Öhler, Markus, "Das ganze Haus. Antike Alltagsreligiösität und die Apostelgeschichte", ZNW 102 (2011), pp.201-234; Ebner, Martin, Die Stadt als Lebensraum der ersten Christen. Das Urchristentum in seiner Umwelt I, Göttingen 2012, pp.166-177

50 Klauck, Hans-Josef, Hausgemeinde und Hauskirche im frühen Christentum, SBS 103, Stuttgart 1981, pp.83-97

51 Claussen, Carsten, Versammlung, Gemeinde, Synagogue, StUNT 27, Göttingen 2002, pp.160-164

52 Gehring, Roger W, Hausgemeinde und Mission, Giessen 2000, pp.238-274

53 Horn, Friedrich Wilhelm, "Stephanas und sein Haus - die erste christliche Hausgemeinde in der Achaia", in; Bienert, David C u.a. (Hg.), Paulus und die antike Welt (FS Koch, D-A), FRLANT 222, Göttingen 2008, pp.83-98

동 참여자의 집에서 열린 모임을 가리키는 듯하다.[54]

가정 공동체 숫자는 자주 변했다. 고린토 공동체는 한곳에서 모인 듯하다.(고린토전서 11,20; 14,23) 30~40명[55], 40~50명[56], 50명[57]등 여러 추측이 있다. 한 도시에 여러 가정 공동체가 있던 로마 같은 곳에는 신자 숫자가 더 많았을 것이다. 모임 장소로 공공장소, 정원, 가게, 술집 등도 생각할 수 있다. 당시 친목 단체 회원 숫자는 보통 100~200명 사이였다.[58]

어느 지역에서나 소수파였던 예수운동에서 가정 공동체는 종교생활을 함께 할 수 있던 적절한 모임이었다. 기도(사도행전 12,12), 말씀 선포(사도행전 16,32; 20,20), 세례와 빵나눔이 열렸다(사도행전 16,15). 공동체 모임(고린토전서 14,23)이 있었고, 바울 편지가 낭독되었고(데살로니카전서 5,27; 골로사이 4,16), 선교사들이 잠을 청했다(사도행전 16,15). 예수운동 공동체에 어떻게 들어올 수 있을까. 세례를 받으면 되었다. 신자 명단이 있을 수 있었다(디모테오전서 5,9).[59]

친목 단체들과 예수운동 공동체는 처음부터 크게 다른 점이 적어도 셋

54 Schnelle, Udo, Die ersten 100 Jahre des Christentums 30-130 n. Chr. Die Entstehungsgeschichte einer Weltreligion, Göttingen 2016, p.254

55 Murphy-O'Connor, James, St. Paul's Corinth. Texts and Archaeology, Collegeville 2002, 3판, pp.178-191

56 Gehring, Roger W, Hausgemeinde und Mission, Giessen 2000, pp.252-254

57 Horrell, David G, "Domestic Space and Christian Meetings at Corinth: Imagining New Contexts and the buildings East of the Theatre", NTS 50(2004), pp.349-369

58 Kloppenborg, John S, "Membership Practices in Pauline Christ Groups", EC 4 (2013), pp.183-215, pp.211-215

59 Kloppenborg, John S, "Membership Practices in Pauline Christ Groups", EC 4 (2013), pp.183-215, pp.206-210

있었다.[60] 예수운동 공동체에는 친목 단체들처럼 규약, 정관을 가지고 있지 않았다. 예수운동 공동체는 친목 단체처럼 가입할 때 또는 주기적으로 내는 돈을 요구하지 않았다. 예수운동에서 한 공동체에 참여하면, 다른 예수운동 공동체에 참여한 사람들과 똑같은 대우를 받았다.

당시 그리스로마 사람들은 예수운동 공동체는 친목 단체(Verein)의 새로운 모습으로 이해했을 것이다. 친목 단체는 공동식사를 중심으로 운영되듯이, 예수운동 공동체도 공동식사를 중심으로 움직였기 때문이다.[61]

그러나, 거액의 돈을 희사하는 나이 많은 남자를 중심으로 돌아가는 친목 단체들과 예수운동 공동체는 서로 다른 점이 있었다. 예수운동 공동체는 예수가 큰돈을 냈기 때문에 생기지는 않았다. 돈을 내는 남자를 중심으로 움직이지도 않았다. 회원들끼리 교제하기 위해 모인 것이 아니라 새로운 사람이 되고 새로운 세상을 만들기 위해 모였고, 친목 단체처럼 어쩌다 모이는 것이 아니라 규칙적으로 자주 만나고 모였다(고린토전서 16,2).

예수운동 공동체처럼 자주 모이고 식사하는 단체는 고대 지중해 지역에 없었다.[62] 가정과 도시와 국가를 나이 많은 남자 중심으로 운영하는 그리스로마 사회에서 예수운동은 신분 차별과 가부장주의에 반대하는 깃발을 내걸었다. 세상 완성을 기다리는 공동체, 직무 구분이 없는 예수운동에서는 사람 사이 신분 차이(Hierarchie)가 의미를 잃었다.[63] 예수 중심의 삶으로 변화를

60 Judge, Edwin A, Art. "Kultgemeinde (Kultverein)", RAC 22, Stuttgart 2008, pp.393-420

61 Klinghardt, Matthias, Gemeinschaftsmahl und Mahlgemeinschaft. Soziologie und Liturgie frühchristlicher Mahlfeiern, TANZ 13, Tübingen 1996, pp.21-174

62 Ebel, Eva, Die Attraktivität früher christlicher Gemeinde, WUNT 2. 178, Tübingen 2004, pp.163

강조한 예수운동 공동체는 당시 그리스로마 사회의 문화와 가치 체계를 결과적으로 크게 뒤흔들었다.

아우구스투스 황제 이후 모든 친목 단체 내부 규정을 자세히 정하고 국가 질서를 어지럽히지 않겠다는 조건 아래 로마제국에 신고하고 허락받아야 했다. 유대교는 그 전통 때문에 특별히 허락받은 모임에 속했다. 신고하지 않은 많은 모임들은 국가 질서를 훼손하지 않는 한 사실상 묵인되었다.[64] 예수운동 공동체는 유대교 내부 단체의 하나로서 회당에 속한 모임(collegium)으로 용납되었다.

예수운동 공동체가 유대교 회당과 갈등을 빚고 이탈하려는 움직임을 보이면서 50년대 중반부터 예수운동 공동체의 법적 지위가 문제되기 시작했다. 예수운동 공동체는 일반 친목 단체로 등록될 가능성은 있었다. 겉으로는 친목 단체처럼 보이지만 내부에서 종교모임의 성격을 지닌 예수운동 공동체였다.[65] 예수운동 가정 공동체는 유대교 회당 공동체와 그리스로마 문화의 친목 단체(Verein)와 경쟁 구도를 펼치게 되었다. 어느 공동체가 당시 사람들에게 더 호기심과 매력을 선사했을까.[66]

---

63 Stegemann, Wolfgang, Stegemann, Ekkehard, Urchristliche Sozialgeschichte: Die Anfänge im Judentum und die Christusgemeinden in der mediterranen Welt, Stuttgart 1997, 2판, p.243

64 Öhler, Markus, "Römisches Vereinsrecht und christliche Gemeinden', in: Labahn, Michael/Zangenberg, Jürgen (Hg.), Zwischen den Reichen. Neues Testament und Römische Herrschaft, TANZ 36, Tübingen 2002, pp.51-71, p.61

65 Ebner, Martin, Die Stadt als Lebensraum der ersten Christen. Das Urchristentum in seiner Umwelt I, Göttingen 2012, pp.190-235, p.228

66 Ebel, Eva, Die Attraktivität früher christlicher Gemeinde, WUNT 2. 178, Tübingen 2004, pp.151-180

공동체? 교회?_ 공동체를 이르는 단어

바울은 예수운동 공동체를 가리키는 단어로 모임, 집회를 뜻하는 정치 용어 ἐκκλησία를 선택했다.[67] 그리스로마 사회에서 ἐκκλησία는 어느 특정 그룹이 아니라 투표권이 있는 자유인들의 모임을 가리키는 단어였다(사도행전 19,32.39).[68] 예루살렘에서도 예수운동 공동체를 가리키는 단어로 모임, 하느님의 공동체(ἐκκλησία τοῦ θεοῦ)가 쓰였다(데살로니카전서 2,14; 고린토전서 15,9; 갈라디아 1,13; 필립비 3,6). 한편으로 예수운동을 이스라엘의 하느님 백성과 연결하고, 다른 편으로 유대교 회당과 다르게 표현하려는 의지가 담긴 것[69]일까. 예수운동이 예수 죽음과 부활 이후 겨우 20여 년 지난 시점에 벌써 유대교와 결별을 준비했다는 말인가. 나는 그 의견이 좀 의아하다.

단어 ἐκκλησία가 어디서 왔는지 의견이 다양하다.[70] 공동성서(구약성서) 최근 연구에서도 그리스어 번역본(신명기 23,2-4; 민수기 16,3; 역대기상 28,8; 미가 2,5)에서 왔다는 의견[71]과 그리스로마 문화의 정치 분야에서 영향 받았다는 의견[72]이 맞서 있다. 우리 언어로, 주민 센터, 마을 회관, 동사무소,

---

67 Schnelle, Udo, Die ersten 100 Jahre des Christentums 30-130 n. Chr. Die Entstehungsgeschichte einer Weltreligion, Göttingen 2016, p.257

68 Klauck, Hans-Josef, "Junia Theodora und die Gemeinde in Korinth", in: Karrer, Martin/Kraus, Wolfgang/Merk, Otto (Hg.), Kirche und Volk Gottes (FS Roloff, J), Neukirchen 2000, pp.42-57

69 Schnelle, Udo, Die ersten 100 Jahre des Christentums 30-130 n. Chr. Die Entstehungsgeschichte einer Weltreligion, Göttingen 2016, p.258

70 Roloff, Jürgen, Art. "ἐκκλησία", EWNT 1, Stuttgart 1980, pp.999-1001; Kraus, Wolfgang, Das Volk Gottes, WUNT 85, Tübingen 1996, pp.124-126; Koch, Dietrich-Alex, Geschichte des Urchristentums, Göttingen 2014, 2판, pp.272-274

71 Trebilco, Paul, Self-Designations and Group Identity in the New Testament, Cambridge 2012, pp.164-207

72 Van Kooten, George, "Ἐκκλησία τοῦ θεοῦ: The 'Church of God' and the Civic

반모임 정도에 해당할까.

하느님의 공동체(ἐκκλησία τοῦ θεοῦ) 표현이 바울에게만 나타나는 특징인 것은 분명하다(데살로니카전서 2,14; 고린토전서 1,2; 10,32; 고린토후서 1,1;갈라디아 1,13). 그 표현은 네 복음서 저자에겐 보이지 않는다. 예수도 그 표현을 쓰지 않았다. 예수는 ἐκκλησία 단어를 쓰지 않았다. "내가 이 반석 위에 내 교회를 세울 터인즉 죽음의 힘도 감히 그것을 누르지 못할 것 입니다"(마태 16,18)는 예수가 진짜 한 말이 아니라 마태복음 저자가 써서 끼워넣었다는 의견이 대부분이다.[73] 단어 ἐκκλησία는 언젠가부터 유대교 회당과 대비되는 표현으로 교회라고 번역되어 사용되기 시작했다. 하나의 ἐκκλησία를 가리키는 단어(데살로니카전서 1,1; 고린토전서 1,2)는 공동체로, 모든 ἐκκλησία를 종합하여 가리키는 단어 (데살로니카전서 2,14; 고린토전서 10,32; 필립비 3,6)는 교회로 번역되었다.[74]

바울이 쓴 단어 ἐκκλησία를 우리말로 공동체 또는 교회라고 옮겨도 좋겠다. 바울이나 바울 시대의 예수운동 공동체 ἐκκλησία가 아직 유대교에서 이탈한 것은 아니었다. 그래서 나는 바울 시대의 ἐκκλησία를 공동체라고 옮기고 싶다. 그리스도인(Christen), 그리스도적인(christlich) 단어는 바울 시대에는 아직 없었다.[75] 하느님의 구원이 예수 그리스도 안에서 나타났다고

Assemblies (ἐκκλησίαι) of the Greek Cities in the Roman Empire: A Response to Paul Trebilco and Richard A. Horsley, NTS 58 (2012), pp.522-548

73 Luz, Ulrich, Das Evangelium nach Matthäus: EKK I/2, Mt 8-17, Zürich/Neukirchen-Vluyn, 2008, p.456, 주 27

74 Schnelle, Udo, Die ersten 100 Jahre des Christentums 30-130 n. Chr. Die Entstehungsgeschichte einer Weltreligion, Göttingen 2016, p.258

75 Wolter, Michael, Der Brief an die Römer, EKK NF VI/1, Neukirchen-Vluyn, 2014, p.31, 주 58

믿는 사람들을 바울은 믿는 사람들(οἱ πιστεύοντες)(고린토전서 1,21; 갈라디아 3,22; 데살로니카전서 1,7; 로마 3,22), 그리스도에 속한 사람들(οἱ τοῦ Χριστοῦ)(고린토전서 15,23; 갈라디아 5,24; 로마 8,9), 우리 주 예수 그리스도의 이름을 부르는 사람(οἱ ἐπικαλούμενοι τὸ ὄνομα τοῦ κυρίου ἡμῶν Ἰησοῦ Χριστοῦ)(고린토전서 1,2), 그리스도 예수 안에 있는 사람(οἱ ἐν Χριστῷ Ἰησοῦ)(로마 8,1)이라고 불렀다. 바울은 예수 그리스도의 이름으로 세례 받은 사람들이라는 표현을 쓰지 않았다. 하느님의 구원이 예수 그리스도 안에서 나타났다고 믿는 사람들을 독자들이 알기 쉽게 그리스도인이라고 불러도 좋겠다. 나는 예수운동 사람이라고도 부르고 싶다.

바울은 공동체를 '그리스도 안에서', '그리스도의 몸', '하느님 백성' 세 비유로 표현했다.[76] '그리스도 안에서' 비유는 세례 받고 새 사람이 되며(고린토후서 5,17), 공동체에 참여한 개인과 모든 사람이 예수 그리스도와의 일치(고린토전서 1,30; 갈라디아 3,26-28)를 가리킨다. '그리스도의 몸' 비유는 공동체에 참여한 모든 사람이 서로 일치하고 평등함을 가리킨다(고린토전서 1,10-17; 12,12-27; 로마 12,5). 공동체에서 개인이 맡은 역할은 같지 않지만, 모든 개인은 평등하다(고린토전서 13장).[77] 공동체에서 모든 사람이 평등함을 뜻하는 이 비유가 그리스도교 역사에서뿐 아니라 오늘 교회성당에서도 많이 외면당하고 있다. '하느님 백성' 비유는 예수운동 공동체가 하느님과 연결되고 이스라엘과 연결됨을 가리킨다(고린토전서 10,7; 로마 9,25; 10,21; 11,1).

76 Roloff, Jürgen, Die Kirche im Neuen Testament, GNT 10, Göttingen 1993, pp.86-143; Schnelle, Udo, Paulus. Leben und Denken, Berlin 2014, 2판, pp.611-619

77 Wischmeyer, Oda, "Das Gebot der Nächstenliebe bei Paulus", BZ 30 (1986), pp.153-187; Söding, Thomas, Das Liebesgebot bei Paulus, NTA 26, Münster 1994

공동체에서 직무, 은사, 신분

바울은 공동체에서 직무(Amt)와 은사(Charisma)를 어떻게 설명했을까.[78] 바울에 따르면, 직무와 은사는 성령이 정해주시기 때문에 개인이 고를 수 있는 선택이 아니다. 바울은 특히 사도, 하느님의 말씀을 받아 전하는 사람(=예언자), 가르치는 사람 세 직책을 강조하였다. "하느님께서는 교회 안에 다음과 같은 직책을 두셨습니다. 첫째는 사도요 둘째는 하느님의 말씀을 받아 전하는 사람이요 셋째는 가르치는 사람이요 다음은 기적을 행하는 사람이요 또 그다음은 병 고치는 능력을 받은 사람, 남을 도와주는 사람, 지도하는 사람, 이상한 언어를 말하는 사람 등입니다"(고린토전서 12,28).

사도직은 예수운동 초기에 하느님께 부름 받음, 능력, 지도력에 관계되어 예루살렘 공동체와 집중되었지만(고린토전서 15,3-11; 갈라디아 1,17.19) 열두 제자들이나 예루살렘 공동체나 남자들에게만 제한될 필요는 없다(고린토전서 15,7; 로마 16,7).[79]

예수운동에서 예언자[80]들은 독자적인 그룹으로서 시리아, 그리스, 소아시아등 여러 공동체에서 있었다(사도행전 13,1; 15,32; 에페소 3,5; 디모테오전서 1,18; 요한계시록 11,18; 16,6). 바울이 세운 공동체에서 예언자 직책은 핵심이었다. "성령의 불을 끄지 말고, 성령의 감동을 받아 전하는 말을 멸시

---

78 Tiwald, Markus, "Die vielfältigen Entwicklungslinien kirchlichen Amtes im Corpus Paulinum und ihre Relevanz für heutige Theologie", in: Schmeller, Thomas/Ebner, Martin/Hoppe, Rudolf (Hg.), Neutestamentliche Ämtermodelle im Kontext, QD 239, Freiburg 2010, pp.101-128

79 Schnelle, Udo, Die ersten 100 Jahre des Christentums 30-130 n. Chr. Die Entstehungsgeschichte einer Weltreligion, Göttingen 2016, p.259

80 Boring, M. Eugene, The Continuing Voice of Jesus, Louisville 1991, pp.59-85

하지 마십시오"(데살로니카전서 5,19-20; 고린토전서 12,10; 14,1.6.22)라고 가르치는 직분은 전승과 공동성서(구약성서)를 공동체에서 해석해주는 역할에 집중되었다.

자선을 베푸는 사람(로마 12.8)과 지도하고 훈계하는 사람들(데살로니카전서 5,12)도 공동체에 있었다. 빵나눔 안에서 직무가 있었고, 빵나눔 밖에서도 직무가 있었다. 공동체 지도자들과 그 보조자들(ἐπισκόποι καὶ διακόνοι; 필립비 1,1)도 언급되었다. 단어 ἐπισκόποι는 나중에 가톨릭교회에서 주교로, 개신교에서 장로로 번역되었다. 공동체 모임을 위해 자기 집을 내어주고 여러 가지로 모임을 돕던 사람을 가리킨 것 같다(고린토전서 1,14; 16,15; 로마 16,5; 사도행전 18,8). 단어 διακόνοι는 빵나눔과 공동체 관리에서 지도자들을 돕는 사람을 가리킨 것 같다.[81] 직무와 은사는 분명히 연결되어 있었다(고린토전서 12,28-30; 로마 12.6-8). 공동체에서 여러 분야에 각자 봉사하는 사람이 있었고, 일의 경계는 뚜렷하지 않았을 수도 있다. 공동체마다 직무에 대한 이해가 같지 않았을 수도 있다.

예수운동 공동체 내부의 직무와 은사보다는 예수운동에 어떤 신분의 사람들이 참여했느냐가 당시 그리스로마 사람들에게 더 주목받지 않았을까. 바울 공동체에도 여러 신분의 사람들이 들어왔다. 최근 성서학계 연구는 예수운동의 인적 구성에 대해 여러 의견을 내놓고 있다. 하층민뿐 아니라 지배층 사람도 상당히 참여했다는 추측[82], 대부분 하층민에 소수 지배층이 있었다는

81 Pilhofer, Peter, Philippi I. Die erste christliche Gemeinde Europas, WUNT 87, Tübingen 1995, pp.144-146

82 Judge, Edwin A, Christliche Gruppen in nicht christlicher Gesellschaft, Wuppertal 1964, p.59; Weiss, Alexander, Soziale Elite und Christentum. Studien zu ordo-Angehörigen unter den frühen Christen, Berlin 2015, pp.5-22

의견[83], 당시 로마제국 인구의 99%가 속했던 극빈층과 바울 공동체 사람들의 운명이 다르지 않았다는 의견[84]등이 있다.

황제, 황제 가족, 의회 의원들, 군대 고위 장교 등 로마제국 지배층 사람들은 예수운동에 참여하지 않은 듯하다. 키프로스 섬을 통치하던 세루기오 바울로 로마 총독은 드문 예이다(사도행전 13,7). 신약성서에는 Sergius Paulus로, 로마식 표기로는 Sergius Paullus다.

수도 로마가 아니라 지방 대도시의 상류층 일부는 처음부터 예수운동에 참여하였다. 도시의 재정관 에라스도(Ἔραστος ὁ οἰκονόμος τῆς πόλεως καὶ Κούαρτος; 로마 16,23)는 고린토에서 고위직 관리였던 듯하다. 단어 재정관(Κούαρτος)에 대해 여러 의견이 있다. 지방 정부에서 경제 문제를 맡은 높은 지위에 있는 사람이라는 의견,[85] 고린토에 그런 직위는 없었다[86]는 의견도 있다. 직위 οἰκονόμος τῆς πόλεως는 하위직 관리라는[87]는 의견도 있다. 여러 역할을 가리키는 그 단어에서 소속 계급을 알아내기 어렵다[88]는

83 Theissen, Gerd, "Soziale Schichtung in der korinthischen Gemeinde", in: Ders., Studien zur Soziologie des Urchristentums, WUNT 19, Tübingen 1989, 3판, pp.231-271, p.231; Friesen, Steven J, "Poverty in Pauline Studies: Beyond the So-called New Consensus", JSNT 26 (2004), pp.323-361

84 Meggitt, Justin J, Paul, Poverty and Survival, Edinburgh 1998, p. 99

85 Theissen, Gerd, "Soziale Schichtung in der korinthischen Gemeinde", in: Ders., Studien zur Soziologie des Urchristentums, WUNT 19, Tübingen 1989, 3판, pp.231-271, pp.240-245; Jewett, Robert, Romans, Minneapolis 2007, p.981; Goodrich, John K, "Erastus, Quaestor of Corinth", NTS 56 (2010), pp.90-115

86 Weiss, Alexander, "Keine Quästoren in Korinth", NTS 56 (2010), pp.576-581

87 Clarke, Andrew D, "Another Corinthian Erastus Inscription", TynB 42.1 (1991), pp.146-151, p.151; Weiss, Alexander, Soziale Elite und Christentum. Studien zu ordo-Angehörigen unter den frühen Christen, Berlin 2015, p. 139

88 Friesen, Steven J, "The Wrong Erastus: Ideology, Archaeology, and Exegesis", in:

의견도 있다. 그러나, 에라스도가 고린토에서 많은 하위직 관리 중 하나였다면, 바울이 그를 유별나게 강조할 필요가 있었을까.

카이사르 집안 사람(필립비 4,22)[89], 아레오파고 법정의 판사 디오니시오(사도행전 17,34)도 지방의 상류층 출신인 듯하다. 가이오(고린토전서 1,14; 로마 16,23), 페베(로마 16,1), 스테파나(고린토전서 1,16; 16,15.17), 야손(사도행전 17,5.7), 필레몬(필레몬 1,1)은 자기 집이 있고, 노예도 소유한 듯하며, 특히 공동체를 경제적으로 도왔다.[90] "각각 자기 집이 없어서 거기에서 먹고 마시는 겁니까?"(고린토전서 11,22)라고 바울은 예수운동 고린토 공동체의 주택 소유자들에게 말하고 있다.[91] 바울은 로마 상류층 가족에게 인사를 전하기도 했다(로마 16,10). 시 치안관들이 야손과 사람들에게 보석금을 받은 뒤 석방함(사도행전 17,9), 공동체의 믿는 사람들끼리 로마제국 법원에서 벌이는 소송(고린토전서 6,1-11), 빵나눔에서 갈등(고린토전서 11,22)은 공동체에 부자들이 없었다면 나올 수 없는 이야기다. "여러분이 하느님의 부르심을 받았을 때의 일을 생각해 보십시오. 세속적인 견지에서 볼 때 여러분 중에 지혜로운 사람, 유력한 사람, 또는 가문이 좋은 사람이 과연 몇이나 있었습니까?"(고린토전서 1,26)라는 바울 질문은 공동체에 지식인, 유력한 부자들이 어느 정도 있었다는 사실을 전제하고 있다. 더구나, 예루살렘 공동체의 가난한 사람들에게 보내는 모금은 바울 공동체에 후원자들이 없었다면 생각하기 어려운 일이다.[92]

Ders., (Hg.), Corinth in Context, Leiden 2010, pp.231-256

89 Oakes, Peter, "Philippians. From People to Letter", SNTSMA 110, Cambride 2001, p.66

90 Garnsey, Peter/Saller, Richard, "Patronal Power Relations", in: Horsley, Richard A (Hg.), Paul and Empire, Harrisburg 1997, pp.96-103

91 Zeller, Dieter, Der erste brief an die Korinther, KEK 5, Göttingen 2010, p.368

지배층도 하층민도 아닌 중간 계급 사람도 바울 공동체에 있었다. 프리스카와 아퀼라 부부(로마 16,3; 사도행전 18,2.18.26), 옷감 상인 리디아(사도행전 16,14-15), 자기 직업을 가지고 자기 손으로 노동하는 사람들(데살로니카전서 4,11)은 바울처럼 중간 계급에 속했다. 목수 직업을 가졌던 나자렛 예수도 지배층도 아니고 하층민도 아닌 중간 계급에 속했다.

그러나, 공동체 사람들 대부분 하층 계급 출신이었다(고린토전서 1,26-28). 많은 여인들과 오네시무스 같은 많은 남자 노예와 여자 노예들(로마 16,8.22)은 하층 계급에 속했다(고린토전서 7,21-24; 갈라디아 3,28). 그들은 자기 힘으로는 먹고 살 수 없고 남에게 의지해야만 생존할 수 있는, 아무것도 가지지 못한 사람들이었다(고린토전서 11,22; 고린토후서 8,2). 전체적으로 보면, 바울 공동체 사람들 대부분 생존의 경계에 또는 그 아래에 있는 가난한 사람들이었다.[93]

고대 사회에서 하층 계급에 속한 사람 대부분 노예였다. 예수운동 초기 공동체에서 노예들은 가장 큰 비율을 차지했다.[94] 바울이 로마 공동체에 보낸 편지 마지막에서 인사를 전한 사람 13명 중에 4명은 자유인이고 9명은 노예로 드러났다.[95] 바울은 고린토 공동체에 참여한 노예들에게 "이제 때가 얼마 남지 않았으니"(고린토전서 7,29) 각각 부르심을 받았을 때의 상태를

92 Schnelle, Udo, Die ersten 100 Jahre des Christentums 30-130 n. Chr. Die Entstehungsgeschichte einer Weltreligion, Göttingen 2016, p.262

93 Schnelle, Udo, Die ersten 100 Jahre des Christentums 30-130 n. Chr. Die Entstehungsgeschichte einer Weltreligion, Göttingen 2016, p.263

94 Müller, Peter, Der Brief an Philemon, KEK 9/3, Göttingen 2012, pp.54-67

95 Lampe, Peter, Die stadtrömischen Christen in den ersten beiden Jahrhunderten, WUNT II/18, Tübingen 1989, 2판, pp.141-153

그대로 유지하면서 하느님과 함께 살아가라고 조언했다(고린토전서 7,24).[96] 물론 바울의 예상처럼 세상 끝 날이 오지는 않았다. "그대가 부르심을 받았을 때 노예로 있었습니까? 걱정하지 마시오. 그대가 자유인이 될 수 있을지라도 그대로 노예로 남아있으면서 최선을 다하는 것이 차라리 더 나을 것입니다" (고린토전서 7,21)라고 해석하기 쉽지 않다.

"사실 주님 안에 부르심을 받았을 때 노예였던 사람도 이미 주님에 의해 해방된 몸이기 때문입니다. 이와 마찬가지로 부르심을 받았을 때 자유인이었던 사람도 그리스도의 노예입니다"(고린토전서 7,22)를 보면, 바울은 자유를 마음속 자유로 이해한 듯하다. 그런 이해에서 노예와 주인이라는 사회 구조 문제는 사소하게 여겨질 수밖에 없겠다. 바울은 노예 해방 주제에는 아직 접근하지 못했다.

예수운동 공동체에 노예와 그 주인이 함께 참여한다면, 그 둘 사이 관계는 이제 어떻게 될까. 공동체 모임에서는 형제자매로 서로 동등하고, 공동체 모임이 끝나면 다시 주인과 노예로 돌아가는가. 카스트 제도와 관행이 여전히 위력을 떨치는 지역에서, 대지주와 소작인들이 함께 공동체 모임에 참여하고 또 흩어져 일상으로 복귀하는 지역에서, 오늘도 여전히 이 주제는 뜨겁다. 바울 당시 필레몬 편지는 이 주제를 다루고 있다.

노예 오네시모와 그 주인 필레몬은 바울 공동체에 들어왔다. 바울은 주인 필레몬에게 노예 오네시모를 이제부터 인간적으로 보나 주님 안에서 보나(κ

96 Vollenweider, Samuel, Freiheit als neue Schöpfung, FRLANT 147, Göttingen 1989, pp.233-246; Schrage, Wolfgang, Der erste Brief an die Korinther, EKK VII/2, Neukirchen 1995. pp.138-144

αἱ ἐν σαρκὶ καὶ ἐν κυρίῳ) 종으로서가 아니라 종 이상으로, 곧 사랑하는 형제로 받아들이라고 권고한다(필레몬 1,16).[97] 바울이 노예를 풀어주라고 요구했는지는 분명하지 않다.[98] 바울 이후 예수운동 공동체에서 주인과 노예의 갈등이 있었고, "내가 말한 것 이상으로 해 주리라는 것을 나는 알고 있습니다"(필레몬 1,21)라는 바울의 발언을 노예 해방을 지지하는 것으로 이해한 사례도 있었다(디모테오전서 6,2). 바울이 노예 해방 주제에 관심이 없었다기보다는, 곧 다가올 예수 재림 때문에 노예 해방 주제가 바울에게 그리 다급한 문제로 보이지 않았던 것 같다.

고대 사회는 남성이 여성보다 우월하다[99]라는 신념에 기초하여 운영되었다.[100] 그렇지 않았던 사회도 분명히 있었지만, 우리가 아직까지 자료를 찾지 못했을까. 드문 예로는 그리스철학에서 견유학파였다. "여성은 남성보다 열등하다"[101]라는 고대 사회의 흔한 모습과는 달리, 바울 공동체에서 처음부터 남성과 여성이 함께 참여하고 함께 책임지는 놀라운 풍경을 보여주었다. 데살로니카의 적지 않은 귀부인들(사도행전 17,4), 그리스 귀부인들(사도행전 17,12), 겐크레아의 페베(로마 16,1-2), 필립비의 리디아(사도행전 16,14-15), 아테네의 다마리스(사도행전 17,34)가 각 공동체에 참여했다. 공동체에는 기혼 여성(고린토전서 7,2-5), 미혼 또는 비혼 여성(고린토전서 7,25), 결혼하지 않은 사람들과 과부(고린토전서 7,8.39), 이혼한 여성(고린토

97 Wolter, Michael, Der Brief an Philemon, ÖTK 12, Gütersloh 1993, p.233

98 Schnelle, Udo, Die ersten 100 Jahre des Christentums 30-130 n. Chr. Die Entstehungsgeschichte einer Weltreligion, Göttingen 2016, p.264

99 Platon, Politeia 5,451-457; Josephus, Contra Apionem 2,24

100 Stegemann, Ekkehard/Stegemann, Wolfgang, Urchristliche Sozialgeschichte. Die Anfänge im Judentum und die Christusgemeinden in der mediterranen Welt, Stuttgart 1995, pp.311-346

101 De Cynicorum Epistulis, Krates 28

전서 7,10-12), 남편은 제외하고 아내만 참여한 경우(고린토전서 7,2-5)도 있었다.

필립비의 리디아, 겐크레아의 페베, 에페소와 로마에서 프리스카(고린토전서 16,19; 로마 16,4), 고린토의 클로에(고린토전서 1,11), 필레몬의 아피아(필레몬 1,2)는 공동체를 이끌거나 지도적인 역할도 맡았다.[102] 유니아(로마 16,7)는 여성으로서 초기 사도 중 하나로 인정되었다. 바울 공동체에서 여성의 비율은 얼마나 되었을까. 알기 어렵다. 고린토전서, 로마서 16장, 필립비서를 보면, 상당한 비중을 차지한 듯하다. 약 20% 정도 된다는 추측[103]은, 내가 보기엔, 근거가 약하다.

바울은 마리아(로마 16,6), 드리패나와 드리포사와 베르시스(로마 16,12의) 활동을 나타내기 위해[104] 자신의 복음 전파 활동을 가리킨 단어 일하다(κοπιαῶ)를 썼다(데살로니카전서 5,12; 갈라디아 4,11; 필립비 2,16). 바울은 유오디아와 신디케(필립비 4,2)가 "복음을 전하느라고 나와 함께 애쓴 사람들입니다. 그들의 이름은 생명의 책에 올라 있습니다"(필립비 4,4)라고 칭찬하기도 했다. 결혼 문제에서 바울은 아주 혁명적인 생각을 나타냈다.[105] "남편

102 Gielen, Marlis, "Die Wahrnehmung gemeindlicher Leitungsfunktionen durch Frauen im Spiegel der Paulusbriefe", in; Schmeller, Thomas/Ebner, Martin/Hoppe, Rudolf (Hg.), Neutestamentliche Ämtermodelle im Kontext, QD 239, Freiburg 2010, pp.129-165

103 Stegemann, Ekkehard/Stegemann, Wolfgang, Urchristliche Sozialgeschichte. Die Anfänge im Judentum und die Christusgemeinden in der mediterranen Welt, Stuttgart 1995, p.332; Meeks, Wayne A, Urchristentum und Stadtkultur. Die soziale Welt der paulinischen Gemeinden, Gütersloh 1993(=1983), pp.120-157

104 Schreiber, Stefan, "Arbeit mit der Gemeinde (Röm 16,6.12). Zur versunkenen Möglichkeit der Gemeindeleitung durch Frauen", NTS 46 (2000), pp.204-226

105 Schnelle, Udo, Die ersten 100 Jahre des Christentums 30-130 n. Chr. Die Entstehungsge-

은 아내에게 남편으로서 할 일을 다하고 아내도 그와 같이 남편에게 아내로서 할 일을 다 하십시오. 아내는 자기 몸을 자기 마음대로 할 수 없고 오직 남편에게 맡겨야 하며 남편 또한 자기 몸을 자기 마음대로 할 수 없고 오직 아내에게 맡겨야 합니다."(고린토전서 7,3-4) 당시 그리스로마 사회와 유대교에서 아내는 남편에게 많은 의무를 가졌지만, 남편이 아내에게 의무를 진다는 말은 듣기 어려웠기 때문이었다. 여성이 이혼을 요구할 권리가 있다는 말과 남편이 아내에게 의무를 진다는 말은 같은 차원에 있지 않다.

특히 고린토 공동체에서는 여성들의 해방적인 움직임이 있었다. 빵나눔 모임에서 여성의 역할에 대한 문제였다(고린토전서 11,1-16). 여성이 기도하거나 하느님의 말씀을 받아서 전할 때, 즉, 여성이 기도하는 사람이나 예언자 역할을 할 때(고린토전서 11,5) 머리에 무엇을 쓰지 않고 등장하였다. 그런 경우는 다른 공동체에서는 없었던 새로운 모습이어서 논란을 일으켰다(고린토전서 11,16). "모든 사람의 머리는 그리스도요 아내의 머리는 남편이요 그리스도의 머리는 하느님"(고린토전서 11,3), "남자는 하느님의 모습과 영광을 지니고 있으니 머리를 가리지 말아야 합니다. 그러나 여자는 남자의 영광을 지니고 있을 뿐입니다. 여자에게서 남자가 창조된 것이 아니라 남자에게서 여자가 창조되었기 때문입니다. 또한 남자가 여자를 위해서 창조된 것이 아니라 여자가 남자를 위해서 창조되었기 때문입니다"(고린토전서 11,7-9)라는 바울의 말을 보면, 바울은 남성우월주의에서 해방된 사람이 아님을 자백하고 있다. "여성이 남성에게 복종하는 한, 여성은 칭찬받습니다"[106]라는 바울의 말에 21세기 한반도에 사는 우리가 짓눌릴 필요는 없겠다. 우리는 바울보다는 남성우월주의에서 좀 더 해방된 사람이 아닌가.

---

schichte einer Weltreligion, Göttingen 2016, p.266

106 Plutarch, Moralia 142E

"성도들의 모든 교회가 하는 대로 여자들은 교회 집회에서 말할 권리가 없으니 말을 하지 마십시오. 율법에도 있듯이 여자들은 남자에게 복종해야 합니다. 알고 싶은 것이 있으면 집에 돌아가서 남편들에게 물어보도록 하십시오. 여자가 공동체 집회에서 말하는 것은 자기에게 수치가 됩니다. 하느님의 말씀이 여러분에게서 나왔다는 말입니까? 또는 여러분만이 하느님의 말씀을 받았다는 말입니까?"(고린토 전서 14,33b-36)라는 구절은 많은 논란되었다. 이 발언은 바울이 하지 않았다. 후대의 어느 성경 필사자가 끼워 넣은 구절로 여겨진다.[107]

빵나눔 모임에서 여성은 침묵하라는 말은 "여자가 기도를 하거나 하느님의 말씀을 받아서 전할 때"(고린토전서 11,5)와 모순된다. 끼워 넣은 구절 고린토 전서 14,33b-36은 디모테오전서 2,11-15에서 착안한 것 같다.[108] 디모테오전서는 공통년 100년 무렵 쓰인 것으로 추측된다.[109]고린토전서가 쓰인 시기로 추측되는 54/55년[110]보다 적어도 40년 뒤에, 바울이 처형된 후 적어도 30년도 더 뒤에 생긴 문헌이다. 바울은 고린토 전서 14,33b-36에 나오는 말을 하지 않았다.

문화적 자부심과 우월감에서 그리스 사람들은 호머[111] 이후로, 적어도 페

107 Schnelle, Udo, Die ersten 100 Jahre des Christentums 30-130 n. Chr. Die Entstehungsgeschichte einer Weltreligion, Göttingen 2016, p.266, 주 101

108 Roloff, Jürgen, Der erste Brief an Timotheus, EKK XV, Neukirchen 1988, p.128; Payne, Philip B, Man and Woman. One in Christ, Grand Rapids 2009, pp.217-267

109 Häfner, Gerd, "Die Pastoralbriefe (1 Tim/2 Tim/Tit)", in: Ebner, Martin, Schreiber, Stefan (Hg.), Einleitung in das Neue Testament, Stuttgart, 2008(2판), pp.456-479, p.468; Schnelle, Udo, Einleitung in das Neue Testament, Göttingen 2017, 9판, p.410

110 Schmeller, Thomas, "Der erste Korintherbrief", in: Ebner, Martin, Schreiber, Stefan (Hg.), Einleitung in das Neue Testament, Stuttgart, 2008(2판), pp.308-339, p.319; Schnelle, Udo, Einleitung in das Neue Testament, Göttingen 2017, 9판, p.77

르시아 전쟁 이후로 그리스 사람 아닌 사람들을 야만인이라 불렀다. 그리스어뿐 아니라 그리스 사람의 생활 방식까지 포함해서 그리스 사람 아닌 사람들을 멸시하는 단어다. 그리스 사람들의 우월감은 문화뿐 아니라 정치와 철학에서도 드러났다. 바울도 그리스 사람과 야만인(Ἕλλησίν τε καὶ βαρβάροις; 로마 1,14) 두 그룹으로 인류 전체를 나누어 예를 들어야 당시 독자들이 쉽게 이해할 정도였다. 로마 사람들은 그리스 사람들의 우월감을 넘겨받았다.

그런 고대 세계에서 유대인은 인류 전체를 유대인과 유대인 아닌 사람으로 나누어 생각했다. 유대교에서 출발했고 여전히 유대교 내부 그룹으로 남아있던 예수운동은 여기서 현실적인 문제에 부닥쳤다. 예수운동에 참여한 사람 중 유대인 또는 유대교에 매력을 느끼고 유대교 모임에 출입하던 하느님을 경외하는 사람들이라고 불리던 유대인 아닌 사람이 많았다.

예수운동에 참여한 유대인들은 그리스인이나 로마인을 야만인으로 당연히 생각했다. 예수운동에 참여한 유대인은 1등급에 속하고, 예수운동에 참여한 그리스인이나 로마인은 2등급에 속한다고 비유할까. 예수운동에 참여한 유대인 못지않게 예수운동에 참여한 그리스인이나 로마인 역시 우월감에 젖어있기는 마찬가지였다. 출신 민족에 따라 우월감의 이유는 다르지만, 예수운동 내부에 우월감에 가득 찬 사람들이 많았다는 사실이다. 예수운동은 우월감에 빠져있는 이 사람들을 어찌할 것인가.

출신 민족을 뛰어넘는 사상을 들이미는 수밖에 없겠다. 하나이신 하느님

---

111 Homer, Ilias, 2,868

의 영이 모든 민족과 개인에게 내려서 민족 사이의 한계는 더 이상 없다는 것이다(고린토전서 12,12-13). 예수운동에 참여한 모든 사람이 같은 세례를 받고 같은 성령을 받았다. "유대인이나 그리스인이나 종이나 자유인이나 남자나 여자나 아무런 차별이 없습니다"(갈라디아 3,28a). 유대인이나 그리스인이나 관계없이 "그리스도 예수 안에서 여러분은 모두 한 몸을 이루었기 때문입니다"(갈라디아 3,28b).

출신 민족이 중요한 것이 아니라 그리스도 예수 안에서 같은 믿음으로 같은 세례와 같은 성령을 받았다는 사실이 최종적으로 중요하다. 인간은 믿음과 세례로 하느님의 자녀가 되었다(갈라디아 3,26). 민족주의에 빠지지 않은 예수운동은 민족주의를 내세워 우월감을 자랑하던 고대 지중해 지역에서 유대교와도 다르고 그리스로마 문화와도 다른 새로운 특징과 매력을 나타내기 시작했다. 예수운동은 여기서 민족주의에 반대하고 세계시민주의를 주장하던 그리스철학의 견유학파와 비슷하다.

공동체의 매력

예수운동 바울 공동체가 고대 지중해 세계에서 종교적으로 사회적으로 새로움을 선사했던 내용은 무엇일까. 아무 조건 없이, 즉 민족, 성별, 직업, 재산, 신분, 교육을 따지지 않고, 예수운동에 참여할 수 있도록 문을 활짝 열어놓았다. 당시 어느 종교와 친목 단체에서도 볼 수 없는 신선함과 놀라움이었다. 사람들이 예수운동에 들어올 때만 예수운동이 개방적인 자세를 보인 것만은 아니었다. 예수운동에 들어온 뒤에도 모든 구성원들이 동등하고 평등하다는 사실을 일깨우고 체험했다는 사실이다. 예수운동 내부에 신분 질서와 성직 구조(Hierarchie)는 없었다. 개방성과 평등은 예수운동 초기 역사에서 고대 세계를 충격에 빠뜨린 두 가지 특징이었다.[112]

바울_예수운동 외부와 갈등

예수운동의 이러한 특징은 예수운동 밖의 세계와 갈등을 빚었다. 예수운동에 참여한 사람들 사이에서도 갈등이 생겼다. 바울은 어느 도시에 가든지 먼저 그곳 유대교 회당으로 가서 자신의 선교 활동을 시작했다(사도행전 9,20; 13,5.14-43; 17,1-3; 19,8). 이는 복음은 유대인 먼저라는 누가복음 저자의 신학에 기초했지만[113], 바울 자신의 선교 전략에도 어울린다. 바울은 먼저 유대인과 하느님을 경외하는 사람을 선교 대상으로 삼았다. 이미 유일신 하느님을 믿고 있는 그들에게 십자가에 못 박힌 나자렛 예수가 이스라엘이 기다리던 메시아임을 설득하기만 하면 되기 때문이다. 바울은, 유대인들에게는 걸림돌이요 이방인들에게는 어리석음(고린토전서 1,23b)인 '십자가에 처형되신 그리스도'를 선포(고린토전서 1,23a)하였다.

바울은 유대인이나 그리스로마인에게 먼저 '십자가에 처형되신 그리스도'를 선포하였다. 유대인이나 그리스로마인들이 예수의 삶과 하느님나라 메시지에 관심이 적고 매력을 덜 느꼈다는 말인가. 예수의 삶과 하느님나라 메시지는 충분히 받아들일 수 있었지만, '십자가에 처형된 그리스도'를 받아들이기 힘들었다는 뜻일까. 바울에게 닥친 시급한 주제는 예수의 삶과 하느님나라 메시지보다 '십자가에 처형되신 그리스도'를 설득하는 것이었다. 바울은 먼저 받은 질문에 먼저 답변한 것이다.

나무에 달린 시신은 하느님께 저주 받았다는(신명기 21,23; 갈라디아 3,13) 말과 반대로 바울은 십자가에 처형된 나자렛 사람 예수를 메시아로 선포했

---

112 Schnelle, Udo, Die ersten 100 Jahre des Christentums 30-130 n. Chr. Die Entstehungsgeschichte einer Weltreligion, Göttingen 2016, p.269

113 Pervo, Richard I, Acts, Hermeneia, Minneapolis 2009, p.323

다. 바울은 동족인 유대인들이 예수를 '하느님의 참 이스라엘'(갈라디아 6,16; 로마 9,6)로 받아들이기를 원했다.[114] 예수를 받아들이지 않는 이스라엘에 대한 바울의 입장이 언제나 똑같지는 않았다. 좀 더 비판적인 의견(데살로니카전서 2,14-161 고린토후서 3, 7-16; 갈라디아 4,21-31)에서 좀 더 포용적인 자세(로마 9-11장)[115]로 생각이 바뀌어 갔다.[116] 온 이스라엘도 구원받게 되리라(로마 11,26a)고 바울은 희망하고 있다.

바울은 예수가 이스라엘의 희망과 다른 분이 아니라 이스라엘의 희망을 이어가고 완성할 분이라는 주장으로써 유대인에게 접근했다. 이 방법은 하느님을 경외하는 유대인 아닌 사람들에게 상당히 성과가 있었지만, 유대인과 여러 지역에서 적지 않은 갈등을 일으킨 듯하다. 일부 유대인에게 몽둥이 39대 매질을 다섯 번, 몽둥이로 세 번, 돌 맞아 죽을 뻔한 것 한 번(고린토후서 11,24-25)의 기록이 바울 편지에 있다. 유대교 법정에서 유죄 판결을 받은 사람은 사십 대 이하로 매를 맞는다(신명 25,2-3). 돌 맞는 처벌은 야훼의 이름을 모욕한 자(레위 24,16)와 안식일을 범한 죄(레위, 15,32-36)에 해당된다. 일부 유대인은 바울의 선포 내용이 야훼의 이름을 모욕한다고 여긴 듯하다.

바울이 예루살렘에 도착하여 따뜻한 영접을 받은 뒤 자기 활동을 예루살렘 공동체 사람들에게 보고하였다. 그 보고를 들은 사람들은 "바울이 유대인 아닌 사람들 가운데 사는 모든 유대인에게 모세를 배척하고 자식들에게 할례도 베풀지 말고 유대인의 풍속을 지키지도 말라고 가르친다는 말을 전해

114 Betz, Hans Dieter, Der Galaterbrief, München 1988, p. 547

115 Schnelle, Udo, Paulus. Leben und Denken, Berlin 2014, 2판, pp.367-378

116 Sellin, Gerhard, "Hagar und Sara", in: ders., Studien zu Paulus und zum Epheserbrief, FRLANT 229, Göttingen 2009, pp.116-137

듣고 있다"(사도행전 21,21)라고 하였다. 일부 유대인은 바울의 선포가 유대교 본질을 훼손했고 유대교를 배신(Apostat)했다고 여긴 듯하다. 바울 자신도 그런 분위기를 모르지 않았다. "내가 유다에 있는 믿지 않는 사람들에게서 화를 입지 않고 예루살렘으로 가져가는 구제금이 그곳 성도들에게 기쁜 선물이 되도록 기도하여 주십시오"(로마 15,31). 바울은 그러나 예루살렘에서 체포된다(사도행전 21,27-30).

아시아에서 온 일부 유대인들은 바울이 이스라엘 동포, 율법과 성전을 반대하라고 가르치며, 이방인들까지 성전으로 데려와 거룩한 성전을 더럽혀 놓았다고 소리쳤다(사도행전 21,28). 예루살렘 시내에서 바울이 에페소 사람 드로피모와 함께 있는 것을 본 그들은 바울이 유대인 아닌 드로피모를 성전에 데리고 갔으리라 생각했다는 것이다(사도행전 21,29). 바울이 유대인 아닌 사람을 성전 안쪽 구역까지 데리고 갔다면, 바울은 성전 율법을 어긴 것이다. 성전 안쪽 구역에 침범한 유대인 아닌 사람은 무자비한 사형 처벌을 받는다.[117] 그러나, 바울은 성전 율법을 어기지 않았다고 누가복음 저자는 분명히 기록했다(사도행전 21,29). 일부 유대인들이 바울을 붙잡아 성전 밖으로 끌어내 죽이려 했다는 보도(사도행전 21,30-32)에서 앞뒤 정황을 정확히 알아내기는 어렵다.[118] 이어지는 바울 재판 보도에서 역사적으로 모순이 많이 담겨 있다.[119]

---

117 Philo, Legatio ad Gaium 212; Josephus, Bellum 5,192-194

118 Rapske, Brian, The Book of Acts and Paul in Roman Custody, BAFCS III, Grand Rapids 1994, pp.135-149; Omerzu, Heike, Der Prozess des Paulus, BZNW 115, Berlin 2002, pp.309-384

119 Rapske, Brian, The Book of Acts and Paul in Roman Custody, BAFCS III, Grand Rapids 1994, pp.151-172; Omerzu, Heike, Der Prozess des Paulus, BZNW 115, Berlin 2002, pp.396-501

일부 유대인들은, 그리고 예수운동에 참여한 일부 유대인들은, 바울을 더 이상 유대교 내부에 있는 사람으로 여기지 않았다. 바울은 유대교 안에 있는 동포가 아니라 유대교 밖으로 이탈한 배신자이니 맞서 싸워야 할 적대자라고 본 것이다. 예수운동을 거절한 일부 유대인뿐 아니라 예수운동에 참여한 일부 유대인까지 바울의 반대자가 되었다. 예수운동에 참여했지만 바울을 반대하는 유대인에 대해 바울은 "육으로 잘난 체하려는 사람은 누구나 여러분에게 할례받기를 강요합니다. 이것은 단지 그들이 그리스도의 십자가 때문에 박해받는 일이 없도록 하려는 것뿐입니다"(갈라디아 6,12)라고 비난하기도 했다. 예수운동을 거절한 유대인에게서 올 수 있는 박해를 피하기 위해 예수운동에 참여한 유대인 중에 일부 완고한 사람들은 갈라디아 공동체에서 바울을 비판하며 유대인 아닌 사람에게 할례(갈라디아 2,2; 5,3; 6,12-13.15)와 유대교 달력과 시간을 존중하라고 요구했다(갈라디아 4,3.9-10).

예수운동을 거절한 유대인들과 바울은 예수를 메시아로 받아들이느냐 여부에서 근본적인 차이가 있었다. 예수운동을 거절한 유대인들은 예수를 메시아로 생각하지 않았다. 예수운동을 거절한 유대인들과 바울은 당연히 서로 갈등을 빚을 수밖에 없었다. 그뿐 아니다. 예수운동에 참여한 유대인 중에 일부 완고한 사람들과 바울은 유대교 율법을 보는 관점에서 큰 차이가 생겼다. 이들은 만일 예수운동이 유대교 안에서 살아남으려면 예수운동에 참여하는 유대인 아닌 사람도 유대인처럼 살아야 한다고 생각했다. 바울은 유대인 아닌 사람이 예수운동에 참여하기 위해 꼭 유대인처럼 살 필요는 없다고 생각했다.

바울 자신은 복음을 지키기 위해 박해도 각오하겠다고 생각했다. 그런데, 바울은 예수운동을 거절한 유대인에게 받을 박해를 피하기 위해, 예수운동에 참여한 유대인 중에 일부 완고한 사람들이 복음을 변질시키고 있다고 생각했다. "그때 육정으로 난 자식이 성령으로 난 자식을 박해하였는데 지금도 꼭 마찬가지입니다"(갈라디아 4,29)라는 (οὕτως καὶ νῦν; 갈라디아 4,29c) 구절은 예수운동을 거절한 유대인들과 예수운동에 참여한 유대인 중에 일부 완고한 사람들에게서 오는 박해를 가리키고 있다. "내가 만일 아직도 할례를 선포한다면 무엇 때문에 여태까지 박해를 당하고 있겠습니까?"(갈라디아 5,11a)

바울이 예수운동에 참여하려는 유대인 아닌 사람에게 할례를 요구했다면, 예수운동에 참여한 유대인 중에 일부 완고한 사람들에게 비판받지 않았을 것이다. 예수운동을 거절한 유대인과 바울 사이에는 십자가라는 걸림돌(갈라디아 5,11b)이 여전히 있었다. 바울에게는 "그리스도 예수 안에서는 할례나 비할례가 무슨 힘이 있는 것이 아니고 오직 사랑으로 행동하는 신앙이 중요하기 때문"(갈라디아 5,6)이었다.

예수운동을 거절한 유대인들과 바울 사이에는 예수가 메시아냐 아니냐가 제1 문제였고, 예수운동에 참여한 유대인 중에 일부 완고한 사람들과 바울 사이에는 유대인 아닌 사람이 예수운동에 참여하기 위해 유대인처럼 살아야 하느냐 여부가 제1 문제였다. 예수운동을 거절한 유대인들과 예수운동에 참여한 유대인 중에 일부 완고한 사람들은 서로 다른 이유로 바울을 공동으로 반대하였다. 예수운동을 거절한 유대인들과 바울의 갈등은 유대교와 예수운동의 갈등이고 예수운동에 참여한 유대인 중에 일부 완고한 사람들과 바울의 갈등은 예수운동 내부의 노선 갈등이다.

예수운동을 거절한 유대인들은 바울뿐 아니라 예수운동에 참여한 유대인 중에 일부 완고한 사람들도 압박했다. 바울은 예수운동에 참여하려는 유대인 아닌 사람에게 율법의 일부인 할례를 요구하지 않았지만, 예수운동을 거절한 유대인들은 바울이 사실상 율법 전체, 즉 토라(Tora) 전체를 무시하는 것으로 이해할 수밖에 없었다. 바울은 토라의 십계명이나 이웃 사랑과 선행을 전혀 반대하지 않았다.

그러나, 예수운동을 거절한 유대인들은 바울이 유대교 일부를 공격하여 유대교 전체를 무너뜨리려는 것으로 해석했다. 그들은 예수운동이 로마제국에서 유대교라는 합법적인 틀 안에서 특혜를 누리고 보호받으며 활동하는 노력을 방해할 참이었다.[120] 예수운동이 유대교 내부 그룹이 아니라 유대교 밖에 존재하는 독자적인 그룹으로 로마제국 당국에 발각되거나 인정된다면, 예수운동은 정치적 박해를 피하기 어려울 것이다. 더구나 바울의 선교가 활발했던 시기는 로마제국에 대한 유대인의 저항이 갈수록 거세지고 유대민족주의가 강력해졌던 때와 겹친다. 공통년 66년에 터진 유대 독립전쟁이 그리 멀지 않은 시점에서 바울은 활동했다. 공통년 66년에 로마 화재 사건은 예수운동이 닥친 위기 상황을 알려주고 있다.

바울과 로마제국의 갈등

바울은 로마 시민권을 갖고 있었다는(사도행전 16,37; 22,25; 23,27) 보도가 역사적으로 사실에 맞는지 논란되고 있다.[121] 바울은 노예로 있다가 자유

120 Wander, Bernd, Trennungsprozess zwischen Frühen Christentum und Judentum im 1. Jh.n.Chr., TANZ 16, Tübingen 1997, 2판, pp.244-262

121 Wengst, Klaus, Pax Romana. Anspruch und Wirklichkeit. Erfahrungen und Wahrnehmungen des Friedens bei Jesus und im Urchristentum, München 1986, p.94; Stegemann, Wolfgang, "War der Apostel Paulus ein römischer Bürger?", ZNW 78 (1987), pp.200-229; Schnelle, Udo, Paulus. Leben und Denken, Berlin 2014, 2판, pp.42-44

인으로 풀려난 유대인의 후손인 듯하다(사도행전 22,28).[122] 파울로스(Παύλος; 사도행전 13,7)은 Σαύλος(사도행전 7,58; 8,1; 9,8)의 로마식 이름으로 그리스로마 지역 사람들과 접촉을 편하게 하기 위해 사용되었다.[123] 누가복음 저자에 따르면, 바울은 필립비에서만 로마 관리들에게 어려움을 당했을 뿐(사도행전 16,16-22) 로마제국에게 탄압받은 일은 드물었다. 오히려 동족인 유대인 일부가 불법으로(사도행전 23,12-15; 25,3) 바울을 괴롭히거나 로마 당국에 고발(사도행전 18,12; 24,1; 25,5)하였다. 로마제국 가이오 총독(사도행전 18,15)이나 페스토 총독(사도행전 25,18.25)은 범죄로 고발된 사건에 관여했을 뿐 바울의 종교 활동에는 개입하지 않았다(사도행전 18, 12-17). 로마법에 따라 바울은 무죄로 석방되곤 했다(사도행전 25,25; 26, 31). 바울에게서 뇌물을 받아내려고 접근한 로마 관리도 있었고, 유대인의 환심을 사려고 바울이 감옥에 갇히거나 재판에 몰리기도 했다(사도행전 24,26; 25,9).

바울의 편지는 박해받은 바울에 대해 사도행전 보도와 조금 다르게 이야기한다. 바울은 로마 관리들에 의해 여러 차례 감옥에 갇혔고(필립비 1,13; 필레몬 1,8) 여러 번 매를 맞았다(고린토후서 6,5; 11,25; 12,10). 에페소에서 맹수와 싸우는 위험(고린토전서 15,32), 아시아에서 당한 환난(고린토후서 1,8), 생명의 위험을 무릅쓰고 목숨을 살려준 사람들(로마 16,4)은 바울이 로마제국에게 당한 탄압을 가리키고 있다. 펠릭스 총독 앞에서 바울은 유대인을 선동하여 반란을 일으키며 나자렛 도당의 괴수라고 고발당하기도 했다(사도행전 24,5). 로마제국 감옥에 투옥된 로마 시민 바울은 이렇게 말했다.

---

122 Philo, Legatio ad Gaium 155; Omerzu, Heike, Der Prozess des Paulus, BZNW 115, Berlin 2002, pp.28-39

123 Omerzu, Heike, Der Prozess des Paulus, BZNW 115, Berlin 2002, pp.39-42; Hengel, Martin, "Der vorchristliche Paulus", in: Hengel, Martin/Heckel, Ulrich (Hg.), Paulus und das antike Judentum, WUNT 58, Tübingen 1991, pp.177-293, pp.197-201

"그러나 우리의 시민권(πολίτευμα)은 하늘에 있습니다. 우리는 주 예수 그리스도께서 그곳에서 구원자로 오실 것을 고대하고 있습니다"(필립비 3,20).

시민권(πολίτευμα)은 정치적 권리를 나타낸다. 로마 시민 바울에게 하늘에 있는 시민권이 더 중요하다.[124] 바울은 로마제국 감옥에서 하늘과 로마제국을 비교하지 않을 수 없었다. 바울에게 하늘은 로마제국과 다른 세상일 뿐 아니라 로마제국에게 반대되는 세계[125]다.

"그분은 하느님의 모습을 지니셨지만 하느님과 같음을 노획물인 양 중히 여기지 않으시고, 도리어 자신을 비우시어 종의 모습을 취하셨으니 사람들과 비슷하게 되시어 여느 사람 모양으로 드러나셨도다. 자신을 낮추시어, 죽음, 곧 십자가의 죽음에 이르기까지 순종하셨도다. 그러므로 하느님께서는 그분을 지극히 높이시어 어느 이름보다도 빼어난 이름을 그분에게 내리셨도다. 그리하여 예수의 이름 앞에 천상 지상 지하계 모두가 무릎을 꿇고, 모두 입을 모아 예수 그리스도는 주님이시라고 고백하여 하느님 아버지께 영광을 드리게 하셨도다"(필립비 2,6-11).

로마제국에게 식민지 통치를 받던 예수운동 사람들은 로마 황제와 예수를 비교하지 않을 수 없었다. 예수가 전한 기쁜 소식뿐 아니라 예수라는 기쁜 소식(τοῦ εὐαγγελίου Ἰησοῦ Χριστοῦ; 마가 1,1)이 주는 정치적 차원의 주제이다. 로마제국과 로마황제는 폭력과 군사력으로 사람을 억압하지만,

124 Schinkel, Dirk, Die himmlische Bürgerschaft, FRLANT 220, Göttingen 2007, pp. 100.122

125 Schnelle, Udo, Die ersten 100 Jahre des Christentums 30-130 n. Chr. Die Entstehungsgeschichte einer Weltreligion, Göttingen 2016, p.273

로마제국에게 '십자가 처형을 당한 예수'는 자신을 낮추어 하늘에 드높임을 받게 되었다. 예수는 로마황제와는 완전히 반대되는, 참된 권력을 보여준다.[126] 예수를 부르는 주님(κύριος; 필립비 2,11) 호칭과 구원자(σωτῆρα; 필립비 3,20) 호칭은 로마제국에 반대하는 反제국주의(anti-imperial)의 의미를 가지고 있다.[127] 당시 로마황제는 주님으로 불렸고, 특히 로마제국 동쪽 지역에서 구원자로 칭송되었다.[128] 로마황제가 주님이요 구원자가 아니라 십자가에서 처형되고 부활하고 하늘에 드높여진 예수가 진짜 주님이요 진짜 구원자다. 그래서, 천상 지상 지하계 모두가 예수에게 무릎을 꿇고 예수를 주님이라 고백한다(필립비 2,10-11). 필립비 2,6-11는 로마황제도 예수에게 무릎 꿇는다는 중요한 정치적 선언이다.

로마제국은 군사력으로 영토를 확장하면서 제국 내부에 많은 종교를 포함하게 되었다. 로마제국의 정치적 안정과 평화를 해치지 않는다는 조건 아래 종교 활동을 존중한다는 것이 로마제국의 종교정책(Pax Romana)(삭제)이었다.[129] 로마제국의 평화(Pax Romana)는 군사력을 바탕으로 로마제국의 일치와 정치경제 안정을 꾀한다는 아우구스투스 황제 이후 정책이었다.[130]

---

126 Vollenweider, Samuel, "Der 'Raub' der Gottgleichheit: Ein religionsgeschichtlicher Vorschlag zu Phil 2,6-11", NTS 45 (1999), pp.413-433, p.431

127 Schnelle, Udo, Die ersten 100 Jahre des Christentums 30-130 n. Chr. Die Entstehungsgeschichte einer Weltreligion, Göttingen 2016, p.273

128 Schnelle, Udo (Hg.), Neuer Wettstein 1/2, Berlin, 2013, p.239-256

129 Wengst, Klaus, Pax Romana. Anspruch und Wirklichkeit. Erfahrungen und Wahrnehmungen des Friedens bei Jesus und im Urchristentum, München 1986, pp.19-71; Gülzow, Henneke, Pontifikalreligion und Gesellschaft, in: Ders., Kirchengeschichte und Gegenwart, Münster 1999, pp. 13-34

130 Clauss, Manfred, Kaiser und Gott. Herrscherkult im römischen Reich, Stuttgart 1999, pp.54-75; Christ, Karl, Geschichte der römischen Kaiserzeit, München 2002, 4판, pp.158-168

바울 선교는 로마제국의 종교정책과 언젠가는 충돌하지 않을 수 없었다. "사람들이 '평화와 안정(εἰρήνη καὶ ἀσφάλεια)'을 말할 때 갑작스러운 멸망이 그들에게 닥칠 터이니, 그것은 임신한 이에게 닥치는 산고와 같아서 결코 피하지 못할 것입니다"(데살로니카전서 5,3)[131] 구절은 평화와 안정이라는 로마제국의 정치 이데올로기를 바울이 정면으로 받아치고 갑작스러운 멸망이 로마제국에 들이닥칠 것이라고 예언한 것이다. "그분은 언제나 그리스도의 개선 행진에 우리를 참여케 하시고 또한 어디서나 그리스도에 대한 지식의 향을 우리를 통해 퍼지게 하십니다"(고린토후서 2,14b)라고 예수 그리스도가 로마제국 황제를 물리치고 승리하는 개선 행진에서 향을 퍼뜨리며 앞장서는 바울을 그렸다.

"멸망할 사람에게는 역겨운 죽음의 악취가 되고 구원받을 사람에게는 감미로운 생명의 향기가 되는 것"(고린토후서 2,15)이라며 로마제국에게 죽음을 경고했다. 바울은 로마제국이 전쟁에서 승리했다는 소식을 알리는 황제 훈령을 가리키던 εὐαγγελίον, 투표권을 가진 남자들의 모임 ἐκκλησία, 황제에게 바치던 호칭 κύριος, 전쟁에 파견된 사람 ἀπόστολος등 로마제국에서 흔히 쓰이던 단어를 빌려와 선교 활동과 편지에서 사용했다. 듣는 사람이 이해하기 쉽게 배려한 것이지만, 동시에 예수 그리스도와 로마황제를 비교하고 예수 그리스도가 더 뛰어나다고 말하기 위해서다.[132]

---

131 Wengst, Klaus, Pax Romana. Anspruch und Wirklichkeit. Erfahrungen und Wahrnehmungen des Friedens bei Jesus und im Urchristentum, München 1986, pp.97-99; Vom Brocke, Christoph, Thessaloniki. - Stadt des Kassander und Gemeinde des Paulus, WUNT 2.125, Tübingen 2001, pp.167-185; Riedo-Emmenegger, Christoph, Prophetisch-messianische Provokateure der Pax Romana, NTOA 56, Göttingen/Freiburg (H) 2005, pp.165-168

132 Schnelle, Udo, Die ersten 100 Jahre des Christentums 30-130 n. Chr. Die Entstehungsgeschichte einer Weltreligion, Göttingen 2016, p.275

50년 말~51년 초 쓰인 듯한 데살로니카전서와 55년 쓰인 듯한 고린토후서[133]에서 열정적으로 로마제국을 비판했던 바울은 56년 초 쓴 로마서[134] 13,1-7에서 "누구나 자기를 지배하는 권위에 복종해야 합니다. 하느님께서 주시지 않은 권위는 하나도 없고 세상의 모든 권위는 다 하느님께서 세워주신 것이기 때문입니다"(로마 13,1), "여러분이 여러 가지 세금을 내는 것도 이 때문입니다. 통치자들은 그와 같은 직무들을 수행하도록 하느님의 임명을 받은 일꾼들입니다"(로마 13,6)라고 전혀 반대의 내용을 주장했다. 로마제국 통치자들이 무려 하느님의 일꾼(λειτουργοὶ θεοῦ)이라니? 그 짧은 시간에 예수운동과 바울에게 무슨 일이 있었던 것일까. 로마제국에 대한 바울 생각이 완전히 뒤바뀌었다는 말인가.

바울이 로마서 13,1-7을 쓰지 않았고 후대에 누군가 끼워넣었다는 의견이 있지만,[135] 성서주석의 근거가 약해서 성서학계에서 지지받지 못하고 있다.[136] 바울이 로마서 13,1-7[137]을 썼을 때 로마황제는 네로(Nero)였다. 바울에게는 예수운동에 참여한 사람들에게 로마제국에 세금을 내도록 촉구해야 했던 사정이 있었다. 로마서가 나온 2년 뒤인 58년에 오랫동안 세금 압박에

133 Schnelle, Udo, Einleitung in das Neue Testament, Göttingen 2017, 9판, p.97

134 Schreiber, Stefan, "Der Römerbrief," in: Ebner, Martin, Schreiber, Stefan (Hg.), Einleitung in das Neue Testament, Stuttgart, 2008(2판), pp.281-307, p.292

135 Schmithals, W, Der Römerbrief als historisches Problem, Gütersloh 1975, pp.191-197; Simonis, W, Der gefangene Paulus. Die Entstehung des sogenanten Römerbriefs und anderer urchristlicher Schriften in Rom, Frankfurt/Bern/New York/Paris 1990, pp.78-81; Vollmer, J, "Römer 13,1-7. Ein eingeschobener politischer Traktat", DtPfBl 95 (1995), pp.454-458

136 Haacker, Klaus, Der Brief des Paulus an die Römer, THNT 6, Leipzig 2012, 4판, p.316

137 Wolter, Michael, Der Brief an die Römer, EKK NF Ⅵ/2, Neukirchen-Vluyn, 2019. pp. 306-329; Haacker, Klaus, Der Brief des Paulus an die Römer, THNT 6, Leipzig 2012, 4판, pp.311-324

시달려온 사람의 로마제국에 저항한 시위가 있었다.[138] 바울은 예수운동 로마 공동체 사람들이 이 시위에 가담하지 않도록 권유하려 했다.[139] 예수운동 공동체가 로마제국에게 미움 받지 않고 안전하게 선교하려면 로마제국과 갈등을 빚어낼 시위에 참여하지 않는 것이 전략적으로 현명했기 때문이다. 곧 다가올 세상 종말을 고대(고린토전서 7,29-31)했던 예수운동 공동체 사람들에게는 금방 지나갈 현실 정치에 목숨을 걸고 싸울 이유가 없기도 했다. 노예 해방, 세금 문제 등도 마찬가지였다.

로마서 13,1-7은 바울의 편지에서 가장 이해하기 어려운 구절은 아니지만, 가장 논란되는 대목 중 하나다.[140] 인류 역사에서 많은 독재자들은 로마서 13,1-7을 즐겨 인용하며 정치적 저항과 혁명을 좌절시키려 애썼다. 그런 독재자들에게 협조한 종교인과 신학자도 있었다. 성경에서 문자 그대로 적용될 수 없는 구절을 찾는다면, 누구나 힘들이지 않고 로마서 13,1-7을 쉽게 꼽을 수 있다. 만일 지배자가 포기할 수 없는 인권을 빼앗으려 한다면, 독재자에게 저항하는 행동은 시민의 권리일 뿐 아니라 의무가 된다.[141]

로마서 13,1-7은 예수운동과 교회와 그리스도교가 세상 끝 날까지 반드시 지켜야 할 금과옥조의 가르침이나 오류가 없는 교리에 해당되지 않는다. 로마서 13,1-7은 바울의 말이지 예수 말씀이 아니라는 사실에 우리가 그나마

138 Tacitus, Annalen XIII 50-51

139 Friedrich, Johannes/Stuhlmacher, Peter/Pöhlmann, Wolfgang, "Zur historischen Situation und Intention von Römer 13,1-7", ZThK 73 (1976), pp.131-166

140 Sanders, Ed P., Paul: The Apostle's Life, Letters, and Thought, Minneapolis, 2015, p.692

141 Locke, John, Two Treatises of Government, in: Laslett, Peter, ed., John Locke: Two Treatises of Government, Cambridge 1960, pp.412-414

안심해야 하는가. 로마서 13,1-7이라는 일시적이고 전략적인 선택에도 불구하고, 로마제국에 반대했던 바울 신학의 가치와 중요성은 전혀 줄어들거나 위축될 수는 없다.[142] 로마서 13,1-7을 인용하여 바울을 깎아내리거나 예수운동을 무시해서도 안 된다.

바울 공동체 내부 갈등

예수운동과 로마제국의 갈등, 예수운동과 유대교의 갈등에 이어 예수운동의 내부 갈등을 살펴볼 차례다. 예수운동 모든 공동체에서 어떤 내부 갈등이 있었는지 알려주는 자료는 많지 않다. 바울의 편지들과 사도행전을 통해 바울 공동체의 내부 갈등을 우리가 엿볼 수 있을 뿐이다. 갈등을 기록한 자료가 없다는 사실이 갈등 자체가 없었을 것이라는 결론을 주지는 않는다. 아직 발견하지 못한 자료도 있을 수 있다. 그렇다고, 없는 자료에 근거하여 소설을 쓸 수도 없다.

고린토 공동체에서 성령에 기초한 열광주의 흐름이 있었다. 세례 받을 때 성령 은사에 충만했던 사람 중 일부가 현재 삶에서 하느님의 구원에 완벽히 참여하고 있다고 강조했다(고린토전서 6,11; 12,13; 15,29). 빵나눔 모임(고린토전서 11장; 14장)과 성령 은사(고린토전서 12-14장)에서 그들은 자신들의 생각을 확인했다. 그들은 피조물 인간의 한계를 낮음이 아니라 높음에서 극복하려고 했다. 그러한 과장과 우월감을 바울은 "여러분은 벌써 배가 불렀습니다. 벌써 부자가 되었습니다. 우리가 없어도 여러분은 군림하게 되었습니다"(고린토전서 4,8)[143]라며 못마땅하게 여겼다.

---

142 Harrill, J. Albert, Paul and Empire. Studying Roman Identity after the cultural Turn, EC 2 (2011), pp.281-311

143 Horn, Friedrich Wilhelm, Das Angeld des Geistes, FRLANT 154, Göttingen 1992,

성령 열광주의는 자칫하면 십자가의 어리석음을 지나칠 위험이 있다. 그래서 바울은 십자가에 드러난 지혜를 강조했다. "멸망할 사람들에게는 십자가의 이치가 한낱 어리석은 생각에 불과하지만 구원받을 우리에게는 곧 하느님의 힘입니다"(고린토전서 1,18). 열광과 과장된 만족이 아니라 그리스도를 위하여 바보가 되고(고린토전서 4,10), 굶주리고 목마르고 헐벗고 매 맞으며 집 없이 떠돌아다니고 있다(고린토전서 4,11)는 정반대 모습을 바울은 말했다. 예수를 따르는 사람들의 모습은 십자가에 매달린 예수 그리스도를 본받아야 한다는 것이다(고린토전서 4,11-13; 고린토후서 4,7-12; 6,4-10; 11,23-29).[144]

또한 고린토 공동체에서 죽은 자들의 부활이 없다(고린토전서 15,12)고 말하는 사람들이 나타났다(고린토전서 15,12-19). 그들은 후대의 영지주의와 달리 몸을 부정적으로 여기지 않았지만, 사람은 보이지 않는 영혼과 보이는 몸으로 이루어졌다는 생각한 것 같다. 썩어 없어질 몸이 영원히 부활한다는 생각을 그들은 받아들이기 어려웠고, 결국 죽은 사람의 온전한 부활을 거부했다.[145] 죽은 사람의 몸은 제외하고 죽은 사람의 영혼만 부활한다고 믿은 셈이다. 썩어 없어질 몸이 부활하지 않는다고 가정하면, 몸을 함부로 여겨도 된다는 생각이 나올 수도 있다(고린토전서 6,12-20; 7,1-9.25-28). 그들에 맞서

---

pp.157-301; Winter, Bruce M, After Paul left Corinth. The Influence of Secular Ethics and Social Change, Grand Rapids 2001, p.31; Schnelle, Udo, Paulus. Leben und Denken, Berlin 2014, 2판, pp.198-242

144 Ebner, Martin, Leidenslisten und Apostelbrief, fzb 66, Würzburg 1991, p.196; Schiefer-Ferrari, Markus, Die Sprache des Leids in den paulinischen Peristasenkatalogen, SBB 23, Stuttgart 1991, p.201; Hotze, Gerhard, Paradoxien bei Paulus, NTA 33, Münster 1997, pp.252-287

145 Sellin, Gerhard, Der Streit um die Auferstehung der Toten, FRLANT 138, Göttingen 1986, p.30

바울은 인간이 몸과 분열될 수는 없다고 강조했다. 몸은 현재에도 미래에도 하느님의 구원에서 제외될 수 없다. "주님과 합하는 사람은 주님과 영적으로 하나"(고린토전서 6,17a)가 되고, "자연적인 몸으로 씨 뿌려지지만 영적인 몸으로 일으켜집니다"(고린토전서 15,46).

십자가에 달린 예수 그리스도와 몸의 부활을 역설한 바울 앞에 거물급 사도들이(고린토후서 11,5; 12,11) 고린토 공동체에 등장했다.[146] 출신(고린토후서 11,22)과 은사 충만을 자랑하며(고린토후서 12,12), 표징과 기적을 보여주고(고린토후서 11,6; 12,1.12), 화려한 말솜씨와 지식과 인상적인 겉모습(고린토후서 10,5)을 갖춘 그들의 설교에 고린토 공동체 사람들이 매혹된 것 같다. 그들에 비해 몸도 약하고 말주변도 변변찮은 바울(고린토후서 10,10)은 사람들 눈에 상대적으로 초라해 보였을 수 있다. 바울은 그런 자신의 약점을 자랑하고(고린토후서 11, 30) 그리스도를 위하는 일에서 어려움과 박해와 곤경도 만족((고린토후서 12,10)하고, 스스로 어리석은 사람(고린토후서 12,11)이 되었다. 하느님의 거룩함과 생명의 힘은 예수 그리스도의 십자가 죽음이라는 약함에서 드러나듯이, 바울의 매력과 힘은 그의 인간적 약함에서 역설적으로 돋보이게 나타나고 있다.

성령 열광주의 위험과 그릇된 부활 이해라는 문제에 이어 바울 공동체에서 강한 사람들과 약한 사람들의 갈등이 있었다.[147] 여러 문화 환경에서 살다가 예수운동 공동체에 참여한 사람들이 서로 어떻게 어울려야 하느냐(고린토전서 8,1-13; 10,14-33) 문제다. 예수운동 사람들은 신들에게 제물로 바쳐진

146 Schnelle, Udo, Paulus. Leben und Denken, Berlin 2014, 2판, pp.243-274

147 Gäckle, Volker, Die Starken und Schwachen in Korinth und Rom, WUNT 200, Tübingen 2005, pp.183-218

고기를 시장에서 사먹어도 되는가(고린토전서 10,25). 예수운동에 참여하지 않은 지인의 식사 초대를 받아들이고 어떤 고기라도 먹어도 되는가(고린토전서 10,27-28). 예수운동에 참여하지 않은 지인들과 식사해도 되는가(고린토전서 10,8). 신전 제사에 참여해도 되는가(고린토전서 10,14- 22)라는 문제가 고린토 공동체와 로마 공동체에서 주로 드러났다.

그런 문제 앞에서 전통을 지키자는 사람들과 전통에 얽매이지 말고 유연하게 대처하자는 입장이 있다. 그들을 보수파(=약자), 개혁파(=강자)라고 이름 지을까. 보수파와 개혁파가 경제, 출신 민족, 지식에 따라 깔끔하게 나누어지는 것은 아니다. 종교 지식을 잘 아는 사람이나 상류층 출신이 보수파에 가담할 수도 있고 개혁파에 참여할 수도 있다. 종교 지식이 많지 않은 사람이나 하류층 출신이 보수파에 가담할 수도 있고 개혁파에 참여할 수도 있다. 바울 공동체에서 상류층 출신의 개혁파(=강자) 사람들은 종교 지식에 기초하여(고린토전서 8,1.4; 10,23) 전해진 종교 관습에서 자유롭게 벗어났다[148]는 의견이 있다. 보수파와 개혁파의 갈등은 사회경제적 이유 때문이 아니고 지식과 윤리 입장 차이에서 생겼다는 의견도 있다.[149]

개혁파(=강자) 사람들은 신들에게 바쳐진 고기를 서슴없이 먹었고(고린토전서 8,9; 10,25-30), 예수운동에 참여하지 않은 지인들의 초대를 받아들였고(고린토전서 10,27), 여러 신들을 기리는 축제에 참여했다(고린토전서 14, 20). 자신들의 사회적 지위 때문에, 그들은 그런 초대를 거절할 형편이 아닐

148 Theissen, Gerd, "Die Starken und die Schwachen in Korinth", in: Ders., Studien zur Soziologie des Urchristentums, WUNT 19, Tübingen 1989, 3판, pp.272-287, p.282

149 Gäckle, Volker, Die Starken und Schwachen in Korinth und Rom, WUNT 200, Tübingen 2005, p.197

수도 있었다. 예수운동이 전해준 자유는 개인의 독립과 전통에서 자유를 뜻한다고 개혁파(=강자)들은 해석할 수 있었다.[150]

고린토 공동체에서 보수파(=약자) 사람들은 유대인 출신이 아니고 소수였던 듯하다(고린토전서 8,7).[151] 예수운동에 참여하기 전에 신들에게 바쳐진 고기를 먹는데 익숙한 사람들이어서, 자칫하면 다시 옛날 습관으로 돌아갈 위험이 있었다.[152] 경제 사정 때문에 여러 신을 섬기는 축제에 어쩔 수 없이 참여한 보수파(=약자) 사람들도 있었다. 그들은 그런 고기를 먹은 후 양심에 가책을 받기 마련이었다.[153] 개혁파(=강자)들의 권유에 설득되어 신들에게 바쳐진 고기를 자연스럽게 먹던 보수파(=약자) 사람들도 있을 수 있었다.

바울은 개혁파(=강자) 입장에 기울었지만(고린토전서 8,4-6), 두 가지 입장을 분명히 했다. 고린토 공동체 사람들은 이교도들 축제에 참여하면 안되고(고린토전서 10,21) 예수운동에 참여하지 않은 사람에게 식사 초대를 받았을 때, 우상에게 바친 음식이라고 설명을 들은 음식은 먹지 말아야 한다(고린토전서 10, 27-28)라는 두 원칙을 어기는 행위는 하느님의 영광을 해치는 일이 된다(고린토전서 10,31).[154] 두 원칙만 지킨다면, 시장에서 고기를 사 먹거나

150 Söding, Thomas, "Starke und Schwache", ZNW 85 (1993), pp.69-92, pp.70-75

151 Söding, Thomas, "Starke und Schwache", ZNW 85 (1993), pp.69-92, pp.75-77

152 Gäckle, Volker, Die Starken und Schwachen in Korinth und Rom, WUNT 200, Tübingen 2005, pp.205-215

153 Theissen, Gerd, "Die Starken und die Schwachen in Korinth", in: Ders., Studien zur Soziologie des Urchristentums, WUNT 19, Tübingen 1989, 3판, pp.272-287, pp.276-279

154 Koch, Dietrich-Alex, ""Seid unanstössig für Juden und für Griechen und für die Gemeinde Gottes" (1Kor 10,32)", in: Ders., Hellenistisches Christentum, NTOA 65, Göttingen 2008, pp.145-164

초대받은 자리에 나온 음식은 무엇이든 먹어도 된다(고린토전서 10, 25.27).

바울은 개혁파(=강자) 입장을 지지하면서도 보수파(=약자) 사람들의 난처한 처지를 잊지 않고 배려했다. "무엇이든 허용되지만, 모든 것이 다 유익한 것은 아닙니다. 무엇이든 다 할 수는 있지만 모든 것이 유익한 것은 아닙니다." (고린토전서 10, 23) 예수운동 사람들은, 유대인이 보기에, 이교도 축제에 참여하지 않는다. 그리스로마 사람들이 보기에, 예수운동에 참여하지 않은 사람들의 초대를 거절하지 않고 함께 어울린다. 바울의 두 원칙은 예수운동 사람들이 유대인과 그리스로마 사람의 눈밖에 벗어나지 않게 배려한 묘수였다.

로마 공동체의 보수파(=약자)와 개혁파(=강자) 갈등(로마 14,1-15,13)은 고린토 공동체가 겪었던 갈등과 상황이 다르다.[155] 로마 공동체에서 약자 대부분은 예수를 따르던 유대인이다. 그들은 의심스러운 고기를 먹지 않으려는 조심스러운 마음에서 어떤 고기든 아예 먹지 않았다. 같은 생각에서 어떤 술도 마시지 않았고 유대교 축제도 지키며 살았다(로마 14,2.5.21). 로마 공동체에서 강자들은 유대인 아닌 사람들이고, 그리스로마 문화에 적응하며 사는데 아무 문제가 없었다. 로마에 아직 온 적도 없고 로마 공동체를 세우지도 않았지만, 바울은 로마 공동체에서 강자 입장에 기울었다(로마 14,14.20; 15,1). 그러나 바울은 사랑에 호소하면서 약자의 처지를 배려하자고 제안했다. "그러나 그리스도께서 여러분을 받아들이신 것같이 여러분도 서로 받아들여서 하느님의 영광을 드러내십시오."(로마 15,7)

155 Gäckle, Volker, Die Starken und Schwachen in Korinth und Rom, WUNT 200, Tübingen 2005, pp.292-449; Reichert, Angelika, Der Römerbrief als Gratwanderung, FRLANT 194, Göttingen 2001, pp.271-311

바울 직분이 낳은 갈등

바울은 예수운동 공동체에서 일어나는 여러 문제에 자신의 입장을 밝히기도 했지만, 바울 자신이 공동체에서 문제가 된 경우도 있었다. 고린토 공동체에서 바울 직분을 문제 삼는 사람들이 나타났다. 바울은 예수 그리스도의 정통 사도인가. 고린토뿐 아니라 갈라디아에서도 여러 이유로 논란이 생겼다. 베드로, 열두 제자, 야고보와 달리 바울은 예수를 만난 적이 없고 예수 제자도 아니었다. 바울은 더구나 예수운동 초기에 예수운동 사람들을 탄압했었다(고린토전서 15,9).

바울이 이 문제로 얼마나 고뇌했는지를 바울 편지들이 보여준다. "하느님의 뜻으로 부르심을 받아 그리스도 예수의 사도가 된 나 바울"(고린토전서 1,1), "하느님의 뜻으로 그리스도 예수의 사도가 된 바울"(고린토후서 1,1), "내가 사도가 아니란 말입니까? 내가 우리 주 예수를 뵙지 못했단 말입니까?"(고린토전서 9,1), "나는 사도들 중에서 가장 보잘것없는 사람이요 하느님의 교회까지 박해한 사람이니 실상 사도라고 불릴 자격도 없습니다."(고린토전서 15,9)

바울은 예수를 만난 적도 없고 예수 제자도 아니라는 비판을 부활한 예수 그리스도가 자신에게 나타났다는 증언을 내세우며 맞섰다(고린토전서 9,1; 15,8). 바울은 예수운동 사람들을 탄압했다는 비판을 "나는 어느 사도보다도 더 열심히 일했습니다"(고린토전서 15,10c)라고 자신의 열정적인 선교 활동을 내세우며 맞섰다. 바울은 자신이 세운 공동체의 존재가 자신의 사도직을 정당화한다고 주장했다. "여러분은 주님 안에서 내 사도직의 도장(σφραγίς)입니다"(고린토전서 9,2b).

바울의 빈약한 외모와 능력을 문제 삼으며 바울을 헐뜯는 사람까지 생겼다(고린토후서 10,10; 11,22; 12,12). "더구나 여러분은 그리스도께서 내 안에서 말씀하고 계시다는 증거를 요구합니다"(고린토후서 13,3). 그러나 바울은 그저 "그분은 내게 말씀하시기를 '너는 내 은총을 넉넉히 받고 있다. 그 능력은 허약함 가운데서 완성되는 법이다' 하셨습니다. 그래서 나는 그리스도의 능력이 내게 머물러 있도록 더욱더 기꺼이 내 약점들을 자랑하렵니다"(고린토후서 12,9)라고 겸손하게 맞설 뿐이었다.

갈라디아 공동체에서 바울의 적대자들은 바울이 예루살렘 공동체와 다르게 자기 개인의 복음을 전하고 있다고 비판했다. 바울이 전하는 복음은 하느님과 아무 관계없는, 바울 개인의 생각일 뿐이라는 빈정거림이었다. 바울은 자신의 사도직과 복음 전파는 하느님과 직접 연결되어 있다고 반박했다. "나는 사도직을 사람에게서나, 사람을 통해서 받은 것이 아니라 예수 그리스도와 그분을 죽은 자들 가운데서 다시 살리신 하느님 아버지로부터 받았습니다."(갈라디아 1,1)[156]

"우리는 말할 것도 없고 하늘에서 온 천사라 할지라도 우리가 이미 전한 복음과 다른 것을 여러분에게 전한다면 그는 저주를 받아 마땅합니다."(갈라디아 1,8) 바울이 자기 자신의 생각을 마치 복음인 양 전한다면, 바울은 저주를 받아 마땅하다. "하느님께서는 내가 나기 전에 이미 은총으로 나를 택하셔서 불러주셨고, 당신의 아들을 이방인들에게 널리 알리게 하시려고 기꺼이 그 아들을 나에게 나타내 주셨습니다."(갈라디아 1,15; 로마 1,1) "그때 나는 어떤 사람과도 상의하지 않았고, 또 나보다 먼저 사도가 된 사람들을 만나려

156 Alkier, Stefan, Wunder und Wirklichkeit in den Briefen des Apostels Paulus, WUNT 134, Tübingen 2001, pp.125-131

고 예루살렘으로 가지도 않았습니다"(갈라디아 1,16-17)라는 좀 더 진전된 의견을 덧붙였다. 다마스쿠스에서 부활한 예수가 바울에게 나타났고, 하느님께서 바울 출생 이전부터 바울을 사도로 선택하셨다는 것이다.

사도직을 언제 누구에게서 받았느냐 논쟁은 그렇다 치고, 바울 사도직의 내용은 무엇일까.[157] 첫째, 바울 사도직은 모든 민족을 위한 사도직이다. 바울은 모든 민족에게(ἐν τοῖς ἔθνεσιν; 갈라디아 1,16) 예수 그리스도의 복음을 전하는 모든 민족을 위한 사도(ἐθνῶν ἀπόστολος; 로마 11,13)다. 또한 바울은 자신을 새로운 계약의 봉사자(διακόνους καινῆς διαθήκης)(고린토후서 3,6)라고 생각했다.[158] 바울은 옛 계약과 새 계약을 문자의 계약과 영의 계약(고린토후서 3,6), 또는 모세와 예수로 대조시켰다(고린토후서 3,7-15). 셋째, 바울의 사도직은 화해의 봉사직(고린토후서 5,18)이다. 바울에게 화해는 오직 하느님에게서 나오는 사건이다. 십자가 예수 그리스도 안에서 드러난 하느님의 화해 행동이 인간에게 실현되었기 때문이다(고린토후서 5,18; 로마 5,10). 화해의 봉사는 말씀 안에서 이루어진다.[159] "우리는 그리스도를 대리하여 여러분에게 간청합니다. 하느님과 화해하시오"(고린토후서 5,20c).

바울과 바울의 반대자들

예수운동 역사에서 바울만이 유대인 아닌 사람에게 예수 그리스도의 복

157 Schnelle, Udo, Die ersten 100 Jahre des Christentums 30-130 n. Chr. Die Entstehungsgeschichte einer Weltreligion, Göttingen 2016, pp.282-283

158 Schmeller, Thomas, Der zweite Brief an die Korinther, EKK VIII/1, Neukirchen 2010, pp.168-232

159 Bultmann, Rudolf, Theologie des Neuen Testaments, Merk, O. (Hg.), Tübingen 1984, 9판, p.301

음을 전한 것은 아니었다. 바울 말고도 많은 사람들이, 역사에 이름을 남기지 않은 사람들을 포함하여, 유대인 아닌 사람에게 예수 그리스도의 복음을 전했다. 그중에 바울을 반대하는 사람들이 당연히 있었다. 늦어도 고린토후서가 쓰인 55년 무렵에 바울 선교에 반대하는 움직임이 분명히 드러났다.[160] 48년 예루살렘 사도회의가 낳은 결과 중 하나이자 발전된 흐름이기도 했다. 예루살렘 사도회의가 열렸고 합의된 내용이 있었지만, 예수운동에 참여하려는 유대인 아닌 사람에게 유대교 율법을 어느 범위까지 요구해야 하느냐 문제는 예수운동 내부에서 여전히 해결되지 않았다.

당시 예수운동을 둘러싼 안팎 상황이 복잡하기도 했다. 한편으로, 서쪽으로 퍼지는 바울 선교는 갈수록 확장되었고, 바울이 세운 공동체들은 지리적으로 예루살렘에서 멀리 떨어져 있다. 다른 편으로, 유대교 내부 모임으로 스스로 이해하던 예수운동 예루살렘 공동체는 증가하는 유다 민족주의 분위기에서 유대교 측이 가하는 압박에 시달리고 있었다. 예수운동 자체의 성격을 분명히 할 수밖에 없는 종교적 정치적 결단의 시간이 점차 다가오고 있었다.

예수운동이 바리사이, 사두가이, 꿈란 공동체처럼 유대교 내부 모임 중 하나로, 좀 더 개혁적이고 자유로운 유대교 모임으로 남아있을 것인가. 아니면, 유대교에서 출발했고 유대교와 계속 연결되긴 하지만, 할례를 요구하지 않고 세례를 요구하며 빵나눔을 가지는 독자적인 새로운 종교로 발돋움할

160 Schnelle, Udo, "Der 2. Korintherbrief und die Mission gegen Paulus", in: Sänger, Dieter (Hg.), Der zweite Korintherbrief. Literarische Gestalt - historische Situation - theologische Argumentation (FS Koch, D. -A), FRLANT 250, Göttingen 2012, pp.300-322; Theissen, Gerd, "Die Gegenmission zu Paulus in Galatien, Philippi und Korinth", in: Kraus, Wolfgang (Hg.), Beiträge zur urchristlichen Theologiegeschichte (FS Müller, U, B), BZNW 163, Berlin 2009, pp.277-306

것인가. 유대교 모임으로 남아있으려는 예루살렘 공동체는 독자적인 길로 접어든 바울 공동체를 설득하고 압박하고 반대하는 길에 들어서게 되었다.

고린토 공동체에 나타난 바울의 반대자들은(고린토후서 11,5; 12,11) 자신들의 탁월한 언변과 놀라운 기적 능력으로만 사도직을 뽐낸 것은 아니었다. 그들은 모세와 아브라함도 인용했다. 그들은 유대인이라는 출신과 신분을 자랑했고(고린토후서 11,22), 나자렛 예수를 실제로 알고 있었다(고린토후서 5,16b)고 강조했다. 그들은 바울을 비판한 정도가 아니고 사도로서 자신들의 능력과 정통성을 주장했다. 바울이 성령의 힘으로 새로운 계약(고린토후서 3,6)을 통해 극복했다고 내세운 옛 계약(탈출기 34장)을 그들은 오히려 의지했다.

유대인 아닌 사람이 예수운동에 참여하려면 할례를 받아야 한다고 그들이 주장했는지 고린토후서에서는 입증되지 않는다. 바울의 반대자들이 한 세력으로 모였거나 일치했던 것은 아니다. 여러 공동체에서 각기 다른 모습의 반대자들이 나타났다. 그러나, 그들이 바울 사도직의 정통성을 문제 삼으면서 바울 공동체를 보수적인 유대계 예수운동 또는 유대교 내부에 묶어두려 한 의견은 같았다.[161]

갈라디아 공동체에서 생긴 위기는 바울의 반대자들과 바울의 대결을 더 깊은 수렁에 빠뜨리게 되었다. 바울의 반대자들은 갈라디아 공동체에서 일부 유대인 아닌 사람들이 할례를 받도록 설득하는 데 성공했고(갈라디아 4,21; 5,3; 6,12), 유대교 달력을 지키도록 유도했다(갈라디아 4,3.9.10). 이 갈등은

161 Schnelle, Udo, Die ersten 100 Jahre des Christentums 30-130 n. Chr. Die Entstehungsgeschichte einer Weltreligion, Göttingen 2016, p.284, 주 163

바울 신학뿐 아니라[162] 예수운동 초기 역사의 방향을 크게 바꾸어 놓았다고 말할 수 있다. 갈라디아 위기를 갈라디아서와 로마서에서 바울이 펼친 의화론(義化論)의 시작으로 보는 의견[163]이 많다. 의화론을 발견하는 시점과 근거짓는 시점을 구분하고, 바울 의화론이 갈라디아 위기 이전에 시작되었다는 의견도 있다.[164]

갈라디아 공동체 사람들은 처음에는 바울의 반대자들 주장에 호의적이었던 까닭은 무엇일까. 바울의 반대자들은 할례가 하느님께서 아브라함과 이스라엘과 맺으신 영원한 계약의 표지라고 아브라함을 인용(창세기 17,7.13)하여 주장했다. 바울이 반대자들 의견에 반박하면서 갈라디아서와 로마서에서 각각 9번씩 아브라함이 등장하는 성서 구절을 인용한 것은 우연이 아니다.

이스라엘의 하느님을 믿으려면 이스라엘 백성에 속해야 한다고 바울의 반대자들은 주장했다. 예수도 바울도 할례를 받았다는 것이다. 또한 유대인 아닌 사람이 예수운동에 참여할 때 할례를 받으면, 예수운동이 여러 사회적 정치적 압력에서 벗어날 수 있다는 것이다. 갈라디아 공동체에서 예수운동에 참여했던 유대인 아닌 사람 중 일부가 할례를 받았던 이유는 예수운동의 불안했던 사회적 위치 때문이었다는 의견[165]도 있다.

---

162 Wrede, William, "Paulus", in; Rengstorf, Karl Heinrich (Hg.), Das Paulusbild in der neueren deutschen Forschung, Darmstadt 1969(=1904), 2판, pp.1-97, p.74

163 Strecker, Georg, Theologie des Neuen Testament, hg. v. Horn, Friedrich Wilhelm, Berlin 1996, p.149; Wilckens, Ulrich, Theologie des Neuen Testament III, Göttingen 2017, p.136; Schnelle, Udo, Paulus. Leben und Denken, Berlin 2014, 2판, pp.282-288

164 Wolter, Michael, Paulus. Ein Grundriss seiner Theologie, Neukirchen 2015, 2판, p.342.402

165 Barclay, John, M. G, Obeying the Truth, Edinburgh 1988, p.58

갈라디아 위기에서 바울은 전혀 새로운 상황을 만났다는 현실을 깨달았다. 예루살렘 사도회의 합의가 나온 지 십년도 안 된 시점에서, 바울의 반대자들은 예루살렘 사도회의 합의를 지키지 않고 있다는 것이다. 바울의 반대자들은 바울과 바울 공동체를 예루살렘 공동체 노선에 충실하게 만들려 하고 있다. 유대인 아닌 사람에게 할례를 요구하지 않은 바울은 선교 전략뿐 아니라 신학 차원의 문제였다.

할례에 대한 바울의 반대자들과 바울의 엇갈리는 입장은 소아시아와 그리스 지역에서 예수운동 전파에서 핵심적인 현안으로 떠올랐다. 바울은 예수운동에 참여하는 유대인과 유대인 아닌 사람에게 유대교 율법이 궁극적으로 어떤 의미가 있는지 분명히 밝히고 해설할 필요와 의무를 느꼈다. 토라를 통해 생명을 얻는 주제와 할례 문제는 연결되어 있기 때문이다.

할례를 포함하여 토라를 통해 생명을 얻는다면, 구원에서 예수 그리스도의 역할은, 바울 입장에서, 영향을 받을 수밖에 없었다. 그래서 바울은, 토라는 시간상으로 내용상으로 그리스도 덕분에 극복되었다고 해석했다. "율법은 그리스도께서 오실 때까지 우리의 후견인 구실을 하였습니다. 그러나 그리스도께서 오신 뒤에는 우리가 믿음을 통하여 하느님과 올바른 관계를 맺게 되었습니다. 이렇게 믿음의 때가 이미 왔으니 우리에게는 이제 후견인이 필요하지 않습니다"(갈라디아 3,24-25), "어떠한 사람도 율법을 지킴으로써 의롭게 되지는 못하겠기 때문입니다"(갈라디아 2,16e)라는 바울의 이 말은 바울과 유대교뿐 아니라 바울과 예수운동 예루살렘 공동체를 근본적으로 갈라놓는 선이 되고 말았다. 바울의 갈라디아서는 야고보 중심의 예루살렘 공동체와 바울 중심의 공동체 사이에 분열의 상처를 낳고 말았다.

바울은 로마서에서, 그리고 예루살렘 공동체의 가난한 사람들을 위한 헌금에서 그 분열의 상처를 달래보려 애썼다. 바울의 로마서는 바울의 갈라디아서가 만든 예수운동 내부 분열의 상처를 신학적으로 줄여보려는 눈물겨운 노력 중 하나라고 볼 수 있다.[166] 율법과 이스라엘 민족에 대해 대부분 부정적인 입장을 드러낸 갈라디아서는 예수운동 내부에서 별다른 호응을 얻지 못했고 궁극적인 문제 해결에 도움이 되지 않음을 깨달았다.

그래서 바울은 갈라디아서 의견을 로마서에서 여러 차원에서 바꾸려 했다.[167] 그러나, 로마서는 갈라디아서 입장을 더 깊이 해설했을 뿐이라는 의견[168]도 있다. 갈라디아서와 로마서가 쓰인 시간이 서로 차이가 적기 때문에, 바울이 로마서에서 갈라디아서 입장을 상당히 바꿨다는 의견에 반대하는 학자[169]도 있다. 바울에게 달라진 역사적 상황뿐 아니라 갈라디아서와 로마서를 비교하면, 바울 생각이 변화하고 발전했다는 의견[170]에 나는 동의하고 싶다.

바울은 토라를 받은 유대인들의 특권을 반박했다(로마 2,1-3,20). 유대인 아닌 모든 인간도 본성에 따라 율법 구실을 하는 본성을 갖고 있기 때문이다(로마 2,14). 유대인이나 유대인 아닌 사람도 하느님 앞에 평등하다. 바울은

166 Schnelle, Udo, "Der Römerbrief und die Aporien des paulinischen Denkens", in: Ders, (Hg.), The Letter to the Romans, BETL 226, Leuven 2009, pp. 3-23

167 Schnelle, Udo, Die ersten 100 Jahre des Christentums 30-130 n. Chr. Die Entstehungsgeschichte einer Weltreligion, Göttingen 2016, p.284, p.286

168 Becker, Jürgen, Paulus, Tübingen 1989, p.419

169 Dunn, James D. G, The Theology of Paul the Apostle, Grand Rapids 1998, p.131

170 Schnelle, Udo, Gibt es eine Entwicklung in der Rechtfertigungslehre vom Galater- zum Römerbrief?, in: Klumbies, Paul-Gerhard/du Toit, David S (Hg.), Paulus - Werk und Wirkung (FS Lindemann, A), Tübingen 2013, pp.289-309

이것을 설명하기 위해 하느님 의로움(δικαιοσύνη θεοῦ; 고린토후서 5,21; 로마 1,17; 3,5; 10,3)을 율법 없는 하느님 의로움(δικαιοσύνη θεοῦ χωρὶς νόμου; 로마 3,21; 6,14b; 10,1-4)으로 풀이했다.

바울은 죄(ἁμαρτία; 로마 7,7)의 개념을 로마서 핵심으로 등장시켰다. 죄 단어는 갈라디아서에 3번 나오는데(갈라디아서 1,4; 2,17; 3,22), 로마서에 무려 48번 나온다. 바울은 죄가 율법에 반대하는 행위로 보았다(로마 7,7; 갈라디아 3,22). 바울은 갈라디아서보다 로마서에서 율법을 좀 더 긍정적으로 평가한다. “물론 율법은 거룩하고, 계명도 거룩하고 의롭고 선한 것입니다(ὁ μὲν νόμος ἅγιος καὶ ἡ ἐντολὴ ἁγία καὶ δικαία καὶ ἀγαθή)”(로마 7,12)라고 로마서에서 본격적으로 다룬 이스라엘 문제에서도 놀라운 관점을 보여주었다. 그리스도가 다시 오시면, 온 이스라엘도 구원받게 되리라(καὶ οὕτως πᾶς Ἰσραὴλ σωθήσεται; 로마 11,26)라는 것이다.[171]

그러나 로마서에서도 바울에 반대하는 사람들이 예루살렘과 로마에서 활약한 자취는 여전히 있다(로마 3,1-8; 6,1; 7,7; 9,1; 16,17-20). 로마 16,17-20은 후대에 누군가 써넣은 구절로 보는 의견[172]이 있고, 바울이 쓴 구절로 여기는 의견[173]도 있다. 로마제국 동쪽 지역에서 충분히 선교했다고 생각한 바울(로마 15,23a)은 서쪽 끝에 있는 스페인에서 선교 활동(로마 15,24)을 계획하였다. 바울은 그전에 예루살렘 공동체에 가난한 사람들을 위한 헌금을 전달해야 한다. 헌금을 예루살렘 공동체가 기꺼이 받아들일지 그리고 예루살렘에서

171 Merklein, Helmut, "Der Theologe als Prophet", NTS 38 (1992), pp.402-429

172 Jewett, Robert, Romans, Minneapolis 2007, pp.986-988

173 Haacker, Klaus, Der Brief des Paulus an die Römer, THNT 6, Leipzig 2012, 4판, pp.382-388

예수운동에 참여하지 않은 유대인에게 바울이 봉변당하지 않을지, 바울은 심각하게 걱정했다(로마 15,31).[174]

예루살렘 공동체에 가난한 사람들을 위한 헌금은 예루살렘 사도회의에서 합의된 내용에 속한다. 헌금은 예루살렘 공동체와 안티오키아 공동체의 일치를 표현하는 뜻에서 안티오키아 공동체가 앞장서 시작한 일(로마 15,26)이었다. 그런데, 사도회의가 몇 년 지난 시점에는 바울과 반대자들의 갈등이라는 새로운 맥락에서 헌금 문제를 보아야 할 정도로 예수운동 내부 상황이 달라지고 말았다.

헌금 문제는 갈라디아 위기 이후 유대계 예수운동 공동체와 그리스계 예수운동 공동체 사이의 일치를 가늠하는 주제가 될 정도로 의미가 커졌다.[175] 처음엔 바울의 대리인을 통해(고린토전서 16,3), 곧 바울도 일행과 함께(고린토전서 16,4), 그 후 디도도 같이(고린토후서 8,18) 헌금을 전달할 예정이었다. 그동안 예루살렘에서 긴장은 더 커졌다.[176] 바울은 예루살렘 방문에서 헌금도 전달하고, 예루살렘 공동체에 자신의 정통 믿음을 해명하고, 자신에 대한 비판을 줄이고 갈등을 누그러뜨리려는 생각이 있었다.[177]

---

174 Theissen, Gerd, "Kirche oder Sekte? Über Einheit und Konflikte im frühen Urchristentum", in: Alexeev, Anatoly A (Hg.), Einheit der Kirche, WUNT 218, Tübingen 2008, pp. 81-101, p.90

175 Horn, Friedrich Wilhelm, "Die Kollektenthematik in der Apostelgeschichte", in: Breytenbach, Cilliers/ Schröter, Jens (Hg.), Die Apostelgeschichte und die hellenistische Geschichtsschreibung (FS Plümacher, E), AJEC 57, Leiden 2004, PP.134-156

176 Betz, Hans Dieter, 2. Korinther 8 und 9, München 1985, p.175

177 Horn, Friedrich Wilhelm, "Die letzte Jerusalemreise des Paulus", in: Ders, (Hg.), Das Ende des Paulus, BZNW 106, Berlin 2001, pp.15-35, p.34

헌금은 예수운동 예루살렘 공동체와 그리스 지역 공동체의 일치와 평등을 뜻한다(고린토후서 8,13). "그들은 이렇게 기쁜 마음으로 보냈지만, 그들에게는 또한 그렇게 할 의무도 있습니다. 유대인 아닌 사람들은 예루살렘에 있는 성도들의 정신적인 축복을 나누어 가졌으니 이제는 물질적인 것을 가지고 그들을 도울 의무가 있지 않겠습니까?"(로마 15,27) 그리스로마 사회의 많은 후원 모임에서 활발하던 서로 돕는 문화 배경에서도 헌금을 이해할 필요도 있다.[178]

헌금은 전달되었는가. 누가복음 저자가 바울이 예루살렘을 방문한 이유를 밝히긴 했다. "저는 제 동족에게 구제금을 전달하고 하느님께 제물을 바치러 여러 해 만에 고국에 돌아왔습니다."(사도행전 24,17) 그러나, 헌금이 전해졌는지 여부에 대해 사도행전은 이상하게도 아무 말이 없다.

사도행전은 왜 헌금 문제에 침묵했을까. 여러 가설이 등장했다. 첫째, 헌금은 커다란 어려움 속에서 비공식적으로 전달되었을 것이다.[179] 둘째, 나지르인 서약이라는 정결예식(사도행전 21,23-24,26; 민수기 6, 1-21)을 바울이 네 사람과 성전에서 행한 뒤, 헌금은 일부 또는 단계적으로 전해졌다.[180] 마지막으로 예루살렘 공동체가 헌금 받기를 거절했기 때문에 누가복음 저자는 침묵하였다[181]라는 가설이다.

178 Wolter, Michael, Paulus. Ein Grundriss seiner Theologie, Neukirchen 2015, 2판, pp.41-43

179 Georgi, Dieter, Der Armen zu gedenken. Die Geschichte der Kollekte des Paulus für Jerusalem, Neukirchen 1994, 2판, pp.88-89; Haenchen, Ernst, Die Apostelgeschichte, KEK III, Göttingen 1977, 7판, pp.586-588

180 Horn, Friedrich Wilhelm, "Paulus, das Nasiräat und die Nasiräer", NT 39 (1997), pp.117-137

181 Gnilka, Joachim, "Die Kollekte der paulinischen Gemeinden für Jerusalem als Ausdruck

예루살렘 공동체가 바울에게 헌금 받기를 거절했던 이유는 무엇일까.[182] "할례를 받고 안 받는 것이 문제가 아니라 새로운 사람이 되는 것이 중요합니다"(갈라디아 6,15), "여러분은 율법의 지배를 받는 것이 아니라 은총의 지배를 받고 있으므로"(로마 6,14)와 같은 바울의 주장은 예루살렘 공동체의 완강한 유대인에게 토론 불가능하고 받아들이기 어려웠을 것이다. 갈라디아 위기에서 예루살렘 공동체 출신의 완강한 유대인에게 헌금 거절은 그들의 입장을 고수하고 바울 선교에 대한 자신들의 승리로 해석되었을 수 있다. 예루살렘 공동체의 완강한 유대인들과 예수운동을 거절한 유대인에게 바울은 민족과 종교의 배신자로 여겨질 수 있다. 유대교 회당을 존중하는 뜻에서, 예루살렘 공동체는 유대인 아닌 민족에게서 예루살렘에 오는 헌금을 거절했을 수 있다.[183]

예루살렘 공동체는 바울을 따뜻하게 맞이하지도 않았고, 그 후 체포된 바울을 석방하려는 노력을 보이지도 않았다. 바울과 예루살렘 공동체는 갈수록 사이가 멀어졌다. 바울이 유대교 그리고 예루살렘 공동체와 일부러 멀어지려고 한 것은 아니었다(로마 9,1-3).[184] 그러나, 바울은 자신의 예루살렘

ekklesialer Gemeinschaft", in: Kampling, Rainer/Söding, Thomas (Hg.), Ekklesiologie des Neuen Testaments (FS Kertelge, K), Freiburg 1996, pp.301-315; Jervell, Jacob, Die Apostelgeschichte, KEK 3, Göttingen 1998, p.529; Roloff, Jürgen, Die Apostelgeschichte, NTD 5, Göttingen 1981, p.313

182 Schnelle, Udo, Die ersten 100 Jahre des Christentums 30-130 n. Chr. Die Entstehungsgeschichte einer Weltreligion, Göttingen 2016, p.290

183 Josephus, Bellum 2,408; Haacker, Klaus, Der Brief des Paulus an die Römer, THNT 6, Leipzig 2012, 4판, pp.370-372

184 Theissen, Gerd, "Röm 9-11 - Eine Auseinandersetzung des Paulus mit Israel und sich selbst: Versuch einer psychologischen Auslegung", in: Dunderberg, Ismo/Tuckett, Christopher/Syreeni, Kari (Hg.), Fair Play (FS Räisänen, H), NT.S CIII, Leiden 2002, pp.311-341

공동체와 신학적 입장 차이 때문에, 결과적으로 유대교 그리고 예루살렘 공동체와 결별하는 수순을 밟게 되었다. 또한 높아지는 유대민족주의 때문에 예수운동을 거절한 유대인들에게서 오는 거센 정치적 종교적 압력에 시달리게 되었다. 몇 년 지나지 않아 유대 독립전쟁이 터질 판이었다. 예수운동의 일치는 깨지고 예수운동이 두 편으로 분열되는 시점이 다가온 것이다. 바울이나 예루살렘 공동체가 예수운동을 분열시키려 애쓴 것은 아니지만, 분열을 막기 위해 자신의 입장을 바꾸려는 노력을 어느 쪽도 하지 않았다.

바울 편지

예수를 직접 보고 따라다닌 베드로와 제자들보다 예수를 직접 만난 적도 없는 바울이 예수운동 초기 역사에서 돋보이는 인물로 떠오른 까닭은 무엇일까. 유대인 아닌 사람에게 예수 그리스도를 전파한 역할을 맡은 덕분이기는 하다. 그러나, 무엇보다도 먼저, 바울이 글을 남겼기 때문이다. 만일 바울이 유대인 아닌 사람에게 복음을 열심히 전했다 할지라도 편지를 하나도 남기지 않았다면, 바울이 그리스도교 역사에서 큰 영향을 끼칠 수 있었을까. 바울 편지가 없었다면, 바울은 예수운동 초기 역사에서 여러 선교사 중 평범한 하나로 기억되었을 것이다. 바울은 편지를 쓸 학문적 능력과 선교 의지를 둘 다 갖춘 인물이었다. 나는 바울의 최대 업적 중 하나는 편지를 쓴 일이라고 생각한다.

바울 편지는 예수운동 초기 역사에 큰 영향을 주었을 뿐 아니라 편지 자체가 예수운동 초기 역사의 일부가 되었다.[185] 바울 편지는 역사를 만들었고, 곧 역사가 되었다. 바울은 공동체를 세우고 방문하고 머물렀을 뿐 아니라

185 Schnelle, Udo, Die ersten 100 Jahre des Christentums 30-130 n. Chr. Die Entstehungsgeschichte einer Weltreligion, Göttingen 2016, p.291

편지로 공동체와 소통하고 지도 편달했다. 고대 사회에서 편지는 대화를 대신하여 사용되었다. 철학자 에피쿠로스 이후 편지는 철학과 신학에서 중요한 소통의 도구가 되었다. 고대 편지 장르에서 바울 편지는 우정과 사상을 나누는 유형에 속한다.[186] 1980년대 이후 특히 영어권 성서학계에서는 신약성서 편지들을 그 삶의 자리(=배경)와 논증 형식에 따라 분류하려는 움직임이 활발해졌다.[187]

바울은 편지에서 공동체와 자신의 인연을 강조하고 기억했다(고린토전서 15,1; 갈라디아 3,1; 데살로니카전서 2,17; 로마 1,11). 바울은 편지에서 가르침과 윤리를 설명하고 권고했다(데살로니카전서 1,6; 고린토전서 11,1; 갈라디아 4,6). 바울은 고대의 편지 유형을 참고하면서도 편지의 처음과 끝부분에서 독자적인 특징을 만들었다. 편지를 보내는 자신과 받는 사람들을 언급하지만, 하느님과 그리스도를 편지의 주인공으로 소개했다.

예수 호칭이 자주 등장하는 것이 바울 편지 특징 중 하나다. 고린토전서 1,1-9에서만 무려 15번이나 있다.[188] 바울 편지에 하느님과 예수 그리스도는 생생하게 존재한다. 바울 편지는 복음을 전하는 편지(kerygmatische Briefe)[189]라고 말할 수 있다. 편지를 받은 사람은 공동체 모임에서 보여주었고(갈

186 Stowers, Stanley K, Letter Writing in Greco-Roman Antiquity, Philadelphia 1986, p.46

187 Schreiber, Stefan, Die Briefliteratur im Neuen Testament, in: Ebner, Martin, Schreiber, Stefan (Hg.), Einleitung in das Neue Testament, Stuttgart 2008, 2판, pp.254-280, pp.267-269

188 Schnelle, Udo, "Heilsgegenwart. Christologische Hoheitstitel bei Paulus", in: Schnelle, Udo/Söding, Thomas/Labahn, Michael (Hg.), Paulinische Christologie (FS Hübner, H), Göttingen 2000, pp.178-193

189 Hoegen-Rohls, Christina, Zwischen Augenblickskorrespondenz und Ewigkeitstexten. Eine Einführung in die paulinische Epistolographie, BThSt 135, Neukirchen 2013,

라디아 6,11), 낭독되었다(데살로니카전서 5,27; 로마 16,16). 바울을 대신한 편지는 바울 생전에 벌써 영향을 끼쳤다(고린토후서 10,10).

바울은 공통년 33/34년 무렵 부활한 예수를 만난 체험을 했다. 그 후 약 30년 동안 여러 곳에서 예수를 특히 유대인 아닌 사람들에게 전하고 설득했다. 바울은 생전에 일곱 편의 편지를 남겼다. 50년대 초반부터 56년까지 약 6년 기간에 쓴 편지다. 데살로니카전서는 50년대 초 고린토에서, 고린토전서, 필립비서, 필레몬서는 52~55년에 에페소에서 쓴 듯하다. 그 후 예루살렘 공동체에 보낼 헌금을 모으기 위해 돌아다니면서 고린토후서와 갈라디아를 쓴 것 같다. 56년 초 고린토에 머물 때 로마서를 쓴 듯하다. 예수가 죽고 부활한지 겨우 30년도 채 지나지 않은 예수운동 초기 시대의 일이다. 편지를 쓴 시점에 대해 여러 의견이 있다.[190]

데살로니카전서는 신약성서에서 가장 오래된 문헌이다. 예수 재림 이전에 세상을 떠난 사람들의 운명은 어떻게 되는지 바울이 답변했다(데살로니카전서 4,13-18). 이미 죽은 사람이나 살아있는 사람들이 똑같이 다시 오실 주님과 일치할 것이라고 말했다.

고린토 공동체에서 바울의 반대 그룹이 생겼다(고린토전서 1,10-4,21). 성 윤리(고린토전서 5-7장), 신들에게 바쳐진 고기를 먹어도 되느냐 문제(고린토전서 8-10장), 빵나눔에서 취할 태도(고린토전서 11장), 성령 은시(은사?) 문제(고린토전서 12-14장), 죽은 자들의 부활 문제(고린토전서 15장)등 고린

pp.92-117

190 Schnelle, Udo, Einleitung in das Neue Testament, Göttingen 2017, 9판, pp.32-46; Theissen, Gerd, Das Neue Testament, München 2004, 2판, pp.32-39

토 공동체에서 생긴 여러 문제에 대해 바울은 자신의 생각을 말했다. 고린토 공동체에 나타났던 열광주의 흐름(고린토전서 4,8; 6,12)에 맞서 바울은 십자가 신학을 강조했다. 곧이어 쓰인 고린토후서는 탁월한 언변과 능력을 자랑하는 일부 선교사들(고린토후서 10-13장)에 맞서 바울이 자신의 소박함과 약점을 강조한 편지다. 예수 따르기는 고통과 십자가 속에서 가능함을 바울은 증언하였다.

필립비서에서 바울은 필립비 공동체에게 받은 경제적 도움에 감사드리고 있다. 내부 갈등에 시달리는 필립비 공동체가 예수 그리스도를 모범 삼아 살도록 바울은 권고하였다(필립비 2,6-11). 필레몬서에서 바울은 공동체에 참여한 주인과 노예 신분의 사람들에게 그리스도 안에서 동등한 형제로서 서로 존중하고 받아들이라고 설득하고 있다.

갈라디아서는 오늘날 터키 앙카라 지역에 있던 갈라디아 공동체에서 벌어진 사건을 배경으로 한다. 공동체에 들어온 일부 보수적 유대인 선교사들이 유대인 아닌 사람도 할례를 받고 율법을 지켜야 한다고 바울과 다른 입장을 주장했다. 바울 특유의 의화론을 구성하기 시작한 편지라고 볼 수 있다.

로마서는 바울이 예루살렘 공동체에 보낼 헌금을 무사히 전달하고 로마 공동체의 경제적 도움을 얻어 스페인 선교에 나설 뜻을 드러낸 편지다. 자신이 세우지 않았고, 아직 얼굴을 보지도 못한 로마 공동체 사람들에게 바울을 오해하지 않도록 자신의 생각을 소개하고 해명하고 있다. 한편으로 "사람은 율법을 지키는 것과는 관계없이 믿음을 통해서 하느님과 올바른 관계를 맺는다고 우리는 확신합니다"(로마 3,28)라고 말했지만, 다른 편으로 "지금은 순종하지 않고 있는 이스라엘 사람들도 여러분이 받은 하느님의 자비를 보고 회개하여 마침내는 자비를 받게 될 날이 올 것입니다"(로마 11,31)라고 말하기도 했다.

예수 그리스도 덕분에 유대인 아닌 사람들도 유대인처럼 하느님을 믿게 되었고, 지금 예수 그리스도를 받아들이지 않는 이스라엘 사람들도 하느님의 놀라운 구원 계획에 의하여 결국은 하느님의 자비를 얻게 될 것이라는 뜻이다. 예수는 유대인과 유대인 아닌 사람들을 갈라놓는 분열의 씨앗이 아니라 일치의 끈이라는 해설이다.

바울 공동체는 새로운 종교 공동체?

바울 편지는 예수운동이 유대교와는 다른 독자적 종교운동으로 발전하는데 이론적 역사적 기초를 차근차근 쌓은 기록 중 하나다. 여기서 이런 질문이 나오지 않을 수 없다. 언제부터 예수운동은 독자적 종교운동 또는 새로운 종교가 되었나. 더 구체적으로 말하면, 바울 공동체는 언제부터 새로운 종교가 되었는가. 예루살렘 공동체에도 똑같은 질문을 하기는 어렵다. 전제와 판단 기준, 입장이 다른 가설이 많기 때문에, 이 질문은 논란 많으며 다루기 쉽지 않다.[191]

바울 공동체에 독자적 종교가 지닌 여러 특징이 보인다.[192] 바울은 그리스도인과 유대인이 갈라서는데 결정적인 인물이다.[193] 바울 공동체는 모든 민

191 Wander, Bernd, Trennungsprozess zwischen Frühen Christentum und Judentum im 1. Jh.n.Chr., TANZ 16, Tübingen 1997, 2판, pp.8-39

192 Luz, Ulrich, "Das 'Auseinandergehen der Wege'. Über die Trennung des Christentums vom Judentum", in: Dietrich, Walter/George, Martin/Luz, Ulrich (Hg.), Antijudaismus-christliche Erblast, Stuttgart 1999, pp.56-73, p.65; Molthagen, Joachim, "Die ersten Konflikte der Christen in der griechische-römischen Welt", Historia 40 (1991), pp.42-76

193 Theissen, Gerd, "Judentum und Christentum bei Paulus", in: Hengel, M/Heckel, U (Hg.), Paulus und das antike Judentum, WUNT 58, Tübingen 1991, pp.331-356,

족을 포함하는 보편적인 구원[194]을 의도적이고 계획적으로 실행하였다. 유대교 생각을 넘어선 이 포부는 바울 공동체를 비롯한 예수운동 모든 공동체에 공통적인 것이었다(고린토전서 9,20-22; 갈라디아 3,26-28). 물론, 유대교에도 보편적인 구원이라는 개념은 그전에도 있었다.[195] 예수도 바울도 이사야 예언자의 보편적인 전망에 큰 영향을 받았었다.

그러나, 유대교에는 모든 민족이 이스라엘에 참여하고[196] 세상 끝날에 이스라엘의 메시아에 복종하리라는(시편 2,8; 72,8; 110,1) 생각이 더 강했다. 유대교가 모든 민족을 향해 문을 활짝 열고 나가기보다 모든 민족이 자발적으로 유대교에 들어오라는 입장에 가까웠다. 유대교 가르침과 유대인의 삶에 매력을 느낀 사람들이 있었지만, 유대교에 적극적 선교 개념이 있었다고 말하기는 어렵다.[197] 유대교가 바울 공동체처럼 적극적으로 선교에 나섰다고 보기도 어렵다.[198]

유대인 아닌 사람들에게 바울 공동체는 무엇을 설득하고 내세웠을까. 예수 그리스도에 대한 믿음과 세례였다. 예수 그리스도에 대한 믿음이 설득하는 내용이라면, 세례는 예수 그리스도를 믿는 예수운동에 들어오는 형식이었다. 예수 그리스도에 대한 믿음을 납득하지 못하면 예수운동에 들어올 수

p.354

194 Figl, Johann/Rüterswörden, Udo/Wander, Bernd, Art. "Universalismus/Partikularismus", RGG 8, Tübingen 2005, 4판, pp,774-778

195 Kraus, Wolfgang, Das Volk Gottes, WUNT 85, Tübingen 1996, pp,16-110; Holtz, Gudrun, Damit Gott sei alles in allem, BZNW 149, Berlin 2007, pp.87-167.309-504

196 Philo, De Vita Mosis II 44

197 Hengel, Martin/Schwemer, Anna Maria, Paulus zwischen Damaskus und Antiochien, WUNT 108, Tübingen 1998, pp.129-132

198 Holtz, Gudrun, Damit Gott sei alles in allem, BZNW 149, Berlin 2007, p.559

없다. 예수운동에 들어오는 사람은 세례를 통하여 예수 그리스도 안에서 서로 일치하고 평등을 누린다.

예수 그리스도에 대한 믿음에서 유대교와 예수운동은 벌써 차이를 보였다. 예수운동에서 세례는 유대교에서 할례에 해당되는 의미로 새롭게 등장했다. 예수 그리스도에 대한 믿음과 세례는 유대교와 예수운동의 분열이 시작될 수밖에 없는 표시였다. 예수 그리스도에 대한 믿음과 세례는 바울이나 바울 공동체가 처음 시작한 것은 아니다. 예수운동 처음부터 모든 선교사들이 공통으로 공유한 가치다. 특히 세례는 예수운동이 유대교에서 갈라져 나와 새로운 종교로 발전한 계기가 되었다.[199] 유대교와 예수운동의 갈등(사도행전 17,1-9; 18,1-17)은 이제 우연이 아니다.

예수운동은 유대교도 아니고 그리스로마 종교도 아니다(고린토전서 1,22; 9,20-23; 갈라디아 3,26-28; 5,6). 예수운동은 자신이 새로운 소수 종교라는 사실을 깨달았다.[200] 예수운동과 유대교, 그리스로마 종교의 결정적 차이는 십자가 신학이라고 바울은 강조했다. "유대인들은 기적을 요구하고 그리스인들은 지혜를 찾지만 우리는 십자가에 달리신 그리스도를 선포할 따름입니다. 그리스도가 십자가에 달렸다는 것은 유대인들에게는 비위에 거슬리고 이방인들에게는 어리석게 보이는 일입니다"(고린토전서 1,22-23)라고 예수운동이 유대교와 그리스로마 종교를 상대화하고 극복한 특징을 설명했다.

---

199 Theissen, Gerd, "Die urchristliche Taufe und die soziale Konstruktion des neuen Menschen", in: Assmann, Jan/Stroumsa, Guy G. (Hg.), Transformation of the Inner Self in Ancient Religions, SHR 83, Leiden 1999, pp.87-114, p.93

200 Koch, Dietrich-Alex, "Die Christen als neue Randgruppe in Makedonien und Achaia im 1. Jahrhundert n. Chr", in: Ders, Hellenistisches Christentum, NTOA 65, Göttingen 2008, pp.340-368, p.366

"유대인이나 그리스인이나 종이나 자유인이나 남자나 여자나 아무런 차별이 없습니다. 그리스도 예수 안에서 여러분은 모두 한 몸을 이루었기 때문입니다"(갈라디아 3,28), "그리스도 예수를 믿는 사람에게는 할례를 받았다든지 받지 않았다든지 하는 것이 중요하지 않고 오직 사랑으로 표현되는 믿음만이 중요합니다."(갈라디아 5,6)

예수운동은 유대교 모임을 가리키는 단어 회당(συναγωγά; 사도행전 9,2)를 받아들이지 않고 공동체(ἐκκλησία; 사도행전 8,3)이라는 정치 용어를 빌어왔다.[201] 오늘 널리 쓰이는 단어 공동체(=교회, ἐκκλησία)가 정치 분야에서 왔다는 사실을 알고 있는 그리스도인은 얼마나 될까. 바울은 예수운동을 가리키는 단어 교회(ἐκκλησία)의 특징을 자유라고 정의했다.

"그러므로 형제자매 여러분, 우리는 여종의 몸에서 난 자녀가 아니라 자유인의(τῆς ἐλευθέρας) 몸에서 난 자녀입니다"(갈라디아 4,31), "그리스도께서 우리를 해방시켜 주셔서 우리는 자유의 몸이 되었습니다(Τῇ ἐλευθερίᾳ ἡμᾶς Χριστὸς ἠλευθέρωσεν)"(갈라디아 5,1).

이천 년 전 노예가 많았던 지중해 지역에서 자유와 차별 없음을 강조했던 예수운동은 당시 사회와 사람들에게 큰 충격과 놀라움을 주었을 것이다. 교회의 특징이 자유라는 사실을 알고 깨닫고 있는 그리스도인이 오늘 얼마나 될까. 인간에게 자유가 있고 세상 안에 교회가 있다는 사실은 알지만, '교회안에 자유라니?' 하며 의아하게 생각하는 사람이 적지 않을 것이다. 오늘 교회

201 Theissen, Gerd, "Kirche oder Sekte? Über Einheit und Konflikte im frühen Urchristentum", in: Alexeev, Anatoly A (Hg.), Einheit der Kirche, WUNT 218, Tübingen 2008, pp. 81-101, p.87

에서 자유와 평등과 차별 없음을 느끼는 사람이 얼마나 될까.

예수 그리스도에 대한 믿음과 세례, 교회, 자유와 평등과 차별 없음을 내세운 예수운동은 자신을 설명할 새로운 단어들을 만들어냈다. 그 과정은 예수운동처음부터 바울 이전부터 시작되었다. 기쁜 소식(εὐαγγελίον=복음), 믿음(πίστις) 단어는 그리스로마 사회에서 흔히 쓰이던 뜻을 훨씬 넘는 의미를 갖게 되었다. 그리스도 안에서ἐν Χριστῷ 단어는 특히 강조되었다.[202] 그리스도 안에서ἐν Χριστῷ 단어를 전승에서 받아들여(고린토전서 1,30; 고린토후서 5,17; 갈라디아 3,26-28) 예수운동을 가리키는 대표 단어처럼 바울 편지에서 무려 64번이나 사용했다.[203]

예수 그리스도는 어느 특정 민족에 속하지 않는다는 예수운동 주장은 하느님의 선택과 계약, 토라, 성전, 땅을 내세운 유대교가 받아들이기 어려웠을 것이다. 예수운동은 유대교에서 시작하여 유대교를 넘는 새로운 종교로 발전하는 과정에 들어서게 되었다.[204] 그렇다고 해서 예수운동이 당시 문화와 종교에서 아무것도 받아들이지 않았다는 말은 아니다. 헌 땅이 새 씨앗을 완전히 거부한다면, 새 씨앗은 아예 싹트지 못할 수 있다. 새 씨앗이 헌 땅을 완전히 무시할 수는 없다.

202 Schnelle, Udo, Gerechtigkeit und Christusgegenwart: Vorpaulinische und paulinische Tauftheologie, GTA 24, Göttingen 1986, 2판, pp.106-123.225-235; Strecker, Christian, Die liminale Theologie des Paulus, FRLANT 185, Göttingen 1999, pp.189-211

203 Schnelle, Udo, Gerechtigkeit und Christusgegenwart: Vorpaulinische und paulinische Tauftheologie, GTA 24, Göttingen 1986, 2판, pp.117-122

204 Theissen, Gerd, "Judentum und Christentum bei Paulus", in: Hengel, M/Heckel, U (Hg.), Paulus und das antike Judentum, WUNT 58, Tübingen 1991, pp.331-356, p.332

예수운동은 유대교에서 유일신 사상을 받아들였다. 그리스로마 사상과 문화에서 사랑, 영, 일부 윤리도 받아들였다. 그러나 무엇보다도 먼저, 예수운동은 예수 그리스도를 내세웠다. "내게는 내 주님 예수 그리스도를 아는 지식이 무엇보다 소중합니다. 나는 그리스도를 위해 모든 것을 잃었고 그것들을 모두 쓰레기로 여기고 있습니다. 그것은 내가 그리스도를 얻고 그리스도와 하나 되려는 것입니다."(필립비 3,8) 바울은 유대교 한 그룹에서 다른 그룹으로 갈아탄 것이 아니라 유대교를 벗어나 새로운 종교운동을 시작하였다.

유대계 예수운동

그러나, 바울 스타일의 예수운동이 예수운동 역사에서 유일한 방식은 결코 아니었다. 바울과는 다른 방식으로 예수 그리스도를 전했던 예수운동 공동체는 바울이 선교하던 시대에 어떻게 하고 있었을까. 바울과 갈등 관계였던 예루살렘 공동체, 바울과 교류가 없었던 듯한 갈릴래아 공동체, 바울이 떠나버린 안티오키아 공동체, 바울과 관계없이 시작되었던 로마 공동체, 그리고 또 알렉산드리아와 시리아 지역 공동체가 있었던 것 같다. 그 공동체들은 바울과 특별한 인연 없이 독자적으로 존재하고 선교했던 듯하다.

예수운동 초기 역사는 분명히 유대계 예수운동의 시대였다. 예루살렘 공동체와 갈릴래아 공동체는 유대인이 주축이었다. 초기 예수운동은 유대교 내부의 개혁 그룹으로서 존재했고 출발했다. 할례도 자연스럽게 행해졌고, 예루살렘 성전과 유대교 회당에도 한동안 당연히 출입했다. 음식 규정, 유대교 축제도 지키고 참여했다. 그러나, 나자렛 예수에 대한 해석을 둘러싸고 기존 유대교 사람들과 예수운동 사이에 의견 차이가 일찍부터 생긴 듯하다. 성전과 율법이 또한 뜨거운 논쟁 주제였다. 스테파노를 중심으로 한 예수운동 그리스계 유대인들은 성전과 율법의 중요성을 줄였지만, 예수운동 유대계 사람들은 성전과 율법을 여전히 중시했다. 예수운동 초기 역사부터 예수운동에서 단일한 흐름만 있었던 것은 아니다.[205]

이스라엘 밖 안티오키아 공동체가 생기면서 유대인 아닌 사람에 대한 문제가 본격적으로 시작된 듯하다. 유대인에게 나자렛 예수를 전하던 예루살렘 공동체와 갈릴래아 공동체와는 다른 상황을 만난 것이다. 그들은 유대교 경계를 넘어 유대인 아닌 사람들에게도 예수를 전하려 했다. 바르나바, 베드로, 바울이 그 흐름에 속했다.

43년 베드로는 예루살렘 공동체를 떠나 고린토와 로마등 그리스로마 지역에서 바울처럼 선교 활동을 했다. 베드로는 예루살렘 공동체를 떠났고, 바울은 처음부터 예루살렘 공동체와 특별한 인연은 없었다. 43/44년부터 베드로 대신 예루살렘 공동체를 이끌었던 야고보는 베드로 입장과는 달랐다. 예루살렘 공동체에서도 야고보 사람들 말고도 더 보수적이고 완강한 태도를 가진 유대인들이 있었다. 그들은 48년 예루살렘 사도회의에서 유대인 아닌 사람이 예수운동에 참여하려면 할례 받아야 한다고 주장했지만(갈라디아 2,3; 사도행전 15,5) 야고보는 그들의 의견을 반대했다.

예루살렘 사도회의에서 예수운동 내부의 여러 신학적 입장이 처음 공개적으로 드러났다. 유대교 율법을 여전히 고수하던 야고보 중심의 예루살렘 공동체, 율법을 벗어나는 바울, 그리고 그 두 흐름 사이에 베드로, 세 흐름이 있었다. 우리 시대 용어로 표현하자면, 예수운동 초기 역사부터 예수운동 보수파, 예수운동 개혁파, 예수운동 중도파로 분류할까. 야고보, 바울, 그리고 그 사이

---

205 Strecker, G., Art. "Judenchristentum", TRE 17, Berlin/New York 1988, pp.310-325, pp.313-318

에 베드로가 있었다. 그 후 안티오키아 충돌 사건에서 바르나바와 베드로는 바울과 다르게 야고보 중심의 예루살렘 공동체 입장으로 기울었다. 유대인 아닌 사람들에게 개방적이던 흐름에서 또 하나의 갈래가 생긴 것이다.

안티오키아 충돌 사건에서 드러나듯이, 야고보는 예루살렘 사도회의 이후 점차 더 보수적 입장으로 기울었다(갈라디아 2,12). 66년 시작된 유대 독립전쟁 직전에 더 강력해진 유대민족주의 분위기에서 예수운동을 거절한 유대인들이 야고보 중심의 예루살렘 공동체를 얼마나 괴롭히고 압박했을까. 예루살렘 공동체는 유대인 아닌 사람들과 내통하여 유대교를 말살하려 한다는 헛소문과 의심에 시달려야 했다. 그럴수록 더 예루살렘 공동체는 유대교 내부에 머물고 있다는 확신을 유대인에게 심어주어야 했다. 그런 난감한 처지에 있던 예루살렘 공동체는 유대인 아닌 사람들에게 할례를 요구할 수밖에 없었다.

예수어록(=Q문헌)을 낳은 갈릴래아 공동체는 어땠을까. 그들은 사람의 아들이며 심판자인 예수 그리스도가 다시 옴을 이스라엘에 전하는 유대교 내부 개혁그룹의 하나로 자신을 생각했다. 그들을 '유대인 예수 사람들'[206]이라고 칭하는 의견도 있다. 갈릴래아 공동체는 유대교 주류와 논쟁하고 거절당한 듯하다. 갈릴래아 공동체가 많은 유대인에게 배척당한 흔적이 복음서에 남아있다. 갈릴래아 공동체는 자신을 거절한 유대인을 '이 세대 사람들(τοὺς ἀνθρώπους τῆς γενεᾶς ταύτης)'(누가 7,31; 11,29.50Q)이라고 불렀다. 그들은 갈릴래아 공동체의 예수 선포를 거절했고(누가 7,31Q), 악하다.(누가 11,29Q) 사람의 아들은 그들을 심판할 분이다.(누가 11,30-32.50Q) 갈릴래아

206 Arnal, William, "The Q Document", in: Jackson-McCabe, Matt (Hg.), Jewish Christianities Reconsidered: Rethinking Ancient Groups and Texts, Minneapolis 2007, pp.119-154, p.150

공동체의 선포 중심은 곧 다가올 심판이었다.(누가 3,7-9; 10,12-15; 17,23-37 Q) 갈릴래아 공동체는 예수 활동과 말씀을 사람의 아들이라는 호칭 아래 예수어록에 담았다.

심판은 예수 그리스도의 하느님나라 메시지를 받아들이느냐 아니냐에 달렸다. 이스라엘에 대한 심판 선포(누가 22,28.30Q)가 예수어록의 마지막 구절인 듯하다. 예수어록이 이스라엘의 멸망을 확실히 선포했는지 분명하지는 않다. 예수어록이 유대교 내부에 있으면서[207] 이스라엘의 멸망을 선포했는지, 유대교와 상당히 멀어진 후[208] 이스라엘의 멸망을 선포했는지 의견이 엇갈리고 있다.

예수어록에 모세도 나오지 않고, 율법 단어는 두 번(누가 16,16.17) 밖에 나오지 않는다.[209] 그래도 예수어록은 계명을 의문시하고(누가 9,59; 14,26Q), 바리사이(누가 11,39b.41.42.43Q)와 율법학자들(누가 11,46b.47fQ.52)을 저주하고 있다. 예수어록이 토라를 거절하진 않지만 윤리 규정을 종교의식 규정보다 중요하게(누가 11,42Q) 생각하고 있다. 예수어록에서 토라보다는 사람

207 Sevenich-Bax, Elisabeth, Israels Konfrontation mit den letzten Boten der Weisheit, MThA 21, Altenberge 1993, pp. 186-190; Karrer, Martin, Christliche Gemeinde und Israel. Beobachtungen zur Logienquelle, in; Mommer, Peter u.a (Hg.), Gottes Recht als Lebensraum (FS Boecker, H. J), Neukirchen 1993, pp.145-163; Arnal, William, "The Q Document", in: Jackson-McCabe, Matt (Hg.), Jewish Christianities Reconsidered: Rethinking Ancient Groups and Texts, Minneapolis 2007, pp.119-154, pp.150-153

208 Horn, Friedrich Wilhelm, "Christentum und Judentum in der Logienquelle", EvTh 51 (1991), pp.344-364; Zeller, Dieter, "Jesus, Q und die Zukunft Israels", in: Lindemann, Andreas (Hg.), The Sayings Source Q and the historical Jesus, BETL 158, Leuven 2001, pp.351-369

209 Heil, Christoph, Lukas und Q, BZNW 111, Berlin 2003, pp.318-320

의 아들이요 주님이신 예수 사명과 모습이 더 중요하게 강조되었다.[210] 할례와 정결 규정은 예수어록에서 역할이 없다(누가 10,7Q). 예수어록은 곧 다가올 재림 예수를 기다리며 믿음을 지킨 갈릴래아 공동체를 보여준다.

고린토후서에서 바울의 반대자들이 예수운동 내부에 있었다. 그들은 바울이 선포한 예수와는 다른 예수를 전하고, 바울이 선포한 복음과는 다른 복음을 전했다(고린토후서 11,4)고 한다. 그러나 반대자들이 전했다는 다른 예수와 다른 복음이 무엇이었는지 바울은 전혀 기록하지 않았다. 반대자들이 유대교 출신임은 분명하다(고린토후서 11,22). 그들은 아브라함을 즐겨 인용하고(고린토후서 11,5), 유랑 선교사였던 것 같다.[211]

갈라디아와 필립비 공동체에도 보수적인 유대계 사람들이 예수를 전한 듯하다. 유대인 아닌 사람에게 할례를 요구(갈라디아 5,2; 필립비 3,2)하고 아브라함을 인용하였다(갈라디아 3,6). 예루살렘 공동체의 지원을 받아 그리스로마 지역에서 활동한 선교사 같다.[212] 이스라엘 밖에서도 유대인 아닌 사람에게 선교를 예루살렘 공동체도 외면하지 않았다. 유대인 아닌 사람에게 예수 그리스도를 전하는 활동을 바울 혼자만 한 것도 아니고 바울 방식으로만 전한 것도 아니었다.

210 Kosch, Daniel, Die eschatologische Tora des Menschensohnes, NTOA 12, Freiburg(H)/Göttingen 1898, p.450

211 Schnelle, Udo, Die ersten 100 Jahre des Christentums 30-130 n. Chr. Die Entstehungsgeschichte einer Weltreligion, Göttingen 2016, 2판, p.372

212 Sumney, Jerry L, Identifying Paul's Opponents, JSNT.S 40, Sheffield 1990, pp.13-73; Bieringer, Reimund, "Die Gegner des Paulus im 2 Korintherbrief", in: Bieringer, Reimund/Lambrecht, Jan, Studies on 2 Corinthians, BETL CXII, Leuven 1994, pp.181-221

제2부

유대 독립전쟁
(공통년 66년 ~ 70년)

1장 야고보, 베드로, 바울 순교

1세기 예수운동 70년 역사에서 60~70년은 딱 중간 시점에 있다. 60~70년을 앞뒤로 예수운동 역사를 1세대와 2세대 역사로 나눌 수도 있다. 짧은 십 년 동안 예수운동 안팎에서 참으로 많은 일이 벌어졌고 변화가 생겼다. 그 기간을 배경 음악 정도로 간단히 넘어갈 수는 없다. 60~70년 기간은 예수운동 초기 역사에서 위태로웠던 시대라고 볼 수 있다.

야고보, 베드로, 바울 순교

예수 형제 야고보는 62년 예루살렘에서 처형되었다. 베드로와 바울은 64년 로마에서 처형된 듯하다. 예수를 직접 만나고 대화했던 1세대 주요 인물들이 세상을 떠났다. 예수운동 초기 역사에서 선교와 신학에 큰 영향을 끼친 바울도 세상을 떠났다. 예수운동은 앞으로 어떻게 될 것인가. 예수운동 공동체들은 어떻게 할 것인가.

야고보

예수 형제 야고보는 부활한 예수가 나타난 몇 안 되는 증인 중 하나다.

"그 뒤에 야고보에게 나타나시고 또 모든 사도에게도 나타나셨습니다"(고린토전서 15,7). 야고보가 예수 동생이라는 가족 관계 때문에 예수운동 예루살렘 공동체에서 중요한 역할을 했던 것은 아니다. 43년 그리스 출신 유대인들과 베드로가 예루살렘 공동체를 떠난(사도행전 8,1) 후, 즉 부활한 예수가 야고보에게 나타난 후 10년도 더 지나서, 야고보는 베드로를 대신하여 예루살렘 공동체를 이끌게 되었다. 함께 있었던 십여 년 넘는 기간에, 베드로와 야고보는 역사의 예수에 대해서도 많은 대화를 나누었을 것이다.

야고보는 베드로와 신학적 입장이 조금 달랐다. 베드로가 유대인 아닌 사람에게 개방적 입장이지만, 야고보는 유대교에 충실한 노선을 유지했다. 48년 예루살렘 사도회의에서 야고보는 유대인 아닌 사람에게 할례를 요구하지 않는 의견에 동의했지만, 그 후 좀 더 보수적인 입장으로 돌아가고 말았다. 유대인 역사가 요세푸스는 62년 야고보와 동료들이 율법을 어겼다는 이유로 유대교 의회의 결정에 따라 돌에 맞아 죽었다고 기록했다.[1] 로마 총독 페스투스(Festus)가 죽고 그 후임자가 아직 오지 않은 권력 공백기를 이용하여, 유대교 대사제 아나누스(Ananus)가 야고보를 처형시켰다는 것이다.

신약성서 이후 생긴 2세기 문헌 중 하나인 도마복음 12장은 야고보를 의로운 야고보라고 평가했다. 야고보가 바울과는 달리 유대민족주의 입장에 기울었지만, 66년 시작된 독립전쟁 직전에 예수운동 예루살렘 공동체를 안전하게 지켜내지는 못했다.

1 Josephus, Antiquitates 20, 197-2030

베드로

베드로는 동생 안드레아와 함께 예수의 열두 제자에 속했다(마가 1,16-20; 요한 1,40-42). '메시아 고백'(마가 8,27-30)과 바위(=베드로)라는 이름(마가 3,16), "당신은 베드로입니다. 내가 이 바위 위에 내 교회를 세울 터인즉 죽음의 힘도 감히 그것을 누르지 못할 것입니다"(마태 16,18). 이 덕분에 베드로는 예수운동 초기 역사에서 중요한 인물로 존중받았다. 예수를 배신했던 베드로의 역사(마가 14,54.66-72)는 숨김없이 기록되었다.

베드로는 부활한 예수의 주요한 증인에 속했고(고린토전서 15,5; 마가 16,7; 누가 24,34) 예루살렘 공동체를 이끌었다(갈라디아 1,18; 사도행전 1,15; 2,14; 3,10). 헤로데 아그리파 1세가 예수운동 예루살렘 공동체를 박해하던 43년 무렵, 베드로는 예루살렘을 떠났고 유대인 아닌 사람에게 복음을 전하는 유력한 선교사중 하나가 되었다(갈라디아 2,11; 사도행전 10,1-11.18). 베드로는 바울이 세운 공동체에서도 활동한 듯하다(고린토전서 1,12; 9,5).[2]

예수운동이 로마제국 서쪽 지역으로 확장되는 흐름에서 베드로는 로마에 도착하고, 네로 황제 박해 때 처형된 듯하다(클레멘스전서 5,2-4; 베드로전서 5,13; 요한 21,18).[3] 베드로가 처형된 이유와 상황에 대해 여러 의견이 있다.[4] 적어도 공통년 100년 무렵 로마와 연관된 베드로 순교 이야기가 퍼졌다. 2세기 중반부터 로마에 있다는 베드로와 바울 무덤을 존중하는 풍습이 공동체에 생겼다.[5] 처음에는 정치적 이유나 종교적 목적에서 시작된 것은 아니고,

2 Karrer, Martin, "Petrus im paulinischen Gemeindekreis", ZNW 80 (1989), pp.210-231

3 Koch, Dietrich-Alex, Geschichte des Urchristentums, Göttingen 2014, 2판, pp.415-427

4 Lona, Horacio E, ""Petrus in Rom" und der Erste Clemensbrief", in: Heid, Stefan u. a. (Hg.), Petrus und Paulus in Rom, Freiburg 2011, pp.221-246

5 Brandenburg, Hugo, "Die Aussagen der schriftquellen und der archäologischen

로마 문화에서 죽은 자를 기리는 풍습이 중요했기 때문이었다.[6]

바울

바울은 그리스 지역 공동체에서 모은 헌금을 예루살렘 공동체에 전달하고 로마에 가려 했지만(로마 15,22-33)[7], 예루살렘에서 체포되었고, 로마로 끌려갔다(사도행전 21,15-28,31). 누가복음 저자는 바울이 왜 예루살렘에 갔는지 알고 있었고(사도행전 24,17), 직접 언급하지는 않았지만, 바울의 죽음을 모르지 않았다(사도행전 20,24-25). 그러나, 누가복음 저자는 바울의 마지막을 기록하지 않고 공백으로 남겨두었다.[8] 의아하게도, 바울이 로마에 도착한 뒤 예수운동 로마 공동체 사람들을 만나지 않았고(사도행전 28,16), 로마에 있는 유대교 회당들을 방문하였다(사도행전 28,17).

바울은 로마 공동체에서 아무런 도움도 받지 못하고 혼자 선교한 듯하다(사도행전 28,16-31). 예수운동 로마 공동체에서 바울을 두고 유대인 아닌 사람들과 유대인들이 다투었기 때문일까. 로마 시내에서 유대교 사람들과 예수운동 사람들이 갈등을 빚었기 때문일까. 외롭게 고립된 바울은 네로 황제 박해 때 베드로처럼 처형된 듯하다. 바울과 베드로 순교는 역사적으로 입증될 수는 없다. 여러 문헌이 그렇게 암시하고 있을 뿐이다. 예수운동

Zeugnisse zum Kult der Apostelfürsten in Rom", in: Heid, Stefan u. a. (Hg.), Petrus und Paulus in Rom, Freiburg 2011, pp.351-382; Zangenberg, Jürgen, "Gebeine des Apostelfürsten? Zu den angeblich frühchristlichen Gräbern unter der Peterskirche in Rom", in: Zangenberg, Jürgen/Labahn, Michael (Hg.), Christians as a Religious Minority in a Multicultural City, JSNT.SS 243, London 2004, pp.108-138

6 Schnelle, Udo, Die ersten 100 Jahre des Christentums 30-130 n. Chr. Die Entstehungsgeschichte einer Weltreligion, Göttingen 2016, 2판, p.305

7 Schnelle, Udo, Paulus. Leben und Denken, Berlin 2014, 2판, pp.385-398.411-416

8 Omerzu, Heike, "Das Schweigen des Lukas", in: Horn, Friedrich Wilhelm, (Hg.), Das Ende des Paulus, BZNW 106, Berlin 2001, pp.151-156

초기 위대한 세 인물 야고보, 베드로, 바울은 그들 스승 예수처럼 생애 마지막에 역사 너머로 쓸쓸히 사라졌다. 예수운동 보수파 대표 야고보, 베드로, 진보파 대표 바울, 중도파 대표 베드로는 각자 걷는 길은 같지 않았지만, 스승 예수처럼 똑같이 비극적인 죽음을 당했다.

2장 예루살렘 성전 파괴

고대 사회에서 어느 종교의 중심 성전 파괴는 종교적 의미뿐 아니라 정치적 의미가 컸다.[1] 유대교에게 예루살렘 성전은 종교 중심뿐 아니라 정치 중심이었다. 60~70년대 예수운동 역사에서 예루살렘 성전 파괴는 예수운동에게 1세대 사도들의 죽음 못지않게 큰 충격이었다. 70년에 로마 군대가 예루살렘 성전을 거의 완전히 파괴한 사건은 유대교뿐 아니라 예수운동 예루살렘 공동체에게 위기를 가져왔다. 예루살렘 공동체뿐 아니라 다른 지역 공동체도 예수운동의 역사적 원천을 상실한 셈이 되었다. 예수는 예루살렘 성전의 상업화를 비판(마가 11,15-19)했지만, 성전 자체를 비판하지는 않았다. 예루살렘 공동체는 예루살렘 성전에 출입하면서 예수 그리스도를 전파했고, 스스로 유대교에 소속되어 있다고 생각했다(사도행전 2,46; 3,1; 5,20; 21,26).

그렇다면, 예루살렘 공동체는 예루살렘 성전 파괴를 어떻게 해석했을까. 성전 파괴를 하느님 뜻과 연결(마가 13,2)하고 세상 마지막 날을 기다리는

1 Schwier, Helmut, Tempel und Tempelzerstörung, NTOA 11, Freiburg (H)/Göttingen 1989, p.55

희망을 더 열렬히 가졌다. 예루살렘 성전 대신에 예수를 새로운 성전(마가 14,58; 요한 2,19-21)으로 이해하기 시작했다. 그러한 해석과는 별개로, 유대 독립전쟁과 성전 파괴의 와중에서 예루살렘 공동체는 역사 속으로 사라진 듯하다. 직접 증거는 없다.

예루살렘 공동체의 처지

예루살렘 공동체는 유대 독립전쟁 이전에 예루살렘에서 페레아 지역 도시 펠라로 도망쳤고[2], 전쟁이 끝난 후 예루살렘 공동체는 예루살렘으로 돌아왔고, 예수의 사촌 시메온을 새로운 공동체 지도자로 뽑았다[3]라는 기록은 있다.

그러나, 유다 역사가 요세푸스 기록에 동의하는 의견[4]과 의심하는 의견이 있다.[5] 성전이 파괴된 후 예루살렘 공동체의 운명은 모든 예수운동 공동체에게 가장 중요한 관심사였다. 그런데, 요세푸스 기록처럼 말하는 증언이 왜 딱 하나만 있을까. 펠라 도시는 유대인이 거의 살지 않았던 도시였고, 유대 독립전쟁 직후 곧바로 파괴되었다는 기록[6]이 있다. 유대교 율법에 충실했던 예루살렘 공동체가 유대인이 거의 살지 않던 도시로 도망쳤을까.

2 Euseb, Historia Ecclesiastica III, 5,3; Lüdemann, Gerd, Paulus, der Heidenapostel II: Antipaulinismus im frühen Chrstentum, FRLANT 130, Göttingen 1983, pp.269-274.278-281

3 Euseb, Historia Ecclesiastica III, 10,10

4 Wehnert, Jürgen, "Die Auswanderung der Jerualemer Gemeinde nach Pella: historischer Faktum oder theologische Konstruktion?", ZKG 102 (1991), pp.231-255; Koch, Dietrich-Alex, Geschichte des Urchristentums, Göttingen 2014, 2판, pp.380-388

5 Schnelle, Udo, Die ersten 100 Jahre des Christentums 30-130 n. Chr. Die Entstehungsgeschichte einer Weltreligion, Göttingen 2016, 2판, p.309-310

6 Josephus, Bellum II 458

전쟁이 끝난 후 예루살렘으로 돌아왔다는 기록과 예루살렘 공동체가 실제로 사라져버린 역사는 모순된다. 예루살렘 공동체 일부가 유대 독립전쟁에서 혹시 살아남았다 하더라도, 그들이 다시 예루살렘에서 공동체를 복구할 상황은 못 되었다. 유대인은 더 이상 예루살렘에서 살 수 없었기 때문이다. 그들이 그리스로마 지역으로 건너가 활동했다 하더라도, 예수운동의 무게 중심은 예루살렘 공동체에서 그리스로마 지역 공동체로 이미 넘어가 버렸다. 유대 독립전쟁이 예수운동에 끼친 결과 중 하나였다.

3장 예수운동과 유대교의 결별

유대인 세금 문제

유대 독립전쟁이 터지기 전 야고보, 베드로, 바울이 죽임을 당했다. 유대 독립전쟁이 진행되던 중에 예루살렘 공동체는 역사에서 사라졌다. 유대 독립전쟁이 끝난 후 예수운동에 또 다른 불행이 닥쳐왔다. 예수운동과 유대교가 결정적으로 헤어지게 된 원인 중 하나인 유대인 세금(fiscus Judaicus)이 새로 생긴 것이다. 로마황제 베스파시아누스는 그동안 유대인들이 예루살렘 성전에 내던 세금을 로마 쥬피터 신에게 해마다 2드라크마씩 내라고 명령했다.[1] 유대인 여부를 가리기 위해 남자, 여자, 어린이 모두 로마 관리들에게 유대인 심사를 받아야 했다.[2] 심사받는 개인의 고백이나 증언이 아니라 로마 관리들의 판단이 중요했다.

유대인 심사 제도

유대교 회당에 출입하던 모든 사람은 유대인 심사를 피할 수 없었다.

---

1 Josephus, Bellum 7, 218

2 Heemstra, Marius, The Fiscus Judaicus und the Parting of the Ways, WUNT 2.277, Tübingen 2010, pp.24-66

심사에 해당되는 사람을 일곱 또는 여덟 부류로 나눈 의견[3]도 있다. 예수를 받아들인 유대인이나 유대교에 호감 가진 그리스로마 사람은 유대교에 대한 자신의 관계를 결정하고 드러내야 했다. 예수를 받아들인 유대인들이 특히 로마 관리들에게 의심의 대상이었다. 만일 유대교 회당에 출입한다고 판단 받으면, 그 사람은 예수운동과 관계가 끊어지게 될 수 있다. 예수운동에 출입한다고 판단 받으면, 그 사람은 로마제국에게 인정받은 유대교 소속으로서 로마법 특혜를 더 이상 받을 수 없다.

예수운동 소속으로 판단된 유대인은 예수운동에 참여한 유대인 아닌 사람과 같은 불안정한 법적 상태에 있게 된다. 유대교와 예수운동 사이에서 하나를 선택해야만 했다(묵시록 3,9).[4] 황제 네르바(Nerva 재위 96~98)는 유대인 심사를 조금 완화했다. 그러나, 누가 유대인인지 아닌지, 누가 예수운동에 드나드는지, 지역 사회에 곧 노출되게 되었다. 새로 시작한 소수 종교운동인 예수운동 사람들에게 큰 시련이었다. 유대인 심사는 결과적으로 유대교와 예수운동의 결별을 재촉하고 말았다. 유대교와 예수운동 양쪽에 계속 드나들 수는 없었기 때문이었다.[5]

로마제국의 정치 상황

유대 독립전쟁이 끝난 후 로마제국 정치에 커다란 변화가 생겼다. 그 변화가 예수운동 역사에 영향을 미치지 않을 수 없었다. 예수운동은 로마제

3 Heemstra, Marius, The Fiscus Judaicus und the Parting of the Ways, WUNT 2.277, Tübingen 2010, p.64

4 Hirschberg, Peter, Das eschatologische Israel, WMANT 84, Neukirchen 1999, p.59

5 Frey, Jörg, "Von Paulus zu Johannes", in; Rothschild, Clare K/Schröter, Jens (Hg.), The Rise and Expansion of Christianity in the First Three Centuries of the Common Era, WUNT 301, Tübingen 2013, pp.235-278

국 안에서 로마제국의 감시를 받고 살았기 때문이다. 예수도 바울도 복음서 저자들도 로마제국 땅에서 살았다. 유대 독립전쟁(66~70)으로 유대인과 로마 군대가 치열하게 싸우던 도중인 68년에 네로황제가 자살하였다. 69년 6월 이집트와 시리아에 주둔하던 로마 군대의 협력으로 유대 독립전쟁에 파견된 장군 베스파시우스를 황제로 옹립하려는 군사 쿠테타가 일어났다. 베스파시우스 군대는 로마를 점령하고 권력을 차지했다. 베스파시우스와 두 아들 티투스와 도미티아누스 셋을 가리켜 플라비우스(Flavier) 왕조라고 부른다. 플라비우스는 베스파시우스의 성(性)에서 따온 명칭이다.[6]

유력 가문 출신이 아닌 베스파시우스는 자신의 권력을 정당화할 작업과 신화가 필요했다.[7] 유대인들이 기다리던 주님이라는 사상을 종교적으로 색칠하여 자신에게 입혔다. 유대인들이 기다리던 주님이 바로 베스파시우스 자신이라는 것이다.[8] 유대 독립전쟁 때 유대 독립군 장군 중 하나였다가 로마 군대에 생포된 후 변절한 요세푸스가 이 작업에 크게 협조했다. 포로였을 때 요세푸스는 베스파시우스가 세계를 곧 지배할 인물임을 예언했고[9], 세계에 기쁜 소식(εὐαγγελία=복음)을 가져온다는 단어를 썼다.[10] 세계 평화를 가져오는 로마황제 베스파시우스[11]가 기쁜 소식을 가져온다고 정당화하고 미화하였다. 베스파시우스는 유대 독립전쟁에서 빼앗은 물건을 가져와 콜로세움 옆에 높이 세운 티두스 문에 보관하고 전시하였다.[12] 황제 우상화

6 Bellen, Heinz, Grundzüge der römischen Geschichte II, Darmstadt 1998, pp.81-115

7 Sueton, Vespasian 1

8 Tacitus, Histories V 13.1.2; Sueton, Vespasian 4,5

9 Josephus, Bellum 3,399-408; 4,622-629

10 Josephus, Bellum 4,618.656

11 Tacitus, Histories IV 3

12 Panzram, Sabine, "Der Jerusalemer Tempel und das Rom der Flavier", in: Hahn, Johannes (Hg.), Zerstörungen des Jerusalemer Tempels, WUNT 147, Tübingen 2002,

작업에 날조된 기적까지 동원되었다. 베스파시우스가 알렉산드리아에서 앞 못 보는 사람과 손 굽은 사람을 치유한 기적 신공을 발휘했다는 것이다.[13]

pp.166-182

13 Tacitus, Histories IV 81,1-3; Clauss, Manfred, Kaiser und Gott. Herrscherkult im römischen Reich, Stuttgart 1999, pp.346-352; Leppin, Hartmut, "Imperial Miracles and Elitist Discourses", in: Alkier, Stefan/Weissenrieder, Annette (Hg.), Miracles revisited, Berlin 2013, pp.233-248

제3부

2세대 예수운동
(공통년 70년 ~ 100년)

1장 복음서 탄생

2장 예수운동 내부위기

3장 예수운동 외부 박해

4장 1세기 예수운동 종합

5장 예수운동 1세기 주요 인물

1장 복음서 탄생

예수운동이 유대 독립전쟁 이전에 바울 편지를 낳았다면, 유대 독립전쟁 이후에는 네 복음서를 낳았다고 말할 수 있다. 그런데, 예수 역사를 기록한 복음서는 바울이나 베드로 시대가 아니라 왜 베스파시우스 시대에 나타났을까. 베드로나 바울은 그들 생전에 복음서를 쓸 생각이나 기회가 없었던 것일까. 예수 재림이 곧 닥칠 것으로 믿고 살았기 때문에, 예수 역사를 굳이 기록할 필요도 없었을까. 바울이 복음서를 썼다면, 바울은 자신의 편지들과 함께 예수를 더 설득력 있게 더 정확히 전했을 것 아닌가. 십자가 이전 예수를 알려주어야 십자가 이후 예수를 사람들이 더 잘 이해할 것 아닌가.

복음서의 탄생배경

야고보, 베드로, 바울 등 예수운동 1세대가 이 세상을 떠나고, 유대 독립전쟁으로 예루살렘 공동체는 역사에서 사라졌다. 유대 독립전쟁이 끝난 후 유대인 세금 문제로 예수운동과 유대교는 결별의 시간을 맞이하게 되었다. 이때 예수운동 내부에서 위기의식은 갈수록 커졌다.

예수운동은 대체 무엇인가. 예수는 대체 어떤 인물이기에 우리는 그를 믿어야 하고 따라야 한다는 말인가. 예수 역사를 기록하고 알릴 필요가 생겼다. 로마황제가 복음을 가져왔다 하고, 구세주 행세를 하고 있던 시절이다. 로마황제가 아니라 예수가 진짜 구세주이고 복음이라고 설명해야 했다.

예수운동이 복음서를 낳은 이유는 적어도 두 가지다. 예수운동은 예수가 누구인지 기억하려 했다. 역사는, 무엇보다도 먼저, 기억이다. 기억 없이 역사 없다. 역사가 기억을 낳지만, 기억이 역사를 만든다. 또한 예수운동은 복음서를 통해 예수운동 자신의 문제를 해결하려 했다. 역사는, 또한, 해석이다. 해석 없이 역사 없다. 역사가 해석을 낳지만, 해석이 역사를 만든다. 역사는 역사해석학이다. 예수운동은 예수 기억의 역사이고 동시에 예수 해석의 역사다. 기억 없는 역사는 공허하고, 해석 없는 역사는 무의미하다. 기억하는 만큼 역사이고, 해석하는 만큼 역사다.

예수운동은 역사, 윤리, 조직 세 관점을 놓치지 않았다.[1] 예수운동은 복음서를 빵나눔 모임과 교리교육과 복음 선포의 기초로 활용했다.[2]

복음서 문학 유형

네 복음서와 가까운 문학 유형으로 그리스 문화에서 유행하던 전기(Biographie)를 꼽을 수 있다.[3] 네 복음서를 이미 있던 문학 유형에 꼭 집어넣

---

1 Strecker, Georg, "Redaktionsgeschichte als Aufgabe der Synoptikerexegese, in: Ders., Eschaton und Historie, Göttingen 1979, PP.9-32

2 Theissen, Gerd, Lokalkolorit und Zeitgeschichte in den Evangelien, NTOA 8, Freiburg/Göttingen 1989, p.246

3 Berger, Klaus, Formgeschichte des Neuen Testaments, Heidelberg 1984, pp.367-371; Dormeyer, Detlev, Das Neue Testament im Rahmen der antiken Literaturgeschichte, Darmstadt 1993, pp.199-228

을 필요가 있을까. 네 복음서를 단순한 신변잡기에 불과한 싸구려 문학 유형에 속한다고 말할 수는 없다.[4] 예수운동이 낳은 새로운 문학 유형인 복음에 두 가지 특징이 있다. 첫째, 하느님과 인간 이야기가 함께 서술되었다. 처음부터(창세기 1,1; 마가 1,1; 요한 1,1) 하느님 이야기가 인간과 예수 이야기에 섞여 함께 설명되었다. 둘째, 복음은 사람, 사건, 역사를 이야기체[5]로 풀어내고 있다. 이야기라는 대중적이고 소박한 설명을 하면서도, 복음은 하느님과 인간의 드라마라는 줄거리로써 자유와 해방의 기쁜 소식을 담아내고 있다.

복음서는 예수운동을 외부 세상에 드러내고 내부에서 쓸모가 있었다. 복음서 저자들은 예수 역사뿐 아니라 자신들이 속한 공동체 사람들과 문제를 생각했다.[6] 복음서 저자들이 자신들의 공동체를 의식하지 않고 복음서가 돌아다니는 모든 공동체를 위해 썼다는 주장[7]은 설득력이 적다. 자신들의 공동체 문제를 생각하지 않는 사람이 어떻게 모든 공동체를 향하여 말할 수 있을까. 네 복음서가 점점 예수운동 공동체들에 전해지고 낭독되고 이야기되면서, 네 복음서는 예수운동에서 중요한 의미를 가지게 되었다.

1세대 제자들과 사도들의 자리에 이제 네 복음서가 들어섰다고 할까. 글로 입으로 전해지던 여러 전승들이 네 복음서에서 받아들여지고 거절되고 편집

4 Dibelius, Martin, Die Formgeschichte des Evangeliums, Tübingen 1971(=1919), 6판, p.2; Bultmann, Rudolf, Die Geschichte der synoptischen Tradition, FRLANT 29, Göttingen 1970(=1921), 8판, p.375.397

5 Breytenbach, Cilliers, "Das Markusevangelium als episodische Erzählung", in: Hahn, Ferdinand (Hg.), Erzähler des Evangeliums. Methodische Neuansätze in der Markusforschung, SBS 118/119, Stuttgart 1985, pp.137-169

6 Schnelle, Udo, Die ersten 100 Jahre des Christentums 30-130 n. Chr. Die Entstehungsgeschichte einer Weltreligion, Göttingen 2016, 2판, p.315, 주 42

7 Bauckham, Richard, "For Whom were Gospels written?", in: Ders, The Gospels for all Christians, Grand Rapids 1998, pp. 9-48, p.46

되면서, 전승들의 가치보다 네 복음서의 가치가 더 중요하게 여겨지게 되었다. 공동체들에 대한 유랑 선교사들의 영향도 점점 줄어들게 되었고, 정착 공동체들이 유랑 선교사들보다 예수운동에서 더 중요하게 되었다.

유교, 불교 등 다른 종교보다 예수운동에서 경전이 일찍 쓰인 까닭은 무엇일까. 로마제국 통용 언어가 그리스였다는 점을 들 수 있다. 로마제국 어디에 있던지, 예수운동 사람들은 그리스어로 쓰인 네 복음서를 이해할 수 있었다. 1세기에 지중해 지역에 종이는 아직 없었지만, 오늘날 책처럼 여러 장을 겹치거나 묶은 코덱스(Kodex) 책이 널리 사용되었다.[8] 두루마기에 둘둘 만 유대교 책보다 가볍고, 운반하기 쉽고, 기록할 공간이 더 많고, 값이 비싸지 않았다.[9] 코덱스 책은 로마에서 널리 퍼진 듯하다. 예수운동 사람들은 처음부터 코덱스를 이용하여 복음서 사본을 만들고 여러 공동체에 퍼뜨린 것 같다.

베스파시우스와 두 아들 티투스와 도미티아누스가 통치하던 시기는 묘하게도 마가복음, 마태복음, 누가복음이 쓰인 시기와 겹친다. 그 황제들 시절에 예수운동은 복음이라는 새로운 문헌을 내세우며 세상에 등장했다.[10] 로마황제 우상화 작업이 한참 진행되던 그 험악한 시절에, 마가복음 저자는 로마황제가 아니라 나자렛 예수가 앞 못 보는 사람을 치유한 기적을 행했다고 여러 차례 기록하였다(마가 3,1-6; 8,22-26; 10,46-52). 로마황제가 복음을 가져온 것이 아니라 나자렛 예수가 복음을 가져왔다고 용감하게 선언하였다(마가 1,1; 9,7; 15,39).[11] 그 당시 공동체 빵나눔 모임에서 마가복음을 들었던 예수

8 Schmid, Ulrich, "Die Buchwerdung des Neuen Testaments", WuD 27 (2003), pp.217-232

9 Trobisch, David, Die Endredaktion des Neuen Testaments, NTOA 31, Freiburg(H)/Göttingen 1996, pp.106-124

10 Bellen, Heinz, Grundzüge der römischen Geschiche II, Darmstadt 1998, p.95

11 Becker, Eve-Marie, "Der jüdische-römische Krieg (66-70 n. Chr) und das Markusevangelium",

운동 사람들은 예수와 자기 시대의 로마황제를 비교하지 않을 수 없었을 것이다.

복음서가 공통년 70년 무렵 등장한 것은 우연이 아니다. 복음서는 역사의 특정한 시점에서 예수운동의 자연스러운 흐름 속에서 탄생했다. 네 복음서 중 가장 먼저 쓰인 마가복음은 로마황제 베스파시우스가 취임한 70년 무렵 탄생한 듯하다. 마가복음 이전에 이미 글로 있었던 전승(마가 2,1-3,6; 4장; 10장; 13장), 예수어록(누가 1,1), 예수 수난 전승은 언젠가는 서로 연결될 수밖에 없던 운명이었다. 늦어지는 예수 재림, 예수운동 내부의 여러 갈등과 문제를 해명할 필요도 시급해졌다.

마가복음 저자는 자신 앞에 놓여 있던 여러 전승을 어떻게 편집하고 연결할까 고민하였다. 그래서 복음이라는 새로운 문학 유형이 탄생하게 된 것이다. 역사를 이야기로 엮어낸 복음서를 통해 예수운동은 예수 역사를 후대에 전달할 수 있게 되었다. 로마황제 우상화 작업 때문에 복음이 쓰인 것은 아니지만, 복음은 로마황제와 예수를 비교하며 쓰여졌다.

네 복음서 저자들이 어느 날 한자리에 모여 각자 관점에 따라 예수 역사를 서술하기로 합의했던 것은 아니다. 예수운동이 복음서를 네 권 저술하려고 처음부터 기획했던 것도 아니다. 서로 다른 공동체에서 자신의 문제를 예수 역사에 비추어 복음서를 쓴 것이다. 예수 역사를 쓴 책이 딱 네 권만 있었던 것도 아니다. 후대에 예수운동 여러 공동체에서 가장 자주 인정받고 존중된 네 권만 받아들여졌다.

---

in: Dies. (Hg.), Die antike Historiographie und die Anfänge der christlichen Geschichtsschreibung, BZNW 129, Berlin 2005, pp.213-236

공통년 70년 이후 네 복음서 말고도 사도들의 이름을 저자명으로 한 여러 편지와 문헌이 공동체에서 생겼다. 가짜 글이냐 속임수 글이냐 같은 도덕적인 단어로 오늘 우리가 평가해서는 안되는 종류의 글이다.[12] 위경(僞經=가짜 글)보다는 가명(假名) 글이라고 번역하는 것이 더 좋겠다. 예수운동에서 대부분 가명 글은 60년에서 100년 사이에 나타났다.

그중에도 가명 편지들은 바울 선교와 바울 학파의 존재 덕분으로 여겨진다.[13] 바울이 쓴 일곱 편지 중에 로마서를 제외한 여섯 편지에, 언제나 공저자 이름이 포함되었다. 바울이 불러주면 비서(로마 16,22)나 받아쓰는 사람(고린토전서 16,21; 갈라디아 6,11)이 기록했다. 바울이 세상을 떠난 뒤에도 바울 제자나 동지들이 바울의 이름을 빌어 바울 사상을 지속하기 위해 편지들을 쓴 것은 이상한 일이 아니다.[14] 남의 이름을 빌어 그 사상을 연결하려 애쓴 책이나 편지는 당시 유대교[15]에서 흔했다.

마가복음

마가복음의 위대함은 두 가지에 있다고 먼저 말하고 싶다. 첫째, 마가복음은 바울 편지를 극복한 문헌이다. 둘째, 마가복음은 로마제국에 반대하며 쓰인 문헌이다. 마가복음이 쓰인 사실 자체가 기적이다. 마가복음이 쓰여지

---

12 Brox, Norbert, Falsche Verfasserangaben, SBS 79, Stuttgart 1975, p.81; Zimmermann, Ruben, "Unecht - und doch wahr? Pseudepigraphie im Neuen Testament als theologisces Problem", ZNT 12 (2003), pp.27-38, p.34

13 Schnelle, Udo, Die ersten 100 Jahre des Christentums 30-130 n. Chr. Die Entstehungsgeschichte einer Weltreligion, Göttingen 2016, 2판, p.317

14 Standhartinger, Angela, Studien zur Entstehungsgeschichte und Intention des Kolsserbriefes, NT.S 94, Leiden 1999, pp.91-152

15 Meade, David G, Pseudonymity and Canon, WUNT 39, Tübingen 1986, pp.17-85: Speyer, Wolfgang, Die literarische Fälschung im heidnischen und christlichen Altertum, Stuttgart 1971, pp.111-149

지 않았다면, 마태복음과 누가복음이 탄생할 수 있었을까. 마가복음 없었다면, 마가복음을 보고 참고했던 마태복음과 누가복음이 탄생할 수 없었을 것이다. 그래서 마가복음의 위대함은 결코 부인할 수 없다. 신약성서에 마가복음이 없었다면, 그래서 마태복음과 누가복음도 없었다면, 예수운동과 그 후 그리스도교는 어떻게 되었을까. 신약성서에 바울 편지들과 다른 문헌만 있고 네 복음서가 없었다면, 우리는 예수가 누구인지 알 수 있었을까. 또한 마가복음은 단순한 종교 문헌은 아니다. 마가복음은 제국주의를 반대하는 정치 문헌이자 역사 해석학 문헌이기도 하다.

마가복음은 언제 쓰여졌을까. 마가복음 13장을 어떻게 해석하느냐가 마가복음은 언제 쓰여졌는지 추측하는데 가장 중요하다. 마가복음 13장은 예루살렘 성전 파괴를 언급하기 때문이다. 마가복음 13장이 예루살렘 성전 파괴를 뒤돌아보고 있는지[16] 유대 독립전쟁의 진행되던 도중에 쓰여졌는지[17] 성서학계에서 논란되고 있다. 유대 독립전쟁이 끝난 70년 직후[18], 유대 독립전쟁 끝나기 바로 전이나 후에[19] 로마에서 유대인 아닌 사람들이 다수였던 공동체를 위해 로마에서[20] 쓰인 듯하다. 마가복음은, 후대의 도마복음이 예수 역사를 외면한 것과는 정반대로, 예수를 역사 속 존재로서 분명히 강조하였다.

16 Gnilka, Joachim, Das Evangelium nach Markus, EKK I/2, Zürich/Neukirchen-Vluyn, 2015(=1978). p.34

17 Schenke, Ludger, Das Markusevangelium. Literarische Eigenart - Text und Kommentierung, Stuttgart 2005, p.35-40

18 Schnelle, Udo, Einleitung in das Neue Testament, Göttingen 2017, 9판, pp.264-287, p.270

19 Ebner, Martin, "Das Markusevangelium", in: Ebner, Martin, Schreiber, Stefan (Hg.), Einleitung in das Neue Testament, Stuttgart 2008, 2판, pp.155-184, p.171

20 Schnelle, Udo, Einleitung in das Neue Testament, Göttingen 2017, 9판, pp.264-287, p.268; Van Iersel, B, Markus-Kommentar, Düsseldorf 1993, p. 49

역사의 예수를 모르면 예수가 누구인지 알 수 없다. 역사의 예수를 모르면 믿음의 그리스도를 알 수 없다. 예수가 그리스도임을 아는 길은 역사의 예수를 아는 방법밖에는 없다.

마가복음은 50일 동안 5곳의 주요 장소에서 펼쳐진 예수 역사를 그려냈다.[21] 50일, 즉 7주는 하느님께서 천지를 창조하신 신학적 시간과 같은 구도에 해당한다. 예수는 예루살렘에 도착하기 전 6주간 마치 하느님께서 천지를 창조하듯 활동했다. 예수 활동은 하느님의 새로운 창조 활동이다. 마지막 한 주간은 예수가 예루살렘에서 고난을 겪고 죽임당하는 시간이다. 하느님께서 쉬시던 시간이 예수가 고통 받고 죽임당하는 시간에 해당한다. 50일 되던 날, 여인들은 예수 무덤이 텅 빈 사실을 목격한다.

마가복음 주요 장소 5곳은 광야(마가 1,1-13), 갈릴래아 호수 양쪽(마가 1,16-8,21), 갈릴래아에서 예루살렘으로 가는 길(마가 8,27-10,45), 예루살렘 성전 안팎(마가 11,1-15,39), 예수의 빈 무덤(마가 15,42-16,8)이다. 광야와 빈 무덤이 응하고, 갈릴래아 호수 양쪽과 예루살렘 성전 안팎이 신학적으로 대응한다. 광야에서 예수는 유혹당하고, 빈 무덤에서 죽음 이후 정적이 흐르고 있다. 갈릴래아 호수 양쪽에서 예수는 유대인과 유대인 아닌 사람들을 만난다. 예루살렘 성전 안팎에서 예수는 지지자들과 적대자들을 만난다. 이 네 장소가 마가복음의 중간 부분인 갈릴래아에서 예루살렘으로 가는 길을 양파 가운데처럼 감싸고 있다. 마가복음의 핵심 메시지는 예루살렘으로 죽으러 가는 길이다. 제자교육, 즉 예수 따르는 길이다.

---

21 Van Iersel, B., Markus-Kommentar, Düsseldorf 1993, pp.272-292; Ebner, Martin, "Das Markusevangelium", in: Ebner, Martin, Schreiber, Stefan (Hg.), Einleitung in das Neue Testament, Stuttgart, 2008(2판), pp.155-184, p.155

나는 이런 구도가 생각난다. 구약성서에서 이스라엘 백성이 이집트 노예살이에서 해방되는 사건이 중심이다. 신약성서에서 모든 인간이 죄, 죽음, 고통에서 해방되는 상징인 예수의 십자가 사건이 중심이다. 이스라엘 백성은 이집트에서 탈출하여 기나긴 광야를 걷는다. 예수와 지지자들은 갈릴래아에서 예루살렘으로 걷는다. 구약성서는 이스라엘 백성이 이집트에서 탈출하는 자유와 해방의 길을 소개했다. 신약성서는 죄와 죽음과 고통에서 탈출하는 자유와 해방의 길을 소개했다. 인류 앞에 제시된 두 길 모두 자유와 해방의 길이다. 인간 모두가 자유와 해방의 길을 함께 걷자는 하느님의 권고 아닌가. 하느님과 함께, 예수와 함께 길을 걸으라는 말이다.

마가복음의 주제 질문은 이 사람은 누구냐(τί ἐστιν τοῦτο; 마가 1,27; 4,41; 6,2; 8,27)이다. 나자렛 사람 예수가 대체 누구냐는 것이다. 이 질문에 대답하기 위해 마가복음은 예수가 세상에 본격적으로 등장한 이후 역사를 추적한다. 나자렛 예수는 이스라엘이 고대하던 메시아라고 마가복음은 처음부터 전제하였다(마가 1,1). 마가복음 저자는 예수는 메시아임을 이미 알고 있다. 그러나, 마가복음 독자들은 마가복음 저자가 걸었던 깨달음의 길을 처음부터 걸어야 한다. 그래야 비로소 독자들은 예수가 메시아임을 알 수 있다. 마가복음은 이렇게 정리할 수 있다. 1. 주제: 예수는 하느님의 아들이다. 2. 길: 예수의 십자가 죽음을 알기까지 예수가 누구인지 우리는 제대로 알 수 없다(메시아 비밀).

마가복음의 이 특징은 예수의 갈릴래아 활동, 예루살렘으로 가는 길, 예루살렘에서 마지막 시간에서도 잘 나타나고 있다. 하느님의 아들 호칭은 예수와 하느님의 독특한 일치를 드러내는 표현이다.[22] 세례받는 예수(마가 1,9-110, 예수 모습이 변한 사건(마가 9,2-9), 십자가 아래에서 로마 군인의 고백(마가 15,39)에서 예수는 하느님의 아들이라는 주제가 강조되었다.[23] 아들 호칭은 예수와 하느님의 관계뿐 아니라 예수의 죽음을 포함하여 가리키고 있다. 예수는 처음부터 하느님과 일치하는 존재였지만, 우리 인간이 그 사실을 알아가는 과정에서 예수의 죽음까지 알아야 한다는 뜻이다. 십자가 아래에서야 비로소 "이 사람은 참으로 하느님의 아들이었다"(마가 15,39)라고 알아차리고 고백할 수 있다.

예수가 하느님의 아들이라는 사실은 십자가 이전까지 하느님(마가 1,11; 9,7), 악령들(마가 3,11; 5,7), 아들 자신(마가 12,6; 13,32)만 알고 있었다. 예수가 세례받는 순간부터 십자가에 처형되는 순간까지 계속 추적해야만, 우리는 예수가 하느님의 아들이라는 사실을 깨달을 수 있다. 마가복음은 예수 역사를 쓴 책이지만, 예수의 제자들과 동지들과 독자들이 예수가 누구인지 깨달아가는 역사이기도 하다. 부모들은 처음부터 자녀에게 고마운 존재이지만, 자녀들이 그 사실을 깨닫기까지 오랜 시간이 필요할 수도 있다.

예수를 하느님의 아들이라고 호칭한 마가복음은 로마황제를 아주 화나게 했다. 로마황제는 하느님의 아들로 불렸기 때문이다. 로마황제가 하느님의 아들이 아니라 로마황제 통치 아래 십자가에 처형된 나자렛 예수가 하느님의 아들이라고 주장한 마가복음은 로마황제가 보기에 정치적 불온 문서일 수밖에 없었다.[24] 로마군대가 전투에서 승리한 소식이 기쁜 소식이 아니라 나자

22 Weber, Reinhard, "Christologie und 'Messiasgeheimnis': ihr Zusammenhang und Stellenwert in den Darstellungsintentionen des Markus", EvTh 43 (1983), pp.108-125

23 Vielhauer, Philip, "Erwägungen zur Christologie des Markusevangeliums", in: Ders, Aufsätze zum Neuen Testament, TB 31, München 1965, pp.199-214

24 Ebner, Martin, "Evangelium contra Evangelium. Das Markusevangelium und der Aufstieg der Flavier", BN 116 (2003), pp.28-42

렛 예수의 행동과 말씀이 진짜 기쁜 소식이요 복음이다(마가 1,1). 예수가 못보는 사람들을 고쳐준 기적(마가 8,22-26; 10,46-52)에 대한 보도는 나자렛 예수를 로마황제의 경쟁자로 여기게 만들었다. "이방인들의 통치자로 자처하는 사람들은 백성을 강제로 지배하고 또 높은 사람들은 백성을 권력으로 내리누릅니다"(마가 10,42-44)라는 예수의 로마황제 비판도 마찬가지였다.

권력을 휘두르는 것이 아니라 봉사하는 것이 예수 따르는 원칙이라는 표현도 로마황제가 편하게 들을 말은 아니었다. "로마황제의 것은 로마황제에게 돌리고 하느님 것은 하느님께 돌리시오"(마가 12,17)라고 하느님 앞에서 국가권력의 힘을 상대화시켜버린 예수 발언도 마찬가지다. 로마에서 마가복음은 예수가 로마황제보다 뛰어난 인물이며 진정한 권력자라고 선전하기에 충분했다.[25] 소수 종교에 불과하고 국가권력의 탄압에 직면했던 예수운동이 마가복음을 통해 거침없이 쏟아낸 정치적 발언은 너무도 용기있고 놀랍기만 하다.

예수의 십자가 죽음을 알기까지 예수가 누구인지 제대로 알 수 없다는 메시아 비밀은 마가복음의 특징이다. 메시아 비밀은 예수가 누구인지 사람들이 알 수 없게 만들려고 했던 헛된 신비주의 전략이 아니라, 예수가 누구인지 제대로 알게 하려는 친절하고 합리적인 안내 방법이다. 악령 들린 사람 하나가 "나는 당신이 누구신지 압니다. 당신은 하느님께서 보내신 거룩한 분이십니다"라고 외쳤다(마가 1,23-24).

그러나 예수는 악령을 꾸짖는다. 마가복음 의도는 뚜렷하다. 예수의 기적

25 Winn, Adam, The Purpose of Mark's Gospel. An Early Christian Response to Roman Imperial Propaganda, WUNT 2.245, Tübingen 2008, p.201

만 보고서 예수가 누구인지 알려는 시도는 충분하지 않다는 것이다. 예수의 기적을 체험하거나 지켜본 사람에게 소문내지 말라고 예수가 경고한 것도 마찬가지다(마가 5,43a; 7,36a). 예수의 기적에서 예수의 참모습과 신비가 다 드러난 것은 아니다.[26]

갈릴래아에서 예수 활동과 말씀을 기록한 부분(마가 8,27)에서 제자들은 예수의 가르침(마가 4,13; 7,18)과 존재(마가 4,40; 6,52)에 대해 잘 이해하지 못했다. 갈릴래아에서 예수는 하느님나라를 주제로 가난한 사람들을 주로 상대했었다. 갈릴래아에서 활동을 마치고 예루살렘으로 가는 길에 예수는 제자교육을 주제로 주로 제자들을 상대한다. 예루살렘으로 가는 길에서 제자들은 갈릴래아에서보다 더 예수를 이해하지 못한다. 갈릴래아에서보다 예루살렘 가는 길에서 예수의 십자가 이야기가 더 자주 나오기 때문이다.

갈릴래아에서 예수가 하느님나라를 이야기할 때, 제자들은 곧 다가올 영광의 그날을 기대했던가. 그런데, 느닷없이 예수는 예루살렘에 죽으러 간다고 한다. 베드로와 제자들이 가만히 있겠는가. "선생님은 그리스도이십니다"(마가 8,29)라고 용감하게 고백하던 베드로는 예수가 곧 죽게 된다는 설명(마가 8,31)을 듣고나서 예수를 붙잡고 항의하였다(마가 8,32). 예수와 제자들의 오해 정도가 아니라 노선 투쟁이다.

예수가 제자들에게 요구한 한두 번의 침묵(마가 8,30; 9,9)은 마가복음 저자의 메시아 비밀 전략에 아주 중요하다.[27] 마가복음 메시아 비밀 전략은

26 Frenschkowski, Marco, Offenbarung und Epiphanie II, WUNT 2.80, Tübingen 1997, p.211

27 Wrede, William, Das Messiasgeheimnis in den Evangelien, Göttingen 1969, 4판(=1901),

예수가 부활하고 예수 신비가 최종적으로 드러나면서 끝난다.[28]

예수 십자가 죽음과 부활이 예수 그리스도를 온전히 알 수 있게 해준다.[29] 그런데, 갈릴래아에서 예수 기적과 예루살렘에서 예수 십자가 죽음이 서로 잘 어울리거나 독자들에게 쉽게 이해되지는 않는다. 예수 기적은 예수어록에 거의 없고, 마태복음 고유 자료나 누가복음 고유 자료에도 드물다. 예수 기적 이야기를 예수 역사에 끌어들인 사람이 다름 아닌 마가복음 저자였다.

그렇게 엄청난 기적을 행하던 예수가 어떻게 비참하고 무기력하게 죽임을 당하고 말았을까. 이 어려운 두 주제를 각각 해명하고 연결할 책임이 마가복음 저자에게 있었다. 다행히 마가복음 저자는 두 주제를 잘 설명하고 연결하여 예수 역사를 엮어냈다.[30] 마가복음이 예수의 비참한 죽음을 잘 설명하지 못했다면, 박해받던 예수운동 사람들이나 후대의 독자들이 예수에게 매력을 느끼거나 예수를 따르기는 쉽지 않았을 것이다.

예수 역사를 최초로 썼을 뿐 아니라 예수의 위대함과 비참함을 둘 다 놓치지 않고 설명한 마가복음의 업적은 잊을 수 없다. 갈릴래아에서 하느님나라의 위대함과 예루살렘에서 십자가의 비참함을 각각 강조하면서 둘 다 빠뜨리

p.66

28 Räisänen, Heikki, Das 'Messiasgeheimnis' im Markusevangelium, Helsinki 1976, pp.109-117; Pesch, Rudolf, Das Markusevangelium II, HThK Ⅱ/2, Freiburg 1984, 3판, p.39

29 Schnelle, Udo, Die ersten 100 Jahre des Christentums 30-130 n. Chr. Die Entstehungsgeschichte einer Weltreligion, Göttingen 2016, 2판, p,326

30 Theissen, Gerd, "Evangelienschreibung und Gemeindeleitung", in: Kollmann, Bernd u. a (Hg.), Antikes Judentum und Frühes Christentum (FS Stegemann, H), BZNW 97, Berlin 1999, pp.389-414, p.405

지 않은 것이다. 마가복음 의도는 뚜렷하다. 예수의 하느님나라 메시지만 보고 예수의 십자가를 보지 않으면, 예수가 누구인지 알 수 없다는 것이다. 거꾸로도 마찬가지다. 예루살렘에서 예수의 십자가만 보고 갈릴래아에서 예수 활동과 말씀을 보지 않으면, 예수가 누구인지 알 수 없다. 나는 개인적으로 바울보다 마가복음 저자를 예수운동 역사뿐 아니라 그리스도교 전체 역사에서도 가장 탁월한 신학자로 평가하고 존중하고 있다.

마태복음

90년 무렵 시리아(마태 4,24)에서 쓰인 책 같다. 마태복음은 유대교와 강현 연대의식을 보여주지만, 유대교와 결별이 상당히 이루어진 시대 상황을 솔직히 반영하고 있다. 예수운동은 이스라엘 선교에 사실상 실패하고서 유대인 아닌 사람들과 지역으로 관심을 쏟을 수밖에 없었다. 바울뿐 아니라 마가복음 저자와 마태복음 저자는 예수가 생각하지도 않았던 전혀 새로운 문제를 만나게 되었다. 예수운동과 유대교의 결별 문제다. 예수는 자신의 메시지가 유대교를 분열시키고 자신의 추종자들이 유대교를 박차고 나가리라고 상상이나 했을까.

마태복음은 빵나눔에서 낭독될 책(마태 1,1)으로 쓰여졌다. 교리교육 교재로 공동체에서 즐겨 사용되었다. 마태복음 저자는 공동체에서 예수를 사람들에게 가르치던 사람 같다. 마태복음이 그리는 예수는, 무엇보다도 먼저, 공동체의 스승이다. 예수는 우리가 믿고 따르기에 충분한 분이다. 예수는 온 세상에 기쁜 소식을 전하며, 온 세상을 진짜 다스리는 분이다. 예수 말고 다른 존재에게 의지할 필요가 없다.

예수는 빵나눔에서 뿐 아니라 언제나 우리와 함께 계시는 임마누엘('Εμμα

νουήλ)이시다. 임마누엘은 "하느님께서 우리와 함께 계시다"(마태 1,23)라는 뜻이다. "내가 세상 끝날까지 항상 여러분과 함께 있겠습니다."(마태 28,20)[31]라는 언제나 지금도 우리와 함께 계신다는 부활한 예수 그리스도의 말씀에서 마태복음 공동체는 기쁨과 신뢰를 느꼈다. 마태복음이 네 복음서 중에도 가장 중요한 복음으로 그리스도교 역사에서 존중받게 된 것은 우연이 아니다.

마태복음 저자는 마가복음에서 예수 말씀이 많이 빠져있다는 사실을 발견했다. 마가복음에서 수록되지 못한 예수어록(=Q문헌)을 마태복음은 군데군데 끼워넣었다. 특히 다섯 군데에 예수 설교를 나누어 배치했다. 공동체에 기쁨과 신뢰를 선사한 마태복음은 스승 예수, 가르치는 예수를 표어로 내세웠다.

유대교와 연결된 마태복음 공동체에서 예수는 유대인의 스승 모세를 뛰어넘는 새로운 스승이다. 산상수훈(마태 5-7장) 설교는 마태복음 다섯 설교 중 첫 설교이자 다섯 설교를 대표한다.[32] 산상수훈은 예수 제자들이 온 세상에 선포하고 가르칠 예수 말씀의 핵심이다. 산상수훈은 공동체 안에 특별한 사람에게만 적용되는 말씀이 아니라 모든 사람에게 해당하는 말씀이다. 마태복음은 유대교보다 더 뛰어나야 할 예수운동의 대표적인 가르침으로 산상수훈을 제시했다.

31 Frankemölle, Hubert, Jawhebund und Kirche Christi, NTA 10, Münster 1984, 2판, pp.7-83

32 Feldmeier, Reinhard, "Verpflichtende Gnade. Die Bergpredigt im Kontext des ersten Evangeliums", in: Ders, (Hg.), "Salz der Erde". Zugänge zur Bergpredigt, Göttingen 1998, pp.15-107

산상수훈의 첫 말씀은 예수의 구원 선언이다. "마음이 가난한 사람은 행복합니다. 하늘나라가 그들의 것입니다"(마태 5,3)에서 마태복음의 마음이 가난한 사람은 누가복음의 가난한 사람을 가리킨다. 마태복음의 마음이 가난한 사람을 누가복음의 가난한 사람과 떼어놓으려는 온갖 구차한 시도는 실패할 수밖에 없다. 산상수훈의 첫 말씀의 수혜자는 가난한 사람이다. 이 사실이 그리스도교 역사에서 언제나 뚜렷하게 강조되지는 못했다. 가난한 사람, 슬퍼하는 사람, 온유한 사람, 옳은 일에 주리고 목마른 사람, 자비를 베푸는 사람, 평화를 위하여 일하는 사람, 옳은 일을 하다가 박해를 받는 사람이 산상수훈의 수혜자들이다(마태 5,3-10). 돈, 권력, 명예를 많이 가진 사람에게 산상수훈은 관심이 없다.

산상수훈의 두 표어는 정의와 가난한 사람들이다. 세상의 빛이요 소금인 예수 공동체와 제자들은 정의를 실천해야 한다. 정의는 하느님과(마태 6,1-18), 하늘나라와(마태 6,19-34), 이웃과(마태 7,1-12) 연결된다. 예수 말씀을 듣고도 실천하지 않는 사람은 모래 위에 집을 짓는 어리석은 사람과 같다(마태 7,26). 정의 기준은 실천(마태 7,13-27)이다. 설교는 가르침과 실천을 함께 포함한다.

"나더러 주님, 주님! 하고 부른다고 다 하늘나라에 들어가는 것이 아닙니다. 하늘에 계신 내 아버지의 뜻을 실천하는 사람이라야 들어갑니다. 그날에는 많은 사람이 나를 보고 주님, 주님! 우리가 주님의 이름으로 예언하고 주님의 이름으로 마귀를 쫓아내고 또 주님의 이름으로 많은 기적을 행하지 않았습니까? 하고 말할 것입니다. 그러나 그때 나는 분명히 그들에게 악한 일을 일삼는 자들아, 나에게서 물러가거라. 나는 너희를 도무지 알지 못한다 라고 말할 것입니다."(마태 7,21-23)

가르치는 사람부터 먼저 실천하라. 그래서 마태복음은 제자들에게 주는 설교(마태 9,36-11,1)를 다섯 설교에 포함했다. 제자들은 예수의 복음 전파에 동참한다(마태 4,19; 10,70). 비유 설교(마태 13,1-53)는 예수운동의 역사를 예수 역사를 통해 바라보라고 가르친다. 공동체 설교(마태 18,1-35)에는 제자들의 겸손을 요구하고 작은 자를 존중하라는 가르침이 있다. 종말 설교(마태 24,3-25,46)는 세상 끝 날이 언제 올지 말하는 것은 아니다.

세상 끝 날이나 지금이나 똑같이 믿음을 실천하라는 말이다. 이처럼 다섯 설교를 자세히 보면, 마태복음 저자가 예수운동 사람들에게 보여주고 싶은 예수 모습이 드러난다. 다섯 설교는 마태복음이 말하는 예수 역사를 들여다 보는 유리 창문과 같다.[33] 예수는 하느님을 가장 정확히 해석한 분이라고 마태복음은 유대교와 예수운동과 세상 사람들에게 말하고 싶었다.

마태복음이 지겹도록 실천을 강조한 까닭은 무엇이었을까. 말만 하고 실천하지 않는 위선과 위험은 유대교뿐 아니라 예수운동에게도 똑같이 있었다. 예수가 유대교 일부 사람들의 위선을 비판했듯이, 마태복음은 예수운동이 위선에 빠지지 않도록 훈계한 것이다. 예수운동이 유대교보다 더 뛰어나게 실천해야만, 당시 사회에서 소수 모임이던 예수운동이 세상 사람들에게 매력을 주고 설득할 수 있었기 때문이다. 마태복음은 행동하는 예수뿐 아니라 행동하는 예수운동을 강조하고 싶었다. 한반도처럼 여러 종교가 있는 곳에서, 실천 없는 종교가 전하는 가르침이 사람들에게 감동과 울림을 줄 수 있겠는가.

33 Luz, Ulrich, Das Evangelium nach Matthäus: EKK I/1, Zürich/Neukirchen-Vluyn, 2002, 3판, p.38

부활한 예수가 나타났던 장면을 마태복음은 마가복음보다 크게 확장했다. 부활한 예수가 복음을 온 세상에 전하라고 명령하는 모습(마태 28,16- 20)은 마태복음 이야기가 끝나는 지점일 뿐 아니라 앞으로 마태복음 공동체가 걸어가야 할 미래의 길이기도 하다. 역사의 예수도 뛰어난 스승이지만, 부활한 예수 그리스도는 세상에서 최고 스승이다. 마태 28,16-20을 말하려고 마태복음 저자는 마태복음을 썼다. 마태 28,16-20을 먼저 읽고 나서 맨 앞으로 돌아가 처음부터 읽는다면, 마태복음을 더 잘 이해할 수 있다.[34] 마태 28,16-20은 마태복음을 정확히 이해할 수 있는 해석의 열쇠[35]라고 표현할 수 있다.

예수가 이스라엘 민족뿐 아니라 온 세상의 스승이라는 사실이 부활한 예수를 통해 마태복음 마지막에서만 강조된 것은 아니다. 마태복음은 마가복음에 없었던 예수 족보를 끌어들였다. 예수 족보가 예수를 이스라엘 민족의 스승으로 좀 더 강조했다면, 부활한 예수 장면은 예수를 온 세상과 모든 민족의 스승으로 좀 더 강조했다고 말하고 싶다. 예수는 마태복음 처음부터 끝까지 이스라엘 민족의 스승에서 출발하여 온 세상과 모든 민족의 스승으로 끝난다.

"어둠 속에 앉은 백성이 큰 빛을 보겠고 죽음의 그늘진 땅에 사는 사람들에게 빛이 비치리라."(마태 4,16) 이때부터 이방인의 땅 갈릴래아(마태 4,15)에서 예수는 "회개하시오. 하늘나라가 다가왔습니다"라고 말하며 복음 전파를 시작하였다(마태 4,17). 예수는 소외되고 희생된 사람들(마태 8,1-15)과 유대인 아닌 사람에게도 병을 고쳐주고 자비를 베풀었다. 예수 활동과 말씀이

34 Michel, Otto, "Der Abschluss des Matthäusevangeliums. Ein Beitrag zur Geschichte der Osterbotschaft", in: Lange, Joachim (Hg.), Das Matthäus-Evangelium, WdF 525, Darmstadt 1980, pp. 119-133, p.125

35 Bornkamm, Günther, "Der Auferstandene und der Irdische. Mt 28,16-20", in Dinkler, Erich (Hg.), Zeit und Geschichte (FS Bultmann, Rudolf), Tübingen 1964, pp.171-191

유대인뿐 아니라 유대인 아닌 사람에게도 향하고 있다고 강조해야 한다. 마태복음 특징을 정확히 알기 위해서다.

예수운동 역사에서 마태복음의 중요한 까닭은 무엇일까. 마태복음은 다른 복음보다도 더 예수운동과 유대교의 연결을 강조하기 때문이다. 그러면서도 유대인 아닌 사람에게 향하는 예수 메시지를 놓치지 않았다.[36] 마태복음은 바울처럼 유대인 아닌 사람에게 복음 전파를 정당하게 생각했다. 그런데도 유대교가 예수운동의 모태라는 사실을 잊지 않았다.

마태복음은 유대교의 율법과 메시지를 전혀 업신여기지 않았다. 예수는 유대교의 기초에서 시작했고, 예수가 율법을 가장 잘 해석하고 실천했음을 마태복음은 강조했다. 율법이 더 이상 아무짝에도 쓸모없어졌다는 말이 아니라 예수가 율법을 완성했기 때문이다.[37] 마태복음 공동체는 유대교에서 출발했고 유대교와 강한 연결을 여전히 의식하고 있지만, 더 이상 유대교 회당에 나가지 않았고 유대교 내부에 머무르지 않았다. 마태복음 공동체는 독자적인 특징을 하나하나 만들어 가는 중이었다.

할례는 예수운동 1세대인 바울에게 큰 주제 중 하나였지만, 예수어록이나 마가, 마태, 누가복음 시대에 할례는 더 이상 주제가 아니었다. 할례받다(περιτεμεῖν; 누가 1,59; 2,21)라는 동사는 아기 예수의 할례를 가리킬 때 쓰일 뿐이었다. 할례가 아니라 세례, 선교, 가르침이 마태복음 공동체의 주요 과제

36 Schnelle, Udo, Die ersten 100 Jahre des Christentums 30-130 n. Chr. Die Entstehungsgeschichte einer Weltreligion, Göttingen 2016, 2판, p.330

37 Luz, Ulrich, Das Evangelium nach Matthäus: EKK I/1, Zürich/Neukirchen-Vluyn, 2002, 3판, p.94; Deines, Roland, Die Gerechtigkeit der Tora im Reich des Messias, WUNT 177, Tübingen 2004, p.256

였다. 할례 없는 유대교는 없다. "할례받지 않은 남자는 내 계약을 깨뜨린 사람이니 겨레에게서 따돌림을 받게 되리라."(창세기 17,14) 유대인 아닌 사람에게 할례를 요구해야 하느냐 문제로 예수운동과 유대교의 논쟁, 예수운동 내부에서 바울과 반대자들의 논쟁 때에는 예수운동과 유대교는 그나마 연결의 끈을 놓치지 않고 있었다. 하지만, 예수운동에서 할례가 더 이상 언급되지도 않았을 때는 예수운동과 유대교 사이에 더 이상 진지한 종교 토론과 대화는 유지하기 어려웠다.

그러나 예수운동이 유대인 선교에 실패했기 때문에 유대인 아닌 사람에게 선교하기 시작했을까. 마태복음 공동체는 여전히 유대교와 대화하고 있었으며, 모든 민족에 대한 선교는 예수운동이 유대인 선교에 실패했기 때문에 시작된 것은 아니지 않을까. 모든 민족에 대한 선교는 유대교에 본래 있었던 사명이었고, 마태복음 공동체는 그 사명을 이어간 것[38]은 아닐까. "여러분은 가서 이 세상 모든 사람을 내 제자로 삼아 아버지와 아들과 성령의 이름으로 그들에게 세례를 베풀고"(마태 28,19)라고 마태복음 공동체가 더 이상 유대인 선교에만 매달리지 말고 모든 민족에게도 가서 선교하라는 뜻은 아닐까.

유대인 선교를 계속해야 하느냐 마느냐하는 고뇌는 마태복음 공동체에 있지 않았고, 오히려 모든 민족에 대한 선교를 마태복음 공동체 선교에 포함해야 하느냐가 마태복음 공동체의 관심사[39]가 아니었을까. 예수 부활 이후 겨우 60여 년 유대인 선교로써 예수운동이 유대인 선교에서 실패했는지 여부

---

38 Kraus, Wolfgang, "Zur Ekklesiologie des Matthäusevangeliums", in: Senior, David P (Hg.), The Gospel Of Matthew at the Crossroads of Early Christianity, BETL 243, Leuven 2011, pp.195-239, p.212

39 Konradt, Matthias, Israel, Kirche und die Völker im Matthäusevangelium, WUNT 215, Tübingen 2007, p.339

를 최종적으로 판정하기에 시간이 너무 짧지 않은가.

90년 무렵 마태복음 공동체에서 유대인과 유대인 아닌 사람 구분이 큰 의미가 있었을까.[40] 마태복음 공동체와 유대교와 연결의 끈도 어느덧 많이 약화된 상태 아니었을까. 유대인 아닌 사람들이 마태복음 공동체에 계속 참여하면서 마태복음 공동체의 보편적인 노선은 점점 강해졌을 것이다. 마태복음 저자는 예수운동 해외파 공동체의 개혁 노선을 주장한 사람[41] 아닐까. 마태복음 공동체는 유대인 중심 노선도 아니고 유대인 아닌 사람들 중심 노선도 아니고, 둘 다 아우르는 종합적이고 보편적인 노선을 내세운 듯하다.[42]

나는 샌더스(Sanders)가 제안한 용어를 빌어 마태복음을 해설하고 싶다. 유대교의 할례는 예수운동의 세례에 해당한다. 할례나 세례는 유대교나 예수운동에 들어가는(get in) 입학식에 해당한다. 할례나 세례받았다고 다 끝났거나 완성된 것은 전혀 아니다. 겨우 시작일 뿐이다. 유대교에 들어간 후 계속 유대교에 충실하게 머물기 위해(stay in) 음식 규정, 정결 규정, 안식일 등 의무를 실천한다. 예수운동에 들어간 후 계속 예수운동에 충실하게 머물기 위해 사랑을 실천한다.

---

40 Wong, Eric, K. C, Interkulturelle Theologie und multikulturelle Gemeinde im Matthäusevangelium, NTOA 22, Freiburg(H)/Göttingen 1992, pp.125-154

41 Stegemann, Hartmut, "Die des Uria", in: Jeremias, Gerd u.a. (Hg.), Tradition und Glaube (FS Kuhn, K. G), Göttingen 1971, pp.246-276, p.271

42 Schnelle, Udo, Die ersten 100 Jahre des Christentums 30-130 n. Chr. Die Entstehungsgeschichte einer Weltreligion, Göttingen 2016, 2판, p.331; Backhaus, Knut, "Entgrenzte Himmelsherrschaft. Zur Entdeckung der paganen Welt im Matthäusevangelium", in: Kampling, Rainer (Hg.), "Dies ist das Buch..." Das Matthäusevangelium (FS Frankemölle, H), Paderborn 2004, pp.75-103

그런데, 마태복음은 유대교의 stay in, 즉 음식 규정, 정결 규정, 안식일 등 의무를 사랑이란 단어로 요약하고 종합하였다. 하느님에 대한 사랑, 이웃에 대한 사랑, 피조물에 대한 인간의 책임을 사랑이란 단어로써 유대교 토라(Tora)를 포함하고 뛰어넘은 것이다. 마태복음은 세례라는 예수운동 입학식 뿐 아니라 사랑이라는 예수운동의 학교생활을 열심히 실천하라고 요청하고 있다. 입학식도 잘하고 학교생활도 잘하라는 말이다. 입학식이 곧 졸업식인 것은 아니다. 졸업식은 하느님 심판이다.

누가복음

마가복음 저자나 마태복음 저자와 다르게 누가복음 저자는 예수운동 역사의 관점에서 예수 역사를 그리려 했다. 마가복음 저자나 마태복음 저자도 자기 공동체의 문제를 의식하고 관점을 반영하긴 했지만, 누가복음 저자처럼 종합적인 예수운동 역사를 참고하여 예수 역사를 평가하지는 않았다. 누가복음 저자는 예수 부활 이후 예수운동 역사가 60여 년 지난 시점에서 예수운동 역사를 본격적으로 소개하려 했다. 누가복음 저자는 마가복음과 마태복음에서 부족하다고 느낀 점을 역사가 입장에서 보충하고 싶었다. 누가복음 덕분에 예수운동에 역사가의 시간이 온 것이다.

처음부터 누가복음 저자는 예수 역사와 예수운동 역사를 각각 책으로 공통년 90~100년 사이에 썼다. 축구로 말하면, 전반전은 예수 역사요, 후반전은 예수운동 역사다. 누가복음은 예수 역사를 다루고, 사도행전은 예수운동 역사를 다룬다. 누가복음과 사도행전은 그리스 역사학에서 유행하던 역사 논문[43]와 문학 유형이 비슷하다. 그러나, 예수 역사와 예수운동 역사는 연결되

43 Plümacher, Eckhard, Neues Testament und hellenistische Form. Zur literarischen Gattung der lukanischen Schriften, TheolViat 14 (1977/78), pp.109-123, p.116

지만, 같은 차원에 있지는 않다. 누가복음 서문(누가 1,1-4)에서 역사가이자 신학자인 누가복음 저자는 예수운동과 예수를 일관된 역사로서 연결하려는 자신의 의도를 밝히고 있다.[44]

예수 시대와 누가복음 시대는 어떻게 달라졌는가. 예수는 이스라엘 내부에서 활동했고 예수운동은 이스라엘에서 시작했다. 그런데, 이스라엘에서 예수운동은 사실상 소멸된 상태였다. 예수운동은 이스라엘을 넘어 지중해 지역 그리스로마 문화권에서 활발하게 되었다. 예수운동에 귀 기울인 사람들은 유대인 아닌 사람들이 많았고, 도시에 살았고(누가 1,1-4; 사도행전 17,22-31; 19-23-40), 여러 종교와 문화에 익숙한 사람들이었다.

누가복음 저자는 그들에게 다음 두 주제를 합리적으로 해명할 필요를 느꼈다. 예수운동은 왜 이스라엘에서 사라졌는가. 예수운동은 왜 그리스로마 문화권에서 활발하게 되었는가. 또 하나 덧붙인다면, 그리스로마 문화권에서 활발한 예수운동은 이스라엘에서 시작된 예수운동과 무슨 관계가 있는가. 역사가이자 신학자인 누가복음 저자는 예수운동과 예수를 일관된 역사로서 잘 연결하고 싶었다.

하느님의 구원 약속이 예수 그리스도 안에서 완성되었다는 것이 누가복음 저자의 기본 사상이다[45]. 하느님의 구원 약속은 예수 그리스도를 통해 유대인의 수도 예루살렘에서 시작되어 온 세상의 수도 로마에까지 이른다는 것이

44 Klein, Günter, "Lukas 1,1-4 als theologisches Programm", in: Braumann, Georg (Hg.), Das Lukas-Evangelium, WdF CCLXXX, Darmstadt 1974, pp.170-203

45 Schnelle, Udo, Die ersten 100 Jahre des Christentums 30-130 n. Chr. Die Entstehungsgeschichte einer Weltreligion, Göttingen 2016, 2판, p.333

다. 그래서 하느님은 역사의 하느님이다. 역사 밖에서 하느님을 찾을 수는 없다. 하느님의 역사는 누가복음에서 나자렛 예수를 통해 가난한 사람들에게 우선 전해진다. 하느님의 역사는 사도행전에서 예수운동을 통해 모든 민족에게 퍼져나간다. 역사의 예수(누가 1,1), 부활한 예수(누가 24,44-47), 바울의 마지막 말(사도행전 28,28)을 통해 하느님의 역사는 단계적으로 따박따박 퍼져나간다.

하느님의 계획은 예수 역사 안에서 반드시(δεῖ) 실행된다. 그래서 예수는 예루살렘 성전에 있어야 하고(누가 2,49), 복음을 전파해야(누가 4,43) 하고, 고난을 받으러 예루살렘에 가야(누가 9,31; 13,33; 24,26) 한다. 예수는 하느님 계획에 따라 행동한다. 복음이 온 세상에 퍼져나가는 과정도 하느님 계획에 따라 진행된다. 사도행전에서 베드로의 첫 발언은 "성령께서 다윗의 입을 빌려 예언하신 말씀은 정녕 이루어져야만 했습니다"(사도행전 1,16)이다. "사람에게 복종하는 것보다 오히려 하느님께 복종해야 하지 않겠습니까?"(사도행전 5,29)라며 베드로는 자신의 뜻과 다르게 하느님 뜻이 유대인 아닌 사람에게도 향하고 있음을 인정하고 따랐다(사도행전 10,14-16).

바울이 로마로 가야만 한다고 누가복음 저자는 세 번(사도행전 19,21; 23,11; 27,24)이나 강조했다. "하느님의 천사가 나타나서 나더러 두려워하지 말라고 하며 내가 반드시 황제 앞에 서게 될 것이며 나와 동행하는 여러분을 하느님께서 이미 모두 나에게 맡겨주셨다"(사도행전 27,23-24)라고 바울은 말했다.[46] 하느님 뜻에 따라 요셉과 마리아는 베들레헴으로(누가 2,1-21), 바울은 로마로(사도행전 25,11) 갔다.

46 Burfeind, Carsten, "Paulus muss nach Rom", NTS 46 (2000), pp.75-91

누가복음 저자는 역사가답게 역사를 단계로 나누어 설명한다. 앞 단계와 관계없는 현재 단계는 없다. 현재 단계는 미래 단계에 자연히 포함된다. 누가복음 저자는 예수의 시간과 예수운동의 시간을 구분한다. 예수의 시간은 누가복음에, 예수운동(=교회)의 시간은 사도행전에 기록했다. 누가복음 저자는 예수의 시간을 악마가 없는 시간, 그래서 시간의 중심(Mitte der Zeit)[47]으로 보았다. 예수의 시간은 인류 역사의 한복판에서 역사의 중심이란 뜻이다. 돈, 권력, 명예로써 예수를 유혹하던 악마가 물러가고(누가 4,13), 악마가 하늘에서 떨어지고 나서(누가 10,18) 구원의 시간인 예수의 시간이 본격적으로 시작되었다. 예수의 시간은 주로 이스라엘에 대한 활동에 집중되었다. 예수는 고향 나자렛의 유대교 회당에서 안식일에 이사야 예언서 한 대목을 낭독했다.

"주님의 성령이 나에게 내리셨다. 주께서 나에게 기름을 부으시어 가난한 이들에게 복음을 전하게 하셨다. 주께서 나를 보내시어 묶인 사람들에게는 해방을 알려주고 눈먼 사람들은 보게 하고, 억눌린 사람들에게는 자유를 주며 주님의 은총의 해를 선포하게 하셨다."(누가 4,18-19)

예수의 첫 설교이자 자기 소개서다. 평범한 건축 노동자이자 무명 인사로서 은둔하던 30여 년 삶을 정리하고 예수는 사람들 앞에 공식 등장했다. 예수가 세상에 나타난 이유와 목적은 가난한 사람들에게 기쁜 소식을 전하는 일이다. 예수의 행동과 말씀은 가난한 사람들을 향하고 있다. 누가복음에서 예수를 한마디로 요약한 구절은 바로 이것이다. "가난한 사람들아, 여러분은 행복합니다. 하느님나라가 여러분의 것입니다."(누가 6,20) 갈릴래아에서 가

47 Conzelmann, Hans, Die Mitte der Zeit, BHTh 17, Tübingen 1977, 6판, p.158

난한 사람들에게 하느님나라라는 기쁜 소식을 전하던 예수는, 예루살렘으로 가는 길에 들어서면서 하느님나라에서 십자가로 주제를 확 바꾼 것이다.

예루살렘으로 가는 여정을 다룬 기록(누가 9,51-19,27)에서 예수는 세 번이나(누가 12,49; 13,31-33; 17,25) 자신이 죽을 것임을 예고한다. 예수가 실제로 세 번이나 그런 말을 했는지, 아니면 복음서 저자들이 끼워 넣은 구절인지 크게 중요하지는 않다. 복음서 저자들은 예수 역사를 십자가에 비추어 해석하라고 독자들에게 권고하는 것이다. 어쨌든 누가복음 저자는 예수를 예루살렘 성전에 나타나게 해야 한다. 예루살렘 성전에서 가르치는 예수(누가 19,29-21,38)를 소개하고 싶기 때문이다.

예루살렘 가는 길에서도 가난한 사람들을 향하는 예수 활동은 계속된다. 죽음을 바로 앞둔 시간에서도 가난한 사람들을 향한 예수 활동은 멈출 수 없다. 예수는 죽음을 피하고자 가난한 사람들을 향한 활동을 중단하지 않았다. 마태복음이나 누가복음은 예수의 갈릴래아 활동과 예루살렘 가는 여정을 추가하고 확장했다. 그러나, 예루살렘에서 예수 수난 보도는 마가복음의 기록을 대부분 충실히 따르고 있다. 갈릴래아 활동과 예루살렘에서 죽음과 부활이 예수 시간을 구성하고 있다.

사도행전

하느님께서 이스라엘 백성을 선택하시고 계약을 맺어주신 사랑 이야기를 모은 책이 모세오경이라면, 예수가 가난한 사람들을 선택하여 하느님 사랑을 새롭게 보여준 사랑 이야기를 모은 책이 네 복음서다. 하느님께 사랑받은 이스라엘 백성이 자기 역사에서 하느님에 대한 충실과 배신을 담은 책이 역사서라면, 사도행전은 구약성서(공동성서)의 역사서에 해당한다. 구약의 역사서가 수백 년이 넘는 오랜 시간을 다루었다면, 사도행전은 수십 년이라는 짧은 기간을 소개했다.

1세기 교회를 사도 교회나 예수운동이라고 표현해도 물론 좋겠다. 그러나 나는 예수운동과 예수의 가까운 관계를 시간상으로 내용상으로 더 강조하기 위해 사도 교회나 교회보다는 예수운동이라는 용어를 쓰고 있다. 그렇다면 예수운동(=교회) 시간은 언제 시작되었을까. 누가복음이 끝나고 사도행전이 시작되는 경계가 곧 예수 시간과 교회 시간의 경계가 되겠다. 누가복음 마지막 장에서 제자들이 엠마오 가는 길에 부활한 예수를 만나고 예수가 하늘로 올라가는 사건이 교회 시간의 시작[48]인가. 오순절 사건을 교회 시간의 시작[49]으로 보는 의견도 있다.

엠마오 가는 길에 제자들이 부활한 예수를 만난 사건은 사도행전이 어떻게 펼쳐질지 미리 알려주고 있다. 예수 탄생과 죽음과 부활은 하늘로 올라간 예수가 다시 오시어 완성된다는 구도다. 부활한 예수는 40일(사도행전 1,3) 동안, 즉 충분한 시간 동안, 하늘로 올라간 예수는 제자교육을 한다. 그리고 제자들 바로 앞에서 예수는 하늘로 올라간다(누가 24,51; 사도행전 1,9-11). 하늘로 올라간 예수는 제자들에게 예수운동을 맡기고 떠나는 구도다. 예수운동 시간은 예수 시간과 연결된다. 예수운동 시간은 예수 시간을 언제나 모범이요 원형으로 생각해야 한다.[50] 이처럼 예수와 예수운동이 분명하게 연결되는 모습은 다른 복음보다 누가복음에서 확실히 더 강조되었다.

48 Schnelle, Udo, Die ersten 100 Jahre des Christentums 30-130 n. Chr. Die Entstehungsgeschichte einer Weltreligion, Göttingen 2016, 2판, p.335

49 Conzelmann, Hans, Die Mitte der Zeit, BHTh 17, Tübingen 1977, 6판, p.199

50 Roloff, Jürgen, Die Kirche im Neuen Testament, GNT 10, Göttingen 1993, p.191

하늘로 올라가는 예수는 제자들에게 "예루살렘과 온 유다와 사마리아뿐만 아니라 땅 끝에 이르기까지 어디에서나 나의 증인이 될 것입니다"(사도행전 1,8b)라고 명령했다. 이러한 구도에 따라 예수운동은 이스라엘 선교(사도행전 1-5장)[51], 스테파노 순교(사도행전 6,8-7,60), 사마리아 선교(사도행전 8장)를 맞이한다. 고르넬리오가 본 영상(사도행전 10,1-11,18)에 이르러 예수운동은 새로운 단계에 접어든다. 하느님께서 직접 유대인 아닌 민족에게 복음을 전하라고 가르치신 것이다. 로마군대 장교 고르넬리오의 집에서 베드로는 이렇게 말하며 선교를 시작한다. "나는 하느님께서 사람을 차별대우하지 않으시고 당신을 두려워하며 올바르게 사는 사람이면 어느 나라 사람이든지 다 받아주신다는 사실을 깨달았습니다."(사도행전 10,34-35)

이스라엘 밖 안티오키아에 예수운동 공동체가 생겼다. 유대인 아닌 사람들에 대한 선교를 일부 예루살렘 공동체 사람들이 방해했다(사도행전 15,1-20). 그러나, 예루살렘 공동체는 유대인 아닌 사람들에 대한 선교를 찬성하고 바르나바를 안티오키아로 보냈다(사도행전 11,22). 유대인 아닌 사람들에 대한 선교는 예수운동 공동체와 관계없거나 예수운동 공동체의 외면 속에서 진행된 것이 아니라는 점을 누가복음 저자는 분명히 하고 있다.

그 뒤 바르나바는 다르소로 가서 사울(후에 바울로 불림)을 찾아 안티오키아 공동체에 소개한다(사도행전 11,25-26). 그 후 예루살렘 공동체의 사도들과 원로들은 바울과 바르나바를 안티오키아로 보낸다(사도행전 15,22). 누가복음 저자는 유대인 아닌 사람들에 대한 선교를 바울이 처음 시작한 것은 아니고 혼자 한 것도 아니라는 점을 분명히 하였다. 안티오키아 공동체, 예루

---

51 Lohfink, Gerhard, Die Sammlung Israels, StANT 39, München 1975, p.55

살렘 공동체, 베드로, 바르나바 다음에 바울이 비로소 참여하였다. 예루살렘 공동체 또한 유대인 아닌 사람들에 대한 선교를 지지하고 도와주었다.

그런데도 누가복음 저자는 바울을 화려하게 등장시켰다. 유대인 아닌 사람들에 대한 선교에서 바울이 뛰어난 활약을 했기 때문만은 아니었다. 예수운동을 박해하다가 예수운동을 전파한 바울의 행적은 하느님 구원이 유대인에서 유대인 아닌 사람들에게 연결되고 확장되는 모습을 생생하게 증언하기에 딱 좋았다. 하느님 구원이 유대인뿐 아니라 유대인 아닌 사람들에게도 전해진다는 사실을 누가복음 저자는 계속 보도한다(누가 1,69; 19,9; 사도행전 16,17; 27,34). 유대인 아닌 사람들에게 할례를 요구하지 않는 선교는 특히 사도행전 후반부에 소개되고 있다. 누가복음 저자는 예수운동을 더 자신있게 선전하고 있다.[52]

누가복음에서 예수 시간과 예수운동 시간을 연결한 주체는 제자들만은 아니다. 무엇보다도 먼저, 성령의 역할이다. 하느님의 성령은 예수 그리스도 역사의 사실상 주체(누가 1-2장)뿐 아니라 선교 역사의 주체다. 부활한 예수는 성령에게 사도들을 부탁했다(사도행전 1,6-8). 그래서 성령은 예수운동 공동체에서 예수의 역할을 계속한다(사도행전 2,1-13).

마가복음이 예수 역사를 최초로 기록한 책이라면, 사도행전은 예수운동 역사를 최초로 기록한 책이라고 말할 수 있겠다. 누가복음 저자는 사도행전을 통해 고대 그리스로마 세계에 예수운동이라는 새로운 종교운동을 당당하게 소개하고 있다. 예수운동은 유대교와는 다른 바로 그 길(사도행전 19,23)

52 Backhaus, Knut, "Lukas der Maler; Die Apostelgeschichte als intentionale Geschichte der christlichen Erstepoche", in: Ders./Häfner, Gerd, Historiographie und fiktionales Erzählen, BThSt 86, Neukirchen 2007, pp.30-66, p.31

이라는 것이다.[53]

1세기 예수운동 역사에서 마가, 마태, 누가복음은 새로운 페이지를 열었다. 처음으로 나자렛 예수 역사를 종합적으로 서술했다. 복음서 이전에 바울 편지만으로는 예수운동이 나자렛 예수가 누구인지 제대로 설명할 수는 없었다. 예수 죽음과 부활의 의미만을 제시하는 것으로 나자렛 예수를 전하는 것은 한참 부족했다. 예수 행동과 말씀이라는 역사를 기초로 예수 죽음과 부활의 의미를 비로소 온전하게 설득할 수 있었다. 예수 역사 없는 예수 의미는 가능하지 않다.

기적, 치유, 말씀, 수난 역사 등 단편적인 사건이나 이야기로는 나자렛 예수가 어떤 인물인지 온전히 알기는 어려웠다. 복음서 저자마다 자기 관점과 공동체 문제에 따라 예수를 다양하게 소개하였다. 마가복음 저자는 예수의 등장 이후부터 소개해도 예수의 참모습을 사람들에게 알리는데 충분하다고 생각했다. 마태복음 저자는 마가복음에 예수 말씀이 상당히 빠져있음을 안타깝게 여겼다. 마가복음에 거의 언급되지 않았던 율법(νόμος) 단어를 되살리고 유대교와 연결을 강조하였다. 누가복음 저자는 마태복음 저자처럼 예수어록을 보충하고 예수 족보와 부활한 예수를 추가하고 확장했다. 누가복음 저자는 마가복음과 마태복음 저자처럼 예수 역사를 소개하는데 그치지 않고, 사도행전을 통해 예수운동 역사를 처음으로 썼다.

마가복음, 마태복음, 누가복음은 베드로와 바울, 예수 형제 야고보가 처형된 이후 쓰였다. 마가복음, 마태복음, 누가복음 저자는 예루살렘 사도회의에

---

53 Trebilco, Paul, Self-Designations and Group Identity in the New Testament, Cambridge 2012, pp.247-271

서 결정된 할례 없는 선교를 받아들였고, 그 문제를 더 이상 다루지는 않았다. 세 복음은 바울과 달리 예수 재림이 가까운 시간에 이루어진다고 생각하진 않았다. 마가복음 저자는 바울 편지를 받아들이고 존중하면서도 바울 편지를 넘어서고 확장했다. 마태복음과 누가복음 저자도 마가복음을 받아들이고 존중하면서도 마가복음을 또한 넘어서고 확장했다.

사도행전에서 바울

사도행전을 곧장 바울 전기 또는 바울 평전이라고 볼 수는 없지만, 상당 부분 바울 전기 또는 바울 평전을 포함하였다고 말할 수는 있다.[54] 사도행전은 바울이 길리키아 타르소 출신이라고 세 번(사도행전 9,11; 21,39; 22,3) 언급한다.[55] 바울은 로마 시민권을 가지고 있었고(사도행전 16,37; 22,25; 23,27), 직업은 천막 만드는 일이었다(사도행전 18,3). 바울은 당대에 유명했던 유대교 학자 가말리엘의 제자였다(사도행전 5,34; 22,3). 유대교 내부에서 바리사이 그룹에 속했고(사도행전 22,3; 23,6), 바리사이파 가운데서도 극우파(사도행전 갈라디아 1,14; 필립비 3,6; 사도행전 22,3)[56]에 있었다.

바울은 처음에는 예수운동을 탄압했던 사람이었다(사도행전 8,3; 고린토전서 15,9; 갈라디아 1,13; 필립비 3,6). 부활한 예수가 바울 앞에 나타난 사건으로 바울 삶은 크게 바뀌었다(사도행전 9,3-19a; 고린토전서 9,1; 갈라디아

54 Alexander, Loveday, "Acts and Ancient Intellectual Biography", in: Winter, Bruce W/Clarke, Andrew D (Hg.), The Book of Acts in its Ancient Literary Setting, Grand Rapids 1993, pp.31-63, p.34

55 Heininger, Bernhard, Paulus als Visionär, HBS 9, Würzburg 1996, pp.211-234; Haacker, Klaus, Zum Werdegang des Paulus, ANRW 26.2, Berlin 1995, pp.900-909; Hengel, Martin/Schwemer, Anna Maria, Paulus zwischen Damaskus und Antiochien, WUNT 108, Tübingen 1998, pp.63-80

56 Hengel, Martin, Die Zeloten, AGSU 1, Leiden 1961, p.151

1,12-16).[57] 바울은 그 후 유대인 아닌 사람에게 예수를 전하는 그룹(사도행전 15,1-5)에 가담했고, 나중에 그들과 결별하고 독자적으로 활동했다(사도행전 19,9). 세 차례 선교여행은 바울 활동의 절정에 해당한다(사도행전 13,1-14,28; 15,36-18,22; 18,23-21,14). 바울은 예루살렘에서 체포되고(사도행전 21,15-23, 22), 체사레아에서 펠릭스 총독에게 재판받고(사도행전 23,23-26,32), 배로 로마로 압송되어(사도행전 27,1-28,13) 처형될 때까지 로마에 있었다(사도행전 28,14-31).

바울 삶의 결정적 전환은 다마스쿠스 가는 길에서 부활한 예수를 만난 회개 체험이었다(사도행전 9,1-31). 누가복음 저자가 사도행전 10장과 11장까지 베드로 역할을 바울보다 먼저 소개하였지만, 바울의 시간은 사도행전 13장부터 본격적으로 시작되었다. 바울 활동은 사도행전에서 해설과 신학의 핵심을 차지하고 있다. 마가복음, 마태복음, 누가복음은 예수의 갈릴래아 활동과 예루살렘 가는 길이라는 긴 서문을 가진 사실상 예루살렘 수난 역사라고 비유할까. 그렇다면, 사도행전은 예수운동에서 바울 이전 인물들의 활동이라는 긴 서문을 가진 사실상 바울 역사[58]라고 비유할까. 여기에 일곱 가지 이유[59]가 있었던 것 같다.

바울은, 무엇보다도 먼저, 하느님을 지키기 위해 싸운 사람[60]이었다. 쉬운

57 Lüdemann, Gerd, Das frühe Christentum nach den Traditionen der Apostelgeschichte, Göttingen 1987, pp.111-121; Heininger, Bernhard, Paulus als Visionär, HBS 9, Würzburg 1996, p.221

58 Lampe, Peter/Luz, Ulrich, "Nachpaulinische Christentum und pagane Gesellschaft", in: Becker, Jürgen (Hg.), Die Anfänge des Christentums. Alte Welt und neue Hoffnung, Stuttgart 1987, pp.185-216, p.186

59 Schnelle, Udo, Die ersten 100 Jahre des Christentums 30-130 n. Chr. Die Entstehungsgeschichte einer Weltreligion, Göttingen 2016, 2판, pp. 339-343

말로 바꾼다면, 예수운동에서 하느님의 신학적 경호실장이라고 할까. 회개 이전에 바리사이 극우파 인물 바울이 예수운동을 탄압한 자세한 보도(사도행전 8,3; 9,2; 22,19; 26,11)[61]는 회개 이후 바울의 놀라운 전환을 더 강조하려는 누가복음 저자의 기획에 따른 것[62] 같다.

또한 바울은 믿음의 증인으로 소개되었다. 다마스쿠스에 사는 아나니아에게 나타난 예수는 이렇게 말했다고 누가복음 저자는 기록했다. "그래도 가야 합니다. 그 사람은 내가 뽑은 인재로서 내 이름을 이방인들과 제왕들과 이스라엘 백성들에게 널리 전파할 사람입니다. 나는 그가 내 이름 때문에 얼마나 많은 고난을 받아야 할지 그에게 보여주겠습니다"(사도행전 9,15-16). 바울은 필립비(사도행전 16,23-40), 고린토(사도행전 18,12-16), 에페소(사도행전 19,23-40)에서 믿음을 증언하였지만, 예루살렘이 바울 증언의 중심 장소였다. 사도들과 예루살렘 공동체가 박해에 시달렸듯이(사도행전 4,1-22; 6,8-15; 7,54-60), 바울도 예루살렘에서 박해받는 믿음의 증인이었다(사도행전 21, 27-22,21; 23,1-22). 예루살렘에서 예수, 사도들과 예루살렘 공동체, 바울 모두 믿음을 증언하다가 박해를 받았다는 말을 누가복음 저자는 독자들에게 하고 싶었다.

바울은 예수의 뒤를 이어 스승으로 등장했다. 안티오키아에서 바르나바와 바울은 일 년 동안 공동체 사람들과 함께 지내면서 많은 사람을 가르쳤다(사

60 Lang, Manfred, Die Kunst des christlichen Lebens. Rezeptionsästhetische Studien zum lukanischen Paulusbild, ABG 29, Leipzig 2008, pp.201-250

61 Löning, Karl, Die Saulustradition in der Apostelgeschichte, NTA 9, Münster 1973, pp.12-25.93-95

62 Burchard, Christoph, Der dreizehnte Zeuge, FRLANT 103, Göttingen 1970, pp.40-51, p.50

도행전 11,26). 그때부터 안티오키아에서 믿는 자들이 처음으로 그리스도인(Χριστιανοοί; 사도행전 11,26; 26,28)이라고 불리게 되었다. 바울은 바르나바를 돕는 사람(사도행전 1,1)으로 출발했지만, 나중에 바르나바보다 먼저 이름이 불리게 된다(사도행전 15,35). 바울은 더 나아가 그리스철학을 아는(사도행전 17,16-34) 지식인으로 드러난다. 고린토(사도행전 18,1), 에페소(사도행전 19,9), 드로아(사도행전 20,7-11), 밀레토스(사도행전 20, 17-38)에서도 가르치던 바울은 진실한 철학자처럼 자유롭게 방해받지 않고 예수 그리스도를 가르치는 스승으로 사도행전에서 마무리된다(사도행전 28,31). 철학자 바울의 모습은 아레오파고 발언(사도행전 17,16-34)[63]에서 잘 드러난다.

바울이 기적을 행한 사실도 빼놓을 수 없다.[64] 베드로(사도행전 3,1-10; 5,12-16; 9,32-43)와 바울(사도행전 13,4012; 14,8-14; 28,1-10) 모두 기적을 행한 인물로 사도행전에서 소개되었다. 기적을 행하던 바울을 신으로 모시려는 사람들도 생겼다(사도행전 14,11-13). 바울 자신은 기적을 엄청난 것으로 여기진 않고(데살로니카전서 1,5; 고린토전서 2,4; 갈라디아 3,5; 로마 15,18), 고대 사회에 널리 유행했던 미신 행위들과 대결했다.[65] 고대 독자들은 바울의 죽음에서 나자렛 예수뿐 아니라 그리스 소크라테스를 떠올렸을 수 있다. 소크라테스처럼 바울도 진리를 위해 목숨을 바쳤기 때문이다.[66]

---

63 Dibelius, Martin, "Paulus auf dem Areopag", in: Ders., Aufsätze zur Apostelgeschichte, FRLANT 60, Göttingen 1951, pp.29-70, p.29

64 Schreiber, Stefan, Paulus als Wundertäter, BZNW 79, Berlin 1996, pp.13-158; Kollmann, Bernd, "Paulus als Wundertäter", in: Schnelle, Udo/Söding, Thomas/Labahn, Michael (Hg.), Paulinische Christologie (FS Hübner, H), Göttingen 2000, pp.76-96

65 Heininger, Bernhard, "Im Dunstkreis der Magie: Paulus als Wundertäter nach der Apostelgeschichte", in: Becker, Eve-Marie/Pilhofer, P (Hg.), Biographie und Persönlichkeit des Paulus, WUNT 187, Tübingen 2005, pp.271-291

66 Labahn, Michael, Paulus - ein homo honestus et iustus, in: Horn, Friedrich Wilhelm (Hg.), Das Ende des Paulus, BZNW 106, Berlin 2001, pp.75-106

바울 영향

베드로와 예수 형제 야고보도 벌써 처형되었지만, 그들의 영향이 완전히 사라진 것도 아니었다. 야고보, 베드로, 바울이 세상을 떠난 뒤에 바울 영향만 유일하게 살아남은 것도 아니다. 예수운동 1세대가 대부분 세상을 떠난 뒤에 복음서 말고도 여러 편지와 문헌이 나타났다. 아니, 여러 편지와 문헌 말고도 특히 복음서 네 권이 나타났다고 강조해야 옳겠다. 예수운동 1세대 이후 예수운동 공동체가 오직 바울의 영향만 받은 것은 아니다. 예수 시대는 끝나고 바울 시대가 왔다느니, 예수가 아니라 바울이 그리스도교의 실제 창시자라느니 하는 종류의 말은 학문적 토론과 검증을 무사히 통과할 수 있는 말은 아니다.

2세기 이후 예수운동 공동체에서 선택되고 모이기 시작한 신약성서는 결국 27권으로 집대성되었다. 그중 절반이 바울 이름과 연관된다. 바울이 직접 썼다고 인정되는 7편의 편지, 바울이 쓰지 않고 바울의 이름을 빌려 쓴 것이 확실한 6편의 편지, 특히 15장 이후로 바울을 다룬 사도행전을 보면 알 수 있다. 바울이 처형된 이후에도 바울은 예수운동 초기 역사에 신학적으로 계속 폭넓은 영향을 주었다. 바울이 쓴 편지도 바울 자신이 누구인지 알려주긴 했지만, 누가복음 저자가 바울에 대해 쓴 사도행전도 바울에 대해 많은 정보를 주고 있다.

편지들

예수운동 1세대 주요 인물들이 세상을 떠난 뒤 나타난 편지 중에 바울 이름을 딴 편지들이 가장 많았다. 바울의 삶과 사상, 편지가 예수운동 공동체들에 남긴 감동과 영향이 그만큼 컸다는 말이겠다. 바울 제자들은 자기 시대와 공동체에서 새로 만나는 문제들을 바울 사상에 근거하여 해결하려 애썼다. 그들은 그 방법의 하나로 스승 바울의 이름을 빌려 편지를 썼다.

70년 무렵 쓰인 골로사이서는 바울 죽음 이후 바울 이름으로 처음 나타난 편지다.[67] 하느님 신비(μυστήριον θεοῦ) 또는 그리스도 신비(μυστήριον Χριστοῦ; 골로사이 1,26-27; 2,2; 4,3)가 골로사이서의 중심 주제다.[68] 바울은 유대인 아닌 사람들을 위한 사도(골로사이 1,27)이자 온 세상 공동체의 사도다(골로사이 1,23b). 늘어나는 가정 공동체를 위해 이른바 윤리 규정(골로사이 3,18-4,1)이 생기는 모습이 나타나고 있다.

80년에서 90년 사이에 그리스 지역 소아시아 지방에서 쓰인 에페소서[69]에서도 바울은 공동체의 사도다(에페소 3,1-13). 하느님의 한 가족인 성도들이 건물이라면, 그리스도는 건물의 가장 요긴한 모퉁잇돌이고 사도들과 예언자들은 건물의 기초다(에페소 2,19-20)라는 에페소 편지는 바울 신학의 힘과 영향을 최고 상태로 보여주는 편지다.[70]

100년 무렵 나타난 데살로니카후서는 데살로니카전서의 바울 가르침을 보충하기 위한 편지다.[71] 바울과 여전히 연결된 데살로니카 공동체는(데살로니카후서 2,14) 공동체에 침투한 잘못된 가르침을 퍼뜨리는 사람들과 싸워야

67 Schnelle, Udo, Einleitung in das Neue Testament, Göttingen 2017, 9판, pp. 360-378; Schröter, Jens, Der Versöhnte Versöhner. Paulus als Mittler im Heilsvorgang, TANZ 10, Tübingen 1993, pp.74-127.250-291

68 Merklein, Helmut, "Paulinische Theologie in der Rezeption des Kolosser- und Epheserbriefes", in: Ders., Studien zu Jesus und Paulus, WUNT 43, Tübingen 1987, pp.409-447

69 Schnelle, Udo, Einleitung in das Neue Testament, Göttingen 2017, 9판, pp. 378-392

70 Gese, Michael, Das Vermächtnis des Paulus, WUNT 99, Tübingen 1997, p,275

71 Schnelle, Udo, Einleitung in das Neue Testament, Göttingen 2017, 9판, pp.393-403

한다(데살로니카후서 2,5-6). 바울은 공동체가 따라야 할 모범이다.(데살로니카후서 3,7-9)

바울의 이름이 빌려 쓰인 편지들과 다르게 이른바 목회서신들은 공동체가 아니라 바울 협조자들을 향한 편지다. 100년 무렵 에페소에서[72] 바울 편지들을 편집하는 과정에서[73] 쓰인 듯하다. 바울 편지 편집 과정에서 나왔다는 가설에 의문을 품은 의견[74]도 있다. 목회서신들은 바울을 인용하는 것을 기초로 하고 있다(디모테오전서 1,1; 디도서 1,1; 디모테오후서 1,1). 바울 사도직은 모든 민족에게 효력이 있다(디모테오전서 2,7; 디모테오후서 4,17). 바울이 전한 복음은 예수운동 공동체에 귀한 보물이다(디모테오전서 6,19; 디모테오후서 1,12). 바울은 목회서신에서 전통의 보증이요 정당한 스승으로서 존중되었다.[75]

기다리던 예수 재림은 늦어지고, 1세대 인물들은 더 이상 세상에 없다. 예수 이해를 둘러싸고 여러 엇갈리는 의견이 공동체에 많이 나타나고 있었다. 바울 이름을 딴 편지들에서 가정 공동체를 위해 이른바 윤리 규정들이 나타나기 시작했다(에페소 5,22-6,9; 베드로전서 2,18-3,7). 바울 사도직에 대한 논쟁도, 유대인 출신과 유대인 아닌 사람들 사이 갈등도 어느덧 보이지

72 Schnelle, Udo, Einleitung in das Neue Testament, Göttingen 2017, 9판, pp.403-425

73 Trummer, Peter, "Corpus Paulinum - Corpus Pastorale", in: Kertelge, Karl (Hg.), Paulus in den neutestamentlichen Spätschriften, QD 89, Freiburg 1981, pp.125-145

74 Herzer, Jens, "Juden - Christen - Gnostiker. Zur Gegnerproblematik der Pastoralbriefe", BThZ 25 (2008), pp.143-168

75 Wolter, Michael, Die Pastoralbriefe als Paulustradition, FRLANT 146, Göttingen 1988, p.82; Lohfink, Gerhard, "Paulinische Theologie in den Pastoralbriefen", in: Kertelge, Karl (Hg.), Paulus in den neutestamentlichen Spätschriften, QD 89, Freiburg 1981, pp. 70-121, p.99

않는다. 갈라디아서와 로마서에서 강조되었던 바울 의화론도 이미 보이지 않는다.[76] 그 대신 윤리 문제와 공동체 규정 등이 중심 문제로 언급되고 있다. 예수운동 2세대가 서서히 공동체에서 조직과 제도라는 틀을 갖추기 시작했다.

바뀐 시대에 바울 이름에 의지한 편지들이 나타나기도 했지만, 또한 바울이 쓴 편지들이 한데 모이기 시작했다. 바울 제자들과 바울 학파가 처한 상황에서 바울편지 모음은 자연스러운 일이었다.[77] 골로사이서는 고린토전서, 필레몬서, 갈라디아서, 로마서, 필립비서가 있다는 사실을 이미 알았고,[78] 목회서신 저자들은 고린토전서, 고린토후서, 골로사이서, 필립비서, 로마서 등 바울 편지들이 있음을 알았다. 바울 편지들이 모이고 있다는 사실은 바울 편지들이 다른 편지들과 선을 긋는다는 점을 포함한다.[79]

최초의 바울 편지 모음은 어떤 편지까지 포함했을까. 추측 이상은 어렵다. 80년부터 90년 사이에[80] 에페소[81]에서 고린토전서, 고린토후서, 갈라디아서,

76 Luz, Ulrich, "Rechtfertigung bei den Paulusschlülern", in: Friedrich, Johannes/Pöhlmann, Wolfgang/Stuhlmacher, Peter (Hg.), Rechtfertigung (FS Käsemann, E), Tübingen 1976, pp.365-383

77 Aland, Kurt, "Die Entstehung des Corpus Paulinum", in: Ders, Neutestamentliche Entwürfe, TB 63, München 1979, pp.302-350

78 Lohse, Eduard, Die Briefe an die Kolosser und Philemon, KEK IX/2, Göttingen 1977, 2판, p.255

79 Trummer, Peter, "Corpus Paulinum - Corpus Pastorale", in: Kertelge, Karl (Hg.), Paulus in den neutestamentlichen Spätschriften, QD 89, Freiburg 1981, pp.125-145, p.133

80 Aland, Kurt, "Die Entstehung des Corpus Paulinum", in: Ders, Neutestamentliche Entwürfe, TB 63, München 1979, pp.302-350, p.336

81 Trobisch, David, Die Entstehung der Paulusbriefsammlung, NTOA 10, Freiburg (H)/Göttingen 1989, pp.113-117

로마서, 필립비서, 필레몬서가 모인 듯하다.[82] 로마에서도 바울 편지들이 모인 것 같다.[83] 2세기 초 바울 편지들은 마치 하나의 책처럼 여겨지기 시작했다.[84]

바울은 예수운동 초기 역사에서 두드러진 인물임은 틀림없다. 바울은 크게 세 가지에서 예수운동 역사를 만들었다.[85] 첫째, 바울은 유대인 아닌 사람에게 할례 없는 선교를 한 대표적 인물이었다. 바울 이전에, 바울 말고도 유대인 아닌 사람에게 할례 없는 선교를 했던 사람들이 수없이 많았지만 말이다. 둘째, 바울 사상은 그리스로마 지역에서 예수운동이 퍼지는데 큰 도움을 주었다. 바울의 삶뿐 아니라 그 생각이 사람들에게 매력과 감동을 주었다. 셋째, 바울은 그가 세운 공동체나 바울 편지들과 바울 이름을 의지한 편지들 뿐 아니라 네 복음서 저자들과 다른 편지에도 영향을 주었다.

그러나, 네 복음서 저자들을 바울 제자라고 말할 수는 없다. 그들은 바울에게 영향을 받기도 했지만, 바울을 훌쩍 넘어서고 극복했다. 네 복음서를 바울 편지들에 대한 주석이나 부록 정도로 격하해선 안된다. 바울이 1세기 예수운동 신학을 지배했다고 과장하면 안된다. 바울은 1세기 예수운동에서 뛰어난 신학자 중 한 사람에 불과하다.

82 Schnelle, Udo, Die ersten 100 Jahre des Christentums 30-130 n. Chr. Die Entstehungsgeschichte einer Weltreligion, Göttingen 2016, 2판, p.349

83 Lindemann, Andreas, Paulus im ältesten Chrsitentum, BHTh 58, Tübingen 1979, pp.177-199

84 Pervo, Richard I, The Making of Paul, Minneapolis 2010, p.61

85 Schnelle, Udo, Die ersten 100 Jahre des Christentums 30-130 n. Chr. Die Entstehungsgeschichte einer Weltreligion, Göttingen 2016, 2판, p.350

요한복음 공동체

나는 요한복음이 예수운동 역사에 새로운 패러다임을 가져왔다고 표현하고 싶다. 30년 이후 70년 짧은 1세기 예수운동 역사에서 여러 굵직한 계기와 사건이 있었다. 예루살렘 공동체, 갈릴래아 공동체, 안타오키아 공동체, 바울 공동체, 마가복음, 마태복음 누가복음 공동체에 이어 요한복음이 탄생했다. 요한복음의 출현은 이전 문헌들을 한 번 더 뛰어넘은 사건이다. 요한복음은 새로운(neue) 복음이자 새롭게 한(erneute) 복음이다. 요한복음은 새로운 개념와 표현 방식과 이미지를 내세웠다. 요한복음의 대표 단어인 로고스와 진리는 그리스 사상에 익숙한 지역에서 지식층에게 호감을 주고 예수운동의 토착화 가능성을 증가시켰다.

요한복음과 요한의 세 편지는 요한 학파가 실제로 있었다는 추측을 낳게 했다. 바울 학파가 있던 것처럼, 요한 학파도 있지 않았을까. 요한 묵시록은 언어나 사상 배경으로 보아 요한 학파에서 나온 문헌으로 보기는 어렵다.[86] 1세기 말 에페소 중심[87]으로 요한 학파[88]가 있었던 것 같다. 에페소에 바울 학파와 요한 학파가 함께 있었던 것일까.

요한 계 문헌은 어떤 순서로 나왔을까. 두 학설이 있다. 요한복음, 요한1서,

---

86 Müller, Ulrich B, Die Offenbarung des Johannes, ÖTK 19, Gütersloh 1995, 2판, pp.46-52

87 Schnelle, Udo, Schnelle, Udo, Einleitung in das Neue Testament, Göttingen 2017, 9판, p.516; Hengel, Martin, Die johanneische Frage, WUNT 67, Tübingen 1993, p.302

88 Strecker, Georg, "Die Anfänge der johanneischen Schule", NTS 32 (1986), pp.31-47; Schnelle, Udo, "Die johanneische Schule", in: Horn, Friedrich Wilhelm (Hg.), Bilanz und Perspektiven gegenwärtiger Auslegung des Neuen Testaments, BZNW 75, Berlin 1995, pp.198-217

요한2서, 요한3서 순서가 오랫동안 받아들여졌지만, 최근 연구는 요한2서, 요한3서, 요한1서, 요한복음 순서로 의견이 모이고 있다.[89] 요한 계 문헌을 낳은 요한 계 공동체를 문헌보다 먼저 살펴보는 것이 순서에 맞겠다.

요한2서와 요한3서는 원로(πρεσβύτερος) 요한(요한2서 1,1), 선택받은 귀부인(ἐκλεκτῇ κυρίᾳ; 요한2서 1,1), 가이오(요한3서 1,1) 공동체라는 세 가정 또는 지역 공동체를 최소한 전제하고 있다. 공동체 사이에 오가는 공식 편지(요한2서), 공동체가 개인에게 보내는 편지(요한3서)를 통해 소식을 전했다. 유랑 선교사들(요한2서 1,10; 요한3서 1,3.5-8)이나 사람을 보내 소통하기도 하고, 원로가 공동체를 직접 방문(요한2서 1,12; 요한3서 1,10)하기도 했다.

요한2서와 요한3서에서 원로 요한과 디오드레페(Διοτρέφης; 요한3서 1,9-10) 사이 갈등이 중심에 드러나고 있다. 원로 요한은 요한 학파를 세웠고 요한계 전승을 잘 전달한 인물인 듯하다.[90] 그러나, 생존 시기에 그의 권위를 둘러싸고 논란이 없지 않았다(요한2서 1,10; 요한3서 1,9). 디오드레페는 원로 요한의 형제들을 받아들이지 않고, 또 그들을 받아들이려고 하는 이들을 공동체에서 쫓아냈다(요한3서 1,10). 유랑 선교사들을 공동체가 받아들이는 문제, 진리란 무엇인가(요한2서 1,4; 요한3서 1,3.11.12), 교리 논쟁이 요한2서와 요한3서에 기록되었다.

원로 요한과 디오드레페 갈등은 단순한 개인적 갈등(갈라디아 2,1-10.11.15; 야고보 2,1-4)이 아니라 예수의 인성(人性)을 둘러싼 교리 논쟁도 있었다.

89 Schnelle, Udo, "Die Reihenfolge der johanneischen Schriften", NTS 57 (2011), pp.91-113
90 Schnelle, Udo, Die Johannesbriefe, ThHK 17, Leipzig 2010, p.5

"속이는 자들이 많이 세상에 나왔습니다. 그들은 예수 그리스도가 육화하여 온 것을 고백하지 않습니다. 이런 자는 속이는 자이며 反그리스도입니다"(요한2서 1,7). 디오드레페는 하느님이 사람이 되셨다는 가르침을 믿지 않던 가현설(假現說 doketismus) 영향을 받은 사람 같다. 원로 요한과 디오드레페 사이 갈등은 2000년 가까이 지난 오늘까지도 의미가 있다. 그들의 갈등을 보는 두 가지 가설이 오래전부터 있었다. 선교 영역과 권한을 둘러싼 공동체 내부의 권력 다툼[91]과 정통 교리와 이단 사이에 공동체 내부에서 벌어진 이론 논쟁[92]으로 보는 의견이다.

원로 요한은 논쟁에서 승리한 정통 교리 편에 있었고, 디오드레페는 패배한 이단 편에 섰다고 후대에 쓰인 용어를 빌려 말할 수도 있다. 그러나, 후대 그리스도교 역사에서 개발된 단어를 예수운동 시대로 거슬러 올라가 적용하고 평가하기는 곤란하다. 원로 요한과 디오드레페의 논쟁은 정통 교리가 무엇인지 아직 정리되지도 못한 시대에 벌어진 사건이다. 예수 이해를 둘러싼 이론 다툼에 권력 다툼이 합쳐진 일 같다.[93] 한때 동지였다가 나중에 결별한 경우가 예수운동 초기 역사에도 있었다.[94]

요한2서와 요한3서에서 선교사 개인 사이 갈등이 주로 드러났다면, 요한1

91 Von Harnack, Adolf, Über den 3. Johannesbrief, TU XV/3b, Leipzig 1897, p.21

92 Bauer, Walter, Rechtgläubigkeit und Ketzerei im ältesten Christentum, BHTh 10, Strecker, Georg (Hg.), Tübingen 1964, 2판, p.96; Käsemann, Ernst, Ketzer und Zeuge, in: Ders, Exegetische Versuche und Besinnungen I, Göttingen 1970, 6판, pp.168-187, p.173

93 Ebel, Eva, "Ein Verein von Christusverehrern? Die Gemeinde des 2. und 3. Johannesbriefes im Spiegel antiker Vereine", in: Dettwiller, Andreas/Poplutz, Uta (Hg.), Studien zu Matthäus und Johannes (FS Zumstein, J), AThANT 97, Zürich 2009, pp.399-419

94 Leutzsch, Martin, Die Bewährung der Wahrheit. Der dritte Johannesbrief als Dokument urchristlichen Alltags, Trier 1994, p.114

서는 신학 논쟁이 나타났다. 요한1서는 원로 주위에 생긴 공동체 조직들[95]이 있었다는 사실을 보여준다(요한1서 1,1-4; 요한1서 2,19). 기도 의미(요한1서 3,22; 5,14-16), 성령(요한1서 2,20.27), 성사(聖事)(요한1서 5,6-8)를 보면, 공동체에서 모임이 활발했다. 가진 재산을 자랑하는 사람들(요한1서 2,16-17), 재물이 있으면서도 형제자매가 궁핍한 것을 보고 마음의 문을 닫는 사람들(요한1서 3,17-18))이 있었다.

요한 공동체 내부에서 부자들과 가난한 사람들 사이에 갈등이 생겼다. 죄를 어떻게 이해할 것인지 둘러싸고 서로 다른 의견이 있었다(요한1서 1,8-10; 3,9). 플라톤 철학에 기초한 그리스도 가현설에 의지하며 우월감을 자랑하던 사람들(요한1서 2,19)이 있었다. 공동체에 결국 분열이 생겼다. "그들은 우리 가운데서 나왔지만 우리에게 속하지 않았습니다"(요한1서 2,19). 예수운동에 가담했던 유대인 중 일부가 다시 유대교 회당으로 복귀하면서 예수는 그리스도가 아니라고 말한 것[96]일까? 증거는 없다.

요한1서 저자는 공동체에 일치를 회복하기 위해 애썼다. 하느님의 아들 예수 그리스도에 대한 믿음은 사랑의 계명을 지키는 데서 드러난다고 확신하였다. 믿음과 사랑의 일치(요한1서 2,3-6; 2,9-10; 3,14; 4,8.16.21)를 주장한 것이다. 믿음이라는 앎과 사랑이라는 실천은 일치해야 한다는 것이다. 사랑하지 않는 사람은 예수 그리스도를 믿을 수 없고, 예수 그리스도를 제대로 알 수 없다. 요한1서 저자는 그런 주장을 바탕으로 공동체에 침투한 거짓

95 Rusam, Dietrich, Die Gemeinschaft der Kinder Gottes, BWANT 133, Stuttgart 1997, pp.214-218

96 Rusam, Dietrich, Die Gemeinschaft der Kinder Gottes, BWANT 133, Stuttgart 1997, p.192; Griffith, Terry, Keep Yourselves from Idols. A new Look at 1John, JSNT.SS 233, London/New York 2002, p.175

선교사들을 겨냥하고 있다(요한1서 1,1-4).[97] "누가 거짓말쟁이입니까? 예수께서 그리스도라는 것을 부인하는 사람이 아니겠습니까? 이런 사람이 곧 그리스도의 적이며 아버지와 아들을 부인하는 자입니다. 누구든지 아들을 부인하는 사람은 아버지까지도 부인하며 그와 반대로 아들을 인정하는 사람은 아버지까지도 인정합니다."(요한1서 2,22-23)

예수는 그리스도가 아니라는 말은 구체적으로 무슨 뜻일까.[98] 예수는 구세주(메시아)가 아니라는 말이겠다. 예수를 거부하는 유대인들은 하느님을 계시하는 사람이 필요하지 않다고 생각했다.[99] 공동체 내부에서 예수는 그리스도가 아니라고 주장한 사람들은 공동체 사람들이 충실한 정통 유대인으로만 머물기를 원했던 것 같다.[100] 예수는 그리스도라는 요한 공동체 주장은 유대교의 유일신 믿음(신명기 6,4; 창세기 20,2)을 거절하거나 훼손하는 것이 결코 아니다.

공동체에 침투한 거짓 선교사들은 그리스도 가현설(Doketismus, 요한1서 2,22)을 주장했다.[101] 그들에게는 하느님 아버지와 하늘에 계신 그리스도만

97 Schnelle, Udo, Die johannesbriefe, ThHK 17, Leipzig 2010, pp.59-69

98 Klauck, Hans-Josef, Die Johannesbriefe, Darmstadt 1991, pp.127-151

99 Thyen, Hartwig, Art. Johannesbriefe, TRE 17, Berlin 1988, pp.186-200, p.194

100 Wilckens, Ulrich, "Die Gegner im 1. und 2. Johannesbrief, "die Juden" im Johannesevangelium und die Gegner in den Ignatiusbriefen und den Sendschreiben der Apokalypse", in: Ders, Der Sohn Gottes und seine Gemeinde, FRLANT 200, Göttingen 2003, pp.89-125, p.90

101 Schnelle, Udo, Antidoketische Christologie im Johannesevangelium, FRLANT 144, Göttingen 1987, p.74; Schnelle, Udo, Die johannesbriefe, ThHK 17, Leipzig 2010, pp.107-109; Uebele, Wolfram, "Viele Verführer sind in die Welt ausgegangen". Die Gegner in den Briefen des Ignatius von Antiochien und in den Johannesbriefen, BWANT 151, Stuttgart 2001, pp.133-136

인간 구원에 필요하고, 나자렛 예수의 삶과 죽음은 인간 구원에 필요 없었다. 나자렛 예수는 껍데기에 불과한 쓸모없는 사람이라는 해석이었다. 가현설을 우기는 사람들에게는 부활 이후 그리스도만 중요하고 부활 이전 역사의 예수는 중요하지 않다. 얼굴에 쓰는 가면은 얼굴과는 다른 껍데기다. 그들은 예수를 그리스도와 갈라놓고, 예수와 하느님의 아들을 갈라놓았다. 역사의 예수를 가르치지 않았고, 예수의 인간적 면모에 아무 관심이 없었다.[102]

예수 신성만 강조하고 예수 인성에 무관심한 가현설주의는 2세기 이후에도 예수운동을 끈질기게 괴롭혀온 예수운동 내부의 만만치 않은 한 흐름이다. 플라톤 사상을 자신의 출발이자 배경으로 한다. 공통년 이전 1세기부터 공통년 2/3세기에 유행했던 플라톤 중도파(Mittelplatonismus)의 영향을 크게 받았다.[103] 플라톤 중도파 사상에 따르면, 변하지 않는 이데아(Idea) 세계에 완전한 상태로 있는 신은 변할 수 없다.[104] 영혼은 영원한 신을 닮았고, 육은 죽을 운명을 가졌다[105].

플라톤 중도파 사상의 영향 아래에서 사람들은 '신은 사람이 될 수 없다, 내세는 영원하고 현세는 무의미하여 속절없다'라고 오해할 수 있다. '하느님은 진짜로 사람으로 태어날 수는 없고, 나자렛 예수는 진짜 사람이 아니라

---

102 Bauspiess, Martin, ""Doketismus" als theologisches Problem. Zur Bultmann-Käsemann-Kontroverse um den Wirklichkeitsbezug der johanneischen Theologie", in: Bauspiess, Martin/Landmesser, Christof/Portenhauser, Friederike (Hg.), Theologie und Wirklichkeit, Neukirchen 2011, pp.185-219; Uebele, Wolfram, "Viele Verführer sind in die Welt ausgegangen". Die Gegner in den Briefen des Ignatius von Antiochien und in den Johannesbriefen, BWANT 151, Stuttgart 2001, pp.44-57

103 Maas, Wilhelm, Die Unveränderlichkeit Gottes, Paderborn 1974, pp.34-118

104 Plato, Politeia 381c

105 Plato, Phaidon 80a

껍데기만 인간이며 가짜 사람이다'라고 오해할 수도 있다. 바울이나 복음서 저자들이 그렇게 가르친 적은 없다. 플라톤 사상의 영육이원론을 바울이나 복음서 저자들이 받아들인 적도 없다. 그런데, 플라톤의 영육이원론이 마치 예수운동의 정통 교리에 속한 것처럼 예수운동 일부에서 오해되었다. 심지어 오늘도 그렇게 오해하는 그리스도인이 적지 않다.

예를 들어보자. 유럽과 미국 등 서양 사회에서는 예수 인성은 강조하고 받아들이지만, 예수 신성을 의심하는 흐름이 강한 편이다. 한국이나 남미 등에서는 예수 신성은 강조하고 받아들이지만, 예수 인성에 무관심한 흐름이 강한 편이다. 두 흐름 모두 올바른 예수 이해가 아니다.

가현설주의에 반대한 요한 공동체는 역사의 예수와 부활한 그리스도를 동일시했고, 아버지와 아들을 일치 관계로 표현했다. "예수 그리스도께서 사람의 몸으로 오셨다는 것을 인정하는 사람은 모두 하느님으로부터 성령을 받은 사람이고, 예수께서 그런 분이시라는 것을 인정하지 않는 사람은 모두 하느님으로부터 성령을 받지 않은 사람입니다"(요한1서 4,2)라고, 예수 그리스도는 진짜 사람으로, 사람의 몸으로(ἐν σαρκὶ) 세상에 왔다는 말에 강조점이 있다.[106] 예수운동은 몸을, 이 세상을, 지금 삶을 중요하게 여긴다.

예수운동 내부에서 플라톤 사상과 영육이원론을 받아들여 예수 메시지를 왜곡하는 거짓 선교사들이 나타나 활동했다. 플라톤 사상과 그 영육이원론이 강력한 영향을 떨치던 그리스로마 지역에서 예수운동은 나자렛 예수의 역사와 죽음과 부활을 설명해야 했다. 하느님이 정말로 진짜 사람이 되셨다는

106 Klauck, Hans-Josef, Die Johannesbriefe, Darmstadt 1991, p.233

것과 나자렛 예수는 껍데기 인간이 아니라고 해명해야 했다. 현세 삶을 덧없이 생각하는 사람들에게 나자렛 예수의 행동과 말씀과 역사를 이야기해야 했다.

그런 사람들에게 역사의 예수가 전한 하느님나라 사상이 큰 매력을 줄 수 있었을까. 아니면 부활한 그리스도가 주님으로서 준다는 구원 메시지가 더 매력을 주었을까. 예수운동이 토착화의 중요성과 위험을 동시에 체험한 시기였다. 현지 사람들의 사상과 문화를 존중하고 수용하면서도 예수 메시지를 축소하거나 과장하지 않고 온전하게 전하느냐 문제였다.

요한복음

요한복음 저자는 바로 그 문제들을 해결해야 하는 시대에 살았다. 유대인들에게 예수 메시지를 전할 때 예수운동은 플라톤 영육이원론을 의식할 필요는 없었다. 그러나, 요한복음 공동체와 저자는 새로운 상황을 맞이했다. 바울, 마가복음, 마태복음, 누가복음이 겪었던 상황과 문제와는 상당히 다르다. 요한복음은 요한 공동체의 고뇌와 해답이 담긴 최고 작품이다. 바울에서 마가복음은 바울 편지들을 극복한 마가의 전환이었다. 요한복음은 마가복음, 마태복음, 누가복음을 극복한 요한의 전환이었다. 관점도 달랐지만, 패러다임 자체도 달랐다.

마가, 마태, 누가복음이 예수와 하느님나라 관계를 주로 설명했다면, 요한복음은 예수와 하느님 관계를 주로 설명했다. 마가, 마태, 누가복음이 부활한 예수는 부활 이전 예수라고 주로 설명했다면, 요한복음은 부활한 예수는 사람이 되신 예수라고 주로 설명했다. 예수와 하느님나라 관계를 가리키고 드러내는 단어가 기적(δύναμις, 마가 5,30)이라면, 예수와 하느님 관계를 가리키고 드러내는 단어는 표징(σημεῖον)(요한 2,11)이다. 요한복음은 기적이라는 단어를 쓰지 않고 표징이라는 단어를 쓴다. 예수와 하느님나라 관계를 설명하는 비유들은 요한복음에 소개될 필요가 없었다. 예수와 하느님 관계를 설명하는 새로운 복음이 필요한 시점에 이르렀다.

요한 공동체에는 외부에 반대자들과 내부에 잘못된 주장을 가르치는 사람들이 있었다. 예수를 받아들이지 않는 유대인과 유대인 아닌 사람들에게 예수는 보통 인간보다 그저 좀 더 뛰어난 인간일 뿐이다. 잘못된 주장을 가르치는 사람들에게 예수는 사람이 아니라 그저 신일 뿐이다. 두 주장을 효과적으로 반박하고 해명해야 했다.

예수를 그저 좀 더 뛰어난 인간일 뿐이라는 의견에 반박하려면, 예수와 하느님의 관계를 좀 더 적극적으로 강조하여 예수 신성을 설득해야 했다. 예수는 사람이 아니라 그저 신일 뿐이라는 주장을 반박하려면, 예수는 참 인간임을 설명하여 역사의 예수를 강조해야 했다. 예수 신성과 인성이라는, 얼핏 보면 모순 같지만 참으로 오묘한 진리를, 요한복음 저자는 동시에 잘 설명해야 했다.

요한복음 저자는 예수 신성을 하느님께서 사람이 되셨다는 육화 사상을 통해 해설했다. "한 처음, 천지가 창조되기 전부터 말씀이 계셨다. 말씀은(ὁ λόγος) 하느님과 함께 계셨고 하느님과 똑같은 분이셨다"(요한 1,1). 예수 신성을 예수 역사에서 찾아내는 방식이 아니라 천지 창조 이전부터 로고스가 하느님과 함께 계셨다는 것이다. 그리스철학의 로고스 사상을 빌어 예수 신성을 해설하고 있다. 그래서, 요한복음 저자는 마태나 누가복음처럼 예수 족보를 굳이 끌어들일 필요가 없었다. 예수 탄생 이야기도 굳이 할 필요도 없었다.

예수는 천지 창조 이전부터 하느님과 같이 있었고 하느님과 피조물의 중재자였다(요한 1,1-5). 사람이 되신 후에 영광(δόξα)을 곧 드러냈다(요한 1,14b; 2,11; 11,4). 일곱 차례 표징(요한 2,1-11; 4,46-54; 11,1-44)과 '나는 ~입니다' 발언(요한 6,35a; 8,12; 10,7)에서도 예수 드높음은 잘 드러났다. 앞으로 어떤 일이 일어날지 미리 알아내는 능력이 있었고(요한 1,42; 4,29; 6,6) 고통을 받는 사건에서도 상황을 장악했다(요한 5,1-9; 6,1-21; 9,1-41).

십자가에 매달린 예수는 보통 사람 같지 않게 행동했다. "예수는 당신의 어머니와 그 곁에 서 있는 사랑하는 제자를 보고 먼저 어머니에게 '어머니, 이 사람이 어머니의 아들입니다' 하고 그 제자에게 '이분이 당신 어머니입니다' 하고 말하였다."(요한 19,26-27) 십자가에 못 박혀 매달린 죄수는 아픔 때문에 신음 소리도 내기 어렵다. 그런데, 십자가에 매달린 예수가 제자들과 대화하는 장면은 예수가 사람이 아니라 신성을 지녔음을 보여주려는 것이다. 단순히 어머니 마리아를 명예 회복시키고 사랑하는 제자를 돋보이게 하려는 차원을 넘어선다. 도마의 고백 "나의 주님, 나의 하느님(ὁ κύριός μου καὶ ὁ θεός μου)"(요한 20,28b)에서 예수 신성과 드높음을 강조하는 요한복음 저자 기획은 절정에 이르렀다.

요한복음에서 예수 신성과 드높음만 강조된 것은 아니다. 예수는 사람이 아니라 그저 신일 뿐이라는 주장에 맞서 요한복음 저자는 예수 인성을 여러 가지로 표현했다. 그렇다면, 역사의 예수를 주목할 수밖에 없다. 요한복음 저자는 십자가 신학[107]을 마가, 마태, 누가복음 저자보다 더 강조하는 전략을 사용했다. 예수의 드높은 신성뿐 아니라 예수의 소박한 인성을 동시에 드러내는 작전이다.

마가, 마태, 누가복음에서 십자가 신학은 예수가 예루살렘에 도착한 이후부터 비로소 전개된다. 그러나, 요한복음 저자는 예수 성전항쟁 사건을 예루살렘 도착 이후가 아니라 요한복음 첫 부분인 요한 2,13-22로 앞당겨 버렸다. 마가, 마태, 누가복음이 예수 활동이라는 기나긴 서문을 쓴 후 비로소 예수 십자가 사건을 소개했다면, 요한복음은 처음부터 예수 십자가 사건을 소개하고 있다.

요한복음에서 예수 활동은 처음부터 십자가 관점에서 소개된다(요한 1,29.36). 마가, 마태, 누가복음에서는 예수 활동은 처음부터 하느님나라 관점에서 기록되었었다. 성전항쟁(요한 2,14-22)은 예수 십자가와 부활이 주는 구원 의미를 일찍 강조한다.[108] 예수의 저항과 십자가를 알려주는 구절이 곳곳에 있다(요한 2,1; 10,11; 12,16; 13,1-3). 사람이 되신 예수는 십자가에 못 박힐 예수라는 뜻이다. 육화(肉化)와 십자가는 동떨어진 사건이 아니다.

예수가 제자들 발을 씻어준 사건(요한 13,1-20)은 요한복음에만 나온다. 요한복음에서 예수는 과월절 양으로 희생되었기 때문에 마가, 마태, 누가복음처럼 최후 만찬 기사가 있을 수 없다. 예수가 제자들 발을 씻어준 사건은 최후 만찬 이야기와 신학적으로 대응한다. 예수가 제자들 발을 씻어준 것은

107 Frey, Jörg, "Die "theologia crucifixi" des Johannesevangeliums", In: Dettwiler, Andreas/Zumstein, Jean (Hg.), Kreuzestheologie im Neuen Testament, WUNT 151, Tübingen 2002, pp.169-238; Schnelle, Udo, Theologie des Neuen Testaments, Göttingen 2016, 3판, pp.654-664

108 Schnelle, Udo, "Die Tempelreinigung und die Christologie des Johannesevangeliums", NTS 42 (1996), pp.359-373

제자들이 서로 형제자매의 사랑을 나누라고 부탁한 것이다. 예수 십자가도 제자들에 대한 사랑의 표현이다.

예수 십자가에서 하느님 뜻이 최종적으로 드러난다. 십자가에서 예수는 하느님 뜻을 완성한다(요한 13,1; 14,31; 17,5; 19,11a). 성서의 예언을 다 이룬(요한 19,28) 예수는 "이제 다 이루었습니다"(요한 19,30)하고 숨을 거둔다. 도마 이야기(요한 20,24-29)는 천지창조 이전부터 하느님과 함께 계시고 진짜 사람이 되신 예수는 십자가에서 죽임당하고 하늘로 드높여진 분임을 말하고 있다.

요한복음 저자가 2,000년 전 사람들의 지식 수준과 상식을 존중하고 당시 문학 양식을 이용하여 쓴 요한복음은 육화와 십자가 의미를 말하려 했다. 즉, 육화와 십자가는 예수 인성(人性)을 강조한 것이다. 인성이라는 단어가 적절하지 않다고 생각된다면, 예수는 가짜 인간이 아니라 진짜 인간이었다는 말로 이해하자. 예수는 사람이 아니라 그저 신일뿐이라는 가현설을 주장하는 예수운동 내부 일부 사람들을 반박한 것이다.

예수는 우리와 똑같은 진짜 인간이었다. 요한복음에서 예수는 베들레헴이 아니라 나자렛에서(요한 1,45; 4,44; 7,41) 태어났다. 예수는 부모(요한 1,45; 2,1; 6,42)와 형제(요한 2,12; 7,1-10)도 있었다. 예수는 살(요한 6,51)과 피(요한 19,34)와 죽을 몸(요한 2,21)이 있었다. 결혼식에 참석했고(요한 2,1-11), 친구 라자로를 사랑했다(요한 11,3). 슬퍼하는 사람들을 보고 함께 슬퍼하였고(요한 11,33), 친구 라자로 죽음에 눈물을 흘렸다(요한 11,35). 신약성서에서 호칭과 감탄사를 제외하면, 가장 짧은 문장은 바로 이것이다. "예수는 울었다(ἐδάκρυσεν ὁ Ἰησοῦς)"(요한 11,35). 친구 죽음에 울었던 예수였다.

예수는 거룩한 분노에서 폭력을 쓸 줄도 알았다. "밧줄로 채찍을 만들어 모두 양과 소와 함께 성전에서 쫓아내고 환전상들의 돈을 쏟아 버리며 그 상들을 둘러엎었다"(요한 2,15) 예수가 사람에게 폭력을 가한 것은 아니지만, 성전 상인들과 사제들에게 경제적 피해를 입힌 것은 사실이다. 예수는 유랑하다가 지치고 목이 말랐고(요한 4,6) 닥쳐오는 죽음의 운명 앞에 마음이 흔들렸고 번민했다(요한 12,27; 13,21). 십자가에 못 박힌 예수는 목이 타서 마실 것을 요청했다(요한 19,28). 요한복음 저자가 언급하지는 않았지만, 예수는 남자로서 여인에 대한 설레임과 그리움도 당연히 있었을 것이다.

예수가 진짜 인간이라고 말하려면, 천지창조 때부터 하느님과 함께 있던 예수가 인간이 되었다는 말부터 시작하는 것이 순서에 맞다. 요한복음 저자는 그리스철학에서 중재자 로고스 사상을 빌려 사용했지만, 신은 변할 수 없다는 그리스 사상은 거절했다. 하느님은 사람이 되셨다(요한 1,14a).[109]

요한복음은 처음부터 끝까지 십자가 신학이다. 요한복음 저자는 마가복음, 마태복음, 누가복음의 관점과 패러다임을 확 바꾸어 버렸다. 요한복음은 육화 신학이자 동시에 십자가 신학이다. 육화 신학이기 때문에 십자가 신학이고, 십자가 신학이기 때문에 육화신학이다. 요한복음에서 육화 신학과 십자가 신학 중에 하나라도 놓치거나 외면하면 안 된다.

요한복음 탄생 이유에 대해 여러 가설이 나왔다.[110] 요한복음은 마가, 마

109 Weder, Hans, Die Menschwerdung Gottes, in: Ders, Einblicke in das Evangelium, Göttingen 1992, pp.363-400

110 Schnelle, Udo, Die ersten 100 Jahre des Christentums 30-130 n. Chr. Die Entstehungsgeschichte einer Weltreligion, Göttingen 2016, 2판, p.362, 주 124

태, 누가복음을 보충한다고 알렉산드리아의 클레멘스는 말했다[111]고 전해진다. 요한복음은 마가, 마태, 누가복음을 아예 대신하는 절대적인 복음이라는 의견도 있었다. 요한복음은 유대인에게 선교하기 위한 복음[112]이라는 의견도 있었다. 요한복음은 완성된 복음[113]이고 세상의 불신을 극복하기 위한 믿음의 전략[114]이라는 표현도 나왔다. 예수 인성과 신성이 어떻게 이해되어야 하는지, 서로 어떤 관계에 있는지, 그 관계가 어디서 드러나는지를 마가복음과 누가복음이 충분히 설명하지는 못했었다.[115] 내 생각에, 마태복음도 마찬가지였다. 요한복음 저자는 마가복음과 누가복음을 알고 있었음이 틀림없다.[116]

예수를 받아들이지 않는 사람들은 요한복음과 편지에서 유대인 또는 세상이란 단어로 불렸다. 그런데, 유대인 또는 세상이란 단어는 요한복음과 편지에서 꼭 부정적인 뜻만 가진 것은 아니다.[117] 인용하거나 해석할 때 세심한 주의가 필요하다.

세상은 하느님이 창조하셨다. 그 세상에 하느님은 사랑으로 당신 아들을

111 Euseb, Historia Ecclesiastica VI 14, 7

112 Bornhäuser, Karl, Das Johannesevangelium. Eine Missionsschrift für Israel, Gütersloh 1928, p.138.158-167

113 Barrett, Charles Kingsley, Das Evangelium nach Johannes, Göttingen 1990, p.153

114 Zumstein, Jean, "Das Johannesevangelium. Eine Strategie des Glaubens", in: Ders, Kreative Erinnerung, AThANT 84, Zürich 2004, pp.31-45

115 Schnelle, Udo, Die ersten 100 Jahre des Christentums 30-130 n. Chr. Die Entstehungsgeschichte einer Weltreligion, Göttingen 2016, 2판, p.363

116 Schnelle, Udo, "Johannes und die Synoptiker", in: Van Segbroeck, Frans u. a., (Hg.), The Four Gospels (FS Neirynck, F), BEThL 100, Leuven 1992, pp.1799-1814

117 Kierspel, Lars, The Jews and the World in the Fourth Gospel, WUNT 200, Tübingen 2006, pp.155-213

보내셨다(요한 3,16; 10,36; 요한1서 4,9). 예수 그리스도는 세상에 오신 하느님의 아들이다(요한 6,14; 11,27). 세상의 빛(요한 9,5)인 예수 그리스도는 세상에 생명(요한 6,33)을 준다. 세상을 구하러 온(요한 3,17; 12,47) 예수 그리스도는 세상의 구원자(요한 4,42; 요한1서 2,2)다.

예수는 제자들을 세상에 보내어(요한 17,18) 세상이 예수 그리스도를 알고 믿게 한다. 그러나, 세상은 예수와 제자들을 미워한다(요한 8,23; 15,18; 17,14). 그런 세상은 심판받을 것이다(요한 9,39; 12,31; 16,11). 세상 자체가 악이 아니라, 불신(요한 1,10; 7,7; 16,9)이 세상을 하느님께 반대하게 만들어 버렸다. 세상이 예수를 받아들이지 않기 때문에 세상은 부정적으로 묘사되었다(요한 1,10; 17,25).

요한 문헌에서 세상이란 단어가 그렇듯이, 유대인이란 단어도 꼭 부정적인 뜻만 가진 것은 아니다.[118] 유대인은 믿지 않는 세상의 대표[119]가 아니라 믿지 않는 세상의 일부일 뿐이다. 예수를 미워하는 세상의 대표로 언급된 유대인(요한 5,10; 7,1; 18,36)에 대한 부정적인 표현은 “여러분은 악마의 자식입니다. 그래서 여러분은 아비인 악마의 욕망대로 하려고 합니다”(요한 8,44a)에서 최고에 이르렀다.

유대인이란 단어가 긍정적으로 쓰인 곳도 아주 많다. 예수에게 호감 가진

118 Grässer, Erich, "Die antijüdische Polemik im Johannesevangelium," in: Ders, Der Alte Bund im Neuen, Tübingen 1985, pp.135-153; Schnelle, Udo, "Die Juden im Johannesevangelium", in: Kähler, Christoph/Böhm, Martina/Böttrich, Christfried (Hg.), Gedenkt an das Wort (FS Vogler, W), Leipzig 1999, pp.217-230

119 Bultmann, Rudolf, Theologie des Neuen Testaments, Merk, O. (Hg.), Tübingen, 1984(9판), p.380

유대인도 있었다(요한 3,1; 8,30; 12,11). 예수는 유대인의 왕이다(요한 18,33; 19,3)라는 예수에 대한 긍정적인 표현은 "구원은 유대인에게서 오기 때문입니다"(요한 8,44a)에서 최고에 이르렀다.

요한복음 저자가 예수의 신성과 인성을 동시에 강조한 것은 요한 공동체가 안팎으로 부닥쳤던 위기를 암시해준다. 신성과 인성이라는 그리스 철학의 용어를 꺼려한다면, 다른 단어로 바꾸거나 쓰지 않아도 된다. 그 뜻만 잘 이해하면 된다. 3세기 이후 그리스도교 역사에서 벌어졌던 예수 신성과 인성을 둘러싼 논쟁이 1세기 요한 공동체에서 이미 시작된 것은 아니다. 그리스도교 초기 역사에서 생겼던 여러 종류의 사도신경(Credo)을 오대양 육대주에 사는 오늘 그리스도인들이 과연 얼마나 제대로 이해할 수 있을까. 나자렛 예수를 이해하기 위해 오늘 한국인들이 그리스 철학을 꼭 배워야만 하는가.

요한복음 서문은 하느님과 예수의 독특한 관계를 표현했다. 마가, 마태, 누가복음에서 율법 해석을 둘러싸고 예수와 율법학자 사이에 벌어진 논쟁 이야기와는 패러다임 자체가 다르다. 천지창조 때부터 예수와 하느님은 일치하는 관계다. 예수는 십자가 길에 당당히 들어선다(요한 20,24-29). 예수 떠남과 성령 오심은 연결된다(요한 20,29b). 예수운동 초기 역사에서 아버지, 아들, 성령의 삼위일체 신학을 최초로 종합한 신학자는 요한복음 저자다.[120]

바울은 창조 이전에 존재했던 예수와 부활로 드높여진 예수에 대한 믿음을 강조했다. 바울에게 역사의 예수는 큰 의미가 없었다. 마가, 마태, 누가복음은 창조 이전 예수를 전혀 언급하지 않았고, 역사의 예수를 통해 부활하고

120 Schnelle, Udo, Die ersten 100 Jahre des Christentums 30-130 n. Chr. Die Entstehungsgeschichte einer Weltreligion, Göttingen 2016, 2판, p.365

드높여진 예수를 역사의 예수를 통해 기초를 놓고 강조했다. 요한복음에서 이 두 신학 노선이 받아들여지고 종합되었다.[121]

요한복음은 바울과 마가복음을 종합했다. 바울에게서 창조 이전 예수와 십자가 신학을, 마가복음에서 역사의 예수를 받아들였다. 요한복음은 바울과는 다르게 십자가 의미만 주려 하지 않았고, 역사의 예수를 통해 십자가 근거를 이야기로 설명했다. 요한복음은 마가복음과는 다르게 역사의 예수뿐 아니라 창조 이전 예수를 통해 드높여진 예수를 강조했다. 요한복음은 바울보다는 더 역사의 예수를 말했고, 마가복음보다는 더 창조 이전 예수를 말했다. 바울은 예수 그리스도 의미를 설명했고, 마가복음은 예수 그리스도 역사를 이야기했다. 요한복음은 바울 설명과 마가복음 이야기를 받아들여 연결하고 종합했다.[122]

요한복음은 예수 인성과 신성에 대한 차원 높은 설명으로 마가, 마태, 누가복음과 격이 다른 업적을 남겼다. 예수 인성과 신성에 대한 요한복음의 설명은 예수운동과 유대교가 신학적으로 완전히 결별할 수밖에 없는 이론적 근거를 마련한 것이다. 그리스도교의 진정한 이론적 토대는 바울이 아니라 요한복음이 놓은 셈이다. 바울이 유대교와 예수운동 사이에서 생긴 갈등과 논쟁에 여전히 참여했다면, 요한복음 저자는 예수운동을 그리스도교라는 새로운 종교로 발전시킨 신학자다. 그리스도교의 진정한 창시자는 바울이 아니라 요한복음 저자다.

---

121 Theissen, Gerd, Die Religion der ersten Christen, Gütersloh 2000, p.255

122 Schnelle, Udo, "Theologie als kreative Sinnbildung: Johannes als Weiterbildung von Paulus und Markus", in: Söding, Thomas (Hg.), Johannesevangelium - Mitte oder Rand des Kanons?, QD 203, Freiburg 2003, pp.119-145

창조 이전 예수와 역사의 예수가 함께 예수운동의 신학적 토대가 되었다. 특히 요한복음이 제안한 로고스, 진리, 자유 개념은 그리스로마 사회에 예수운동을 소개하고 정착시키는데 큰 이론적 역할을 하게 된다. 요한복음은 예수운동이 유대교 영역을 벗어나 그리스로마 철학의 영역으로 건너가는 계기를 만들었다. 요한복음을 통해 1세기 예수운동은 2세기 고대 그리스도교로 이행하게 된다.

70년 이전 유대계 예수운동

70년 유대 독립전쟁의 패배부터 마가, 마태, 누가, 요한복음 탄생까지 30여 년 동안 유대계 예수운동은 사라졌는가. 유대계 예수운동은 대체 무슨 뜻인가. 바울 이후 예수운동이 유대교에서 멀어지기 시작했고, 유대 독립전쟁 이후 더 멀어지게 되었다. 유대계 예수운동 또는 유대계 그리스도교는 독일어권과 영어권 신학이 계몽주의 시대 이후 만들어 쓴 신학 용어다.[123] 1세기 예수운동 사람들이 그 단어를 만들거나 쓰지는 않았다.

지금 우리가 유대계 예수운동 단어로써 가리키는 사람들은 성서에서 다양한 표현으로 소개되었다. 할례받은 사람들(갈라디아 2,12), 유대인 풍속대로 사는 사람들(갈라디아 2,14), (새로운) 길(사도행전 9,2; 19,9; 24,14), 바리사이파에 속했다가 믿게 된 사람(사도행전 15,5), 나자렛 사람들(사도행전 24,5), 예수를 믿고 있던 유대인들(요한 8,31)이 있다.

당시 유대교도 그렇듯이, 예수운동 또한 다양한 모습이 있었다. 그래서

123 Paget, James Carleton, "The Definition of the Terms Jewish Christian and Jewish Christianity in the History of Research", in: Skarsaune, Oskar/Hvalvik, Reidar (Hg.), Jewish Believers in Jesus: The Early Centuries, Grand Rapids 2007, pp.22-52

유대계 예수운동이란 단어도 정확히 정의하기는 어렵다. 그리스인은 정의하기를 좋아하지만, 유대인은 예를 들기 좋아한다. 단어 뜻을 정의하지 말고 사례를 찾아보는 것이 더 어울린다. 유대계 예수운동은 유대인으로 태어나 예수운동에 참여한 사람(갈라디아 2,12; 사도행전 10,45)[124]을 우선 포함한다. 이 기준만으로 충분하지는 않다. 베드로, 야고보, 바울도 유대인으로 태어나 예수운동에 참여했지만, 유대계 예수운동에 속했다고 말하기는 어렵다. 예수운동에 참여했지만, 할례, 안식일, 정결 규정, 음식 규정을 지키고 유대교 예배에 계속 출석하는 사람들을 가리킨다.[125]

70년 이후 유대계 예수운동을 알려면, 70년 이전 유대계 예수운동을 살펴보지 않을 수 없다. 예수운동은 초기에 사실상 유대계 예수운동이었다. 예루살렘에서도 갈릴래아에서도 마찬가지였다. 초기 예수운동은 유대교 내부 개혁 그룹의 하나였다. 32/33년 스테파노 죽음은 초기 예수운동 내부에서 노선 갈등이 이미 있었음을 말해준다. 예루살렘성전과 율법에 대한 태도가 갈등의 핵심이었다. 초기 유대계 예수운동이 단일한 대오를 형성한 것은 아니었다.[126]

유대계 예수운동에서도 유대인 아닌 사람들에게 예수를 전하려는 흐름이 안티오키아 공동체를 중심으로 곧 생겼다. 베드로, 바르나바, 바울을 이 노선

---

124 Strecker, Georg., Art. "Judenchristentum", TRE 17, Berlin/New York 1988, pp.310-325, p.310

125 Paget, James Carleton, "The Definition of the Terms Jewish Christian and Jewish Christianity in the History of Research", in: Skarsaune, Oskar/Hvalvik, Reidar (Hg.), Jewish Believers in Jesus: The Early Centuries, Grand Rapids 2007, pp.22-52, p49

126 Strecker, Georg., Art. "Judenchristentum", TRE 17, Berlin/New York 1988, pp.310-325, pp.313-318

에 포함할 수 있다. 안티오키아 충돌 사건(갈라디아 2,11-15)을 보면 베드로와 바르나바는 유대인 선교 중심의 예루살렘 공동체와 야고보 영향을 받은 것으로 보인다. 베드로는 바울과 비슷하게 로마제국 서쪽(고린토, 로마)으로 선교하러 유랑한 듯하다.

예수운동 1세대 역사는 유대인 아닌 사람들에게 예수를 전하는 베드로와 바울 중심의 선교와 유대인 선교 중심의 예루살렘 공동체와 야고보 중심의 두 갈래로 크게 나눌 수 있다. 예루살렘 공동체와 야고보는 베드로와 바울과는 다르게 유대교 율법에 충실한 유대계 예수운동을 대표하고 있다. 유대계 예수운동 내부에 여러 다른 흐름이 있었다. 48년 예루살렘 사도회의에서 유대인 아닌 사람들에게도 할례를 요구하는 강경한 의견(갈라디아 2,3; 사도행전 15,5)이 있었다. 야고보는 그 주장에 반대했다.

예루살렘 사도회의에서 유대계 예수운동의 두 노선이 드러났다. 예수 부활 이후 20여 년 지난 시점에 예수운동에 유대인 아닌 사람들에게도 할례를 요구하는 유대계 예수운동 강경파, 야고보 중심의 유대계 예수운동 중도파, 바울 중심의 예수운동 진보파 세 흐름이 있었다.

48년 예루살렘 사도회의 이후 66년 유대 독립전쟁 시작까지 유대교와 이스라엘 땅에서 유대민족주의는 더 강력해졌다. 유대교 내부 모임이었던 예수운동 예루살렘 공동체는 유대교에서 유대민족주의라는 엄청난 압력에 시달릴 수밖에 없었다. 예루살렘 공동체가 유대인 아닌 사람들과 내통하여 유대인을 배신한다는 의심과 오해도 받았다. 그 와중에서 예루살렘 공동체 지도자 야고보는 결국 유대계 예수운동 강경파쪽으로 입장을 바꾼 것 같다.

고린토후서에서 바울의 반대자들을 유대계 예수운동 강경파로 볼 수 있다. 바울은 그들이 다른 예수를 전하고 다른 복음을 전했다(고린토후서 11,4)고 비판했다. 유랑 선교사였던 그들이 예루살렘 공동체와 관계가 있었는지, 어떤 관계였는지 우리가 알기는 어렵다. 갈라디아 공동체에서도 유대계 예수운동 강경파가 활동했다(갈라디아 3,6; 5,2). 그들은 예수운동이 다시 유대교로 돌아가야 하며 예루살렘 공동체의 통제 아래 있어야 한다고 주장했다.[127]

유대계 예수운동의 대표 문헌은 예수어록이다. 예수어록은 유대계 예수운동, 즉 유대교 내부의 개혁 모임이 낳은 문헌[128]이다. 사람의 아들 예수 그리스도가 심판자로서 이스라엘에 다시 온다는 것을 그들은 선포하고 다녔다. 예수어록이 이스라엘의 멸망을 선포했다고 말하기는 어렵다. 예수 그리스도가 곧 다시 온다고 해석하는 의견[129]과 그렇지 않은 의견[130]이 있다. 예수어록에 율법(νόμος) 단어가 두 번만(누가 16,16-17) 나온 사실이 눈에 띈다. 율법 규정이나 모세 이름도 예수어록에 나오지 않는다.[131] 할례나 정결 규정도

---

127 Sumney, Jerry L, Identifying Paul's Opponents, JSNT.S 40, Sheffield 1990, pp.13-73; Bieringer, Reimund, "Die Gegner des Paulus im 2 Korintherbrief", in: Bieringer, Reimund/Lambrecht, Jan, Studies on 2 Corinthians, BETL CXII, Leuven 1994, pp.181-221

128 Arnal, William, "The Q Document", in: Jackson-McCabe, Matt (Hg.), Jewish Christianities Reconsidered: Rethinking Ancient Groups and Texts, Minneapolis 2007, pp.119-154

129 Karrer, Martin, Christliche Gemeinde und Israel. Beobachtungen zur Logienquelle, in: Mommer, Peter u. a (Hg.), Gottes Recht als Lebensraum (FS Boecker, H. J), Neukirchen 1993, pp.145-163; Arnal, William, "The Q Document", in: Jackson-McCabe, Matt (Hg.), Jewish Christianities Reconsidered: Rethinking Ancient Groups and Texts, Minneapolis 2007, pp.150-153

130 Horn, Friedrich Wilhelm, "Christentum und Judentum in der Logienquelle", EvTh 51 (1991), pp.344-364; Zeller, Dieter, "Jesus, Q und die Zukunft Israels", in: Lindemann, Andreas (Hg.), The Sayings Source Q and the historical Jesus, BETL 158, Leuven 2001, pp.351-369

예수어록에서 역할이 없다. 토라가 아니라 사람의 아들이자 주님인 예수라는 인물과 그 사명이 예수어록에서 핵심이다.[132]

70년 이후 유대계 예수운동

66년부터 70년까지 벌어졌던 유대 독립전쟁은 유대계 예수운동 역사를 70년 이전과 이후로 나누어버릴 정도로 영향력이 컸다. 70년 이전 유대계 예수운동이 단일하지 않았던 것처럼 70년 이후 유대계 예수운동도 하나가 아니었다. 70년 이후 유대계 예수운동은 예루살렘성전과 예루살렘 공동체와 연결이 사라져 버렸다. 로마제국에서 유대교 지위도 크게 약화되었다.

유대인 아닌 사람에게 할례 없는 선교가 활발해졌다. 예수운동 내부에서 유대계 예수운동의 역할과 영향은 크게 줄었다. 예수운동 내부 무게 중심은 1세대 유대계 예수운동에서 2세대 할례 없는 선교로 옮아갔다. 예수운동 중심 지역은 이스라엘이 아니라 그리스로마 지역으로 이동했다. 로마제국이 강요한 유대인 세금으로 인해 유대계 예수운동은 더 오그라들었다. 하지만, 유대계 예수운동은 적어도 문헌으로써 70년 이후 예수운동에 적지 않은 목소리를 전했다.

70년 이후 마태복음

70년 이후 유대계 예수운동에서 가장 의미있는 문헌이 마태복음이다. 마태복음이 유대교와 연결된 특징을 보자. 율법에 대한 긍정(마태 5,17-20; 23, 3a.23b), 계약의 완성(마태 1,22; 2,5; 15,17), 이스라엘에만 하던 예수의

131 Heil, Christoph, Lukas und Q, BZNW 111, Berlin 2003, pp.318-320

132 Kosch, Daniel, Die eschatologische Tora des Menschensohnes, NTOA 12, Freiburg(H)/Göttingen 1989, p.450

복음 전파(마태 10,5; 15,24), 모세 설교를 빗댄 예수의 다섯 설교집(마태 5-7장; 10장; 13장; 18장; 23-25장)이 눈에 띈다. 마태복음 공동체는 안식일을 여전히 지켰고(마태 24,20), 유대교와 연결되어 살았다(마태 17,24-27; 23,1-3).

마태 공동체에서 가장 돋보이는 것은 율법에 대한 전폭적인 긍정이다. 50년대 후반 바울의 갈라디아서와 로마서가 나온 지 적어도 20여 년 지난 시절에 쓰인 마태복음에서 말이다.

"17 내가 율법이나 예언서의 말씀을 없애러 온 줄로 생각하지 마시오. 없애러 온 것이 아니라 오히려 완성하러 왔습니다. 18 분명히 말해 두는데, 천지가 없어지는 일이 있더라도 율법은 일 점 일 획도 없어지지 않고 다 이루어질 것입니다. 19 그러므로 가장 작은 계명 중에 하나라도 스스로 어기거나, 어기도록 남을 가르치는 사람은 누구나 하늘 나라에서 가장 작은 사람 대접을 받을 것입니다. 그러나 스스로 계명을 지키고, 남에게도 지키도록 가르치는 사람은 누구나 하늘 나라에서 큰 사람 대접을 받을 것입니다. 20 잘 들으시오. 여러분이 율법학자들이나 바리사이파 사람들보다 더 옳게 살지 못한다면 결코 하늘 나라에 들어가지 못할 것입니다."(마태 5,17-20)

물론 예수가 모두 다 실제로 했던 말은 아니다. 마태 5,20은 마태복음 저자가 전부 창작해서 써넣었고, 마태 5,17은 거의 다 창작해서 써넣었다. 마태 5,18은 마태복음 저자가 전해들은 내용이고, 마태 5,19b는 마태복음 저자가 창작해서 써넣은 듯하다.[133] 예수 입을 빌려 또 마태복음 저자가 창작

133 Schnelle, Udo, Die ersten 100 Jahre des Christentums 30-130 n. Chr. Die Entstehungsgeschichte einer Weltreligion, Göttingen 2016, 2판, p.374

하여 써넣으면서 율법에 대한 마태 공동체 입장을 밝힌 것이다. 공동체 내부에서 율법을 지키는 범위를 둘러싸고 토론이 활발했음을 보여주고 있다.[134] 그런데, 마태 5,17-20과 마태 5,21-48 사이에 긴장이 없지는 않다. 유대교보다 마태 공동체가 율법을 더 강화하고 더 지독하게 요구한 느낌까지 들 수도 있다.

예수는 어떤 의미에서 율법을 완성했다고 마태 공동체는 해석했을까. 그 질문이 결국 중요하다. 마태복음 저자는 유대교와 예수를 비교(Antithese)하고, 유대계 예수운동에 유대교보다 더 나은 정의를 실천하라고 요구했다. 유대계 예수운동 사람들에게 '유대교와 우리 유대계 예수운동의 차이'라는 제목으로 강의하는 듯하다. 첫째 비교(마태 5,21-26)에서, 살인하지 말라는 유대교 계명에 덧붙여 형제에게 성도 내지 말고 욕도 하지 말고 화해하라고 유대계 예수운동에게 요구한다. 둘째 비교(마태 5,27-30), 셋째 비교(마태 5,31-32), 넷째 비교(마태 5,33-37)에서도 마찬가지다. 계명을 지키되 계명의 근본 의도까지도 존중하라고 요구한다. 다섯째 비교인 보복 금지(마태 5,38-42)와 원수 사랑(마태 5,43-48) 계명에서 마태 공동체는 유대교를 확실히 뛰어넘었다.

유대교 계명을 실천할 뿐 아니라 확실히 뛰어넘어 보복 금지(마태 5,38-42)와 원수 사랑(마태 5,43-48)을 실천한, 마태 공동체에 살아있는 예가 곧 예수다.[135] 마태복음 저자가 소개한 유대교와 예수의 비교는 유대교 율법과 계명

134 Strecker, Georg, Die Bergpredigt, Göttingen 1985, 2판, pp.55-64; Luz, Ulrich, Das Evangelium nach Matthäus: EKK I/1, Zürich/Neukirchen-Vluyn, 2002, 3판, pp.303-324; Deines, Roland, Die Gerechtigkeit der Tora im Reich des Messias, WUNT 177, Tübingen 2004, pp.257-428

135 Deines, Roland, Die Gerechtigkeit der Tora im Reich des Messias, WUNT 177,

을 무시한 것이 전혀 아니다. 율법 자체보다 예수의 율법 해석과 실천을 따르라는 말이다. 예수는 율법을 없앤 것이 아니라 율법을 완성했다.

예수의 새롭고 더 뛰어난 계명과 해석과 실천이 유대계 예수운동에 주어졌으니, 예전처럼 유대교 율법 글자 하나하나에 얽매일 필요는 없다. 유대계 예수운동에게 율법과 계명이란 숙제는 더 가벼워진 셈인가 더 무거워진 셈인가. 율법 글자에 얽매일 필요는 없어졌지만, 율법 의도까지 알아서 실천하라는 말로써, 사실 부담은 더 늘어났다. 유대계 예수운동은 유대교보다 실천을 더 잘해야 하기 때문이다.

유대계 예수운동은 예수 덕분에 율법을 새롭게 해석했을 뿐만 아니라 유대교와 또 다른 보편적인 윤리를 제안하였다.[136] "여러분은 남에게서 바라는 대로 남에게 해주시오. 이것이 율법과 예언서의 정신입니다"(마태 7,12)라는 예수 말씀으로써 마태복음 저자는 유대교 가르침을 요약했다. 그 요약을 나타내는 황금률은 이웃 사랑(마태 5,21-26), 원수 사랑(마태 5,43-48), 하느님 사랑과 이웃 사랑(마태 22,34-40) 계명에서 사랑과 정의를 실천하는 것이다. 사랑과 정의를 실천하는 것이 마태복음 주제다. 마태복음은 사랑과 정의라는 두 글자만 있으면 된다. 유대교 율법을 예수의 복음으로 극복하고 바꾼 것이다.[137]

마태 공동체에서 유대인들은 할례를 실천했다.[138] 그런데도, 마태복음에

Tübingen 2004, p.649

136 Garleff, Gunnar, Urchristliche Identität im Matthäusevangelium, Didache und Jakobusbrief, BVB 9, Münster 2004, p.203

137 Deines, Roland, Die Gerechtigkeit der Tora im Reich des Messias, WUNT 177, Tübingen 2004, p.645

할례라는 단어가 없다. 할례 없이 유대교와 연결은 어렵다는 사실을 마태복음은 모르지 않았는데 말이다. 마태 공동체에 유대인만 있었기 때문에, 당연한 할례 이야기를 따로 할 필요는 없었을까. 할례가 아니라 세례와 예수 가르침(마태 28,16-20)이 마태 공동체에 들어오는 입학식 역할을 한 것 같다. 유대인 출신인 마태복음 저자는 유대인들에 대한 유대계 예수운동의 선교가 실패한 이후 유대인 아닌 사람들에 대한 선교로 방향을 바꾼 듯하다.

유대인 대부분이 예수를 거절한 사실에 대한 응답이 마태복음이다. 유대인들에게 선교가 실패했다는 현실을 인정할 수밖에 없던 유대계 예수운동은 위기와 전환의 시대를 맞이했다. 이때 마태 공동체는 자신이 누구인지 밝히려 마태복음을 썼다.[139] 동족인 유대인 대부분이 예수를 거절하는 모습에 마태복음 저자는 바울처럼 깊이 고뇌하고 슬퍼한 것 같다.

"낡은 가죽 부대에 새 포도주를 담는 사람도 없습니다. 그렇게 하면 부대가 터져서 포도주는 쏟아지고 부대도 버리게 됩니다. 새 포도주는 새 부대에 담아야 둘 다 보존됩니다"(마태 9,17).

이스라엘에서 포도주는 항아리에 보관되고 양가죽으로 만든 부대에 담겨 운반되었다. 발효가 이미 끝난 오래된 포도주는 낡은 부대에 담겨 운반되어도 부대가 찢어지진 않는다. 발효가 막 진행 중인 새 포도주는 낡은 부대에 담아 운반되면 부대가 터져 술이 쏟아질 수 있다. 오래된 포도주는 오래된

---

138 Davies, William D/Allison, Dale C (Hg.), The Gospel according to Saint Matthew III, Edinburgh 1997, p.703

139 Luz, Ulrich, Das Evangelium nach Matthäus: EKK I/1, Zürich/Neukirchen-Vluyn, 2002, 3판, p.98

부대에 담아 운반해도 되고, 새 부대에 옮겨 운반해도 좋다. 그러나, 새 술은 반드시 새 부대에 담아 운반되어야 새 술이 땅에 쏟아지지 않는다.

"새 포도주는 새 부대에 담아야"(마태 9,17b)는 새 포도주와 새 부대를 둘 다 보존하는 방법을 말하고 있다. 새 포도주는 예수를, 새 부대는 예수운동을 가리킨다. 예수를 예수운동에 담아야 예수도 보존되고 예수운동도 보존된다.[140] 예수를 오래된 부대(유대교)에 담으면, 예수가 땅에 쏟아질 수 있다. 오래된 포도주(유대교)는 오래된 부대(유대교)에 담아 운반해도 되고, 새 부대(예수운동)에 옮겨 운반해도 좋다.

마태 9,17이 새 술 예수와 오래된 술 유대교를 품질 비교한 것은 아니다. 새 술이 오래된 술보다 언제나 더 맛있고 품질이 더 좋은 것은 아니다. 오래된 술이 새 술보다 더 맛있고 품질이 더 뛰어날 수 있다. 오래된 술 유대교가 유통 기간이 끝났다거나 더 이상 못 마실 정도로 부패했다고 말하지도 않았다. 마태복음 저자가 유대교를 폄하하거나 비난한 것이 전혀 아니다. 마태복음 저자는 새 술 예수를 새 부대 예수운동에 담아야 한다고 말할 뿐이다. 새 술의 적절한 운반 방법만 말했을 뿐이다.

마태복음 저자는 한편으로 새 술 예수와 새 부대 예수운동을 정당화했고, 다른 편으로 오래된 술 유대교의 가치를 존중한 것이다. 새 포도주는 새 부대에 담아야 한다는 말에서 오래된 술 유대교의 가치를 잊지 않는 사람은 행복하다. 마태복음 공동체는 새 술 예수를 새 부대 예수운동에 담았을 뿐 아니라, 오래된 술 유대교의 가치를 훼손하지 않고 존중하는데 성공했다.

140 Luz, Ulrich, Das Evangelium nach Matthäus: EKK I/2, Mt 8-17, Zürich/ Neukirchen-Vluyn, 2008, p.47

야고보서

마태복음과 야고보서에는 율법을 존중할 뿐 아니라 바울을 반대하는 유대계 예수운동의 생각이 담겨 있다. 야고보서는 예수 형제 야고보가 직접 쓴 편지는 아니고 그 이름을 빌려서 후대에 누군가 쓴 편지다.[141] 43년 이후 베드로를 이어 유대계 예루살렘 공동체를 이끌었던 야고보는 율법을 존중하는 입장을 가졌다. 그래서 야고보는 유대계 예수운동의 상징이자 바울과 거리를 둔 대표적인 인물이었다. 야고보서는 공통년 80~100년에 크게 약화되던 유대계 예수운동이 자신의 존재 의미를 밝히려 한 것이다.

위에서 전해 내려오는 지혜(ἡ σοφία ἄνωθεν κατερχομένη, 야고보 3,15.17)는 인간에게 자유를 주는 완전한 율법(νόμον τέλειον τὸν τῆς ἐλευθερίας, 야고보 1,25; 2,12)이다. 율법 자체가 인간을 자유롭게 하는 것이 아니라 하느님께서 율법을 선물로 주셨기(야고보 1,17) 때문이다.[142] 야고보서 저자는 율법을 멍에가 아니라 자유라고 보았다. 인간에게 자유를 주는 완전한 율법은 실천해야 한다(야고보 2,8-12; 4,11)고 율법 실천(야고보 1,4.25; 2,14.17; 3,13)이 강조되었다. 심판은 율법 실천여부에 따라 결정된다. "여러분은 자유의 율법을 따라 심판받을 사람으로 말하고 행동하시오"(야고보 2,12), "누구든지 율법 전체를(ὅλον τὸν νόμον) 다 지키다가도 한 조목을 어기면 율법 전체를 범하는 것이 됩니다"(야고보 2,10).

실천 없는 믿음은 헛된 것이다.[143] 자유의 율법은 이웃 사랑과 연결된다(야

141 Schnelle, Udo, Einleitung in das Neue Testament, Göttingen 2017, 9판, pp.461-477; Konradt, Matthias, "Theologie in der "strohernen Epistel"", VuF 44 (1999), pp.54-78; Niebuhr, Karl-Wilhelm, ""A New Perspective on James"? Neuere Forschungen zum Jakobusbrief", ThLZ 129 (2004), pp.1019-1044

142 Burchard, Christoph, Der Jakobusbrief, HNT 15/1, Tübingen 2000, p.88

고보 2,8; 레위기 19,18).[144] 야고보서는 특히 부자들에게(야고보 1,11; 5,1-6) 가난한 사람들을 차별 대우하지 말라(야고보 2,1-9)고 요구했다. 야고보서는 행동하는 믿음과 행동하는 자비를 강조했다. "무자비한 사람은 무자비한 심판을 받습니다. 그러나 자비는 심판을 이깁니다."(야고보 2,12)

야고보서와 바울의 분명한 차이를 모른 체 할 수 없다. 바울은 죄가 율법을 통하여 인간을 속이는 힘이라고 보았다(로마 7,7). 그러나, 야고보서 저자는 율법을 지킴으로써 죄를 극복할 수 있다고 생각했다(야고보 2,9; 4,17; 5,15b; 16,20). 죄는 야고보서에서 하느님의 율법을 반대하는 행동이다.[145] 그래서 야고보서에서 믿음과 율법은 적대자가 아니라 같은 편이다. 바울처럼 야고보서 어디에서도 믿음과 율법은 서로 대결하는 구도로 소개되지는 않았다.[146] 믿음과 율법을 대결 구도로 설정한 사람이나 전승은 바울 말고는 예수운동 어디서도 보이지 않는다.[147]

야고보서 저자는 바울 편지와 바울계 전승을 몰랐던 것 같지는 않다. "할례를 받는 사람은 율법 전체를 지킬 의무를 지는 것"(갈라디아 5,3)은 "누구든지

143 Konradt, Matthias, ""Geboren durch das Wort der Wahrheit" - "gerichtet durch das Gesetz der Freiheit". Das Wort als Zentrum der theologischen Konzeption des Jakobusbriefes", in: von Gemünden, Petra/Konradt, Matthias/Theissen, Gerd (Hg.), Der Jakobusbrief, Münster 2003, pp.1-15, p.12

144 Popkes, Wiard, Der Brief des Jakobus, ThHK 14, Leipzig 2001, p.180

145 Burchard, Christoph, Der Jakobusbrief, HNT 15/1, Tübingen 2000, p.74

146 Hengel, Martin, "Der Jakobusbrief als antipaulinische Polemik", in: Ders, Paulus und Jakobus, WUNT 141, Tübingen 2002, pp.510-548, p.526; Avemarie, Friedrich, "Die Werke des Gesetzes im Spiegel des Jakobusbriefes", ZThK 98 (2001), pp.282-309, p.291

147 Popkes, Wiard, "Traditionen und Traditionbrüche im Jakobusbrief", in: Schlosser, Jacques (Hg.), The Catholic Epistles and the Tradition, BEThL 176, Leuven 2004, pp.143-170, p.161

계명을 다 지키다가도 한 조목을 어기면 계명 전체를 범하는 것이 됩니다"(야고보 2,10)와 연결된다. "사람은 율법을 지키는 것과는 관계없이 믿음을 통해서 하느님과 올바른 관계를 맺습니다"(로마 3,28)와 "그러므로 여러분은 사람이 믿음만으로 하느님과 올바른 관계를 가지게 되는 것이 아니라 행동이 뒤따라야 한다는 것을 알아두십시오"(야고보 2,24)는 정면으로 충돌하고 있다.

야고보 2,24가 로마 3,28을 반대하는 표어라는 사실은 우리가 부인할 수 없다.[148] "아브라함이 자기 공로로 하느님과 올바른 관계를 얻었다면 과연 자랑할 만도 합니다. 그러나 그는 하느님 앞에서 자랑할 것이 없었습니다"(로마 4,2), "우리 조상 아브라함은 자기 아들 이사악을 제단에 바친 행동으로 말미암아 하느님과 올바른 관계를 가지게 된 것이 아닙니까?"(야고보 2,21)도 마찬가지다.[149]

그렇다면, 야고보서를 바울에 반대하는 문헌으로 보아야 할까. 야고보서 저자가 바울을 오해했을 수도 있다. 갈라디아서와 로마서는 전혀 몰랐고, 다른 바울 전승들만 알았을까. 야고보서는 바울 이후 예수운동에서 갈라디아서와 로마서에 의도적으로 반대하고 고린토전서로 분명히 돌아가려는 움직임을 표현한 것[150]일까. 야고보서 주제는 믿음과 율법의 교리 논쟁이 아니라 말과 행동의 윤리 논쟁[151] 아니었을까. 말만 하고 실천하지 않는 예수운동

148 Hengel, Martin, "Der Jakobusbrief als antipaulinische Polemik", in: Ders, Paulus und Jakobus, WUNT 141, Tübingen 2002, pp.510-548, p.527, 주 46

149 Lindemann, Andreas, Paulus im ältesten Chrsitentum, BHTh 58, Tübingen 1979, pp.244-251; Lüdemann, Gerd, Paulus, der Heidenapostel II: Antipaulinismus im frühen Chrstentum, FRLANT 130, Göttingen 1983, pp.197-201

150 Mitchell, Margaret, "The Letter of James as a Document of Paulinism?", in: Webb, Robert T/Kloppenburg, John S (Hg.), Reading James with New Eyes, London 2007, pp.75-98

일부 사람들(데살로니카후서 2,2; 디모테오후서 2,18)이 자꾸만 바울 편지를 핑계로 인용했기 때문에 야고보서 저자는 실천을 강조하고 바울 입장을 비판했던 것[152]일까. 의문은 계속 이어진다.

히브리서

편지 이름이 곧 유대계 예수운동에 가깝다는 뜻일까. 공통년 200년 정도부터 히브리서라고 알려진 이 편지가 유대계 예수운동에 가까운지를 두고 성서학계 의견은 엇갈리고 있다. 1세기 예수운동 사람들은 히브리서라는 편지 명칭을 몰랐다는 뜻이다. 히브리서 저자는 구약성서 주요 부분을 모조리 암기했거나 여러 책으로 만들어진 그리스어 70인 역 번역본을 가까이한 듯하다.[153] 하느님 행동의 근거인 하느님 말씀은 구약성서 그리스어 70인 역 번역본에서 35번이나 히브리서에서 직접 인용되고 80번 정도는 간접 인용되었다. 그렇게 많은 구약성서 인용은 신약성서에서 히브리서가 유일하다. 히브리서는 구약성서와 유대교 언어와 사상에 익숙하다. 하느님은 히브리서에서 직접 말씀하시는 모습이다.[154] 히브리서 전체는 하느님 말씀 신학으로 가득하다.[155]

---

151 Wischmeyer, Oda, Polemik im Jakobusbrief. Formen, Gegenstände und Fronten, in; Wischmeyer, Oda/Scornaienchi, Lorenzo (Hg.), Polemik im frühchristlichen Literatur, BZNW 170, Berlin 2011, pp.357-379, p.375

152 Schnelle, Udo, Die ersten 100 Jahre des Christentums 30-130 n. Chr. Die Entstehungsgeschichte einer Weltreligion, Göttingen 2016, 2판, p.378

153 Schröger, Friedrich, Der Verfasser des Hebräerbriefes als Schriftausleger, BU 4, Regensburg 1968, pp.35-198.247-256

154 Theobald, Michael, "Vom Text zum "lebendigen Wort" (Hebr 4,12)", in: Landmesser, Christof (Hg.), Jesus Christus als die Mitte der Schrift (FS Hofius, O), BZNW 86, Berlin 1997, pp.751-790

155 Grässer, Erich, "Das Wort als Heil", in: Ders, Aufbruch und Verheissung, BZNW 65, Berlin 1992, pp.129-142

히브리서는 하느님 말씀 신학을 기초로 전례(성례전)liturgie(전례(성례전, liturgie)) 중심의 신학을 펼친다.

“그분은 모든 점에서 당신의 형제들과 같아지셔야만 했습니다. 그래서 자비롭고 진실한 대사제로서 하느님을 섬길 수가 있었고 따라서 백성들의 죄를 없이 할 수 있었습니다. 그분은 친히 유혹을 받으시고 고난을 당하셨기 때문에 유혹을 받는 모든 사람을 도와주실 수 있으십니다.”(히브리 2,17-18)

히브리서 5,1부터 나자렛 예수를 마치 유대교 대사제처럼 비유하는 신학이 등장한다. 나자렛 예수는 지상의 어떤 특정한 성전에 머물지 않고 하늘의 성전에서, 즉 모든 문화를 뛰어넘어 효력있는 사제 역할을 한다는 것이다. 죄없이 고통받고 죽임당한 나자렛 예수는 하느님의 아들이 되어 하늘의 성전에서 대사제가 되었다는 것이다.

히브리서는 왜 유대교 평신도 예수를 느닷없이 유대교 대사제로 바꾼 것일까. 유대 독립전쟁으로 예루살렘성전은 파괴되었다. 유대교를 지탱해준 종교 중심은 사라졌다. 지상에서 다시 예루살렘성전을 건축하는 일은 가능하지 않을 수 있다. 유대인의 허전한 마음을 위로하려고 히브리서는 예루살렘성전 대신 하늘의 성전이란 대체 개념을 만들었다. 사라져버린 유대교 대사제 역할을 나자렛 예수가 대신 한다라는 주장이다. 유대인들이 하느님과 교류하는 나자렛 예수라는 새로운 통로를 제안한 것이다. 알렉산드리아 필로(Philo)는 초월적이고 보편적인 사제 개념을 제공했다.

모세는 피를 가져다가 백성에게 뿌려주며 ‘이것은 야훼께서 너희와 계약을 맺으시는 피다. 그리고 이 모든 말씀은 계약의 조문이다’ 하고 선언하였다(탈출기 24,8).

"앞으로 내가 이스라엘과 유다의 가문과 새 계약을 맺을 날이 온다. 나 야훼가 분명히 일러둔다. 이 새 계약은 그 백성의 조상들의 손을 잡아 이집트에서 데려 내오던 때에 맺은 것과는 같지 않다. 나는 그들을 내 것으로 삼았지만, 그들은 나와 맺은 계약을 깨뜨리고 말았다. 귀담아들어라. 그날 내가 이스라엘 가문과 맺을 계약이란 그들의 가슴에 새겨줄 내 법을 말한다. 내가 분명히 말해 둔다. 그 마음에 내 법을 새겨주어, 나는 그들의 하느님이 되고 그들은 내 백성이 될 것이다."(예레미아 31,31-33)

히브리서 저자는 두 부분을 편지 작성의 기초로 삼은 듯하다. 한편으로 하느님께서 이스라엘 백성과 맺은 계약을 기억하고, 다른 편으로 이스라엘 백성이 깨뜨리고 말았던 계약을 하느님께서 회복하는 것이 아니라 새 계약을 예수 그리스도와 맺으신다는 것이다. 그래서 새 계약을 소개하는 히브리서는 계약과 율법의 관계를 말할 필요가 전혀 없었다.[156] 할례와 안식일도 전혀 언급되지 않았다. 계약의 원천이요 중심이요 목적인 하느님은 예수 그리스도 안에서 새롭게 완성된다.

히브리서가 새 계약말고도 제안한 또 다른 개념은 하느님의 백성(히브리 4,9)이다.[157] 하느님의 백성은 오늘 하느님의 음성을 듣고 마음을 닫지 말아야 한다(히브리 3,7-8). 하느님께서 하시는 일을 보고도 사십 년 동안이나

156 Backhaus, Knut, Der neue Bund und das Werden der Kirche, NTA 31, Münster 1996, p.333

157 Grässer, Erich, "Das wandernde Gottesvolk. Zum Basismotiv des Hebräerbrief", in: Ders, Aufbruch und Verheissung, BZNW 65, Berlin 1992, pp.231-250; Roloff, Jürgen, Die Kirche im Neuen Testament, GNT 10, Göttingen 1993, pp.282-287

하느님을 시험 삼아 떠보았던 조상들과는 달라야 한다(히브리 3,9). 하느님 생각을 듣는 모든 유대인과 유대인 아닌 사람들이 하느님의 백성에 속한다. 구약성서와 유대교 문화에 익숙했던 유대계 예수운동 사람들에게 히브리서는 매력을 주었을 것 같다.[158] 히브리서는 유대인 아닌 사람들을 향하지 않았고, 이스라엘을 회복하려는 생각이 있던 유대교 내부 그룹의 문헌이라고 추측하는 의견도 있다.[159]

유대인 아닌 사람이 많았던 예수운동 공동체에서도 구약성서 연구와 인용이 활발했었다.[160] 구약성서 인용이 많았다는 이유로 곧 유대계 예수운동 문헌이라고 단정할 수는 없다는 말이다. "살아 계신 하느님에게서 떨어져 나가는 사람이 없도록 조심하십시오"(히브리 3,12), 죽은 행위로부터 회개(히브리 6,1; 9,14; 12,22)는 유대인 아닌 사람들에게 선교할 때 쓰던 용어이기도 하다. 히브리서는 옛 계약과 새 계약을 비교하고 예수 그리스도라는 새 계약을 뛰어넘는 신약성서에서 대표적 문헌이다. 여러 엇갈리는 의견을 종합하면, 히브리서를 유대계 예수운동이 낳은 문헌으로 보아야 할지는 확실히 답변할 수는 없다.[161]

유다서도 히브리서처럼 구약성서 전통과 깊게 연결되었다. 유다서에 14번이나 구약성서가 인용되었다.[162] 유다서 1, 6은 창세기 6,1-4를 해석하는 유대

---

158 Gelardini, Gabriella, "Verhärtet eure Herzen nicht", Leiden 2007; Vogel, Manuel, "Der Hebräerbrief als ständiger Gast im Haus der Kirche", ZNT 29 (2012), pp.46-52

159 Hays, Richard B, ""New Covenantalism": Eine Wiederentdeckung, ZNT 29 (2012), pp.53-56

160 Backhaus, Knut, Der Hebräerbrief, RNT, Regensburg 2009, p.24

161 Schnelle, Udo, Die ersten 100 Jahre des Christentums 30-130 n. Chr. Die Entstehungsgeschichte einer Weltreligion, Göttingen 2016, 2판, p.381

162 Bauckham, Richard, Jude, 2Peter, WBC 50, Waco 1983, pp.6-8

교 전승에 이어진다. 소돔과 고모라 이야기(유다 1, 7), 모세 전승(유다 1, 9.11)도 마찬가지다.[163]

요한 계시록 저자는, 특히 12장을 본다면, 유대계 예언자 출신인 듯하다.[164] 또한 그리스로마 문화에서 여러 소재를 빌어오기도 했다.[165] 요한 계시록도 히브리서와 유다서처럼 유대교 전통과 깊이 이어지지만, 유대계 예수운동 문헌으로 보아야 하는지 여전히 논란되고 있다.[166]

유대계 예수운동이 여전히 영향을 드러낸 흔적이 있다. "여러분은 세속적인 육체를 벗어버리고 그리스도와 하나가 되어 형식이 아닌 진정한 할례, 곧 그리스도의 할례를 받았습니다"(골로사이 2,11)라고 유대인 아닌 사람들에게 세례와 할례를 비교한 것은 할례를 요구하는 사람들이 있었기 때문이었다.[167] 음식 규정과 축제 날짜(골로사이 2,16.21.23), 천문 기상(골로사이 2,8.15.20), 천사 숭배(골로사이 2,18)도 유대계 예수운동의 자취를 보여준다.[168] 유대교의 꿈란(Qumran) 공동체도 축제일 날짜 문제를 심각하게 생각

---

163 Paulsen, Henning, Der zweite Petrusbrief und der Judasbrief, KEK XII/2, Göttingen 1992, p.66

164 Dochhorn, Jan, Schriftgelehrter Prophetie, WUNT 268, Tübingen 2010, p.393

165 Böcher, Otto, "Hellenistisches in der Apokalypse des Johannes", in; Lichtenberger, hermann (Hg.), Geschichte - Tradition - Reflexion III (FS Hengel, M), Tübingen 1996, pp.473-492; Karrer, Martin, "Apoll und die apokalytischen Reiter", in: Labahn, Michael/Karrer, Martin (Hg.), Die Johannesoffenbarung - Ihr Text und ihre Auslegung, ABG 38, Leipzig 2012, pp.223-251

166 Schnelle, Udo, Die ersten 100 Jahre des Christentums 30-130 n. Chr. Die Entstehungsgeschichte einer Weltreligion, Göttingen 2016, 2판, p.382

167 Lindemann, Andreas, Der Kolosserbrief, ZBK 10, Zürich 1983, p.41

168 Häfner, Gerd, "Die Pastoralbriefe (1 Tim/2 Tim/Tit)", in: Ebner, Martin, Schreiber, Stefan (Hg.), Einleitung in das Neue Testament, Stuttgart, 2008(2판), pp.456-479, pp.463-465

했었다(1QS 1,13-15; 9,26-10,8; CD 3,12-16).[169] 꾸며낸 이야기나 끝없는 족보 이야기에 정신이 팔린 사람들(디모테오전서 1,4), 율법교사로 자처하지만 자기들이 무엇을 말하는지 무엇을 주장하는지조차 알지 못하는 사람들(디모테오전서 1,7), 복종하지 않는 자들과 쓸데없는 토론을 일삼는 자들과 속이는 자들(디도 1,10), 유대인이 꾸며낸 이야기(디도 1,14), 거짓된 지식에서 나오는 반대 이론(디모테오전서 6,20)은 유대계 예수운동 사람들을 가리킨 것 같다.

공통년 1세기 중반부터 유대계 예수운동은 유대교와 유대인 아닌 사람들이 주축이 된 예수운동 두 곳에서 압력을 받았다. 2세기 이후 유대계 예수운동은 더 복잡한 모습을 띠게 되어 파악하기 어려운 상태가 되고 말았다. 그리스도교 역사의 비극 중 하나다.

언제부터 예수운동은 유대교와 확실히 다른 새로운 종교로 드러났을까. 예수운동은 유대교와 언제 분명히 결별했을까. 공통년(서기) 40년대 초반 누가복음 저자는 그리스도인이라 불리는 그룹이 있었으며(사도행전 11,26) 키프로스에서 로마총독 세루기오 바울이 예수를 믿게 되었다고 기록했다(사도행전 13,12).[170] 50년대 초반 예수운동은 고린토, 아테네, 에페소 같은 대도시에서 지역사회의 주목을 받았다. 고린토에서 고위 공무원 에라스도(로마 16,23), 아테네에서 판사인 디오니시오(사도행전 17,34)가 예수운동에 참여

169 Lührmann, Dieter, "Tage, Monate, Jahreszeiten, Jahre (Gal 4,10)", in: Albertz, Rainer u. a. (Hg.), Werden und Wirken des Alten Testaments (FS Westermann, C), Göttingen 1980, pp.428-445)

170 Haenchen, Ernst, Die Apostelgeschichte, KEK III, Göttingen 1977, 7판, pp.385-389; Hengel, Martin, "Der vorchristliche Paulus", in: Hengel, Martin/Heckel, Ulrich (Hg.), Paulus und das antike Judentum, WUNT 58, Tübingen 1991, pp.177-293, pp.197-201)

했고, 에페소에서 경제적 이유로 금속업자들이 예수운동에 반대하는 소동을 일으키기도 했다(사도행전 19,23-40).

49년 클라우스우스 칙령은 로마제국이 유대교와 예수운동을 분명히 구분하진 못하고 있음을 보여주었다. 그러나, 64년 로마제국 네로황제가 벌인 박해는 예수운동 역사에서 커다란 분수령이 되었다. 예수운동은 처음으로 로마제국 영토 안에서 하나의 독립적인 집단으로 확실히 인정되고 알려지게 되었다. 예수운동 밖에서 예수와 예수운동을 처음으로 언급한 문헌은 사모사타(Samosata) 출신 시리아 스토아 철학자 마라 바 사라피온(Mara bar Sarapion) 같다. 73년 로마의 감옥에 갇힌 상태에서 아들에게 쓴 편지에서 그는 예수를 소크라테스와 피타고라스와 같은 철학자로 이해했다.[171] 94년 유다 역사가 요세푸스도 나자렛 예수를 두 번 언급했다.[172] 전승 과정에서 예수에게 유리하게 고쳐진 것이 틀림없는[173] '플라비우스 유언(Testimonium Flavianum)' 책에서 예수는 지혜로운 인간이요 스승으로 그려졌다. 예수에게 호의적인 이 관점은 로마 지식층에 의해 2세기 들어설 무렵 크게 바뀌게 된다.

---

171 Bruce, Frederick, F, Ausserbiblische Zeugnisse über Jesus und das frühe Chrsientum, Giessen 2007, p.20

172 Josephus, Antiquitates 18,63; 20,200

173 Meier, John P., A Marginal Jew: Rethinking the Historical Jesus, Vol. I : The Roots of the Problem and the Person, ABRL, New York u.a., 1991, pp.56-69; Theissen, Gerd/Merz, Annette, Der historische Jesus, Göttingen 2011, 4판, pp.74-82

2장 예수운동 내부위기

예수운동도 여느 사회운동과 마찬가지로 외부 박해와 내부 위기에 시달렸다. 예수운동의 외부 박해와 내부 위기 어느 것도 외면할 수 없다.[1] 그런데, 외부 박해와 내부 위기를 깔끔하게 분리해서 서술하기는 불가능하다. 외부 박해와 내부 위기는 서로 영향을 주고받기 때문이다. 역사 서술은 중립이 없고 어차피 선택하는 일이다. 외부 박해와 내부 위기 중에 무엇부터 말해야 할지 역시 선택의 일이다.

예수는 언제 다시 오는가

예수는 세상을 심판하기 위해 곧 오실 것이라는 믿음이 예수운동 초기부터 생겼다. "주여, 어서 오소서(μαράνα θά)"(고린토전서 16,22). 예수가 부활했다는 소식과 성령 체험 두 가지에 근거한 확신이었다. 도착(παρουσία)은 유대교나 예수운동에서 처음 생긴 단어는 아니다. 그리스 문화에서 통치자가

1 Lampe, Peter/Luz, Ulrich, "Nachpaulinische Christentum und pagane Gesellschaft", in: Becker, Jürgen (Hg.), Die Anfänge des Christentums. Alte Welt und neue Hoffnung, Stuttgart 1987, pp.185-216

어디에 온다는 뜻의 단어를 예수운동이 빌려 쓴 듯하다.[2] 곧 다가올 예수 재림(데살로니카전서 5,23; 고린토전서 1,7; 15,23)은 예수운동 사람들의 생각과 행동을 결정하였다. 그런데, 이미 죽은 공동체 사람들은 어떻게 부활하는가. 이 주제는 아직 언급되지 못한 상태였다.[3]

기다리던 예수 재림은 오지 않았다. 예수 재림이 왜 늦어지는지 설명하고, 또 예수 재림을 흔들림 없이 확신해야 할 두 가지 과제가 예수운동 초기부터 생겼다. 늦어지는 예수 재림은 그저 이론적인 문제가 아니었다. 예수 재림 이전에 세상을 떠나는 사람은 부활되는가. 예수 재림 이전에 죽은 자들은 예외적인 경우에 해당한다고 생각했지만, 그런 죽음이 더 이상 드문 일이 아니었다(고린토전서 7,39; 11,30; 15,6).

바울과 공동체는 자신들 생전에 예수가 다시 오실 것으로 확신하고 살았다(데살로니카전서 4,17; 고린토전서 7,29; 15,52). 그러다가 바울 자신이 예수 재림 이전에 죽음을 맞이할 수도 있다(고린토후서 5,1-10)고 생각을 바꾸었다.[4] 로마서에서 예수 재림 이전에 죽음이 예외가 아니라 당연히 전제되었다. 바울은 "우리는 살거나 죽거나 주님의 것입니다"(로마 14,8b)라고 예수 재림이 가까이 왔음을 말하다가(로마 16,20), 예수 재림이 늦어질 것임(로마

---

2 Radl, Walter, Art. "παρουσία", EWNT 3, Stuttgart 2011, p.103; Köster, Helmut, "Imperial Ideology and Paul's Eschatology in 1 Thessalonians", in: Horsley, Richard A (Hg.), Paul and Empire. Religion and Power in Roman Imperial Society, Harrisburg 1997, pp.158-166

3 Walter, Nikolaus, "Leibliche Auferstehung? Zur Frage der Hellenisierung der Auferweckungshoofnung bei Paulus", in: Trowitzsch, Michael (Hg.), Paulus, Apostel Jesu Christi (FS Klein, G), Tübingen 1998, pp.109-127

4 Vogel, Manuel, Commentatio mortis. 2Kor 5,1-10 auf dem Hintergrund antiker ars moriendi, FRLANT 214, Göttingen 2006

13,11c)을 내비치기도 했다가 가까운 느낌이 없는 영원한 삶(갈라디아 6,8; 로마 2,7; 5,21)이라는 개념을 제안하기도 했다.

바울은 예수 재림을 죽은 자들의 부활과 연결시켜 해명하려 애썼다(데살로니카전서 4,13-18). 예수 재림이 어떻게 일어나고 세상 종말이 어떻게 진행되는지, 죽은 자의 부활이 어떻게 새로운 존재로 변화하는지 로마서에서 다루지 않았다.[5] 바울은 죽은 자의 부활에서 인간의 몸이 변한다는 생각을 한 것 같다. 몸에서 벗어나는 부활이 아니라 몸이 변하는 부활[6]이라고 부활에 대한 생각을 표현할까. "살든지 죽든지 나의 생활을 통틀어 그리스도의 영광을 드러내는 것입니다"(필립비 1,20b)라고 예수 재림 이전에 자신이 죽을 것임을 생각하고 개인의 운명이 어떻게 될 것인지 고뇌한 듯하다.[7] 예수 재림 문제에서 바울이 자신의 생각을 바꾸었던 사실은 분명하다.[8]

바울 죽음 이후 쓰인 마가복음은 사람의 아들 예수가 곧, 그러나 언제 올지 모른다는 의견을 펼쳤다(마가 13,24-27). "이 세대가 지나기 전에 이 모든 일들이 일어나고야 말 것"(마가 13,30)이라고 강조하면서도 "우선 복음이 모든 민족에게 전파되어야 한다"(마가 13,10)라고 늦어지는 예수 재림을 의식하고 있다. 공통년 70년 무렵에 예수운동에서 예수 재림을 기다리는 태도와 늦어지는 예수 재림이 더 이상 모순으로 여겨지지 않은 듯하다.[9]

---

5 Schnelle, Udo, Die ersten 100 Jahre des Christentums 30-130 n. Chr. Die Entstehungsgeschichte einer Weltreligion, Göttingen 2016, 2판, p.396

6 Walter, Nikolaus, "Leibliche Auferstehung? Zur Frage der Hellenisierung der Auferweckungshoofnung bei Paulus", in: Trowitzsch, Michael (Hg.), Paulus, Apostel Jesu Christi (FS Klein, G), Tübingen 1998, pp.109-127, p.120

7 Wiefel, Wolfgang, "Die Hauptrichtung des Wandels im eschatologischen Denken des Paulus", ThZ 30 (1974), pp.65-81, pp.79-81

8 Schnelle, Udo, Wandlungen im paulinischen Denken, SBS 137, Stuttgart 1989, pp.37-48

마태복음 저자와 공동체도 예수 재림을 고대하며 살았다(마태 3,2; 10,7; 24,32-36). 충실한 종과 불충한 종 비유(마태 24, 45-51)에서 늦어지는 예수 재림을 의식한 자취가 보인다. 열 소녀 비유의 결론도 늦어지는 예수 재림을 의식하고 있다. "그날과 그 시간은 아무도 모릅니다. 그러니 항상 깨어 있으시오"(마태 25,13). 마태복음 저자는 사람의 아들 시간(마태 13,41; 16,28), 예수 나라(마태 20,21) 단어로써 예수 부활로 시작되고 예수 재림까지 사람의 아들 시간과 하늘나라 시간을 구분한 듯하다.[10]

바울 활동 시기와 겹치는 예수어록도 곧 다가올 예수 재림과 심판을 확신했다(누가 3,7-9; 17,23-37Q).[11] 그렇지만, 늦어지는 예수 재림 문제를 외면하지 않았다. 도둑이 언제 올지 집주인이 알고 있었다면 자기 집을 뚫고 들어오지 못하게 하였을 것(누가 12,39)이다. 사람들이 '보아라, 저기 있다' 혹은 '여기 있다' 하더라도 찾아 나서지 말라(누가 17,23Q)는 것이다.

누가복음 저자는 예수 재림을 애타게 기다리던 예수운동 1세대가 지난 지도 한참 뒤 사람이다. 예수 떠난 지 어느덧 60여 년이 흘렀다. 누가복음 저자는 예수 재림을 다른 방식으로 다루고 싶었다.[12] 예수가 하늘로 올라갔

9 Schnelle, Udo, Die ersten 100 Jahre des Christentums 30-130 n. Chr. Die Entstehungsgeschichte einer Weltreligion, Göttingen 2016, 2판, p.397

10 Roloff, Jürgen, "Das Reich des Menschensohnes. Ein Beitrag zur Eschatologie des Matthäus", in: Evang, Martin/Merklein, Helmut/Wolter, Michael (Hg.), Eschatologie und Schöpfung (FS Grässer, E), BZNW 89, Berlin 1997, pp.275-292

11 Zeller, Dieter, "Der Zusammenhang der Eschatologie in der Logienquelle", in: Fiedler, Peter/Zeller, Dieter (Hg.), Gegenwart und kommendes Reich (Schülergabe Vögtle, A), SBB 6, Stuttgart 1975, pp.67-77)

12 Merk, Otto, "Das Reich Gottes in den lukanischen Schriften", in: Ders, Wissenschafts-geschichte und Exegese, BZNW 95, Berlin 1998, pp.272-291; Wolter, Michael, Israels Zukunft und die Parusieverzögerung bei Lukas, in: Evang, Martin/Merklein, Helmut/

다는 이야기를 제안한 것이다. 로마황제가 죽은 뒤 하늘로 올라갔다는 이야기가 당시 황제숭배 사상에서 널리 퍼져있었다.[13] 그 소재를 빌어온 누가복음 저자는 예수가 죽은 뒤 하늘로 올라가 신이 되었다고 당시 그리스로마 사람들에게 편하게 말한 것이다.

십자가에 못 박혀 죽고 부활한 예수가 40일간 제자들과 공동체에 하느님나라를 설명했다. 그러므로 공동체는 현재와 미래에 아무 걱정 없이 살 수 있다는 것이다. 누가복음 저자는 하늘로 올라간 예수는 성령을 보내어 공동체에 힘을 주었고 하늘로 올라간 예수는 언제나 다시 오실 것이라는 설명으로 늦어지는 예수 재림 문제를 해명했다. 이런 구도에서 예수가 언제 올지 계산할 필요는 없어졌다(누가 17,20; 사도행전 1,6). "앞으로 많은 사람이 내 이름을 내세우며 나타나서 '내가 바로 그리스도다!', 혹은 '때가 왔다!' 하고 떠들더라도 속지 않도록 조심하고 그들을 따라가지 마시오"(누가 21,8).

누가복음 저자가 예수 재림을 부인[14]한 것은 아니고, 우리가 알지 못하는 때에 예수는 온다[15]고 말한 것이다. "사람의 아들도 여러분이 생각지도 않은 때에 올 것이니 항상 준비하고 있으시오"(누가 12,40), 인내하고(누가 8,15) 깨어 있어라(누가 12,35; 21,34), 예루살렘과 온 유다와 사마리아와 땅끝까지 복음이 전파된 후에 비로소 세상 끝날이 올 것이다(사도행전 1,6-8), 하느님께서 이스라엘에 주신 구원(누가 2,30; 사도행전 28,28)을 모든 민족이 함께

Wolter, Michael (Hg.), Eschatologie und Schöpfung (FS Grässer, E), BZNW 89, Berlin 1997, pp. 405-426

13 Pilhofer, Peter, Livius, Lukas und Lukian,. Drei Himmelfahrten, in: Ders, Die frühen Christen und ihre Welt, WUNT 145, Tübingen 2003, pp.166-182

14 Haenchen, Ernst, Die Apostelgeschichte, KEK III, Göttingen 1977, 7판, p.107

15 Schneider, Gerhard, Die Apostelgeschichte I, HThK V/1, Freiburg 1980, p.142

누릴 기회와 시간이 주어졌다. 늦어지는 예수 재림이 문제를 일으킨 것이 아니라 문제를 해결할 기회를 제공한 것이다.[16] 그러나, 교회가 예수 재림을 대체했다[17]

늦어지는 예수 재림 문제를 해명한 누가복음의 제안은 이른바 현재 종말론(완세론 完世論) 문제를 가져오고 말았다. 나는 파멸을 암시하는 듯한 종말론 단어보다는 세상 완성을 뜻하는 완세론 단어가 더 적절하다고 생각한다. 누가복음의 제안은 구원의 현재 의미를 중심에 두지만, 구원의 미래 의미를 축소하거나 무의미하게 만든 것은 아닐까. 골로사이서가 벌써 현재 종말론(완세론) 기초를 놓았다. 그리스도가 지금 시간과 공간을 다스린다는 것이다. "그리스도는 전부이며 모든 이 안에 있습니다"(골로사이 3,11d). 세례를 통해 믿는 사람들은 예수와 함께 죽었고 예수와 함께 부활했다(골로사이 2,12; 3,1; 로마 6,3-5). 바울은 믿는 사람들은 이미 부활했다는 말을 한 번도 하지 않았는데, 골로사이서는 그렇게 말해버렸다.

그리스도를 믿는 사람들은 은총으로 구원을 받았다(에페소 2,5.6.8). 그들은 그리스도와 함께(에페소 1,20) 살고 하늘에서도 함께 있다(에페소 2,5.6). 에페소서에서 현재와 미래의 긴장은 의미를 잃어버렸다. 에페소서가 쓰일 무렵 로마제국의 통치 아래에서 예수 그리스도가 주는 구원의 확신을 공동체 사람들에게 강조하기 위해서였다. 에페소서 저자에게는 늦어지는 예수 재림

16 Wolter, Michael, Israels Zukunft und die parusieverzögerung bei Kukas, in: Evang, Martin/Merklein, Helmut/Wolter, Michael (Hg.), Eschatologie und Schöpfung (FS Grässer, E), BZNW 89, Berlin 1997, pp. 405-426, p.423

17 Conzelmann, Hans, Die Mitte der Zeit, BHTh 17, Tübingen 1977, 6판, p.127고 말할 수는 없다.(Schnelle, Udo, Die ersten 100 Jahre des Christentums 30-130 n. Chr. Die Entstehungsgeschichte einer Weltreligion, Göttingen 2016, 2판, p.400)

문제를 해명하기보다 믿는 사람들이 로마제국 통치 아래에서 용기를 잃지 않도록 격려하는 것이 우선 중요하고 다급했다.

히브리서도 늦어지는 예수 재림 문제를 모르지 않았다. 히브리서도 예수 재림을 확신했다(히브리 10,25.37). 그러나, 예수 재림이 언제 이루어지느냐 문제보다 그리스도인이라는 새로운 존재와 공간 문제로 방향을 바꾸어 생각했다.[18] 그리스도는 우리를 위해 하느님 앞에 나타나려고 하늘의 성소로 들어갔다(히브리 9,24b). 흔들리지 않는 하늘의 세계가 공동체에 구원의 확신을 준다는 것이다. "우리는 하늘에서 전능하신 이의 옥좌 오른편에 앉아 계시는 대사제를 모시고 있습니다"(히브리 8,1) 그러니, 예수 재림 문제를 걱정할 필요가 전혀 없다.

늦어지는 예수 재림 문제를 현재 완세론으로 완성한 인물이 요한복음 저자다.[19] 예수가 시간 안에서 언제 오느냐 질문을 예수는 시간을 완성한 분이라는 내용으로 질문과 생각의 틀을, 패러다임을 통째로 바꾸어 버렸다. 예수는 천지창조 전부터 존재했다(요한 1,1-5). 예수는 사람이 되었고(요한 1,14) 하느님께 올라갔고(요한 3,14) 드높여졌다(요한 17,1-5). 예수 그리스도는 성령 안에서 공동체에 지금도 존재한다(요한 14,16; 15,26; 16,7). 예수는 시간을 창조한 시간의 주인이다.

---

18 Eisele, Wilfred, Ein unerschütterliches Reich. Die mittelplatonische Umformung des Parusiegedankens im Hebräerbrief, BZNW 116, Berlin 2003, p.132; Backhaus, Knut, Der Hebräerbrief, RNT, Regensburg 2009, p.340

19 Schnelle, Udo, Neutestamentliche Anthropologie, BThSt 18, Neukirchen 1991, pp.154-158; Eckstein, Hans-Joachim, "Die Gegenwart im Licht der erinnerten Zukunft. Zur modalisierten Zeit im Johannesevangelium", in: Ders, Der aus Glauben Gerechte wird leben, Münster 2003, pp.187-206

시간의 주인 예수를 지금 믿느냐 여부가 인간의 생명과 죽음을 결정한다. "내 말을 듣고 나를 보내신 분을 믿는 사람은 영원한 생명을 얻을 것입니다"(요한 5,24b). 현재 결단이 미래 운명을 좌우하기 때문에, 지금 믿는 사람들은 심판을 지금 통과한 셈이다. "그를 믿는 사람은 죄인으로 판결받지 않으나 믿지 않는 사람은 이미 죄인으로 판결을 받았습니다"(요한 3,18b). 믿는 사람은 물과 성령으로 새로 난 새 생명이기에, 옛 세상에 사로잡히지 않고(요한 3,3.5.7) 지금 시대에도 죽음의 영역을 넘어선 셈이다. 요한복음 공동체는 하늘로부터 내려오는 생명의 빵(요한 6,51a)을 빵나눔에서 받고 있다. "하느님께서 주시는 빵은 하늘에서 내려오는 것이며 세상에 생명을 줍니다"(요한 6,33).

요한복음에 두드러진 현재 구원론이 구원의 미래 의미를 외면하거나 축소한 것은 아니다. 오히려 보충하고 있다. "때가 오면 죽은 이들이 하느님의 아들의 음성을 들을 것이며 그 음성을 들은 이들은 살아날 터인데 바로 지금이 그 때입니다"(요한 5,25). 예수 그리스도는 현재뿐 아니라 미래에도 생명을 주시는 분이다. 다시 오실 예수를 기다릴 뿐 아니라 지금 우리 곁에 있는 예수를 알아보라는 말이다. 늦어지는 예수 재림 문제를 요한복음은 이렇게 신학적으로 해결했다.

요한복음에서 절정에 이른 현재 구원론이 엉뚱하게도 로마황제가 현재 구원자라고 선전하는 데 악용되기도 했다. 악마도 성서를 인용하고 로마황제도 예수운동을 이용할 줄 안다. 살아있는 로마황제가 구원자처럼 숭배되고 추앙되었다. 예수 탄생 이전 로마황제 아우구스투스는 평화를 가져다주는 인물이라는 것이다.[20] 공통년 이전 8년에 달력에서 8월 명칭이 로마황제 이름을 따서 Augustus로 바뀌기도 했다. 로마황제뿐 아니라 로마제국 수도

로마도 온 세상을 위한 구원 의미가 있다는 식으로 영원한 로마(Roma eterna)라고 선전되었다. 그러나, 요한복음에 따르면, 현재 구원자는 예수이지 로마 황제가 아니다. 요한복음 현재 구원론은 로마황제 현재 구원자론에 저항하여 싸우는, 제국주의를 반대하는 신학이라고 말할 수 있다.

예수 재림 해석들: 이론 문제

늦어지는 예수 재림 문제를 두고 여러 신학 흐름이 단합했지만, 예수 이해를 두고 여러 신학 흐름이 나타났다. 누가복음 저자가 이상적으로 그렸던 한마음 한 뜻이 되어ἦν καρδία καὶ ψυχὴ μία(사도행전 4,32) 모습은 예루살렘 공동체조차 사실과 달랐다. 예수운동은 처음부터 논쟁하는 운동(eine streitende Bewegung)[21]이었다.

예수운동에서 드러난 여러 신학 갈등을 살필 때, 주의할 점이 있다. 신약성서에서 어느 저자가 비판했던 의견을 우리는 어떻게 보아야 할까. 비판받던 의견은 비판하는 사람에 의해 일방적으로 알려졌다. 비판하는 사람이 전해준 의견에 의지하여 비판받던 내용을 짐작할 수밖에 없는 위험이 있다.[22] 비판하는 성서 저자가 자기 입장을 강조하기 위해 상상의 반대자를 만들어냈을 가능성도 무시할 수 없다. 비판받던 의견은 어떤 역사적 맥락에서 나왔는지, 비판하는 성서 저자는 어느 역사적 상황에 있었는지, 우리가 자세히 질문할 수밖에 없다.[23] 거짓 사도이며 사람을 속여먹는 일꾼이며 그리스도의 사도로

20 Von den Hoff, Ralf/Stroh, Wilfred/Zimmermann, Martin, Divus Augustus, München 2014, pp.143-203

21 Schnelle, Udo, Die ersten 100 Jahre des Christentums 30-130 n. Chr. Die Entstehungsgeschichte einer Weltreligion, Göttingen 2016, 2판, p.411

22 Barclay, John M. G, "Mirror-Reading a polemical Letter. Galatians as a Test Case", JSNT 31 (1987), pp 73-93

가장하는 자들(고린토후서 11,13), 개들과 악한들(필립비 3,2)로 바울에게 사정없이 비난받던 사람들의 의견은 어떻게 복구될 수 있을까. 이론 논쟁에 각종 불순한 언변술이 즐겨 동원되던 시대에 생긴 문헌을 21세기에 사는 우리가 마주하고 있다. 비난받던 사람들의 의견은 정말 무엇이었는지, 논쟁의 핵심 내용은 무엇인지, 우리가 조심스레 접근하는 수밖에 없다.

바울이 선교하던 50년대 초에도 예수운동 내부에서 이론 다툼은 있었다. "나는 바울로파다", "나는 아폴로파다", "나는 베드로파다", "나는 그리스도파다" 하며 떠들고 다닌다는 것(고린토 1,12)이다. 유대교의 음식 규정을 지키라고 요구하고, 유대인 아닌 사람들에게 할례를 요구하는 선교사들도 있었다(갈라디아 2,4.12). 바울이 죽고 유대 독립전쟁이 끝난 공통년 70년 후에도 예수 재림 시간(데살로니카후서 2,2-3), 가난한 사람들과 부자들의 갈등(디모테오전서 6,17-20; 디모테오후서 3,2; 디도 1,7)을 두고 이론 다툼은 있었다.

골로사이서에는 유대인 아닌 사람에게 할례를 요구하는 사람들(골로사이 2,11)만 나온 것이 아니었다. 먹고 마시는 문제나 명절 지키는 일이나 초생달 축제와 안식일을 지키라고 요구하고(골로사이 2,16.21.23b), 금욕주의(골로사이 2,23)를 주장하는 사람도 공동체에 있었다. 천사를 숭배하는 사람도 있었다(골로사이 2,18). 세상의 원리(τὰ στοιχεῖα τοῦ κόσμου), 즉 미신을 믿는 사람도 있었다(갈라디아 4,3.9; 골로사이 2,8.20).[24] 당시 그리스철학

---

23 Berger, Klaus, "Die impliziten Gegner. Zur Methode des Erschliessens von 'Gegnern' in neutestamentlichen Texten", in: Lührmann, Dieter/Strecker, Georg (Hg.), Kirche (FS Bornkamm, G), Tübingen 1980, pp.373-400

24 Wolter, Michael, Der Brief an die Kolosser/Der Brief an Philemon, ÖTK 12, Gütersloh 1993, pp.155-163; Müller, Peter, "Gegner im Kolosserbrief", in; Kraus, Wolfgang (Hg.), Beiträge zur urchristlichen Theologiegeschichte (FS Müller, U. B), BZNW 163, Berlin 2009, pp. 365-394

영향 아래 있던 그들은 공동체에서 그런 행동과 관습을 실제로 행한 것 같다. 개인의 운명을 지배하는 우주적 힘에 복종하는 행위는 고대 철학과 문화에서 자연스럽게 받아들여졌었다. 우주 운행 원리를 설명하고 그것에서 개인 삶의 의미를 이끌어내는 것이 사람들에게 매력을 주기도 했던 시대였다.

그런 문화에서 살던 사람들에게 골로사이서 저자는 우주론을 내세워 예수를 소개했다. 우주 운행 원리가 아니라 예수 그리스도가 인간의 삶을 지탱하고 의미와 가치를 최종적으로 근원적으로 준다는 것이다. 예수 그리스도는 만물에 앞서 태어나신 분(골로사이 1,15)이고, 만물은 예수 그리스도를 통해 창조되었고 예수 그리스도를 위해 창조되었다(골로사이 16b). 그러니 예수 그리스도 말고 다른 세상의 원리나 힘에 굴복하고 숭배할 이유가 없다는 뜻이다. 골로사이서 저자는 환경 문제 때문이 아니라 예수 그리스도를 강조하기 위해 우주론을 제안하였다. 골로사이서 저자는 헬라인, 유대인도, 할례자, 비할례자, 그리스 사람 아닌 사람들, 스키티아인, 노예, 자유인 "모든 사람들이 그리스도 안에 있습니다[τὰ] πάντα καὶ ἐν πᾶσιν Χριστός:(골로사이 3,11d)라고 선언했다. "하느님은 모든 것 안에서 모든 것이시다(ὁ θεὸς [τὰ] πάντα ἐν πᾶσιν)"(고린토전서 15,28).

당시 그리스로마 지역과 심지어 예수운동 공동체까지 유대인을 반대하고 혐오하는 풍조가 퍼지고 침투했다. 초기 예수운동 공동체와 달리 그리스로마 지역의 예수운동 공동체들에서 유대인은 소수였다. 유대인은 예수운동 공동체에서 유대인 아닌 사람들과 동등한 대접을 받지 못했다.[25] 패망한 조국을 떠나, 온 세상으로 흩어진 유대인들은 예수운동 안팎에서 갈수록 혐오 대상

25 Fischer, Karl Martin, Tendenz und Absicht des Epheserbriefes, Berlin 1973, pp.79-94

이 되었다. 바울 편지에서처럼 유대인의 구원 가능성이라는 이론적 토론에 그치는 문제가 더 이상 아니었다.

에페소서 저자는 그리스도의 몸이라는 비유를 들어 예수운동 공동체 내부에서 유대인과 유대인 아닌 사람들의 일치와 평등을 강조하고 유대인 혐오를 비판하였다. 유대인과 유대인 아닌 사람들이나 모두 한 몸의 일부처럼 각자 소중하고 또 서로 의지한다고 설명했다. 에페소서 저자는 유대인 아닌 사람들에게 하느님께서 유대인을 선택하신 사실을 의도적으로 강조했다. "그때 여러분은 그리스도와는 아무 관계도 없었고 이스라엘 시민권도 없는 외국인으로서 약속의 계약에서 제외된 채 이 세상에서 희망도 하느님도 없이 살아온 사람들이었습니다"(에페소 2,12).

유대인과 유대인 아닌 사람들이 공동체에서 화해하도록 에페소서는 신경 썼다(에페소 2,14-18). "이제 여러분은 외국인도 아니고 나그네도 아닙니다. 성도들과 같은 한 시민(συμπολῖται)이며 하느님의 한 가족(οἰκεῖοι)입니다"(에페소 2,19)는 공동체에서 당연히 주인 노릇하던 유대인 아닌 사람들은 유대인을 무시하거니 차별하지 말라[26]는 뜻이다. 예수운동 내부에서 벌써 민족 차별이 있었다.

예수운동 안에서 무슨 1등급 신자가 있고 2등급 신자가 있는가. 예수운동 안에서 무슨 지배층 신자가 있고 피지배층 신자가 있는가. 예수운동 공동체가 마치 2층으로 나누어진 건물처럼, 2층에는 지배층 신자가 살고 1층에는 피지배층 신자가 산다는 말인가. 두 층 사이에는 계단도 없고, 엘리베이터도

26 Fischer, Karl Martin, Tendenz und Absicht des Epheserbriefes, Berlin 1973, p.80

없고, 에스컬레이터도 없다는 말인가. 그것이 예수운동이 인류에게 제시한 희망이란 말인가. 예수가 이런 공동체를 꿈꾸고 원했다는 말인가.

그리스로마 지역의 예수운동 공동체에 들어온 사람 중에 상당수는 여전히 다른 종교모임과 축제에도 여전히 들락거렸다. 바울은 고린토 공동체에서 그 현상을 목격했다. "주님의 식탁에 참여하는 여러분이 마귀들의 식탁에 참여할 수는 없습니다"(고린토전서 10,21b). 그렇게 사는 사람들의 죄를 용서해줄 수 있느냐, 예수운동 공동체에서 추방해야 하느냐 질문들(고린토전서 5,1-13; 히브리 6,4-6; 디모테오전서 1,20)이 나올 수밖에 없었다.[27] "하느님의 아들을 짓밟고 자기를 거룩하게 해준 계약의 피를 더럽히고 은총의 성령을 모욕한 자가 받을 벌이야 얼마나 더 가혹하겠습니까?"(히브리 10,29) 예수그리스도 희생이 한 번밖에 없었으므로 세례도 한 번이요 두 번째 회개는 없다(히브리 10,26-29; 12,16)는 것이다.

마태복음 저자도 그 주제를 고뇌했다(마태 18,15-17).[28] 3단계 과정이 제안되었다. "어떤 형제가 당신에게 잘못한 일이 있거든 단둘이 만나서 그의 잘못을 타일러주시오(마태 18,15), 그래도 듣지 않거든 한 사람이나 두 사람을 더 데리고 가서 모든 사실을 밝히고(마태 18,16), 그래도 말을 듣지 않으면, 마지막으로, 교회에 알리고 교회의 말조차 듣지 않거든 그를 이방인이나 세리처럼 여기라(마태 18,17b)" 하였다.

27 Goldhahn-Müller, Ingrid, Die Grenze der Gemeinde, GTA 39, Göttingen 1989, pp.75-114

28 Goldhahn-Müller, Ingrid, Die Grenze der Gemeinde, GTA 39, Göttingen 1989, pp.164-195; Koch, Stefan, Rechtliche Regelung von Konflikten im frühen Christentum, WUNT 174, Tübingen 2004, pp.66-83)

용서할 수 있는 죄와 용서할 수 없는 죄에 대한 토론도 마태복음 이전에 예수운동 공동체에서 이미 있었다(마가 3,28-29; 누가 12,10Q). 예수어록을 남긴 선교사들이 반대자들과 논쟁한 자취가 담겨 있다. 생전의 예수를 받아들이지 않는 것은 용서받을 수 있지만, 하느님의 아들임이 확실히 드러난 부활한 예수를 거절하는 죄는 용서받을 수 없다고 선교사들은 생각한 것 같다.[29] 부활한 예수를 거절하면 하느님의 아들 예수와 성령을 동시에 거절하는 셈이다.

요한 공동체도 그 주제는 외면할 수 없었다.[30] 요한 공동체는 세례받은 사람도 하느님과 관계를 깨뜨릴 죄를 범할 수 있다고 생각했다.[31] 2세기 그리스도교에서 두 번째 죄사함에 대해 여러 다른 입장이 있었다.[32] 모든 종류의 죄를 언제나 고백할 수 있고, 용서 권한을 성직자에게 맡긴 고백성사 제도는 2세기 후반부터 여러 문헌에서 언급되기 시작했다.[33]

1세기 예수운동 역사에서 나타난 여러 종류의 엇갈리는 가르침을 어떻게 분류하고 정돈해야 할까. 어떤 가르침을 받아들이고 어떤 가르침을 거절해야 하는가. 예수운동은 처음부터 옳은 가르침과 그른 가르침을 구분하는 기준을 가지고 있었는가. 2세기 후반 교회역사가 이레네우스(Irenäus von Lyon)는 예수운동 처음부터 전승되어 온 가르침이 있었고, 그 가르침에 따라 이른바

29 Wiefel, Wolfgang, Das Evangelium nach Matthäus, ThHK 1, Leipzig 1998, p.238

30 Goldhahn-Müller, Ingrid, Die Grenze der Gemeinde, GTA 39, Göttingen 1989, pp.27-72

31 Metzner, Rainer, Das Verständnis der Sünde im Johannesevangelium, WUNT 122, Tübingen 2000, pp.325-327

32 Goldhahn-Müller, Ingrid, Die Grenze der Gemeinde, GTA 39, Göttingen 1989, pp.225-351

33 Schnelle, Udo, Die ersten 100 Jahre des Christentums 30-130 n. Chr. Die Entstehungsgeschichte einer Weltreligion, Göttingen 2016, 2판, p.417

정통과 이단이 구분되었던 것처럼 기록했다.[34] 그러나, 후대에 이단으로 낙인찍힌 가르침이 당대에는 그렇게 여겨지지 않았을 수도 있고, 공동체에서 주류 의견이었을 수도 있다.[35] 예수운동은 처음부터 서로 경쟁하는 여러 해석과 가르침이 있었다. 어떤 그룹의 어떤 가르침이 공동체에서 주도권을 장악했었는지, 우리는 알지 못한다. 니케아 공의회(325년)에서 결정된 교리를 사용하여 1세기 예수운동에 나타난 여러 가르침과 해석을 정통 또는 이단이라고 분류할 수 있는가.[36]

바울은 용감하게도 자신의 가르침을 마치 유일하고 타당한 판단 기준처럼 강조했다.[37] "사실 다른 복음이란 있을 수 없습니다. 다만 어떤 사람들이 여러분의 마음을 뒤흔들고 그리스도의 복음을 변질시키려 하고 있을 따름입니다. 우리는 말할 것도 없고 하늘에서 온 천사라 할지라도 우리가 이미 전한 복음과 다른 것을 여러분에게 전한다면 그는 저주를 받아 마땅합니다. 전에도 말한 바 있지만 다시 한번 강조하겠습니다. 누구든지 여러분이 이미 받은 복음과 다른 것을 전하는 자가 있다면 그는 저주를 받아 마땅합니다"(갈라디아 1,8-9).

바울의 저 말은 옳은가. 신약성서에 바울이 쓴 편지 7편만 있으면, 우리는 예수 그리스도를 알기에 충분한가. 예수운동과 유대교의 관계, 예수 그리스

34 Irenäus, Adversus Haereses III, 3,1; I 10,1

35 Bauer, Walter, Rechtgläubigkeit und Ketzerei im ältesten Christentum, BHTh 10, Strecker, Georg (Hg.), Tübingen 1964, 2판, p.2

36 Markschies, Christoph, Kaiserzeitliche christliche Theologie und ihre Institutionen, Tübingen 2007, pp.337-383

37 Horn, Friedrich Wilhelm, "Wollte Paulus 'kanonisch' wirken?", in: Becker, Eve-Marie/ Scholz, Stefan (Hg.), Kanon in Konstruktion und Dekonstruktion, Berlin 2011, pp.400-422

도의 인성과 신성 문제, 늦어지는 예수 재림 문제 세 주제로 바울 가르침을 요약할 수 있겠다.[38] 예수운동과 유대교의 관계를 율법과 할례에 제한하여 본다면, 신약성서 어느 문헌도 유대인 아닌 사람에게 할례를 요구하지 않았다. 그 점에서 바울과 신약성서 저자들은 일치하고 있다. 유대인 아닌 사람에게 할례를 요구하지 말자고 처음 제안한 사람이 바울이었던 것은 아니다. 예수 그리스도의 인성과 신성 문제를 바울은 십자가 신학 관점에서 다루었다. 예수 죽음은 인류 구원에 의미있다는 것이다. 십자가 신학을 바울이 맨 처음 제안했던 것은 아니다. 예루살렘 공동체가 예루살렘 진출부터 십자가 죽음과 부활까지 예수 수난역사를 증언하고 기록하였다. 바울은 예루살렘 공동체보다 뒤늦게 예수의 십자가 죽음과 부활 소식을 들었다. 늦어지는 예수 재림에도 불구하고 바울과 모든 신약성서 저자들은 예수 재림의 희망을 포기하지 않고 간직했다.

바울 활동과 편지가 1세기 예수운동 역사에 끼친 영향과 업적은 누구도 외면하지 않는다. 그러나 1세기 예수운동 역사를 바울이 마치 결정하고 좌우한 것처럼, 그리고 바울 가르침이 유일무이하고 최종적인 것처럼 과장하는 것은 곤란하다. 모든 신약성서 저자들이 마치 바울의 제자인 것처럼 평가하기는 어렵다.

우선 바울 자신의 한계가 분명하다. 바울은 역사의 예수를 잘 몰랐고, 예수의 행동과 말씀도 거의 알지 못했다. 물론, 바울은 편지에 쓴 내용보다는 역사의 예수를 좀 더 많이 알고 있었을 것이다. 바울이 베드로에게 들은 것도 있고, 선교 활동에서 예수 전승도 적지 않게 들었을 것이다. 그러나,

38 Schnelle, Udo, Die ersten 100 Jahre des Christentums 30-130 n. Chr. Die Entstehungsgeschichte einer Weltreligion, Göttingen 2016, 2판, p.420

역사의 예수는 바울 신학에서 비중이 아주 적다. 바울이 그리스도교를 사실상 세웠다[39]고 말하는 것은 지나친 과장이다. 맨 처음에 이단도 없었고 정통도 없었고, 바울이 있었다[40]는 말은 냉정한 학문적 평가라기보다 바울에 대한 인간적 존중과 감동에 더 가까운 말이라고 보인다. 1세기 예수운동 맨 처음에 바울이 있었던 것이 아니라 예루살렘 공동체와 갈릴래아 공동체가 있었다.

가난한 사람들과 부자들 갈등

부자 비판은 로마의 스토아 철학과 견유학파(Kynismus)에서 중심 주제 중 하나였다. 예수운동 1세기 역사를 다루는 문헌에서 예수운동 내부의 빈부 갈등을 주목한 연구 문헌은 그동안 많지 않았다. 그러나, 예수운동 처음부터 공동체 내부에서 가난한 사람들과 부자들의 갈등은 있었다(고린토전서 11,17-22). 예수운동 1세대 이후 부자들이 예수운동에 더 많이 참가하면서(사도행전 17,4; 18,8) 갈등은 더 심해졌다. 예수운동 내부의 빈부 갈등은 예수운동 사람들의 일치와 존중을 가능하게 할 설명을 요구했다.

누가복음 공동체에 가난한 사람들과 부자들이 함께 있었다. 오늘 전 세계 거의 모든 교회 성당 모습과 크게 다르지 않다. 그런 상황에서 누가복음 저자가 선택할 방법은 네 가지가 있었다. 첫째, 가난한 사람들과 부자들을 함께 위로하는 방법. 둘째, 가난한 사람들을 위로하고 부자들을 비판하는 방법. 셋째, 가난한 사람들을 비판하고 부자들을 위로하는 방법. 넷째, 가난한 사람들과 부자들을 함께 위로하는 방법. 누가복음 저자는 가난한 사람들

39 Schnelle, Udo, Die ersten 100 Jahre des Christentums 30-130 n. Chr. Die Entstehungsgeschichte einer Weltreligion, Göttingen 2016, 2판, p.303

40 Schnelle, Udo, Die ersten 100 Jahre des Christentums 30-130 n. Chr. Die Entstehungsgeschichte einer Weltreligion, Göttingen 2016, 2판, p.421

을 위로하고 부자들을 비판하는 방법을 택했다.

예수 이전에 세례자 요한도 부자들을 비판했다.[41] 속옷 두 벌을 가진 사람은 한 벌을 없는 사람에게 주고, 먹을 것이 있는 사람도 남과 나누어 먹어야 하고, 세리는 정한 대로만 받고 그 이상은 받아내지 말고, 군인들은 협박하거나 속임수를 써서 남의 물건을 착취하지 말고 봉급으로 만족하라고 말했다(누가 3,10-14). 세례자 요한이 그저 금욕운동이나 홍보하고 세례나 준 것은 아니다. 세례자 요한은 부자들과 권력자들의 부패와 착취를 비판한 것이다. 그렇다면, 예수운동은 부자들을 어떻게 보아야 할 것인가. 만일 교회 자신이 부자가 된다면, 교회는 어떻게 할 것인가. 두 번째 주제는 후대 역사에서 그리스도교가 뼈아프게 겪고 부닥칠 문제였다.

예수운동은 부자들을 어떻게 보아야 할 것인가. 특히 누가복음 저자는 고뇌했다(누가 3,11; 사도행전 2,45; 4,34-37). 부자들은 욕심이 많고(누가 12,13-15), 가난한 사람들을 무시하고(누가 18,9), 돈에 대한 욕심 탓에 믿음을 잃기 쉽다(누가 8,14; 9,25). "사실 제아무리 부유하다 하더라도 사람이 자기 재산으로 자기 생명을 보장받지는 못합니다"(누가 12,15). 심지어 예수 제자들도 권력 다툼을 했다(누가 9,46); 22,24). 돈이 끼어 있지 않은 권력 다툼은 없다. 혼인잔치에 초대받거든 윗자리에 앉지 말라는(누가 14,7-24) 이야기도 부자 비판에 해당한다. 예수 따르기와 재산 포기는 연결되어 있다(누가 5,11; 8,3; 10,4). "자기 소유를 모두 버리지 않는 사람은 내 제자가 될 수 없습니다"(누가 14,33).

41 Horn, Friedrich Wilhelm, Glaube und Handeln in der Theologie des Lukas, GTA 26, Göttingen 1986, 2판, pp.91-97

돈을 멀리하라는 말은 가난한 사람들에게 돈을 나누어 주고 돌려주라는 말과 연결되었다(누가 11,41; 12,21.33; 16,9.27-31). "여러분의 재산을 팔아 자선을 베푸시오"(누가 12,33a). 어떤 부자에게 예수는 "가진 것을 모두 팔아 가난한 사람들에게 나누어 주시오"(누가 18,22)라고 요구했다. 적당히 파는 시늉만 하라는 말도 아니고, 재산의 1/10을 팔라는 말도 아니고, 전부(πάντα) 팔라는 뜻이다. 누가복음에서 전부라는 단어는 여기에만 있다. "부자가 하느님나라에 들어가는 것보다는 낙타가 바늘구멍으로 들어가는 것이 더 쉽습니다"(누가 18,25). 부자는 하느님나라에 들어갈 수 없다고 예수는 못 박았다.

부자 비판(누가 6,24; 8,14; 12,13-21), 가난한 사람들에게 한 약속(누가 1,53; 4,18; 7,22), 재산 포기 요구(누가 5,11; 12,33; 18,18-30), 자선 요구(누가 3,10; 6,33-38; 8,1-3)이 서로 잘 연결될 수 있을까. 누가복음 저자는 부자들을 훈계하고 교육하는 방법을 주로 썼다. 누가복음 저자가 부자들을 무조건 비판한 것은 아니다. 부자들이 돈을 가난한 사람들에게 나누고 돌려주도록 유도했다. 그것이 공동체 내부에서 가난한 사람들과 부자들의 갈등을 줄이고 일치하는 방법이다.[42]

공동체 내부에서 가난한 사람들과 부자들의 재산 균형이 누가복음 저자의 목표[43]였을까. 누가복음 저자는 예수 시간, 예수운동 초기 시간, 누가복음 공동체 시간을 셋으로 나누어 생각했다.[44] 예수 시간에는 재산 포기가 요구

42 Horn, Friedrich Wilhelm, Glaube und Handeln in der Theologie des Lukas, GTA 26, Göttingen 1986, 2판, p.231

43 Schottroff, Luise/Stegemann, Wolfgang, Jesus von Nazaret, Hoffnung der Armen, Stuttgart, 1990, 3판, p.150

44 Mineshige, Kiyoshi, Besitzverzicht und Almosen bei Lukas, WUNT 2.163, Tübingen 2003, p.263

되었다. 예수 첫 제자들은 재산을 포기하고 예수를 따랐다. 그러나, 누가복음 공동체 시간에는 재산 포기도, 재산 공동 소유도 더 이상 요구되지 않았고, 가난한 사람들에 대해 자발적인 자선이 요구되었다는 것이다. 또 다른 의견도 있다. 누가복음 저자는 두 방법으로 재산 문제를 다루었다는 것이다.

한편으로, 가난한 사람들과 소외된 사람들에게 행한 자선으로 가난한 사람들과 소외된 사람들을 구출했고, 다른 편으로 가난한 사람들과 소외된 사람들에게 자선을 행한 부자들을 구출했다는 것이다.[45] 누가복음 저자는 예수 제자들과 예루살렘 공동체의 재산 포기뿐 아니라 로마군대 고위 장교 고르넬리오를 기도와 자선의 모범으로 두 번이나(사도행전 10,4.31) 내세웠다. 바울이 전한 예수 말씀처럼, "주는 것이 받는 것보다 더 행복합니다"(사도행전 20,35).

목회서신들에도 빈부 갈등 언급은 빠지지 않았다. 집, 가정이 공동체 모델로 삼은 목회서신(디모테오전서 3,4.15)에 주택 소유자들이 자주 등장한다(디모테오전서 3,4; 5,4; 디모테오후서 1,16; 4,19). 넓은 집을 가진 사람도 드물지 않았다(디모테오후서 2,20). 집 없는 사람은 공동체 모임을 주최할 수 없었다. 나이 많은 부자 남자 원로들에게 돈을 줄 정도(디모테오전서 5,17; 3,1)로 공동체가 경제력을 나름 확보했다. 과부들을 돕기 위한 공동체 자금도 있었다(디모테오전서 5,16). 공동체 자금이 잘못 운용된 사례도 없지 않았다(디모테오전서 5,4-15).

노예(디모테오전서 6,1; 디도 2,9), 과부(디모테오전서 5,3), 수공업자(디모테오후서 4,14), 법조인(디도 3,13)도 공동체에 있었다. 공동체가 가난한 사람

45 Petracca, Vincenzo, Gott oder das Geld. Die Besitzethik des Lukas, TANZ 39, Tübingen 2003, p.354

들을 돌보도록 목회서신은 권유했다(디모테오전서 5,10). 전체적으로 공동체 운영에서 부자들이 중심 역할을 했던 것 같다.[46] 공동체에 부자들이 적지 않았다. 선행을 하고, 돈을 나눌 줄 알며, 자족하고, 어려운 사람을 도우라고 권유하고 있다(디모테오전서 6,6-8.18). 부자들의 탐욕을 비판하고(디모테오전서 6,6-10; 디모테오후서 3,2; 디도 1,7) 부자들만 따로 혼냈다. 특히 디모테오전서는 부자들에 대한 경고로 편지를 끝맺고 있다(디모테오전서 6,17-19). "돈을 사랑하는 것이 모든 악의 뿌리입니다"(디모테오전서 6,10).

예수운동이 가부장주의 굴레를 아직 벗어나지 못했던 현실도 드러났다. "여자들은 정숙하고 단정한 옷차림을 해야 합니다. 머리를 지나치게 꾸미거나 금이나 진주로 치장을 하거나 비싼 옷을 입지 말고....."(디모테오전서 2,9). 예수운동이 노예 제도와 윤리를 뒷받침하던 슬픈 과거도 드러난다. "그리스도를 믿는 주인을 섬기는 사람들은 주인이 교우라고 하여 소홀히 여기지 말고 오히려 더 잘 섬겨야 합니다"(디모테오전서 6,2). 예수운동이 예수 정신과 점점 멀어지는 안타까운 현실까지도 그대로 기록하고 있다. 신약성서가 예수운동의 아름답고 환상적인 모습만 간직한 것은 아니다.

야고보서는 예수운동 내부 갈등을 숨김없이 보여주고 있다.[47] 예수운동 내부에서 부자들과 가난한 사람들 사이에 서로 탓하고(야고보 5,9), 시기하고(야고보 3,14), 다툼이 벌어지고 있다(야고보 4,1). 공동체 빵나눔 모임에서 부자들은 우대받고(야고보 2,1) 가난한 사람들은 무시당했다(야고보 2,16),

---

46 Dschulnigg, Peter, "Warnung vor Reichtum und Ermahnung der Reichen", BZ 37 (1993), pp.60-77

47 Hoppe, Rudolf, "Arm und Reich im Jakobusbrief", in: Berges, Ulrich/Hoppe, Rudolf, Arm und Reich, Würzburg, 2009, pp.106-115

가난한 사람들 부자들이 예수운동 공동체에서 동등하게 취급받지 못하고 있다(야고보 2,1)라는 것이다. 부자들은 하느님이 아니라 자기 자신을 믿고 있다(야고보 4,13-17). 땅부자들은 노동자들을 착취하고 있다(야고보 5,1-6). 부자들은 예수운동 공동체를 괴롭히고 로마제국 법정에 고발하기도 했다(야고보 2,6).

야고보서 저자는 예수운동 사람들이 생각과 행동을 바꾸도록 촉구하고 있다.[48] 가난한 사람들을 돕는 것으로는 충분하지 않다(야고보 1,27; 2,15-16). 가난한 사람들을 우선적으로 선택해야 하며(야고보 1,27), 동시에 부자들을 비판해야 한다(야고보 2,1-13; 4,13-5,6). 그것이 하느님 뜻에 맞다. 가난한 사람들과 부자들에 대해 야고보서에 나타난 많은 가르침이 단순히 가난의 영성[49]을 말하는 것은 아니다. 가난한 사람들을 쏙 빼놓고서 가난이라는 복음적 가치를 칭송하는 것도 아니다. 그리스도교 역사에서 가난한 사람들을 외면하고서 가난의 영성을 외친 사람들은 많았다. 가난한 사람들을 돕자고 말하지만, 왜 가난한 사람들이 생겼는지 침묵하는 사람들도 아주 많았다. 가난한 사람들을 돕자고 말하지만, 부자들을 전혀 비판하지 않는 사람들도 아주 많았다.

가난한 사람들을 우선 선택한 야고보서도 가난 문제를 본격적으로 다루지는 못했다. 누가복음 저자도 마찬가지다. 누가복음 저자가 예수운동 공동체 내부에서 가난한 사람들과 부자들에 대한 동등한 대우를 요구했다면, 야고보

48 Schnider, Franz, Der Jakobusbrief, RNT, Regensburg 1987, p.57; Frankenmölle, Hubert, Der Brief des Jakobus, ÖTK 17/1, Gütersloh 1994, pp.57-62.251-259

49 Dibelius, Martin, Der Brief des Jakobus, KEK 15, Göttingen 1984(=1921), 6판, pp.161-163

서는 가난한 사람들과 부자들의 상호 연대[50]을 좀 더 강조했다. "하느님께서는 이 세상의 가난한 사람을 택하셔서 믿음을 부유하게 하시고 당신을 사랑하는 사람들에게 약속해 주신 그 나라를 차지하게 하지 않으셨습니까?"(야고보 2,5). 야고보서는 하느님께서 가난한 사람들을 우선 선택했다는 진리를 신학적으로 기초 놓았다.

가난한 사람들을 나눔과 베풂이라는 이웃돕기 차원에서 접근하면 부족하다. 내가 어떻게 좀 더 가난해질까 고뇌하는 윤리 문제로 축소하면 부족하다. 아씨시 프란치스코의 고뇌와 삶은 소중하지만, 가난한 사람들 문제에 대한 해답으로는 충분하지 않다. 가난한 사람들이 왜 생겼는가. 그렇게 질문해야만 한다. 세계 정치경제라는 구조적 차원에서 볼 필요가 있다. 가난한 사람들 문제는 단순한 윤리 문제가 아니라 복잡한 정치경제 문제다. 지난 이천 년 서양신학은 하느님나라를 망각해온 역사라고 표현할 수 있다. 더 자세히 말하자면, 지난 이천 년 서양신학은 가난한 사람들을 망각해온 역사라고 나는 말하고 싶다.

이웃 사랑과 원수 사랑이(누가 6,20-49)라는 아름답고 고귀한 산상수훈 말씀보다 "하느님과 돈을 함께 섬길 수는 없습니다"(누가 16,13)라는 말이 예수와 성서를 한마디로 요약한다고 볼 수 있다. 그리스도교는 부자들이 다니기 불쾌한 종교다. "부자들에게도 한마디 하겠습니다. 당신들에게 닥쳐올 비참한 일들을 생각하고 울며 통곡하십시오"(야고보 5,1).

---

50 Schnelle, Udo, Die ersten 100 Jahre des Christentums 30-130 n. Chr. Die Entstehungsgeschichte einer Weltreligion, Göttingen 2016, 2판, p.409와 동등함(Theissen, Gerd, Nächstenliebe und Egalität, in: Von Gemünden, Petra/Konradt, Matthias/Theissen, Gerd, Der Jakobusbrief, BVB 3, Münster 2003, pp.120-142)

종교를 명예 세탁과 권력 사다리로 악용하는 부자나 정치인은 역사 어디에나 있었다. 하느님과 돈을 함께 섬길 수 있다고 믿는 사람도 많고 '돈 먼저, 하느님 그다음'을 다짐하는 사람도 있다. 그리스도교 자체가 하느님보다 돈을 더 섬겨왔는지도 혹시 모르겠다. '예수 믿으면 부자가 된다'라고 거짓말하며 예수를 배신하고 팔아먹는 종교인도 있다. 신약성서가 부자들을 그렇게 많이 자주 비판한 것도 놀라운 일이지만, 신약성서가 가난한 사람들을 단 한 번도 비판하지 않은 것도 놀라운 일이다. 예수가 단 한 번도 가난한 사람들은 비판하지 않은 것은 예수 신비에 속한다.

3장 예수운동 외부 박해

공통년 70년 유대 독립전쟁이 끝난 후 예수운동은 외부에서 유대교와 갈등과 로마제국의 박해라는 두 전선에 서야 했다. 유대 독립전쟁에서 패배한 유대인들은 폐허가 된 예루살렘성전을 지켜보아야 했다. 유대교에서 바리사이파와 일부 사제와 율법학자만 남았고, 사두가이파와 젤로데파 등 다른 파벌은 역사 너머로 사라졌다. 예루살렘성전이 없어졌으니 유대교 사제들은 할 일이 거의 없었다. 유대교는 예루살렘성전 중심에서 토라와 회당 중심으로, 사제 중심에서 율법학자(신학자) 중심으로 바뀌었다. 종교의식 중심에서 가르침 중심으로 바뀐 유대교에서 바리사이파와 율법학자들이 큰 역할을 하게 되었다. 바리사이파가 유대교에서 사실상 유일한 중심이 되었다. 이 시기는 예수운동에서 복음서들이 탄생했던 시대와 겹친다. 예수운동 신학자들은 네 복음서를 쓰고 유대교 신학자들과 경쟁하게 되었다.

유대교의 박해

지중해 해안 야브네(Jabne)는 랍비 요하난 벤 자카이(Jochanan ben Zakkai) 지도 아래 유대교의 새로운 정신적 중심지가 되었다.[1] 세상은 토라,

예배, 자비 셋에 의지한다고 말했다는 요하난 벤 자카이는 랍비 힐렐과 샴마이에게서 토라를 받았다고 기록되었다.[2] 토라, 예배, 자비 셋 중에 토라와 자비가 남은 셈이다. 토라와 자비를 실천하는 일이 중요하다. 거룩함은 더 이상 성전이나 예배에 좌우되지 않고, 토라, 즉 모세에 이르는 성경에 의지한다는 것이다. 정결 규정과 음식 규정을 잘 지켜 일상을 거룩하게 만드는 것이 랍비 유대교에서 새롭게 더욱 강조되었다.

70년 이후 랍비 유대교와 경쟁 의식이 예수운동이 낳은 네 복음서에 잘 드러나 있다. 네 복음서에서 랍비 유대교와 예수운동의 경쟁을 볼 때, 세 가지 차원이 얽혀 있다.[3] 30년 역사의 예수가 당시 바리사이와 논쟁, 30년 이후 70년까지 네 복음서가 쓰이기 이전에 예수운동과 유대교의 논쟁, 70년 이후 네 복음서 저자들이 속한 공동체와 랍비 유대교의 논쟁이 네 복음서에 뒤섞여 있다. 이 세 가지 차원을 우리가 깔끔하게 나누어 관찰하기가 상당히 어렵다. 네 복음서에 나타난 예수와 바리사이와 논쟁 모두가 실제로 역사의 예수가 생전에 벌였던 논쟁이라고 생각하면 안 된다는 뜻이다.

팔레스타인 밖 시리아에서 쓰인 듯한 마가복음은 랍비 유대교와 벌인 논쟁을 소개하기보다 랍비 유대교에 거리를 두는 자세를 보였다(마가 2,1-3,6; 7,1-23; 12,28-34). 누가복음과 사도행전도 랍비 유대교에 거리를 두었지만, 랍비 유대교와 벌인 논쟁은 찾아보기 어렵다.[4] 그런데, 마태복음에서 상황이

1 Schäfer, Peter, Geschichte der Juden in der Antike, Tübingen 2010, 2판, pp.166-170

2 Mischnatraktat Avot 1,1.11; 2.8

3 Schnelle, Udo, Die ersten 100 Jahre des Christentums 30-130 n. Chr. Die Entstehungsgeschichte einer Weltreligion, Göttingen 2016, 2판, p.427

4 Klinghardt, Matthias, Gesetz und Volk Gottes, WUNT 2.32, Tübingen 1988; Wolter, Michael, "'Reich Gottes' bei Lukas", NTS 41 (1995), pp.541-563

크게 달라졌다.

아마도 유대교 랍비(마태 13,52)였던 마태복음 저자는[5] 처음에는 마태복음 공동체를 랍비 유대교의 일부라고 여긴 듯하다.[6] 마태복음은 한편으로 율법을 지지하였고(마태 5,17-20; 23,3a.23), 예수의 복음 전파를 이스라엘 영토 안에 제한했고(마태 10,5; 15,24), 안식일을 지켰다(마태 24,20). 그러나 다른 편으로, 모든 민족에게 구원을 선포했고(마태 10,18; 22,1-14; 28,18-20), 바리사이파를 비판했다(마태 5,20; 12,1; 19,1).

마태복음 공동체와 랍비 유대교의 사이가 멀어진 자취는 마태복음에 남아 있다. 여러분의 회당(마태 4,23; 10,17; 23,34), 율법학자들과 바리사이들(마태 12,38; 15,1; 23,2), 율법학자들과 바리사이들의 위선(마태 6,1-18; 23,1-36)을 언급했고, 그들보다 더 나은 정의(마태 5,20)를 마태복음 공동체에 요구하고, 하느님 뜻을 실천하라(마태 5,21-48; 12,50; 18,14)고 강조했다. 그러다가 마태복음 공동체는 모든 민족에 대한 선교에 나서게 되었고, 유대교와 분열되는 아픔을 겪게 되었다.[7]

마태복음보다 늦게 쓰인 요한복음은 예수운동과 랍비 유대교가 더 갈등하고 결국 분열되는 과정을 그리고 있다. 예수운동과 랍비 유대교는 예수가 메시아냐 논쟁을 넘어 예수운동이 두 하느님을 섬기느냐(Ditheismus) 논쟁으로 더 심해졌다. 예수운동은 하느님 말고도 예수라는 또 다른 신을 섬기느냐

5 Konradt, Matthias, Israel, Kirche und die Völker im Matthäusevangelium, WUNT 215, Tübingen 2007, p.375

6 Schnelle, Udo, Die ersten 100 Jahre des Christentums 30-130 n. Chr. Die Entstehungsgeschichte einer Weltreligion, Göttingen 2016, 2판, p.428

7 Schnelle, Udo, Einleitung in das Neue Testament, Göttingen 2017, 9판, pp.288-309

는 질문이었다. “유대인들은 예수를 죽이려는 마음을 더욱 굳혔다. 예수가 안식일법을 어겼을 뿐만 아니라 하느님을 자기 아버지라고 하며 자기를 하느님과 같다고 했기 때문이다”(요한 5,18). “유대인들은 ‘당신이 좋은 일을 했는데 우리가 왜 돌을 들겠습니까? 당신이 하느님을 모독했으니까 그러는 것입니다. 당신은 겨우 사람이면서 하느님 행세를 하고 있지 않습니까?하고 대들었다”(요한 10,33). 하느님을 모독하는 사람은 돌로 쳐 죽여야 하고(레위 24,16) 그 시신은 십자가에 매달아 놓아야 한다(신명기 21,22-23).

요한복음 저자는 하느님의 아들 예수가 유일신 사상을 훼손하지 않고, 하느님의 본질과 품위를 해치지 않을뿐더러 오히려 하느님 뜻을 따른다고 응수했다(요한 5,19-27). 더구나 예수는 아브라함의 자손(요한 8,37)이다. 하느님께서 유대인을 선택하신 사실을 예수도 인정한다는 뜻이다. 요한복음 1-4장은 유대인을 긍정적으로 그렸다. “구원은 유대인에게서 오기 때문입니다”(요한 4,22b). 그러다가 요한복음 5장부터 예수와 유대인의 커지는 갈등이 소개된다. 유대인들이 예수를 죽이려는 결심에서 갈등은 최고에 이른다. 유대교 대사제 가야파는 말한다. “온 민족이 멸망하는 것보다 한 사람이 백성을 대신해서 죽는 편이 더 낫다는 것도 모릅니까?”(요한 11,50). 모든 유대인이 예수를 죽이려 작정한 것이 아니고 일부 유대교 지배층이 그렇게 했다. 니고데모(요한 3,1-12), 앞 못 보는 사람(요한 9,1-41), 라자로(요한 11,1-45) 같은 유대인들은 예수를 믿고 받아들였다.

그러다가 요한복음 공동체 사람들이 하나둘씩 유대교 회당에서 추방된 듯하다. 회당에서 쫓겨난 사람들(ἀποσυνάγωγος)(요한 9,22; 12,42; 16,20)이라는 단어가 새로 생겼고, 요한복음에만 나타났다. 공통년 85년에서 90년 사이에 열린 이른바 야브네(Jabne) 회의에서 생겼다는 18기도문에 유대인들이 예수운동 사람들을 저주하는 구절이 포함되었다는 주장이 있었다.[8] 그 주장은 역사적으로 정확하지도 않고 시기도 불투명하다는 의견이 있다.[9] 야브네 회의는 실제로 열린 적이 없다는 의견[10]도 있다.

요한복음은 실제로 일어났던 랍비 유대교와 갈등을 반영할 뿐만 아니라 요한복음 공동체 사람들을 교육하고 내부 단속하려는 의도도 함께 있다.[11] 요한복음 공동체에서 랍비 유대교와 갈등은 분명히 있었고, 분열은 양쪽 모두에서 있었던 것 같다. 요한복음은 이미 오래전에 있었던 분열을 뒤돌아 보고 있다[12]는 의견도 있다. 요한복음보다 먼저 쓰인 듯한 요한 편지들에는 어디에도 유대인이 언급되지 않았고, 구약성서도 전혀 인용되지 않았다. 요한복음 예수 고별 발언(요한 13,31-16,33)에도 유대인은 언급되지 않았다. 마태복음과 요한복음은 예수운동과 유대교의 갈등과 분열을 보여주고 있다. 예수운동과 유대교의 갈등은 로마제국이 도입한 유대인 세금 문제로 더욱 악화되는 상황을 맞이하고 말았다.

예수운동은 초기부터 여러 이유로 여러 곳에서 미움과 박해의 대상이 되었다. 스테파노, 야고보 죽음은 대표적인 사례다. 그러나, 64년 로마제국 네로

8 Stemberger, Günter, "Birkat ha-minim and the separation of Christians and Jews", in: Isaac, Benjamin/Shahar, Yuval (Hg.), Judaea - Palestina, Babylon and Rome: Jews in Antiquity, Tübingen 2012, pp.75-88; Wengst, Klaus, Bedrängte Gemeinde und verherrlicher Christus, München 1992, 4판, pp.48-61

9 Schnelle, Udo, Antidoketische Christologie im Johannesevangelium, FRLANT 144, Göttingen 1987, pp.37-48

10 Maier, Johann, Zwischen den Testamenten, NEB.AT EB 3, Würzburg 1990, p.288

11 Zumstein, Jean, "Ausgrenzung aus dem Judentum und Identitätsbildung im Johannesevangelium", in: Schweitzer, Friedrich (Hg.), Religion, Politik und Gewalt, Gütersloh 2006, pp.383-393

12 Hengel, Martin, Die johanneische Frage, WUNT 67, Tübingen 1993, p.298

황제가 시작한 예수운동 박해는 이전 박해와 차원이 달랐다. 예수운동은 로마제국에게 하나의 독립된 종교 집단으로 여겨졌던 것이다. 사형을 포함한 공식적 박해였다. 박해가 어떻게 진행되었는지 궁금하지만, 왜 박해받았는지 먼저 살펴보자.

로마제국의 박해

종교 박해는 황제 제도가 생긴 이후 자주 있었던 통치 행위 중 하나였다. 공통년 이전 19년 티베리우스 황제 때 유대인뿐 아니라 이시스(Isis) 숭배자들이 추방되었다. 공통년 49년 클라우디우스 황제 칙령은 드루이드(Druide) 종교도 금지시켰다. 그리스 지역에서 유행하던 영웅 숭배 사상은 지배자 숭배 사상으로 바뀌었고, 곧 로마제국에서 황제숭배 사상으로 변했다.[13] 신은 특별한 인간을 선택하여 역사에서 신의 뜻을 이룬다는 생각이 황제숭배 사상의 바탕에 있었다.[14]

그리스 문화에서 살아있는 통치자를 신의 영역으로 올렸던 공통년 이전 5세기에 황제숭배 사상은 시작된 듯하다. 황제숭배 사상은 하나의 정치적 종교로서 로마제국 통치에 사용되었다. 알렉산더 대왕(공통년 이전 356~323) 재위 시절에 황제숭배 사상은 황제가 통치하는 땅을 넘어서 보편적인 차원으로 발전되었다. 알렉산더 대왕은 그리스신 제우스의 아들로 생전에 벌써 숭배되었다. 후대에는 통치자를 구원자로 부르기 시작했다. 공통년 이전 220년 무렵 로마제국이 지중해 동쪽으로 세력을 확장하면서, 그리스 지역 사람들이 로마황제를 숭배하기 시작했다.

13 Funke, Hermann, Art. "Götterbild", RAC 11, Stuttgart 1981, pp.659-828

14 Burkert, Walter, Griechische Religion der archaischen und klassischen Epoche, Stuttgart 2011, 2판, p.247

로마제국 황제 율리우스 케사르(Julius Caesar)는 통치 말기에 신으로 숭배되었다. 옥타비아누스, 즉 황제 아우구스투스는 로마 시내뿐 아니라 로마제국 동쪽 지역에서 황제숭배 사상을 퍼뜨렸다. 황제 아우구스투스 시절에 전통적인 로마 종교가 복구되기 시작했다. 황제숭배 사상을 강화하기 위해 달력에서 달 이름과 새해 시작 시점이 바뀌었다. 황제 아우구스투스는 많은 비석과 문헌에서 신 또는 신의 아들이라고 기록되었다.[15] 로마제국 황제는 세상에 평화와 안녕을 가져다주고 제국의 정치적 통일을 보장하며 시민을 구원하는 구원자로 숭배되었다.[16]

로마제국 수도인 로마뿐 아니라 각 정복지 대도시에도 황제숭배 사상을 따르는 사람들이 많이 생겼다. 황제숭배 사상은 로마제국 정치 이데올로기이자 사실상 종교나 다름없었다. 로마제국 모든 지역에서 똑같은 의식이 거행되었다. 지중해 지역에서 역사상 처음으로 한 인간을 신으로 숭배하는 종교가 탄생[17]하였다. 티베리우스, 클라우디우스, 베스파시안, 티투스 황제가 황제숭배 사상을 퍼뜨리는데 덜 적극적이었다면, 칼리구아, 네로, 도미티아누스 황제는 아주 적극적으로 퍼뜨리고 정치적으로 이용했다.

예수운동은 황제숭배 행사나 로마제국의 공공 축제에 참여하지 않았기 때문에 일찍부터 로마제국에 의심받게 되었다.[18] 십자가에 못 박혀 처형된

15 Von den Hoff, Ralf/Stroh, Wilfred/Zimmermann, Martin, Divus Augustus, München 2014, p.186

16 Auffarth, Christoph, "Herrscherkult und Christuskult", in: Cancik, Hubert/Hitzl, Konrad (Hg.), Die Praxis der Herrscherverehrung in Rom und seinen Provinzen, Tübingen 2003, pp.283-317; Schnelle, Udo (Hg.), Neuer Wettstein 1/2, Berlin, 2013, pp.239-256

17 Dahlheim, Werner, Die Welt zur Zeit Jesu, München 2013, p.232

18 Schmitt, Tassilo, "Die Christenverfolgung unter Nero", in: Heid, Stefan (Hg.), Petrus und Paulus in Rom, Freiburg 2011, pp.517-537; Hommel, Hildebrecht, "Tacitus und

정치범을 구원자로 믿는 행동은 외부 사람들에게 이상하게 보였다.[19] 빵나눔을 둘러싼 갖가지 나쁜 소문들도 있었다.[20] 예수운동을 미신의 하나로 여기는 사람들도 있었다.[21] 예수운동은 정치적으로 위험할 뿐 아니라 도덕적으로 타락했다는 비방도 받았다.[22]

네로 황제는 황제숭배 사상을 강화하면서 칼리굴라(Caligula) 황제처럼 자신을 신 차원으로 우상화하려 애썼다. 네로 황제를 주님(κυρίος)이라 불렀던 기록이 많이 발견되었다.[23] 소수 종교를 탄압하는 로마제국의 통치 관행, 로마제국의 종교 관습을 반대하는 존재로 예수운동을 보던 시각, 로마황제의 정치적 처지가 어우러져, 64년 7월 18일 6일간 계속된 로마 대화재 이후 예수운동 박해가 시작되었다.[24]

64년 네로 황제의 예수운동 박해는 49년 클라우디우스 황제 칙령과 관계가 있다. 클라우디우스 칙령으로 로마에서 일부 유대인과 예수운동의 유대인 출신 일부가 로마에서 추방된 후 예수운동 로마 공동체에 큰 변화가 생겼다. 클라우디우스 칙령 때까지 유대인 출신이 다수였다면, 칙령 이후 소수가

---

die Christen", in: Ders, Sebasmata II, WUNT 32, Tübingen 1984, pp.174-199, pp.182-189

19 Plutarch, Moralia 140d

20 Freudenberger, Rudolf, Das Verhalten der römischen Behörden gegen die Christen im 2. Jahrhundert, MBPF 52, München 1967, p.78

21 Cook, John G, Roman Attitudes Toward the Christians, WUNT 261, Tübingen 2010, pp.62-68

22 Lührmann, Dieter, "SUPERSTITIO - die Beurteilung des frühen Christentums durch die Römer", ThZ 42 (1986), pp.191-213, p.206

23 Arzt-Grabner, Peter, "Neues zu Paulus aus den Papyri des römischen Alltags", EC 1 (2010), pp.131-157; Clauss, Manfred, Kaiser und Gott. Herrscherkult im römischen Reich, Stuttgart 1999, pp.98-111

24 Malitz, Jürgen, Nero, München 1999, pp.69-81

되고 말았다(로마 1,13-15; 10,1-3). 로마 공동체에서 유대인 아닌 사람들이 늘어나고 영향력이 커졌다. 로마서가 쓰인 56년 무렵 예수운동 로마 공동체는 바울이 경제적 도움을 요청할 정도로 커진 듯하다. 64년 박해는 로마 공동체가 상당히 커졌다는 사실을 전제한다. 로마 당국은 예수운동을 유대교 내부 그룹의 하나로 더 이상 보지 않고 독자적인 단체로 이해하기 시작했다.

네로 황제와 측근들이 예수운동을 어떻게 보았었는지, 우리는 알 수 없다. 66년 유대 독립전쟁이 터지기 2년 전, 당시에 로마제국이 로마 대화재 책임을 유대인에게 돌리기는 정치적으로 위험했다. 그러나, 네로 황제가 로마 대화재를 일으켰다는 소문이 퍼진 상태에서, 네로 황제가 탈출하기 위한 속죄양으로 예수운동이 선택되었다. 1923년 9월 일본의 관동 대지진때 조선인들이 학살되던 사건이 떠오른다. 예수운동이 로마 대화재를 일으켰기 때문에 박해받은 것이지 예수를 믿었기 때문에 박해받은 것은 아니다[25]라는 의견은 받아들일 수 없다. 예수운동이 예수를 믿었기 때문에 로마 대화재를 일으켰다고 모함을 받고 박해받았다. 네로 황제는 예수운동을 조직적으로 박해하고 없애버리려 했다.

64년 로마 대화재와 예수운동 박해는 로마 시민들이 예수운동이 무엇인지 아는 계기가 되었다. 예수운동은 로마제국을 반대하는 종교 세력으로 알려지게 되었다.[26] 예수운동 박해는 로마 시내에만 제한되었지만, 로마제국 모든 지역에서 예수운동 공동체는 위축되었다. 네로 이후 타키투스와 플리니우스 황제는 네로의 예수운동 박해를 계승하지는 않았다.

---

25 Frenschkowski, Marco, Art. “Nero”, in: RAC 25, Karlsruhe 2013, pp.839-878, p.867

26 Vittinghoff, Friedrich, ""Christianus sum" - Das "Verbrechen" von Aussenseitern der römischen Gesellschaft", Historia 33 (1984), pp.331-357, p.355

그러나, 도미티안 황제(재위81~96) 때 예수운동 박해가 있었는지 논란되고 있다.[27] 도미티안 황제에 대한 평판은 대체로 부정적이다.[28] 정치적 반대자들을 많이 처형시켜온 도미티안 황제는 93년에 모든 철학자들을 로마와 이탈리아에서 추방시켜 버렸다.[29] 유대인을 혐오하던 그는 96년 유대인 세금(fiscus Judaicus)을 도입했다. 유대인 세금 탓에 유대교와 예수운동의 분열은 더 악화되고 말았다.[30]

도미티안 황제 시절은 마태복음과 누가복음이 쓰인 무렵과 가깝고 요한복음이 쓰이기 직전 시기였다. 도미티안 황제가 본격적으로 예수운동 박해를 시작했는지에 대해 여러 의견이 있다.[31] 적어도 베드로전서와 요한 계시록은 도미티안 황제 시기에 있었던 예수운동 박해와 연결될 수 있다.[32]

베드로전서는 도미티안 황제 시기에 쓰인 듯하다.[33] 신약성서 전체에 42번 나오는 단어 고통받다(πάσχειν) 단어가 베드로전서에만 12번 나온다. 예수

27 Haug, Werner, Politische Verfolgung. Ein Beitrag zur Soziologie der Herrschaft und der politischen Gewalt, Grüsch 1986, p.34

28 85년부터 도미티안 황제는 자신을 우리 주님이요 하느님dominus et deus noster(Sueton, Domitian 13,2)

29 Sueton, Domitian 10,3

30 Heemstra, Marius, The Fiscus Judaicus and the parting of the Ways, WUNT 2.277, Tübingen 2010, p.67

31 Stauffer, Ethelbert, Christus und die Caesaren, Hamburg 1966, p.166; Ulrich, Jörg, "Euseb, HistEccl III,14-20 und die Frage nach den Christenverfolgungen unter Domitian", ZNW 87 (1996), pp.269-289; Koch, Dietrich-Alex, Geschichte des Urchristentums, Göttingen 2014, 2판, p.468

32 Schnelle, Udo, Die ersten 100 Jahre des Christentums 30-130 n. Chr. Die Entstehungsgeschichte einer Weltreligion, Göttingen 2016, 2판, p.446

33 Gielen, Marlis, Der erste Petrusbrief, in: Ebner, Martin/Schreiber, Stefan (Hg.), Einleitung in das Neue Testament, Stuttgart 2008, 2판, pp.517-527, p.524-525

따르는 사람들의 고통과 예수의 고통이 연결되어 있다(베드로전서 2,21-25; 3,18; 4,1). 고통은 예수 믿는 사람들이 이 세상에서 겪는 존재의 특징이다(베드로전서 1,6; 5,9). "선을 행하다가 고통을 당하면서도 참으면 하느님의 축복을 받습니다"(베드로전서 2,20b). "여러분은 그리스도의 고난에 참여하는 것이니 오히려 기뻐하십시오"(베드로전서 4,13). 베드로전서는 초대 예수운동에서 흔히 일어나던 상황을 가리키는가.[34] 시련의 불길(πυρώσει πρὸς πειρασμὸν)(베드로전서 4,12b)은 도미티안 황제 재임 시기(공통년 81~90)를 가리키고 있다.[35]

요한 계시록은 도미티안 황제 시기인 90년대에 쓰인 듯하다.[36] 요한 계시록 공동체는 내부에서 사도를 사칭하는 자들(계시록 2,2.6.14.20)에게 위협받고 있고, 차갑지도 않고 뜨겁지도 않으며(계시록 2,4; 3,15), 그 믿음은 죽어 있다(계시록 3,1). 공동체 외부에서는 전쟁의 위험(계시록 6,2-4; 9,13; 16,12)[37], 유대인의 압박(계시록 2,9; 3,9)이 있었고, 소아시아 지역에서는 로마총독이라는 짐승(계시록 12,18-13,10)과 로마황제의 사제들이라는 두 번째 짐승(계시록 13,11-17; 16,13; 19,20)이 날뛰고 있다. 편지가 보내진 일곱 도시에는 황제숭배가 퍼져있다.[38]

---

34 Brox, Norbert, Der erste Petrusbrief, EKK XXI, Neukirchen 1979, p.30; Reichert, Angelika, Eine urchristliche praeparatio ad martyrium, BET 22, Frankfurt 1989, p.74

35 Feldmeier, Reinhard, Der erste Brief des Petrus, ThHK 15/I, Leipzig 2005, p.27; Gielen, Marlis, Der erste Petrusbrief, in: Ebner, Martin/Schreiber, Stefan (Hg.), Einleitung in das Neue Testament, Stuttgart 2008, 2판, pp.517-527, p.524

36 Schreiber, Stefan, Die Offenbarung des Johannes, in: Ebner, Martin/Schreiber, Stefan (Hg.), Einleitung in das Neue Testament, Stuttgart 2008, 2판, pp.568-593, p.577

37 Müller, Ulrich B, Die Offenbarung des Johannes, ÖTK 19, Gütersloh 1995, 2판, p.167; Roloff, Jürgen, Die Offenbarung des Johannes, Zürich 1984, p.81

38 Burkert, Walter, Art. "Griechische Religion", TRE 14, Berlin/New York 1985, pp.235-252, p.248

에페소 황제 신전에 실물 크기의 4배나 되는 도미티안 황제 동상이 서 있었고[39], 페르가몬에는 제우스 신전이 도시를 내려다보고 있었고[40], 스미르나는 황제숭배의 중심지였다. 요한 계시록 공동체는 박해(계시록 11,7-9; 13,15; 18,24)뿐 아니라 황제숭배의 유혹(계시록 3,10)을 받고 있었다.[41] 유혹은 성노동자 여성(계시록 17,1; 19,2; 21,8)의 모습으로 비유되었다. 공동체 내부에서 황제숭배와 타협하자는 흐름도 있었던 듯하다. 요한 계시록은 타협이 공동체를 위험에 빠뜨릴 것이라고 경고하고[42] 겉으는 막강해 보이는 로마 제국의 권력을 비판하면서 하느님의 권능이 곧 승리할 것이라고 위로한다.[43]

도미티안 황제를 구체적으로 가리키는 구절이 요한 계시록에 여러 군데 있다. 도미티안 황제 시대와 요한 계시록을 연결하는 성서학자들이 많다.[44] 우리 주님이요 하느님(ὁ κύριος καὶ ὁ θεὸς ἡμῶν)(계시록 4,11; 15,4; 19,10)은 도미티안 황제를 우리 주님이요 하느님(dominus et deus noster)[45]이라고

39 Elliger, Wilfred, Ephesos. Geschichte einer antiken Weltstadt, Stuttgart 1985, pp.96-99

40 Klauck, Hans-Josef, "Sendschreiben nach Pergamon und der Kaiserkult in der Johannesoffenbarung", Bib 72 (1991), pp.183-207, p.161)

41 Lona, Horacio E, ""Treu bis zum Tod"", in: Merklein, Helmut (Hg.), Neues Testament und Ethik (FS Schnackenburg, R), Freiburg 1989, pp.442-461

42 Müller, Ulrich B, Die Offenbarung des Johannes, ÖTK 19, Gütersloh 1995, 2판, p.113; Klauck, Hans-Josef, "Sendschreiben nach Pergamon und der Kaiserkult in der Johannesoffenbarung", Bib 72 (1991), pp.183-207, p.181

43 Labahn, Michael, ""Gefallen, gefallen ist Babylon, die Grosse". Die Johannesoffenbarung als subversive Erzählung, in; Elschenbroich, Julian/de Vries, Johannes (Hg.), Worte der Weissagung, ABG, 47, Leipzig 2014, pp.319-341

44 Witetschek, Stefan, "Ein weit geöffnetes Zeitfenster? Überlegungen zur Datierung der Johannes-Apokalypse", in; Frey, Jörg/Kelhofer, James A (Hg.), Die Johannes-Apokalypse, WUNT 287, Tübingen 2012, pp.117-148; Mucha, Robert, "Ein flavischer Nero: Zur Domitian-Darstellung und Datierung der Johannesapokalypse", NTS 60 (2014), pp.83-105

45 Sueton, Domitian 13,2

부른 구절과 정면으로 충돌한다. 요한 계시록뿐 아니라 요한복음도 황제숭배 사상을 비판하고 있다. 도마가 부활한 예수에게 한 말 "나의 주님, 나의 하느님(ὁ κύριός μου καὶ ὁ θεός μου)"(요한 20,28)에서 보지 않고도 예수를 믿는 일이나 예수 인성과 신성뿐 아니라 요한복음 공동체가 황제숭배 사상을 비판하는 것까지 보아야 한다. 요한 계시록과 요한복음은 서로 가까운 시기에 쓰였기 때문이다. 황제 동상을 가리키며 요한1서도 황제숭배를 비판하고 있다. "우상을 멀리하십시오"(요한1서 5,21).

불꽃 같은 그리스도의 눈(계시록 1,14)은 로마황제 아우구스투스 초상화(Sueton, Augustus 79,2)와 로마황제 도미티안의 눈(Statius, Silvae I 1,99-104)과 대결하고 있다. 계시록 13장과 17장에 전제된 되살아난 네로 황제 전설은 황제 도미티안과 연결되어 있다.[46] "포도주는 아예 생각하지도 마라"(계시록 6,6)는 92년 도미티안 황제가 공포했다가 시행되지 못한 계획인 포도주 재배 금지(Sueton, Domitian 7,2; 14,2)와 연결된다.[47]도미티안 황제가 제국 차원에서 박해를 일으켰다는 증거는 없다. 그러나, 소아시아 지역에서 널리 퍼진 황제숭배가 예수운동 공동체를 박해한 흔적은 많다. 나는 도미티안 황제 시절에 박해는 순전히 역사적 추측에 불과하다는 의견[48]을 받아들이기 어렵다.

로마제국의 예수운동 박해와 황제숭배 사상은 어떤 관계가 있을까. 로마제국도 사라지고 황제도 없는 21세기 한국인 독자들이 의아할 주제이기도

46 Giesen, Heinz, Das Römische Reich im Spiegel der Johannes-Apokalypse, ANRW 26.3, Berlin 1996, pp.2566-2570

47 Schnelle, Udo, Die ersten 100 Jahre des Christentums 30-130 n. Chr. Die Entstehungsgeschichte einer Weltreligion, Göttingen 2016, 2판, p.449

48 Koch, Dietrich-Alex, Geschichte des Urchristentums, Göttingen 2014, 2판, p.483

하겠다. 마태복음, 누가복음, 요한복음에서 주님과 하느님 호칭을 읽거나 들은 당시 예수운동 사람들의 심정은 절박했다. 예수운동은 로마황제가 아니라 나자렛 예수가 하느님의 아들이라고 선언한 것이다. 그러니 예수운동이 로마제국의 박해를 피할 수 있었겠는가. 로마제국과 예수운동의 갈등은 예정되어 있었다.[49] 로마황제 트라얀(Trajan 재위98~117)과 플리니우스(Plinius)가 110년부터 112년까지 주고받은 편지에 예수운동이 로마제국 차원에서 박해받은 최초의 기록이 담겨 있다.[50]

하느님의 아들이 하늘 아래 둘 있을 수는 없다. 예수운동이 선포하는 하느님의 아들 나자렛 예수는 로마제국이 십자가에 처형시킨 정치범이다. 64년 로마 대화재와 예수운동 박해 이후 예수운동 로마 공동체는 불과 8년 전 쓰인 로마서를 어떻게 읽었을까. 로마 공동체는 주님이라 불린 로마황제와 주님이라고 부르는 예수 그리스도의 대결로 로마서를 읽었을 것이다. 고뇌에 찬 결단에서 나온 바울의 말 "누구나 자기를 지배하는 권위에 복종해야 합니다"(로마서 13,1)는 로마제국의 박해를 피하는데 아무 쓸모가 없었다. 오히려 인류 역사에서 독재자들이 두고두고 써먹기 좋은 빌미를 제공하고 말았다.

나는 개인적으로 신약성서를 일종의 전쟁문학 또는 박해문학으로 이름붙여 이해하고 싶다. 유대 독립전쟁의 와중에 쓰인 마가복음을 비롯하여 박해 시절의 요한계시록까지 전쟁과 박해의 피냄새가 배어있지 않은 작품이 단 하나라도 있던가. 유대 독립전쟁 이전에 쓰인 바울 편지들도 박해 시절에

49 Clauss, Manfred, Kaiser und Gott. Herrscherkult im römischen Reich, Stuttgart 1999, p.17

50 Alföldy, Geza, "Die Inschriften des Jüngeren Plinius und seine Mission in der Provinz Pontus et Bithyniae, AAASH 39 (1999), pp. 21-44

서 면제되진 않았다. 특히 공통년 64년 이후 예수운동은 로마제국에 의해 불법 단체(collegium illicitum)로 판정받았다. 유대교가 오래된 종교로서 로마제국에게 인정받고 보호받은 상황과는 뚜렷이 다르다. 예수운동 창시자 나자렛 예수와 예수를 믿고 따르는 예수운동 공동체 사람들은 십자가 운명을 공동으로 지게 되었다.

4장 1세기 예수운동 종합

공통년 100년 무렵 1세기 예수운동의 특징과 흐름이 어느 정도 드러나고 자리잡게 되었다. 30년 나자렛 예수가 죽고 부활한 지 겨우 70년 지난 시점이었다. 유대교 내부 개혁운동으로 출발했던 예수는 어느덧 예수를 따르고 전파하는 예수운동으로 바뀌었다. 100년 무렵 예수운동의 풍경을 이제 정리해 보자.

예수운동: 도시종교, 교육종교

1세기 예수운동은 도시를 무대로 교육에 애쓴 종교가 되었다. 그러나, 나자렛 예수는 원래 농촌운동을 시작한 인물이었다. 갈릴래아 소도시와 시골 구석구석을 찾아다닌 예수는 갈릴래아 지방 큰 도시 세포리스와 티베리아스를 가지 않았다. 예수가 떠난 이후 예수운동 갈릴래아 공동체와 예루살렘 공동체는 한동안 갈릴래아 농촌과 예루살렘 시내에서 활동했다. 그러다 곧 예수운동은 도시 중심으로 활약하기 시작했다. 이스라엘 밖에서 대도시 안티오키아와 다마스쿠스에 예수운동 공동체가 세워졌고, 40년대 초 로마와 이집트 알렉산드리아에도 예수운동 공동체가 생긴 듯하다. 바울 선교는 거의 도시 선교라고 볼 수 있다. 농촌에서 시작한 예수 활동이 어떻게 도시 중심 예수운동으로 재빠르게 변했을까.[1]

1세기 지중해 지역에는 비교적 단일한 그리스로마 문화가 있었다. 보수적인 농촌 지역보다 변화에 민감한 도시 지역이 선교에 유리했다.[2] 상인, 수공업자, 날품팔이 등 이동이 자유로운 노동자들과 실업자들이 도시로 몰려들었다. 비교적 잘 닦여진 로마제국의 도로는 사람들의 이동을 도와주었다. 농촌에는 사투리나 지방 언어가 여전히 사용되었지만, 도시에는 그리스어가 잘 통용되었다. 신약성서도, 예수운동에서도 그리스어가 사실상 공용어처럼 쓰였다. 도시에서 예수운동 사람들이 일자리를 얻기도 어렵지 않았다. 노동하고 대화하면서 그들은 예수에 대한 믿음을 설명하고 보여줄 수 있었다. 도시에는 이미 각종 종교들이 있었다. 고대인들은 종교에 무관심하지 않았다. 도시 사람들은 사회생활에 지장 없는 한, 집에 여러 가족 신을 모셔놓기도 했다. 예수운동이 파고들 틈이 많았다.

최초의 예수운동 도시 공동체는 당연히 예루살렘에서 탄생했다. 예루살렘은 오래전부터 유대교 축제와 순례가 빈번했던 종교 중심지요 또한 경제도시이기도 했다. 예수는 예루살렘성전 뜰 안으로 들어가 상인들을 쫓아내고 환전상들의 탁자와 비둘기 장수들의 의자를 둘러엎고, 기도하는 집을 '강도의 소굴'로 만들었다고 비판했다(마가 11,15-17). 종교와 경제가 연결되면 기도하는 집은 강도의 소굴이 되고 만다. 예수가 죽고 부활했을 때 제자들은

1 Meeks, Wayne A, Urchristentum und Stadtkultur. Die soziale Welt der paulinischen Gemeinden, Gütersloh 1993, pp.24-110

2 Bendemann, Reinhard von/Tiwald, Markus (Hg.), "Das frühe Christentum und die Stadt. Einleitung und Grundlegung", in: Bendemann, Reinhard von/Tiwald, Markus (Hg.), Das frühe Christentum und die Stadt, BWANT 198, Stuttgart 2012, pp.9-42

예루살렘에 모여 있었다. 예수 떠난 후 제자들은 예루살렘성전 솔로몬 홀에서 예수를 전했다(사도행전 3,11-26). 예루살렘에서 예수운동 도시 선교는 상징적 숫자인 삼천 명(사도행전 2,41)과 오천 명(사도행전 4,5)을 참여시키는 성공을 거두기도 했지만, 유대교의 반발을 불러일으키기도 했다.(사도행전 7,54-60)

31년에서 34년 사이에 안티오키아와 다마스쿠스에 예수운동 공동체가 생겼다. 안티오키아에서 예수운동은 독자적인 모임으로 벌써 여겨진 듯하다(사도행전 11,19-30). 큰 규모의 유대인 거주 지역이 있었던 두 도시는 오래전부터 예루살렘과 경제와 종교 면에서 가까운 관계를 유지했었다. 도시는 예수운동이 빠르게 퍼져나갈 공간을 제공하기도 했지만, 그만큼 기존 종교의 반발과 갈등에서 오는 위험도 함께 따라왔다.[3] 특히 기존 종교 축제에 참여하고 제사 음식을 먹는 행위(고린토전서 8,1-13; 10,14-23), 성 윤리와 결혼윤리(고린토전서 6,12-20; 7,1-16.25-40)는 기존 종교와 충돌하는 주제였다. 세례(고린토전서 1,10-17), 부활(고린토전서 15,12-19), 자유(고린토전서 4,8; 6,12; 10,23), 성령 은사(고린토전서 12-14장), 노예 신분(고린토전서 7,17-24), 빵나눔에서 처신(고린토전서 11,1-16), 여성의 처신(고린토전서 11,17-34) 등은 예수운동 내부에서 생긴 갈등이었다.

도시 공동체는 예수운동에서 신학 중심지 역할도 했다. 아폴로가 세웠고(사도행전 18,24-26), 바울 선교 중심지 중 하나였던 에페소(사도행전 19,9)를

3 Horsley, "Richard A, 1 Corinthians: A Case Study of Paul's Assembly as an Alternative Society", in: Ders, Paul and Empire, Harrisburg 1997, pp.242-252; Maschmeier, Jens-Christian, "Der Glaube auf dem Marktplatz. Freiheitskämpfe in Korinth", in: Bendemann, Reinhard von/Tiwald, Markus (Hg.), Das frühe Christentum und die Stadt, BWANT 198, Stuttgart 2012, pp.146-163

보자.[4] 에페소는 바울 생전에 바울 학파가 생겼고[5], 에페소서와 목회서신이 탄생했고 또한 요한 학파의 근거지였던 것 같다. 천지창조 이전 예수 존재, 십자가 신학, 예수 호칭, 성령, 인간학, 윤리에서 바울 학파와 요한 학파의 연결점과 공통점이 적지 않다.[6] 고대교회 전승은 요한복음이 에페소에서 쓰여졌다[7]고 말한다. 요한복음은 주로 소아시아와 로마제국 동쪽 지역에서 영향력이 컸다.

마가복음은 농촌과 도시의 갈등이 두드러진 문헌으로 볼 수 있다. 마가복음 처음부터 예루살렘은 예수를 적대하는 도시(마가 3,6; 7,1)로 표현되었다. 갈릴래아에서 예루살렘으로 진출하는 예수의 길은 고난과 죽음의 길이라고 예수가 세 번이나 설명했다(마가 8,31; 9,31; 10,33). 예루살렘 성전항쟁(마가 11,15-18)에서 예수와 반대자들의 갈등은 최고에 이른다. 예루살렘이 죄없는 예수가 억울하게 체포되고 처형된 곳(마가 14,43-65; 15,1-41)이라면, 갈릴래아는 부활한 예수가 나타난 곳(마가 14,28; 16,7)이다. 누가복음 저자는 예수 복음이 예루살렘에서 시작하여 세상의 끝(사도행전 1,8), 즉 로마에 이르는 길(사도행전 13,10; 19,23)을 제안하였다.[8] 마가복음이 예루살렘에 진출하는 예수 고난의 길을 세 번 언급했듯이, 누가복음 저자는 바울이 로마에 진출하

---

4 Tiwald, Markus, "Frühchristliche Pluralität in Ephesus", in: Bendemann, Reinhard von/Tiwald, Markus (Hg.), Das frühe Christentum und die Stadt, BWANT 198, Stuttgart 2012, pp.128-145

5 Schnelle, Udo, Einleitung in das Neue Testament, Göttingen 2017, 9판, p.381.410)

6 Schnelle, Udo, Die ersten 100 Jahre des Christentums 30-130 n. Chr. Die Entstehungsgeschichte einer Weltreligion, Göttingen 2016, 2판, pp.514-517)

7 Irenäus, Adversus haereses III 1,1

8 Schäfer, Jan, "Vom Zentrum zum Zentrum. Die Achse der Apostelgeschichte von Jerusalem nach Rom", in: Bendemann, Reinhard von/Tiwald, Markus (Hg.), Das frühe Christentum und die Stadt, BWANT 198, Stuttgart 2012, pp.189-207

는 고난의 길을 세 번(사도행전 19,21; 23,11; 27,24)이나 강조했다.[9] 물론 바울이 로마에 도착하기 이전에 로마에는 이미 예수운동 공동체가 있었다.

요한계시록 저자는 누가복음 저자의 예루살렘과 로마 대조에서 더 나아가 예수운동 공동체를 하늘에서 내려온 새로운 예루살렘(계시록 21,1-22,5)이라고 표현했다.[10] 요한계시록 저자는 예루살렘 이미지를 공동성서(구약성 토비트 13,16-18)와 신약성서(갈라디아 4,21-31)에서 가져왔다. 바빌론 유배 후 예루살렘성전에 대한 에제키엘 예언자의 환상(에제키엘 40-48장)을 기초하여, 로마제국, 바빌론이 멸망한 뒤(계시록 18,1-24) 하느님은 새 예루살렘에 거주하실 것이다.[11] 현재 고통을 잘 견디는 믿는 사람들은 하늘의 예루살렘 문으로 들어갈 것이다.(계시록 22,14) "전능하신 주 하느님과 어린 양이 바로 그 도시의 성전이기 때문입니다."(계시록 21,22b)

도시에 있었던 예수운동 공동체는 교육에 애썼다. 시작한지 겨우 50년 동안 많은 문헌을 낳은 예수운동이 자체 교육을 소홀히 할 리가 없었다. 글자 해독뿐 아니라 윤리교육에 앞장섰다. 참고할 자료가 매우 부족하여 당시 문맹률이 얼마인지 추측하기는 어렵다. 고대 도시에는 글자뿐 아니라 여러 신호와 기호가 많았다. 주택 입구, 광장, 극장, 신전, 시장, 가게 등

---

9 Burfeind, Carsten, "Paulus muss nach Rom", NTS 46 (2000), pp.75-91, p.83

10 Roloff, Jürgen, "Neuschöpfung in der Offenbarung des Johannes", JBTh 5 (1990), pp.119-138; Hahn, Ferdinand, "Das neue Jerusalem", in: Karrer, Martin/Kraus, Wolfgang/Merk, Otto (Hg.), Kirche und Volk Gottes (FS Roloff, J), Neukirchen 2000, pp.284-294

11 Georgi, Dieter, Die Visionen vom himmlischen Jerusalem in Apk 21 und 22, in: Lührmann, Dieter/Strecker, Georg (Hg.), Kirche (FS Bornkamm, G), Tübingen 1980, pp.351-372; Böcher, Otto, "Mythos und Rationalität", in: Schmid, Hans Heinrich (Hg.), Mythos und Rationalität, pp.163-171

여러 장소에 공고문, 행사 안내, 계산서, 낙서, 비석 등 형식으로 파피루스, 조개껍질, 가죽, 돌판, 나무에 글자와 기호가 기록되었다.[12]

아우구스투스 황제 이후에는 문헌 저작뿐 아니라 공공 문서가 많이 늘어났다. 로마제국 450년 동안 생긴 문헌 숫자가 아우구스투스 황제 때 생긴 문헌 숫자와 거의 같았다.[13] 고대 도시에서 7~11세 어린이 대부분 초등학교를 다닌 듯하다.[14] 공통년 이전 5세기에 남자 15%가 읽고 쓸 줄 알았으며, 공통년 이전 100년에 전체 인구의 10%가 읽고 쓸 줄 알았고, 일부 도시에서 자유인 남자의 30~40%가 읽고 쓸 줄 알았다.[15] 쓰기 문화는 특수 소수층에게만 제한되어 있었고, 글자를 읽고 쓸 줄 알았던 비율은 전체 인구의 10~15%로 추측된다.[16] 중소 도시 사람들의 30~50%는 글을 읽고 쓸 줄 알았던 것 같다.[17]

도시 중심으로 퍼졌던 예수운동 사람들은 농촌 사람들보다 문자 해독률이 높았다. 예수운동 사람들 상당수는 유대인 출신이었으며, 유대인들의 문자 해독률은 로마제국 사람들 평균보다 훨씬 높았다.[18] 예수운동 사람들은 구약

12 Dreyer, Boris, "Medien für Erziehung, Bildung, und Ausbildung in der Antike", in: Christes, Johannes/Klein, Richard/Lüth, Christoph (Hg.), Handbuch der Bildung und Erziehung in der Antike, Darmstadt 2006, pp.223-250

13 Von den Hoff, Ralf/Stroh, Wilfried/Zimmermann, Martin, Divus Augustus, München 2014, p.190

14 Weeber, Karl-Wilhelm, Alltag im Alten Rom I, Düsseldorf 2003, 7판, p.312

15 Harris, Willaim V, Ancient Literacy, Cambridge (MA)/London 1989, p.328

16 Harris, Willaim V, Ancient Literacy, Cambridge (MA)/London 1989, p.337

17 Schnelle, Udo, Die ersten 100 Jahre des Christentums 30-130 n. Chr. Die Entstehungsgeschichte einer Weltreligion, Göttingen 2016, 2판, p.494

18 Safari, Samuel, Education and the Study of the Torah, in: Safari, Samuel/Stern, Menachem (Hg.), The Jewish People in the First century, CRINT I/2, Assen/Amsterdam 1976,

성서 그리스어 번역본을 열심히 듣고 토론하고 공부했다. 바울 편지를 직접 눈으로 보고 읽은 것 같다. "보십시오. 내가 직접 여러분에게 이렇게 큰 글자로 써 보냅니다"(갈라디아 6,11; 고린토전서 16,21; 필레몬 1,19). 글자를 읽고 쓸 줄 몰랐다 하더라도, 낭독되는 바울 편지를 듣고 토론에 충분히 참여할 수 있었다. 예수운동 여러 공동체에는 가르치는 사람들이 있었다(고린토전서 12,28; 갈라디아 6,6; 로마 12,7b; 사도행전 13,1). 예수도 가르치는 사람이라고 불렸다.[19]

복음서와 편지를 낳은 예수운동 여러 공동체에 여러 언어에 능숙한 사람들이 있었던 듯하다. 어떤 종교 인물도 나자렛 예수처럼 재빨리 문헌으로 기록되거나 전달되지는 못했다. 처음부터 예수운동은 문헌을 활발하게 기록하고 생산한 모임이었다. 아우구스투스 황제를 선전하는 작업에 대응하고 경쟁하여 예수운동이 나자렛 예수를 열심히 선전했다.[20]

도시 중심으로 교육에 애쓰던 예수운동은 처음부터 여러 문헌을 생산하였다. 그 문헌들이 예수운동과 유대교의 차이를 분명히 드러냈고, 유대교에서 갈라져나오는 계기 중 하나로 작용했다.[21] 바울 편지가 대표적이다. 예수운동은 공동성서(구약성서)를 유대교와 공유했지만, 보는 방식이 똑같지는 않았다.[22]

---

pp.945-970; Riesener, Rainer, Jesus als Lehrer, WUNT 2.7, Tübingen 1988, 3판, pp.97-245

19 Schenke, Ludger, "Jesus als Weisheitslehrer im Markusevangelium", in: Fassnacht, Martin u. a (Hg.), Die Weisheit - Ursprünge und Rezeption (FS Löning, K), NTA 44, Münster 2003, pp.125-138

20 Von den Hoff, Ralf/Stroh, Wilfried/Zimmermann, Martin, Divus Augustus, München 2014, pp.143-170

21 Theissen, Gerd, Die Religion der ersten Christen, Gütersloh 2000, pp.233-280

공동성서(구약성서)를 자주 인용한 바울은 한편으로 예수운동이 유대교에 기초하고 있음을 보여주었고, 다른 편으로 공동성서를 예수가 선포한 복음을 해설하는 근거로 사용했다. 바울은 공동성서를 글자 그대로가 아니라 고쳐서 인용하기도 했다. 바울은 공동성서를 유대교 방식이 아니라 예수운동 방식으로 이해한 것이다.[23] 바울 편지들의 내용과 바울이라는 인물이 사도행전과 바울의 이름을 빌린 편지에 하나의 모범이자 기준으로 영향을 끼치게 되었다.

예수운동은 네 복음서와 사도행전을 펴내면서 전혀 새로운 단계에 들어섰다. 예수 역사를 다룬 복음서는 바울 편지들보다 더 예수운동과 유대교의 차이를 드러내 주었다. 복음서는 유대교와 분열을 정당화하고 예수운동의 기초를 놓았을 뿐 아니라 유대교를 대신하는 지위에 들어섰다.[24] 복음서가 탄생하고 그 중요성이 인정되면서, 전승에 크게 의지하던 유랑 선교사들의 영향력이 어느덧 사라지게 되었다.[25] 예수 역사와 메시지를 소개한 복음서는 예수운동에서 경전으로 사용되기 시작했다. 예수운동이 문헌을 낳았고, 문헌이 예수운동을 만들어 주었다.[26]

---

22 Schröter, Jens, "Das Alte Testament im Urchristentum", in; Gräb-Schmidt, Elisabeth/Preul, Reiner (Hg.), Das Alte Testament in der Theologie, Leipzig 2013, pp.49-81

23 Koch, Dietrich-Alex, Die Schrift als Zeuge des Evangeliums, BHTh 69, Tübingen 1986, p.198; Backhaus, Knut, ""Mitteilhaber des Evangeliums"(1Kor 9,23). Zur christologischen Grundlegung einer "Paulus-Schule" bei Paulus", in: Scholtissek, Klaus (Hg.), Christologie in der Paulus-Schule, SBS 181, Stuttgart 2000, pp.44-71, p.46

24 Theissen, Gerd, Die Religion der ersten Christen, Gütersloh 2000, pp.233-253

25 Schnelle, Udo, Die ersten 100 Jahre des Christentums 30-130 n. Chr. Die Entstehungsgeschichte einer Weltreligion, Göttingen 2016, 2판, p.469

26 Von Lips, Hermann, Der Neutestamentliche Kanon, Zürich 2004; Schnelle, Udo, Einleitung in das Neue Testament, Göttingen 2017, 9판, pp.426-442

특정 개인, 그룹, 회의가 아니라 예수운동 공동체들이 예수운동이 낳은 문헌을 인정하고 받아들이고 사용하는데 역할을 했다. 예수운동에서 생긴 많은 문헌 중에서 각 공동체가 실제로 사용하던 문헌만 경전으로 인정되었다. 권위있는 문헌으로서 경전(Kanon 經典)이라는 단어는 예수운동보다 200년 뒤인 360년 무렵 라오디세아(Laodicea) 회의에서 처음으로 사용되었다.[27] 경전 결집은 여러 문헌 중에서 일부 문헌만 경전으로 선택해야 하는 피할 수 없는 과정이기도 하다.[28] 경전 결집 과정에서 다양성이 존중되었다. 공동성서, 복음서, 바울 편지, 기타 문헌이 경전으로 예수운동에서 인정되기 시작했다. 예수 역사를 다룬 복음서가 가장 중요하게 받아들여졌다.

예수운동: 하느님과 예수는 누구인가

그 이름처럼 예수운동은 예수가 시작한 운동이요 예수가 중심인 운동이었다. 예수운동에서 예수는 누구인가라는 질문은 빠질 수 없고 가장 먼저 나와야 할 질문이다. 예수운동 저자들, 즉 신약성서 저자들은 한편으로 공동성서를 인용하고 다른 편으로 그리스로마 철학과 대화했다. 처음부터 예수운동은 나자렛 예수에 대한 호칭을 내세워 예수는 누구인가 설명하려 했다. 예수 호칭 없는 신약성서 문헌은 없다.

예수운동의 새로운 하느님

그리스 사상에도 유일신 사상(Xenophanes, Frgm. 23)이 공통년 이전 6세기경 있었지만, 이론으로나 실제로 자리 잡지 못했다.[29] 어느 신을 믿어야

27 Metzger, Bruce M, Der Kanon des Neuten Testaments, Düsseldorf 1993, pp.272-276

28 Luckmann, Thomas, "Religion - Gesellschaft - Transzendenz", in: Höhn, Hans-Joachim (Hg.), Krise der Immanenz, Frankfurt 1996, pp.112-127, p.121

좋을지 알 수 없는 다신론은 결국 사람을 운명론에 빠뜨리고야 만다.[30] 다신론이 중심이던 그리스로마 문화에서 유대교와 예수운동이 전하는 유일한 하느님 사상은 큰 매력을 주었다. 예수운동이 널리 퍼지는데 예수운동이 제안한 새로운 하느님 이미지가 큰 몫을 담당했다. 유대교와 유일신 사상을 공유했던 예수운동이 유대교와 다르게 제안했던 하느님 모습은 무엇일까.

예수운동이 소개한 새로운 하느님은 인간으로 태어나 역사 안에 존재한다. 하느님은 개념이나 신화 속에 있지 않고 구름 너머 있지 않고 인간 역사 안에 있다. 하느님은 인간의 얼굴을 하고 인간 세상에 내려와 인간과 세상을 걱정하고 있다. 인간은 하느님을 볼 수 있다. 인간은 이제 하느님의 이름과 얼굴을 알고 있다. 예수 그리스도는 하느님의 모습(εἰκὼν τοῦ θεοῦ; 고린토후서 4,4)이다. 예수 그리스도는 하느님을 해석하여 인간에게 알려주었다(ἐκεῖνος ἐξηγήσατο; 요한 1,18. 예수 그리스도는 나의 주님이요 나의 하느님(ὁ κύριός μου καὶ ὁ θεός μου; 요한 10,28)이다.

예수 그리스도와 하느님은 대체 어떤 관계인가. 두 하느님을 믿느냐 묻는 유대교(요한 5,18; 10,33; 19,7)에게 예수운동은 하느님과 예수의 일치로 응답했다. "아버지와 나는 하나입니다"(요한 10,30), "아버지께서 내 안에 계시고 내가 아버지 안에 있습니다"(요한 10,38). 예수 그리스도와 하느님의 상호관계 또는 서로 주체성은 예수 행동과 말씀에서 잘 드러난다. '나는 -이다' 발언(요한 6,35a; 8,12; 10,7)에서 하느님과 예수의 관계가 집중적으로 밝혀졌다. 예수를 본 사람은 하느님을 보고 있다(요한 12,45; 14,9). 예수 말씀을 듣는 사람은 하느님 말씀을 듣고 있다(요한 14,24). 예수를 믿는 사람은 하느님을

---

29 Staudt, Darina, Der eine und einzige Gott, NTOA 80, Göttingen 2012, pp.22-70
30 Cicero, De Natura Deorum, I 84; III 40-60

믿고 있다(요한 14,1). 예수 그리스도가 하느님을 대신하는 것이 아니라 하느님을 표현하고 있다.[31]

예수운동은 하느님을 생명이요 사랑으로 표현했다. 그런 하느님 이미지가 유대교에 없었던 것은 아니다. 하느님이 예수를 죽은 자들 가운데서 부활시키신 분으로 이해되면서[32] 하느님은 생명이라는 확신이 예수운동에서 강조되었다. 예수를 부활시키신 하느님의 행동은 사랑에서 비롯되었다는 확신이 뒷받침되었다. 그래서 예수운동은 하느님을 생명이요 사랑으로 체험했고 선포했다. 추상적인 개념 분석에서 나온 선포가 아니라 예수 부활에서 자연스럽게 나온 고백이다. 부활은 죽음의 힘을 이겨내고 승리함을 뜻하고 실현한 것이다.

죽음을 일으키는 고통 문제가 하느님 이미지에 포함되었다. 고통이 하느님 이미지에 종합된 것은 당시 유대교나 그리스로마 철학에서 볼 때 놀라운 일이다. 불교가 고통의 원인을 찾아내고 해소하는 방식에 관심을 기울였다면, 예수운동은 고통을 이기고 죽음을 이기는 하느님 이미지를 내세웠다. 모든 고통의 결과인 죽음은 하느님 앞에서 아무 힘이 없다는 것이다. "죽은 자를 살리시고 없는 것을 있게 만드시는 하느님"(로마 4,17)이시다. 예수 그리스도의 부활을 통해 죽음이 아니라 생명이 하느님의 대표 이미지로 세상에 선포되었다. 이제 부활은 예수에게만 제한된 것이 아니다. 하느님께서 모든 것 안에서 모든 것이 되실 것(고린토전서 15,28)이다.

---

31 Scholtissek, Klaus, In ihm sein und bleiben, HBS 21, Freiburg 2000, p.371

32 Feldmeier, Reinhard/Spiekermann, Hermann, Der Gott der Lebendigen, Tübingen 2011, pp.516-546

그렇다면 여전히 고통 속에 있고 죽음을 기다리고 있는 현재도, 생명이요 사랑이신 하느님에게서 제외되지 않는다. 이미 인간은 하느님의 생명과 사랑에 변화하고 참여하고 있다.[33] 세례와 성령을 통해 하느님의 생명과 사랑을 체험하고 있는 인간은 이렇게 확신할 수 있다. "우리가 그리스도와 함께 죽었으니 또한 그리스도와 함께 살리라고 믿습니다"(로마 6,8; 고린토후서 1,9; 5,15)라고 요한복음도 하느님의 특징을 생명이라고 소개했다. "아버지께서 당신 안에 생명을 가지고 계신 것처럼, 아들도 그 안에 생명을 가지게 해 주셨기 때문입니다"(요한 5,26), 세상의 빛인 예수는 또한 생명의 빛이다(요한 8,12). 그러기에 예수 믿는 사람들의 새로운 존재를 생명 또는 영원한 생명으로 표현할 수 있다.[34] 현재는 절망이나 부조리나 모순이나 무의미가 아니라 하느님의 생명과 사랑에 감싸여 있다. 그것이 인간에게 가장 생생한 신학적 현실이요 또한 진실이다. 인간은 세계 안에 내던져진 존재자가 아니라 하느님의 생명과 사랑에 감싸인 존재다.

하느님은 생명이요 또한 사랑이다. 유대교 역시 하느님을 사랑으로 표현했지만, 주로 선택받은 이스라엘 백성을 중심으로 이해했다.[35] 바울 편지들과 요한계 문헌은 하느님을 사랑으로 표현했다. "그리스도는 우리 죄 많은 인간을 위해서 죽으셨습니다. 이리하여 하느님께서 우리들에게 당신의 사랑을 확실히 보여주셨습니다"(로마 5,8). 그래서 바울은 예수 믿고 따르는 사람들의 기초를 사랑으로 소개했다.[36] 사랑은 율법을 완성하는 일(로마 13,10)이

33 Schnelle, Udo, "Transformation und Partizipation als Grundgedanken paulinischer Theologie", NTS 47 (2001), pp.58-75

34 Thompson, Marianne M, ""The Living Father"", in: Reinhartz, Adele (Hg.), God the Father in the Fourth Gospel, Semeia 85, Atlanta 1999, pp.19-31

35 Feldmeier, Reinhard/Spiekermann, Hermann, Der Gott der Lebendigen, Tübingen 2011, pp.126-148

다. 하느님께 받은 특별한 은사도, 사랑이 없으면 아무 쓸데없다.

"내가 인간의 여러 언어를 말하고 천사의 말까지 한다 하더라도, 사랑이 없으면 나는 울리는 징과 요란한 꽹과리와 다를 것이 없습니다. 내가 하느님의 말씀을 받아 전할 수 있다 하더라도, 온갖 신비를 환히 꿰뚫어 보고 모든 지식을 가졌다 하더라도, 산을 옮길 만한 완전한 믿음을 가졌다 하더라도, 사랑이 없으면 나는 아무것도 아닙니다. 내가 비록 모든 재산을 남에게 나누어준다 하더라도, 또 내가 남을 위하여 불 속에 뛰어든다 하더라도, 사랑이 없으면 모두 아무 소용이 없습니다"(고린토전서 13,1-3).

예수 죽음이 왜 하느님 사랑의 표현인지 이해하기는 쉽지 않다. 요한복음 저자는 이 주제를 해명하기 위해 고뇌했다.[37] 하느님의 사랑은 아들(요한 3,16; 10,17; 15,9)과 제자들(요한 11,5; 13,1; 15,12)과 세상(요한 3,16)을 향한다. 그 사랑은 예수의 하느님에 대한 사랑(요한 14,31)에서, 제자들에 대한 사랑(요한 11,5; 13,23; 14,21)에서 계속된다. 제자들은 예수를 사랑(요한 14,15.21.23)하고 서로 사랑(요한 13,34-35; 15,13.17)한다. 하느님은 사랑이시라는 진리가 한 역사속의 인간 예수에게서 실현되었다는 사실이 예수운동이 당시 사회에 준 신선한 충격이었다. 하느님의 사랑은 역사가 되었다. 사랑은 개념이 아니라 역사다.

예수 호칭들

36 Wischmeyer, Oda, "Das Gebot der Nächstenliebe bei Paulus", BZ 30 (1986), pp.153-187

37 Popkes, Enno Edzard, Die Theologie der Liebe Gottes in den johanneischen Schriften, WUNT 2.197, Tübingen 2005, p.361 하느님은 사랑이시다(요한1서 4,8b;.16b; Schnelle, Udo, "Johanneische Ethik", in; Böttrich, Christfried (Hg.), Eschatologie und Ethik im frühen Christentum (FS Haufe, G), Frankfurt 2006, pp. 309-327)

유대교의 메시아 설명에서 빌려온 호칭 그리스도(Χριστος)는 신약성서에 무려 531번 나온다.[38] 호칭 그리스도는 그리스로마 문화권에서도 별다른 마찰 없이 받아들여졌다. 신약성서에 아들(υἱός) 호칭 41번, 하느님의 아들 호칭(υἱὸς τοῦ θεοῦ) 80번, 사람의 아들 호칭(υἱὸς τοῦ ἀνθρώπου) 82번, 다윗의 아들(υἱὸς Δαυίδ) 15번 등 아들 호칭은 유대교와 그리스로마 문화권을 배경으로 두었던 덕분에 여러 출신의 사람을 가리킬 수 있었다. 하느님, 예수 또는 세상의 인물을 가리키며 신약성서에 719번이나 나오는 주님(κύριος) 호칭도 유대교와 그리스로마 문화권에서 널리 쓰이고 받아들여졌다. 예수운동은 이러한 호칭들을 받아들여 십자가에 처형된 나자렛 예수를 그리스도요 하느님의 아들이요 주님이라고 불렀다.

예수운동이 유대교와 그리스로마 문화에서 널리 쓰이던 호칭들을 받아들인 것 뿐만 아니다. 새로운 용어도 만들어냈다. 예수 죽음은 우리를 위한 죽음으로 일찍부터 표현되었다.[39] 예수 고별 식사 전승부터 바울까지 예수 죽음은 많은 사람을 위한(ὑπὲρ πολλῶν; 마가 14,24), 여러분을 위한(ὑπὲρ ὑμῶν; 고린토전서 11,24; 누가 22,19.20) 죽음으로 해설되었다. "그리스도께서 우리가 살아 있든지 죽어 있든지 당신과 함께 살 수 있게 하시려고 우리를 위해서 죽으셨습니다"(데살로니카전서 5,10; 갈라디아 2,20; 로마 8,32). 예수 죽음은 하느님 없이 사는 자들을 위한(로마 5,6), 죄인인 우리를 위한 죽음(로마 5,8)이다. 하느님은 죄를 없애시기 위해 당신 아들을 보내셨다(로마 8,3; 요한 3,16; 요한1서 4,9).

---

38 Schnelle, Udo, Die ersten 100 Jahre des Christentums 30-130 n. Chr. Die Entstehungsgeschichte einer Weltreligion, Göttingen 2016, 2판, p.458

39 Breytenbach, Cilliers, "Versöhnung, Stellvertertung und Sühne", NTS 39 (1993), pp.59-79

여기서 공동성서의 희생 제물로서 죽음은 생각되지 않은 듯하다.[40] 바울의 '위하여(ὑπὲρ)' 표현에는 공동성서에서 희생 제물로서 대신 죽음보다 그리스 문화에서 대신 죽는 의로운 사람 전승이 있었던 것 같다.[41] 의로운 사람의 대신 죽음은 죄와 죽음의 고리를 끊어버리고 새로운 참된 삶을 가능하게 한다는 사상이 있었다. 바울은 그러한 헌신적인 죽음(갈라디아 1,4; 로마 4,25; 8,32) 사상을 받아들였다.[42] 바울뿐 아니라 요한복음 저자와 히브리서도 '위하여(ὑπὲρ)' 표현을 강조했다. "나는 착한 목자입니다. 착한 목자는 자기 양을 위하여 목숨을 바칩니다"(요한 10,11). 예수는 자기 목숨을 희생하여 남의 목숨을 살린다. "벗을 위하여 제 목숨을 바치는 것보다 더 큰 사랑은 없습니다"(요한 15,13). 예수가 자기 목숨을 희생하면서까지 자기사람을 살렸듯이(히브리 5,1; 6,20; 7,27), 예수를 믿고 따르는 사람들도 서로를 위해 자기 목숨을 희생하라는 뜻이다.

십자가

헌신적인 예수 죽음과 비슷한 사례는 유대교와 그리스로마 문화에서도 찾아볼 수 있지만, 십자가는 죽음의 방식은 고대 세계에서 전혀 새로운 모습이었다. 모욕적인 십자가 죽음[43]을 긍정적인 의미로 당돌하게 소개한 예수운

40 Breytenbach, Cilliers, "Versöhnung, Stellvertertung und Sühne", NTS 39 (1993), pp.59-79, p.71

41 Eschner, Christina, Gestorben und hingegeben "für" die Sünder I,II, WMANT 122, Neukirchen 2010, p.511; Barth, Gerhard, Der Tod Jesu Christi im Verständnis des Neuen Testaments, Neukirchen 1992, pp.59-64

42 Wengst, Klaus, Christologische Formeln und Lieder des Urchristentums, StNT 7, Gütersloh 1973, 2판, pp.55-86

43 Hengel, Martin, "Mors turpissima crucis. Die Kreuzigung in der antiken Welt und die "Torheit" des "Wortes vom Kreuz", in: Friedrich, Johannes/Pöhlmann, Wolfgang/Stuhlmacher, Peter (Hg.), Rechtfertigung (FS Käsemann, E), Tübingen 1976, pp.125-184; Kuhn, Heinz-Wolfgang, Die Kreuzesstrafe während der frühen Kaiserzeit,

동은 고대 세계를, 특히 종교 세계를 깜짝 놀라게 했다.

"우리는 십자가에 달리신 그리스도를 선포할 따름입니다"(고린토전서 1,23a). 십자가가 바울에게 어떤 의미와 비중을 가졌을까. 걸림돌 십자가(σκάνδαλον τοῦ σταυρου; 고린토전서 1,23; 갈라디아 5,11)는 구체적 인간 예수가 죽음을 맞이한 역사적 장소였다. 십자가는 유대인에게 비위에 거슬리고[44] 유대인 아닌 사람들에게 어리석게 보이는 일[45]이다(고린토전서 1,23b). 그런 십자가의 지혜는 자기 주장과 영광을 추구하는 세상의 지혜와 당연히 맞지 않다(고린토전서 1,18). 십자가는 예수를 따르는 사람들의 삶을 상징한다. 세례 받을 때 십자가의 현실을 이미 체험하였고 새로운 존재로서 성령이 부어졌다(갈라디아 2,19; 로마 6,5.6).

바울은 이처럼 예수 그리스도 전체 역사를 십자가의 말씀(λόγος τοῦ σταυροῦ; 고린토전서 1,18)으로 사실상 요약했다. 그러나 바울의 십자가 신학은 그리스도교 역사에 빛과 어두움을 동시에 선사했다. 예수는 하느님나라를 선포했는데, 바울은 십자가를 선포한 것이다. 왜 그런 변화가 생겼을까. 바울은 예수의 십자가를 선포하기 전에 예수가 선포한 하느님나라를 먼저 설명해야 했다. 하느님나라와 십자가의 관계를 분명하게 설명하거나 강조해야 했다. 그러나 그렇게 하지 못했다. 그 결과, 예수의 하느님나라 메시지는 바울에게서 잘 보이지 않게 되었다. 바울이 하느님나라를 믿음으로 바꿨는지는 모르겠다. 예수와 바울의 메시지의 차이는 네 복음서 저자에게 고뇌를 안겨주었다.

ANRW II 25/1, Berlin 1982, pp.648-793

44 Kuhn, Heinz-Wolfgang, "Jesus als Gekreuzigter in der frühchristlichen Verkündigung bis zur Mitte des 2. Jahrhunderts", in: ZThK 72 (1975), pp.1-46

45 Plinius, Epistulae X 96,8

바울 십자가 신학에 또 다른 빈 곳이 있다. 바울은 십자가 의미를 잘 해설했지만, 예수가 왜 십자가에서 처형되어야 했는지 이유를 설명하지 못했다. 누가, 왜, 무엇을 위해 예수를 십자가에 처형시켰는지 역사적, 정치경제적 원인과 맥락과 십자가의 삶의 자리를 바울에게서 설명들을 수 없었다. 예수의 예루살렘 성전항쟁과 십자가의 연결을 바울에게 볼 수는 없었다. 역사의 예수를 잘 모르는 바울에게 십자가 이유를 우리가 기대하기는 어려울 수 있다. 십자가 의미를 이해하지만 십자가 이유를 모르는 사람들에게 네 복음서가 보충 설명해야 했다. 십자가 의미뿐 아니라 십자가 이유를 알아야만 십자가를 온전히 이해할 수 있다.

마가복음 저자는 바울의 십자가 신학을 신학적으로 보충한 최초의 인물이다. 마가복음 저자도 바울처럼 십자가는 복음 전체의 전환점이었다.[46] 사랑받는 아들(마가 1,11; 9,7; 12,6)은 십자가 아래에서 절정에 이른다. 십자가 아래에서 나자렛 예수의 삶과 존재의 참모습이 비로소 드러난다. “이 사람이야말로 정말 하느님의 아들이었구나!”(마가 15,39)하고 예수를 처형한 로마 군대 장교가 고백한다. 마가복음에서 고통 받는 사람의 아들이 복음의 중심에 등장한다. 고통 받는 사람의 아들이 마가복음의 십자가 신학의 내용이다.

그러나 바울의 십자가 설명과 달리, 마가복음 저자는 하느님나라와 십자가를 잘 연결하여 이야기했다. 고통 받는 사람의 아들 예수는 예루살렘 가는 길을 걷는다. 베드로의 메시아 고백 이후 예수는 자신의 고난의 길을 선포한다(마가 8,31; 9,31; 10,32-34). 예수의 길을 이해하지 못하는 제자들을(마가

46 Ebner, Martin, Kreuzestheologie im Markusevangelium, in: Dettweiler, Andreas/Zumstein, Jean (Hg.), Kreuzestheologie im Neuen Testament, WUNT 151, Tübingen 2002, pp.151-168

8,32b-33; 9,32-34; 10,35-40) 예수는 가르친다(마가 8,34-9,1; 9,35-37; 10,41-45). 예수의 십자가 길은 예수 자신의 길이지만 또한 예수 따르는 사람들의 길이기도 하다. 십자가 길을 걷는 예수를 물끄러미 구경하고 묵상만 하는 사람은 예수를 알 수 없다. 예수와 함께 십자가 길을 걷는 사람만 예수를 알 수 있다.

십자가 언어로써 예수운동은 고대사회에 많은 물의를 일으켰다. 그러나 십자가의 매력에 끌린 사람도 적지 않았다. 하느님 이해에 십자가를 포함한 것은 예수운동의 커다란 공헌 중 하나다. 고통을 하느님 이해에 끌어들인 것이다.[47] 십자가를 그저 고통으로만 이해하기보다 십자가를 저항으로 이해하는 것은 어떨까. 십자가는 수동적으로는 고통이지만, 적극적으로는 저항이다. 예수는 하느님나라를 반대하고 방해하는 악의 세력에 적극적으로 저항했다. 저항했기 때문에 십자가가 있었다.

믿음

예수운동이 낳은 특별한 단어 중 하나가 믿음이다. 바울과 요한복음에서 특히 그렇다.[48] 믿음(πίστις) 명사는 바울 편지에서 81번, 믿는다(πιστεύειν) 동사는 42번 나타난다. 요한복음에 믿는다 동사는 98번 있다. 바울은 믿음이란 단어를 그리스계 유대교와 그리스 문화에서 빌려와서[49] 바울 고유의 신학 단어

47 Schnelle, Udo, Die ersten 100 Jahre des Christentums 30-130 n. Chr. Die Entstehungsgeschichte einer Weltreligion, Göttingen 2016, 2판, p.462

48 Schnelle, Udo, "Glaube", in: Bormann, Lukas (Hg.), Neues Testament. Zentrale Themen, Neukirchen 2014, pp.275-293

49 Schumacher, Thomas, Zur Entstehung christlicher Sprache. Eine Untersuchung der paulinischen Idiomatik und der Verwendung des Begriffes πίστις, BBS 168, Göttingen 2012, pp.199-299; Schunack, Gerd, Glaube in griechischer Religiösität, in: Kollmann, Bernd/Reinbold, Wolfgang/Steudel, Annette (Hg.), Antikes Judentum und Frühes

로 중심에 내세웠다.[50] 바울은 인간을 믿는 존재로 정의하고 싶었다. 나는 믿는다, 그러므로 나는 존재한다(Credo, ergo sum).

예수 그리스도 안에서 이루어진 하느님의 구원의 주도권 덕분에 믿음이 생겼다. 믿음은 인간의 노력으로 쟁취한 결과가 아니라 하느님의 선물(로마 4,16; 필립비 1,29)이다. 주시는 하느님 없이 믿음이란 선물은 없다.[51] 그렇지만, 받는 사람 없이 선물 의미는 없다.[52] 하느님의 선물은 곧 예수 그리스도다. 하느님은 인류에게 예수 그리스도를 선물로 주셨다. 바울에게 믿음이란 예수 그리스도를 죽은 자들 가운데서 부활시킨 하느님에 대한 믿음이다(로마 4,17;.24; 8,11). 바울에게 믿음은 하느님에게서 출발하여 예수 그리스도를 향하고 예수 그리스도에 이른다.

믿음이란 무엇인가. 이 주제를 요한복음 저자[53]처럼 집중적으로 다룬 신약성서 저자는 없다.[54] 요한복음 저자는 믿음을 예수에 대한(εἰς) 믿음, 즉 예수 인격에 대한 믿음으로 여겼다. 예수라는 인물에 대한 믿음은 예수 말씀에

Christentum (FS Stegemann, H), BZNW 97, Berlin/New York 1999, pp.296-326

50 Barth, Gerhard, Art. "πίστις", EWNT 3, Stuttgart 1983, pp.216-231, p.220

51 Friedrich, Gerhard, "Glaube und Verkündigung bei Paulus", in Hahn, Ferdinand/Klein, Hans (Hg.), Glaube im Neuen Testament (FS Binder, H), BThSt 7, Neukirchen 1982, pp.93-113, p.100

52 Wolter, Michael, Paulus. Ein Grundriss seiner Theologie, Neukirchen 2015, 2판, p.72

53 Hahn, Ferdinand, "Das Glaubensverständnis im Johannesevangelium", in: Grässer, Erich/Merk, Otto (Hg.), Glaube und Eschatologie (FS Kümmel, W. G), Tübingen 1985, pp.51-69; Schnelle, Udo, Theologie des Neuen Testaments, Göttingen 2016, 3판, pp.677-684

54 Schnelle, Udo, Die ersten 100 Jahre des Christentums 30-130 n. Chr. Die Entstehungsgeschichte einer Weltreligion, Göttingen 2016, 2판, p.463

대한 믿음(요한 4,41.50; 5,24), 예수가 증명한 모세와 율법에 대한 믿음(요한 5,46-47)을 넘어 예수를 보내신 하느님에 대한 믿음이다(요한 5,24; 6, 29; 11,42). 예수운동이 유대교와 결정적으로 다른 점이 바로 이것이었다. 예수에 대한 믿음은 하느님에 대한 믿음과 같다. "하느님을 믿고 또 나를 믿으시오"(요한 14,1b; 12,45; 14,9). 요한복음 저자가 요한복음을 쓴 이유를 한 구절로 요약하면 "사람들이 예수는 그리스도이며 하느님의 아들임을 믿고, 또 그렇게 믿어 주님의 이름으로 생명을 얻게 하려는 것"(요한 20,31)이다.

요한복음에서 믿음은 표징(기적), 알다, 보다 단어를 통해 자세히 설명되고 있다. 마가, 마태, 누가복음에서 예수가 행한 놀라운 일, 즉 기적(δύναμις; 마가 5,30; 마태 6,13; 누가 1,35)은 요한복음에서 표징(σημείων; 요한 2,11)이란 단어로 바뀌었다. 마가, 마태, 누가복음에서 예수가 행한 기적이 하느님 나라를 주로 가리키고 있다면, 요한복음에서 예수가 행한 표징은 예수가 하느님의 아들임을 주로 가리키고 있다. 예수가 행한 표징은 예수에 대한 믿음을 일으킨다.[55]

또한 예수를 믿는다는 것은 예수를 안다(γινώσκειν)는 것과 같다. "여러분이 나를 알았으니 나의 아버지도 알게 될 것입니다"(요한 14,7). 예수를 안다는 것은 예수가 하느님의 아들이요 진리임을 안다는 것과 같다. "여러분은 진리를 알게 될 것이며 진리가 여러분을 자유롭게 할 것입니다"(요한 8,32). 요한복음에서 표징, 알다와 함께 믿음의 또 다른 특징은 보는 것이다.[56] 보다와 믿음은 요한복음에서 자주 연결된다(요한 2,11; 4,53; 7,31).

55 Schnelle, Udo, Antidoketische Christologie im Johannesevangelium, FRLANT 144, Göttingen 1987, pp.182-194

56 Hergenröder, Clemens, Wir schauten seine Herrlichkeit, FzB 80, Würzburg 1996,

예수를 믿으려면, 예수를 찾고 만나고 보아야 한다(요한 4,1-42; 5,1-15; 20,1-10). 못 보는 사람이 사람의 아들을 믿겠다고 예수에게 응답하였는데, 못 보는 바리사이들은 잘 보인다고 우겼다(요한 9,39-41). 예수가 이 세상에 온 것은 못 보는 사람은 보게 하고 보는 사람은 눈멀게 하려는 것(요한 9,39)이다.

하느님나라

십자가와 믿음이 예수운동이 낳은 단어라면, 하느님나라는 예수가 내세운 깃발이다. 십자가와 믿음이 하느님나라와 잘 연결되지 않는다면, 예수운동과 예수의 연결에 큰 뒤틀림이 생기게 된다. 예수는 하느님나라를 선포했는데, 정작 우리 앞에 나타난 것은 하느님나라가 아니라 십자가와 믿음이란 말인가. 예수는 하느님나라를 선포했는데, 정작 우리 앞에 나타난 것은 하느님나라가 아니라 교회라는 말인가. 그 연결과 상호 관계를 잘 설명하지 않으면, 큰 혼란이 생길 수 있다.

공동체

예수운동은 자신을 어떻게 이해했을까. 예수운동이 스스로를 가리키는 단어에서 잘 나타난다. 모임, 공동체, 교회(ἐκκλησίᾳ) 단어를 먼저 꼽을 수 있다.[57] 공동체 단어는 개별 공동체(고린토전서 16,1; 고린토후서 8,4; 로마 15,26) 또는 모든 공동체(고린토전서 14,33)를 가리킨다. 신약성서 전체에서 114번 나오는 이 단어가 바울 편지에만 44번, 그중에서도 고린토전서와 고린토후서에 31번 나온다. 54년 무렵 쓰인 듯한 고린토전서와 고린토후서는

p.56

57 Hergenröder, Clemens, Wir schauten seine Herrlichkeit, FzB 80, Würzburg 1996, p.257

예수운동 초기 역사에 속하는 문헌이다.

공동체(ἐκκλησίᾳ) 단어에서 우정이라는 새로운 의미가 잘 드러났다.[58] 그리스로마 문화에서 형제(ἀδελφός) 단어는 가족이나 가문에 제한되어 사용되었지만, 바울은 그 단어로써 모든 믿는 사람들(데살로니카전서 1,4; 고린토전서 1,10; 로마 1,13) 또는 믿는 개인(고린토전서 1,1; 로마 1,7; 필립비 1,1)을 가리켰다. 예외도 몇 번 있었다(고린토전서 9,5; 갈라디아 1,19; 로마 9,3). 아쉽게도 바울은 형제(ἀδελφός) 단어를 무려 113번 사용했는데, 자매(ἀδελφή) 단어는 겨우 5번(고린토전서 7,15; 9,5; 로마 16,1.15; 필레몬 1,2) 썼다. 남성우월주의 사회에서 살던 바울은 성 평등 의식이 크게 부족할 수밖에 없었다.

바울은 공동체(ἐκκλησίᾳ), 형제(ἀδελφός) 말고도 거룩한 사람들(οἱ ἅγιοι)(신명기 33,3; 다니엘 7,18.21), 선택된 사람들(οἱ ἐκλεκτοί)(이사야 65,9; 시편 105,6; 역대기상 16,13) 단어를 사용했다. 둘 다 공동성서를 배경으로 하는 단어다. 바울은 자신이 쓴 편지들 서문에 공동체 자체를 거룩한 사람들이라고 표현했다(고린토전서 1,2; 고린토후서 1,1; 로마 1,7). 예수운동 사람들이 윤리적으로 특별히 훌륭해서가 아니라 세례를 통해 예수 그리스도 안에서 이루어지는 하느님의 구원행동에 참여하기 때문에 거룩한 사람들이라고 불렀다.

요한복음 저자는 예수운동에 특히 친구 단어를 선사했다. 요한복음 저자는 요한 공동체를 나타내는 단어로 친구(οἱ φίλοι)(요한 3서 1,15; 요한

58 Trebilco, Paul, Self-Designations and Group Identity in the New Testament, Cambridge 2012, pp.16-67

11,11; 15,14)를 골랐다. 요한 공동체에서 자주 쓰였던 단어로 자녀(τέκνα), 하느님의 자녀(τέκνα θεοῦ)가 있다.(요한1서 2,1; 요한2서 1,4; 요한 13,33) 형제(ἀδελφός) 단어는 요한복음 공동체에서도 즐겨 사용되었다(요한3서 3,5; 요한 20,17; 21,23). 하느님께서 예수 이름으로 예수운동 사람들에게 보내주실 분을 성령 곧 협조자(παράκλητος)(요한 14,26; 15,26; 16,13)라고 요한복음은 이름 붙였다. 요한복음의 특징 중 하나인 예수 고별사(요한 13,31-16,33)에서 예수는 자신의 존재와 의미를 공동체에 가르치고 증명하고 해석할 분으로 성령을 소개하였다.

요한복음에만 나타나는 예수의 사랑받는 제자(요한 13,23)는 무척 흥미로운 인물이다. 그가 실존 인물인지 가공의 제자 모델인지에 대해 여러 의견이 있다. 그가 요한복음 저자인지도 우리는 알 수 없다. 그 논란에 관계없이, 적어도 그가 예수운동에서 모범적인 제자의 모습으로 등장한 것은 분명하다. 예수의 사랑받는 제자는 예수를 해석하고 대변하고 있다. 시련의 시기에도 예수를 떠나지 않는다(요한 18,15-18). 십자가 아래에서도 다른 제자들처럼 도망치지 않고 충실한 제자로 남았다(요한 19,25-27). 예수 죽음은 가짜 죽음이 아니라 진짜 죽음이며(요한 19,3b.35), 부활 사건을 목격하였다는 증언도 있다(요한 20,2-10). 요한복음 저자는 요한복음 공동체를 역사의 예수와 연결하는 전승을 보증하고 참된 제자로서 살아가는 모범을 보여주기 위해 예수의 사랑받는 제자를 복음에 끼워넣었다.

봉사

예수운동이 세상에 내세운 새로운 생각뿐 아니라 예수운동 사람들이 살아가는 방식이 사람들에게 큰 매력과 감동을 주었다. 생각과 실천이 함께 전파된 것이다. 예수운동은 처음부터 봉사(Diakonie)를 이웃에 대한 예수운동의 바람직한 태도로 내세웠다. 예수운동 사람들은 품위있는 윤리와 적극적인 행동으로써 그리스로마 사람들의 주목을 받기 시작했다. 예수운동의 품위있는 윤리와 행동을 칭송한 글은 2세기에 그리스로마 문필가들에게서 많이 나왔다.

예수운동 예루살렘 공동체는 과부들을 돌보기 시작했다(사도행전 6,1). 사회정의와 사회윤리 차원에서 재산 공동 소유와 사용 문제를 다루기도 했다(사도행전 2,42-46; 4,32-35). 공동체를 위해 재산을 포기한 사람도 있었다(사도행전 4,36). 예루살렘 공동체의 가난한 사람들을 돕기 위해 해외 공동체가 헌금을 모으기도 했다(갈라디아 2,10; 로마 15,26). 바울은 헌금을 모으면서 봉사(διακονία), 봉사하다(διακονεῖν) 단어를 썼다(고린토후서 8,4.19; 9,1.12; 로마 15,25.31).[59] 가난한 사람들을 돕기 위한 모금은 하느님의 은혜다(고린토후서 8,1). "그분은 부유하셨지만 여러분을 위하여 가난하게 되셨습니다. 당신의 가난으로 여러분이 부요하게 되도록 하려는 것이었습니다"(고린토후서 8,9).

서로 돕는 일은 예수 그리스도에게 근거한다. "저마다 제 실속만 차리지 말고 남의 이익도 돌보십시오. 여러분은 그리스도 예수께서 지니셨던 마음을 여러분의 마음으로 간직하십시오"(필립비 2,4-5). 바울은 가난한 사람들에게 친절하라고 말했다. "성도들의 딱한 사정을 돌봐 주고 나그네를 후히 대접하십시오"(로마 12,13). 히브리서도 마찬가지다. "나그네 대접을 소홀히 하지 마십시오. 나그네를 대접하다가 자기도 모르는 사이에 천사를 대접한 사람도 있었습니다"(히브리 13,2). 민족과 출신, 성별로 차별을 당연하게 생각했던

59 Holtz, Traugott, "Christus Diakonos", in: Schäfer, Gerhard K/Strohm, Theodor (Hg.), Diakonie - biblische Grundlagen und Orientierungen, Heidelberg 1998, pp.127-143

고대 사회에서, 예수운동은 "유대인이나 그리스인이나 종이나 자유인이나 남자나 여자나 아무런 차별이 없습니다"(갈라디아 3,28)라고 선언했다. 가난한 사람들을 돕는 예수운동 공동체 활동은 단순히 대조사회(Kontrast-Gesellschaft) 모습을 보여주는 것에 그치지 않고, 더 나아가 저항사회(Gegen-Gesellschaft) 모습을 드러냈다고 나는 표현하고 싶다.

복음서도 예수의 봉사를 받아들여 예수운동의 중심 주제로 삼았다. 다른 사람을 위한 예수의 고난과 죽음을 봉사의 근거와 기초로 본 것이다.[60] "사람의 아들도 섬김을 받으러 온 것이 아니라 섬기러 왔고, 또 많은 사람들을 위하여 목숨을 바쳐 몸값을 치르러 온 것입니다"(마가 10,45). 팔레스타인 공동체에서 나온 이 구절은 역사의 예수가 실제로 한 말 같다.[61] "여러분도 알다시피 이방인들의 통치자로 자처하는 사람들은 백성을 강제로 지배하고 높은 사람들은 백성을 권력으로 억압합니다. 그러나 여러분은 그래서는 안됩니다. 여러분 사이에서 누구든지 높은 사람이 되고자 하는 사람은 남을 섬기는 사람이 되어야 하고, 으뜸이 되고자 하는 사람은 모든 사람의 종이 되어야 합니다"(마가 10,42b-44). 예수는 예수운동 공동체 안에서 봉사를 권고한 것만이 아니라 권력 비판도 하고 있다.

세금 징수원과 죄인들에 대한 예수의 태도(마가 2,15-17; 마태 11,19; 누가 19,1-10), 병자 치유(마가 1,40-42; 마태 10,8; 누가 10,9) 등에서 예수는 종교

60 Horn, Friedrich Wilhelm, "Diakonische Leitlinie Jesu", in: Schäfer, Peter/Strohm, Theodor (Hg.), Diakonie - biblische Grundlagen und Orientierungen, Heidelberg 1990, pp.109-126

61 Roloff, Jürgen, "Anfänge der soteriologischen Deutung des Todes Jesu (Mk. X. 45 und Lk. XXII. 27)", in: Ders., Exegetische Verantwortung in der Kirche, Göttingen 1990, pp.117-143, p.141

적 문화적 차별을 반대하였고 다른 사람의 안녕을 위해 구체적으로 행동하라고 가르쳤다. "당신도 가서 그렇게 하시오"(누가 10,37). 예수는 최후 심판 비유(마태 25,31-46)에서 굶주렸을 때 먹을 것을 주고, 목말랐을 때 마실 것을 주고, 나그네를 따뜻하게 맞이하고, 헐벗었을 때 입을 것을 주고, 병들었을 때 돌보아 주고, 감옥에 갇혔을 때 찾아주는 행동을 봉사의 예로 들었다.

요한복음도 믿음은 사랑에서 드러난다고 보았다.[62] 사랑은 다른 사람을 위한 봉사에서 실천된다. 예수는 제자들의 발을 씻어준다(요한 13,1-20).[63] 최후 만찬 사건처럼 중요한 사건이다. 예수의 최후 만찬과 제자들의 발을 씻어준 사건은 예수 자신의 죽음과 연결된다. 예수 죽음은 다른 사람들을 위한 봉사의 죽음이다. 예수 죽음의 길은 그동안 예수가 말하고 실천했던 사랑의 연속이다. "스승이며 주님인 내가 여러분의 발을 씻어주었으니 여러분도 서로 발을 씻어주어야 합니다"(요한 13,14). 서로 발을 씻어준다는 말은 서로를 위해 목숨을 바친다는 뜻이다.

포도나무 비유(요한 15,1-17)에서 '열매 맺는다'는 표현은 요한복음의 사랑 윤리, 즉 봉사 윤리를 잘 보여준다.[64] "나는 참 포도나무요 나의 아버지는 농부이십니다"(요한 15,1). 예수가 하느님께 머물기 때문에 예수는 열매 맺을 수 있다. 포도나무와 농부의 일치와 대화를 제자들은 배우라는 말이다. '열매

62 Pfeiffer, Matthias, Einweisung in das neue Sein, BEvTh 119, Gütersloh 2001, pp.95-136

63 Zumstein, Jean, "Die johanneische Auffassung der Macht, gezeigt am Beispiel der Fusswaschung (Joh 13,1-17), in: Ders, Kreative Erinnerung, AThANT 84, Zürich 2004, pp.161-176

64 Ritt, Hubert, "Der christologische Imperativ. Zur Weinstock-Methapher in der testamentlichen Mahnrede (Joh 15,1-17)", in: Merklein, Helmut (Hg.), Neues Testament und Ethik (FS Schnackenburg, R), Freiburg 1989, pp.136-150; Van der Watt, Jan G, ""Metaphorik" in Joh 15,1-8", BZ 38 (1994), pp.67-80

맺는다'는 단순히 예수 말씀에만 머문다는 뜻이 아니다. 들은 말씀을 실천하라는 뜻이다. 포도나무를 보고 묵상하라는 말이 아니라 포도나무가 열매 맺도록 행동하라는 뜻이다. 하느님 아버지와 아들 예수의 사랑을 보고 감탄만 할 것이 아니라, 예수 믿는 사람들은 그렇게 서로 사랑을 실천하라는 말이다. 요한 공동체에서 예수 가르침은 이렇게 요약된다. "여러분에게 새 계명을 주겠습니다. 서로 사랑하시오. 내가 여러분을 사랑한 것처럼 여러분도 서로 사랑하시오"(요한 13,34). "말로나 혀끝으로 사랑하지 말고 행동으로 진실하게 사랑합시다"(요한1서 3,18).

예수운동이 예수의 사랑과 봉사를 보고 배우면서, 특히 병자 치유에 힘을 쏟았다. 몸과 마음이 아픈 사람들이 그저 불쌍하고 가여워서 그랬을까. 병자 치유는 악의 힘을 물리치고 창조의 삶을 회복하려 애쓰는 상징이자 실천[65]이다(마가 3,22; 마태 5,25-34; 누가 13,16). 병자 치유는 자비나 사회복지 차원을 넘어 세상 완성과 깊이 연결되어 있다고 생각했던 것이다.[66] 그런 특징을 오늘 그리스도인들은 충분히 이해하고 기억하고 있는가. 병자를 위한 기도는 특히 강조되었다. "믿고 구하는 기도는 앓는 사람을 낫게 할 것이며 주님께서 그를 일으켜주실 것입니다"(야고보 5,15b).

과부를 돌보는 일 또한 강조되었다(디모테오전서 5,3-16). 당시 사회에서 과부는 경제적으로나 인간적으로 사실상 죽은 사람이나 마찬가지였다. 예수운동에 과부들이 많이 들어왔고 과부를 위한 돈도 따로 마련되었다(디모테오

65 Schnelle, Udo, Theologie des Neuen Testaments, Göttingen 2016, 3판, pp.104-111

66 Schrage, Wolfgang, "Heil und Heilung im Neuen Testament", in: Schäfer, Gerhard K/Strohm, Theodor (Hg.), Diakonie - biblische Grundlagen und Orientierungen, Heidelberg 1998, pp.327-344

전서 5,16).[67] 공동체가 가난한 과부와 여성들을 돌보았지만, 여성들 스스로 여성들을 돕고 격려하는 일을 맡기도 했다. 그 모습이 당시 사회가 볼 때 아주 매력적이어서, 오해와 갈등도 나타나기 시작한 것 같다(디모테오전서 5,4-15).

예수운동은 병자 치유와 간호를 위해 좀 더 조직적인 체계를 갖추기 시작했다(골로사이 3,18-4,1; 에페소 5,22-6,9). 단순히 돕는 차원을 넘어 여성과 남성, 아이와 어른, 종과 주인이 서로 돌보도록 했다. 그러한 상호 의무는 모든 사람이 하나의 하느님을 같이 모시기 때문이다. 베드로전서는 어려운 공동체 현실에서도 공동체 밖 사람들과 함께 사는 공존의 지혜를 말하고 있다. "사람들 사이에서 행실을 단정하게 하십시오. 그러면 여러분더러 악을 행하는 자라고 욕하던 그들도 여러분의 아름다운 행위를 보고 하느님께서 찾아오시는 그 날에 그분을 찬양하게 될 것입니다"(베드로전서 2,12).

그리스로마 사회에서 개인과 단체가 해오던 자선과 복지 활동에 비해 예수운동은 어떤 차이와 특징을 보여주었을까. 당시 여러 종교 모임이나 신전에서 가난한 사람들을 위한 자선 행사가 당연히 있었다. 사회적으로도 자선은 권장되었고 칭송받았다. 그러나 그리스로마 사람들은 종교 예배에 참석하는 일을 의무로 알았지만, 가난한 사람들을 돕는 일은 의무라고 생각하지는 않았다.[68] 가난한 사람들을 돕는 일이 다른 종교나 철학에서는 의무로 여겨

67 Dassmann, Ernst, "Witwen und Diakonissen", in: Ders, Ämter und Dienste in den frühchristlichen Gemeinden, Bonn 1994, pp.142-156; Wagner, Ulrike, Die Ordnung des "Hauses Gottes". Der Ort der Frauen in der Ekklesiologie und Ethik der Pastoralbriefe, WUNT 2.65, Tübingen 1994, pp.115-233

68 Thraede, Klaus, Soziales Verhalten und Wohlfahrtspflege in der griechisch-römischen Antike(späte Republik und frühe Kaiserzeit), in: Schäfer, Gerhard K/Strohm, Theodor (Hg.), Diakonie - biblische Grundlagen und Orientierungen, Heidelberg 1998,

지지 않았다는 뜻이다. 가난한 사람들과 소외당한 사람들에 대한 배려와 봉사는 특히 상류층 사람들에게 우선 관심사는 결코 아니었다.[69]

그런 사회에서 가난한 사람들과 소외당한 사람들에 대한 예수운동의 배려와 봉사는 놀라운 일이었다. 예수운동은 가난한 사람들과 소외당한 사람들에 대한 봉사를 의무로 가르치고 실천했기 때문이다. 예수운동은 가르침뿐 아니라 살아가는 방식과 실천하는 모습에서 당시 사람들에게 매력과 감동을 주었다.

---

pp.44-63, p.48

69 Gehrke, Hans-Joachim, Art. "Euergetismus", DNP 4, Stuttgart 1998, pp.228-230

5장 예수운동 1세기 주요 인물

바울과 복음서 저자들

예수운동 1세기 사람들은 처음부터 예수를 선포하고 전하고 다녔다. 문헌도 많이 낳고 이동도 자주 한 역동적인 종교 공동체였다. 사람들의 접촉과 교류 그리고 갈등은 여러 생각의 소통을 가능하게 했다. 짧은 70년 동안 다양한 신학 패러다임이 생기고 소통하였다. 예수운동 공동체에서 낭독된 바울 편지들과 복음서는 받아들여지고 토론되고 반응을 일으켰다. 일찍 나타난 바울 편지들이 그보다 늦게 쓰인 복음서와 그 공동체에 준 영향은 우리가 확인할 수 있다. 100년 무렵 네 복음서는 바울이 세운 공동체에 어떤 영향을 주었을까.

바울과 마가복음

바울은 64년 로마에서 처형된 듯하고, 마가복음은 70년 무렵 로마에서 쓰인 듯하다. 50년대에 나온 바울 편지와 마가복음 저자의 복음은 1세기 예수운동을 대표하는 두 문학 장르다. 편지와 복음이라는 문학 장르도 다르지만, 바울과 마가복음 저자는 예수를 보는 패러다임 자체가 다르기도 했다. 바울이 마가복음 저자에게 끼친 영향은 마가복음에서 찾을 수 있지만, 마가복음이 바울에게 끼친 영향은 바울 편지에서는 찾을 수 없다.

그러나 오늘 우리는 마가복음과 바울의 연결뿐 아니라 차이를 분명히 알 필요가 있다. 바울과 마가복음의 관계는 100년 전 주장된 세 의견이 오랫동안 토론의 기초가 되어왔다.[1] 첫째, 바울과 마가복음이 일치하는 내용은 1세기 예수운동에서 인정된 일반적인 의견을 반영한다. 둘째, 바울 편지가 바울만의 의견을 내세울 경우, 마가복음 저자는 이를 전혀 다루지 않거나 반대 입장을 나타냈다. 셋째, 바울 신학이 마가복음에 영향을 주었다고 말할 수는 없다.

바울과 마가복음은 어디에서 연결될까. 바울이 예수 역사를 전혀 언급하지 않았던 것은 아니다. 바울이 예수 역사를 아주 적게 다루었다는 뜻이기도 하다. 바울 편지도 예수 역사와 부활과 재림을 주제로 삼았다.[2] "나는 내가 전해 받은 가장 중요한 것을 여러분에게 전해 드렸습니다. 그것은 그리스도께서 성서에 기록된 대로 우리의 죄 때문에 죽으셨다는 것과 무덤에 묻히셨다는 것과 성서에 기록된 대로 사흘 만에 다시 살아나셨다는 것과 그 후 여러 사람에게 나타나셨다는 사실입니다. 그리스도께서는 먼저 베드로에게 나타나신 뒤에 다시 열두 사도에게 나타나셨습니다"(고린토전서 15,3b-5)라는 바울의 고백은 예수의 최후 만찬(고린토전서 11,23b-25) 이야기와 함께 예수 역사를 설명하고 요약했다.[3] 바울이 예수 역사에 무관심했던 것은 아니

1 Werner, Martin, Der Einfluss paulinischer Theologie im Markusevangelium. Eine Studie zur neutestamentlichen Theologie, BZNW 1, Giessen 1923, p.209

2 Reinmuth, Eckart, "Narratio und argumentatio - zur Auslegung der Jesus-Christus-Geschichte im Ersten Korintherbrief", ZThK 92 (1995), pp.13-27

3 Straub, Jürgen, "Geschichte erzählen, Geschichte bilden", in: Ders, (Hg.), Erzählung, Identität und historisches Bewusstsein, Frankfurt 1998, pp.81-169, p.123; Scholtissek,

고 예수 역사를 십자가와 부활 관점에서 본 것이다.

십자가는 마가복음에서도 중심이다. 예수는 하느님나라 메시지를 선포하고 자신의 행동과 말씀과 죽음으로 이스라엘 백성을 하나로 모이게 하려 애썼다. 마가복음 저자는 세례자 요한에게 세례 받을 때부터 십자가에 처형되고 부활할 때까지 예수 역사를 처음으로 엮어 썼다. 바울이나 마가복음 저자에게나 십자가에 매달린 예수(고린토전서 1,23; 마가 16,6)는 하느님의 아들이다. 바울, 마가복음 저자, 요한복음 저자는 십자가 신학의 대표적인 신학자였다.[4] 바울과 마가복음 저자는 복음이라는 단어를 함께 썼다.

특히 마가복음 저자에게 예수는 복음을 선포하는 주체이자 또한 선포되는 대상이기도 하다. 예수 그리스도에 관한 복음(εὐαγγελίου Ἰησοῦ Χριστοῦ; 마가 1,1b)은 예수 그리스도가 전하는 복음이라고 번역될 수 있다. 믿음이란 용어를 강조한 점에서도 바울, 마가복음 저자, 요한복음 저자는 공통이다. 율법 문제에서도 바울과 마가복음 저자는, 서로 닥친 상황이 달랐지만, 내용에서 비슷한 태도를 취했다(로마 14,14; 마가 7,15). 마가복음 저자는 율법을 구원 문제라기보다는 좀 더 윤리 문제로 본 듯하다(마가 2,1-3,6; 7,1-23; 12,28-34).

Klaus, ""Geboren aus einer Frau, geboren unter das Gesetz" (Gal 4,4). Die christologisch-soteriologische Bedeutung des irdischen Jesus bei Paulus", in: Schnelle, Udo/Söding, Thomas/Labahn, Michael (Hg.), Paulinische Christologie (FS Hübner, H), Göttingen 2000, pp.194-219, p.211

4 Schnelle, Udo, Die ersten 100 Jahre des Christentums 30-130 n. Chr. Die Entstehungsgeschichte einer Weltreligion, Göttingen 2016, 2판, pp.510-511; Berger, Klaus, Theologiegeschichte des urchristentums. Theologie des Neuen Testaments, Tübingen/Basel, 1994, p.317

바울과 마가복음 저자의 연결을 놓치지 않으면서도 바울과 다른 마가복음 저자의 새로움을 주목해야 한다. 바울은 십자가 의미를 주로 해설했지만, 십자가가 생긴 역사적 맥락을 말하지 않았다. 누가, 왜, 무엇 때문에 예수를 십자가에 처형했는지 바울 편지에서 분명히 알기는 어렵다. 하느님나라 메시지가 무엇인지, 하느님나라가 예수 행동과 말씀에서 어떻게 소개되고 실천되는지 바울은 말하지 못했다. 예수 등장 이후 죽음과 부활에 이르는 과정을 이야기로 역사로 비유로 풀어낸 마가복음 저자의 탁월한 선택은 바울을 넘어서고 있다. 마가복음 저자는 바울과는 다른 새로운 패러다임을 예수운동에 가져왔다.

바울과 마태복음 저자는 연결보다는 서로 배척하던 관계일까. 바울은 어떻게든 예수운동에서 유대교 향기를 지워버리려 했고 마태복음 저자는 어떻게든 유지하려고 했던 것일까. 거짓 예언자들(ψευδοπροφηται; 마태 7,15; 24,11)은 바울 영향을 받아 율법을 반대하던 선교사들을 가리키는가.[5] 거짓 예언자들은 율법 없는 자들(ἀνομία; 마태 7,23; 24,12)이며, 나쁜 열매를 맺고 (마태 7,16-20) 하느님 뜻에 맞게 행동하지 않는다(마태 7,21)라고 마태복음 저자는 비판하였다. 거짓 예언자들은 율법에 기초한 마태복음 공동체의 일치를 위협하는 사람들로 생각한 듯하다.

마태복음 저자가 바울을 직접적으로 또는 은근히 비판한다고 볼 수 있는 구절이 있다. "그러므로 가장 작은(ἐλαχίστων) 계명 중에 하나라도 스스로

5 Barth, Gerhard, "Das Gesetzesverständnis des Evangelisten Matthäus", in: Bornkamm, Günter/Barth, Gerhard/Held, Heinz Joachim (Hg.), Überlieferung und Auslegung im Matthäusevangelium, WMANT 1, Neukirchen 1975, 7판, pp.149-154; Luz, Ulrich, Das Evangelium nach Matthäus: EKK Ⅰ/1, Mt 1-7, Zürich/NeukirchenVluyn, 2002, 3판, pp.402-403

어기거나, 어기도록 남을 가르치는 사람은 누구나 하늘나라에서 가장 작은 사람(ἐλάχιστος) 대접을 받을 것입니다. 그러나 스스로 계명을 지키고, 남에게도 지키도록 가르치는 사람은 누구나 하늘나라에서 큰 사람 대접을 받을 것입니다"(마태 5,19). 바울은 자신을 사도들 중에서 가장 작은 사람(ὁ ἐλάχιστος; 고린토전서 15,9)이라고 표현한 적 있다.[6] 최상급 형용사 단어 가장 작은(ἐλάχιστος)이 바울에게 적용되는 셈이다. 바울이 부인할 수 없는 업적으로 하늘에 오르겠지만, 바울이 율법을 자유롭게 해석하거나 반대한 탓에 하늘에서 가장 작은 사람으로 취급받을 것이라는 뜻이겠다.

마태복음 저자가 바울을 비판하는 구절이 더 있을까(마태 10,9; 13,25; 18,6; 23,15).[7] "내가 율법이나 예언서의 말씀을 없애러 온 줄로 생각하지 마라. 없애러 온 것이 아니라 오히려 완성하러 왔다"(마태 5,17). 마태복음 저자는 바울에게서 비롯된 복음을 훼손하는 사람들과 맞서 복음을 보존하는 인물이란 뜻이다. 바울과 마태복음 저자의 긴장과 갈등을 우리가 외면할 수는 없다.

바울과 누가복음

누가복음 저자는 사도행전 후반부에서 바울을 중심인물로 소개했다. 누

6 Theissen, Gerd, "Kritik an Paulus im Matthäusevangelium? Von der Kunst verdeckter Polemik im Urchristentum", in: Wischmeyer, Oda/Scornaienchi, Lorenzo (Hg.), Polemik im frühchristlichen Literatur, BZNW 170, Berlin 2011, pp.465-490; Wong, Eric K. C, Evangelium im Dialog mit Paulus, NTOA 89, Göttingen 2012, pp.123-128; Sim, David C, "Matthew's anti-Paulinism: A neglected feature of Matthean studies", HTS 58 (2002), pp.767-783

7 Theissen, Gerd, "Kritik an Paulus im Matthäusevangelium? Von der Kunst verdeckter Polemik im Urchristentum", in: Wischmeyer, Oda/Scornaienchi, Lorenzo (Hg.), Polemik im frühchristlichen Literatur, BZNW 170, Berlin 2011, pp.465-490, p.476

가복음 저자가 바울 편지들과 바울 이름을 빌린 편지라는 두 종류 문헌 구성을 본따 누가복음과 사도행전 두 작품을 썼다고 추측[8]할 수 있을까. 사도행전 후반부에서 누가복음 저자는 바울이 로마에서 감옥에 갇힌 사건까지 구체적으로 기록하였다. 단어 '우리'(사도행전 16,10-17; 20,5-15; 21,1-18; 27,1-28,16)는 바울과 누가복음 저자의 가까운 관계를 말하는 듯하다.

바울과 누가복음 저자는 정말 가까운 사이였을까. 누가복음 저자는 바울 선교의 중요한 대목을 잘 몰랐던 것 같다. 바울은 예루살렘을 세 번(갈라디아 1,18; 2,1; 로마 15,25) 방문했다고 증언하지만, 누가복음 저자는 다섯 번(사도행전 9,26; 11,27-30; 15,2.4; 18,22; 21,15) 갔었다고 주장한다. 유대인 아닌 사람들에 대한 선교는 베드로가 바울보다 먼저 시작(사도행전 10,1-11,18)했다고 누가복음 저자는 기록했는데, 이 말은 바울 자신의 증언(갈라디아 2,1-10)과 모순된다.

누가 이름(골로사이 4,14; 디모테오후서 4,11; 필레몬 1,24)은 누가복음 저자를 가리키진 않지만, 누가복음 전통과 연결되는 듯하다. 누가는 끝까지 바울의 충실한 협조자(디모테오후서 4,11)였다. 만일 누가복음 저자가 바울과 동행했던 협조자라면, 바울 신학을, 특히 율법 문제와 정의론에서, 상당히 알고 있어야 자연스럽다.

그런데, 바울은 사도행전에서 율법에 아주 충실한 인물로 기록되었다. 바울은 디모테오에게 할례를 실행했고(사도행전 16,3), 바울 자신이 율법을

8 Wehnert, Jürgen, Die Wir-Aussagen der Apostelgeschichte, GTA 40, Göttingen 1989, pp. 60-66; Schnelle, Udo, Einleitung in das Neue Testament, Göttingen 2017, 9판, pp.311-315

지키며 산다는 것을 예루살렘 유대인들이 알도록 디모테오와 함께 정결예식을 행하고 성전으로 들어갔다(사도행전 21,20-26). 바울은 자신이 율법에 충실하다고 유대인들(사도행전 22,3.12)과 로마 권력자들(사도행전 24,14)에게 말하기도 했다. "그러자 바울은 '나는 유대인의 율법이나 성전이나 카이사르에 대해서 아무 잘못도 한 일이 없습니다' 하고 항변하였다"(사도행전 25,8).

누가복음 저자가 바울의 정의론을 모르지는 않았다. "여러분은 '바로 이분으로 말미암아 죄를 용서받을 수 있다는 복음'이 여러분에게 선포되고 있다는 것을 알아야 합니다. 그리고 모세의 율법으로는 여러분이 죄에서 풀려날 수 없지만, 이 예수를 믿는 사람은 누구나 모든 죄에서 풀려난다는 것을 알아야 합니다"(사도행전 13,38-39; 누가 1,9-14). "그들의 경우와 마찬가지로 우리가 구원받는 것도 주 예수의 은총으로 되는 것이라고 믿습니다"(사도행전 15,11).

그러나, 누가복음 저자는 율법과 믿음을 대립(antithetisch) 관계가 아니라 보충(additiv) 관계로 이해한 듯하다.[9] 믿음으로 구원은 율법으로 구원을 보충하고 포함하고 종합한다[10]는 것이다. 내 생각에, 누가복음 저자가 바울의 정의론에 큰 관심을 둔 것 같지는 않다.

누가복음 저자는 바울 편지들을 전혀 인용하지 않았다. 누가복음과 사도행전보다 30여 년 전에 쓰였던 바울 편지들을 누가복음 저자는 알지 못했던

9 Wong, Eric K. C, Evangelium im Dialog mit Paulus, NTOA 89, Göttingen 2012, pp.149-156

10 Hahn, Ferdinand, Theologie des Neuen Testaments I, Tübingen 2002, p.573

것 같다.[11] 바울 신학을 충실히 알리는 것보다 예수운동 역사에서 바울의 활약과 비중을 소개하는데 누가복음 저자는 더 관심을 둔 것 같다.[12] 바울 이후 유대인 아닌 민족에게 예수의 복음을 전하는 예수운동 역사를 누가복음 저자는 자기 시대의 관점과 맥락에서 기록하였다.[13] 누가복음 저자가 바울을 존중하고 존경했음은 틀림없다. 그러나 누가복음 저자가 바울의 제자라거나 바울 신학의 열렬한 추종자였다고 말하기는 어려울 것 같다.

바울과 요한복음

바울 학파와 요한 학파는 에페소에 있었던 듯하다.[14] 같은 도시에 있던 두 학파가 서로 어떻게 교류했는지 우리는 알 길이 없다. 요한복음 저자가 바울 편지들을 알고 있었다는 직접적인 근거도 없다. 그러나 바울 편지들과 요한복음에서 신학적인 연결과 공통점이 뚜렷하다.[15] 예수는 누구인가 주제에서 바울과 요한복음 저자는 천지창조 이전 존재(Präexistenz)와 하느님 아들의 파견됨(갈라디아 4,4; 로마 8,3; 요한1서 4,9; 요한 3,16)을 함께 언급하

11 Schnelle, Udo, Die ersten 100 Jahre des Christentums 30-130 n. Chr. Die Entstehungsgeschichte einer Weltreligion, Göttingen 2016, 2판, p.513

12 Burchard, Christoph, "Paulus in der Apostelgeschichte", in; Ders, Studien zur Theologie, Sprache und Umwelt des neuen Testaments, Wunt 107, Tübingen 1998, pp.126-147

13 Löning, Karl, Die Saulustradition in der Apostelgeschichte, NTA 9, Münster 1973, p.204

14 Becker, Jürgen, "Das Verhältnis des johanneischen Kreisen zum Paulismus", in: Sänger, Dieter/Mell, Ulrich (Hg.), Paulus und Johannes, WUNT 198, Tübingen 2006, pp.473-495; Schnackenburg, Rudolf, "Ephesus. Entwicklung einer Gemeinde von Paulus zu Johannes, BZ 35 (1991), pp.41-64

15 Hoegen-Rohls, Christina, "Johanneische Theologie im Kontext paulinischen Denkens? Eine forschungsgeschchtliche Skizze", in; Frey, Jörg/Schnelle, Udo (Hg.), Kontexte des Johannesevangeliums, WUNT 175, Tübingen 2004, pp.593-612; Zeller, Dieter, "Paulus und Johannes", BZ 27 (1983), pp.167-182; Schnelle, Udo, "Paulus und Johannes", EvTh 47 (1987), pp.212-228

였다.[16] 하느님은 사랑(로마 5,8; 8,39; 요한1서 4,9; 요한 3,16)에서 당신 아들을 세상에 보내셨다(갈라디아 4,4; 로마 8,3; 요한1서 4,9; 요한 3,17).

십자가 신학에서도 바울과 요한복음의 공통점은 분명하다. 바울, 마가복음 저자, 요한복음 저자를 십자가 신학 3인방이라고 이름 붙여도 좋다. 죄 개념에서도 바울과 요한복음의 공통점은 드러난다. 죄는 세상을 억압하고 있는 힘이다(고린토전서 15,56; 로마 3,9; 5,12; 요한 1,29; 8,34). 죄에 짓눌리는 인간은 하느님 분노(로마 1,18; 요한 3,36) 아래 있으며 죽음의 운명(로마 1,32; 5,12; 요한 5,24; 8,21)을 기다리고 있다. 죄와 죽음에서 생명으로 가는 세례에서 생명을 주시는 하느님의 선물인 성령이 주어진다(고린토전서 12,13; 고린토후서 1,21; 요한 3,5). 세례받은 사람의 새로운 존재는 그리스도 안에 있다(고린토후서 5,17; 요한1서 2,24; 요한 14,20). 율법 이해에서도 바울과 요한복음은 연결된다. 예수 믿는 사람들은 더 이상 모세와 율법 아래 있지 않고(요한 6,32; 7,22) 은혜와 진리 아래 있다(요한 1,17).

바울과 요한복음 저자의 신학에서 역사의 예수가 보여준 행동과 말씀이 중심에 있지는 않다. 부활한 예수 그리스도의 구원 의미가 그들 사상의 중심을 이루고 있다.[17] 요한복음 저자에게 유대교와 분열이 어느 정도 진행된 시점에서 바울의 율법 이해는 더 이상 중요하지 않았다. 요한복음 저자 역시 전해 받은 전승을 그대로 반복한 것은 아니고, 자기 시대와 공동체의 현실과 문제에 창조적으로 대응했다. 요한복음 저자가 바울의 제자라거나 바울 신학

16 Schnackenburg, Rudolf, "Paulinische und johanneische Christologie", in: Ders, Das Johannesevangelium, HThK IV/4, Freiburg 1984, pp.102-118

17 Schnelle, Udo, Die ersten 100 Jahre des Christentums 30-130 n. Chr. Die Entstehungsgeschichte einer Weltreligion, Göttingen 2016, 2판, p.516

을 완성한 인물이라고 표현할 수는 없다. 요한복음 저자는 바울과는 다른 패러다임을 가지고 예수운동 1세기의 마지막 시간을 장식하였다.

마가복음, 마태복음, 누가복음

마가복음, 마태복음, 누가복음은 단어와 자료에서 공통점이 많지만, 또한 내용에서 적지 않은 차이도 있다. 그 공통점은 두 원천 이론[18]으로 여전히 설명된다. 마가복음이 가장 먼저 쓰였고, 마태복음과 누가복음은 마가복음을 참조했다. 마가복음이 몰랐던 예수 어록(Q문헌)을 마태복음과 누가복음은 참조했다. 마태복음과 누가복음은 각각 고유 전승을 가지고 있었을 것이다. 아직까지는 그 가설이 마가복음, 마태복음, 누가복음의 공통점과 차이를 가장 잘 해설하고 있다. 마가복음, 마태복음, 누가복음의 공통점 때문에 공관(共觀)복음이라고 흔히 불리지만, 이들의 차이 때문에 공관복음이라는 단어를 꺼리는 의견도 있다.

마태복음은 예수 족보와 유년기 이야기를 마가복음이 시작되는 세례 이야기 앞에 놓았다. 예수의 갈릴래아 활동부터 11장 사이에 예수 어록에서 가져온 다섯 설교를 다섯 군데에 나누어 배치하였다. 예수가 모세를 뛰어넘는 스승임을 강조하기 위해 의도적으로 그렇게 하였다. 마태복음 12장부터 마가복음 구조를 그대로 따르기 때문에 마치 마가복음의 수정 증보판처럼 보인다.[19] 마태복음은 마가복음 저자의 메시아 비밀 가설을 받아들이지 않았다. 마태복음에서 제자들은 십자가 사건 이전에 예수를 상당히 알아가고 이해하고 있다. 마가복음 저자는 율법이란 단어를 쓰지 않았지만, 음식 규정을 무력

18 Schnelle, Udo, Einleitung in das Neue Testament, Göttingen 2017, 9판, pp.205-242

19 Luz, Ulrich, Das Evangelium nach Matthäus: EKK Ⅰ/1, Zürich/Neukirchen-Vluyn, 2002, 3판, p.35

화하고(마가 7,19c), 율법 계명을 사회 윤리적 차원으로 제한해 버렸다(마가 10,17-22; 12,28-34).

마태복음 저자는 예수가 다윗의 후손이며 다윗 노선의 메시아라고 강조했다.[20] 마태복음 저자에게 예수와 유대교의 연결은 중요하다. 음식 규정을 무력화했던 마가 7,19c은 마태복음에서 삭제되었다. "내가 율법이나 예언서의 말씀을 없애러 온 줄로 생각하지 마라. 없애러 온 것이 아니라 오히려 완성하러 왔다"(마태 5,17). 예수 역할은 유대교 율법에 나타난 가르침을 제자들이 알아듣고 실천하기 쉽게 설명(마태 5,20-48)하는 것이다. 마가복음이 율법을 상대화하고 약화시켰다면, 마태복음은 율법을 자비와 믿음으로 집중시켜 율법을 완성하려 했다. 마태복음 저자는 마가복음 저자의 예수 소개를 그대로 받아들이기는 어렵다고 생각했을까. 유대인 출신이 많았던 마태복음 공동체는 율법을 약화시킨 마가복음을 비판하고 극복할 필요가 있었을 것이다.[21] 그래서 마태복음은 마가복음과 전혀 다른 복음이 아니라 마가복음의 수정 증보판이라고 볼 수 있다.

누가복음은 마가복음과 마태복음과는 다른 또 하나의 복음이다. "우리들 사이에서 일어난 그 일들을 글로 엮는 데 손을 댄 사람들이 여럿 있었습니다. 그들이 쓴 것은 처음부터 직접 눈으로 보고 말씀을 전파한 사람들이 우리에게 전해 준 사실 그대로입니다. 저 역시 이 모든 일들을 처음부터 자세히

---

20 Konradt, Matthias, "Markus und Matthäus", in; Von Gemünden, Petra u.a. (Hg.), Jesus - Gestalt und Gestaltungen (FS Theissen, G), NTOA 100, Göttingen 2013, pp.211-235

21 Konradt, Matthias, "Markus und Matthäus", in; Von Gemünden, Petra u.a. (Hg.), Jesus - Gestalt und Gestaltungen (FS Theissen, G), NTOA 100, Göttingen 2013, pp.211-235, p.232

조사해 둔 바 있으므로 그것을 순서대로 정리하여"(누가 1,1b-3a)에서 누가복음 저자가 어떤 자료를 가리키는지 마가복음인지 예수 어록인지 알기 어렵다. 누가복음 맨 처음에 복음(εὐαγγελίον; 마가 1,1)이나 마태복음처럼 책(Βίβλος; 마태 1,1)이 아니라 설명/소식(διήγησις; 누가 1,1)이라는 단어가 나온다. 누가복음 저자는 예수 탄생부터 예수운동의 로마 복음전파까지 역사를 통틀어 말하려 한다.

마태복음 저자는 마가복음에서 128곳을 참조했는데, 누가복음 저자는 96번 참조했다.[22] 누가복음 저자는 자신의 고유 자료 대부분을 예수의 여행기록(누가 9,51-19,27)에 끼워넣었다. 마태복음 저자처럼 여러 곳에 고유자료를 배치한 것이 아니라 가까운 곳에 집중하여 배치했다.[23] 마태복음 저자처럼 누가복음 저자는 마가복음의 메시아 비밀 가설을 받아들이지 않았다. 누가복음에서도 제자들은 십자가 사건 이전에 예수를 상당히 알아가고 이해하고 있다. 그러나 누가복음 저자는 마태복음 저자처럼 율법 문제에 집중하지 않았고 예수가 보여준 구원의 길을 강조했다. "이분들은 지극히 높으신 하느님의 종으로서 지금 여러분에게 구원받는 길을 선포하고 있소"(사도행전 16,17b). 누가복음 저자가 크게 의지했던 예수 어록[24]의 주제는 구원의 길이다.

마태복음 저자와 누가복음 저자는 마가복음을 받아들여 세 복음 사이에 공통점이 생겼다. 마태복음 저자와 누가복음 저자는 예수어록을 받아들여 마가복음과 차이가 생겼다. 마태복음 저자와 누가복음 저자는 예수어록뿐

22 Morgenthaler, Robert, Statistische Synopse, Zürich 1971, p.232

23 Fitzmyer, Joseph A, The Gospel according to Luke I, AncB 28, New York 1981, pp.63-106

24 Klein, Hans, Das Lukasevangelium, KEK I/3, Göttingen 2006, p.44

아니라 각각 자기 고유의 자료를 사용하여 마태복음과 누가복음 사이에 차이를 만들었다. 마가복음 저자, 마태복음 저자, 누가복음 저자는 모두 예수 삶과 역사를 공통으로 언급했지만, 해설하고 해석하는 관점과 방향이 각각 달랐다. 세 복음 사이에 공통점이 더 중요할까 차이가 더 중요할까. 둘 다 놓치면 안 된다. 공관복음이라는 단어를 쓰는 습관 때문에 세 복음이 거의 비슷하다고 생각하거나 오해하면 안 된다. 마태복음은 제2의 마가복음이 아니라 마태복음이다. 누가복음은 제3의 마가복음이 아니라 누가복음이다.

요한복음과 마가복음, 마태복음, 누가복음

1970년대까지 거의 모든 성서학자들이 요한복음은 마가복음, 마태복음, 누가복음과 관계없다는 의견을 가졌다. 지금도 그 의견을 지닌 학자[25]도 있다. 그러나 최근 연구에서는 요한복음 저자가 적어도 마가복음 또는 누가복음을 알았다는 의견이 대부분이다.[26] 마가복음 저자가 복음이라는 문학 장르를 창조한지 겨우 30여년 지난 시점에서 요한복음 저자가 마가복음을 모르고서 복음을 썼다고 보기는 어렵다.[27] 요한복음 저자는 마가복음을 알았고 의지하고 있다.[28] 요한복음과 마가복음의 공통점이 있다. 복음의 주체로 예수 그리스도가 소개되었고, 예수의 십자가 처형과 부활이 복음 구성의 핵심이며, 십자가 신학을 강조하고 있다.

25 Theobald, Michael, Das Evangelium nach Johannes, Kapitel 1-12, RNT, Regensburg 2009, pp.76-81

26 Labahn Michael/Lang, Manfred, "Johannes und die Synoptiker", in; Frey, Jörg/Schnelle, Udo (Hg.), Kontexte des Johannesevangeliums, WUNT 175, Tübingen 2004, pp.443-515

27 Schnelle, Udo, Die ersten 100 Jahre des Christentums 30-130 n. Chr. Die Entstehungsgeschichte einer Weltreligion, Göttingen 2016, 2판, p.519

28 Schnelle, Udo, Das Evangelium nach Johannes, ThHK 4, Leipzig 2009, 4판, p.17; Thyen, Hartwig, Das Johannesevangelium, HNT 6, Tübingen 2005, p.4; Wilckens, Ulrich, Das Evangelium nach Johannes, NTD 4, Göttingen 1998, pp.1-5

요한복음을 바울 편지들과 마가복음의 종합(Synthese)[29]이라고 슈넬레(Schnelle)처럼 표현해도 좋을까. 그 의견과는 조금 다른 내 생각을 말하고 싶다. 요한복음이 종합(Synthese)이라면, 바울 편지들은 의견(These)이고 마가복음은 반대 의견(Anththese)이 되어야 한다. 바울 편지들과 마가복음을 반대 의견으로 보기는 어렵다. 그런 단어를 적용하는 것이 필요하지 않다 하더라도, 문제는 또 있다. 바울의 편지들, 마가복음, 요한복음은 다루는 자료뿐 아니라 주제와 관점이 전혀 다르다. 그래서 나는 패러다임 단어를 사용하여 설명하고 싶다. 바울 편지들, 마가복음, 요한복음은 각각 사용했던 패러다임 자체가 다르기 때문에 이들을 같은 차원에 놓고 비교할 수는 없다. 바울 편지들, 마가복음, 요한복음은 각각 자기 고유의 패러다임을 가지고 예수운동에 등장했다.

베드로와 바울

바울과 네 복음서의 관계, 네 복음서의 상호 관계를 살펴보았다. 이제 예수운동 1세기 주요 인물들의 관계를 볼 차례다. 베드로는 유대인 아닌 사람들에게 예수를 전하기 시작했고, 순교자 중 하나로서 1세기 예수운동에서 폭넓게 존중받았다. 바울은 비록 나자렛 예수를 직접 만난 적 없었지만, 유대인 아닌 사람들에게 예수를 전하고 편지와 방문으로 공동체를 세우고 격려했다. 베드로와 바울은 고통 중에 인내하며 그리스 지역에서 예수를 전한 인물로 예수운동에서 함께 존중받았다.

베드로와 바울은 1세기 예수운동 역사에서 주요한 인물로 다섯 손가락 안에 꼽힐 만한 인물이다. 가장 중요한 두 인물이라고 말하는 것이 더 적절하

29 Schnelle, Udo, Die ersten 100 Jahre des Christentums 30-130 n. Chr. Die Entstehungsgeschichte einer Weltreligion, Göttingen 2016, 2판, p.520

지 않을까. 그 주제는 뒤로 미루기로 하자. 베드로와 바울은 협조자이자 경쟁자처럼 보이기도 한다. 48년 예루살렘 회의에서 베드로와 바울은 서로 다른 입장을 취한 것처럼 보이기도 했다. 그러나 베드로와 바울의 갈등은 안티오키아에서 서로 충돌한 사건에서 가장 잘 드러났다.

"그러나 게파가 안티오키아에 왔을 때 책망 받을 일을 했기 때문에 나는 그에게 면박을 주었습니다. 그의 책망 받을 일이란 이런 것이었습니다. 게파가 이방인 교우들과 한자리에서 음식을 먹고 있었는데 야고보가 보낸 사람들이 들어오자 그는 할례를 주장하는 그 사람들이 두려워서 슬그머니 그 자리에서 물러나갔습니다. 나머지 유대인들도 안 먹은 체하며 게파와 함께 물러나갔고 심지어 바르나바까지도 그들과 함께 휩쓸려서 가식적인 행동을 하였습니다. 나는 그들의 행동이 복음의 진리에 맞지 않는 것을 보고 모든 사람이 보는 앞에서 게파에게 이렇게 말하였습니다. '유대인이면서 유대인같이 살지 않고 이방인같이 사는 당신이 어떻게 이방인들에게 유대인처럼 살라고 강요할 수 있겠습니까?"(갈라디아 2,11-14).

바울만 이 사건을 전했다. 베드로의 입장은 전해지지 않았다. 바울의 이 기록에는 설명되지 않은 여러 의문들이 남아있다.[30] 첫째, 야고보가 보낸 사람들이 어떻게 베드로와 바르나바와 다른 유대인들까지 유대인 아닌 사람들과 식사를 거절하도록 시켰는가. 둘째, 이방인들에게 유대인처럼 살라고 강요할 수 있겠냐는 바울의 항의는 구체적으로 베드로의 어떤 행동을 가리키는가. 셋째, 베드로는 왜 바울의 요구를 거절했는가. 넷째, 바울과 베드로의 충돌은 어떻게 끝났는가.

30 Wolter, Michael, Paulus. Ein Grundriss seiner Theologie, Neukirchen 2015, 2판, p.45

예수운동 공동체에서 유대인과 유대인 아닌 사람이 함께 하려면, 유대인 아닌 사람은 어떤 자세를 가져야 하느냐. 그것이 예루살렘 회의 주제였다. 유대인 아닌 사람이 유대인이 될 필요는 없다. 그것이 결론이었다. 그러면, 예수운동 공동체에서 유대인과 유대인 아닌 사람이 함께 하려면, 유대인은 어떤 자세를 가져야 하느냐. 그것이 예루살렘 회의에서 미처 다루지 못한 주제였다. 그 문제를 그대로 둔 채, 유대인과 유대인 아닌 사람이 충돌할 여지를 남겨둔 채, 예루살렘 회의는 어정쩡하게 끝났었다.

안티오키아에 야고보가 보낸 사람들은 베드로와 바르나바와 다른 유대인들을 이런 논리로 설득한 듯하다. 예수운동에서 유대인 아닌 사람이 유대인처럼 처신할 필요가 없다면, 유대인은 유대인이 아닌 것처럼 행세할 필요는 없다는 것이다. 유대인 아닌 사람이 유대인처럼 처신할 필요가 없다는데, 왜 유대인에게 유대인 아닌 것처럼 행세하라고 요구하냐는 항의였다. 예수운동 공동체의 빵나눔에서 유대인과 유대인 아닌 사람이 식사할 때, 유대인은 유대인이 해오던 관습대로 식사하면 된다는 것이다. 즉, 유대인은 유대인 아닌 사람과 식사하지 않는다. 야고보 사람들은 유대인과 유대인 아닌 사람들이 예수운동에 들어온 후에도 유대인과 유대인 아닌 사람들의 차이가 그대로 보존된다고 생각했다. 야고보가 보낸 사람들이 오기 전에는 베드로와 바르나바와 다른 유대인들은 유대인과 유대인 아닌 사람들의 일치가 차이보다 우선한다고 보았다.

야고보가 보낸 사람들이 베드로와 바르나바와 다른 유대인들을 설득하여 유대인 아닌 사람들과 식사를 거부한 행동이나 바울이 베드로의 행동을 책망한 일이나, 사실 유대인끼리 다툰 갈등이었다. 안티오키아 공동체의 유대인 아닌 사람들은 물끄러미 구경만 해야 하는 입장이었다. 그런데, 유대인 아닌 사람들도 이제 태도를 정해야 했다. 유대인 아닌 사람들과 계속 식사를 같이 할 유대인도 있고 거부할 유대인도 있다면, 유대인 아닌 사람들은 어떻게 해야 하는가. 바울은 유대인 아닌 사람들과 식사를 거부했던 베드로와 유대인을 비판했지만, 유대인 아닌 사람들은 어떻게 해야 한다고 말하진 않았다. 바울도 문제 해결을 다 하지는 못한 셈이다.

유대인 아닌 사람들이 유대인과 식사를 같이 하려면, 꼭 지켜야 할 규칙이라도 있었는가. 누가복음 저자가 안티오키아와 시리아와 길리기아에 있는 유대인 아닌 사람들에게(사도행전 15,23) 언급한 네 가지 금기 사항이 혹시 아닐까. "우상에게 바쳤던 제물을 먹지 말고 피나 목 졸라 죽인 짐승도 먹지 마시오. 그리고 음란한 행동을 하지 마시오"(사도행전 15,29). 고기에 대한 규칙 셋(레위 17,10-12,14)과 성윤리 하나(레위 18,6-23)를 가리킨다.

이스라엘 땅에 살던 유대인 아닌 사람들이 유대인과 충돌하지 않고 살아가려면 조심해야 할 최소한 규칙으로 말해지던 내용이었다.[31] 그 옛날 이스라엘 땅에 살던 유대인 아닌 사람들이 유대교 율법은 지키지 않더라도 적어도 지켰던 네 가지 규칙이 예수운동에 들어온 유대인 아닌 사람들에게 요구된 것이다. 예수운동에 들어온 유대인 입장에서, 자신들이 유대인 아닌 사람들에게 가혹한 요구를 한 것은 아니었다.

바울은 그 요구를 거절하였다(갈라디아 2,14). 그것은 유대인 아닌 사람들에게 유대인처럼 살라고 강요하는 것으로(갈라디아 2,11-14) 여긴 듯하다. 그 요구를 받아들인다면, 예수운동에서 주도권이 유대인 아닌 사람들에게서

31 Müller, Klaus, Tora für die Völker. Die noachidischen Gebote und Ansätze zu ihrer Rezeption im Christentum, SKI 15, Berlin 1994, p.161

유대인에게 다시 돌아갈 것이라고 바울은 걱정했을까. 그 요구를 거절한 바울은 유대인에게 유대인의 고유한 관습을 버리라고 강요한 셈이다. 즉, 예수를 믿으려는 유대인 아닌 사람들은 유대인처럼 살 필요가 전혀 없지만, 예수를 믿으려는 유대인은 더 이상 유대인처럼 살면 안 된다는 뜻을 담고 있다.[32]

유대교인이었던 바울은 인류가 유대인과 유대인 아닌 사람으로 구별된다고 생각했지만, 예수 그리스도를 따르고 전하는 바울은 유대인과 유대인 아닌 사람이라는 구별은 의미가 없다고 생각했다. 바울 입장이 안티오키아 공동체에서 인정되고 받아들여졌는지 바울은 말하지 않았다(갈라디아 2,11-14). 바울은 안티오키아 공동체를 떠나 자기 사람들을 모으고 독자적인 선교 활동을 하기 시작했다.

베드로와 바울의 충돌은 이 정도로 언급하고, 베드로와 바울이 처형된 후 쓰인 베드로전서와 베드로후서를 보기로 하자. 베드로와 가깝던 사람들은 직접적으로 베드로전서를, 간접적으로 베드로후서를 바울과 연결하였다. 그들이 살던 곳이 바울이 선교하던 지역에 있었기 때문에 바울이 마치 베드로전서와 베드로후서를 쓴 것처럼 했다. 바울이 마치 베드로의 지도 아래 있는 것처럼 구도를 만들었다. 베드로와 바울의 지도 아래 베드로와 가깝던 사람들은 고난의 시대를 하느님 뜻으로 알고 잘 버텨내며 서로 일치하자는 뜻이다.

베드로전서와 베드로후서는 바울 편지들의 표현을 모범으로 삼아 서술하였다.[33] 은혜(베드로전서 1,2; 2,19; 4,10), 의로움(베드로전서 2,24; 3,14), 계

32 Wolter, Michael, Paulus. Ein Grundriss seiner Theologie, Neukirchen 2015, 2판, p.49

시(베드로전서 1,7; 4,13), 자유(베드로전서 2,16;), 부르심 받다(베드로전서 1,15; 2,9; 5,10), 선택(베드로전서 1,1; 2,9)등 바울이 즐겨 쓰던 단어가 베드로전서에 가득하다. 로마서 13,1-7과 베드로전서 2,13-17은 아주 비슷하다.[34] 베드로전서는 로마를 바빌론이라는 이름으로 위장하여 이해했다(베드로전서 1,1; 5,13). 70년 유대 독립전쟁 이후 로마는 바빌론(요한계시록 14,8; 16,19; 17,5)이라는 이름으로 예수운동에서 이해되었다.[35]

바울과 야고보서

야고보 편지는 마태복음처럼 유대교 율법을 자유의 법(야고보 2,12)이라며 긍정적으로 평가하여 믿음과 행동의 일치를 강조한다. "그저 듣기만 하여 자기 자신을 속이는 사람이 되지 말고 말씀대로 실천하는 사람이 되십시오"(야고보 1,22). 야고보 편지 저자는 율법과 믿음에 대한 바울의 해설을 비판적으로 보았다.[36] 죄와 은혜, 인간의 행동과 하느님의 관계 등 바울 신학이 낳을 수 있는 약점을 집중해서 살피고 있다. 믿음과 실천, 말과 행동이 일치하지 않는 사람은 분열된 인간이다(야고보 1,8; 4,8).

특히 부자들이 믿음과 실천에 대한 바울의 설명을 오해하고 왜곡하고 악용할 수 있다(야고보 4,13-17). 야고보 편지는 믿음과 실천의 모순과 분열을 극복하는데 관심이 많았다. 정확히 말하면, 야고보 편지는 바울이 아니라

33 Herzer, Jens, Petrus oder Paulus?, WUNT 103, Tübingen 1998, pp.62-73

34 Schröger, Friedrich, Gemeinde im 1. Petrusbrief, Passau 1981, pp.212-216.223-228; Brox, Norbert, Der erste Petrusbrief, EKK 21, Neukirchen 1986, 2판, pp.47-51

35 Horn, Friedrich Wilhelm, "Die Petrus-Schule in Rom", in: du Toit, David S (Hg.), Bedrängnis und Identität, BZNW 200, Berlin 2013, pp.3-20

36 Schnelle, Udo, Die ersten 100 Jahre des Christentums 30-130 n. Chr. Die Entstehungsgeschichte einer Weltreligion, Göttingen 2016, 2판, pp,376-378

바울 신학을 악용하는 사람들과 싸우고 있다. 말과 행동이 일치하지 않는 사람은 야고보서 저자뿐 아니라 바울과 예수를 반대하고 있다.

바울과 히브리서

신약성서에서 큰 수수께끼중 하나가 히브리서다. 히브리서를 누가 썼고 어느 공동체에서 나왔는지 우리가 전혀 알 수 없기 때문이다.[37] 로마에서 바울이 썼을까. 히브리서 제목 ΠΡΟΣ ΕΒΡΑΙΟΥΣ은 후대에 누가 덧붙인 것으로 성서학계에서 인정되고 있다.[38] 히브리서가 바울과 연결을 의식[39]하는 것은 분명하다(히브리 13,23). 히브리서 1,1-4는 바울 편지들의 처음 부분(필립비 2,6-11; 로마 1,3-4)과 연결된다. 바울 편지들(갈라디아 3장; 로마 4장)처럼 아브라함에 주신 약속도 언급되었다(히브리 6,13-20; 11,8-19). 바울 편지들(고린토후서 9,13; 로마 10,9)처럼 고백(히브리 3,1; 4,14; 10,23), 고백하다(히브리 11,13; 13,15) 단어가 히브리서에서 중요했다.

바울 편지들의 끝 부분(고린토전서 16,19; 필립비 4,21; 로마 16,21)을 본뜬 히브리서 마지막 부분 13,22-25는 바울 편지들을 모으는 과정에서 누군가에 의해 후대에 덧붙여진 듯하다.[40] 히브리서가 바울이나 바울 학파 영향을 받았다는 인상을 주기 위해 추가되었을까. 문헌상 연관이 있던 것은 아니고 역사적 맥락이 서로 비슷할 뿐이라는 의견도 있다.[41] 그러나 히브리서가 율법, 믿음, 정의를 다룰 때 바울이나 바울 학파와 기본적으로 차이를 보여주기도 했다.[42] 히브리서는 야고보서처럼 바울을 고치려고 하진 않았고, 특히

37 Schnelle, Udo, Einleitung in das Neue Testament, Göttingen 2017, 9판, pp.443-459
38 Grässer, Erich, An die Hebräer, EKK XVII/1, Neukirchen 1990, pp.41-45
39 Karrer, Martin, Der Brief an die Hebräer, ÖTK 20/1, Gütersloh 2002, p.35
40 Grässer, Erich, An die Hebräer, EKK XVII/1, Neukirchen 1990, p.22
41 Backhaus, Knut, Der Hebräerbrief, RNT, Regensburg 2009, p.488

종교 의식 분야에서 바울 신학을 보충하려 한 듯하다.[43]그래서 히브리서는 바울 공동체에서 소중하게 받아들여진 것 같다.[44]

야고보, 바울, 요한

요한 계시록은 신약성서에 문학 장르뿐 아니라 종교 역사적 맥락에서 독특한 위치에 있다.[45] 요한 계시록은 야고보서 저자와 바울 학파와 요한복음 저자의 관계를 암시하는 듯하다. 그런데, 요한 계시록에 요한 이름만 나온다(요한 계시록 1,1.4.9; 22.8). 후대에 누가 써넣은 것[46] 아닐까.

요한 계시록 저자와 요한복음 저자의 연결은 생명의 물(요한 계시록 7,16; 21,6; 22,1; 요한 4,10.13; 7,37-39), 하느님의 말씀인 예수(요한 계시록 19,13; 요한 1,1), 요한 계시록에 29번이나 나오는 양(요한 1,29.36)에서 볼 수 있다. 승리 주제에서도 공통점이 있다. 신약성서에서 승리 단어는 24번 나타나는데, 요한 계시록에 17번, 요한계 문헌에 7번 있다. 증인, 증거 단어가 신약성서에 113번 나오는데, 요한 계시록에 13번, 요한계 문헌에 64번 있다. 이렇게 가까운 어휘와 언어 때문에 요한 계시록을 요한계 문헌으로 보아야 할까. 요한 계시록은 요한복음 이전 작품[47]일까.

---

42 Backhaus, Knut, "Der Hebräerbrief und die Paulus-Schule", BZ 37 (1993), pp.183-208

43 Schnelle, Udo, Die ersten 100 Jahre des Christentums 30-130 n. Chr. Die Entstehungsgeschichte einer Weltreligion, Göttingen 2016, 2판, p.523

44 Karrer, Martin, Der Brief an die Hebräer, ÖTK 20/2, Gütersloh 2008, p.382

45 Gradl, Han-Georg, "Buch und Brief. Zur motivischen, literarischen und kommunikativen Interdependenz zweier medialer Typen in der Johannes-Offenbarung", in: Frey, Jörg/Kelhofer, James A/Toth, Franz (Hg.), Die Johannesapokalypse, WUNT 287, Tübingen 2012, pp.413-433

46 Frey, Jörg, "Erwägungen zum Verhätnis der Johannesapokalypse zu den übrigen Schriften des Corpus Johanneum, in: Hengel, Martin (Hg.), Die johanneische Frage, WUNT 67, Tübingen 1993, pp.326-429, pp.425-427

요한 계시록 저자는 바울과 연결되기도 한다. 요한 계시록 첫 인사(요한 계시록 1,1-3)는 바울 편지들의 전통을 따르고 있다.[48] 요한 계시록의 끝 인사(요한 계시록 22,21) 역시 바울 전통을 보여준다. 요한 계시록은 바울 전통에 있는 공동체에 보내는 바울 편지 형식의 문헌이다.

1세기 예수운동이 낳은 주요 문헌과 인물들의 상호 관계를 살펴보면, 적어도 두 가지 특징을 알 수 있다. 우선, 신약성서 모든 문헌이 바울과 연결되어 있다. 바울과 다투거나 넘어서거나 인용하거나 어떤 식으로든 마찬가지다. 바울이 예수운동 1세대 인물이었고 바울 신학의 영향이 그만큼 컸다는 사실을 가리킨다. 그러나 주요 문헌과 인물들의 독자적인 특징과 다양성이 또한 강조되고 있었다. 바울과 연결 그러나 독자성 두 가지를 어떻게 정리해야 할까. 그보다 먼저, 1세기 예수운동 전체를 신학적으로 어떻게 평가해야 할까. 이 책의 주제이기도 하다.

1세기말 예수운동 신학 패러다임들

50년 무렵 예수운동에 세 종류 신학 흐름이 있었다. 갈릴래아 지역에서 예수 활동과 말씀에 집중하던 갈릴래아 공동체, 예루살렘 지역에서 예수 저항과 고난의 십자가 역사에 주목한 예루살렘 공동체, 예수 복음을 유대인 아닌 사람에게도 전하던 바울을 포함한 안타오키아 공동체가 있었다. 바울은 7편의 편지를 남겼다. 이집트와 로마 공동체가 또한 있었던 듯하지만, 그들의 신학을 알 길이 거의 없다.

---

47 Strecker, Georg, Literaturgeschichte des Neuen Testaments, Göttingen 1992, p.275일까, 요한복음 뒤에 나온 문헌(Taeger, Jens W, Johannesapokalypse und johanneischer Kreis, BZNW 51, Berlin 1988, p.206)

48 Karrer, Martin, Die Johannesoffenbarung als Brief, FRLANT 140, Göttingen 1986, pp.86-108

70년 무렵 유대 독립전쟁이 끝난 후 갈릴래아 공동체와 예루살렘 공동체는 사실상 역사 너머로 사라지고 말았다. 그들이 남긴 문헌과 신학은 계속 영향을 주었지만 말이다. 마가복음, 마태복음, 누가복음이 그동안 탄생했다. 바울 학파들이 쓴 편지들도 생겼다. 바울과 안타오키아 공동체는 유대 독립전쟁의 충격을 크게 받지는 않았다. 바울 학파 작품이 아닌 여러 편지들이 나타났다.

1세기말 무렵 베드로와 요한복음 공동체 신학이라는 흐름이 덧붙여졌다. 히브리서와 요한 계시록은 독특한 특징을 보이긴 하지만, 커다란 신학 흐름으로 여기긴 어렵다. 1세기 말에 다섯 종류의 큰 신학 흐름이 있었다[49]는 슈넬레 의견은 설득력이 있다. 그렇지만, 요한이 바울과 마가를 종합했다고 보는 슈넬레와 나는 의견이 조금 다르다. 바울, 마가, 요한이 서로 다른 프레임을 각각 들고 나왔다고 나는 생각한다.

갈릴래아 공동체

1세기 말 예수운동의 신학 풍경을 살펴보자. 예수 생전부터 존재했다고 보이는 갈릴래아 공동체는 예수 어록을 남겼다. 예수 어록에 담긴 말씀 말고도, 예수 행동에 대한 많은 전승이 갈릴래아를 중심으로 널리 퍼졌을 것이다. 그중 일부는 예루살렘 공동체나 안타오키아 공동체에도 전해졌을 것이다. 안타깝게도 문헌이나 고고학 근거를 아직 찾을 수는 없다. 갈릴래아 공동체의 영향이 1세기 말 예수운동에서 어땠는지 알기도 쉽지 않다.

예루살렘 공동체

1세기 말 예수운동에 예루살렘 공동체는 어떤 영향을 주었을까. 예루살

49 Schnelle, Udo, Die ersten 100 Jahre des Christentums 30-130 n. Chr. Die Entstehungsgeschichte einer Weltreligion, Göttingen 2016, 2판, p.496

렘 공동체는 처음에 베드로의 지도를 받았다. 그러나 베드로가 예루살렘을 떠난 후 예수 형제 야고보가 예루살렘 공동체를 이끌게 되었다. 48년 예루살렘회의에서 야고보는 유대인 아닌 사람에게 할례 없는 선교를 찬성했지만, 그후 유대교 압력 탓에 점차 완강한 입장으로 돌아서게 된다. 62년 처형된 뒤 야고보는 베드로와 바울처럼 예수운동을 세운 인물로 존중받게 되었다.

70년 유대 독립전쟁 이후 야고보와 예루살렘 공동체의 영향은 마태복음, 야고보서, 베드로서를 중심으로 전해졌다. "기둥과 같은 존재로 여겨지던 야고보와 게파와 요한"(갈라디아 2,9)이 그들에게 감명을 준 것 같다. 그들은 바울과 바울 학파들의 편지와 영향력에 대응하면서 자신들의 영향을 유지하려고 애쓴 듯하다.[50] 그들의 신학이 하나로 일치한 것은 또한 아니었다. 마태복음과 야고보서에 공통으로 보이는 특징이 있다.

토라 전체(ὅλον τὸν νόμον)(마태 5,17-19; 야고보서 2,10)가 신학의 중심이었다. 토라 전체라는 단어는 갈라디아 공동체 위기에서도 사용되었었다. (갈라디아 5,3) 70년 이후 유대인 아닌 사람에게 할례를 요구하는 모습이 여전히 있기도 했지만(골로사이 3,11), 마태복음과 야고보서에 조직적으로 나타나진 않는다.

유대교와 강한 연대 의식을 지녔던 마태복음 공동체도 유대인 아닌 사람들에게 선교하기 시작했다. 그래도 유대인 특징을 유지하기 위해 최소한의 율법 규칙을 요구한 듯하다. "율법학자들과 바리사이파 사람들은 모세의 자리를 이어 율법을 가르치고 있습니다. 그러니 그들이 말하는 것은 다 실행하

50 Lührmann, Dieter, "Gal 2,9 und die katholische Briefe", ZNW 72 (1981), pp.65-87

고 지키시오”(마태 23,3). 안식일을 여전히 지키는 공동체가 있었던 듯하다 (마태 24,20).

유대계 예수운동의 공통점중 하나는 바울에 대한 강력한 비판적 태도였다. 예수운동이 유대교에서 시작되었다는 사실을 약화시키고 예수운동이 유대인 아닌 사람들에게 열린 태도를 보이게 했다고 바울이 비난받기도 했다.[51] 나자렛 예수가 유대인이며 예수운동이 유대교에서 시작되었다는 사실은 100년 무렵 예수운동에서도 계속 인정되었고 영향을 주었다.

베드로

100년 무렵 예수운동에서 베드로는 중요한 역사적 인물일 뿐 아니라 중요한 신학적 인물로도 존중받았다. 베드로 자신은 아무런 글도 남기지 않았지만, 예수 전승을 전하고 보존한 인물로 여러 신학 흐름에서 공통으로 인정되었다. 예수의 어머니 마리아와 함께 베드로는 예수운동 모든 인물 중에 예수를 가장 잘 아는 사람이다. 마가복음 저자가 베드로의 통역이었다는 전승은 사실에 근거한 말[52]일까. 베드로를 변호하기 위해 꾸며낸 이야기[53]일까. 선교사 요한 마가는 바울 전승과 연결된다(사도행전 12,12; 15,37; 골로사이 4,10). 마가와 베드로의 연결은 베드로전서에서 볼 수 있다. “바빌론에 있는 여러분의 자매 교회와 내가 아들로 여기는 마가가 여러분에게 문안합니

51 Dassmann, Ernst, Der Stachel im Fleisch. Paulus in der frühchristlichen Literatur bis Irenäus, Münster 1979, pp.108-125.222-244; Lüdemann, Gerd, Paulus, der Heidenapostel II: Antipaulismus im frühen Christentum, FRLANT 130, Göttingen 1983, p.59; Pervo, Richard I, The making of Paul, Minneapolis 2010, pp.187-198

52 Hengel, Martin, Der unterschätzte Petrus, Tübingen 2007, 2판, pp.58-78

53 Niederwimmer, Kurt, "Johannes Markus und dir Frage nach dem Verfasser des zweiten Evangeliums", ZNW 58 (1967), pp.172-188; Vielhauer, Philipp, Geschichte der urchristlichen Literatur, Berlin 1975, p.260

다"(베드로전서 5,13). 마가복음 저자가 누구인지 우리는 아직 알지 못한다. 마가복음에서 베드로 고유의 신학을 찾기는 어렵다.[54]

베드로는 마태복음에서 특별히 존중되었다.[55] "선생님은 살아 계신 하느님의 아들 그리스도이십니다"(마태 16,16)라는 베드로의 고백과 "예수는 자신이 그리스도라는 것을 아무에게도 말하지 말라고 단단히 당부하였다"(마태 16,20) 사이에 마태복음 저자가 써서 끼워넣은 아래 구절[56]이 핵심이다.

"예수는 '시몬 바르요나, 당신에게 그것을 알려주신 분은 사람이 아니라 하늘에 계신 내 아버지시니 당신은 복이 있습니다. 잘 들으시오. 당신은 베드로입니다. 내가 이 반석 위에 내 교회를(μου τὴν ἐκκλησίαν) 세울 터인즉 죽음의 힘도 감히 그것을 누르지 못할 것입니다. 또 나는 당신에게 하늘나라의 열쇠를 주겠습니다. 당신이 무엇이든지 땅에서 매면 하늘에도 매여 있을 것이며 땅에서 풀면 하늘에도 풀려 있을 것입니다'라고 말하였다" (마태 16,17-19).

내 교회를(μου τὴν ἐκκλησίαν; 마태 16,18b) 표현은 예수 부활 이후 상황을 전제하는 것이어서 역사의 예수가 실제로 했던 말이 아니다.[57] 마태복음

54 Schnelle, Udo, Die ersten 100 Jahre des Christentums 30-130 n. Chr. Die Entstehungsgeschichte einer Weltreligion, Göttingen 2016, 2판, p.500

55 Luz, Ulrich, Das Evangelium nach Matthäus: EKK Ⅰ/2, Mt 8-17, Zürich/ Neukirchen-Vluyn, 2008, pp.467-471; Roloff, Jürgen, Die Kirche im Neuen Testament, GNT 10, Göttingen 1993, pp.162-165

56 Luz, Ulrich, Das Evangelium nach Matthäus: EKK Ⅰ/2, Mt 8-17, Zürich/ Neukirchen-Vluyn, 2008, p.458; Böttrich, Chhristfried, Petrus, BG 2, Leipzig 2001, pp.65-72

57 Schnelle, Udo, Die ersten 100 Jahre des Christentums 30-130 n. Chr. Die Entstehungsgeschichte einer Weltreligion, Göttingen 2016, 2판, p.122. 501

저자는 이 구절로써 베드로를 마태복음 전승을 담보하는 인물이며 제자들과 공동체에서 가르치는 사람들의 모범으로 내세웠다. 자기들도 하늘나라에 들어가지 않으면서, 하늘나라의 문을 닫아놓고 들어가려는 사람마저 못 들어가게 가로막는 율법학자들과 바리사이파 사람들(마태 23,13)과 베드로는 전혀 다르다. 베드로가 한 말을 듣고 그대로 실행하는 사람은 반석, 즉 베드로 위에(ἐπὶ τὴν πέτραν)[58], 집을 짓는 슬기로운 사람과 같다.(마태 7,24) 이렇듯이 베드로의 권위는 마태복음에서 의심 없이 존중되었다. 그러나 요한복음에서 그림이 아주 달라졌다.

요한복음에서 예수운동 전승을 증거하고 보장한 인물은 베드로가 아니라 예수의 사랑받는 제자(요한 13,23)다.[59] 예수의 사랑받는 제자는 베드로보다 먼저 예수에게 부르심 받았다(요한 1,37-40). 베드로가 아니라 예수의 사랑받는 제자가 예수를 해석하고 제자들을 대표한다(요한 13,23-26a). 시련의 시간에도 예수의 사랑받는 제자는 예수를 배신하지 않았고(요한 18,15-18), 십자가 아래서도 모범적으로 스승을 따르는 제자로 있었다(요한 19,25-27). 예수가 가짜가 아니라 진짜로 사망했다는 사실을 확인하고(요한 19,34b.35) 예수 부활 사건을 베드로보다 먼저 무덤에 도착하여 확인하였다.(요한 20,2-10) 아버지의 품 안에 계신 외아들(요한 1,18)처럼, 예수의 사랑받는 제자도 예수의 품 안에 있었다(요한 13,23).

58 Lampe, Peter, "Das Spiel mit dem Petrusnamen - Matt. XVI.18", NTS 25 (1979), pp.227-245; Hengel, Martin, Der unterschätzte Petrus, Tübingen 2007, 2판, pp.30-40

59 Bauckham, Richard, "The Beloved Disciple as Ideal Author", JSNT 49 (1993), pp.21-44; Theobald, Michael, "Der Jünger, den Jesus liebte. Beobachtungen zum narrativen Konzept der johanneischen Redaktion", in: Lichtenberger u. a., (Hg.), Geschtchte - Tradition - Reflexion III (FS Hengel, M), Tübingen 1996, pp.219-255; Thyen, Hartwig, Das Johannesevangelium, HNT 6, Tübingen 2005, 2판, pp.785-794

십자가 아래 있는 예수의 사랑받는 제자 장면은 요한복음 공동체가 탄생한 전설이 되었다. 십자가 아래 있던 예수의 어머니 마리아는 모든 시대에 신자들의 모범이 되었다. 십자가에 매달린 예수는 예수의 사랑받는 제자와 어머니 마리아에게 예수운동 공동체를 만들라고 지시한다. 성령이 공동체의 현재를 감싸고 미래를 보증하듯이(요한 14,15-17; 15,26-27; 16,5-11), 예수의 사랑받는 제자는 공동체를 역사의 예수라는 과거와 특별하게 연결하는 인물이다. 예수의 사랑받는 제자는 역사의 예수와 연결되고 또한 예수운동과도 이어진다. 요한복음 저자는 예수의 사랑받는 제자를 복음에 등장시켜 요한복음의 권위를 인정받고 요한복음의 전략을 짜려 했던 것 같다.

그런데, 예수의 사랑받는 제자는 실존 인물이었나. 요한복음 공동체에서 중요한 역할을 하고 역사의 예수에 연결되게 요한복음 저자가 창작하여 써넣은 실존하지 않은 극중 인물[60]인가. 예상치 못한 갑작스런 죽음 이야기(요한 21,22-23)를 보면 예수의 사랑받는 제자는 순전히 창작된 인물이라고 보기는 어려울 듯하다.[61] 예수의 사랑받는 제자가 요한복음 공동체에 이미 잘 알려진 실제 인물이었는지, 요한복음 공동체를 역사의 예수와 연결하려는 의도에서 나온 가공인물인지 더 논의될 주제다.[62]

60 Theobald, Michael, "Der Jünger, den Jesus liebte. Beobachtungen zum narrativen Konzept der johanneischen Redaktion", in: Lichtenberger u. a., (Hg.), Geschtchte - Tradition - Reflexion III (FS Hengel, M), Tübingen 1996, pp.219-255

61 Kragerud, Alv, Der Lieblingsjünger im Johannesevangelium: ein exegetischer Versuch, Oslo 1959, p.149

62 Kügler, Joachim, "Die Liebe des Sohnes und das Bleiben des Jüngers. Der geliebte Jünger im Johannesevangelium und die Begründung kirchlicher Macht im ohanneischen Christentum", in: Gielen, M/Kügler, Joachim (Hg.), Liebe , Macht und REligion. Interdisziplinäre Studien zu Grunddimensionen menschlicher Existenz, Stuttgart 2003, pp.217-236, pp.218-222

요한복음 1장에서 20장까지 예수의 사랑받는 제자는 베드로보다 우월하게 소개되었다. 그런데, 갑자기 요한복음 21장에서 그 관계가 크게 고쳐지고 바뀌었다. 요한복음 21장은 요한복음에 원래 없었는데 후대에 어느 성경 필사자가 추가로 써넣은 것[63]일까. 요한복음 21장은 요한복음에 원래 있었다는 의견[64]도 있다. 베드로는 모든 다른 사람들보다 더 예수를 사랑하는 제자다(요한 21,15). 부활한 예수는 베드로에게 세 번이나 "내 양들을 돌보시오" (요한 21,15.16.17)라고 부탁한다. 요한 19,25-27과는 분위기가 크게 달라졌다. 베드로가 앞에 등장하고 예수의 사랑받는 제자는 뒤로 물러서고 있다. 부활한 예수는 베드로와 함께 예수의 사랑받는 제자의 운명에 대해 이야기를 나누고 있다.(요한 21, 20-23) 베드로와 가까운 사람들의 영향이 요한복음에서 꾸준히 늘어나고 있다. 요한복음이 예수 역사를 정당하게 해석한 문헌으로 예수운동에서 인정받기 위해 일부러 베드로를 끌어들인 것[65]은 아닐까.

베드로는 처음으로 베드로전서에서 필자로 등장한다. 베드로전서는 80년~100년 사이[66] 또는 115년[67] 소아시아 지역에서 쓰인 듯하다. 역사의 베드로가 실제로 베드로전서를 썼을 리 없다는 뜻이다. 베드로전서는 100년 무렵 예수운동 사람들 대부분이 거주했던 소아시아 지역 전체를 향해 말하고 있다. 박해에 시달리는 예수운동 사람들을 격려하고 또한 경고하기 위한 편지다.(베드로전서 5,12b) 예수운동이 소수 종교로서 적대적인 사회에서 살아남으려면,

---

63 Schnelle, Udo, Das Evangelium nach Johannes, ThHK 4, Leipzig 2009, 4판, p.339

64 Thyen, Hartwig, Das Johannesevangelium, HNT 6, Tübingen 2005, 2판, p.4, pp775-794

65 Schnelle, Udo, Die ersten 100 Jahre des Christentums 30-130 n. Chr. Die Entstehungsgeschichte einer Weltreligion, Göttingen 2016, 2판, p.503

66 Gielen, Marlis, Der erste Petrusbrief, in: Ebner, Martin, Schreiber, Stefan (Hg.), Einleitung in das Neue Testament, Stuttgart, 2008(2판), pp.517-527, p.523

67 Koch, Dietrich-Alex, Geschichte des Urchristentums, Göttingen 2014, 2판, pp.477-479

각오를 단단히 해야 한다. 예수운동 사람들이 겪고 있는 박해는 그들의 죄 때문이 아니라 하느님의 은혜 덕택임을 알아야 한다.(베드로전서 2,19.20; 3,14) 그러므로 겸손하게 하느님 뜻을 따라야 한다.(베드로전서 3,8; 5,5)[68]

베드로전서는 주변 사회에서 인정받아 박해 상황을 슬기롭게 피해가는 전략을 제안했다. 베드로는 역사의 예수를 직접 접촉했을 뿐 아니라 예수 전승을 담보하는 인물로 존중받았다. 또한 베드로는 고통 중에도 믿음을 지킨 인물이며 최초의 순교자중 하나로 예수운동에서 널리 존경받고 있었다(고린토전서 1,12; 9,5). 박해받던 소아시아 지역 예수운동 사람들이 로마제국 서쪽 지역에서 주로 선교활동을 하던 베드로를 믿음과 겸손과 인내의 모범으로 삼은 것은 자연스러운 일이었다.

바울

1세기 말 예수운동에서 바울의 위상은 어느 정도였을까. 바울이 세상을 떠난지 30년 지난 시점이다. 바울은 무엇보다도 먼저 선교사였다. 바울은 선교사였기 때문에 신학 작품을 썼다. 바울에게서 선교사와 신학자를 분리할 수는 없다. 바울은 선교사이자 신학자였다. 우리 시대에 흔한 선교사와 신학자의 분열은 1세기 예수운동에서는 찾아볼 수 없는 풍경이었다.

바울은 예수운동에 참여한 처음부터 선교하기 시작했다. 특히 유대인 아닌 사람에게 복음을 전한 바울 활동은 1세기말 예수운동에서 큰 모범이 되었다. 바울 편지들은 바울 신학을 널리 알린 중요한 계기이자 수단이었다.

68 Feldmeier, Reinhard, ""Basis des Kontaktes unter Christen". Demut als Schlüsselbegriff der Ethik des Ersten Petrusbriefes", in: du Toit, David S (Hg.), Bedrängnis und Identität, BZNW 200, Berlin 2013, pp.249-262

바울이 1세기 예수운동에서 영향을 발휘한 이유 중 하나는 바울이 많은 편지를 썼다는 사실이다. 베드로를 비롯한 예수의 열두 제자들은 바울처럼 많은 문헌을 남기지 못했다. 선교사이자 신학자 바울은 또한 순교자가 되었다. 바울을 떠받친 세 기둥은 선교사, 신학자, 순교자였다. 1세기말 예수운동에서 바울은 예수 복음을 전파한 선교의 모범이자 순교의 모범이었다. 바울은 예수운동에서 존경받지 않을 수 없는 인물이었다.

"우리 주님께서 오래 참으시는 것도 모든 사람에게 구원받을 기회를 주시려는 것이라고 생각하십시오. 이것은 우리의 사랑하는 형제 바울이 하느님께로부터 지혜를 받아 여러분에게 써 보낸 바와 같습니다. 바울은 어느 편지에서나 이런 말을 하고 있습니다. 그러나 그 중에는 이해하기 어려운 대목이 더러 있어서 무식하고 마음이 들떠 있는 사람들이 성서의 다른 부분들을 곡해하듯이 그것을 곡해함으로써 스스로 파멸을 불러들이고 있습니다"(베드로후서 3,15-16).

바울을 따르는 바울 학파와 바울 이름을 딴 편지들이 바울의 영향을 보존하고 지속하고 증가시켰다. 바울이 순교한 후 차차 모아진 바울 편지들은 쉽지 않은 주제와 내용에도 불구하고, 각 공동체에서 활발하게 낭독되고 토론되고 연구되었다. 바울 편지들이 여러 공동체가 실제로 부닥치던 문제를 다루었기 때문이었다. 바울 편지들이 잘 받아들여지든 비판받든, 바울 편지들 이후에 나온 예수운동 문헌들은 바울 편지들에게서 영향을 받지 않을 수 없었다. 바울 좌파(마가복음, 마르키온), 바울 중도파(골로사이서, 에페소서), 바울 우파(누가복음, 목회서신들), 바울 반대파(마태복음, 야고보서, 요한계시록)로 분류하며 바울의 신학적 영향을 표현[69]하기도 했다.

1세기후 마가복음, 마태복음, 누가복음 활용

역사의 예수를 역사 이야기로 집대성한 최초의 작품들이 곧 마가복음, 마태복음, 누가복음이다. 그들 이전에는 예수 어록과 수난 이야기를 포함한 여러 전승이 입으로 글로 여기저기 흩어져 전해졌을 뿐이었다. 역사의 예수가 아니라 예수운동 공동체의 현안을 다룬 바울 편지들은 마가복음, 마태복음, 누가복음과는 차원이 다른 문헌이다. 마가복음, 마태복음, 누가복음을 본문이라고 표현한다면, 바울 편지들은 본문에 대한 일부 해설이라고 할까. 바울이 구경도 못하고 읽어본 적도 없는 마가복음, 마태복음, 누가복음은 70년 이후 예수운동 공동체에서 예수 역사에 대해 공인된 문헌처럼 존중되기 시작했다. 복음서 저자들의 생각과 공동체 현안에 따라 예수 역사를 서술하는 방식과 내용이 다르긴 했지만, 예수 역사가 예수운동의 본문임에 모두 일치했다.

100년 무렵 마가복음, 마태복음, 누가복음은 예수운동 공동체 모임에서 낭독되었다.[70] 복음 낭독에 설교, 기도 빵나눔이 덧붙여졌다.[71] 공동체 모임을 주관하는 목사, 신부 등 성직자 계급은 아직 나타나지 않았다. 목사, 신부 없이 공동체 모임과 빵나눔이 행해졌다. 공동체 모임과 빵나눔이 어떤 순서로 진행되었는지 알 수 있는 자료가 우리에게 거의 없다. 마가복음, 마태복음, 누가복음은 공동체 모임뿐 아니라 개인들이 일찍부터 읽고 연구하기 시작했던 듯하다(누가 1,1-4).

69 Pervo, Richard I, The Making of Paul, Minneapolis 2010, pp.242-244

70 Justin, Apologie I 67,3

71 Hengel, Martin, Die vier Evangelien und das eine Evangelium von Jesus Christus, WUNT 224 Tübingen, p.197

각 공동체는 복음 복사본을 소유하고 싶어 했다. 대량으로 복사 가능하고, 운반과 보관이 쉬운 오늘날 책(Codex) 형태의 복음 복사본이 나타나기 시작했다.[72] 말린 갈대 껍질이나 가죽껍질에 문장부호와 띄어쓰기 없이 필경사들이 손으로 기록한 복사본이었다. 단락 나누기와 소제목 붙이기는 근대 이후 학자들이 시작하였다. 복음을 서로 혼동하지 않기 위해 누구에 따른 복음(εὐ αγγελίον κατά) 책 제목이 덧붙여지기 시작했다. 복음 제목이 처음부터 있었는지 2세기 초부터 제목이 생겼는지 논란이 되고 있다.[73] 발견된 가장 오래된 파피루스 복사본이 200년 무렵으로 추측[74] 되기 때문에, 이 논란에 대한 분명한 답은 아직 없다. 누구에 따른 복음 표현으로 보면, 후대에 추가된 듯하다.[75] 복음 제목에 나타난 사람 이름이 실제로 복음서 저자를 가리키진 않는다. 마가복음, 마태복음, 누가복음 저자가 누구인지 21세기에 사는 우리도 아직 모르고 있다.

요한복음

70년 무렵부터 90년 정도에 마가복음, 마태복음, 누가복음이 나타났다. 100년 무렵 전혀 새로운 요한복음이 나타났다. 네 복음이 예수 역사를 다룬 점에서 일치하지만, 요한복음은 예수와 하느님 관계를 주로 해설했다. 마가복음, 마태복음, 누가복음도 예수와 하느님 관계를 주목했지만, 요한복음처

72 Hengel, Martin, Die vier Evangelien und das eine Evangelium von Jesus Christus, WUNT 224 Tübingen, pp.197-216

73 Hengel, Martin, "Die Evangelienüberschriften", in: Ders, Jesus und die Evangelienm, WUNT 211, Tübingen 2007, pp.526-567; Hengel, Martin, Die vier Evangelien und das eine Evangelium von Jesus Christus, WUNT 224, Tübingen 2008, p.88

74 Petersen, Silke, "Die Evangelienüberschriften und die Entstehung des neutestamentlichen Kanons", ZNW 97 (2006), pp.250-274

75 Heckel, Theo K, Vom Evangelium des Markus zum viergestaltigen Evangelium, WUNT 120, Tübingen 1999, p.208; Petersen, Silke, "Die Evangelienüberschriften und die Entstehung des neutestamentlichen Kanons", ZNW 97 (2006), pp.250-274, p.267

럼 천지창조 이전부터 해설을 시작하진 않았다. 마가복음, 마태복음, 누가복음은 예수와 하느님 관계보다 예수와 하느님나라 관계에 좀 더 집중했다. 요한복음은 예수와 하느님나라 관계에 기초하여 예수와 하느님 관계에 집중했다. 중요한 점은 마가복음, 마태복음, 누가복음이 제안한 패러다임과 요한복음 패러다임이 같지 않다는 점이 중요하다.

역사의 예수에 대한 새로운 언어와 사고방식을 요한복음은 내세웠다. 30년 예수 부활 직후 예수운동 사람들은 다수이던 유대인 출신이 대부분이었지만, 100년 무렵 예수운동에서 유대인은 소수에 불과했다. 예수운동과 유대교의 분열은 많이 진전된 상황이었다. 56년 무렵 쓰인 로마서에서 유대인 문제는 예수운동 내부 문제였지만, 30여년 뒤 요한복음에서 유대인 문제는 예수운동 외부 문제로 바뀌어 버렸다. 유대인들은 예수운동 안이 아니라 밖에 있었다. 요한복음 저자는 예수운동 외부 세계를 세상 또는 유대인이라 표현했다.

예수운동은 유일신을 믿는가, 두 신을 믿는가. 유대교 측에서 예수운동 전체에 던진 바로 그 질문이었다.[76] 요한복음의 답변은 이렇다. 예수 뒤에 하느님이 계시므로 예수에 대한 예수와 예수운동의 모든 언급은 하느님에게 해당된다. 하느님 뜻이 예수 행동과 말씀을 가능하게 했고 정당화한다(요한 5,18; 10,33.36; 19,7). 하느님은 예수 안에 계시고 예수 안에서 행동하신다(요한 5,19; 8,16.29; 16,32).[77] 요한복음 저자는 자신의 답변이 충분하다고 생각했다. 요한복음의 답변을 거절하고 믿지 않으며 차별하는 사람을 요한복음

76 Schnelle, Udo, Die ersten 100 Jahre des Christentums 30-130 n. Chr. Die Entstehungsgeschichte einer Weltreligion, Göttingen 2016, 2판, p.362.428-431

77 Schnelle, Udo, Theologie des Neuen Testaments, Göttingen 2016, 3판, pp.622-627

저자는 세상(κόσμος) 개념을 사용하여 설명했다. “여러분은 아래에서 왔지만 나는 위에서 왔습니다. 여러분은 이 세상에 속해 있지만 나는 이 세상에 속해 있지 않습니다”(요한 8,23).

유대인들이 예수운동 밖에서 예수운동에게 이신론(二神論) 질문을 했다면, 예수운동 안에서 예수운동에게 질문을 던진 가현설(Doketismus) 또는 영지주의(Gnosis) 사람들이 있었다. 가현설과 영지주의는 동일시할 수는 없고, 가현설이 영지주의 영향을 받았다고 보는 것이 더 정확하겠다. 영지주의는 2세기부터 아주 강력한 흐름으로 등장한 신학 운동이자 역사운동이었다. 영지주의는 예수운동과 대화하고 갈등하면서 예수운동에 많은 부정적 영향을 끼쳤다. 영지주의와 본격적으로 대결한 최초의 복음이 요한복음이다.[78] 영지주의에 대한 최근 연구는 영지주의 뜻이 무엇인지, 영지주의 문헌에 어떤 것이 있는지 집중하고 있다.

예수 존재와 역사를 중요하게 여기지 않는 영지주의는 예수운동 전체에 심각한 위협이 되었다.[79]영지주의에 맞서 요한복음은 하느님께서 사람이 되셨다는 육화(肉化)(요한 1,14) 사상과 예수 십자가 사건을 강조했다. 육화와 십자가는 요한복음의 두 핵심이다. 사람이 되신 하느님은 십자가에 못 박힌 분이고, 십자가에 못박힌 분은 사람이 되신 하느님이다. 마가복음, 마태복음, 누가복음이 예수 활동과 말씀을 길게 소개한 뒤 예수 십자가를 끝부분에 집중하여 소개했다면, 요한복음은 처음부터 끝까지 십자가신학이다.

78 Schottroff, Kuise, Der Glaube und die feindliche Welt, WMANT 37, Neukirchen 1970, p.295

79 Schnelle, Udo, Die ersten 100 Jahre des Christentums 30-130 n. Chr. Die Entstehungsgeschichte einer Weltreligion, Göttingen 2016, 2판, pp.355-360

또한 요한복음은 늦어지는 예수 재림을 새롭게 해설했다. 예수가 언제 다시 오실지 기다리고 추측할 것이 아니라 예수가 이미 다시 오신 것처럼 현재를 살라는 것이다. 예수 말씀을 듣는 지금이 미래를 결정하는 시간이고 지금 심판이 이루어진다(요한 8,51). 예수를 시간 안에서 기다리기보다 시간을 창조하신 하느님과 일치하는 예수를 믿으라는 뜻이다.

이러한 이른바 현재 완세론(完世論=종말론)이 미래에 대한 전망을 약화시키는 것은 아니다. 미래를 기다리며 현재를 소홀히 하는 것이 아니라 현재에 충실하면서 미래를 준비하자는 것이다. 예수 말씀을 지금 귀담아듣고 받아들이고 믿는 사람은 영원한 생명을 얻는다. 그래서 요한복음에서 영원한 생명이라는 단어가 강조되었다. "내 말을 듣고 나를 보내신 분을 믿는 사람은 영원한 생명을 얻을 것입니다"(요한 5,24). 요한복음에서 영원한 생명은 마가복음, 마태복음, 누가복음이 소개한 하느님 나라를 바꾼 개념으로 여겨도 좋겠다.

늦어지는 재림 문제뿐 아니라 예수 없는 시대의 두려움은 공통년 100년 무렵 요한복음 공동체뿐 아니라 모든 예수운동 공동체가 부닥친 문제였다. 예수의 두 고별 발언(요한 13,31-14,31; 15,1;16,35)은 그 두 문제를 집중하여 다루고 있다.[80] 예수가 우리 곁을 떠나면 성령의 지도아래 우리에게 미래가 있다. 예수가 떠나면 슬픔이 아니라 기쁨이 기다린다는 것이다. 예수 떠남이 심지어 필요하다는 것이다. 예수 떠난 후 성령으로 감싸인 새 시대가 시작될 것이다. 성령은 공동체를 돕고 이끌어서 악의 세력을 이기고(요한 15,26; 16,7-11) 정의를 세울 것이다(요한 16,8-14).

80 Hoegen-Rohls, Christina, Der nachösterliche Johannes. Die Abschiedreden als hermeneutischer Schlüssel zum vierten Evangelium, WUNT 2.84, Tübingen 1996, pp.82-229; Frey, Jörg, Die johanneische Eschatologie III, WUNT 117, Tübingen 2000, pp.102-239

요한복음이 탄생한 100년 무렵 예수운동에 유대인 아닌 사람들이 유대인보다 훨씬 많았다. 예수운동이 유대교 사상보다 그리스철학과 대화하지 않을 수 없는 상황에 이르렀다. 요한복음 저자는 그리스철학과 과감히 상대하면서 하느님이 사람이 되셨다는 사상과 예수와 하느님의 일치라는 사상을 그리스철학에서 이끌어내었다. 유대교 입장에서는 전혀 받아들일 수 없는 생각이었다. 요한복음으로 예수운동은 유대교로 돌아올 수 없는 강을 건넜다. 요한복음으로 예수운동은 유대교와 연결되긴 하지만 확실하게 다른 종교로 이론작업에서 절정에 도달한 셈이다.

그리스철학의 세상 개념과 요한복음의 세상(κόσμος) 개념은 너무도 다르다. 요한복음이 우리가 사는 현실이나 세상을 멸시하거나 얕잡아보는 것이 전혀 아니다. 요한복음은 인간 세상과 현실과 역사를 너무도 소중히 여긴다. "하느님은 이 세상을 극진히 사랑하셔서 외아들을 보내주셨다"(요한 3,16)라고 말한 요한복음이 죽음 이전 삶이나 세상을 가볍게 여길 리 있겠는가. 요한복음은 예수 복음을 거절하는 사람들을 세상이라고 표현하고 반박했을 뿐이다.

그런데, 그리스도교 역사에서 세상과 유대인에 대한 적개심이 당연한 일처럼 여겨지던 시대도 있었다. 세상과 유대인에 대한 잘못된 가르침과 설교는 요한복음 저자의 의도를 잘 몰라서 생긴 것이다. 요한복음의 언어와 표현 방식과 맥락을 정확히 알지 못하면, 오늘도 요한복음을 오해하기 쉽다.

예수운동 전파

100년 무렵 예수운동은 얼마나 커지고 어디까지 전파되었을까. 자료가 많지는 않다. 로마제국 전체 인구, 각 주, 도시 인구도 추측만 가능할 정도다.

공통년 14년 로마제국 전체 인구는 약 6천만 명으로 추산된다.[81] 로마에 백 만, 알렉산드리아 30~50만, 시리아 안티오키아 30만, 에페소 10만, 예루살렘 6만, 다마스쿠스 4.5만, 데살로니카 3만, 고린토 1.2~1.6만 정도 살았던 듯하다. 예수운동 사람들은 10년에 40%, 즉 해마다 3.42% 늘어났다고 추측하여, 40년에 1,000명, 50년에 1,400명, 100년 무렵 7,530명 정도라고 계산되기도 했다.[82] 한 집에 모일 수 있는 최대 숫자를 짐작하면, 어느 도시에 생기는 공동체는 처음에 많아야 30~40명 정도로 출발했을 것이다.[83] 한 도시에 여러 공동체가 있을 수 있었다.(갈라디아 1,2)

바울 편지들과 사도행전을 참고하여 60년 무렵 예수운동 공동체가 있었던 것으로 확인되거나 추측되는 곳을 보자.[84] 예루살렘(갈라디아 1,17; 사도행전 1,4), 다마스쿠스(갈라디아 1,17; 사도행전 9,10), 아스돗(사도행전 8,40), 가자(사도행전 8,26), 바닷가 가이사리아(사도행전 8,40), 리따(사도행전 9,32-35), 요빠(사도행전 9,36-43), 키프로스(사도행전 4,36; 13,4-12), 비시디아 안티오키아(사도행전 13,13-52), 이고니온(사도행전 14,1-7), 리스트라(사도행전 14,8-20a), 데르베(사도행전 14,20b-21), 베르게(사도행전 14,25), 필립비(사도행전 16,11-40; 필립비서), 데살로니카(사도행전 17,1-9; 데살로니카전서), 베로아(사도행전 17,10-15), 아테네(데살로니카전서 3,1; 사도행전 17,34) 고린토 옆 겐크레아(로마 16,1), 일리리쿰(로마 15,19), 트로아스(사도

81 Christ, Karl, Geschichte der römischen Kaiserzeit, München 2002, 4판, p.373; Wilken, Robert L, Die frühen Christen. Wie die Römer sie sahen, Graz 1986, p.45; Stark, Rodney, Der Aufstieg des Christentums, Weinheim 1997, p.10

82 Stark, Rodney, Der Aufstieg des Christentums, Weinheim 1997, pp.7-18

83 Stark, Rodney, Der Aufstieg des Christentums, Weinheim 1997, p.256

84 Von Harnack, Adolf, Die Mission und Ausbreitung des Christentums in den ersten drei Jahrhunderten II, Leipzig 1924, 4판, pp.621-624; Schnabel, Eckhard J, Urchristliche Mission, Wuppertal 2002, pp.1465-1468

행전 20,6-12; 고린토후서 2,12), 밀레도스(사도행전 20,17-38), 띠로(사도행전 21,3-6), 프톨레마이스(사도행전 21,7), 시돈(사도행전 27,3), 보디올리(사도행전 28,13-15)이다. 여행 경로에 속했지만 공동체가 있었던 것 같지는 않은 셀류기아(사도행전 13,4), 암피볼리스와 아폴로니아(사도행전 17,1)는 제외했다.

아라비아(갈라디아 1,17), 타르소(사도행전 9,30; 갈라디아 1,21), 알렉산드리아(사도행전 18,24)에 공동체가 있었던 것으로 추측된다. 사마리아(사도행전 8,4-25; 누가 10,25-37), 시리아 안티오키아(사도행전 11,19-30; 갈라디아 2,11-15), 시리아(사도행전 15,23), 길리기아(사도행전 15,23), 고린토(고린토전서; 고린토후서; 사도행전 18,1-17), 아카이아(고린토후서 2,1), 에페소(고린토전서 16,8; 사도행전 19장), 갈라디아(갈라디아 1,2), 로마(로마서; 사도행전)에는 여러 예수운동 공동체가 있었던 것 같다.

복음서 전승에도 예수 활동이 있었던 곳이 있다. 가파르나움(마가 1,29-31; 누가 7,1-10), 베싸이다(마가 8,22-26; 누가 9,10; 요한 1,44), 필립보의 가이사리아(마가 8,27-29), 가나(요한 2,1-11; 4,46; 21,2), 나인(누가 7,11-17), 데카폴리스(마가 7,31-37), 가다라(마태 8,28-34), 베다니아(마가 14,3-9; 누가 10,38-42; 요한 11,1-45), 예리고(마가 10,46-52; 누가 19,1-10), 엠마우스(누가 24,13-35) 그곳에서 예수에 대한 이야기가 돌아다녔을 것은 분명하지만, 예수운동 공동체가 실제로 생겼는지는 알기 어렵다.

예루살렘과 로마는 크기와 의미로 보아 예수운동에서 독특한 도시였다. 예루살렘은 나자렛 예수가 처형된 곳이요 로마는 예수를 처형시킨 로마제국의 수도였다. 40년 무렵 예루살렘 공동체에 100명, 60년에 500명 있었다면,

56년 로마에 적어도 400명은 있었던 듯하다.[85] 예수운동은 로마제국의 동쪽 작은 도시 예루살렘에서 출발하여 로마제국의 수도로 진출하는 구도를 누가복음 저자는 그렸다. 로마제국이 예수를 처형시켰지만, 예수운동은 로마제국의 수도로 쳐들어간다는 뜻이다. 로마제국은 예루살렘에서 예수를 처형시켰을 뿐만 아니라 네로 황제 박해로 예수운동 사람들을 또 죽였다. 예루살렘에서 처형된 스승 예수를 따라 베드로와 바울도 로마에서 처형된 것 같다.

60년 무렵 지중해 지역을 중심으로 50~60개[86] 예수운동 공동체에 4천 명 정도 있었던 것 같다.[87] 70년 유대 독립전쟁이 끝난 후 예수운동 예루살렘 공동체는 역사에서 사라진 것 같다. 갈릴래아 등 예루살렘 주변 지역에서도 예수운동 공동체는 유대 독립전쟁의 영향을 받지 않을 수 없었을 것이다.

예수운동 매력

1세기 예수운동은 성공한 종교운동이었을까. 시작한 지 겨우 70여년도 안된 예수운동은 1세기 말 지중해 60여개 도시의 100여개도 못되는 공동체에서 1만 명도 못되는 사람들이 참가한 소수 종교에 지나지 않았다. 그렇다면, 1세기 예수운동은 성공했을까. 운동이란 단어에 거부감을 느끼는 독자도 있을 수 있다. 1세기 예수운동 성공 여부를 가르는 기준은 무엇인가. 그런 평가보다는 예수운동의 매력을 알아보는 것이 더 적절하지 않을까. 우리가 1세기 예수운동에서 좋은 것을 배우려 한다면 말이다.

---

85 Schnelle, Udo, Die ersten 100 Jahre des Christentums 30-130 n. Chr. Die Entstehungsgeschichte einer Weltreligion, Göttingen 2016, 2판, p.254.528

86 Koch, Dietrich-Alex, Geschichte des Urchristentums, Göttingen 2014, 2판, p.420; Wilken, Robert L, Die frühen Christen. Wie die Römer sie sahen, Graz 1986, p.45

87 Schnelle, Udo, Die ersten 100 Jahre des Christentums 30-130 n. Chr. Die Entstehungsgeschichte einer Weltreligion, Göttingen 2016, 2판, p.529

1세기 예수운동의 외부 상황을 살펴보자. 비교적 단일한 문화와 정치 체제를 갖춘 로마제국 영토 안에서 1세기 예수운동은 활동했다. 로마제국 밖으로 선교는 후대의 일이다. 공용어처럼 일상에서 쓰이던 그리스어, 편리한 여행과 이동 가능성은 예수운동의 선교에 유리했다. 로마제국 곳곳에 있던 유대교 회당과 거주 지역은 예수운동의 주요 거점이 되었다.

한편, 유대교에 호감을 가진 유대인 아닌 사람들이 적지 않았다. 그들은 예수운동의 1차 선교 대상이 되었다. 철학과 종교에 관심이 많고 토론을 즐기던 그리스로마 사람들에게 예수운동은 가까이 다가갔다. 예수운동은 어떤 형식의 토론과 대화에도 꺼리지 않고 참여했다. 당시 유행했던 많은 사교 모임에서 예수운동 소식은 이야기되지 않을 수 없었다. 예수운동 공동체도 사교 모임의 일부로 당시 사회에서 거부감 없이 인정되고 이해되었다.

기존 종교들의 허술한 모습이 상대적으로 예수운동에게 유리한 공간을 제공했다. 그리스로마 종교들에게 선교라는 개념도 활동도 거의 없었다. 많은 그리스로마 종교 단체들은 서로 형제자매라는 공동체 의식이 없었다. 유대교의 유일신 사상은 그리스로마 종교의 다신론과 운명론에 비해 사람들에게 큰 매력을 주었다. 유대교의 일부 분파로 처음에 알려진 예수운동은 유대교가 쌓아놓은 호감 덕택을 입은 셈이다. 유대교 윤리와 비슷한 예수운동 윤리도 사람들에게 큰 거부감 없이 다가섰다.

예수운동은 의사소통 수단을 잘 이용했다. 편지를 주고받고, 여행하여 방문하고, 선교사에게 친절한 모습은 선교에 유리한 환경이었다. 예수운동 여러 공동체는 서로 형제자매라고 생각하고 교류하고 일치하려 애썼다. 인종, 신분, 직업, 성별을 가리지 않고 예수운동에 참여할 수 있었다. 그러한 개방성과 포용은 그리스로마 종교나 사교 모임에서는 생각하기 어려운 일이었다. 이웃사랑과 원수사랑을 가르치는 예수운동에 참여하는 조건이 까다로울 리 없었다. 상인, 군인, 노예, 여성들이 예수운동에 가담했다. 특히 가난한 하층민들이 대거 예수운동에 들어왔다. 예수도 그랬지만, 예수운동은 가난한 사람들과 함께 시작한 운동이었다.

예수운동에 들어오는 참가비가 없었다. 예수운동에 다니는데 요구되는 돈이 없었다. 돈이 없어 예수운동에 들어오지 못하거나, 돈이 없어 예수운동에 다니기 어렵다는 말은 없었다. 예수운동에서 돈 있다고 으시댈 수도 없었다. 예수운동처럼 부자를 비판하고 훈계하는 종교가 인류 역사에 어디 또 있을까. 부자들이 행세하지 못하는 종교가 예수운동이었다.

1세기 예수운동에 사제 계급은 없었다.[88] 사제 계급이 아직 나타나지 않았던 1세기 예수운동 공동체는 민주적으로 운영되었다. 모든 사람이 하느님의 자녀로서 평등하다. 공동체에서 여성의 목소리도 그리스로마 사회의 사교 모임에서보다 훨씬 컸다. 공동체에서 누구도 차별당하지 않았고, 누구도 지도층으로 거만하게 처신하지 못했다. 특별한 임무나 은사를 부탁받은 사람들이 공동체에서 지도층 행세를 하진 못했다. 공동체가 지배층과 피지배층으로 나뉘거나, 사람들을 위아래로 나누고 가르는 권력 구조가 만들어지진 않았다. 그리스도교 이천년 역사에서 공동체가 민주적으로 운영되고 평등이 실천된 유일한 시기는 1세기 예수운동이었다.

세례, 매주 모이고 만나는 예배와 빵나눔 모임, 소규모 가정 공동체는

88 Schnelle, Udo, Die ersten 100 Jahre des Christentums 30-130 n. Chr. Die Entstehungsgeschichte einer Weltreligion, Göttingen 2016, 2판, p.562

예수운동 사람들의 연대와 일치를 튼튼하게 해주었다. 예수운동처럼 사람들이 자주 모이고 만나고 대화하는 종교는 유대교 말고 없었다. 은혜 넘치는 예배, 은사 체험과 성령 체험, 공동체에서 생기는 기적과 치유는 사람들을 새로운 믿음의 세계로 이끌었다. 구약성서뿐 아니라 바울 편지들과 네 복음서를 사람들은 듣고 토론하고 연구하였다. 종교 창시자의 삶과 말씀에 대한 문헌이 그렇게 빨리 나타나고 사용된 경우는 예수운동이 고대 사회에서 유일했다. 예수운동은 책운동이요 교육운동이라고 표현해도 지나치지 않는다.

예수운동에서 나자렛 예수라는 인물이 가장 큰 매력이었다. 사람이 되신 하느님이라는 새로운 존재, 운명론이 아니라 확실한 구원을 제공한다는 예수는 운명론에 실망한 사람들에게 관심을 주기에 충분했다. 죽음 이후 세상이 아니라 지금 세상이 중요하다는 가르침과 우리 가까이 계신 하느님과 죽음 이후 세계까지도 설명하고 보장하는 부활 사상도 큰 매력이었다. 예수운동의 독특한 가르침이 좋은 영향을 주었다. 예수운동은 여러 종교중 하나를 추가로 더 가지라고 선교하지는 않았다. 예수운동에 참가하면, 기존 종교와 단절하라는 요구였다. 기존 종교보다 우월하다는 예수운동의 자신있는 선교는 상대주의에 지친 당시 사람들에게 의외로 큰 매력을 주었다.

1세기 예수운동에 나타난 여러 패러다임은 예수운동이 살아남은 전제이자 원천이었다. 예루살렘 공동체가 사라졌다고 해서 예수운동이 소멸되진 않았다. 여러 패러다임은 예수운동의 신학을 풍부하고 다양하게 해주었다. 1세기 예수운동 신학에서 절대 강자나 1강은 없었다. 1세기 예수운동은 다양성이 제1 특징이었다. 다양성이 있었기 때문에 일치하려 애썼다. 다양성이 없었다면 일치하려는 노력 자체도 필요 없었을 것이다. 개방, 다양성, 평등이 1세기 예수운동을 나타내는 주요 단어다.

부록

후기: 1세기 예수운동과 21세기 한국 그리스도교

후기 예수운동 1세기 주요 인물

1세기 예수운동을 자세히 돌아본 것은 21세기 한국 그리스도교에 도움을 주려는 의도와 목적에서 시작했다. 1세기 예수운동 또는 초대교회를 본받고 따르자는 사람들이 적지 않다. 그렇게 하려면, 우선 1세기 예수운동이 어땠는지 알아보아야 하지 않을까. 1세기 예수운동을 잘 모르고서 1세기 예수운동을 언급하는 경우가 가장 위험하다.

1세기 예수운동에서 우리는 무엇을 배울까. 21세기 한국 그리스도교에 대한 분석과 비판은 이 책과 필자의 한계를 벗어난다. 나는 1세기 예수운동에서 배울 점을 기억하고 반성하고 실천하자고 말하고 싶다. 1세기 예수운동을 살펴보면서, 동시에 생기는 질문을 모른 체 할 수는 없다.

개방, 다양성, 평등이 1세기 예수운동을 나타내는 주요 단어라면, 21세기 한국 그리스도교는 개방, 다양성, 평등을 잘 실천하고 있는가. 21세기 한국 그리스도교는 민주적으로 운영되고 평등이 실천되고 있는가. 공동체를 지배층과 피지배층으로 나누는 권력 구조는 없는가. 공동체에서 부자들이 행세하거나 가난한 사람들이 차별당하지는 않는가. 공동체에서 여성들이 평등하게 존중되고 있는가. 가난한 사람들을 우선적으로 선택하고 있는가. 자유와 해방을 외치고 실천하고 있는가. 신학의 다양성이 존중되고 활발하게 토론되고 있는가. 21세기 한국 그리스도교는 1세기 예수운동과 너무나 멀리 떨어진 것은 혹시 아닐까.

이 책의 기나긴 여정 탓에, 지금 우리가 어느 길목에 서있는지 자칫 놓칠 수 있다. 우리가 걸어온 길을 잠시 뒤돌아보자. 예루살렘 공동체는 예루살렘에서 나자렛 예수의 고난과 죽음의 역사를 잘 보존하고 전달했다. 갈릴래아 공동체는 갈릴래아에서 활동하던 예수의 행동과 말씀에 집중하여 예수어록을 낳았고 전했다. 안타오키아 공동체와 바르나바, 바울은 유대인 아닌 사람에게 할례를 요구하지 않고 예수 메시지를 전했다. 예루살렘 공동체와 베드로, 야고보도 유대인 아닌 사람에게 할례 없는 선교를 찬성하고 후원했다. 예수운동을 유대교 내부 개혁모임으로 정착시키려는 움직임도 없지 않았다.

바울은 유대인 아닌 사람들에게 예수 죽음 의미를 해설하는데 중점을 두었다. 나자렛 예수의 비참한 십자가 죽음은 유대인이나 그리스로마 사람들이 이해하거나 받아들이기 어려운 최대 주제였기 때문이었다. 유대교의 전통중 하나인 하느님나라를 바울이 그리스로마 사람들에게 설명하기가 쉽지는 않았다. 바울 자신이 나자렛 예수의 하느님나라 사상을 잘 모르기도 했다. 바울은 죽기 이전 예수를 만난 적이 없었다.

바울은 베드로나 다른 제자들과 교류, 입으로 전해지는 이야기를 통해 죽기 이전 예수에 대해 자신의 편지에 나타난 것보다는 더 많은 정보를 가졌을 것이다. 내 생각에, 겸손했던 바울은 죽기 이전 예수에 대한 이야기를 자신보다 더 많은 정보를 가진 다른 사람들이 해주기 바라지 않았을까. 역사의 예수 이야기를 하기에 바울은 적임자는 아니었다.

마가복음 저자는 바울 편지들을 읽고 반가웠을 것이다. 예수 역사부터 30여 년간 예수운동 역사를 어느 정도 알 수 있었기 때문이다. 그러나 마가복음 저자 자신이 듣고 얻고 알고 있던 자료에 비해 바울 편지들이 전해주는 예수에 대한 정보는 턱없이 빈약했다. 마가복음 저자는 예수 죽음 의미뿐 아니라 예수 죽음 원인도 말하고 싶었다. 그래야 예수를 좀 더 정확히 온전히 알 수 있기 때문이다.

마가복음 저자는 예수 역사를 갈릴래아 활동부터 소개하기 시작했다. 예수 역사를 7주간에 다섯 장소를 중심으로 벌어진 3부작 이야기로 설정하였다. 갈릴래아에서 예수가 행동과 말씀과 사건으로 전하고 보여준 하느님나라, 십자가를 피하지 않고 맞이하러 예루살렘으로 진출하는 길, 예루살렘에서 당한 십자가 죽음과 부활의 3부작 작품이 마가복음이다.

짧은 3부작 드라마 마가복음은 배우들과 주제가 장면마다 각각 다르다. 1부 갈릴래아에서 주제는 하느님나라다. 주연배우는 예수와 가난한 사람들이다. 2부 예루살렘 가는 길에서 주제는 예수 따르기다. 주연배우는 예수와 제자들이다. 3부 예루살렘에서 주제는 십자가다. 주연배우는 예수와 반대자들이다. 1부 갈릴래아에서 예수에게 환호하던 가난한 사람들은 대부분 예수를 버리고 떠났다. 사실상 선교에 실패한 예수는 예루살렘에서 저항과 죽음을 각오하고 예루살렘으로 진출하기로 결단한다. 예루살렘 가는 길에서 제자들은 다가올 영광의 날에 미리 취해 권력 다툼을 한다. 예수 생각을 이해하지 못하고 찬성하지 않는 제자들은 예수와 노선 투쟁도 했지만 그래도 예루살렘까지 같이 간다.

갈릴래아에서 예수 활동과 예루살렘 가는 길에서 예수의 제자교육을 마가복음은 마치 3부작 드라마의 긴 서문처럼 구성했다. 절정이요 결말은 3부 예루살렘에서 드러난다. 예루살렘에서 예수는 성전항쟁을 통해 로마제국과 유대교 지배층의 정치종교 동맹에 타격을 준다. 남자 제자들은 다 도망쳤고, 여자 제자들은 충실히 예수 곁에 남았다. 로마제국의 군사재판을 받은 예수는 정치범으로 몰려 부당한 사법 살인을 당한다. 예수의 십자가 죽음 이후 제자들은 절망에 빠진다. 그러나 십자가 죽음이 예수 역사의 끝은 아니었다. 하느님께서 예수를 부활시키셨다는 소식에 제자들은 다시 일어서서 뭉친다. 예수 시간에 이어 예수운동 시간이 시작된다.

예수운동이 예수에 대한 문헌을 낳고 후대 공동체가 신약성서를 결집할 때, 내 생각에, 두 가지 놀라운 현상이 나타났다. 첫째, 유대인의 성서인 공동성서(구약성서)를 예수운동은 거절하지 않고 고스란히 받아들였다. 예수운동이 구약성서를 배척하고 오직 신약성서만 고집했을 가능성이 충분히 있었는데도 말이다. 둘째, 구약성서를 모델로 삼아 신약성서를 분류하고 모았다는 사실이다. 유대교와 분열하고 서로 다른 특징을 강조하던 당시 상황을 참고한다면, 이 두 모습은 정말 놀라운 일이 아닐 수 없다.

신약성서와 구약성서의 관계를 깊이 생각해보자.[1] 신약성서의 네 복음서는 유대교 원형인 토라(=모세오경)에 해당된다고 보자. 유대교의 역사서에 신약성서의 사도행전이 응한다. 유대교의 지혜서에 신약성서의 편지들이 상응한다. 유대교의 예언서에 신약성서의 요한묵시록이 응한다. 신약성서는

1 Ebner, Martin, "Der christliche Kanon, in: Ebner, Martin, Schreiber, Stefan (Hg.), Einleitung in das Neue Testament, Stuttgart 2008, 2판, pp.9-52, p.20; Zenger, Erich/Frevel, Christian, "Heilige Schrift der Juden und der Christen", in: Zenger, Erich/Frevel, Christian (Hg.), Einleitung in das Alte Testament, Stuttgart 2016, 9판, pp.11-36

구약성서를 무시하거나 대체하지 않는다. 구약성서는 유대인만 보는 유대인만의 성서가 아니라 하느님을 존중하는 모든 사람이 공동으로 읽는 공동성서다. 구약성서는 유통기한이 지난 낡아빠진 성서가 아니라 오래된 포도주처럼 깊은 맛을 신약성서에 더해주는 성서다.

바울 편지가 십자가 이후 예수를 알려주었다면, 네 복음서는 십자가 이전 예수부터 십자가 이후 예수까지 알려주고 있다. 네 복음서는 갈릴래아 공동체가 전해준 십자가 이전 예수와 예루살렘 공동체가 전해준 예수 수난 역사를 연결하고 합쳐서 하나의 이야기를 만들어냈다. 네 복음서는 십자가 이전 예수와 예수 수난 역사를 마치 축구의 전반전과 후반전처럼 나누고 엮었다. 바울이 십자가 이후 부활까지 3일 신학을 말했다면, 네 복음서는 3일 신학을 넘어 예수 생애 전체를 소개하고 있다. 뭉뚱그려 말하자면, 마가복음은 7주 신학을, 마태복음과 누가복음은 30년 신학을, 요한복음은 태초부터 영원의 신학을 제안했다고 비유할까.

마태복음과 야고보 편지는 유대교에서 많은 것을 받아들였다. 갈릴래아 공동체는 유대 독립전쟁 와중에 역사 속으로 사라지고 말았다. 언제 어떻게 예수운동이 유대교와 헤어져 독자 종교로 발전하고 자리잡았는지 주제는 신약성서 학계에서 논란이 계속 논의되고 있다. 2세기에도 예수운동과 유대교의 경계선은 뚜렷하지 않았고, 언제 예수운동이 유대교를 벗어났는지 아무도 정확히 말할 수 없다는 의견[2]도 있다.

예수운동 특징은 정말 무엇이었는지, 예수운동과 유대교의 경계가 당시

2 Boyarin, Daniel, "Als Christen noch Juden waren. Überlegungen zu den jüdisch-christlichen Ursprüngen", Kul 16 (2001), pp.112-129, p.120

뚜렷했는지, 예수운동과 유대교의 갈등과 분열을 당시 모든 예수운동 사람들이 똑같이 해석했는지, 당시 유대교가 단일한 모습을 갖춘 상태였는지, 성서학계와 유대교 모두 앞으로도 더 자세히 연구할 주제겠다.

유대교가 인류에게 하느님을 선사했다면, 예수운동은 인류에게 예수 그리스도를 선사했다. 유대교가 하느님이 존재하신다는 사실을 전했다면, 예수운동은 하느님이 예수 그리스도 안에서 가장 잘 드러난다는 사실을 전해주었다.

예수운동 조직 문제

예수운동이 다른 종교와 비교하여 눈에 띄게 다른 점 하나는 공동체 조직에 크게 신경 쓰지 않았다는 것이다. 자세히 말한다면, 예수운동은 조직 문제를 늦게서야 다루기 시작했다. 곧 예수가 다시 오실 것인데, 조직 문제를 다룰 필요가 없기도 했다. 베드로가 생전에 조직 문제에 신경 쓴 것 같지는 않다. 베드로가 여러 공동체를 돌아다니며 조직 문제를 탄탄히 했다는 기록도 없다. 그러나, 예수 재림이 늦어지면서 예수운동 공동체를 어떻게 구성하고 관리하느냐 문제가 나타나기 시작했다. 한마디로, 공통년 70년 이후 예수운동이 만난 새로운 상황은 무엇인가.

공통년 70년 지날 무렵 예수운동 상황은 어땠을까. 예수도 죽고 떠나고, 1세대 제자들과 인물도 거의 세상에 없었다. 예수운동 모태인 예루살렘 공동체는 거의 사라진 상태였다. 예수운동 안팎에서 위기가 몰려 왔다. 예수 그리스도에 대한 해석을 두고 여러 의견이 충돌하고 있었다. 외부의 박해는 심해져갔다.

예수운동 1세대의 현안과 공통년 70년 이후 예수운동 2세대의 현안이 달랐다. 예수 가르침을 온전히 보존하고 전달하며, 예수운동 조직을 어떻게 관리하고 누가 지도할 것인가. 사도들이 떠난 빈자리를 누가 이으며 맡을 것인가. 예수의 관심사인 하느님나라를 어떻게 실천하느냐 뿐만 아니라 예수운동 공동체를 어떻게 유지하느냐 문제가 생겼다. 하느님 나라라는 목적과 예수운동 공동체라는 수단 사이에 거리와 갈등이, 심지어 모순이 생길 위험도 없지 않았다. 21세기 한국 그리스도교 또한 그 문제이자 과제 앞에 서 있다.

인용문헌

Aland, Kurt, "Die Entstehung des Corpus Paulinum", in: Ders, Neutestamentliche Entwürfe, TB 63, München 1979, pp.302-350.

Alexander, Loveday, "Acts and Ancient Intellectual Biography", in: Winter, Bruce W/Clarke, Andrew D (Hg.), The Book of Acts in its Ancient Literary Setting, Grand Rapids 1993, pp.31-63.

Alföldy, Geza, "Die Inschriften des Jüngeren Plinius und seine Mission in der Provinz Pontus et Bithyniae", AAASH 39 (1999), pp.21-44.

Alkier, Stefan, Wunder und Wirklichkeit in den Briefen des Apostels Paulus, WUNT 134, Tübingen 2001.

Althaus, Paul, Die Wahrheit des christlichen Osterglaubens, Gütersloh 1940.

Alvarez Cineira, David, Die Religionspolitik des Kaisers Claudius und die paulinische Mission, HBS 19, Freiburg 1999.

Arnal, William, "The Q Document", in: Jackson-McCabe, Matt (Hg.), Jewish Christianities Reconsidered: Rethinking Ancient Groups and Texts, Minneapolis 2007, pp.119-154.

Arzt-Grabner, Peter, "Neues zu Paulus aus den Papyri des römischen Alltags", EC 1 (2010), pp.131-157.

Arzt-Grabner, Peter, Gott als verlässlicher Käufer, Philadelphia 1980.

Auffarth, Christoph, "Herrscherkult und Christuskult", in: Cancik, Hubert/Hitzl, Konrad (Hg.), Die Praxis der Herrscherverehrung in Rom und seinen Provinzen, Tübingen 2003, pp.283-317.

Avemarie, Friedrich, "Die jüdischen Wurzeln des Aposteldekrets", in: Öhler, Markus (Hg.), Aposteldekret und antikes Vereinswesen, WUNT 280, Tübingen 2011, pp.5-32.

Avemarie, Friedrich, "Die Werke des Gesetzes im Spiegel des Jakobusbriefes", ZThK 98 (2001), pp.282-309.

Backhaus, Knut, "Lukas der Maler; Die Apostelgeschichte als intentionale Geschichte der christlichen Erstepoche", in: Ders./Häfner, Gerd, Historiographie und

fiktionales Erzählen, BThSt 86, Neukirchen 2007, pp.30-66.
Backhaus, Knut, "Entgrenzte Himmelsherrschaft. Zur Entdeckung der paganen Welt im Matthäusevangelium", in: Kampling, Rainer (Hg.), "Dies ist das Buch..." Das Matthäusevangelium (FS Frankemölle, H), Paderborn 2004, pp.75-103.
Backhaus, Knut, "Der Hebräerbrief und die Paulus-Schule", BZ 37 (1993), pp.183-208.
Backhaus, Knut, ""Mitteilhaber des Evangeliums"(1Kor 9,23). Zur christologischen Grundlegung einer "Paulus-Schule" bei Paulus", in: Scholtissek, Klaus (Hg.), Christologie in der Paulus-Schule, SBS 181, Stuttgart 2000, pp.44-71.
Backhaus, Knut, Der neue Bund und das Werden der Kirche, NTA 31, Münster 1996.
Backhaus, Knut, Der Hebräerbrief, RNT, Regensburg 2009.
Barclay, John M. G, "Mirror-Reading a polemical Letter. Galatians as a Test Case", JSNT 31 (1987), pp73-93.
Barclay, John, M. G, Obeying the Truth, Edinburgh 1988.
Barrett, Charles Kingsley, Das Evangelium nach Johannes, Göttingen 1990.
Barth, Gerhard, Art. "πίστις", EWNT 3, Stuttgart 1983, pp.216-231.
Barth, Gerhard, "Das Gesetzesverständnis des Evangelisten Matthäus", in: Bornkamm, Günter/Barth, Gerhard/Held, Heinz Joachim (Hg.), Überlieferung und Auslegung im Matthäusevangelium, WMANT 1, Neukirchen 1975, 7판, pp.149-154.
Barth, Gerhard, Der Tod Jesu Christi im Verständnis des Neuen Testaments, Neukirchen 1992.
Bauckham, Richard, "For Whom were Gospels written?", in: Ders, The Gospels for all Christians, Grand Rapids 1998, pp.9-48.
Bauckham, Richard, "The Beloved Disciple as Ideal Author", JSNT 49 (1993), pp.21-44.
Bauckham, Richard, Jude, 2Peter, WBC 50, Waco 1983.
Bauer, Walter, Rechtgläubigkeit und Ketzerei im ältesten Christentum, BHTh 10, Strecker, Georg (Hg.), Tübingen 1964, 2판.
Becker, Eve-Marie, "Der jüdische-römische Krieg (66-70 n. Chr) und dad Markusevangelium", in: Dies. (Hg.), Die antike Historiographie und die Anfänge der christlichen Geschichtsschreibung, BZNW 129, Berlin 2005, pp.213-236.
Becker, Jürgen, "Das Verhältnis des johanneischen Kreisen zum Paulismus", in: Sänger, Dieter/Mell, Ulrich (Hg.), Paulus und Johannes, WUNT 198, Tübingen 2006, pp.473-495.

Becker, Jürgen, Paulus, Tübingen 1989.

Bellen, Heinz, Grundzüge der römischen Geschiche II, Darmstadt 1998.

Ben-David, Arye, Talmudische Ökonomie, Hildesheim 1974.

Bendemann, Reinhard von/Tiwald, Markus (Hg.), "Das frühe Christentum und die Stadt. Einleitung und Grundlegung", in: Bendemann, Reinhard von/Tiwald, Markus (Hg.), Das frühe Christentum und die Stadt, BWANT 198, Stuttgart 2012, pp.9-42.

Berger, Klaus, "Die impliziten Gegner. Zur Methode des Erschliessens von 'Gegnern' in neutestamentlichen Texten", in: Lührmann, Dieter/Strecker, Georg (Hg.), Kirche (FS Bornkamm, G), Tübingen 1980, pp.373-400.

Berger, Klaus, Die Gesetzesauslegung Jesu, WMANT 40, Neukirchen 1972.

Berger, Klaus, Formgeschichte des Neuen Testaments, Heidelberg 1984.

Berger, Klaus, Theologiegeschichte des urchristentums. Theologie des Neuen Testaments, Tübingen/Basel, 1994.

Berner, Ulrich, "Religio und Superstitio", in: Sundermeier, Theo (Hg.), Den Fremden wahrnehmen. Bausteine für eine Xenologie, SVR 5, Gütersloh 1992, pp.45-64.

Bernett, Monika, Der Kaiserkult in Judäa unter den Heroden und Römern, WUNT 203, Tübingen 2007.

Betz, Hans Dieter, Der Galaterbrief, München 1988.

Betz, Hans Dieter, 2. Korinther 8 und 9, München 1985.

Bieringer, Reimund, "Die Gegner des Paulus im 2 Korintherbrief", in: Bieringer, Reimund/ Lambrecht, Jan, Studies on 2 Corinthians, BETL CXII, Leuven 1994, pp.181-221.

Billerbeck, P., Kommentar zum Neuen Testament aus Talmud und Midrasch II, München, 2010, 2판.

Böcher, Otto, "Hellenistisches in der Apokalypse des Johannes", in; Lichtenberger, hermann (Hg.), Geschichte-Tradition-Reflexion III (FS Hengel, M), Tübingen 1996, pp.473-492.

Böcher, Otto, "Mythos und Rationalität", in: Schmid, Hans Heinrich (Hg.), Mythos und Rationalität, Gütersloh 1988, pp.163-171.

Böttrich, Chhristfried, Petrus, BG 2, Leipzig 2001.

Bond, Helen K, "Dating the Death of Jesus: Memory and the Religious Imagination", NTS 59 (2013), pp.461-475.

Boring, M. Eugene, The Continuing Voice of Jesus, Louisville 1991.

Bornkamm, Günther, “Der Auferstandene und der Irdische. Mt 28,16-20”, in Dinkler, Erich (Hg.), Zeit und Geschichte (FS Bultmann, Rudolf), Tübingen 1964, pp.171-191.

Bormann, Lukas, Philippi. Stadt und Chriatengemeinde zur Zeit des Paulus, NT.S 78, Leiden 1995.

Bornhäuser, Karl, Das Johannesevangelium. Eine Missionsschrift für Israel, Gütersloh 1928.

Botermann, Helga, Das Judenedikt des Kaisers Claudius: römischer Staat und Christiani im 1. Jahrhundert, Wien 1996.

Boyarin, Daniel, "Als Christen noch Juden waren. Überlegungen zu den jüdisch-christlichen Ursprüngen", Kul 16 (2001), pp.112-129.

Brandenburg, Hugo, "Die Aussagen der schriftquellen und der archäologischen Zeugnisse zum Kult der Apostelfürsten in Rom", in: Heid, Stefan u. a. (Hg.), Petrus und Paulus in Rom, Freiburg 2011, pp.351-382.

Breytenbach, Cilliers, “Das Markusevangelium als episodische Erzählung”, in: Hahn, Ferdinand (Hg.), Erzähler des Evangeliums. Methodische Neuansätze in der Markusforschung, SBS 118/119, Stuttgart 1985, pp.137-169.

Breytenbach, Cilliers, "Versöhnung, Stellvertertung und Sühne", NTS 39 (1993), pp.59-79.

Breytenbach, Cillers, Paulus und Barnabas in der provinz Galatien, AGJU 38, Leiden 1996.

Brox, Norbert, Falsche Verfasserangaben, SBS 79, Stuttgart 1975.

Brox, Norbert, Der erste Petrusbrief, EKK 21, Neukirchen 1986, 2판.

Bruce, Frederick, F, Ausserbiblische Zeugnisse über Jesus und das frühe Chrsientum, Giessen 2007.

Bultmann, Rudolf, Die Geschichte der synoptischen Tradition, FRLANT 29, Göttingen 1970(=1921), 8판.

Burchard, Christoph, "Das doppelte Liebesgebot in der frühchrsitlichen Überlieferung", in: Ders., Studien zur Theologie, Sprache und Umwelt des neuen Testament, WUNT 107, Tübingen 1998, pp.3-26.

Burchard, Christoph, “Paulus in der Apostelgeschichte”, in; Ders, Studien zur Theologie, Sprache und Umwelt des neuen Testaments, Wunt 107, Tübingen 1998, pp.126-147.

Burchard, Christoph, Der dreizehnte Zeuge, FRLANT 103, Göttingen 1970.
Burchard, Christoph, Der Jakobusbrief, HNT 15/1, Tübingen 2000.
Burfeind, Carsten, "Paulus muss nach Rom", NTS 46 (2000), pp.75-91.
Burkert, Walter, Griechische Religion der archaischen und klassischen Epoche, Stuttgart 2011, 2판.
Burkert, Walter, Art. "Griechische Religion", TRE 14, Berlin/New York 1985, pp.235-252.
Bussmann, Claus, Themen der paulinischen Missionspredigt auf dem Hintergrund der spätjüdisch-hellenistischen Missionsliteratur, EHS.T 3, Bern/Frankfurt 1971.
Christ, Karl, Geschichte der römischen Kaiserzeit, München 2002, 4판.
Clarke, Andrew D, "Another Corinthian Erastus Inscription", TynB 42.1 (1991), pp.146-151.
Clauss, Manfred, Kaiser und Gott. Herrscherkult im römischen Reich, Stuttgart 1999.
Claussen, Carsten, Versammlung, Gemeinde, Synagogue, StUNT 27, Göttingen 2002.
Collins, Adela Yarbro, Mark, Minneapolis 2007.
Colpe, Carsten, "Die erste urchristliche Generation", in: Becker, Jürgen (Hg.), Die Anfänge des Christentums. Alte Welt und neue Hoffnung, Stuttgart 1987, pp.59-79.
Conzelmann, Hans, "Paulus und die Weisheit", in: Ders., Theologie als Schriftauslegung. Aufsätze zum Neuen Testament, München 1974, pp.177-190.
Conzelmann, Hans, "Was glaubte die frühe Christenheit?", in: Ders., Theologie als Schriftauslegung, BEvTh 65, München 1974, pp.106-119.
Conzelmann, Hans, "Die Schule des Paulus", in; Andresen, Carl/Klein, Günter (Hg.), Theologia Crucis - Signum Crucis (FS Dinkler, E), Tübingen 1979, pp.85-96.
Conzelmann, Hans, Die Mitte der Zeit, BHTh 17, Tübingen 1977, 6판.
Conzelmann, Hans, Geschichte des Urchristentums, GNT 5, Göttingen 1971, 2판.
Conzelmann, Hans, Heiden - Juden - Christen, BHTh 62, Tübingen 1981.
Cook, John G, Roman Attitudes Toward the Christians, WUNT 261, Tübingen 2010.
Crossan, J. D., Reed, J. L, Excavating Jesus. Beneath the Stones, Behind the Texts, San Francisco, 2001.
Dahlheim, Werner, Die Welt zur Zeit Jesu, München 2013.
Dassmann, Ernst, "Witwen und Diakonissen", in: Ders, Ämter und Dienste in den frühchristlichen Gemeinden, Bonn 1994, pp.142-156.
Dassmann, Ernst, Der Stachel im Fleisch. Paulus in der frühchristlichen Literatur bis Irenäus, Münster 1979.

Davies, William D/Allison, Dale C (Hg.), The Gospel according to Saint Matthew III, Edinburgh 1997.

Deines, Roland, Die Gerechtigkeit der Tora im Reich des Messias, WUNT 177, Tübingen 2004.

Dexinger, Ferdinand/Pummer, Reinhard (Hg.), Die Samaritaner, Darmstadt 1992.

Dibelius, Martin, Der Brief des Jakobus, KEK 15, Göttingen 1984(=1921), 6판.

Dibelius, Martin, "Paulus auf dem Areopag", in: Ders., Aufsätze zur Apostelgeschichte, FRLANT 60, Göttingen 1951, pp.29-70.

Dietzfelbinger, Christian, Die Berufung des Paulus als Ursprung seiner Theologie, WMANT 58, Neukirchen 1985.

Dochhorn, Jan, Schriftgelehrter Prophetie, WUNT 268, Tübingen 2010.

Donfried, Karl P, "The Cults of Thessalonica and the Thessalonian Correspondence", NTS 31 (1985), pp.336-356.

Dormeyer, Detlev, Das Neue Testament im Rahmen der antiken Literaturegeschichte, Darmstadt 1993.

Downing, F. Gerald, "A Cynic Preparation for Paul's Gospel for Jew and Greek, Slave and Free, Male and Female", NTS 42 (1996), pp.454-462.

Dreyer, Boris, "Medien für Erziehung, Bildung, und Ausbildung in der Antike", in: Christes, Johannes/Klein, Richard/Lüth, Christoph (Hg.), Handbuch der Bildung und Erziehung in der Antike, Darmstadt 2006, pp.223-250.

Dschulnigg, Peter, "Warnung vor Reichtum und Ermahnung der Reichen", BZ 37 (1993), pp.60-77.

Dulling, Dennis C, "Die Jesusbewegung und die Netzwerkanalyse", in: Stegemann, Wolfgang/Malina, Bruce J/Theissen, Gerd (Hg.), Jesus in neuen Kontexten, Stuttgart 2002, pp.135-157.

Dunn, James D. G, "The Incident at Antioch (Gal 2,11-18)", JSNT 18 (1983), pp.3-57.

Dunn, James D. G, Beginning from Jerusalem. Christianity in the Making, Volume 2, Grand Rapids 2009.

Dunn, James D. G, The Theology of Paul the Apostle, Grand Rapids 1998.

Ebel, Eva, Die Attraktivität früher christlicher Gemeinde, WUNT 2. 178, Tübingen 2004.

Ebel, Eva, Lydia und Berenike. Zwei selbständige Frauen bei Lukas, BG 20, Leipzig 2009.

Ebel, Eva, "Regeln von der Gemeinschaft für die Gemeinschaft? Das Aposteldekret und antike Vereinssatzungen im Vergleich", in: Öhler, Markus (Hg.), Aposteldekret und antikes Vereinswesen, WUNT 280, Tübingen 2011, pp.317-339.

Ebel, Eva, "Ein Verein von Christusverehrern? Die Gemeinde des 2. und 3. Johannesbriefes im Spiegel antiker Vereine", in: Dettwiller, Andreas/Poplutz, Uta (Hg.), Studien zu Matthäus und Johannes (FS Zumstein, J), AThANT 97, Zürich 2009, pp.399-419.

Ebner, Martin, "Der christliche Kanon, in: Ebner, Martin, Schreiber, Stefan (Hg.), Einleitung in das Neue Testament, Stuttgart 2008, 2판, pp.9-52.

Ebner, Martin, "Kreuzestheologie im Markusevangelium", in: Dettweiler, Andreas/Zumstein, Jean (Hg.), Kreuzestheologie im Neuen Testament, WUNT 151, Tübingen 2002, pp.151-168.

Ebner, Martin, "Das Markusevangelium", in: Ebner, Martin, Schreiber, Stefan (Hg.), Einleitung in das Neue Testament, Stuttgart 2008, 2판, pp.155-184.

Ebner, Martin, "Evangelium contra evangelium. Das Markusevangelium und der Aufstieg der Flavier", BN 116 (2003), pp.28-42.

Ebner, Martin, Leidenslisten und Apostelbrief, fzb 66, Würzburg 1991.

Ebner, Martin, Schreiber, Stefan (Hg.), Einleitung in das Neue Testament, Stuttgart 2008, 2판.

Ebner, Martin, Die Stadt als Lebensraum der ersten Christen. Das Urchristentum in seiner Umwelt I, Göttingen 2012.

Eckstein, Hans-Joachim, "Die Gegenwart im Licht der erinnerten Zukunft. Zur modalisierten Zeit im Johannesevangelium", in: Ders, Der aus Glauben Gerechte wird leben, Münster 2003, pp.187-206.

Eisele, Wilfred, Ein unerschütterliches Reich. Die mittelplatonische Umformung des Parusiegedankens im Hebräerbrief, BZNW 116, Berlin 2003.

Elliger, Winfried, Paulus in Griechenland, Stuttgart 1990, 2판.

Ernst, Josef, Johannes der Täufer, BZNW 53, Berlin 1989.

Eschner, Christina, Gestorben und hingegeben "für" die Sünder I, II, Neukirchen 2010.

Feldmeier, Reinhard, "Verpflichtende Gnade. Die Bergpredigt im Kontext des ersten Evangeliums", in: Ders, (Hg.), "Salz der Erde". Zugänge zur Bergpredigt, Göttingen 1998, pp.15-107.

Feldmeier, Reinhard, ""Basis des Kontaktes unter Christen". Demut als Schlüsselbegriff der Ethik des Ersten Petrusbriefes", in: du Toit, David S (Hg.), Bedrängnis und Identität, BZNW 200, Berlin 2013, pp.249-262.

Feldmeier, Reinhard, Der erste Brief des Petrus, ThHK 15/I, Leipzig 2005.

Figl, Johann/Rüterswörden, Udo/Wander, Bernd, Art. "Universalismus/Partikularismus", RGG 8, Tübingen 2005, 4판, pp,774-778.

Fischer, Karl Martin, Tendenz und Absicht des Epheserbriefes, Berlin 1973.

Fitzmyer, Joseph. A, "The "Son of God" Document from Qumran", Bib 74 (1993), pp.153-174.

Fitzmyer, Joseph A, The Gospel according to Luke I, AncB 28, New York 1981.

Frankemölle, Hubert, Jawhebund und Kirche Christi, NTA 10, Münster 1984, 2판.

Frankenmölle, Hubert, Der Brief des Jakobus, ÖTK 17/1, Gütersloh 1994.

Frenschkowski, Marco, "Galilea oder Jerusalem? Die topographischen und politischen Hintergründe der Logionquelle", in: Lindemann, Andreas (Hg.), The Sayings Source Q and the Historical Jesus, BEThL 158, Leuven 2001, pp.535-559.

Frenschkowski, Marco, Offenbarung und Epiphanie II, WUNT 2.80, Tübingen 1997.

Frenschkowski, Marco, "Pseudepigraphie und Paulusschule", in: Horn, Friedrich Wilhelm (Hg.), Das Ende des Paulus, BZNW 106, Berlin 2001, pp.239-272.

Frenschkowski, Marco, Art. "Nero", in: RAC 25, Karlsruhe 2013, pp.839-878.

Freudenberger, Rudolf, Das Verhalten der römischen Behörden gegen die Christen im 2. Jahrhundert, MBPF 52, München 1967.

Frey, Jörg, "Die "theologia crucifixi" des Johannesevangeliums", In: Dettwiller, Andreas/ Zumstein, Jean (Hg.), Kreuzestheologie im Neuen Testament, WUNT 151, Tübingen 2002, pp.169-238.

Frey, Jörg, "Apostelbegriff, Apostelamt und Apostolizität: neutestamentliche Perspektiven zur Frage nach der "Apostolizität" der Kirche", in: Schneider, Theodor/ Wenz, Gunther (Hg.), Das kirchliche Amt in apostolischer Nachfolge: I. Grundlagen und Grundfragen, Freiburg/Göttingen 2004, pp.91-188.

Frey, Jörg, "Der historische Jesus und der Christus der Evangelien", in: Schröter, Jens/ Brucker, Ralph (Hg.), Der historische Jesus, BZNW 114, Berlin 2002, pp.273-336.

Frey, Jörg, "Von Paulus zu Johannes", in; Rothschild, Clare K/Schröter, Jens (Hg.), The Rise and Expansion of Christianity in the First Three Centuries of the Common Era, WUNT 301, Tübingen 2013, pp.235-278.

Frey, Jörg, "Erwägungen zum Verhätnis der Johannesapokalypse zu den übrigen Schriften des Corpus Johanneum, in: Hengel, Martin (Hg.), Die johanneische Frage, WUNT 67, Tübingen 1993, pp.326-429.

Frey, Jörg, Die johanneische Eschatologie III, WUNT 117, Tübingen 2000.

Freyberger, Klaus S, "Damaskus", in: Erlemann, Kurt u.a. (Hg.), Neues Testament und antike Kultur II. Familie - Gesellschaft - Wirtschaft, Göttingen 2005, pp.142-145.

Freyne, Sean, Jesus, a Jewish Galilean, London 2005.

Freyne, Sean, The Jesus-Movement and Its Expansion: Meaning and Mission, Grand Rapids 2014.

Friedrich, Gerhard, "Glaube und Verkündigung bei Paulus", in Hahn, Ferdinand/Klein, Hans (Hg.), Glaube im Neuen Testament (FS Binder, H), BThSt 7, Neukirchen 1982, pp.93-113.

Friedrich, Gerhard, Die Verkündigung des Todes Jesu im Neuen Testament, BThSt 6, Neukirchen 1982.

Friedrich, Johannes/Stuhlmacher, Peter/Pöhlmann, Wolfgang, "Zur historischen Situation und Intention von Römer 13,1-7", ZThK 73 (1976), pp.131-166.

Friesen, Steven J, "The Wrong Erastus: Ideology, Archaeology, and Exegesis", in: Friesen, Steven J (Hg.), Corinth in Context, Leiden 2010, pp.231-256.

Friesen, Steven J, "Poverty in Pauline Studies: Beyond the So-called New Consensus", JSNT 26 (2004), pp.323-361.

Funke, Hermann, Art. "Götterbild", RAC 11, Stuttgart 1981, pp.659-828.

Gäckle, Volker, Die Starken und Schwachen in Korinth und Rom, WUNT 200, Tübingen 2005.

Garleff, Gunnar, Urchristliche Identität im Matthäusevangelium, Didache und Jakobusbrief, BVB 9, Münster 2004.

Garnsey, Peter/Saller, Richard, "Patronal Power Relations", in: Horsley, Richard A (Hg.), Paul and Empire, Harrisburg 1997, pp.96-103.

Gehring, Roger W, Hausgemeinde und Mission, Giessen 2000.

Gehrke, Hans-Joachim, Art. "Euergetismus", DNP 4, Stuttgart 1998, pp.228-230.

Gelardini, Gabriella, Verhärtet eure Herzen nicht, Leiden 2007.

Georgi, Dieter, Die Visionen vom himmlischen Jerusalem in Apk 21 und 22, in: Lührmann, Dieter/Strecker, Georg (Hg.), Kirche (FS Bornkamm, G), Tübingen 1980, pp.351-372.

Gese, Michael, Das Vermächtnis des Paulus, WUNT 99, Tübingen 1997.

Giebel, Marion, Reisen in der Antike, Darmstadt 1999.

Gielen, Marlis, "Der erste Petrusbrief", in: Ebner, Martin/Schreiber, Stefan (Hg.), Einleitung in das Neue Testament, Stuttgart 2008, 2판, pp.517-527.

Gielen, Marlis, "Die Wahrnehmung gemeindlicher Leitungsfunktionen durch Frauen im Spiegel der Paulusbriefe", in; Schmeller, Thomas/Ebner, Martin/Hoppe, Rudolf (Hg.), Neutestamentliche Ämtermodelle im Kontext, QD 239, Freiburg 2010, pp.129-165.

Giesen, Heinz, Das Römische Reich im Spiegel der Johannes-Apokalypse, ANRW 26.3, Berlin 1996, pp.2566-2570.

Gnilka, Joachim, "Die Kollekte der paulinischen Gemeinden für Jerusalem als Ausdruck ekklesialer Gemeinschaft", in: Kampling, Rainer/Södinh, Thomas (Hg.), Ekklesiologie des Neuen Testaments (FS Kertelge, K), Freiburg 1996, pp.301-315.

Gnilka, Joachim, Das Evangelium nach Markus, EKK I, Zürich/Neukirchen-Vluyn, 2015[1978].

Goldhahn-Müller, Ingrid, Grenze der Gemeinde, GTA 39, Göttingen 1989.

Goodrich, John K, "Erastus, Quaestor of Corinth", NTS 56 (2010), pp.90-115.

Gradl, Han-Georg, "Buch und Brief. Zur motivischen, literarischen und kommunikativen Interdependenz zweier medialer Typen in der Johannes-Offenbarung", in: Frey, Jörg/Kelhofer, James A/Toth, Franz (Hg.), Die Johannesapokalypse, WUNT 287, Tübingen 2012, pp.413-433.

Grässer, Erich, "Die antijüdische Polemik im Johannesevangelium," in: Ders, Der Alte Bund im Neuen, Tübingen 1985, pp.135-153.

Grässer, Erich, "Das Wort als Heil", in: Ders, Aufbruch und Verheissung, BZNW 65, Berlin 1992, pp.129-142.

Grässer, Erich, "Das wandernde Gottesvolk. Zum Basismotiv des Hebräerbrief", in: Ders, Aufbruch und Verheissung, BZNW 65, Berlin 1992, pp.231-250.

Grässer, Erich, An die Hebräer, EKK XVII/1, Neukirchen 1990.

Griffith, Terry, Keep Yourselves from Idola. A new Look at 1John, JSNT.SS 233, London/New York 2002.

Gülzow, Henneke, Christentum und Sklaverei, Münster 1999(=1969).

Gülzow, Henneke, "Pontifikalreligion und Gesellschaft", in: Ders., Kirchengeschichte und Gegenwart, Münster 1999, pp. 13-34.

Haacker, Klaus, Stephanus, BG 28, Leipzig 2014.

Haacker, Klaus, Der Brief des Paulus an die Römer, THNT 6, Leipzig 2012, 4판.

Haacker, Klaus, "Die Stellung des Stephanus in der Geschichte des Urchristentums", in: Haase, Wolfgang (Hg.), Aufstieg und Niedergang der römischen Welt, Berlin 1995, pp.1515-1553.

Haacker, Klaus, Zum Werdegang des Paulus, ANRW 26.2, Berlin 1995.

Häfner, Gerd, "Die Pastoralbriefe (1 Tim/2 Tim/Tit)", in: Ebner, Martin, Schreiber, Stefan (Hg.), Einleitung in das Neue Testament, Stuttgart 2008, 2판, pp.456-479.

Haenchen, Ernst, Die Apostelgeschichte, KEK III, Göttingen 1977, 7판.

Haensch Rudolf/Zangenberg, Jürgen, "Antiochia", in: Erlemann, Kurt u.a. (Hg.), Neues Testament und antike Kultur II. Familie - Gesellschaft - Wirtschaft, Göttingen 2005, pp.133-139.

Hahn, Ferdinand, Christologische Hoheitstitel. Ihre Geschichte im frühen Christentum, FRLANT 83, Göttingen 1995, 5판.

Hahn, Ferdinand, "Die Petrusverheissung Mt 16,18f", in: Ders., Exegetische Beiträge zum ökumenischen Gespräch, Göttingen 1986, pp.185-200.

Hahn, Ferdinand, "Das Glaubensverständnis im Johannesevangelium", in: Grässer, Erich/Merk, Otto (Hg.), Glaube und Eschatologie (FS Kümmel, W. G), Tübingen 1985, pp.51-69.

Hahn, Ferdinand, "Das neue Jerusalem", in: Karrer, Martin/Kraus, Wolfgang/Merk, Otto (Hg.), Kirche und Volk Gottes (FS Roloff, J), Neukirchen 2000, pp.284-294.

Hahn, Ferdinand, Art. "Gottesdienst III: Neues Testament", TRE 14, Berlin 1985, pp.28-39.

Hahn, Ferdinand, Theologie des Neuen Testaments I, Tübingen 2002.

Hahn, Johannes, Der Philosoph und die Gesellschaft. Selbstverständnis, öffentliches Auftreten und populäre Erwartungen in der hohen Kaiserzeit, Stuttgart 1989.

Hansen, Bruce, 'All of You are One'. The Social Vision of Gal 3,28; 1Cor 12,13 and Col 3,11, LNTS 409, London 2010.

Harris, Willaim V, Ancient Literacy, Cambridge (MA)/London 1989.

Hartmann, Lars, Auf den Namen des Herrn Jesus : Die Taufe in den neutestamentlichen Schriften, Stuttgart 1992.

Haug, Werner, Politische Verfolgung. Ein Beitrag zur Soziologie der Herrschaft und der politischen Gewalt, Grüsch 1986.

Hays, Richard B, ""New Covenantalism": Eine Wiederentdeckung“, ZNT 29 (2012), pp.53-56.

Heckel, Theo K, Vom Evangelium des Markus zum viergestaltigen Evangelium, WUNT 120, Tübingen 1999.

Heemstra, Marius, The Fiscus Judaicus und the Parting of the Ways, WUNT 2.277, Tübingen 2010.

Heil, Christoph, Die Ablehnung der Speisegebote durch Paulus, BBB 96, Weinheim, 1994.

Heil, Christoph, Lukas und Q, BZNW 111, Berlin 2003.

Heininger, Bernhard, "Einmal Tarsus und zurück (Apg 9,30; 11,25-26). Paulus als Lehrer nach der Apostelgeschichte", MThZ 49 (1998), pp.125-143.

Heininger, Bernhard, "Im Dunstkreis der Magie: Paulus als Wundertäter nach der Apostelgeschichte", in: Becker, Eve-Marie/Pilhofer, P (Hg.), Biographie und Persönlichkeit des Paulus, WUNT 187, Tübingen 2005, pp.271-291.

Heininger, Bernhard, Paulus als Visionär, HBS 9, Würzburg 1996.

Hengel, Martin, "Das Begräbnis Jesu bei Paulus und die leibliche Auferstehung aus dem Grabe", in: Avemarie, Friedrich., Lichtenberger, Hermann (Hg.), Auferstehung, WUNT 135, Tübingen 2001, pp.119-183.

Hengel, Martin, “Abba, Maranatha, Hosanna und die Anfänge der Christologie”, Dalferth, I. U/Fischer, J/ Grosshans, H-P (Hg.), Denkwürdiges Geheimnis (FS Jüngel, E), Tübingen 2005, pp.144-183.

Hengel, Martin, "Jesus der Messias Israels", in: Hengel, Martin, Schwemer, A. M., Der Messianische Anspruch Jesu und die Anfänge der Christologie, WUNT 138, Tübingen, 2001, pp.1-80.

Hengel, Martin, "Die Evangelienüberschriften", in: Ders, Jesus und die Evangelienm, WUNT 211, Tübingen 2007, pp.526-567.

Hengel, Martin, "Die Stellung des Apostels Paulus zum Gesetz in den unbekannten Jahres zwischen Damaskus und Antiochia", in: Dunn, James. D. G (Hg.), Paul and the Mosaic Law, WUNT 89, Tübingen 1996, pp.25-51.

Hengel, Martin, "Zwischen Jesus und Paulus", ZThK 72 (1975), pp.151-206.

Hengel, Martin, Die vier Evangelien und das eine Evangelium von Jesus Christus, WUNT 224 Tübingen.

Hengel, Martin, "Mors turpissima crucis. Die Kreuzigung in der antiken Welt und die "Torheit“ des "Wortes vom Kreuz", in: Friedrich, Johannes/Pöhlmann, Wolfgang/ Stuhlmacher, Peter (Hg.), Rechtfertigung (FS Käsemann, E), Tübingen 1976, pp.125-184.

Hengel, Martin, Die johanneische Frage, WUNT 67, Tübingen 1993.

Hengel, Martin, Der unterschätzte Petrus, Tübingen 2007, 2판.

Hengel, Martin, Die Zeloten, AGSU 1, Leiden 1961.

Hengel, Martin, “Jesus und die Tora,” ThBeitr 9 (1978), pp.152-172.

Hengel, Martin, Judentum und Hellenismus, Studien zu ihrer Begegnung unter besonderer Berücksichtigung Palästinas bis zur Mitte des 2. Jahrhunderts vor Christus, WUNT 10, Tübingen 1988, 3판.

Hengel, Martin, "Der vorchristliche Paulus", in: Hengel, Martin/Heckel, Ulrich (Hg.), Paulus und das antike Judentum, WUNT 58, Tübingen 1991, pp.177-293.

Hengel, Martin, "Die Ursprünge der christlichen Mission", NTS 18 (1971/1972), pp.15-38.

Hengel, Martin, “Der Jakobusbrief als antipaulinische Polemik”, in: Ders, Paulus und Jakobus, WUNT 141, Tübingen 2002, pp.510-548.

Hengel, Martin/Schwemer, Anna Maria, Paulus zwischen Damaskus und Anthiochien, WUNT 108, Tübingen 1998.

Hergenröder, Clemens, Wir schauten seine Herrlichkeit, FzB 80, Würzburg 1996.

Herzer, Jens, Petrus oder Paulus?, WUNT 103, Tübingen 1998.

Herzer, Jens, "Juden - Christen - Gnostiker. Zur Gegnerproblematik der Pastoralbriefe", BThZ 25 (2008), pp.143-168.

Hirschberg, Peter, Das eschatologische Israel, WMANT 84, Neukirchen 1999.

Hock, Ranald. F, The Social Context of Paul's Ministry, Minneapolis 1980.

Höcker, Christoph, Art. "Strassen- und Brückenbau", DNP 11, Stuttgart/Weimar 2001, pp.1030-1036.

Hoegen-Rohls, Christina, "Johanneische Theologie im Kontext paulinischen Denkens? Eine forschungsgeschchtliche Skizze", in; Frey, Jörg/Schnelle, Udo (Hg.), Kontexte des Johannesevangeliums, WUNT 175, Tübingen 2004, pp.593-612.

Hoegen-Rohls, Christina, Der nachösterliche Johannes. Die Abschiedreden als

hermeneutischer Schlüssel zum vierten Evangelium, WUNT 2.84, Tübingen 1996.
Hoffmann, Paul, "Der Petrus-Primat im Matthäusevangelium", in: Merklein, Helmut u.a., (Hg.), Neues Testament und Kirche (FS Schnackenburg, Rudolf), Freiburg 1974, pp.94-114.
Hoffmann, Paul, "Markus 8,31. Zur Herkunft und markinischen Rezeption einer alten Überlieferung", in: Ders., Tradition und Situation, NTA 28, Münster 1995, pp.281-312.
Hofius, Otfried, Der Christushymnus Philipper 2,6-11, WUNT 17, Tübingen 1976.
Holtz, Gudrun, Damit Gott sei alles in allem, BZNW 149, Berlin 2007.
Holtz, Traugott, "Die Bedeutung des Apostelkonzils für Paulus", in: Ders., Geschichte und Theologie des Urchristentums, WUNT 57, Tübingen 1991.
Holtz, Traugott, "Christus Diakonos", in: Schäfer, Gerhard K/Strohm, Theodor (Hg.), Diakonie-biblische Grundlagen und Orientierungen, Heidelberg 1998, pp.127-143.
Hommel, Hildebrecht, "Tacitus und die Christen", in: Ders, Sebasmata II, WUNT 32, Tübingen 1984, pp.174-199.
Hoppe, Rudolf, "Arm und Reich im Jakobusbrief", in: Berges, Ulrich/Hoppe, Rudolf, Arm und Reich, Würzburg, 2009, pp.106-115.
Horn, Friedrich Wilhelm, "Die Kollektenthematik in der Apostelgeschichte", in: Breytenbach, Cilliers/ Schröter, Jens (Hg.), Die Apostelgeschichte und die hellenistische Geschichtsschreibung (FS Plümacher, E), AJEC 57, Leiden 2004, PP.134-156.
Horn, Friedrich Wilhelm, "Die Petrus-Schule in Rom", in: du Toit, David S (Hg.), Bedrängnis und Identität, BZNW 200, Berlin 2013, pp.3-20.
Horn, Friedrich Wilhelm, "Die letzte Jerusalemreise des Paulus", in: Ders, (Hg.), Das Ende des Paulus, BZNW 106, Berlin 2001, pp.15-35.
Horn, Friedrich Wilhelm, "Paulus, das Nasiräat und die Nasiräer", NT 39 (1997), pp.117-137.
Horn, Friedrich Wilhelm, "Diakonische Leitlinie Jesu", in: Schäfer, Peter/Strohm, Theodor (Hg.), Diakonie - biblische Grundlagen und Orientierungen, Heidelberg 1990, pp.109-126.
Horn, Friedrich Wilhelm, "Wollte Paulus 'kanonisch' wirken?", in: Becker, Eve-Marie/ Scholz, Stefan (Hg.), Kanon in Konstruktion und Dekonstruktion, Berlin 2011, pp.400-422.

Horn, Friedrich Wilhelm, "Stephanas und sein Haus - die erste christliche Hausgemeinde in der Achaia", in; Bienert, David C u.a. (Hg.), Paulus und die antike Welt (FS Koch, D-A), FRLANT 222, Göttingen 2008, pp.83-98.

Horn, Friedrich Wilhelm, "Der Verzicht auf die Beschneidung im Frühen Christentum", NTS 42 (1996), pp.479-505.

Horn, Friedrich Wilhelm, "Christentum und Judentum in der Logienquelle", EvTh 51 (1991), pp.344-364.

Horn, Friedrich Wilhelm, Das Angeld des Geistes, FRLANT 154, Göttingen 1992.

Horn, Friedrich Wilhelm, "Die Gütergemeinschaft der Urgemeinde", EvTh 58 (1998), pp.370-383.

Horn, Friedrich Wilhelm, Glaube und Handeln in der Theologie des Lukas, GTA 26, Göttingen 1986, 2판.

Horrel, David G, "Domestic Space and Christian Meetings at Corinth: Imagining New Contexts and the buildings East of the Theatre", NTS 50 (2004), pp.349-369.

Horsley, "Richard A, 1 Corinthians: A Case Study of Paul's Assembly as an Alternative Society", in: Ders, Paul and Empire, Harrisburg 1997, pp.242-252.

Hotze, Gerhard, Paradoxien bei Paulus, NTA 33, Münster 1997.

Hurtado, Larry W, One God, One Lord, Edinburgh 1998, 2판.

Hurtado, Larry W., Lord Jesus Christus: Devotion to Jesus in Earliest Christianity, Grand Rapids/Cambridge, 2003.

Janowski, Bernd, Stellvertertung. Alttestamentliche Studien zu einem theologischen Grundbegriff, SBS 165, Stuttgart 1997.

Jeremias, Joachim, Jerusalem zur Zeit Jesu, Göttingen 1963, 3판.

Jervell, Jacob, Die Apostelgeschichte, KEK 3, Göttingen 1998.

Jewett, Robert, Romans: A Commentary, Minneapolis 2007, 2판.

Jonge, De Marinus, Christologie im Kontext: die Jesusrezeption des Urchristentums, Neukirchen 1995.

Judge, Edwin A, Art. "Kultgemeinde (Kultverein)", RAC 22, Stuttgart 2008, pp.393-420.

Judge, Edwin A, Christliche Gruppen in nicht christlicher Gesellschaft, Wuppertal 1964.

Jürgens, Burkhard, Zeierlei Anfang. Konstruktionen heidenchristlicher Identität in Gal 2 und Apg 15, BBB 120, Bodenheim 1999.

Käsemann, Ernst, "Ketzer und Zeuge", in: Ders, Exegetische Versuche und Besinnungen

I, Göttingen 1970, 6판, pp.168-187.

Käsemann, Ernst, An die Römer, HNT 8a, Tübingen 1973, 4판.

Kammler, Hans-Christian, "Die Prädikation Jesu Christi als Gott und die paulinische Christologie: Erwägungen zur Exegese von Röm 9,5b", ZNW 94 (2003), pp.164-180.

Karrer, Martin, "Christliche Gemeinde und Israel.. Beobachtungen zur Logienquelle", in; Mommer, Peter u.a (Hg.), Gottes Recht als Lebensraum (FS Boecker, H. J), Neukirchen 1993, pp.145-163.

Karrer, Martin, "Apoll und die apokalytischen Reiter", in: Labahn, Michael/Karrer, Martin (Hg.), Die Johannesoffenbarung - Ihr Text und ihre Auslegung, ABG 38, Leipzig 2012, pp.223-251.

Karrer, Martin, "Petrus im paulinischen Gemeindekreis", ZNW 80 (1989), pp.210-231.

Karrer, Martin, Der Gesalbte. Die Grundlagen des Christustitels, FRLANT 151, Göttingen 1990.

Karrer, Martin, Die Johannesoffenbarung als Brief, FRLANT 140, Göttingen 1986.

Karrer, Martin, Der Brief an die Hebräer, ÖTK 20/2, Gütersloh 2008.

Kierspel, Lars, The Jews and the World in the Fourth Gospel, WUNT 200, Tübingen 2006.

Kippenberg Hans G./Wewers, Gerd A. (Hg.), Textbuch zur neutestamentlichen Zeitgeschichte, GNT 8, Göttingen 1979.

Klauck, Hans-Josef, "Junia Theodora und die Gemeinde in Korinth", in: Karrer, Martin/ Kraus, Wolfgang/Merk, Otto (Hg.), Kirche und Volk Gottes (FS Roloff, J), Neukirchen 2000, pp.42-57.

Klauck, Hans-Josef, Herrenmahl und hellenistischer Kult, NTA 15, Münster 1987, 2판.

Klauck, Hans-Josef, Hausgemeinde und Hauskirche im frühen Christentum, SBS 103, Stuttgart 1981.

Klauck, Hans-Josef, Die Johannesbriefe, Darmstadt 1991.

Klauck, Hans-Josef, "Sendschreiben nach Pergamon und der Kaiserkult in der Johannesoffenbarung", Bib 72 (1991), pp.183-207.

Klein, Hans, Das Lukasevangelium, KEK I/3, Göttingen 2006.

Klein, Günter, "Lukas 1,1-4 als theologisches Programm", in: Braumann, Georg (Hg.), Das Lukas-Evangelium, WdF CCLXXX, Darmstadt 1974, pp.170-203.

Klinghardt, Matthias, Gesetz und Volk Gottes, WUNT 2.32, Tübingen 1988.

Klinghardt, Matthias, Gemeinschaftsmahl und Mahlgemeinschaft. Soziologie und Liturgie frühchristlicher Mahlfeiern, TANZ 13, Tübingen 1996.

Kloppenborg, John S, "Membership Practices in Pauline Christ Groups", EC 4 (2013), pp.183-215.

Knauf, Ernst Axel, "Zum Ethnarchen des Aretas 2Kor 11,21", ZNW 74 (1983), pp.145-147.

Koch, Dietrich-Alex, "The God-fearers between facts and fiction", in: Ders., Hellenistisches Christentum, NTOA 65, Göttingen 2008, pp.272-298.

Koch, Dietrich-Alex, ""Seid unanstössig für Juden und für Griechen und für die gemeinde Gottes" (1Kor 10,32)", in: Ders., Hellenistisches Christentum, NTOA 65, Göttingen 2008, pp.145-164.

Koch, Dietrich-Alex, Geschichte des Urchristentums, Göttingen 2014, 2판.

Koch, Stefan, Rechtliche Regelung von Konflikten im frühen Chrsitentum, WUNT 174, Tübingen 2004.

Koch, Dietrich-Alex, "Die Christen als neue Randgruppe in Makedonien und Achaia im 1. Jahrhundert n. Chr", in: Ders, Hellenistisches Christentum, NTOA 65, Göttingen 2008, pp.340-368.

Koch, Stefan, Rechtliche Regelung von Konflikten im frühen Christentum, WUNT 174, Tübingen 2004.

Köster, Helmut, "Imperial Ideology and Paul's Eschatology in 1 Thessalonians", in: Horsley, Richard A (Hg.), Paul and Empire. Religion and Power in Roman Imperial Society, Harrisburg 1997, pp.158-166.

Kolb, Frank, Rom. Die Geschichte der Stadt in der Antike, München 2002, 2판

Kollmann, Bernd, "Paulus als Wundertäter", in: Schnelle, Udo/Söding, Thomas/Labahn, Michael (Hg.), Paulinische Christologie (FS. Hübner, Hans), Göttingen 2000, pp.76-96.

Konradt, Matthias, "Stellt der Vollmachtanspruch des historischen Jesus eine Gestalt 'vorösterlicher Christologie' dar?", ZThK 107 (2010), pp.139-166.

Konradt, Matthias, "Zur Datierung des sogenannten antiochenischen Zwischenfalls", ZNW 102 (2011), pp.19-39.

Konradt, Matthias, "Theologie in der "strohernen Epistel"", VuF 44 (1999), pp.54-78.

Konradt, Matthias, ""Geboren durch das Wort der Wahrheit" - "gerichtet durch das Gesetz der Freiheit". Das Wort als Zentrum der theologischen Konzeption des Jakobusbriefes", in: von Gemünden, Petra/(Konradt, Matthias/Theissen, Gerd (Hg.), Der Jakobusbrief, Münster 2003, pp.1-15.

Konradt, Matthias, "Markus und Matthäus", in; Von Gemünden, Petra u.a. (Hg.), Jesus - Gestalt und Gestaltungen (FS Theissen, G), NTOA 100, Göttingen 2013, pp.211-235.

Konradt, Matthias, Israel, Kirche und die Völker im Matthäusevangelium, WUNT 215, Tübingen 2007.

Kosch, Daniel, Die eschatologische Tora des Menschensohnes, NTOA 12, Freiburg(H)/Göttingen 1989.

Kragerud, Alv, Der Lieblingsjünger im Johannesevangelium: ein exegetischer Versuch, Oslo 1959.

Kraus, Wolfgang, Zwischen Jerusalem und Anthiochia, SBS 179, Stuttgart 1999.

Kraus, Wolfgang, "Zur Ekklesiologie des Matthäusevangeliums", in: Senior, David P (Hg.), The Gospel Of Matthew at the Crossroads of Early Christianity, BETL 243, Leuven 2011, pp.195-239.

Kraus, Wolfgang, Das Volk Gottes, WUNT 85, Tübingen 1996.

Kremer, Jacob, "Weltweites Zeugnis für Christus in der kraft des Geistes" ,in: Kertelge, Karl (Hg.), Mission im Neuen Testament, QD 93, Freiburg 1982, pp.145-163.

Kreplin, Matthias, Das Selbstverständnis Jesu, WUNT 2.141, Tübingen 2001.

Kristen, Peter, Familie, Kreuz, und Leben: Nachfolge Jesu nach Q und dem Markusevangelium, MThSt 42, Marburg 1995.

Kümmel, Werner Georg, "Äussere und innere Reinheit des Menschen bei Jesus", in: Ders., Heilsgeschen und Geschichte II, Marburg 1978, pp.117-129.

Kuhn, Heinz-Wolfgang, "Jesus vor dem Hintergrund der Qumrangemeinde", in: Siegert, Folker (Hg.), Grenzgänge (FS Aschoff, D), Münster 2002, pp.50-60.

Kuhn, Heinz-Wolfgang, "Jesus als Gekreuzigter in der frühchristlichen Verkündigung bis zur Mitte des 2. Jahrhunderts", in: ZThK 72 (1975), pp.1-46.

Kuhn, Heinz-Wolfgang, Die Kreuzesstrafee während der frühen Kaiserzeit, ANRW II 25/1, Berlin 1982.

Kuhn, Karl Georg/Stegemann, Hartmut, Art. "Proselyten", PRE.S IX, Stuttgart 1962, pp.1248-1283.

Kuhn, Heinz Wolfgang, "Der Gekreuzigte von Giv'at ha-Mivtar", in: Andresen, C/ Klein,

G (Hg.), Theologia crucis- signum crucis (FS Dinkler, E), Tübingen 1979, pp. 303-334.

Kuhn, Heinz Wolfgang, "Jesus als Gekreuzigter in der frühchristlichen Verkündigung bis zur Mitte des 2. Jahrhunderts", ZThK 72 (1975), pp.1-46.

Kügler, Joachim, "Die Liebe des Sohnes und das Bleiben des Jüngers. Der geliebte Jünger im Johannesevangelium und die Begründung kirchlicher Macht im ohanneischen Christentum", in: Gielen, M/Kügler, Joachim (Hg.), Liebe , Macht und REligion. Interdisziplinäre Studien zu Grunddimensionen menschlicher Existenz, Stuttgart 2003, pp.217-236.

Labahn, Michael, :Paulus - ein homo honestus et iustus“, in: Horn, Friedrich Wilhelm (Hg.), Das Ende des Paulus, BZNW 106, Berlin 2001, pp.75-106.

Labahn, Michael, ""Gefallen, gefallen ist Babylon, die Grosse". Die Johannesoffenbarung als subversive Erzählung, in; Elschenbroich, Julian/de Vries, Johannes (Hg.), Worte der Weissagung, ABG 47, Leipzig 2014, pp.319-341.

Labahn Michael, Der Gekommene als Wiederkommender. Die Logienquelle als erzählte Geschichte, ABG 32, Leipzig 2010.

Labahn, Antje/Labahn Michael, "Jesus als Sohn Gottes bei Paulus", in: Schnelle, Udo/Söding, Thomas/Labahn Michael (Hg.), Paulinische Christologie (FS Hübner, H.), Göttingen 2000, pp.97-120.

Labahn Michael/Lang, Manfred, "Johannes und die Synoptiker", in; Frey, Jörg/Schnelle, Udo (Hg.), Kontexte des Johannesevangeliums, WUNT 175, Tübingen 2004, pp.443-515.

Lampe, Peter, "Das Spiel mit dem Petrusnamen - Matt. XVI.18", NTS 25 (1979), pp.227-245.

Lampe, Peter, "Acta 19 im Spiegel der ephesischen Inschriften", BZ 16 (1992), pp.59-76.

Lampe, Peter, "Paulus - Zeltmacher", BZ 31 (1987), pp.256-261.

Lampe, Peter, Die stadtrömischen Christen in den ersten beiden Jahrhunderten, WUNT II/18, Tübingen 1989, 2판.

Lampe, Peter, "Urchristliche Missionswege nach Rom: Haushalte paganer Herrschaft als jüdisch-christliche Keimzellen", ZNW 92 (2001), pp.123-127.

Lampe, Peter/Luz, Ulrich, "Nachpaulinische Christentum und pagane Gesellschaft", in: Becker, Jürgen (Hg.), Die Anfänge des Christentums. Alte Welt und neue Hoffnung, Stuttgart 1987, pp.185-216.

Lang, Manfred, Die Kunst des christlichen Lebens. Rezeptionsästhetische Studien zum lukanischen Paulusbild, ABG 29, Leipzig 2008.

Leppin, Hartmut, "Imperial Miracles and Elitist Discourses", in: Alkier, Stefan/Weissenrieder, Annette (Hg.), Miracles revisited, Berlin 2013, pp.233-248.

Leutzsch, Martin, Die Bewährung der Wahrheit. Der dritte Johannesbrief als Dokument urchristlichen Alltags, Trier 1994.

Lichtenberger, Hermann, "Josephus und Paulus in Rom", in: Koch, Dietrich-Alex/ Lichtenberger, Hermann (Hg.), Begegnungen zwischen Christentum und Judentum in Antike und Mittelalter (FS Schreckenberg, H), Göttingen 1993, pp.245-261.

Lindemann, Andreas, Paulus im ältesten Chrsitentum, BHTh 58, Tübingen 1979.

Lindemann, Andreas, "Samaria und Samaritaner im Neuen Testament", WuD 22 (1993), pp.51-76.

Lindemann, Andreas, "...ἐκτρέφετε αὐτὰ ἐν παιδείᾳ καὶ νουθεσίᾳ κυρίου (Eph 6.4): Kinder in der Welt des frühen Christentums", NTS 56 (2010), pp.169-190.

Lindemann, Andreas, Der Kolosserbrief, ZBK 10, Zürich 1983.

Löhr, Hermut, "Speisefrage und Tora im Judentum des Zweiten Tempels und im entstehenden Chrsitentum," ZNW 94 (2003), pp.17-37.

Löning, Karl, Die Saulustradition in der Apostelgeschichte, NTA 9, Münster 1973.

Löning, Karl, "Der Stephanuskreis und seine Mission", in: Becker, Jürgen (Hg.), Die Anfänge des Chrstentums. Alte Welt und neue Hoffnung, Stuttgart 1987, pp.80-101.

Lohfink, Gerhard, "Paulinische Theologie in den Pastoralbriefen", in: Kertelge, Karl (Hg.), Paulus in den neutestamentlichen Spätschriften, QD 89, Freiburg 1981, pp. 70-121.

Lohfink, Gerhard, Die Sammlung Israels, StANT 39, München 1975.

Lohmeyer, Monika, Der Apostelbegriff im Neuen Testament, Stuttgart 1995.

Lohse, Eduard, Die Briefe an die Kolosser und Philemon, KEK IX/2, Göttingen 1977, 2판.

Lona, Horacio E, ""Petrus in Rom" und der Erste Clemensbrief", in: Heid, Stefan u. a. (Hg.), Petrus und Paulus in Rom, Freiburg 2011, pp.221-246.

Lona, Horacio E, ""Treu bis zum Tod"", in: Merklein, Helmut (Hg.), Neues Testament

und Ethik (FS Schnackenburg, R), Freiburg 1989, pp.442-461.
Luckmann, Thomas, "Religion - Gesellschaft - Transzendenz", in: Höhn, Hans-Joachim (Hg.), Krise der Immanenz, Frankfurt 1996, pp.112-127.
Lüdemann, Gerd, Die Auferstehung Jesu, Göttingen 1994.
Lüdemann, Gerd, Die ersten drei Jahre Christentum, Lüneburg 2009.
Lüdemann, Gerd, Paulus, der Heidenapostel II: Antipaulinismus im frühen Chrstentum, FRLANT 130, Göttingen 1983.
Lüdemann, Gerd, Das frühe Christentum nach den Traditionen der Apostelgeschichte, Göttingen 1987.
Lührmann, Dieter, "Gal 2,9 und die katholische Briefe", ZNW 72 (1981), pp.65-87.
Lührmann, Dieter, "Tage, Monate, Jahreszeiten, Jahre (Gal 4,10)", in: Albertz, Rainer u. a. (Hg.), Werden und Wirken des Alten Testaments (FS Westermann, C), Göttingen 1980, pp.428-445.
Lührmann, Dieter, "SUPERSTITIO - die Beurteilung des frühen Christentums durch die Römer", ThZ 42 (1986), pp.191-213.
Luz, Ulrich, "Das 'Auseinandergehen der Wege'. Über die Trennung des Christentums vom Judentum", in: Dietrich, Walter/ George, Martin/Luz, Ulrich (Hg.), Antijudaismuns-christliche Erblast, Stuttgart 1999, pp.56-73.
Luz, Ulrich, "Rechtfertigung bei den Paulusschlülern", in: Friedrich, Johannes/Pöhlmann, Wolfgang/Stuhlmacher, Peter (Hg.), Rechtfertigung (FS Käsemann, E), Tübingen 1976, pp.365-383.
Luz, Ulrich, Das Evangelium nach Matthäus: EKK Ⅰ/1, Zürich/Neukirchen-Vluyn, 2002, 3판.
Luz, Ulrich, Das Evangelium nach Matthäus: EKK Ⅰ/2, Mt 8-17, Zürich/ Neukirchen-Vluyn, 2008.
Lang, Manfred, Die Kunst des christlichen Lebens, ABG 29, Leipzig 2008.
Maier, Johann, Zwischen den Testamenten, NEB.AT EB 3, Würzburg 1990.
Markschies, Christoph, Kaiserzeitliche christliche Theologie und ihre Institutionen, Tübingen 2007.
Maschmeier, Jens-Christian, "Der Glaube auf dem Marktplatz. Freiheitskämpfe in Korinth", in: Bendemann, Reinhard von/Tiwald, Markus (Hg.), Das frühe Christentum und die Stadt, BWANT 198, Stuttgart 2012, pp.146-163.

Meier, John P., A Marginal Jew: Rethinking the Historical Jesus, Vol. II: Mentor, Message, and Miracles, New York u.a., 2007.

Malherbe, Abraham J, Paul and the Popular Philosophers, Minneapolis 1989.

Malitz, Jürgen, "Philosophie und Politik im frühen Prinzipat", in; Schmidt, Hans-Werner/ Wülfing (Hg.), Antikes Denken - Moderne Schule, Heidelberg 1988, pp.151-179.

Malitz, Jürgen, Nero, München 1999.

Meade, David G, Pseudonymity and Canon, WUNT 39, Tübingen 1986.

Meeks, Wayne A, Urchristentum und Stadtkultur. Die soziale Welt der paulinischen Gemeinden, Gütersloh 1993.

Meggitt, Justin J, Paul, Poverty and Survival, Edinburgh 1998.

Meier, John P., A Marginal Jew: Rethinking the Historical Jesus, Vol. I: The Roots of the Problem and the Person, ABRL, New York u.a., 1991.

Merk, Otto, "Das Reich Gottes in den lukanischen Schriften", in: Ders, Wissenschaftsgeschichte und Exegese, BZNW 95, Berlin 1998, pp.272-291.

Merklein, Helmut, Der erste Brief an die Korinther, ÖTK 7/1, Gütersloh 1992.

Merklein, Helmut, Der erste Brief an die Korinther, ÖTK 7/3, Gütersloh 2005.

Merklein, Helmut, "Paulinische Theologie in der Rezeption des Kolosser- und Epheserbriefes", in: Ders., Studien zu Jesus und Paulus, WUNT 43, Tübingen 1987, pp.409-447.

Merklein, Helmut, "Erwägungen zur Überlieferungsgeschichte der neutestamentlichen Abendmahlstraditionen", in: Ders., Studien zu Jesus und Paulus, WUNT 43, Tübingen 1987, pp.157-180.

Merklein, Helmut, "Der Theologe als Prophet", NTS 38 (1992), pp.402-429.

Metzger, Bruce M, Der Kanon des Neuten Testaments, Düsseldorf 1993.

Metzner, Rainer, Das Verständnis der Sünde im Johannesevangelium, WUNT 122, Tübingen 2000.

Michel, Otto, "Der Abschluss des Matthäusevangeliums. Ein Beitrag zur Geschichte der Osterbotschaft", in: Lange, Joachim (Hg.), Das Matthäus-Evangelium, WdF 525, Darmstadt 1980, pp. 119-133.

Mineshige, Kiyoshi, Besitzverzicht und Almosen bei Lukas, WUNT 2.163, Tübingen 2003.

Mitchell, Margaret, "The Letter of James as a Document of Paulinism?", in: Webb, Robert

T/Kloppenburg, John S (Hg.), Reading James with New Eyes, London 2007, pp.75-98.

Molthagen, Joachim, "Die ersten Konflikte der Christen in der griechische-römischen Welt", Historia 40 (1991), pp.42-76.

Morgenthaler, Robert, Statistische Synopse, Zürich 1971.

Mucha, Robert, "Ein flavischer Nero: Zur Domitian-Darstellung und Datierung der Johannesapokalypse", NTS 60 (2014), pp.83-105.

Müller, Klaus, Tora für die Völker. Die noachidischen Gebote und Ansätze zu ihrer Rezeption im Christentum, SKI 15, Berlin 1994.

Müller, Peter, "Gegner im Kolosserbrief", in; Kraus, Wolfgang (Hg.), Beiträge zur urchristlichen Theologiegeschichte (FS Müller, U. B), BZNW 163, Berlin 2009, pp. 365-394.

Müller, Peter, Anfänge der Paulusschule, AThANT 74, Zärich 1988.

Müller, Ulrich B, Die Offenbarung des Johannes, ÖTK 19, Gütersloh 1995, 2판.

Murphy-O'Connor, James, St. Paul's Corinth. Texts and Archaeology, Collegeville 2002, 3판.

Neirynck, Frans, "Paul and the Sayings of Jesus", in: Ders., Evangelica II, BETL 99, Leuven 1991, pp.511-568.

Neusner, Jacob, "Die Pharisäischen rechtlichen Überlieferungen", in: Ders., Das pharisäische und Talmudiische Judentum, TSAJ 4, Tübingen 1984, pp.43-51.

Niebuhr, Karl-Wilhelm, ""A New Perspective on James"? Neuere Forschungen zum Jakobusbrief", ThLZ 129 (2004), pp.1019-1044.

Niederwimmer, Kurt, "Johannes Markus und dir Frage nach dem Verfasser des zweiten Evangeliums", ZNW 58 (1967), pp.172-188.

Nissen, Andreas, Gott und der Nächste im antiken Judentum, WUNT 15, Tübingen 1974.

Norris, Frederick W, "Antiochien I", TRE 3, Berlin 1978, p.99.

Oakes, Peter, "Philippians. From People to Letter", SNTSMA 110, Cambride 2001.

Öhler, Markus, Barnabas. Der Mann in der Mitte, BG 12, Leipzig 2005.

Öhler, Markus, "Römisches Vereinsrecht und christliche Gemeinden', in: Labahn, Michael/Zangenberg, Jürgen (Hg.), Zwischen den Reichen. Neues Testament und Römische Herrschaft, TANZ 36, Tübingen 2002, pp.51-71.

Öhler, Markus, "Das ganze Haus. Antike Alltagsreligiösität und die Apostelgeschichte", ZNW 102 (2011), pp.201-234.

Ollrog, Wolf-Henning, Paulus und seine Mitarbeiter, WMANT 50, Neukirchen 1979.

Omerzu, Heike, "Das Schweigen des Lukas", in: Horn, Friedrich Wilhelm, (Hg.), Das Ende des Paulus, BZNW 106, Berlin 2001, pp.151-156.

Ostmeyer, Karl-Heinrich, "Armenhaus und Räuberhöhle? Galilä zur Zeit Jesu", ZNW 96 (2005), pp.147-170.

Paget, James Carleton, "The Definition of the Terms Jewish Christian and Jewish Christianity in the History of Research", in: Skarsaune, Oskar/Hvalvik, Reidar (Hg.), Jewish Believers in Jesus: The Early Centuries, Grand Rapids 2007, pp.22-52.

Panzram, Sabine, "Der Jerusalemer Tempel und das Rom der Flavier", in: Hahn, Johannes (Hg.), Zerstörungen des Jerusalemer Tempels, WUNT 147, Tübingen 2002, pp.166-182.

Paulsen, Henning, Der zweite Petrusbrief und der Judasbrief, KEK XII/2, Göttingen 1992.

Peres, Imre, Griechische Grabinschriften, WUNT 157, Tübingen 2003.

Pervo, Richard I, Acts, Hermeneia, Minneapolis 2009.

Pervo, Richard I, The Making of Paul, Minneapolis 2010.

Pesch, R., Das Markusevangelium I, HThK Ⅱ/1, Freiburg, 1984, 3판.

Pesch, Rudolf, Das Markusevangelium II, HThK Ⅱ/2, Freiburg 1984, 3판.

Petersen, Silke, "Die Evangelienüberschriften und die Entstehung des neutestamentlichen Kanons", ZNW 97 (2006), pp.250-274.

Petracca, Vincenzo, Gott oder das Geld. Die Besitzethik des Lukas, TANZ 39, Tübingen 2003.

Pfeiffer, Matthias, Einweisung in das neue Sein, BEvTh 119, Gütersloh 2001.

Plümacher, Eckhard, "Neues Testament und hellenistische Form. Zur literarischen Gattung der lukanischen Schriften", TheolViat 14 (1977/78), pp.109-123.

Popkes, Enno Edzard, Die Theologie der Liebe Gottes in den johanneischen Schriften, WUNT 2.197, Tübingen 2005.

Popkes, Wiard, "Traditionen und Traditionbrüche im Jakobusbrief", in: Schlosser, Jacques (Hg.), The Catholic Epistles and the Tradition, BEThL 176, Leuven 2004, pp.143-170.

Popkes, Wiard, Der Brief des Jakobus, ThHK 14, Leipzig 2001.
Porter, Stanley E. (Hg.), Paul and his Opponents, Leiden 2005.
Pratscher, Wilhelm, Der Herrenbruder Jakobus und die Jakobustradition, Göttingen 1987.
Pratscher, Wilhelm, "Der Beitrag des Herrenbruders Jakobus zur Entstehung des Aposteldekrets", in: Öhler, Markus (Hg.), Aposteldekret und antikes Vereinswesen, WUNT 280, Tübingen 2011, pp. 33-48.
Radl, Walter, Art. "παρουσία", EWNT 3, Stuttgart 2011, p.103.
Radl, Walter, Paulus und Jesus im lukanischen Doppelwerk, EHS 49, Bern/Frankfurt 1975.
Räisänen, Heikki, Das 'Messiasgeheimnis' im Markusevangelium, Helsinki 1976.
Rapske, Brian, The Book of Acts and Paul in Roman Custody, BAFCS III, Grand Rapids 1994.
Rau, Eckhard, Von Jesus zu Paulus. Entwicklung und Rezeption der antiochenischen Theologie im urchristentum, Stuttgart 1994.
Reck, Reinhold, Kommunikation und Gemeindeaufbau, SBB 22, Stuttgart 1991.
Reed, Jonathan L, Archaeology and the Galilean Jesus, Harrisburg 2002.
Reichert, Angelika, Eine urchristliche praeparatio ad martyrium, BET 22, Frankfurt 1989.
Reichert, Angelika, Der Römerbrief als Gratwanderung, FRLANT 194, Göttingen 2001.
Reinbold, Wolfgang, Propaganda und Mission im ältesten Christentum, FRLANT 188, Göttingen 2000.
Reinmuth, Eckart, "Narratio und argumentatio - zur Auslegung der Jesus-Christus-Geschichte im Ersten Korintherbrief", ZThK 92 (1995), pp.13-27.
Reiprich, Torsten, Das Mariageheimnis, FRLANT 223, Göttingen 2008.
Reiser, Marius, "Hat Paulus Heiden bekehrt?", BZ 39 (1995), pp.78-91.
Riedo-Emmenegger, Christoph, Prophetisch-messianische Provokateure der Px Romana, NTOA 56, Göttingen/Freiburg (H) 2005.
Riesner, Rainer, Die Frühzeit des Apostels Paulus, WUNT 71, Tübingen 1994.
Riesner, Rainer, Essener und Urgemeinde in Jerusalem, Giessen 1998, 2판.
Riesener, Rainer, Jesus als Lehrer, WUNT 2.7, Tübingen 1988, 3판.
Riesner, Rainer, "Zwischen Tempel und Obergemach - Jerusalem als erste messinische Stadtgemeinde", in: Bendemann, Reinhard von/Tiwald, Markus (Hg.), Das frühe Christentum und die Stadt, BWANT 198 Stuttgart 2012, pp.69-91.

Riesner, Rainer, "A Pre-Christian Jewish Mission?", in: Adna, Jostein/Kvalbein, Hans (Hg.), The Mission of the Early Church to Jews and Gentiles, WUNT 127, Tübingen 2000, pp.211-250.

Riesner, Rainer, "Die Rückkehr des Augenzeugen", TheolBeitr 38 (2007), pp.337-352.

Ritt, Hubert, "Der christologische Imperativ. Zur Weinstock-Methapher in der testamentlichen Mahnrede (Joh 15,1-17)", in: Merklein, Helmut (Hg.), Neues Testament und Ethik (FS Schnackenburg, R), Freiburg 1989, pp.136-150.

Roloff, Jürgen, "Anfänge der soteriologischen Deutung des Todes Jesu (Mk. X. 45 und Lk. XXII. 27)", in: Ders, Exegetische Verantwortung in der Kirche, Göttingen 1990, pp.117-143.

Roloff, Jürgen, "Das Reich des Menschensohnes. Ein Beitrag zur Eschatologie des Matthäus", in: Evang, Martin/Merklein, Helmut/Wolter, Michael (Hg.), Eschatologie und Schöpfung (FS Grässer, E), BZNW 89, Berlin 1997, pp.275-292

Roloff, Jürgen, Der erste Brief an Timotheus, EKK XV, Neukirchen 1988.

Roloff, Jürgen, Art. "ἐκκλησία", EWNT 1, Stuttgart 1980, pp.999-1001.

Roloff, Jürgen, "Neuschöpfung in der Offenbarung des Johannes", JBTh 5 (1990), pp.119-138.

Roloff, Jürgen, Die Kirche im Neuen Testament, GNT 10, Göttingen 1993.

Roloff, Jürgen, Die Apostelgeschichte, NTD 5, Göttingen 1981.

Roloff, Jürgen, Die Kirche im Neuen Testament, GNT 10, Göttingen 1993.

Roloff, Jürgen, Die Offenbarung des Johannes, Zürich 1984.

Rusam, Dietrich, "Die Apostelgeschichte", in: Ebner, Martin/Schreiber, Stefan (Hg.), Einleitung in das Neue Testament, Stuttgart 2013, 2판, pp. 232-253.

Rusam, Dietrich, Die Gemeinschaft der Kinder Gottes, BWANT 133, Stuttgart 1997.

Safari, Samuel, "Education and the Study of the Torah", in: Safari, Samuel/Stern, Menachem (Hg.), The Jewish People in the First Century, CRINT I/2, Assen/Amsterdam 1976, pp.945-970.

Sanders, E. P, Paul. The Apostle's Life, Letters, and Thought, Minneapolis 2015.

Sato, Migaku, Q und Prophetie, WUNT 2.29, Tübingen 1988.

Schäfer, Jan, "Vom Zentrum zum Zentrum. Die Achse der Apostelgeschichte von Jerusalem nach Rom", in: Bendemann, Reinhard von/Tiwald, Markus (Hg.), Das frühe Christentum und die Stadt, BWANT 198, Stuttgart 2012, pp.189-207.

Schäfer, Peter, "Der Synagogale Gottesdienst", in: Maier, Johann/Schreiner, Josef (Hg.), Literatur und Religion des Frühjudentums, Würzburg/Gütersloh 1973, pp.391-413.
Schäfer, Peter, Geschichte der Juden in der Antike, Tübingen 2010, 2판.
Schenke, Ludger, "Jesus als Wundertäter", in: Ders., Jesus von Nazaret—Spuren und Konturen, Stuttgart, 2004, pp.148-163.
Schenke, Ludger, "Jesus als Weisheitslehrer im Markusevangelium", in: Fassnacht, Martin u. a (Hg.), Die Weisheit - Ursprünge und Rezeption (FS Löning, K), NTA 44, Münster 2003, pp.125-138.
Schenke, Ludger, Die Urgemeinde. Geschichtliche und theologische Entwicklung, Stuttgart 1990.
Schenke, Ludger, Das Markusevangelium. Literarische Eigenart - Text und Kommentierung, Stuttgart 2005.
Schiefer-Ferrari, Markus, Die Sprache des Leids in den paulinischen Peristasenkatalogen, SBB 23, Stuttgart 1991
Schimanowski, Gottfried, Art. "Alexsandria", in: Erlemann, Kurt u.a. (Hg.), Neues Testament und antike Kultur II. Familie - Gesellschaft - Wirtschaft, Göttingen 2005, pp.127-132.
Schinkel, Dirk, Die himmlische Bürgerschaft, FRLANT 220, Göttingen 2007.
Schmeller, Thomas, "Mission im Urchristentum. Definition - Motivation - Konkretion", ZNT 15 (2005), pp.2-11.
Schmeller, Thomas, "Der Erste Korintherbrief", in: Ebner, Martin/Schreiber, Stefan (Hg.), Einleitung in das Neue Testament, Stuttgart 2013, 2판, pp.308-330.
Schmeller, Thomas, Schulen im Neuen Testament?, HBS 30, Freiburg 2001.
Schmeller, Thomas, Der zweite Brief an die Korinther, EKK VIII/1, Neukirchen 2010.
Schmeller, Thomas, Brechungen. Urchristliche Wandercharismatiker im Prisma soziologisch orientierter Exegese, SBS 136, Stuttgart 1989.
Schmid, Ulrich, Die Buchwerdung des Neuen Testaments, WuD 27 (2003), pp.217-232.
Schmithals, W, Der Römerbrief als historisches Problem, Gütersloh 1975.
Schmitt, Tassilo, "Die Christenverfolgung unter Nero", in: Heid, Stefan (Hg.), Petrus und Paulus in Rom, Freiburg 2011, pp.517-537.
Schnabel, Eckhard-J, Urchristliche Mission, Wuppertal 2002.
Schnackenburg, Rudolf, "Ephesus. Entwicklung einer Gemeinde von Paulus zu Johannes,

BZ 35 (1991), pp.41-64.

Schnackenburg, Rudolf, "Paulinische und johanneische Christologie", in: Ders, Das Johannesevangelium, HThK IV/4, Freiburg 1984, pp.102-118.

Schnelle, Udo, "Denkender Glaube. Schulen im Neuen Testament", in; Engberg-Pedersen, Troels (Hg.), Paul in his Hellenistic Context, Minneapolis 1995, pp.60-83.

Schnelle, Udo, "Gibt es eine Entwicklung in der Rechtfertigungslehre vom Galater- zum Römerbrief?", in: Klumbies, Paul-Gerhard/du Toit, David S (Hg.), Paulus - Werk und Wirkung (FS Lindemann, A), Tübingen 2013, pp.289-309.

Schnelle, Udo, "Glaube", in: Bormann, Lukas (Hg.), Neues Testament. Zentrale Themen, Neukirchen 2014, pp.275-293.

Schnelle, Udo, "Der Römerbrief und die Aporien des paulinischen Denkens", in: Ders, (Hg.), The Letter to the Romans, BETL 226, Leuven 2009, pp. 3-23.

Schnelle, Udo, "Heilsgegenwart. Christologische Hoheitstitel bei Paulus", in: Schnelle, Udo/Söding, Thomas/Labahn, Michael (Hg.), Paulinische Christologie (FS Hübner, H), Göttingen 2000, pp.178-193.

Schnelle, Udo, "Die johanneische Schule", in: Horn, Friedrich Wilhelm (Hg.), Bilanz und Perspektiven gegenwärtiger Auslegung des Neuen Testaments, BZNW 75, Berlin 1995, pp.198-217.

Schnelle, Udo, "Paulus und Johannes", EvTh 47 (1987), pp.212-228.

Schnelle, Udo, "Der 2. Korintherbrief und die Mission gegen Paulus", in: Sänger, Dieter (Hg.), Der zweite Korintherbrief. Literarische Gestalt - historische Situation - theologische Argumentation (FS Koch, D. -A), FRLANT 250, Göttingen 2012, pp.300-322.

Schnelle, Udo, "Johannes und die Synoptiker", in: Van Segbroeck, Frans u. a., (Hg.), The Four Gospels (FS Neirynck, F), BEThL 100, Leuven 1992, pp.1799-1814.

Schnelle, Udo, "Johanneische Ethik", in; Böttrich, Christfried (Hg.), Eschatologie und Ethik im frühen Christentum (FS Haufe, G), Frankfurt 2006, pp. 309-327.

Schnelle, Udo, "Transformation und Partizipation als Grundgedanken paulinischer Theologie", NTS 47 (2001), pp.58-75.

Schnelle, Udo, "Die Juden im Johannesevangelium", in: Kähler, Christoph/Böhm, Martina/Böttrich, Christfried (Hg.), Gedenkt an das Wort (FS Vogler, W), Leipzig 1999, pp.217-230.

Schnelle, Udo, "Die Tempelrenigung und die Christologie des Johannesevangeliums", NTS 42 (1996), pp.359-373.

Schnelle, Udo, "Die Reihenfolge der johanneischen Schriften", NTS 57 (2011), pp.91-113.

Schnelle, Udo, "Theologie als kreative Sinnbildung: Johannes als Weiterbildung von Paulus und Markus", in: Söding, Thomas (Hg.), Johannesevangelium - Mitte oder Rand des Kanons?, QD 203, Freiburg 2003, pp.119-145.

Schnelle, Udo, Antidoketische Christologie im Johannesevangelium, FRLANT 144, Göttingen 1987.

Schnelle, Udo, Neutestamentliche Anthropologie, BThSt 18, Neukirchen 1991.

Schnelle, Udo, Einführung in die neutestamentliche Exegese, Göttingen 2014, 8판.

Schnelle, Udo, Einleitung in das Neue Testament, Göttingen 2017, 9판.

Schnelle, Udo, Die ersten 100 Jahre des Christentums 30-130 n. Chr. Die Entstehungsgeschichte einer Weltreligion, Göttingen 2016, 2판.

Schnelle, Udo, Gerechtigkeit und Christusgegenwart: Vorpaulinische und paulinische Tauftheologie, GTA 24, Göttingen 1986, 2판.

Schnelle, Udo, Die Johannesbriefe, ThHK 17, Leipzig 2010.

Schnelle, Udo, Das Evangelium nach Johannes, ThHK 4, Leipzig 2009, 4판.

Schnelle, Udo, Paulus. Leben und Denken, Berlin 2014, 2판.

Schnelle, Udo, Theologie des Neuen Testaments, Göttingen 2016, 3판.

Schnelle, Udo, Wandlungen im paulinischen Denken, SBS 137, Stuttgart 1989.

Schnelle, Udo (Hg.), Neuer Wettstein 1/2, Berlin, 2013.

Schnider, Franz, Der Jakobusbrief, RNT, Regensburg 1987.

Söding, Thomas, Das Liebesgebot bei Paulus, NTA 26, Münster 1994.

Scholtissek, Klaus, “"Geboren aus einer Frau, geboren unter das Gesetz" (Gal 4,4). Die christologisch-soteriologische Bedeutung des irdischen Jesus bei Paulus", in: Schnelle, Udo/Söding, Thomas/Labahn, Michael (Hg.), Paulinische Christologie (FS Hübner, H), Göttingen 2000, pp.194-219.

Scholtissek, Klaus, In ihm sein und bleiben, HBS 21, Freiburg 2000.

Schottroff, Luise/Stegemann, Wolfgang, Jesus von Nazaret, Hoffnung der Armen, Stuttgart, 1990, 3판.

Schottroff, Kuise, Der Glaube und die feindliche Welt, WMANT 37, Neukirchen 1970.

Schrage, Wolfgang, Unterwegs zur Einzigkeit Und Einheit Gottes: Zum 'Monotheismus' des Paulus und seiner alttestamentlich-judischen Tradition, BTS 48, Neukirchen 2002, pp.158-167.

Schrage, Wolfgang, "Heil und Heilung im Neuen Testament", in: Schäfer, Gerhard K/Strohm, Theodor (Hg.), Diakonie - biblische Grundlagen und Orientierungen, Heidelberg 1998, pp.327-344.

Schrage, Wolfgang, Der erste Brief an die Korinther, EKK VII/2, Neukirchen 1995

Schrage, Wolfgang, Der erste Brief an die Korinther, EKK VII/4, Neukirchen 2001.

Schreiber, Stefan, "Arbeit mit der Gemeinde (Röm 16,6.12). Zur versunkenen Möglichkeit der Gemeindeleitung durch Frauen", NTS 46 (2000), pp.204-226.

Schreiber, Stefan, "Der Römerbrief", in: Ebner, Martin, Schreiber, Stefan (Hg.), Einleitung in das Neue Testament, Stuttgart 2008, 2판, pp.281-307.

Schreiber, Stefan, "Der erste Thessalonicherbrief," in: Ebner, Martin, Schreiber, Stefan (Hg.), Einleitung in das Neue Testament, Stuttgart 2008, 2판, pp.390-402.

Schreiber, Stefan, "Die Offenbarung des Johannes", in: Ebner, Martin/Schreiber, Stefan (Hg.), Einleitung in das Neue Testament, Stuttgart 2008, 2판, pp.568-593.

Schreiber, Stefan, Paulus als Wundertäter, BZNW 79, Berlin 1996.

Schröger, Friedrich, Der Verfasser des Hebräerbriefes als Schriftausleger, BU 4, Regensburg 1968.

Schröger, Friedrich, Gemeinde im 1. Petrusbrief, Passau 1981.

Schröter, Jens, "Das Alte Testament im Urchristentum", in; Gräb-Schmidt, Elisabeth/Preul, Reiner (Hg.), Das Alte Testament in der Theologie, Leipzig 2013, pp.49-81.

Schröter, Jens, Der Versöhnte Versöhner. Paulus als Mittler im Heilsvorgang, TANZ 10, Tübingen 1993.

Schunack, Gerd, "Glaube in griechischer Religiösität", in: Kollmann, Bernd/Reinbold, Wolfgang/Steudel, Annette (Hg.), Antikes Judentum und Frühes Christentum (FS Stegemann, H), BZNW 97, Berlin/New York 1999, pp.296-326.

Schürer, Emil, Geschichte des jüdischen Volkes im Zeitalter Jesu Christi I-III, Leipzig 1901-1911 (Nachdrucke), 4판.

Schürmann, Heinz, "Jesu Tod im Licht seines Basileia-Verständnisses", in: Ders., Gottes Reich - Jesu Geschick, Freiburg 1983, pp.185-245.

Schumacher, Thomas, Zur Entstehung christlicher Sprache. Eine Untersuchung der paulinischen Idiomatik und der Verwendung des Begriffes πίστις, BBS 168,

Göttingen 2012.

Schwankl, Otto, Die Sadduzäerfrage (Mk 12,18-27par), BBB 66, Bonn 1987.

Schweizer, "Eduard, Röm 1,3f und der Gegensatz von Fleisch und Geist bei Paulus", in: Ders., Neotestamentica, Zürich 1963, pp.180-189.

Schwemer, Anna Maria, "Verfolger und verfolgte bei Paulus. Die Auswirkungen der Verfolgung durch Agrippa I. auf die paulinische Mission", in: Becker, Eve-Marie/ Pilhofer, Peter (Hg.), Biographie und Persönlichkeit des Paulus, WUNT 187, Tübingen 2005, pp. 169-191.

Schwier, Helmut, Tempel und Tempelzerstörung, NTOA 11, Freiburg (H)/Göttingen 1989.

Scott, James M, Paul and the Nations, WUNT 84, Tübingen 1995.

Sevenich-Bax, Elisabeth, Israels Konfrontation mit den letzten Boten der Weisheit, MThA 21, Altenberge 1993.

Siegert, Folker, "Gottesfüchtige und Sympathisanten", JSJ 4 (1973), pp.109-164.

Sellin, Gerhard, "Hagar und Sara", in: ders., Studien zu Paulus und zum Epheserbrief, FRLANT 229, Göttingen 2009, pp.116-137.

Sellin, Gerhard, Der Streit um die Auferstehung der Toten, FRLANT 138, Göttingen 1986.

Sim, David C, "Matthew's anti-Paulinism: A neglected feature of Matthean studies", HTS 58 (2002), pp.767-783.

Simonis, W, Der gefangene Paulus. Die Entstehung des sogenanten Römerbriefs und anderer urchristlicher Schriften in Rom, Frankfurt/Bern/New York/Paris 1990.

Smith, Dennis E, "What do we really know about the Jerusalem Church?", in: Cameron, Ron/ Miller, Merrill P (Hg.), Redescribing Christian origins, SBL.SS 28, Atlanta 2004, pp.237-252.

Söding, Thomas, "Starke und Schwache", ZNW 85 (1993), pp.69-92.

Söllner, Peter, "Jerusalem", in: Erlemann, Kurt u.a. (Hg.), Neues Testament und antike Kultur II, Band 2: Familie - Gesellschaft, Göttingen 2005.

Speyer, Wolfgang, Die literarische Fälschung im heidnischen und christlichen Altertum, Stuttgart 1971.

Speyer, Wolfgang, "Hellenistisch-römische Voraussetzungen der Verbreitung des Christentums", in: Beutler, Johannes (Hg.), Der neue Mensch in Christus, QD

190, Freiburg 2001, pp.25-35.

Standhartinger, Angela, Studien zur Entstehungsgeschichte und Intention des Kollsserbriefes, NT.S 94, Leiden 1999.

Stark, Rodny, Der Aufstieg des Christentums, Weinheim 1997.

Stauffer, Ethelbert, Christus und die Caesaren, Hamburg 1966.

Stegemann, Hartmut, "Die des Uria", in: Jeremias, Gerd u.a. (Hg.), Tradition und Glaube (FS Kuhn, K. G), Göttingen 1971, pp.246-276.

Stegemann, Hartmut, Die Essener, Qumran, Johannes der Täufer und Jesus, Freiburg 2007(8판).

Stegemann, Ekkehard/Stegemann, Wolfgang, Urchristliche Sozialgeschichte. Die Anfänge im Judentum und die Christusgemeinden in der mediterranen Welt, Stuttgart 1995.

Stegemann, Wolfgang, "War der Apostel Paulus ein römischer Bürger?", ZNW 78 (1987), pp.200-229.

Stemberger, Günter, "Birkat ha-minim and the separation of Christians and Jews", in: Isaac, Benjamin/Shahar, Yuval (Hg.), Judaea - Palestina, Babylon and Rome: Jews in Antiquity, Tübingen 2012, pp.75-88.

Steudel, Annette, Die Texte aus Qumran II, Hebräisch/Aramäisch und Deutsch, Darmstadt 2001.

Stowers, Stanley K, Letter Writing in Greco-Roman Antiquity, Philadelphia 1986.

Straub, Jürgen, "Geschichte erzählen, Geschichte bilden", in: Ders, (Hg.), Erzählung, Identität und historisches Bewusstsein, Frankfurt 1998, pp.81-169.

Strecker, Christian, Die liminale Theologie des Paulus, FRLANT 185, Göttingen 1999.

Strecker, Georg, "Die Anfänge der johanneischen Schule", NTS 32 (1986), pp.31-47.

Strecker, Georg., Art. "Judenchristentum", TRE 17, Berlin/New York 1988, pp.310-325.

Strecker, Georg, "Redaktionsgeschichte als Aufgabe der Synoptikerexegese“, in: Ders., Eschaton und Historie, Göttingen 1979, PP.9-32.

Strecker, Georg, Literaturgeschichte des Neuen Testaments, Göttingen 1992.

Strecker, Georg, Theologie des Neuen Testament, hg. v. Horn, Friedrich Wilhelm, Berlin 1996.

Taeger, Jens W, Johannesapokalypse und johanneischer Kreis, BZNW 51, Berlin 1988

Tannehill, Robert, The Narrative Unity of Luke - Acts I/II, Minneapolis 1986/1996.

Teichmann, Frank, Der Mensch und sein Tempel, Darmstadt 2003, 3판.

Tellbe, M, Christ-Believers in Ephesus, WUNT 242, Tübingen 2009.

Teppler, Yaakov Y, Jews and Christians in Conflict in the Ancient World, TSAJ 120, Tübingen 2007.

Theissen, Gerd, "Hellenisten und Hebräer (Apg 6,1-6). Gab es eine Spaltung in der Urgemeinde?', in: Lichtenberger, Hermann (Hg.), Geschichte - Tradition - Reflexion (FS Hengel, Martin), Bd.III, Tübingen 1996, pp.323-343.

Theissen, Gerd, "Das Doppelgebot der Liebe. Jüdische Ethik bei Jesus", in: Ders., Jesus als historische Gestalt, FRLANT 202, Göttingen 2003, pp.57-72.

Theissen, Gerd, "Urchristliche Gemeinden und antike Vereine. Sozialdynamik im Urchristentum durch Widersprüche zwischen Selbstverständnis Sozialstruktur", in: Hagedorn, Anselm C/Crook, Zeba A./Stewart, Eric (Hg.), In Other Words. Essays on Social Science Methods and the New Testament (FS Neyrey, J. H), SWBAS II/I, Sheffield 2007, pp.221-247.

Theissen, Gerd, "Simon Magus - die Entwicklung seines Bildes vom Charismatiker zum gnostischen Erlöser", in; Von Dobbeler, Axel/Erlemann, Kurt/Heiligenthal, Roamn (Hg.), Religionsgeschichte des Neuen Testament (FS Berger, K), Tübingen 2000, pp.407-432.

Theissen, Gerd, "Die Starken und die Schwachen in Korinth, in: Ders., Studien zur Soziologie des Urchristentums, WUNT 19, Tübingen, 1989(3판), pp.272-287.

Theissen, Gerd, "Die urchristliche Taufe und die soziale Konstruktion des neuen Menschen", in: Assmann, Jan/Stroumsa, Guy G. (Hg.), Transformation of the Inner Self in Ancient Religions, SHR 83, Leiden 1999, pp.87-114.

Theissen, Gerd, "Soziale Schichtung in der korinthischen Gemeinde", in: Ders., Studien zur Soziologie des Urchristentums, WUNT 19, Tübingen, 1989(3판), pp.231-271.

Theissen, Gerd, "Judentum und Christentum bei Paulus", in: Hengel, M/Heckel, U (Hg.), Paulus und das antike Judentum, WUNT 58, Tübingen 1991, pp.331-356.

Theissen, Gerd, "Die Gegenmission zu Paulus in Galatien, Philippi und Korinth", in: Kraus, Wolfgang (Hg.), Beiträge zur urchristlichen Theologiegeschichte (FS Müller, U, B), BZNW 163, Berlin 2009, pp.277-306.

Theissen, Gerd, "Urchristlicher Liebeskonnunismus", in: Fornberg, Tornd/Hellholm, David (Hg.), Texts und Contexts (FS L. Hartmann), Oslo 1995, pp.689-712.

Theissen, Gerd, "Nächstenliebe und Egalität", in: Von Gemünden, Petra/Konradt, Matthias/Theissen, Gerd, Der Jakobusbrief, BVB 3, Münster 2003, pp.120-142.

Theissen, Gerd, "Die Verfolgung unter Agrippa dem I. und die Autoritätsstruktur der Urgemeinde", in: Mell, Ulrich u.a. (Hg.), Das Urchristentum in seiner literarischen Geschichte, BZNW, Berlin 1999, pp.263-285.

Theissen, Gerd, "Evangelienschreibung und Gemeideleitung", in: Kollmann, Bernd u. a (Hg.), Antikes Judentum und Frühes Christentum (FS Stegemann, H), BZNW 97, Berlin 1999, pp.389-414.

Theissen, Gerd, "Kirche oder Sekte? Über Einheit und Konflikte im frühen Urchristentum", in: Alexeev, Anatoly A (Hg.), Einheit der Kirche, WUNT 218, Tübingen 2008, pp. 81-101.

Theissen, Gerd, "Röm 9-11 - Eine Auseinandersetzung des Paulus mit Israel und sich selbst: Versuch einer psychologischen Auslegung", in: Dunderberg, Ingo/Tuckett, Christopher/ Syreeni, Kari (Hg.), Fair Play (FS Räisänen, H), NT.S CIII, Leiden 2002, pp.311-341.

Theissen, Gerd, "Kritik an Paulus im Matthäusevangelium? Von der Kunst verdeckter Polemik im Urchristentum", in: Wischmeyer, Oda/Scornaienchi, Lorenzo (Hg.), Polemik im frühchristlichen Literatur, BZNW 170, Berlin 2011, pp.465-490.

Theissen, Gerd, Urchristliche Wundergeschichten, Gütersloh 1974.

Theissen, Gerd, Die Jesusbewegung: Sozialgeschichte einer Revolution der Werte, Gütersloh 2004.

Theissen, Gerd, Das Neue Testament, München 2004, 2판.

Theissen, Gerd, Lokalkolorit und Zeitgeschichte in den Evangelien, NTOA 8, Freiburg/Göttingen 1989.

Theissen, Gerd, Die Entstehung des Neuen Testaments als literarisches Problem, Heidelberg 2007.

Theissen, Gerd, Die Religion der ersten Christen, Gütersloh 2000.

Theissen, Gerd/Merz, Annette, Der historische Jesus, Göttingen, 2011(4판).

Theobald, Michael, "Vom Text zum "lebendigen Wort“ (Hebr 4,12)", in: Landmesser, Christof (Hg.), Jesus Christus als die Mitte der Schrift (FS Hofius, O), BZNW 86, Berlin 1997, pp.751-790.

Theobald, Michael, "Der Jünger, den Jesus liebte. Beobachtungen zum narrativen Konzept der johanneischen Redaktion", in: Lichtenberger u. a., (Hg.), Geschtchte - Tradition - Reflexion III (FS Hengel, M), Tübingen 1996, pp.219-255.

Theobald, Michael, Der Römerbrief, SKK 6/1, Darmstadt 1998, 2판.

Theobald, Michael, Das Evangelium nach Johannes, Kapitel 1-12, RNT, Regensburg 2009.

Thümmel, Hans Georg, Die Memorien für Petrus und Paulus in Rom, AZK 76, Berlin 1999.

Thompson, Marianne M, ""The Living Father"", in: Reinhartz, Adele (Hg.), God the Father in the Fourth Gospel, Semeia 85, Atlanta 1999, pp.19-31.

Thraede, Klaus, Soziales Verhalten und Wohlfahrtspflege in der griechisch-römischen Antike(späte Republik und frühe Kaiserzeit), in: Schäfer, Gerhard K/Strohm, Theodor (Hg.), Diakonie - biblische Grundlagen und Orientierungen, Heidelberg 1998, pp.44-63.

Thyen, Hartwig, Art. "Johannesbriefe", TRE 17, Berlin 1988, pp.186-200.

Thyen, Hartwig, Das Johannesevangelium, HNT 6, Tübingen 2005, 2판.

Tiwald, Markus, "Der Wanderradikalismus als Brücke zum historischen Jesus", in: Lindemann, A. (Hg.), The Sayings Source Q and the Historical Jesus, BEThL 158, Leuven 2001, pp.523-534.

Tiwald, Markus, "Die vielfältigen Entwicklungslinien kirchlichen Amtes im Corpus Paulinum und ihre Relevanz für heutige Theologie", in: Schmeller, Thomas/Ebner, Martin/Hoppe, Rudolf (Hg.), Neutestamentliche Ämtermodelle im Kontext, QD 239, Freiburg 2010, pp.101-128.

Tiwald, Markus, "Frühchristliche Pluralität in Ephesus", in: Bendemann, Reinhard von/Tiwald, Markus (Hg.), Das frühe Christentum und die Stadt, BWANT 198, Stuttgart 2012, pp.128-145.

Tödt, Heinz Eduard, Der Menschensohn in der synoptischen Überlieferung, Gütersloh 1984, 5판.

Toth, Franz, Der himmlische Kult, ABG 22, Leipzig 2006.

Trebilco, Paul, The Early Christians in Ephesus from Paul to Ignatius, WUNT 166, Tübingen 2004.

Trobisch, David, Die Entstehung der Paulusbriefsammlung, NTOA 10, Freiburg (H)/Göttingen 1989.

Trebilco, Paul, Self-Designations and Group Identity in the New Testament, Cambridge 2012.

Trobisch, David, Die Entstehung der Paulusbriefsammlung, NTOA 10, Freiburg (H)/Göttingen 1989.

Trobisch, David, Die Endredaktion des Neuen Testaments, NTOA 31, Freiburg(H)/Göttingen 1996.

Trummer, Peter, "Corpus Paulinum - Corpus Pastorale", in: Kertelge, Karl (Hg.), Paulus in den neutestamentlichen Spätschriften, QD 89, Freiburg 1981, pp.125-145.

Uebele, Wolfram, "Viele Verführer sind in die Welt ausgegangen". Die Gegner in den Briefen des Ignatius von Antiochien und in den Johannesbriefen, BWANT 151, Stuttgart 2001.

Ulrich, Jörg, "Euseb, HistEccl III,14-20 und die Frage nach den Christenverfolgungen unter Domitian", ZNW 87 (1996), pp.269-289.

Urner, Christiana, Kaiser Domitian im Urteil antiker literarischer Quellen und moderner Forschung, Augusburg 1993.

Van Iersel, B. M. F, Markus-Kommentar, Düsseldorf 1993.

Van Kooten, George, "Ἐκκλησία τοῦ θεοῦ: The 'Church of God' and the Civic Assemblies (ἐκκλησίαι) of the Greek Cities in the Roman Empire: A Response to Paul Trebilco and Richard A. Horsley, NTS 58 (2012), pp.522-548.

Van Tilborg, Sjef, Reading John in Ephesus, NT.S 83, Leiden 1996.

Veyne, Paul, Brot und Spiele, Darmstadt 1990.

Vielhauer, Philipp, "Erwägungen zur Christologie des Markusevangeliums", in: Ders, Aufsätze zum Neuen Testament, TB 31, München 1965, pp.199-214.

Vielhauer, Philipp, Geschichte der urchristlichen Literatur, Berlin 1975.

Vittinghoff, Friedrich, ""Christianus sum" - Das "Verbrechen" von Aussenseitern der römischen Gesellschaft", Historia 33 (1984), pp.331-357.

Vogel, Manuel, "Der Hebräerbrief als ständiger Gast im Haus der Kirche", ZNT 29 (2012), pp.46-52.

Vogel, Manuel, Commentatio mortis. 2Kor 5,1-10 auf dem Hintergrund antiker ars moriendi, FRLANT 214, Göttingen 2006.

Vogel, Manuel, Das Heil des Bundes. Bundestheologie im Frühjudentum und im frühen Christentum, TANZ 18, Tübingen 1996.

Voigt, Emilio, Die Jesusbewegung, BWANT 169, Stuttgart 2008.

Vollenweider, Samuel, "Der 'Raub' der Gottgleichheit: Ein religionsgeschichtlicher Vorschlag zu Phil 2,6-11", NTS 45 (1999), pp.413-433.

Vollenweider, Samuel, Freiheit als neue Schöpfung, FRLANT 147, Göttingen 1989.

Vollmer, J, "Römer 13,1-7. Ein eingeschobener politischer Traktat", DtPfBl 95 (1995), pp.454-458.

Vom Brocke, Christoph, Thessaloniki. - Stadt des Kassander und Gemeinde des Paulus, WUNT 2.125, Tübingen 2001.

Von Bendemann, Reinhard, "Die Auferstehung von den Toten als 'basic story'", GuL 15 (2000), pp.148-162.

Von Brocke, Christoph, Thessaloniki - Stadt des Kassander und Gemeinde des Paulus, WUNT 2.125, Tübingen 2001.

Von Campenhausen, Hans, Der Ablauf der Osterereignisse und das leere Grab, SHAW.PH 1952, Heidelberg 1977, 4판.

Von den Hoff, Ralf/Stroh, Wilfred/Zimmermann, Martin, Divus Augustus, München 2014.

Von Gemünden, Petra/Konradt, Matthias/Theissen, Gerd, Der Jakobusbrief, BVB 3, Münster 2003.

Von Harnack, Adolf, "Das doppelte Evangelium im Neuen Testament", in: Ders., Aus Wissenschaft und Leben II, Giessen 1911, pp.211-224.

Von Harnack, Adolf, Die Mission und Ausbreitung des Christentums in den ersten drei Jahrhunderten II, Leipzig 1924, 4판.

Von Lips, Hermann, Timotheus und Titus. Unterwegs für Paulus, Leipzig 2008.

Von Lips, Hermann, Der Neutestamentliche Kanon, Zürich 2004.

Von Harnack, Adolf, Über den 3. Johannesbrief, TU XV/3b, Leipzig 1897.

Voss, Florian, Das Wort vom Kreuz und die menschliche Vernunft, FRLANT 199, Göttingen 2002.

Wagner, Ulrike, Die Ordnung des "Hauses Gottes". Der Ort der Frauen in der Ekklesiologie und Ethik der Pastoralbriefe, WUNT 2.65, Tübingen 1994.

Walter, Nikolaus, "Leibliche Auferstehung? Zur Frage der Hellenisierung der Auferweckungshoofnung bei Paulus", in: Trowitzsch, Michael (Hg.), Paulus, Apostel Jesu Christi (FS Klein, G), Tübingen 1998, pp.109-127.

Wander, Bernd, Gottesfüchtige und Sympathisanten, WUNT 104, Tübingen 1998.

Wander, Bernd, Trennungsprozess zwischen Frühen Christentum und Judentum im 1. Jh.n.Chr., TANZ 16, Tübingen 1997, 2판.

Weber, Reinhard, "Christologie und 'Messiasgeheimnis': ihr Zusammenhang und Stellenwert in den Darstellungsintentionen des Markus", EvTh 43 (1983), pp.108-125.

Wechsler, Andreas, Geschichtsbild Und Apostelstreit, BZNW 62, Berlin 1992, 2판.

Weder, Hans, Die "Rede der Reden", Zürich 1987, 2판.

Weeber, Karl-Wilhelm, Art. "Reisen", DNP 10, Stuttgart/Weimar 2001, pp.856-866.

Weeber, Karl-Wilhelm, Alltag im Alten Rom I, Düsseldorf 2003, 7판.

Wehnert, Jürgen, "Die Auswanderung der Jerualemer Gemeinde nach Pella-historischer Faktum oder theologische Konstruktion?", ZKG 102 (1991), pp.231-255.

Wehnert, Jürgen, Die Reinheit des "christlichen Gottesvolkes" aus Juden und Heiden: Studien zum historischen und theologischen Hintergrund des sogenannten Aposteldekrets, FRLANT 173, Göttingen 1997.

Wehnert, Jürgen, Die Wir-Aussagen der Apostelgeschichte, GTA 40, Göttingen 1989.

Weiser, Alfons, Die Apostelgeschichte, ÖTK 5.1, Gütersloh 1981.

Weiser, Alfons, Die Apostelgeschichte, ÖTK 5.2, Gütersloh 1985.

Weiss, Alexander, "Keine Quästoren in Korinth", NTS 56 (2010), pp.576-581.

Weiss, Alexander, Soziale Elite und Christentum. Studien zu ordo-Angehörigen unter den frühen Christen, Berlin 2015.

Weiss, Alexander, "Der Aufruhr der Silberschnide (Apg 19,23-40) und das Edikt des Paullus Fabius Persicus (I. Ephesos 17-19)", BZ 53 (2009), pp.69-81.

Weiss, Hans-Friedrich, Der Brief an die Hebräer, KEK 13, Göttingen 1991.

Weiss, Wolfgang, 'Eine neue Lehre in Vollmacht', BZNW 52, Berlin 1989.

Wengst, Klaus, Christologische Formeln und Lieder des Urchristentums, StNT 7, Gütersloh 1973, 2판.

Wengst, Klaus, Bedrängte Gemeinde und verherrlicher Christus, München 1992, 4판.

Wengst, Klaus, Pax Romana. Anspruch und Wirklichkeit. Erfahrungen und Wahrnehmungen des Friedens bei Jesus und im Urchristentum, München 1986.

Werner, Martin, Der Einfluss paulinischer Theologie im Markusevangelium. Eine Studie zur neutestamentlichen Theologie, BZNW 1, Giessen 1923.

Weyer-Menkhoff, Karl, Die Ethik des Johannesevangeliums im sprachlichen Feld des

Handelns, WUNT 2.359, Tübingen 2014.

Wider, David, Theozentrik und Bekenntnis, BZNW 87, Berlin 1997.

Wiefel, Wolfgang, "Die Hauptrichtung des Wandels im eschatologischen Denken des Paulus", ThZ 30 (1974), pp.65-81.

Wiefel, Wolfgang, Das Evangelium nach Matthäus, ThHK 1, Leipzig 1998.

Wilckens, Ulrich, "Die Gegner im 1. und 2. Johannesbrief, "die Juden" im Johannesevangelium und die Gegner in den Ignatiusbriefen und den Sendschreiben der Apokalypse", in: Ders, Der Sohn Gottes und seine Gemeinde, FRLANT 200, Göttingen 2003, pp.89-125.

Wilckens, Ulrich, Das Evangelium nach Johannes, NTD 4, Göttingen 1998.

Wilckens, Ulrich, Der Brief an den Römer II, EKK VI/2, Neukirchen 1980.

Wilckens, Ulrich, Theologie des Neuen Testament III, Göttingen 2017.

Wilk, Florian, Die Bedeutung des Jesajabuches für Paulus, FRLANT 179, Göttingen 1998.

Wilken, Robert L, Die frühen Christen. Wie die Römer sie sahen, Graz 1986.

Williams, Margaret H, "The Shaping of the Identity of the Jewish Community in Rome in Antiquity", in: Zangenberg, Jürgen/Labahn Michael (Hg.), Christians as a Religious Minority in a multicultural City, JSNT.SS 243, London 2004, pp.33-46.

Williamson, Ronald, Philo and the Epistle to the Hebrews, ALGHJ IV, Leiden 1970.

Windisch, Hans, Johannes und die Synoptiker, UNT 12, Leipzig 1926.

Winn, Adam, The Purpose of Mark's Gospel. An Early Christian Response to Roman Imperial Propaganda, WUNT 2.245, Tübingen 2008.

Winter, Bruce M, After Paul left Corinth. The Influence of Secular Ethics and Social Change, Grand Rapids 2001.

Wischmeyer, Oda, "Das Gebot der Nächstenliebe bei Paulus", BZ 30 (1986), pp.153-187.

Wischmeyer, Oda, "Die paulinische Mission als religiöse und literarische Kommunikation", in: Graf, Friedrich Wilhelm/Wiegandt, Klaus (Hg.), Die Anfänge des Christentums, Frankfurt 2009, pp.90-121.

Wischmeyer, Oda, "Polemik im Jakobusbrief. Formen, Gegenstände und Fronten", in; Wischmeyer, Oda/Scornaienchi, Lorenzo (Hg.), Polemik im frühchristlichen Literatur, BZNW 170, Berlin 2011, pp.357-379.

Wischmeyer, Oda/Scornaienchi, Lorenzo (Hg.), Polemik im frühchristlichen Literatur, BZNW 170, Berlin 2011.

Witetschek, Stephan, Ephesische Enthüllungen I, BTS 6, Leuven 2008.

Witetschek, Stefan, "Ein weit geöffnetes Zeitfenster? Überlegungen zur Datierung der Johannes-Apokalypse", in; Frey, Jörg/Kelhofer, James A (Hg.), Die Johannes-Apokalypse, WUNT 287, Tübingen 2012, pp.117-148.

Wolff, Christian, Der erste Brief des Paulus an die Korinther, ThHK 7, Leipzig 2000, 2판.

Wolter, Michael, "Apollos und die ephesinischen Johannesjünger (Act 18,24-19,7)", ZNW 78 (1987), pp.49-73.

Wolter, Michael, "Israels Zukunft und die Parusieverzögerung bei Lukas", in: Evang, Martin/Merklein, Helmut/Wolter, Michael (Hg.), Eschatologie und Schöpfung (FS Grässer, E), BZNW 89, Berlin 1997, pp. 405-426.

Wolter, Michael, "'Reich Gottes' bei Lukas", NTS 41 (1995), pp.541-563.

Wolter, Michael, Der Brief an die Kolosser/Der Brief an Philemon, ÖTK 12, Gütersloh 1993.

Wolter, Michael, Der Brief an die Römer, EKK NF Ⅵ/1, Neukirchen-Vluyn, 2014.

Wolter, Michael, Der Brief an die Römer, EKK NF Ⅵ/2, Neukirchen-Vluyn, 2019.

Wolter, Michael, Paulus. Ein Grundriss seiner Theologie, Neukirchen 2015, 2판.

Wolter, Michael, Die Pastoralbriefe als Paulustradition, FRLANT 146, Göttingen 1988.

Wong, Eric, K. C, Interkulturelle Theologie und multikulturelle Gemeinde im Matthäusevangelium, NTOA 22, Freiburg(H)/Göttingen 1992.

Wong, Eric K. C, Evangelium im Dialog mit Paulus, NTOA 89, Göttingen 2012.

Woyke, Johannes, Die neutestamentlichen Haustafeln, SBS 184, Stuttgart 2000.

Wrede, William, "Paulus", in: Rengstorf, Karl Heinrich (Hg.), Das Paulusbild in der neueren deutschen Forschung, Darmstadt 19699=1904), 2판, pp.1-97.

Wrede, William, Das Messiasgeheimnis in den Evangelien, Göttingen 1969, 4판(=1901).

Zangenberg, Jürgen, "Mission in der Antike und im antiken Christentum', ZNT 15 (2005), pp.12-21.

Zangenberg, Jürgen, "Dynamis tou theou. Das religionsgeschichtliche Profil des Simon Magus aus Sebaste", in; Von Dobbeler, Axel/Erlemann, Kurt/Heiligenthal, Roamn (Hg.), Religionsgeschichte des Neuen Testament (FS Berger, K), Tübingen 2000, pp.519-540.

Zangenberg, Jürgen, "From the Galilean Jesus to the Galilean Silence", in: Rothschild,

Clare K/Schröter, Jens (Hg.), The Rise and Expansion of Christianity in the First Three Centuries of the Common Era, WUNT 301, Tübingen 2013, pp.75-108.
Zangenberg, Jürgen, "Gebeine des Apostelfürsten? Zu den angeblich frühchristlichen Gräbern unter der Peterskirche in Rom", in: Zangenberg, Jürgen/Labahn, Michael (Hg.), Christians as a Religious Minority in a Multicultural City, JSNT.SS 243, London 2004, pp.108-138.
Zangenberg, Jürgen, Frühes Christentum in Samaria, TANZ 27, Tübingen 1998.
Zeller, Dieter, "Jesus, Q und die Zukunft Israels", in: Lindemann, Andreas (Hg.), The Sayings Source Q and the historical Jesus, BETL 158, Leuven 2001, pp.351-369.
Zeller, Dieter, "New Testament Christology in its hellenistic Reception", NTS 46 (2001), pp.312-333.
Zeller, Dieter, "Der Zusammenhang der Eschatologie in der Logienquelle", in: Fiedler, Peter/Zeller, Dieter (Hg.), Gegenwart und kommendes Reich (Schülergabe Vögtle, A), SBB 6, Stuttgart 1975, pp.67-77.
Zeller, Dieter, "Der eine Gott und der eine Herr Jesus Christus", in: Söding, Thomas (Hg.), Der lebendige Gott (FS Thüsing, W), Münster 1996, pp.34-49.
Zeller, Dieter, "Paulus und Johannes", BZ 27 (1983), pp.167-182.
Zeller, Dieter, Der erste Brief an die Korinther, KEK 5, Göttingen 2010.
Zenger, Erich/Frevel, Christian, "Heilige Schrift der Juden und der Christen", in: Zenger, Erich/Frevel, Christian (Hg.), Einleitung in das Alte Testament, Stuttgart 2016, 9판, pp,11-36.
Zenger, Erich/Frevel, Christian (Hg.), Einleitung in das Alte Testament, Stuttgart 2016, 9판.
Zimmermann, Alfred E, Die urchristliche Lehrer, WUNT 2,12, Tübingen 1984.
Zimmermann, Johannes, Messianische Texte aus Qumran, WUNT 104, Tübingen 1998.
Zimmermann, Ruben, "Unecht - und doch wahr? Pseudepigraphie im Neuen Testament als theologisces Problem", ZNT 12 (2003), pp.27-38.
Zugmann, Michael, "Hellenisten" in der Apostelgeschichte, WUNT 2.264, Tübingen 2009.
Zumstein, Jean, "Das Johannesevangelium. Eine Strategie des Glaubens", in: Ders, Kreative Erinnerung, AThANT 84, Zürich 2004, pp.31-45.5
Zumstein, Jean, "Ausgrenzung aus dem Judentum und Identitätsbildung im Johannesevangelium", in: Schweitzer, Friedrich (Hg.), Religion, Politik und

Gewalt, Gütersloh 2006, pp.383-393.

Zumstein, Jean, "Die johanneische Auffassung der Macht, gezeigt am Beispiel der Fusswaschung (Joh 13,1-17), in: Ders, Kreative Erinnerung, AThANT 84, Zürich 2004, pp.161-176.

Zwickel, Wolfgang, Art. "Tempel", NBL III, Düsseodorf/Zürich 2001, pp.799-810.

Zwierlein, Otto, Petrus in Rom. Die literarischen Zeugnisse, Berlin 2010, 2판